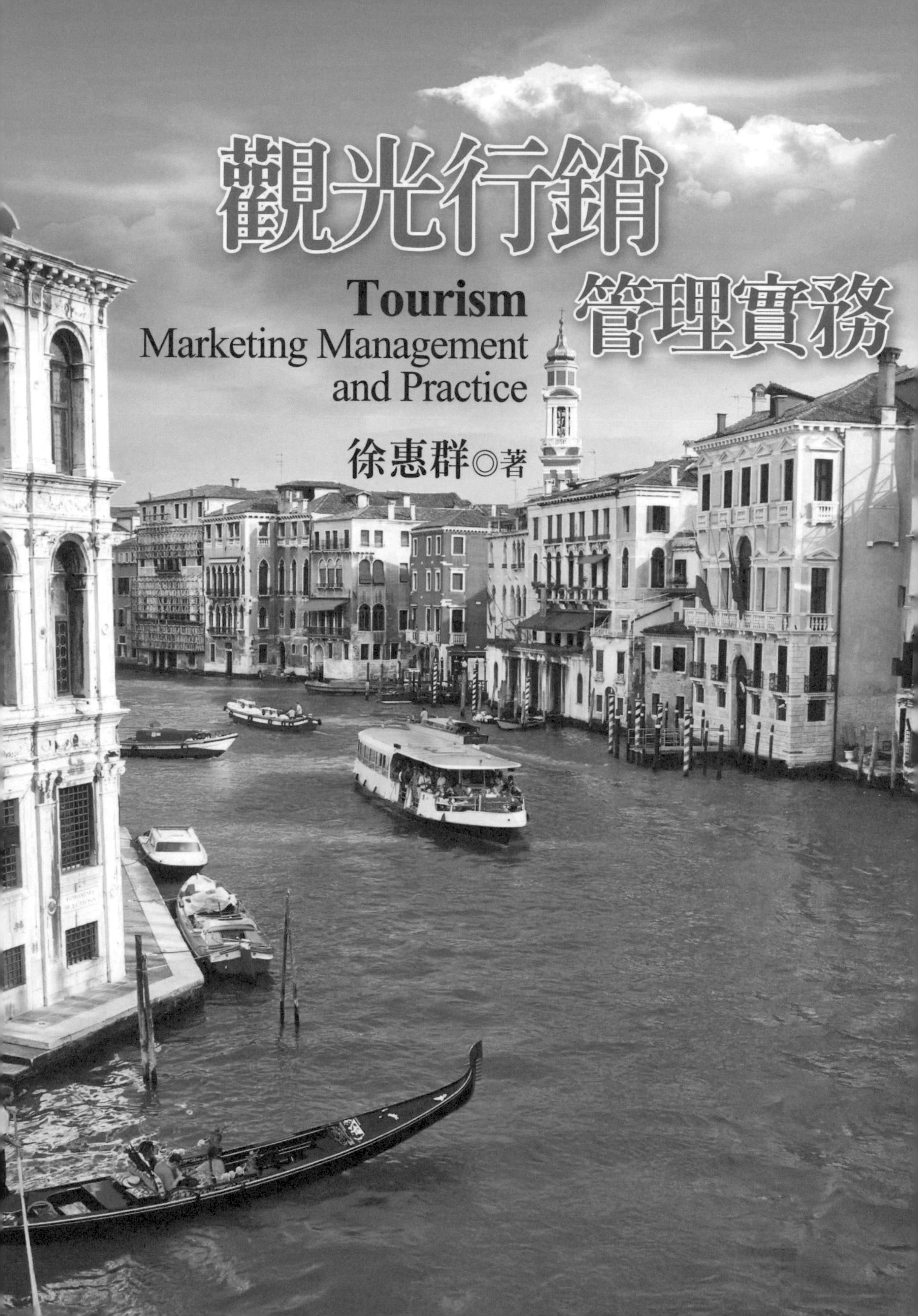

觀光行銷
管理實務
Tourism
Marketing Management
and Practice
徐惠群◎著

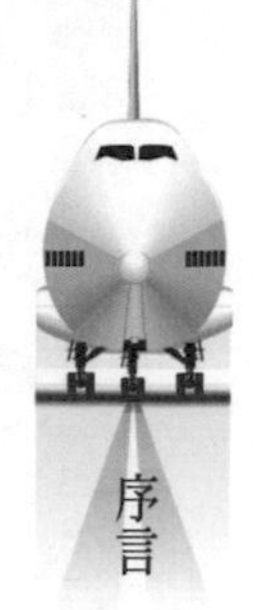

序言

臺灣的觀光產業已有幾十年的發展歷史，最近幾年，觀光客人數的激增和觀光企業之間的劇烈競爭使得觀光業經營者面臨著極大的挑戰，這在某方面也凸顯了行銷管理的重要性。雖然臺灣的「觀光管理與飯店管理」教育在最近的一、二十年裡取得了長足的進步，然而，與西方國家相比仍有一定差距。臺灣觀光產業的從業人員和莘莘學子們，需在吸取西方國家先進的觀光業相關理論的同時，配合國內實際的經營模式，發展出適用於臺灣的理論與運作模式。編寫本書的目的在於：為國內觀光管理與飯店管理教育，展現一本既能將行銷理論與實踐相結合，又能在觀光營運實務中應用的教材。

長久以來，筆者在從事學生學習方式的研究中得知：觀光和飯店管理科系的學生如果在學習過程中能將實踐經驗與理論相結合，那麼學生的求知過程將會變得事半功倍。對於學生而言，理論知識體系的學習固然重要；但是，實際經驗與合適的理論相結合的學習模式更能讓學生的學習過程變得有效而愉快。許多學生會在畢業後，有些甚至在畢業之前，便已為觀光企業工作和服務，例如有些學子為連鎖企業提供服務，另外則有些在特許經營公司裡就業。在當今競爭激烈且變幻莫測的社會裡，觀光從業人員需要全面瞭解企業策略和整體規劃，以便運用適當的知識來執行企業策略、瞭解企業目標，並解決企業所面臨的問題。本書旨在透過對概念和理論的梳理與解釋，來幫助學生掌握足夠的知識，並為學生展現理論與實踐相結合的案例分析。

對於觀光與飯店管理科系的畢業生、在職學習的學生而言，瞭解企業在日常營運過程中所遇到的問題、瞭解如何解決這些難題，不僅會豐富學生的知識儲備，而且會激發學生學習的熱情和想像力。觀光商業營運的結構特徵決定了大多數的觀光或飯店管理畢業生是基於實務操作發展其職業生涯，因此本書始終關注「實務」二字。當然，「行銷」是本書的中心，全書也是圍繞這兩個字做出解釋並展開討論，其實「行銷」不能與實務相脫離，特別是從業務單元層面來看，「行銷」是實務的一份子。因此，在關注行銷理論與知識相結合的同時，也要重視在觀光營運實務中的應用。本書的實例主要取自於觀光業（如目的地、航空公司、郵輪公司、旅行社等）和住宿業。針對

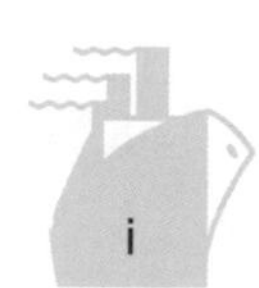

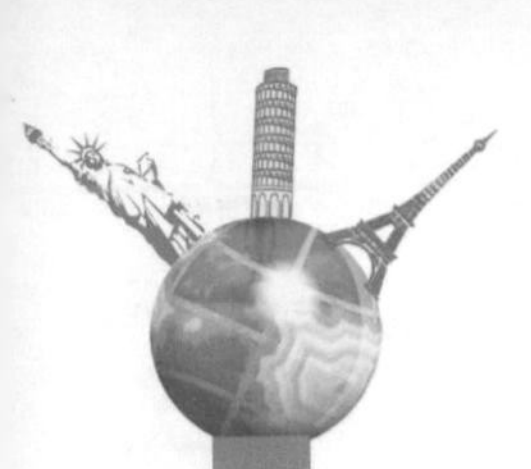

飯店和觀光行業的迥然差異的特徵，本書從多面的角度、不同的議題展開分析。一些行業學術會議的專業資訊、管理實踐者多年積攢的集體智慧等，也被囊括進了本書中；當然，本書所有的行銷實踐應用都是建立在行銷學術理論基礎之上的。

本書不僅是為觀光和飯店管理科系學生而編寫，而且也是為講授觀光行銷課程的教師而設計的。因為筆者深知：學生會關注教科書的實用性，教師們也會關注所用教材的適合性和有效性；因此，本教材中生動的實際案例能幫助教師更好地把行銷知識傳授給學生；也是專門為那些希望強調行銷應用和理論相結合的教師而打造，內容可以設計成一個學期的課程。

筆者在東西方擔任教職工作已有二十多年，其中在美國高校任教十多年，另在香港從事教學管理工作也有十年之久，亦曾多次應臺灣多間大學的邀請，與師生分享觀光行銷方面的學術議題。因此，本書呈現給讀者的是：西方最新的行銷理論與東方的行銷實踐的融會貫通，編排的主要內容包括：

1.行銷概念的界定、基本的行銷模式、行銷組合的組成要素、行銷觀念及其功能與意義、觀光企業行銷組織架構及其特點。
2.觀光產品特點、觀光服務系統中行銷與營運之間的相互關係、觀光企業服務行銷系統、觀光服務品質及其控制、觀光企業內部行銷的重要性。
3.觀光行銷宏觀及微觀環境、影響觀光客購買行為的主要要素、觀光購買決策形成以及購買行為發生的過程。
4.市場區隔概念以及其對企業行銷的重要意義、觀光企業市場區隔遵循的具體標準、市場區隔的類型與方法組合、觀光企業的組織型區隔市場。
5.觀光行銷訊息來源、行銷研究的具體過程、行銷研究的方法、資料庫行銷的原理和使用價值。
6.觀光企業制定策略規劃的具體步驟、企業資產組合分析的定義和具體方法、市場境況分析（SWOT分析）在觀光企業中的應用、一般性策略和以成長為導向的拓展型策略模式、市場定位和定位聲明。
7.行銷規劃的過程和結構、行銷預算方法及其具體應用技巧、觀光企業

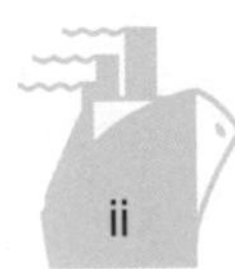

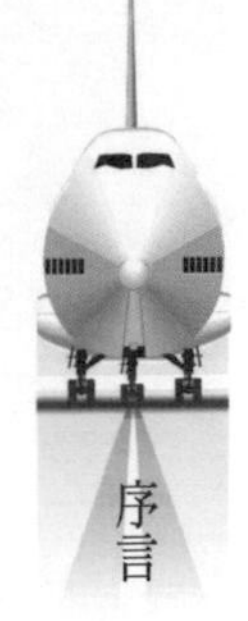

行銷計畫的制定。

8.觀光產品定位和品牌塑造、觀光企業品牌塑造的策略及其特徵、觀光產品生命週期、觀光新產品開發的過程。

9.觀光行銷組合的三角架構及相互之間的交叉行銷關係、觀光企業的「零缺陷」目標和服務補救措施、有形展示概念以及服務場景對顧客感知的影響、服務場景的分類及其策略啟示。

10.觀光行銷通路、全球配銷系統和中央預定系統在觀光業的實際運用、旅行社業配銷體系特點、觀光企業選址原則。

11.觀光企業的定價目標導向、觀光產品價格的決定因素、新產品定價策略、差異化定價法與收益管理。

12.觀光企業的行銷溝通組合、廣告策劃、銷售推廣、公共關係、公眾宣傳、銷售洽談。

13.目的地行銷面臨的問題及其優勢、目的地的品牌身分、品牌定位和品牌形象、活動作為目的地行銷的有力方法。

感謝揚智文化事業股份有限公司邀請出版本書，並感謝專業團隊對本書的編輯工作。在寫作過程中我的研究助理宋漢群從事大量資料收集、翻譯及整理工作，提供了有力協助；也感謝香港理工大學酒店及旅遊業管理學院所提供的資源，對於本書的完成給予了有力的支援。

徐惠群
香港理工大學
酒店及旅遊業管理學院
2010年8月3日

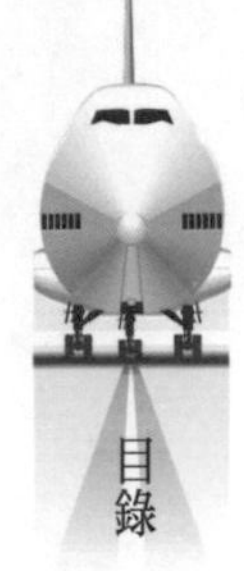

目錄

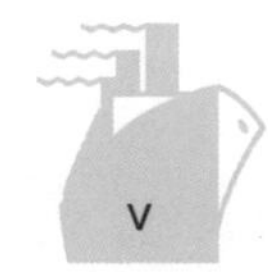

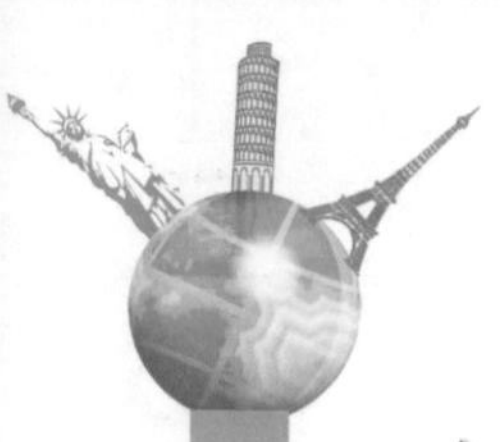

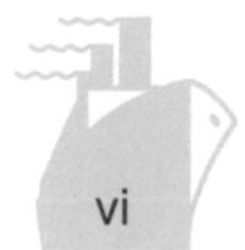

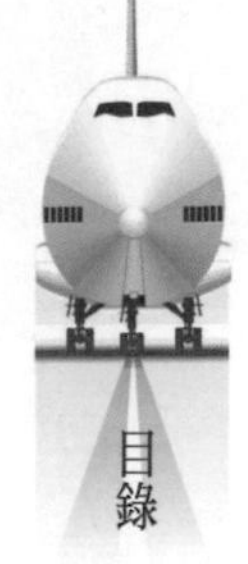

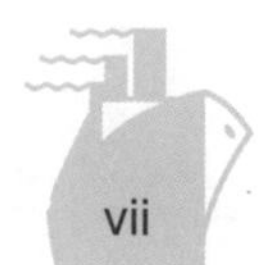

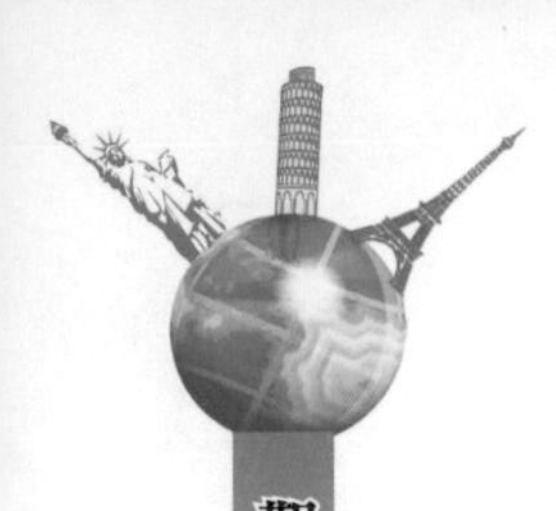

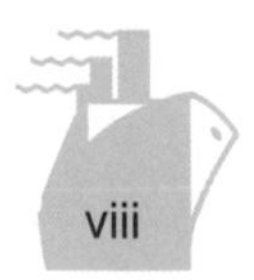

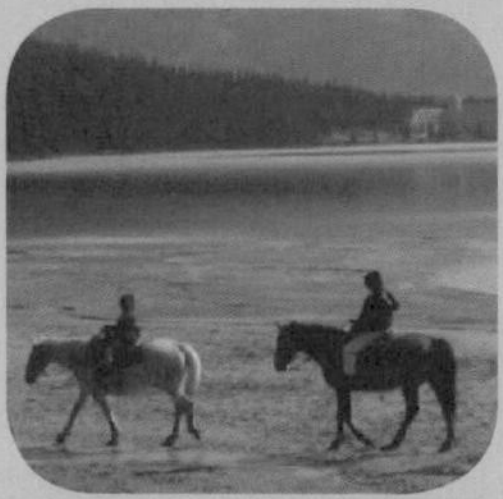

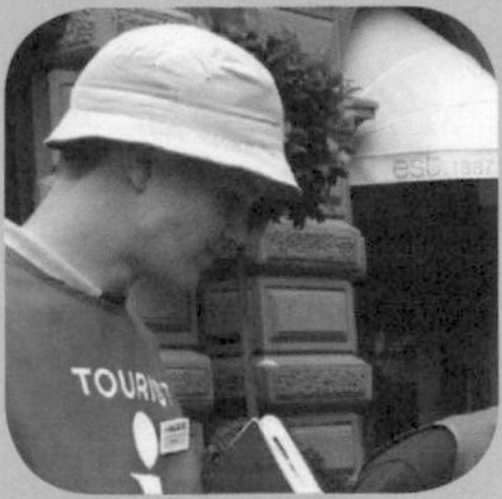

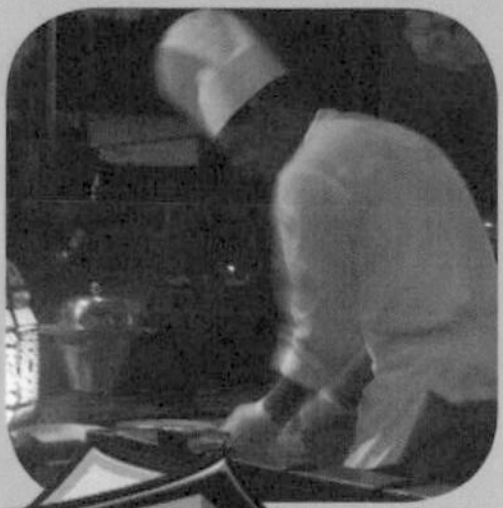

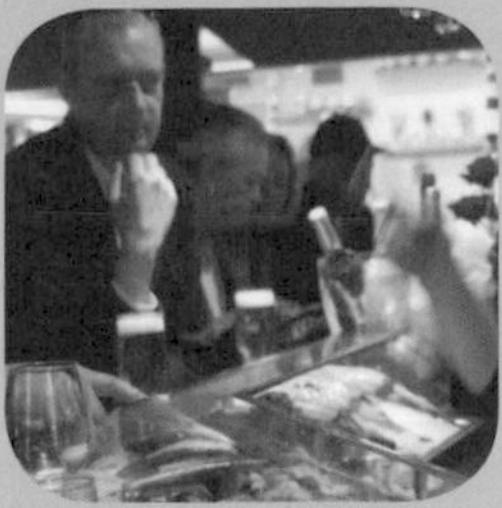

Chapter 1

緒論

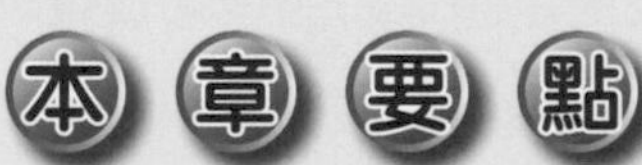

◆體驗經濟的定義以及其與觀光行銷的關係

◆三種基本的行銷模式及其行銷特點

◆行銷組合的組成要素

◆行銷觀念及其在營利、非營利組織中的功能和意義

◆行銷部門與其他部門，尤其是與營運部門之間可能存在的衝突以及相應的解決方法

◆常見的觀光企業行銷組織架構及其特點

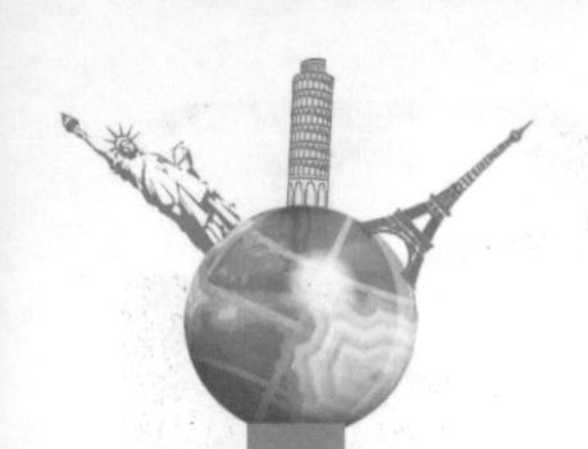

如果某電子公司的員工某天上班的時候心情不好，顧客是完全感覺不到的，因為電子產品完全可以在不被此員工的低落情緒影響下，按照品質標準生產出來，然後銷售給顧客。但想想你曾經在參觀觀光景區時，景區導遊不愉快的情緒所帶給你的經歷，你就會發現這兩種消費經歷所帶來的結果是大不相同的。

所謂**產品**（Products）是指能夠提供到市場上，滿足人們的某種需要和欲望的任何事物。產品並不局限於實物，任何能夠滿足需要和欲望的東西都能被稱為產品。除了有形產品，如食物、紀念品等之外，產品還可以涵蓋無形的服務、資訊、經驗、思想等。**觀光產品**（Tourism Products）實際上是以服務為核心，把有形產品和無形的服務結合起來，創造並出售的一種經歷；它是向遊客提供一種在平常居住地之外的場所的新鮮經歷，一種以一定物質條件為依託的服務，觀光者得到的是遊歷過程中的感受和體驗，而不是具體的資源和設備（王興斌，1999）。這種經歷既有有形的產品（如觀光巴士、飯店大廳等），也有客人透過與服務人員之間的相互接觸和交流而獲得的感受，即無形的服務的介入。它與製造品的最大不同，是購買和使用過程中必須有消費者（顧客）與生產者（服務人員）之間的互動和交流。觀光是人們滿足基本生理需求和物質需求之後追求的更高更新的精神需求，講求的是觀光者的一種愉悅、求知的心理歷程和體驗愉悅的經歷（侯平蘭、李慶雷，2004）。從觀光的本質而言，**體驗**是觀光的核心屬性之一，它是一種旅程和暫居的體驗，與體驗經濟有著千絲萬縷的聯繫。所以，觀光經濟實質上被認為是一種體驗經濟。

因為觀光經歷中既有有形產品（如食物和紀念品）的消費，又有無形服務（如導遊服務和路線設計）的體驗，在本書中我們將「觀光服務」、「觀光產品」和「觀光服務產品」這三個能代表包含產品和服務在內的觀光產業提供物的術語交互使用。此外，本書中所討論的概念，在大多數的情況下，對目的地和個體商業性觀光企業都適用。書中所採用的「企業」、「經營單位」和「公司」的概念可能是指整個的目的地，也可能指觀光目的地或目的地內的各個風景區商業實體。

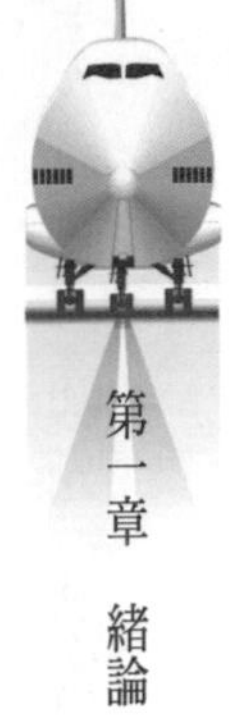

第一節　體驗經濟與觀光行銷

美國學者Joseph Pine和James Gilmore認為，**體驗經濟**（Experience Economy）是企業以服務為舞臺、以商品（產品）為道具、以消費者為中心，創造能夠使消費者參與，值得消費者回憶的活動的經濟形態（Pine & Gilmore, 1999）。企業在費盡心思滿足了顧客的產品、商品和服務需求後，逐漸將工作的重點轉移到了滿足顧客的某種體驗上，可以說體驗是繼產品、商品、服務之後，為消費者提供的第四種經濟提供物。與服務經濟不同的是，除了提供服務，它還將顧客的親身經歷和體驗根植於服務的過程中，提供的是比服務更豐富和更有情感價值的「體驗性服務」。消費者陶醉在整個情感體驗過程並獲得滿足的同時，心甘情願地為如此美妙的心理感受支付一定（或額外）的費用。由此可見，體驗經濟實際上是Gan Hamann所預言的，以「休閒者為中心」的一種注重提升心理生活品質的經濟形態（吳文智、莊志民，2003）。

隨著經濟發展從服務經濟轉向體驗經濟，觀光客的消費觀念和消費方式發生了多方面的變化，並使觀光消費者需求的結構、內容、形式發生了顯

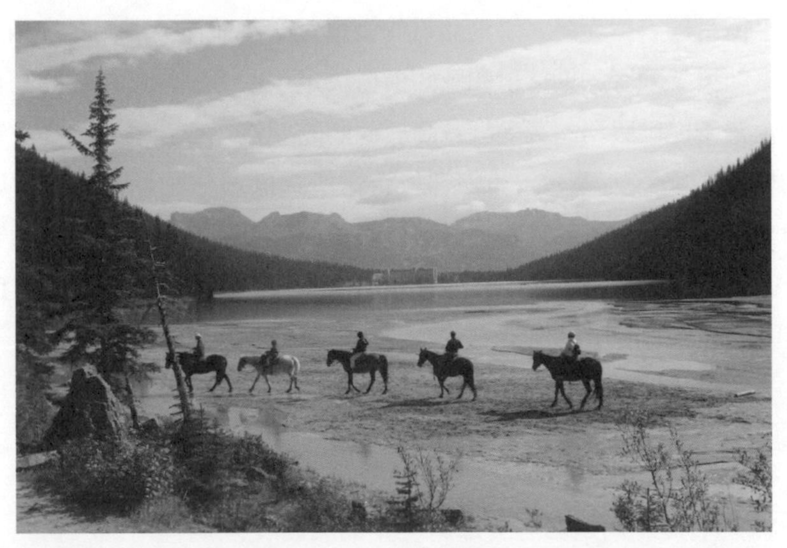

在加拿大的落磯山，觀光客可以騎馬逛峽谷，親身體驗在曠野中騎馬的感覺。（徐惠群拍攝）

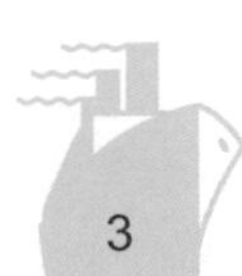

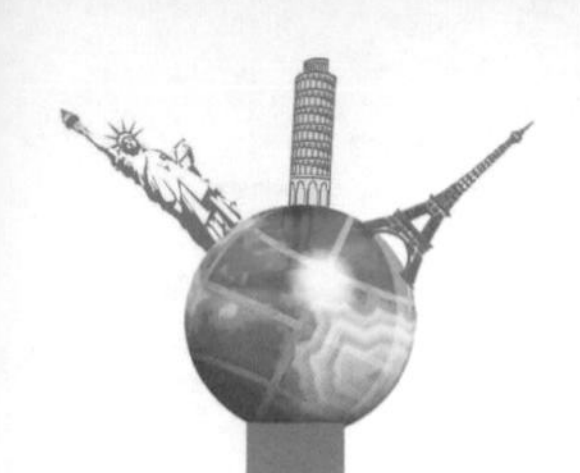

著變化。因此，體驗經濟時代的「體驗創造價值」的經營理念，是各企業設計產品和開展經營活動的最重要影響因素，對觀光服務企業的重要性尤為突出。迪士尼樂園可以說是體驗觀光產品的經典之作。迪士尼樂園在「為消費者創造快樂體驗」的產品創新上做足文章，除了為世人創造一個童話般的世界，還為他們帶來了體驗世界中更關鍵的驚險與快樂。當今，各種追求新穎、奇異的「體驗遊」，已經成為眾多觀光企業的主要產品內容，如農場觀光、探險露營、峽谷漂流、空中衝浪等項目備受青睞。

注重顧客的參與性、互動性、個性化和情感需求，是體驗經濟下的觀光產品的基本特徵。本書將在第二章中詳細介紹觀光服務產品的特點，以及相對應的行銷特性，為了更好地理解顧客體驗，本節首先介紹一些基本概念：顧客滿意度、顧客期望值和顧客感知。

一、顧客滿意度

顧客滿意度（Customer Satisfaction）是指「一個人透過對一個產品的可感知效果（或結果）與他的期望值相比較後，所形成的愉悅或失望的感覺狀態」（Armstrong & Kotler, 2009）。顧客是否滿意與他們對該產品／服務功效的期望值和實際感知是緊密相關的，因此品質管制領域常利用顧客滿意度指數，來衡量顧客對產品／服務品質的滿意程度，並作為評測顧客滿意度的兩個基本前提，顧客的期望值和感知價值決定了顧客滿意度指數的高低。若顧客對企業所提供服務的感受品質高於他們的期望，或企業的服務品質超越顧客的期望，顧客則滿意；若顧客對企業所提供服務的感受品質與期望相符，顧客基本滿意；若顧客對企業提供服務的感受品質低於期望，顧客則不滿意。從上述可以看出：「**顧客的感知價值與顧客滿意度呈正相關，而顧客期望值與顧客滿意度呈反相關。**」

二、顧客期望值

顧客期望被視為是顧客對即將發生的服務交互過程，或服務交易中的產品／服務所做的預測。**顧客期望值**（Customer Expectation）是由顧客來定

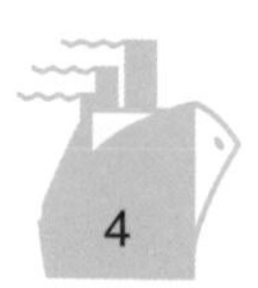

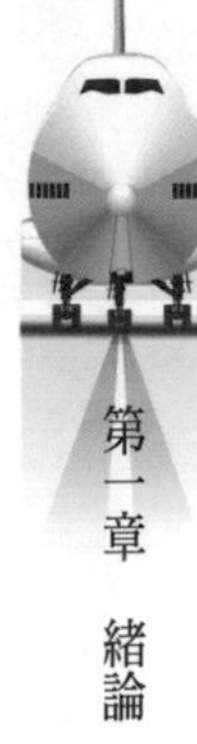

義，是當顧客參與某種服務行為時，對正面的結果與負面的結果出現的概率的預測（Zeithaml, Bitner, & Gremler, 2006）。當顧客產生了某種購買動機，並透過各種通路獲得企業、產品、價格、服務等資訊後，對企業和服務形成一種內在標準，或者說是心理期待，進而對企業的行為形成一種期望。顧客期望的形成受企業的宣傳承諾、同行業的服務水準、自身需求與價值，以及以前的服務體驗等多種因素影響。其中，產品定價、廣告促銷、服務承諾，以及由此而形成的企業形象、口碑是企業可控制的因素，而顧客自身需求與價值、同行業的服務水準則是企業無法控制的因素。

1990年代，日本品質管制學家Noritaki Kano提出了三種層次的顧客期望：(1)基本型期望——企業必須提供的產品／服務；(2)期望型期望——企業提供的產品／服務應具有的某些屬性和特徵；(3)興奮型期望——企業所提供的產品／服務所具備的，超越了顧客期望的、沒有想到的品質特徵（李欣、程志超，2004）。有學者基於Kano的研究基礎上，結合Abraham Maslow的需求階層論，綜合提出顧客對服務的期望階層理論（**圖**1-1），將顧客期望從低到高分成三個階層：(1)「基本期望」，即顧客認為服務企業至少應該提供的服務功能，或稱當然的服務品質特徵；(2)規格和需求層次上的「價格關聯期望」。這種期望值的高低和顧客消費支出檔次的高低相關聯，顧客支出愈多，期望就愈高；反之，則低；(3)愉悅階層上的「超值滿足期望」，即顧客

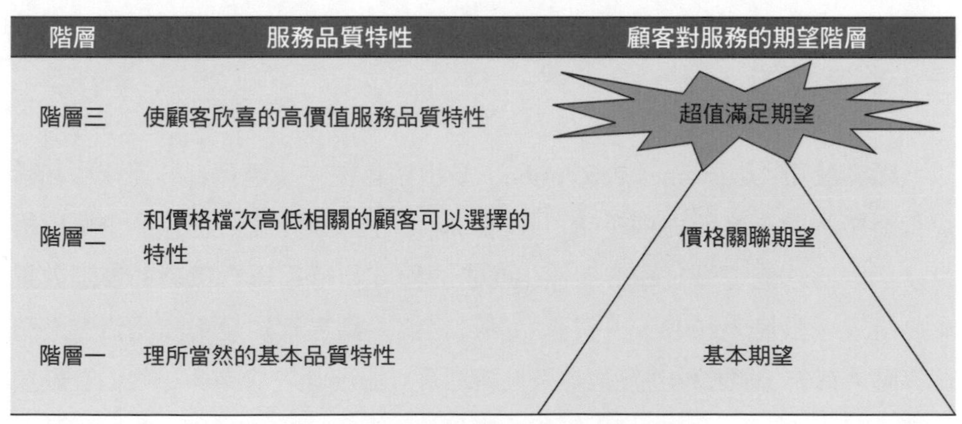

圖1-1　顧客對服務的期望階層論

資料來源：于君英、徐明（2001）。〈服務業顧客期望階層論〉，《東華大學學報》（自然科學版），27(4)，48-51。

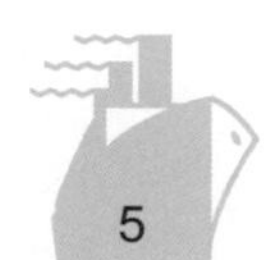

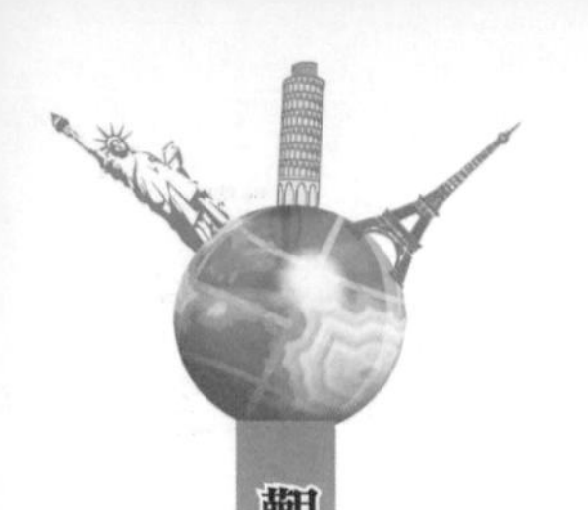

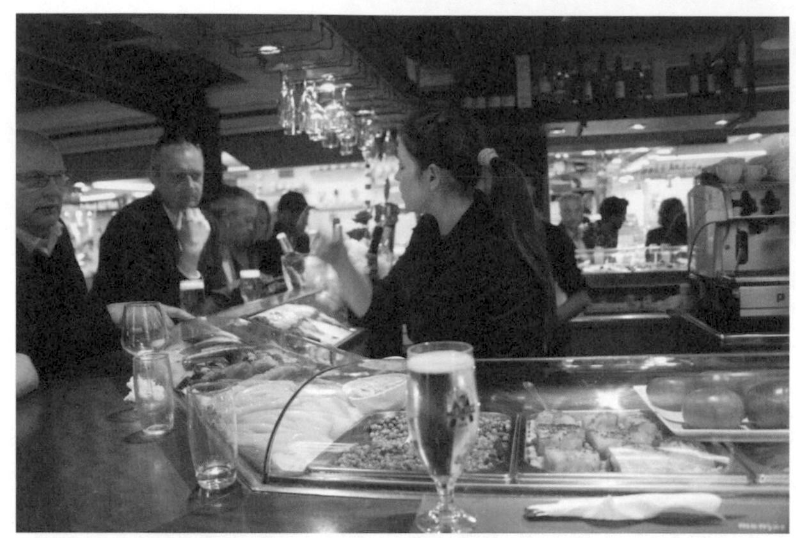

在海鮮西餐酒廊，服務是在員工與顧客的互動和真實瞬間過程中創造出來的。（徐惠群拍攝）

期望得到的額外收穫、額外滿足和要求（于君英、徐明，2001）。當前許多飯店和餐廳提出的「滿意＋驚喜」，服務理念中的「驚喜」即是為了達到顧客的「超值滿足期望」。如果企業沒有提供滿足這類期望的服務，顧客不會覺得不滿意，但一旦提供了滿足顧客這類期望的服務，顧客往往就會感到驚喜、格外地滿意。所以，滿足這種顧客期望的服務又被某些服務管理專家稱之為具有魅力的服務品質。

三、顧客感知

顧客感知（Customer Perception）是指顧客在完成購買行為過程中和購買行為後，對企業所提供產品／服務的綜合性主觀評價。它包括企業所提供產品／服務能否滿足顧客個性化需求的程度和行銷組合策略的實際效果（馬全恩、張偉，2003）。與產品品質相比，顧客感知是服務品質的最顯著特點：首先，服務的生產與消費同時進行，服務是在企業與顧客的互動和真實瞬間（Moment of Truth）過程中實現的，要靠顧客的參與、體驗和感受來評價；其次，服務由服務人員執行、由顧客來體驗。不同的服務人員有不同的心理狀態和服務技能，不同的顧客有不同的知識水準、興趣和愛好，所以服務帶給顧客的感受和效果存在差異。即使同一服務，顧客在不同的時間接觸，其感受也可能不同。也就是說，服務品質更多地是按照顧客主觀的感知加以衡量和檢驗的。因此，Grönroos（2007）將服務品質稱為感知服務品質。顧客根據體驗服務前形成的期望和實際體驗過程中的感知相互比較，最終形成了對產品／服務的滿意度評價，即為品質評價，如**圖**1-2所示。

顧客主要分為兩種：新顧客和回頭客。新顧客一般是透過廣告和促銷活動獲得產品資訊後嘗試這個產品，但他們也同樣能透過別人的口頭宣傳（即其他人已經消費過此產品之後的評價好壞），來決定是否也嘗試此類產品。另一方面，顧客的再次光臨基本上取決於以前光顧時的滿意經歷。為了給顧客提供滿意的消費經歷和留住這些再次光臨客人，觀光企業的每一個員工需要為之共同努力。觀光服務人員在提供服務的同時發揮著重要的行銷功能，他們的服務品質和行銷水準的高低，都會成為顧客是否重複購買的決策依據，並在一定程度上影響著顧客的消費程度。因此從某種程度上說，每一個服務人員對企業行銷活動都至關重要，他們也被認為是**兼職的行銷員**。所以，每一個將來準備從事觀光事業的人都要理解行銷的重要性，重視行銷學的學習。本章將重點闡述行銷的概念，行銷導向行銷區別於產品導向和銷售導向行銷的特性；行銷的功能以及怎樣使行銷部門和整個公司管理結構相配合。

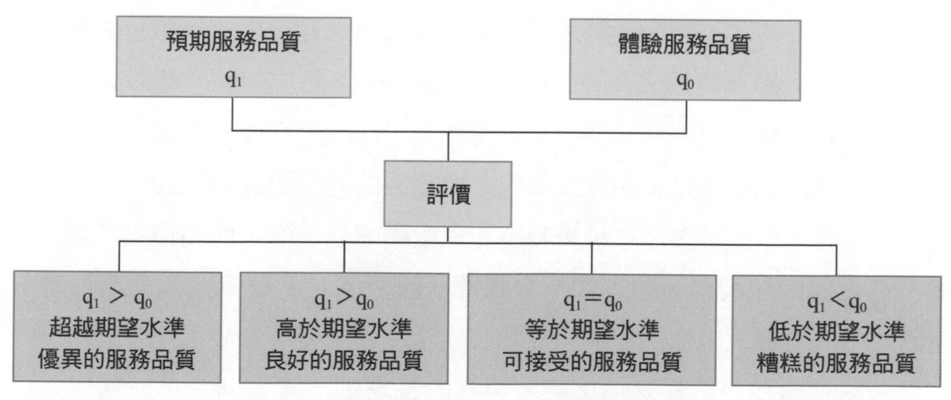

圖1-2　顧客的產品／服務滿意度評價

資料來源：鄒蓉（2005）。〈論顧客滿意的旅遊服務質量控制〉，《中南財經政法大學學報》，5 (2)，129-144。

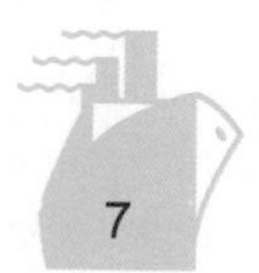

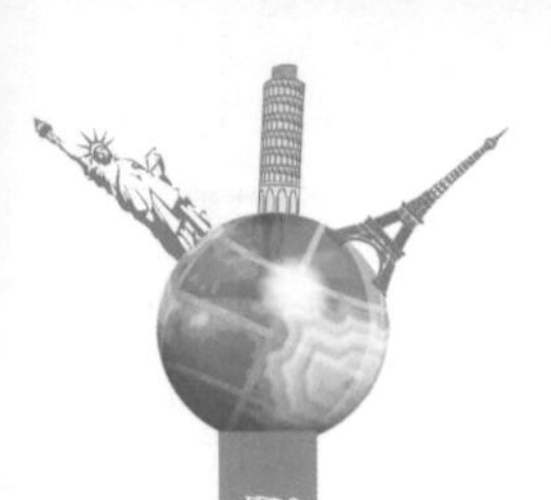

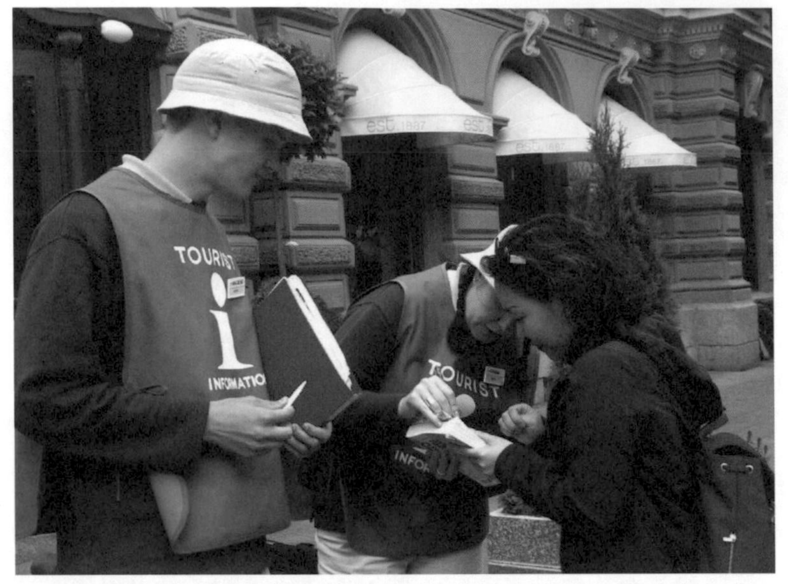

這兩位當地觀光組織的代表在幫助觀光客識別景點的過程中，扮演著行銷員的角色。（徐惠群拍攝）

第二節　行銷與行銷組合

任何組織的行銷活動都會受到一定行銷理念的支配和引導。具有不同行銷理念的觀光企業，在設計、提供和銷售產品的過程中，會表現出不同的行為方式，而得到不同的行銷效果。有人認為產品是用來招徠和留住客人的關鍵，就像電影《夢幻成真》（*Field of Dreams*）所推崇的「建設好了，顧客就會來」一樣，有些商家認為只要生產出了產品，就會有顧客前來購買，這種情況導致的結果是：觀光企業只重視產品的開發而忽略了顧客的真正需求。但也有一些企業透過推銷來吸引和獲取顧客的光臨，他們相信「如果組織不進行促銷和推銷，顧客就不會購買任何產品」。雖說這兩種觀點都有他們的可取之處，但他們卻都只片面重視產品的生產而忽略了顧客的需求。本章在對這兩種行銷模式進行簡單講解的基礎上，深入闡述第三種行銷模式——以行銷為導向的行銷模式（**表1-1**）。

表1-1 三種行銷導向模式參照表

行銷模式	核心理念	關注焦點	優點	缺點
產品導向	企業能生產什麼就賣什麼	產品生產的數量和品質	企業追求產品品質；大規模生產，降低成本	以產定銷，忽視顧客需求；輕視廣告促銷等推銷活動的重要性；無法使顧客重複購買無需求的產品
銷售導向	企業推銷什麼，顧客就會買什麼	如何讓顧客購買企業的產品	刺激消費者購買行為；擴大產品銷售數量	以產定銷；追求短期效益，不能與顧客建立長期的共贏關係；容易出現強行推銷、高壓購買的不良推銷措施
行銷導向	顧客需要什麼，企業就提供什麼	顧客需求與偏好；顧客觀點；顧客價值	以銷定產，產品適銷通路；立足於顧客的真正需求，關注產品以及推銷策略；吸引顧客的嘗新購買與重複購買，建立顧客忠誠度，促進企業永續發展	行銷過程更加繁瑣，需要更多人力、技術、設備等；需要懂行銷和業務操作等的專業人才

資料來源：Hsu, C.H.C. & Powers, T. (2002). *Marketing Hospitality* (3rd ed. p.5). New York: John Wiley & Sons.

一、三種行銷模式

(一)產品導向

產品導向（Product Orientation）盛行於1950年代。產品導向型企業致力於生產和改進優質和高性能的產品，以求透過產品的高品質和與眾不同的特點來吸引顧客的購買與消費，其產品和服務的設計不涉及顧客因素。第二次世界大戰後的幾年，西方飯店業的住房出租率一直居高不下；飯店經營者獲得了巨大的成功。他們認為之所以成功最重要的因素是自己的產品，也相信自己所經營的飯店才是真正的好飯店，並認為當時新出現的路邊汽車旅館是一種稍縱即逝的時尚。然而，十年過後，汽車旅館憑藉自身的實惠和便利特

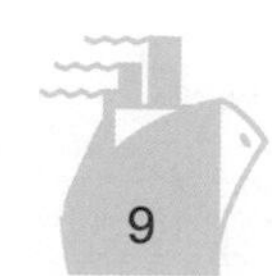

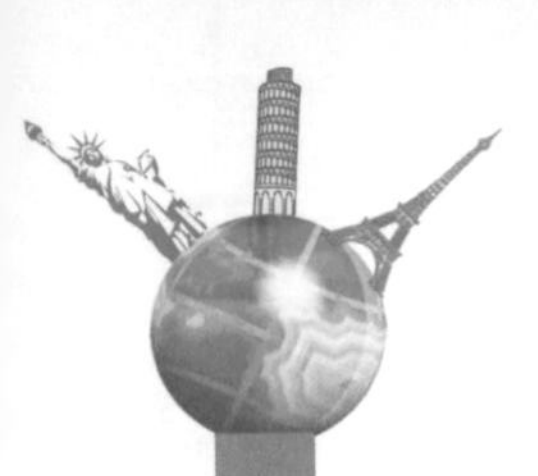

點，成功打進了傳統飯店市場，並開始與那些傳統型飯店相抗衡。傳統飯店便逐漸出現了出租率和經營收入下滑的現象。

許多餐廳也面臨著相似的命運。餐廳經理根據自己的口味和喜好設計餐飲產品／服務，而不是從顧客的角度出發來設計餐飲產品／服務，經理們還認為他們所設計的產品／服務是好餐廳所應該擁有的。如今，這種傳統經營理念受到了新興餐飲理念的衝擊，甚至開始被奉行以顧客需求為中心的行銷觀念所取代。實際上顧客的需求、口味和偏好是不斷變化的，他們的喜好才是真正決定企業經營的產品／服務能否成功的關鍵。不容否認，以產品為中心的經營理念有合理的一面，他們注重產品和服務的品質和經營效率在行銷中的重要作用。也正因為如此，在接下來的章節中我們會詳細討論產品和服務。但同時我們也應該很清醒地認識到，僅僅有產品和服務是不足以為企業帶來成功的。

(二)銷售導向

許多觀光企業認為推銷或促銷就是行銷。他們認為，只要將產品成功地賣給消費者就是成功的經營，這種觀點建立在只要企業能進行有效的推銷活動，就會吸引顧客購買的假定基礎之上，也就是我們所說的**銷售導向**（Sales Orientation）。這種推銷觀念仍然集中於產品，本質上仍是以產定銷。把行銷等同於廣告和推銷或單一的促銷的經營者所奉行的，其實都是銷售導向型的行銷模式。銷售是經營過程中的關鍵環節，但以推銷作為決定經營成敗的行銷，會導致經營者陷入「強推銷、高壓推銷」的危險之中。當組織經營的產品和服務能夠滿足顧客真正的需求和偏好時，推銷對於經營的成功便起著極大作用。但是，當客人的愛好發生變化，或是經營的產品不再能夠滿足客人的需求時，銷售導向型行銷策略必定會導致經營的失敗。任何時候都應該意識到的是：「**滿足客人的真正需求才是帶來重複購買的關鍵因素，也是行銷必不可少的組成部分**」。

(三)行銷導向

行銷導向（Marketing Orientation）的最大特點是以顧客的需求為核心，依據市場上的需求來設計、提供和銷售產品與服務，即顧客需要什麼，企業

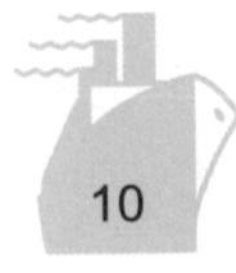

就提供和銷售什麼的經營策略。行銷導向理念的基礎和關鍵是：「消費者的購買欲望和需求，決定了組織提供何種類型的產品或服務。」首先，我們要瞭解顧客的需求、欲望和偏好，然後根據這些需求和偏好提供和其相對應的產品和服務。行銷導向型理念的真正內涵是以顧客為中心，從顧客的需求角度出發來設計和提供產品。最理想的行銷實際上是為即將購買產品／服務的顧客提供他們想要的產品／服務的行為。

二、行銷組合

正如前文所述，行銷導向實際上是一種思維方式，或者說是一門哲學。行銷則透過各種活動將這種哲學付諸實際行動。美國行銷協會（American Marketing Association, AMA）於1985年對**行銷的定義**是：「行銷是對思想、產品及服務，進行設計、定價、促銷及分銷的計畫和實施的過程，從而產生滿足個人和組織目標的交換。」行銷過程是從顧客，尤其是從我們稱之為「目標市場」的特定顧客群體開始的。目標市場的需求決定了企業怎樣成功地開發產品和服務，並在相關市場上進行銷售。顧客在生產過程中的親身參與，是區分服務過程與製造過程的最關鍵因素。製造產品的行銷一般由企業獨立的行銷部門即可完成，但服務企業的行銷活動幾乎涉及到所有工作人員，行銷部門的工作只是全部行銷活動中的一部分，因為每個工作人員都可能與顧客有互動和交流，並從中透過好的行銷表現來獲取客人的再次或多次光顧。觀光企業所有工作人員參與的行銷活動被稱之為**行銷組合**（Marketing Mix），即行銷涉及到一系列相關的活動而不僅僅是單一的過程。2004年8月AMA更新了行銷的定義：「行銷既是一種組織功能，也是為了組織自身及利益相關者的利益而創造、傳播、傳遞客戶價值，管理顧客關係的一系列過程。」目前AMA對行銷的最新定義為：「行銷是指用來創造、溝通、傳遞，和交換對於顧客、委託人、合作夥伴以及社會具有價值的供應品而開展的活動，與一系列的制度和過程。」（AMA, 2008）

(一)4P行銷組合

我們前面所討論的產品導向或銷售導向的行銷存在著相應的問題，並

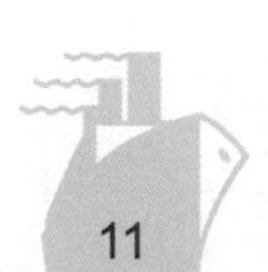

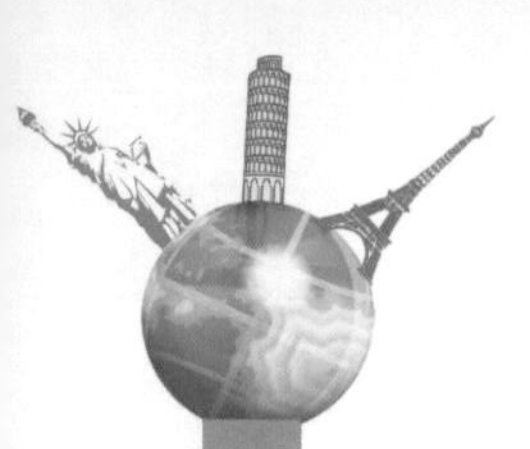

不是說它們完全是錯誤的，而是說明它們僅對產品或推銷單方面的重視導致了片面性和局限性。觀光企業的行銷實際上涉及到企業的一系列有組織、有順序的行銷活動，並不僅僅是生產和推銷產品。這些行銷活動一般可以被歸納為4P：產品（Product）、價格（Price）、促銷（Promotion）和通路（Place）。行銷人員把這些行銷元素加以綜合運用，以滿足客人的需求和獲得市場競爭力，從而獲得最佳行銷效果，這也就是我們所提及的**行銷組合**。

以4P為主的行銷組合被廣泛應用於行銷實踐，構成了觀光企業實施行銷策略的核心，即產品、價格、促銷和銷售通路構成了觀光企業行銷組合的主要內容。首先，公司向目標市場提供滿足消費者需要或需求的產品和服務的組合（即Product）。從行銷的角度來看，觀光產品應是包括了有形的物質產品、無形的服務、觀光企業的理念、觀光從業人員的素質、包裝和品牌的內在價值、觀光客的期望值等一系列因素在內的綜合體。其次，觀光企業在確定了正確的產品策略，即有了一個適銷通路（指產品適合市場需求且銷路良好）的好產品之後，就要為經營的產品配以正確合理的價格（即Price）。此價格需要滿足下列這些條件：為客人創造價值，能被顧客接受；在市場上具有競爭力；觀光企業能獲利。然後，公司透過一系列的廣告和促銷活動，如媒體廣告、個人推銷、公共關係等，為客人提供產品資訊，激發顧客的興趣和購買欲望，影響、說服他們大量購買或反覆購買本企業的產品（即Promotion）。此外，公司還需要創造銷售通路，方便顧客購買、使用產品和服務，使觀光產品順利地從產品提供者轉移到最終消費者手中（即Place）。觀光企業的分銷通路可以是個人（如客房或餐廳服務員、航空公司票務員）、中間商（如觀光批發商、觀光代理商或觀光專業分銷商）或其他組織。

(二)7P行銷組合

以4P為核心的行銷組合體現著現代行銷理念的整體思想，一直以來都是企業界制定行銷管理決策的核心，被普遍重視和廣泛應用。然而，這種源於製造業的行銷組合並不完全適用於具有自身特點的觀光服務業，或者說不能全面包含服務行銷的內容。行銷學者Zeithaml和Bitner（2003）針對服務企業的特點，提出了適用於服務業的**7P行銷組合策略**，即在4P的基礎上，融入了

表1-2 服務業7P行銷組合策略指標

組合要素	主要指標
產品（Product）	種類、品質、品牌、設計、服務項目、包裝、形象定位、售前售後服務
價格（Price）	標價、折扣（包括折讓和佣金）、付款條件、定價、顧客感知價值、信用條款
促銷（Promotion）	廣告、人員促銷、公共關係、銷售、宣傳
通路（Place）	分銷地點、分銷方式、分銷機構、分銷領域、業務種類、可達性、店面位置
人員（People）	服務人員數量、形象、態度、專業水準、培訓、激勵顧客
過程（Process）	程序、自動化、顧客參與、顧客取向、服務流程、標準化、客製化
有形展示（Physical Evidence）	標誌、停車場、周遭環境和景致；員工服裝、裝飾風格、布局、色調、光線、音效、設施設備和內部裝潢、名片等

資料來源：改編自：(1)Bernard, H. B. & Bitner, J. M. (1981). *Marketing of Services and Organization Structures for Service Firms*. American Marketing Association.；(2)Zeithaml, V. A. & Bitner, M. J. (2003). *Service Marketing: Integrating Customer Focus Across the Firm* (3rd ed.). Boston, Mass.: McGraw-Hill/Irwin.

三個構成服務產品的必要要素：**人員**、**過程**和**有形展示**。這七大要素中的任何一個或幾個因素都會影響顧客購買的最初決策、滿意度或重購決策。**表**1-2對這七大要素進行了簡要概括。

■人員

人員（People）是指參與服務供給，並由此影響購買者感知的全體人員，即企業員工、顧客，以及處於服務環境中的其他顧客。在觀光服務中承擔著服務表現和服務行銷雙重任務的服務員工，在顧客眼中已成為觀光服務產品的組成部分。他們的著裝、個人外表、精神面貌，以及態度和行為都會影響顧客對服務的感知。作為企業行銷立足點和實施行銷對象的顧客，也是觀光企業開展行銷必不可少的人員的一部分。顧客不僅影響他們自己的服務產出，也會影響到其他人接受的服務品質，即優化或分化其他顧客的服務體驗。

■過程

過程（Process）是指觀光企業把服務傳遞到顧客手中的實際過程、機制和作業流程，即服務的供應和運作系統。顧客體驗到的實際的提供步驟或服

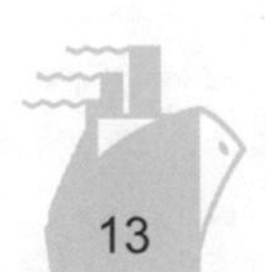

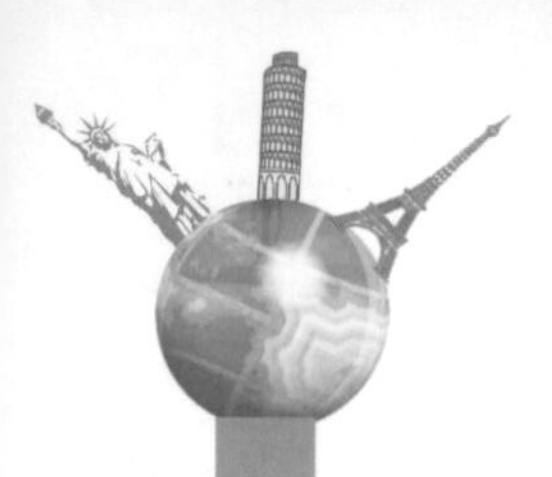

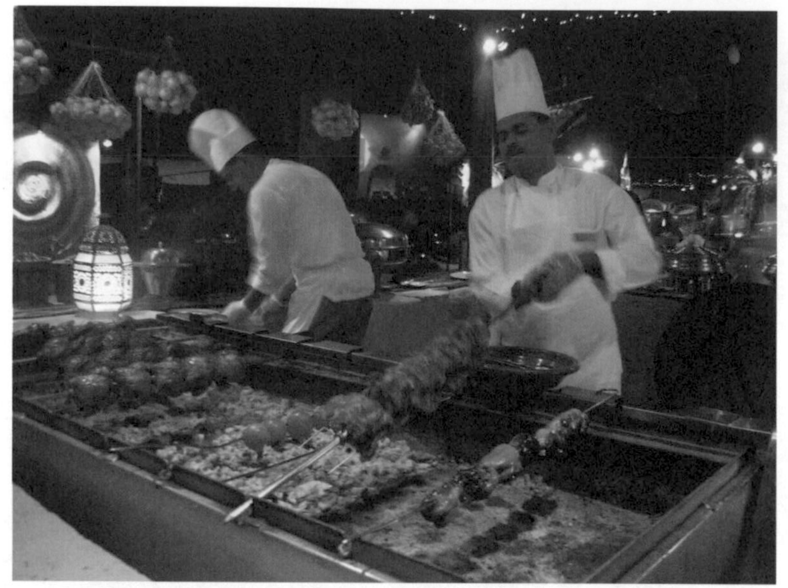

員工在餐廳內現場演示如何製作菜餚，能讓顧客產生視覺效果，並影響顧客對產品／服務的感知。（徐惠群拍攝）

務的運作流程，包括服務體系的理念和運作、服務的自動化程度、顧客參與程度、諮詢與服務經歷等，這些都是顧客評價服務的重要依據。服務過程的複雜或簡單並沒有好壞優劣之分，而是觀光企業應該根據自身提供服務的特點來設置相應程序。如美國西南航空公司提供的是沒有附加服務（無食品、無指定座位）、沒有客製化服務、平價的航空服務產品，因此它所提供的服務過程是很有效、標準化和低成本的。

平價航空從飛機降落到起飛的過渡時間非常短暫，不僅提高了飛機的周轉率，從而降低票價。顧客參與是服務過程的很大一部分。那些乘坐平價航空公司的乘客需要參與很多自助的活動。而許多傳統型航空公司，如國泰航空公司主要定位於商務客人市場，注重滿足商務旅行者的全方位需求。因而，它是對單一顧客高度客製化的，並且授權員工在需要時提供標準之上的服務。雖然服務程序截然不同，但這兩家航空公司都是經營成功的典範。

有形展示

有形展示（Physical Evidence）是指觀光企業需要利用有形要素，使得顧客能夠在購買無形的服務產品之前，對服務產品進行預期評價，並為顧客

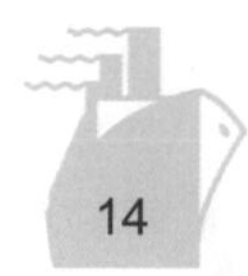

親身體驗和消費服務營造環境和氣氛。有形展示要素包括組織的所有有形設施（服務場景，Servicescape），以及任何便於服務履行和溝通的有形要素。影響顧客的服務場景要素既包括外部特徵，如景區建築、標誌、停車場，和周遭的環境等；又包括內部特徵，如設計、布局、設備和內部裝潢等。如麥當勞金色的拱形標誌和迪士尼的米老鼠與唐老鴨就是重要的有形展示要素。另外，速食店多採用的明亮色調，如紅色或黃色為主的餐廳裝飾反映服務的快捷和活潑；咖啡廳則多採用暗色調營造愜意、輕鬆和寧靜的環境等，如星巴克咖啡廳的綠色環境。觀光企業網站上陳列的圖片或虛擬服務場景視頻，也已成為最新的有形展示要素。

三、行銷是一種社會力量

行銷在廣義上被認為是「為顧客創造滿意」，主要是指發現顧客的欲望和需求，並滿足顧客。以服務業為例，其核心就是如何為客人創造滿意、愉悅的消費經歷。因此，以顧客為中心的行銷理念恰好適合了觀光服務工作的本質。行銷理念早已滲透到我們生活中的各個方面；以觀光產業為例，無論是本土企業還是跨國集團、營利性組織還是非營利機構，他們的成功都離不開行之有效的行銷；像麥當勞、迪士尼樂園和香格里拉飯店這樣的營利性公司也要進行行銷； 又如國家公園、自然保護區、博物館，甚至是教堂這樣的非營利組織也同樣離不開行銷活動。

有人認為行銷與利潤緊密聯繫，即「行銷是以企業盈利為目的」。從廣義上來講這種觀點是正確的。但對於非營利性組織來說，這種觀點則需要另作解釋。譬如，某些國家級觀光景區的經營目標就可能只是為了盈虧平衡，即「既不虧損也不盈利」。換句話說，他們的目標就是「零利潤」。甚至有些觀光景點因為有政府的補助金彌補了經營上的虧損，他們的實際經營目標可以說是「負利潤」。但不管是非營利組織還是政府資助的觀光景點，他們也都需要達成一定的銷售量和收入，以作為員工薪水開支和提供服務。行銷能夠幫助這些經營部門達到他們所想要的銷售水準。

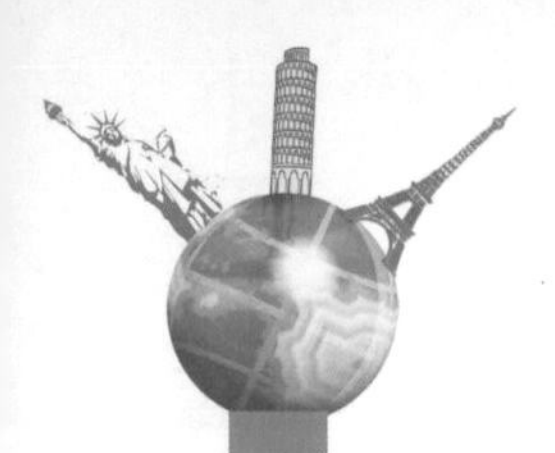

四、行銷的社會性

企業組織開始意識到他們除了追求利潤的傳統目標之外，還要承擔起保護社會和環境的責任。當今消費者越來越意識到並開始關注社會和環境問題，所以，為了滿足消費者的需求，企業也必須顯示其相似的意識和關心。行銷以及公共關係活動是向顧客和普通民眾傳遞公司對社會以及環境的價值觀的工具。如綠色飯店提倡使用可分解的清潔用品和根據客人的需要提供某些服務；一些航空公司鼓勵乘客捐款支持環保事業，從而補償由於飛行燃油消耗而對環境產生的影響。企業的行銷活動不僅僅是為了滿足消費者現實的欲望和需求並由此獲得利潤，還要符合消費者自身和整個社會的長遠利益，促進經濟和社會環境的永續發展。

行銷不能解決所有問題，但它確實是組織的一種明智選擇，尤其是在當今的外部大環境影響下，有效的行銷策略付諸實施的時候，它帶來的是行銷人員和消費者的雙贏效果。

第三節　觀光企業內部的行銷管理

如前所述，行銷已經滲透到服務組織的各個部門。單獨的行銷部門無法完成整個行銷任務，也不能確保產品和服務出售的品質，因為其他業務部門的操作情況也影響到顧客的價值和滿意，只有各個部門齊心協力，才能充分實現顧客的期望價值，使之感到滿意。

一、行銷部門與其他部門的關係

同其他服務企業如銀行、運輸公司一樣，觀光服務業也繼承了製造業的組織結構模式，由行銷部門負責處理行銷事宜（參照圖1-3）。然而，觀光服務中顧客與服務人員的互動特點決定了其與傳統企業的行銷之不同。觀光企業的行銷部門參與的只是行銷的部分功能，如廣告或促銷活動等。應該說，觀光行銷涉及到的是所有工作人員，尤其是與顧客有互動和交流的人員，他

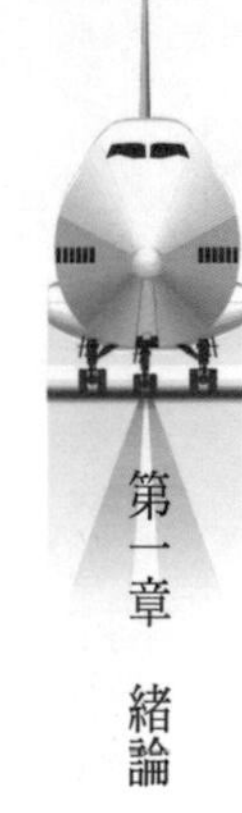

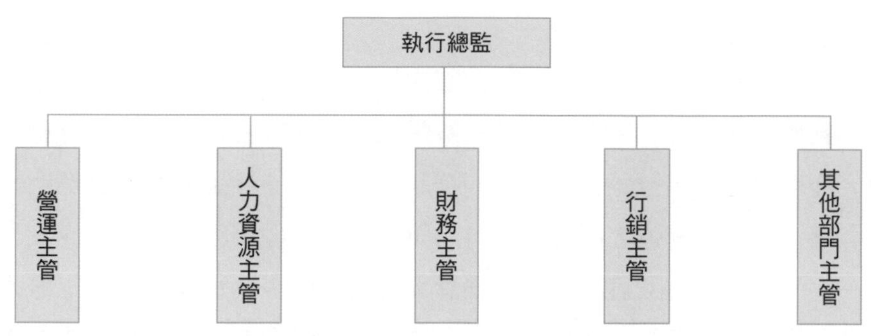

圖1-3　傳統的企業組織結構

資料來源：Hsu, C.H.C. & Powers, T. (2002). *Marketing Hospitality* (3rd ed. p.10). New York: John Wiley & Sons.

們的服務態度和行為是顧客購買的服務產品的一部分，同時也是行銷活動的內容。有形產品的行銷固然重要，但員工的工作態度和行為，若造成買賣雙方不愉快的互動經歷，便足以毀壞整個產品和服務的交易。

因為無形的服務產品不能像有形產品的生產那樣標準化、機械化，觀光企業只能透過行銷（如廣告、個人銷售、網上資訊等），向客人承諾企業產品價值，從而吸引顧客的親身消費，即新來顧客的嘗試購買與現有顧客的重複購買，以評估企業做出的承諾。但客人對獲得的企業服務產品的真正感知，卻來自於前線操作部門的工作人員（如觀光景點售票員、渡船工作人員、導遊等）。如果顧客透過企業的行銷資訊產生的期望和其對於真正服務的感知出現差距，企業的行銷活動就無法達到企業期望的效果，因為顧客親臨其境的消費經歷才是顧客評估服務品質的真正依據。

換句話說，觀光企業的行銷活動需要組織的多個部門，至少是行銷和生產營運部門的共同參與才能完成：行銷部門首先向人們承諾做什麼——對將要發生的服務接觸中的實際情況形象化，並使顧客對將要購買的服務產生期望；然後，生產營運部門作為真正的服務提供者，將行銷中承諾的服務變為現實性的體驗提供給顧客。例如，如果旅行社廣告中出現服裝整齊並面帶微笑的前臺接待員，在前往櫃檯詢問時，顧客就會希望能看見服裝整齊並提供微笑服務的接待人員。因此，當瞭解顧客期望的行銷人員未能向接觸和服務顧客的員工，如生產營運部人員的客服員、導遊、觀光巴士司機等，傳遞行銷活動對客人做出的服務承諾，服務人員就會因缺乏資訊，無法提供達到顧

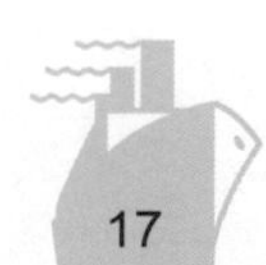

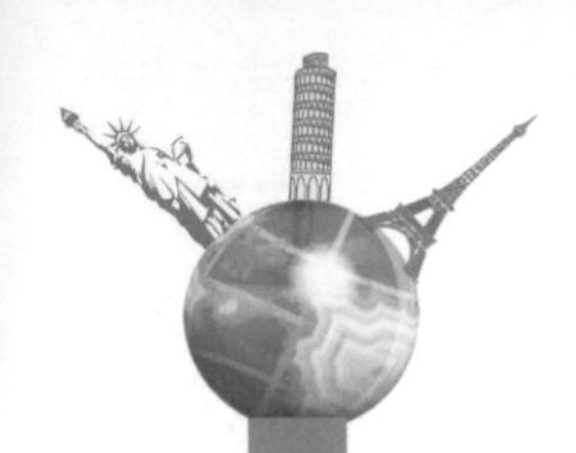

客期望值的服務。

顧客在真正體驗服務過程中與前線工作人員之間的互相交流，是觀光企業能夠獲取重複客源和交叉性購買的關鍵因素；顧客與員工之間的互動交流過程，極有可能超出行銷部門經理的控制範圍，而往往由生產營運部門經理進行引導，因此由營運部門經理領導的與客人面對面接觸的前線工作人員，才是決定服務品質的關鍵。由於行銷專案的成功取決於營運部門的工作人員能否獲取再次光顧客源，行銷部門與營運部門的協調或整合，也就成為決定企業提供的服務產品品質的必需條件。最高管理階層的職責是設計能夠利用不同部門管理人員能力的組織架構和運作流程，因此觀光企業的高層管理人員需要承擔起協調部門關係的責任，組建合理有序的組織架構和流程，並保證各個下屬部門在政策與流程上的一致性。

近年來，行銷部門作為服務組織的一個單元已得到了廣泛的認可。愈來愈多的連鎖企業的行銷經理升職成為行銷副總裁，就是很好的證明。行銷部門一般來說是負責組織的廣告、公關、促銷設計、公共媒體以及行銷研究活動。長期以來，企業經營者將注意力集中在資金、原料、設備和人力資源方面。當今，人們已經意識到透過行銷調查研究獲取的第五項資源——資訊的重要性。隨著行銷研究越來越廣泛地用於調查顧客對公司提供產品和服務的滿意度，行銷經理開始意識到營運領域的工作對行銷工作的重要性。行銷調查研究有效彙集觀光消費動向、競爭市場回饋等市場訊息，為行銷部門以及營運部門的經理制定策略決策、產品開發以及其他用途提供依據。如前所述，觀光企業的生產操作部門向顧客提供服務的活動，也是開展行銷活動的一部分，擔負著「兼職行銷員」的責任，而行銷部門也需要涉入生產操作部門的領域，保證行銷活動的有效合理。

二、行銷部門與營運部門之間的衝突

在製造企業中，產品可以在某個生產工廠經過設計、生產，然後被運送到不同的地點進行銷售，而顧客則可以在購買地點甚至在第三個地點消費和使用商品。因此，通常情況下，生產人員沒有必要直接同顧客發生接觸。服務企業的情況則不同。觀光產品的生產與消費的同步性，決定了觀光業員工

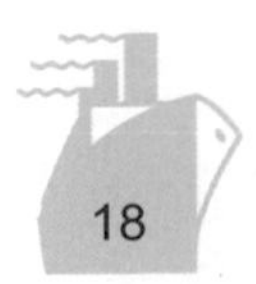

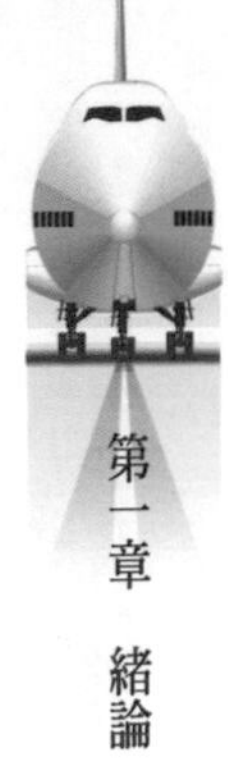

必須參與到服務產品被消費的現實場景，才能將服務產品價值傳遞給顧客。因此，組織創造和傳遞服務產品的過程至少需要行銷、營運和人力資源管理三個主要部門的共同參與。行銷部門負責市場研究，開發產品並在目標市場執行銷售溝通；人力資源部門針對服務交互活動，對企業員工進行培訓，使之具備傳遞產品價值的能力，而營運部門則在負責服務產品生產的同時，完成產品價值從生產到消費的順利過渡，並促使顧客繼續消費購買產品和服務。

由單獨的人或部門制定全面的行銷策略在觀光企業是極其少見的。通常三個部門的緊密合作才能確保顧客的滿意。行銷與營運之間協調和溝通可以準確反映傳遞產品資訊，進而減少顧客期望與服務傳遞之間的差距；行銷與人力資源的整合可以提高每個員工的能力，使他們變成優秀的行銷人員。三個部門之間工作的緊密聯繫性以及行銷領域的廣泛性，顯示組織之間在跨部門合作的同時，也可能導致部門間的衝突，特別是行銷部門與營運部門之間的衝突。行銷人員負責新產品開發、分銷和定價策略、產品資訊傳遞，以及觀察競爭者的相關行銷活動，他們需要考慮到營運部門的實際接待能力，包括技術、人力、知識、場地等因素，制定出符合企業實際的行銷策略。

當行銷人員需要參與到產品設計及服務傳遞時，營運部門會認為他們干涉了業務操作流程而反對他們參與。此外，一些營運經理總是相信自己對企業的瞭解已經足夠深入，而拒絕接受行銷人員在調查顧客動機和習慣、確定新產品開發的機會、向現有顧客及其潛在顧客傳遞有關產品的資訊，和制定建立顧客忠誠度的策略等這些方面做出的貢獻。因此，各部門的目標、理念、觀點及面對顧客角度的不同，造就了組織內各部門間溝通、協調和合作上的困難。行銷部門與營運部門人員之間的衝突主要體現在三個方面（**表1-3**）：

表1-3　營運部門與行銷部門之間的主要衝突

營運部門所關注的	行銷部門所關注的
1.效率：成本控制 2.實施流程：需要較長的準備時間 3.與現有資源的相容性：檢驗可行性	1.銷售量：營業收入最大化 2.獲取競爭力優勢：即時行動 3.維持及抓住市場機會：吸引現有顧客和潛在顧客

資料來源：Hsu, C.H.C. & Powers, T. (2002). *Marketing Hospitality* (3rd ed. p.12). New York: John Wiley & Sons.

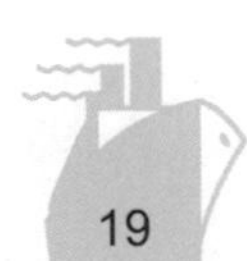

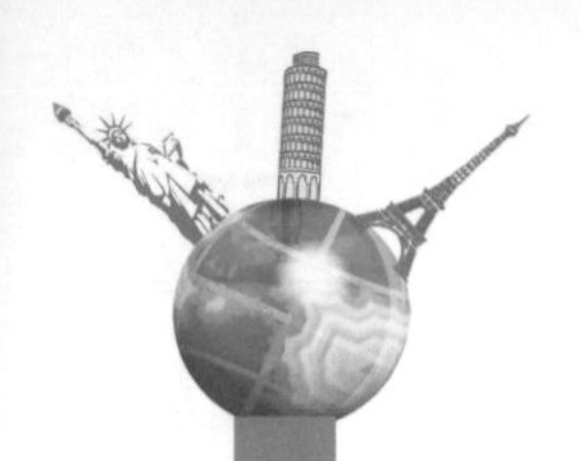

(一)收益導向還是成本導向

營運部門的成本控制目標與行銷部門的收益最大化之間存在矛盾。營運部門和行銷部門對於衡量經營效益的方式存在著不同的看法：生產部門經理關注的是如何降低成本、提高效率，他們認為經營是對各種投入進行削減，以反映服務約束條件的現實（員工、設備等）和同時存在的成本約束；而行銷人員關注的則是如何尋找機會開發新的顧客關係和建立顧客忠誠度來提高銷售量。行銷的作用一般被看作是不斷為所提供的新產品增加優越性，從而透過加強對顧客的吸引力來增加銷量。儘管行銷部門從顧客需求的角度出發所提出的行銷創新可能吸引顧客並增加銷量，但在其他部門看來，這可能會增加採購成本、打亂生產計畫、增加庫存或增加工作量。於是其他部門可能不願傾力支持行銷部門的行銷創新。而且生產部門由於從控制成本出發，往往不願意增加生產成本來改變當前的某些生產局限性以實施行銷創新，從而使得行銷部門的新產品和服務因為與現有的設施、技能和程序的不配合而夭折。

(二)不同的時間觀念

營運部門與行銷部門對推動開發新服務的時機選擇持有不同的時間觀念。行銷可能是以當前顧客所關注的問題為導向，總是希望利用時間價值創造一個早期的競爭優勢來占領市場，或者說他們意識到競爭對手的行銷活動而引發自身實施行銷方案的緊迫性。觀光產品所具有的易複製性以及非專利性，使得每個觀光企業都希望有早於競爭者所開發出的新產品，來占領現有的和潛在的客源市場，對行銷部門來說，越早開發出一個走在競爭者前面的新產品，就越有可能取得競爭上的優勢。行銷部門可以更清楚地看到及時的廣告和促銷方法將為公司帶來的隱性前景，並需要業務操作採取即時的調整來將這些隱性前景變為顯性效益。

另一方面，營運部門則可能偏向於需要一個較長的時間範圍開發新技術或完善而新的生產程序。營運部門涉及的是企業每天細節性的工作流程，更加注重公司在日常業務操作中所存在的問題，也更加深刻地認識到企業實施變化和服務創新的實際困難。營運部門可能想要更多的準備時間進行詳細的規劃、員工培訓，以及系統監測，以確保新的操作流程順利實施和精益求

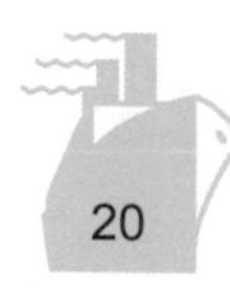

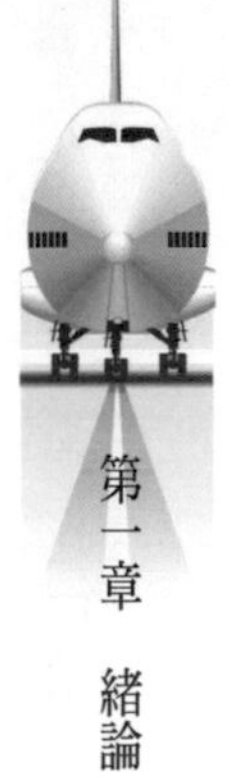

精。此外，新產品的開發引進還需要人力資源部門員工的配合和支援，需要招聘新員工或是對現有員工的技術、操作知識等方面的培訓，來適應工作流程或內容的變化。人力資源部經理可能也會告誡不要匆匆忙忙改變員工工作的性質，而是需要足夠的時間來確保人員工作的品質。

(三)對新產品與現有運作配合度的認知

行銷與營運部門之間就新產品和現有設施設備、操作技能和程序的相容性與一致性方面的認知也存在差異。可能引起顧客興趣的新產品，是否能與現有生產系統和設施設備很好的配合？新開發出的產品是否適合業務操作？行銷人員可能認為某個新產品對潛在、現有顧客都具有吸引力，但如果該新產品與現有的生產設施設備、專業技術以及員工技能不相適應，此類新產品根本無法成功地達到推廣銷售對市場做出的承諾。

其次，行銷部門支持創新和變化，而營運部門可能抵制變化，因此造成雙方之間無法一致。營運經理每天處理大量員工、顧客、設備、天氣到競爭者以及其他方面的諸多問題。一旦營運部門形成一個能解決諸多日常問題的體系，該體系就會對目前的工作狀態有利，在這種情況下，由於一些新程序或理念可能會擾亂目前的工作狀態，尤其是當創新理念不是來自他們本身的觀點和建議的時候，所以公司有可能不願意向員工介紹新程序或理念。雖然不匹配以及對變化的抵觸都會導致新理念實施的延誤，但這兩種原因是不同的，所以需要有不同的方法來解決。

如何解決行銷與營運部門之間在收入取向與成本取向、不同的時間理念以及對新產品與現有生產配合度的認知這三個方面的衝突，很多觀光企業都採用了積極有效的方法，來幫助企業緩解部門之間的緊張狀態。行銷在飯店與觀光服務業隨著其業務的顯著增長而變得越來越重要。

三、緩解部門之間的衝突

行銷部門和營運部門之間的工作性質互不相同或相互衝突，這些問題給各部門經理提出了新的挑戰。作為中央辦公功能的行銷和作為業務單位層面功能的營運之間的差別，應加以最小化。企業高層管理者應該設計出能夠

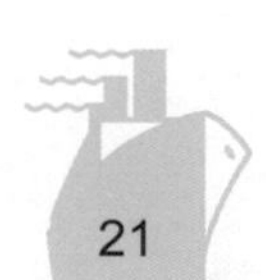

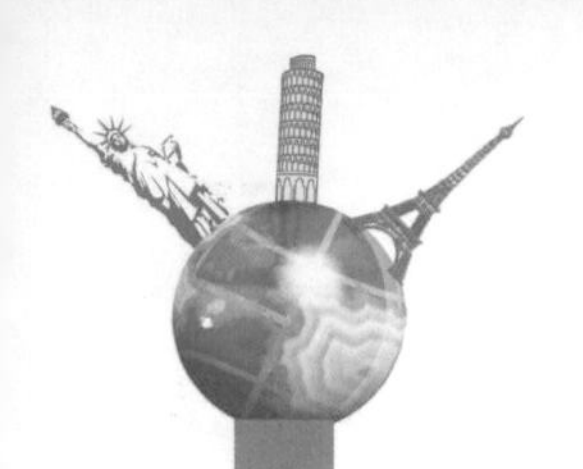

利用不同部門管理人員能力的組織結構和程序，避免這種能力在部門之間的衝突中分離，或讓一個部門來主導其他部門而影響其他部門的積極性。透過單位轉換及跨部門培訓建立跨功能團隊，是最常見的緩解部門之間的緊張狀態、解決部門衝突的方法。

首先，一些大型公司會將行銷部門的工作人員調度到基層業務部門，使之瞭解營運部門工作流程，或把一些重要的行銷決策權下放到業務單位層面，從而建立起營運與行銷工作之間更好的聯繫。但是，這樣做的危險是業務經理只有純粹的營運視角。所以，為了克服這一點，部分企業對營運部門的管理人員進行跨部門培訓（包括行銷），使其對組織的各個功能有更廣泛的認識，從而能夠執行範圍更廣的工作。這就要求企業不僅要把行銷的培訓作為一個單獨的培訓科目，同時應該把行銷的培訓作為企業管理層交叉培訓的一項重要內容。同樣地，行銷人員也需要接受其他業務部門相關的業務知識和技能的培訓，去理解與認識這些營運部門的操作流程及其實際工作狀況。有認識對方的機會和約束條件，也就意味著跨部門之間的交叉培訓，不僅需要行銷人員有足夠的時間參與到實際的業務操作流程，同時也使營運人員經過行銷方面的培訓，能夠被轉調到行銷部門工作。所以，為顧客創造價值遠不只是一項「行銷功能」；相反的，它就像一個交響樂團，是各個部門互相配合，由指揮整合成一個整體——達成協作的結果（Narver & Staler, 1990）。

對行銷和營運的進一步認識、不同部門的工作人員間的非正式聯繫，使行銷部門和營運部門都能相互理解各自工作上的困難和問題。只有行銷部門理解營運部門以及營運部門把行銷當作他們日常工作的一部分，雙方之間的衝突才得以解決，否則將會付出昂貴的代價。一些企業組織所辦理的「研討會」，作為促進行銷與營運部門之間的相互溝通橋梁，就是很成功的緩解部門衝突的例證。來自不同部門的員工代表週期性地參與會議，雙方交流找出行銷人員所做的服務承諾與運作人員提供的服務相配合的困難。

四、內部行銷

內部行銷（Internal Marketing）是把行銷理論和實務應用於企業的內部員工，視其為企業的內部顧客，努力滿足其需要來吸引和留住這一內部顧客群體的一系列活動。愉快的員工才能帶來愉快的客人。同外部行銷一樣，企業可以運用各種各樣的行銷方法來激勵內部員工。這對於與顧客發生直接接觸並且是公司銷售服務產品的一部分的服務人員尤其重要。因此，管理部門必須將工作任務與薪酬制度結合起來，適應內部顧客的真正需求。與對外部行銷（消費者）相對應，內部行銷可以理解為企業向內部顧客（員工）提供滿足其需要的產品和服務，提高他們對公司的忠誠度，從而獲得足夠的支持來實現公司的經營使命的一種管理哲學或管理策略。

內部行銷是一種持續性的管理過程，它立足於把員工視為企業的內部市場，並圍繞在「如何培養具有顧客意識和服務意識的員工」這個中心展開。內部行銷具有雙重目標：

1.使員工具備服務意識和顧客導向意識，從而作為行銷人員而不是單純的生產人員進行服務活動。
2.吸引出色的員工使其願意留在本企業工作，同時發揮員工的最大潛力向外部顧客提供服務。

第四節　觀光企業行銷功能的組織

觀光企業的行銷單位是指一個觀光企業或目的地全面負責執行和管理其行銷工作的部門或組織，企業往往根據自身的實際需要來組織行銷部門，不同的公司組建的行銷部門可能不一樣。四種最常見的行銷部門組建形式是：功能組織形式、地區組織形式、市場組織形式和產品或品牌組織形式。

一、功能組織形式

功能組織形式（Functional Approach）是指觀光企業根據行銷管理的各項具體功能，如廣告、促銷、市場研究等來設置企業的行銷單位或部門，並安排專人負責各個行銷功能（如圖1-4）。各部門經理在企業行銷總負責人（行銷經理）的統一指示和監督下明確分工，從事各自的專業化行銷活動，如廣告與促銷、研究設計與執行、行銷計畫，以及產品銷售等。因此，不同

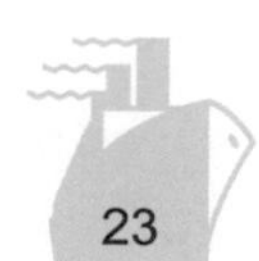

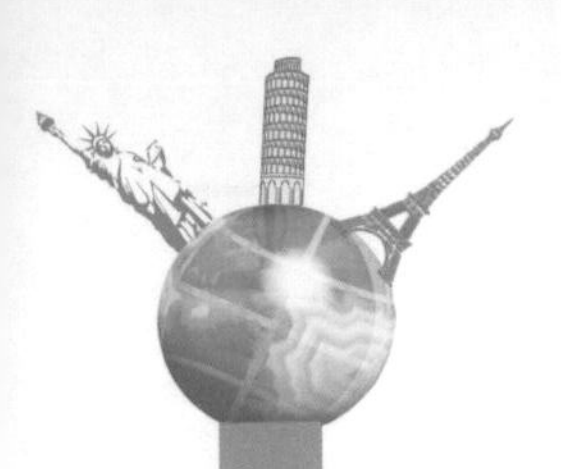

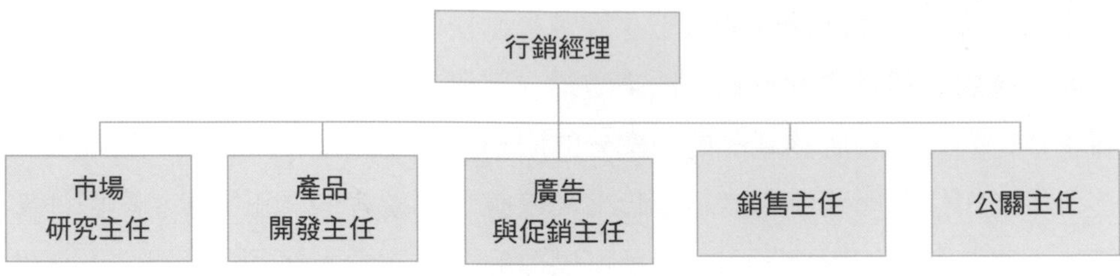

圖1-4　觀光企業的功能型行銷組織架構

資料來源：徐惠群整理。

的行銷活動分別由一個專家領導，包括銷售主任、廣告主任、行銷研究主任、顧客服務主任和公關主任。當觀光企業只有一種或少數幾種產品，或者觀光企業產品的行銷方式大體相同時，按照行銷功能設置企業的行銷單位會比較有效，但隨著產品種類的增多和市場的擴大，各功能部門之間就會由於強調各自的重要性而出現部門之間協調上的困難。

二、地區組織形式

隨著競爭環境的不斷變化，觀光企業越來越重視各個市場的地區差異，並按照產品銷售的地理區域設立相應的行銷單位或部門，建立相應的區域性行銷團隊，形成一個嚴密的銷售網絡，這種行銷組織形式被稱之為**地區組織形式**（Geographic Approach）。

跨國或跨地區的觀光集團，如綜合旅行社、連鎖飯店集團等，通常會設置地區型行銷組織，按照地理板塊區域從大到小依次設置區域銷售主任、國家銷售主任、地區銷售主任、地方銷售主任和行銷代表。各級銷售主任分別負責其所在地理位置的市場營運情況，並向上級行銷主管彙報。公司總部的高層行銷經理監督各級地區行銷人員的行銷活動，參與制定行銷計畫、審核行銷活動及效果。地區行銷部門在總公司的整體行銷計畫的範圍內，從事相應的地理區域的行銷活動。**圖1-5**為某綜合旅行社（經營出境觀光、入境觀光以及國內觀光產品）的地區性行銷組織架構。

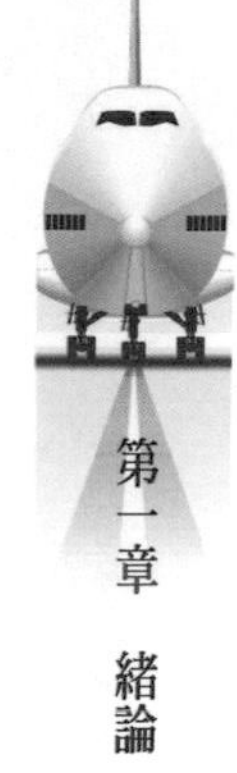

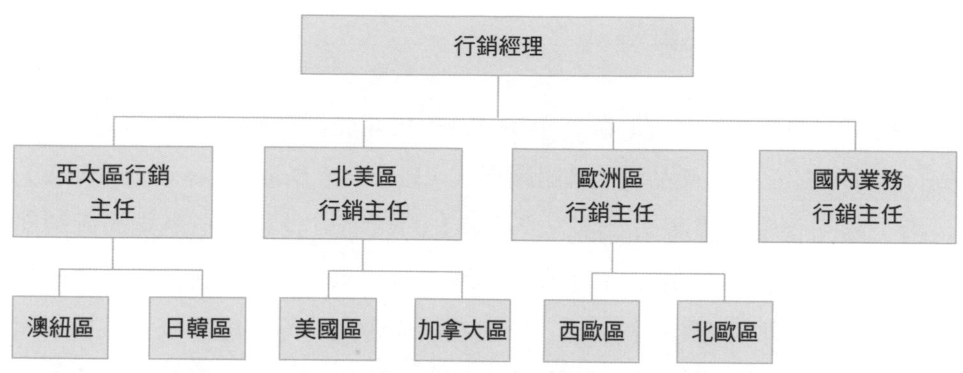

圖1-5　某綜合旅行社的地區性行銷組織架構

資料來源：徐惠群整理。

三、市場組織形式

對那些針對多個目標市場提供相應產品的觀光企業來說，透過市場區隔成立行銷單位或部門，即根據觀光企業不同的顧客群來組織行銷活動和成立行銷單位，可能是很好的選擇。這種根據不同的目標市場設立組織的行銷部門的方式，被稱之為**市場組織形式**（Market-Oriented Approach）。

市場組織形式的主要優點，在於觀光企業強調特定顧客群體需求的差異性來組織行銷活動，以更有利於產品的適當銷售策略。如飯店銷售部門有一個銷售主管負責處理會議和觀光客市場，另一個主管負責處理公司團隊業務。行銷部門可能是由行銷經理領導下的一組分別管理不同類型客人的主管組成，其中包括會議行銷主任、商務行銷主任、團體觀光行銷主任及散客行銷主任（**圖1-6**）。

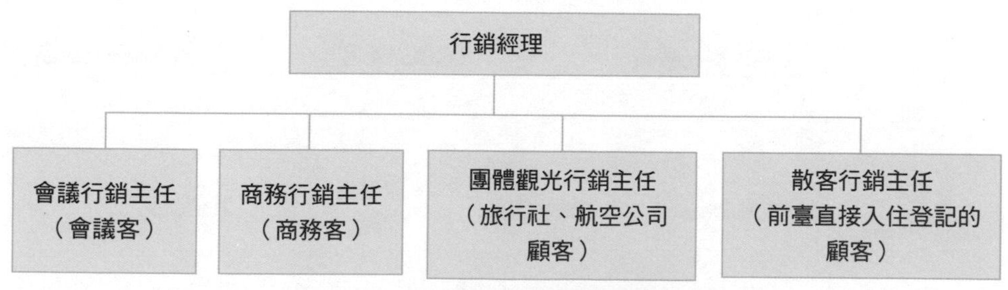

圖1-6　某大型飯店的市場組織架構

資料來源：徐惠群整理。

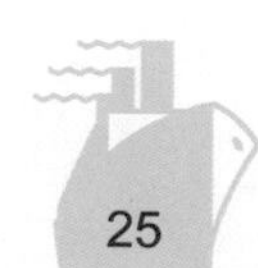

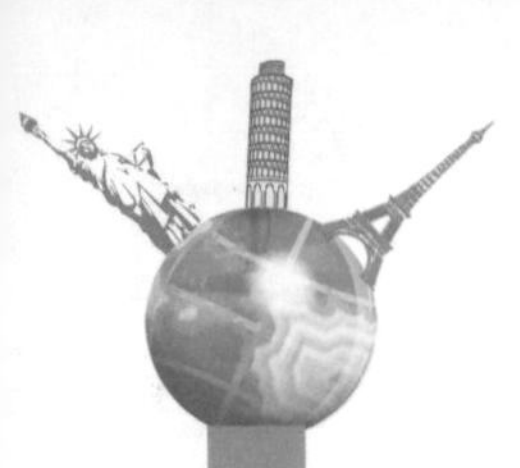

四、產品或品牌組織形式

擁有多種產品或品牌的觀光企業常常採用產品行銷組織方式，設立組織的行銷單位或部門。**產品或品牌組織形式**（Product / Brand-Based Approach）是指，觀光企業根據觀光產品（或品牌）的類別來設置觀光企業的行銷部門，為每一特定的產品或品牌設置一個產品行銷主任來負責產品或品牌的制定、實施一系列策略和行銷計畫。一般在觀光企業的產品種類較多，於不同觀光產品之間差異突出的情況下採用。這種組織形式一般由行銷經理統一指揮，協調各部門的活動，各觀光產品主管負責制定並實施相應的觀光產品的行銷策略，及時反映其行銷的觀光產品在行銷中出現的問題，並對市場做出積極反應。由於所有觀光產品均有專人負責，易於促進企業內所有觀光產品或品牌的全面銷售。但觀光產品經理的相互獨立和各自為政，會造成企業內產品交叉銷售的困難。產品經理往往對其所負責的產品較精通，但對於其他產品的行銷可能不熟悉，造成整個行銷流程的力不從心。各部門也會由於部門利益衝突而造成協調上的困難。**圖1-7**為某綜合旅行社的產品型行銷架構。

此外，很多大型觀光企業隨著經營範圍不斷擴大，不再只是生產單一的產品、面對單一的市場，或在單一的地理區域進行行銷。這些企業往往針對不同的客源市場開發出多種不同的產品，並且將這些產品面向眾多地域和顧客群體進行銷售。此時，這些企業就會面臨如何設置行銷單位的難題，是採用功能組織形式、地區組織形式或是市場組織形式？為解決這個問題，具有

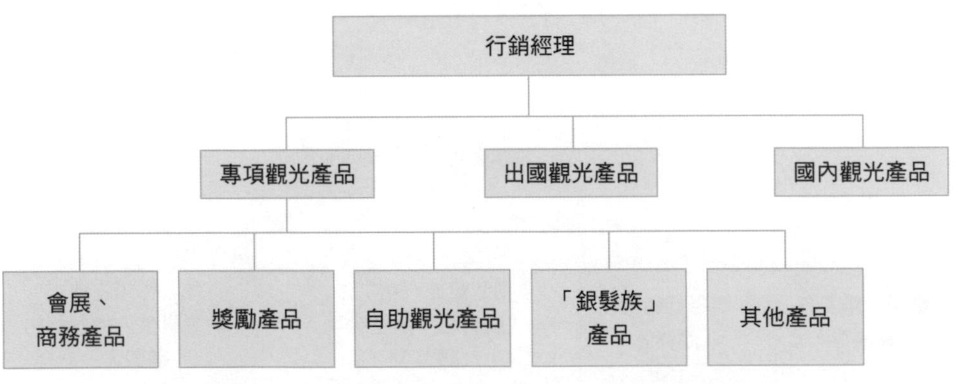

圖1-7　某綜合旅行社的產品行銷組織架構

資料來源：徐惠群整理。

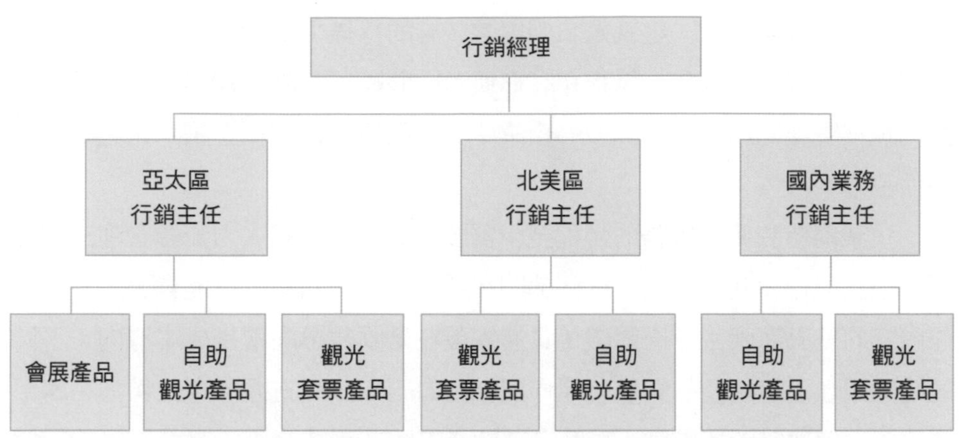

圖1-8　某綜合旅行社的地區—產品型行銷組織架構

資料來源：徐惠群整理。

綜合性業務的觀光企業通常採用功能、地域、市場和產品組織架構的某種組合，來組織行銷部門，如產品—市場型行銷組織、功能—產品型行銷組織、地區—產品型行銷組織等，**圖1-8**展示了某綜合旅行社的地區—產品型行銷組織架構。

產品—市場型行銷組織是指企業在其行銷組織結構中，同時設置產品主管和市場主管負責產品的行銷。這些綜合性的行銷組織形式雖然增加了管理層次，但權力交叉在決策時容易引起內部衝突，反而提高了成本、降低組織的靈活性，但其可以使企業兼顧產品和市場、功能和產品等兩個或多個方面的問題，並保證需求產品的合理開發與市場供應，以及相關部門的相互合作與溝通。

本章小結

顧客在觀光企業購買的是一段經歷、一次體驗。觀光工作人員是企業所提供的產品和服務中的一部分，也就是觀光客所購買的經歷中的組成成分之一。因此，觀光企業的所有工作人員同時擔負著行銷的責任。行銷理念應該以顧客為出發點，尋找到顧客需求和欲望並開發相應的產品去滿足這些需求。行銷不是單一的工作程序，而是一種由產品、價格、促銷和通路等元素

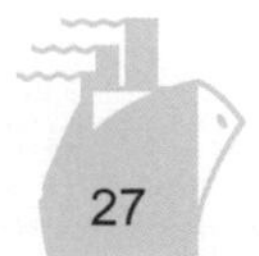

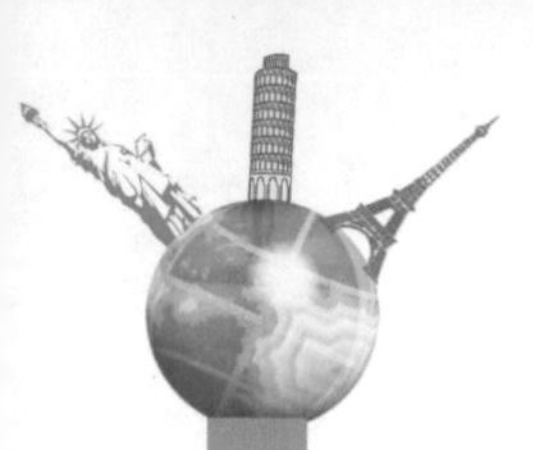

共同組成的行銷組合，也就是我們經常談論的行銷中的4P組合。觀光產品的行銷組合還包含了人員、過程和有形展示，形成了所謂的7P組合。此外，行銷已經被廣泛應用到各種類型的企業中，不僅包括營利性企業，也包括非營利性企業。

企業創造和傳遞服務的過程至少需要行銷、營運和人力資源管理三個部門的相互配合和共同參與。三個部門在共同合作的同時，可能會因為各自工作內容的差異而產生矛盾衝突，具體體現在是收益導向還是成本導向；不同的時間觀念；對新產品與現有運作配合度的認知三個方面。單位轉換、跨部門培訓、創建跨功能團隊，以及各部門員工的非正式交流，是最常見的緩解各部門之間的緊張狀態、解決衝突的方法。

觀光企業在經營範圍、產品內容和目標市場方面各有不同，因此企業往往根據自身的實際需要來組織行銷部門。不同的公司組建的行銷部門可能不一樣。四種最常見的行銷部門組建形式是：功能組織形式、地區組織形式、市場組織形式和產品／品牌組織形式。此外，還有很多企業結合兩種或以上的組織形式形成綜合性行銷單位。

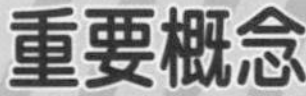

重要概念

- ■觀光產品 Tourism Products
- ■體驗經濟 Experience Economy
- ■顧客滿意度 Customer Satisfaction
- ■顧客期望值 Customer Expectation
- ■顧客感知 Customer Perception
- ■真實瞬間 Moment of Truth
- ■產品導向 Product Orientation
- ■銷售導向 Sales Orientation
- ■行銷導向 Marketing Orientation
- ■行銷組合 Marketing Mix
- ■產品 Product
- ■價格 Price
- ■促銷 Promotion
- ■通路 Place
- ■人員 People
- ■過程 Process
- ■有形展示 Physical Evidence
- ■內部行銷 Internal Marketing
- ■功能組織形式 Functional Approach
- ■地區組織形式 Geographic Approach
- ■市場組織形式 Market-Oriented Approach
- ■產品或品牌組織形式 Product / Brand-Based Approach

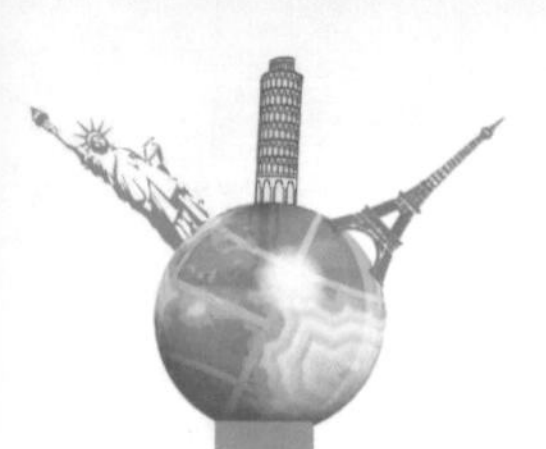

課後習題

一、如何看待體驗經濟和觀光行銷？請簡要解釋顧客滿意度與顧客期望和顧客價值之間的關係。

二、請闡述三種主要行銷模式。你最傾向於哪種行銷導向模式，為什麼？

三、觀光產品的行銷組合中最關鍵的要素有哪些？

四、觀光企業的營運部門和行銷部門會有衝突嗎？如果有，主要體現在哪些方面？如果你是某飯店的總經理，請問你會採取哪些措施來緩解行銷部與營運部之間的衝突和矛盾？

五、如果某國際飯店集團旗下有七個飯店品牌，這些品牌既有豪華飯店也有中低檔飯店，並且在美國、中國、印度和法國等國家都有分店，請問你覺得該飯店集團應該如何來設置行銷功能？

案例探討

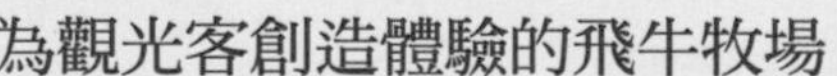

為觀光客創造體驗的飛牛牧場

「飛牛牧場」結合牧場之自然資源——乳牛及蝴蝶，保留原有的酪農生產及自然生態，為觀光客提供一個體驗牧場生活的休閒形態，以「生活、生產、生態」三生合一的經營理念，讓生活在喧嚷緊張的都市人，有一處放鬆心情，體驗另一種生活方式的地方。飛牛牧場的前身是「中部青年酪農村」，由三位青年創業經營。1985年「中部青年酪農村」轉型為休閒牧場，並結合了日本牧場設計與美國的景觀設計，造就了今日的美景。牧場的標識設計以「飛牛」二字作為結合，更以天空、草原和牛奶的顏色調和出「飛牛牧場」獨特風格來。

「飛牛牧場」有別於一般觀光景點及遊樂區以觀光、娛樂為導向的經營方式。牧場主人特聘請了美、日、歐等農場規劃設計專家，以降低生態環境之破壞、維持自然的原貌為大原則，進行低度的開發建設。牧場特別重視現有生態的保育及特有生態的復育，並著手調查園區現有的野生藥用植物、原生水生植物及原生樹種，特別加以保護。自產優質的鮮奶及乳製品，並利用園區內動物糞便、落葉製作堆肥，設立有機農園，栽種有機蔬菜及香草植物。並發展一系列的周邊商品，包括吃的、喝的、用的、穿的，應有盡有。

「飛牛牧場」還為觀光客提供了一個可以深度體驗牧場生活的環境。觀光客除了可以瞭解園區活動相關知識之解說，如乳牛生態、牛乳的基本常識外，還可以進行牧場生活的親身體驗，如鮮奶凍DIY、彩繪肥牛、餵羊吃草、牛媽媽榨乳等活動。在「飛牛牧場」，觀光客可以有多重休閒選擇：學生團體可以進行生態體驗，看到課本上的實物，並與大自然親密交融；全家親子郊遊可以在草原區野餐，讓小朋友在草原上奔跑嬉戲，體驗農場生活，增進親子關係；公司團體的會議可以讓處於繁忙都市生活的人們放鬆心情，獲得再次衝刺的活力。當觀光客漫步於寬闊的牧場，看著牛隻悠閒的吃草，欣賞野鴨在池裡悠然的划水，草地上小朋友放風箏，他們才發覺自己融入大自然是一種享受。另外，牧場開發一系列的特色商品與風味餐，讓顧客體驗除了牧場以外的情境感受，而多種多樣的飛牛特色的紀念品，也滿足了觀光客遊玩歷程中與遊玩後的滿意度。

資料來源：改編自飛牛牧場簡介。http://fusing.swcb.gov.tw/store1.asp?id=2、http://www.taiwan.net.tw/pda/m1.aspx?sNo=0001110&id=R109與http://www.flyingcow.com.tw/，檢索日期：2010年4月2日。

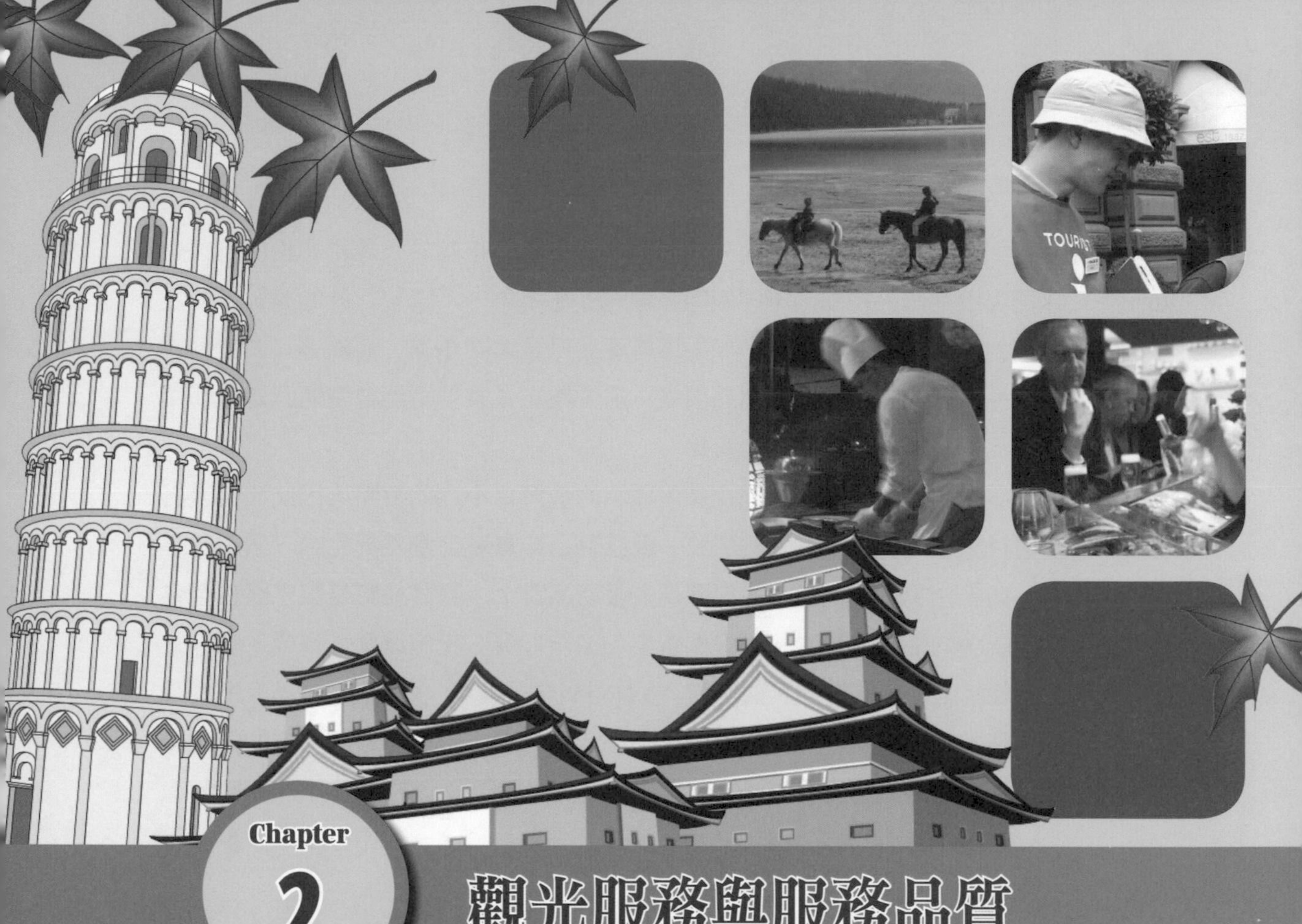

Chapter 2

觀光服務與服務品質

本章要點

◆觀光產品特點

◆觀光服務系統中行銷與營運之間的相互關係

◆觀光企業服務行銷系統

◆觀光服務品質及其控制

◆顧客需求的排隊管理

◆觀光企業內部行銷的重要性及其對企業文化形成的重要意義

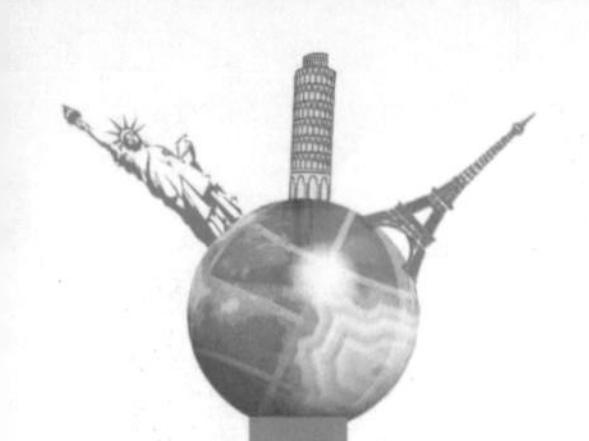

如今觀光服務企業面臨一個危機：觀光產品正趨於大眾化和相似化，難以體現出其個性特點。不同飯店品牌的外在形象、不同旅行社的渡假套餐之間，到底有多大的區別呢？如果這些產品只是大同小異，而顧客只考慮到觀光產品的一般品質級別和產品價格，那麼觀光企業就可能會遭遇到邊際利潤低以及產品／服務無特色的威脅。

服務與體驗應當是觀光企業所顯示的最與眾不同的特點，因此比競爭對手更持久地提供更高品質的服務，就成為企業實現自身差異化的一個主要方法。觀光企業之間的競爭主要體現在服務品質上，服務品質是觀光服務企業經營成功的最重要因素。顧客與企業（工作人員、設施設備、作業系統等）的接觸稱之為「服務的真實瞬間」（Normann, 1984）——也就是顧客把企業的服務承諾與真實經歷相比較的過程。本章將進一步解釋觀光企業的營運與行銷之間的緊密聯繫，所有服務人員都是企業行銷使命的行使者的原理等。

第一節　觀光服務的特徵

隨著電子科技的不斷進步，觀光企業服務工作的供應不再僅限於人工作業，還可依賴於電子和機械設備以及其他複雜的服務作業系統。例如，航空公司的網上購票系統、飯店的室內自助退房系統、觀光景點的自動解說系統等，都可以在少量人力參與的情況下為顧客提供服務。據此，我們對服務的定義可以概括為：一般以無形的方式發生在顧客與服務人員、商品的有形資源或服務系統之間的、可以滿足顧客需要的一種或一系列行為（Grönroos, 2007）。

從需求者的角度來說，服務產品不只是觀光過程中購買的一張床位、一個機位或火車座位、一次景點的參觀遊覽、一次接送和接待服務，而是諸多方面的體驗總和，即一次總體經歷（林南枝，2000）。所以，**觀光服務**是指滿足觀光客在觀光活動中所需要的產品和服務的總和，它涵蓋了某個觀光企業提供的一系列服務或不同觀光產品，如住宿、餐飲、交通、遊玩、娛樂等方面的產品和服務。包括觀光服務在內的服務產品與其他有形商品存在很多方面的區別（Lovelock, 1996），**圖**2-1總結了觀光服務產品的特點。

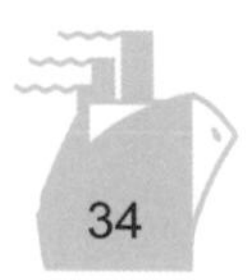

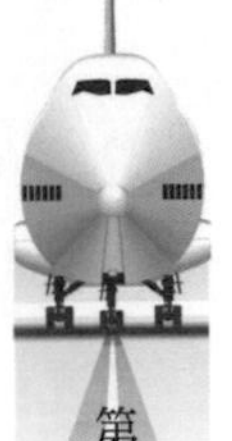

無形性	「人」作為產品的一部分
1.產品須親身經歷 2.產品包含有形產品和無形服務 3.顧客購買的是服務表現 4.難以衡量品質	1.生產與消費的同時性 2.服務的不可控性 3.服務難以標準化 4.品質控制更具有挑戰性 5.顧客直接涉入到服務交易中
需求模式	**不可儲存性**
1.需求的旺季與淡季區別明顯 2.透過行銷組合可管理需求	1.容量儲備過期則作廢 2.無法建立庫存 3.接待容量管理至關重要

圖2-1　觀光服務產品的特點

資料來源：改編自：Hsu, C.H.C. & Powers, T. (2002). *Marketing Hospitality* (3rd ed. p.22). New York: John Wiley & Sons.

一、無形性（Intangibility）

當消費者購買某個製造業產品時，他得到的是有形的物品。如消費者購買的小轎車或電腦是產品實物，購買交易完成後，消費者就獲得產品的支配權和所有權。雖然生產廠商也會提供諸如保養和維修方面的服務，但消費者到底怎麼樣使用他們所購買的消費產品，卻完全出自於他們自己的選擇。另一方面，消費者購買服務，本質上購買的是有形產品和無形服務的結合。如餐飲和飯店除了為顧客提供有形的食物和飲料之外，還提供了無形服務、便利、款待、社交、氛圍、休閒甚至是娛樂。在沉悶甚至髒亂的用餐環境中，即使食物再怎麼美味，帶給顧客的也只能是一次不愉快的用餐經歷。經過長時間的討價還價或預定糾紛後，儘管最終顧客得到了漂亮舒適的客房，然而顧客的住宿感受一開始就已被破壞了。

應該說任何產品（有形產品和服務產品）的交易過程中，都會涉及到有形和無形的因素。當顧客購買電腦時，所購買的也許不僅僅是有形的電腦主機或鍵盤，還包括無形的電腦運行速度和方便性能。由於有形產品的交易涉及到所有權和使用權的轉移，一旦交易完成，我們便可以帶走的有形實物。

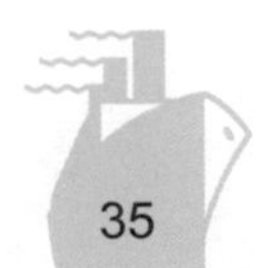

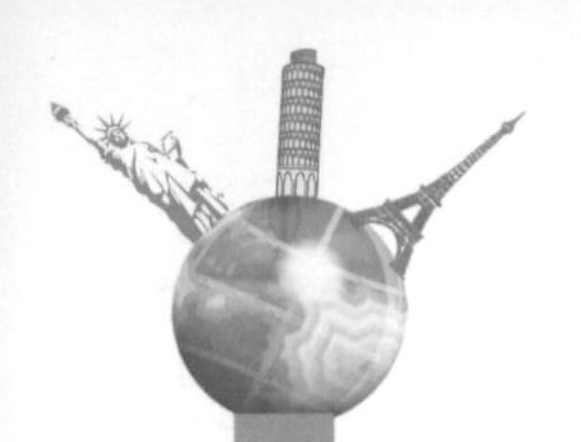

該產品的所有權和使用權就從出售者轉移到購買者。然而，服務產品的消費者卻只能在服務產品的生產所在地購買並消費。服務只能透過顧客在購買地點的親身體驗，實現使用權從生產者到消費者的轉移，並非發生實際所有權的轉移。顧客在購買服務產品之前，難以像購買有形產品那樣進行預先檢測或試用，也無法直接瞭解將要購買的服務的好壞。為了減少不確定性，購買者會尋找表明服務品質的「標識」。他們透過自己所見的地點、人員、價格、設備和溝通材料得出有關服務品質的結論。因此，服務供應商的任務就在於透過一種或多種途徑使服務形象化。製造業產品行銷人員努力地在有形產品中添加無形成分，而服務行銷人員則竭力地在其所提供的無形服務中，添加有形的因素，如渡假村在廣告和宣傳材料中突出其休閒的裝潢風格，以及彬彬有禮並穿著得體的服務人員。

二、「人」為產品的一部分

人作為服務產品一部分（People as Part of the Product）的特徵，可以反映在下列三個方面。

(一)生產與消費的同時性

生產與消費的同時性是指服務提供者本身與所提供的服務不可分離，顧客與服務生產過程的不可分離，以及服務消費中提供者與消費者雙方的共同介入。當觀光企業提供服務時，顧客需要親臨提供服務的企業購買並消費產品：乘客必須搭乘飛機、觀光客需要參觀景點、住客需要留宿飯店，才能體驗到他們所購買的服務。因此，服務生產的過程也就是服務被消費的過程；服務必須有生產者和消費者，或說服務提供方和購買方雙方共同參與才能完成。旅行時，導遊與觀光客之間的互動，導遊負責觀光途中和旅行有關的一切事項，如行程安排、景點講解等，還要回答顧客的問題以及幫助顧客解決旅途中遇到的困難；而飯店服務也至少有前臺接待人員和顧客的互動交流。不容否認，隨著科技的進步，一些人工化的服務逐漸被機器設備取代，如室內自助退房系統取代了前臺人員的退房操作。實際上這些恰恰使服務人員與顧客之間的接觸更加重要，因為人與人之間的互動才是真正體現服務產品的

與眾不同的關鍵。

(二)服務的不可控性

服務的不可控性是指服務除了受提供服務的人員、時間、地點和方式的影響，同時顧客本人以及服務環境中的其他顧客也都會影響到顧客對服務的感知。服務過程中服務人員與顧客面對面的接觸，決定了服務品質會隨著服務者和消費者參與雙方自身的情緒、態度和行為而發生波動。服務人員提供給某一顧客的服務，不一定與提供給另一顧客的服務完全相同，而即使是同一個服務員提供的服務，不同的顧客其感受也有可能千差萬別。如有些登機接待員笑容滿面，熱情周到，而有的卻像機器人一樣面無表情，按部就班。對於用餐後服務生把帳單送到桌上的行為，西方和東方的顧客其感知也是南轅北轍，北美人期望餐後服務員儘快將帳單送至餐桌上，用以表示關注與高效率，而東方顧客卻會認為這種做法是在下逐客令。

在過去的幾十年內，服務的傳遞方式發生了翻天覆地的變化。觀光消費人群從單一的高收入層轉向了大眾族群。在大眾觀光市場備受歡迎的自 助服務中，顧客不僅是服務的接受者，同時也是積極的服務參與者。因此，顧客自身的行為也影響著他們對服務滿意度的評估。如旅客能否自如地使用機場

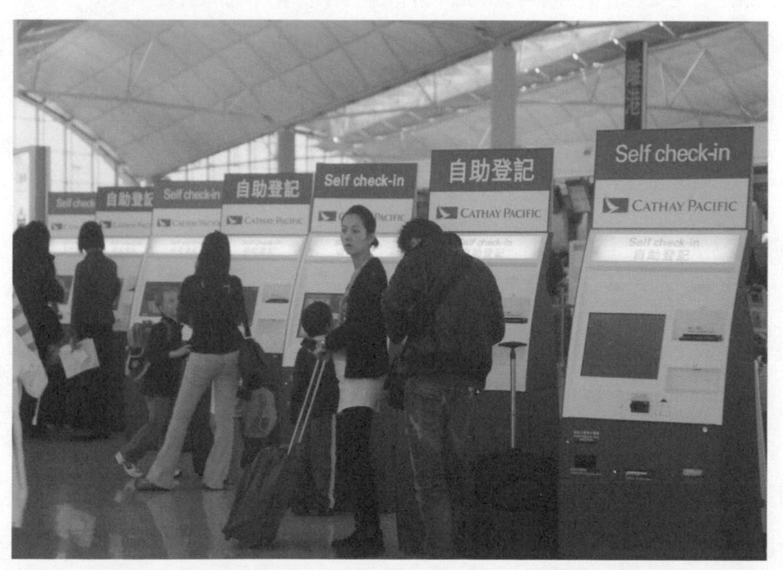

科技的發展使得旅客可以自助辦理登機手續，從而節約了旅客的時間。（徐惠群拍攝）

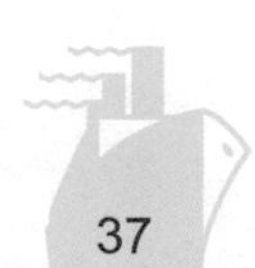

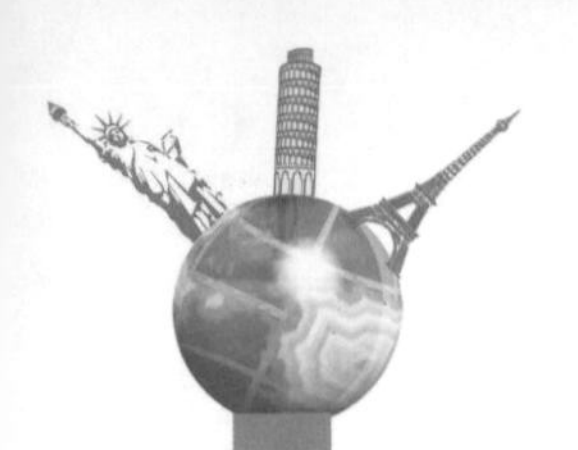

的自助式櫃檯辦理登機手續，能否很好地使用觀光景點的自助解說器，都會對他在機場或觀光景點的經歷產生影響。此外，在人與人之間交往密切的服務中，顧客不僅需要與服務工作人員接觸，同時還會與其他的顧客接觸。儘管服務人員盡力地讓自己對顧客的服務達到完美，但同一個觀光團中素質較差的團友、同一航班上喋喋不休的鄰座、就餐時喧鬧的鄰桌，或是遊玩途中行為不雅的其他顧客等，都可能會影響顧客的整個消費經歷。因此，服務員工、顧客自己以及其他的顧客都是觀光服務企業服務產品的組成部分。

(三)服務的難以標準化

服務的難以標準化是指服務因為自始至終涉及到人員的參與，難以像有形產品那樣被標準化。顧客不一樣，對同一服務的感受就可能不一樣；顧客不一樣，服務人員提供的服務也可能完全不一樣。在不同的時間，即使服務人員和顧客都一樣，但提供的服務極有可能不一樣。服務企業希望能夠確保顧客在每一次接受服務的時候，都能夠得到穩定一致的高品質服務。製造業可以調整其機器設備和各種投入，提前做好準備，使製造過程被全面精確地控制。工廠設備加上人員培訓就能保證生產相似的產品。然而，服務中人為因素的涉及，決定了服務品質控制沒有那麼簡單；此外，服務品質同時也受到員工和顧客之間相互作用的影響而經常波動，致品質問題不可避免地發生。即使是全力以赴，最好的企業也難免遭遇交通堵塞、天氣狀況的影響、員工情緒失控等情況。雖然如此，我們不能說對服務企業的品質控制是不可能的，只是我們要認清服務企業的品質控制會不停地發生變化此一事實。

三、需求模式（Demand Patterns）

市場對於觀光產品的需求有季節性的變化，觀光淡季和旺季的需求差異迥然。渡假勝地淡季與旺季區分明顯，避暑勝地的觀光客在炎熱的夏天達到頂峰，而滑雪勝地則在寒冷的冬天觀光客絡繹不絕。同樣，因為商務客的工作時間集中在週一至週五，商務型飯店在週一至週五的市場需求遠遠大於週末。因此，供需平衡就成了服務產品行銷和營運管理的關鍵，企業不僅要充分考慮自身的經營特點與不同時期觀光客的需求特徵，還須調節供需，以面

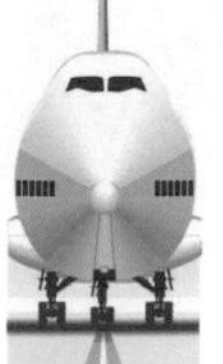

對不同需求階段的挑戰。也就是說，供需平衡策略主要體現在兩個方面：**需求管理**（Demand Management）和**供應管理**（Supply Management）。

觀光企業可以透過價格策略、預訂服務和輔助性服務等行銷活動來管理顧客需求。觀光行銷人員認為，高價格策略及提供預訂服務的廣告是管理旺季需求的最好方式，而特別優惠與大規模的促銷活動，卻常是淡季時提高客房入住率或增加觀光客數量的策略。同樣的，提供必需服務之外的輔助性服務，也成為企業留住顧客的有效方法。很多企業（如飯店、航空公司、旅行社）為等待的顧客準備糖果、茶水、點心、可供休息的座椅，或可供閱讀的報刊雜誌，讓顧客在還沒有消費服務時已經提前享受到服務，以減少顧客等待時的焦慮和不安。

此外，雖然觀光企業的供應能力相對固定，但企業仍可以採取調整人力和產品資源、調節顧客參與度來調節供應。旅行社聘用兼任導遊增強觀光高峰期觀光接待能力，減少淡季人員的閒置。飯店中、晚餐提供自助餐讓顧客自取選用，減少餐桌服務需求。許多航空公司在機場設置供乘客自選座位和辦理登機手續的自助式櫃檯，在減少乘客排隊時間的同時，也節約了人力成本。有些觀光景點、展覽館還向觀光客出租自助解說器，減少導遊講解需求。這些都是觀光企業透過調整行銷組合來適應不斷變化的市場環境，以平衡供需的表現。

四、不可儲存性

觀光服務產品的**不可儲存性**（Perishability）是由無形性、生產與消費的同時性決定的。正如前面所提，觀光企業之所以要採取種種方式儲存顧客需求以及調節相對的供應能力，除了觀光業本身具有的季節性之外，另一個重要原因是觀光產品不可儲存，缺乏庫存能力。無形服務的價值不能被儲存，觀光服務企業不能像製造企業那樣，在需求淡季建立產品庫存，以備隨後供不應求的高峰期之需；當日沒有售出的樂園入場券，無法儲存起來留待日後銷售；航班座位不能儲存起來，等到觀光旺季供應緊張時再賣；會展中心的會議設施，今天空置了也就意味著今天的價值流失，不可能於明天出售以獲得今天的價值。同樣地，當一個顧客因為不滿排隊等待離開主題公園的時候，

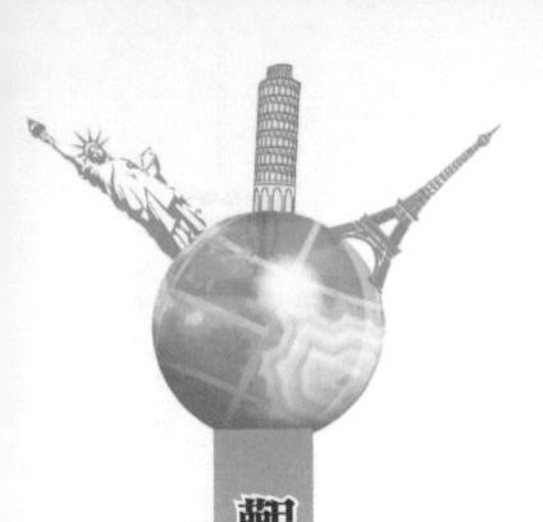

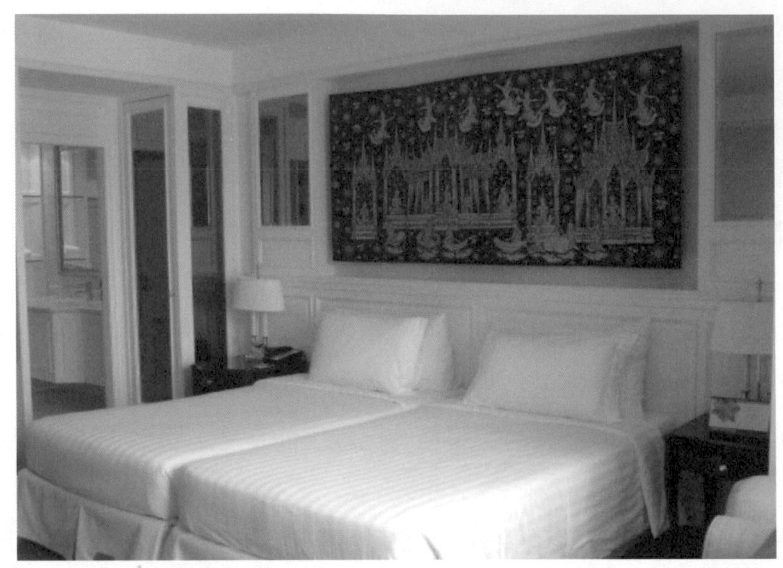

客房當日沒有銷售出去，當天的使用權是不能儲存起來用於日後的銷售。（宋漢群拍攝）

公園也就失去了從他打算當日消費中獲取的收益，這就是為什麼越來越多的企業重視顧客的排隊管理，從而對排隊進行管理來獲取更多顧客的原因。

服務產品生產與消費的同時性也決定了服務企業無法把服務產品作為存貨儲存起來，之後再予以出售。雖然必要的設施、設備及勞動力可以事先準備好，但這些內容僅僅代表觀光產品的生產能力或接待能力，而不是觀光服務本身。生產能力超過現存顧客需求量的部分其價值就會白白喪失，一旦需求超過供給，也沒有儲備的觀光產品可供出售。所以，觀光服務產品因無法儲存，企業如何調整設備和資源來合理管理接待容量，以及透過收益管理等方法來預測和調節需求（參見第十一章），就成了經營和行銷能否成功的關鍵。

如前所述，對顧客來說，購買的觀光產品實際上是一段經歷和體驗。而對觀光企業來說，服務產品實際上是由一系列精心策劃組合而成的。企業銷售觀光產品最好的方式，是把觀光服務產品看成是一個由多種無形的互動和有形產品組合 起來的連續不斷的過程，對顧客面對面服務的結束並不等於整體行銷活動的終結。

觀光企業向市場提供的是有形產品和無形服務的組合。每個元素都是所

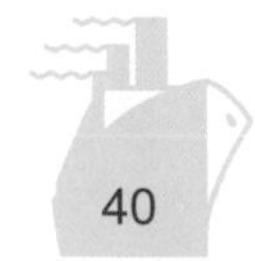

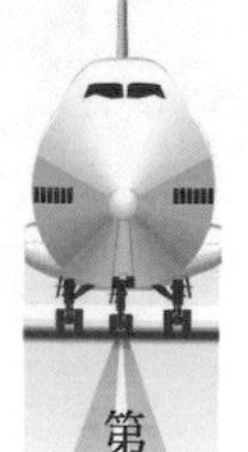

提供的組合中或大或小的部分。如果把服務組合分成有形商品和無形服務的兩端，一端所提供的可能是純粹的有形商品，譬如自動售貨機的飲料沒有與產品伴隨的服務；另一端則是純粹的服務，如網上預訂機票、自助登機服務等。但觀光企業提供的產品一般不會是這兩個極端，許多觀光產品和服務是有形和無形特質的結合（Shoemaker & Shaw, 2008），以觀光客在賭場的活動為例，除了參與各類博弈的有形項目外，觀光客的主動參與、賭場內的氛圍、工作人員提供的服務都是無形的；而在餐廳用餐，除了食物、各類餐具等有形產品外，顧客的排隊等候、點菜、服務生提供的服務都是無形的；另外，航空乘客購買的主要是交通服務，但整個旅程中還涉及到有形的餐飲、雜誌和機上娛樂設施等；另外，交通服務還需要有形的客機作為交通服務承載體。儘管如此，服務仍是航空公司產品的核心。

第二節　觀光服務的三個交叉體系

承前所述，服務產品是一個綜合概念，是顧客在消費產品過程中的各種經歷組合而成的綜合體。**圖2-2**顯示了觀光企業服務行銷體系的總體結構。從顧客角度來說，觀光服務一般是由服務營運、服務傳遞和資訊溝通三個體系交叉構成，稱作**交叉服務體系**（Overlapping Service Systems）。這些體系中大部分工作由營運部門操縱和控制，只有極少部分由行銷部門直接控制。

一、服務傳遞體系

服務傳遞體系（Service Delivery System）是指觀光企業在何時、何地，以及如何把服務產品最終傳遞到顧客的手中。這個體系不僅包括服務營運體系的可見部分：與顧客接觸部門的設備（如機場大廳、接待臺、候機室及機艙等），和經過培訓主要負責與顧客接觸的前線工作人員；而且消費現場其他顧客的存在和接觸也是關鍵。顧客本身就是服務產品一部分的事實，對於觀光企業目標市場的選擇有著重大的意義。如**圖2-2**所示，其他顧客也是服務傳遞過程中的一部分。顧客或許和其他顧客同時接受服務，或許在其他顧客

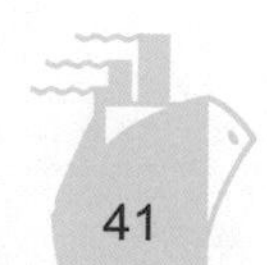

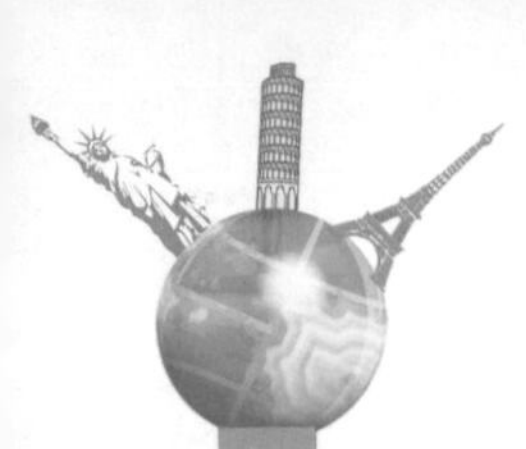

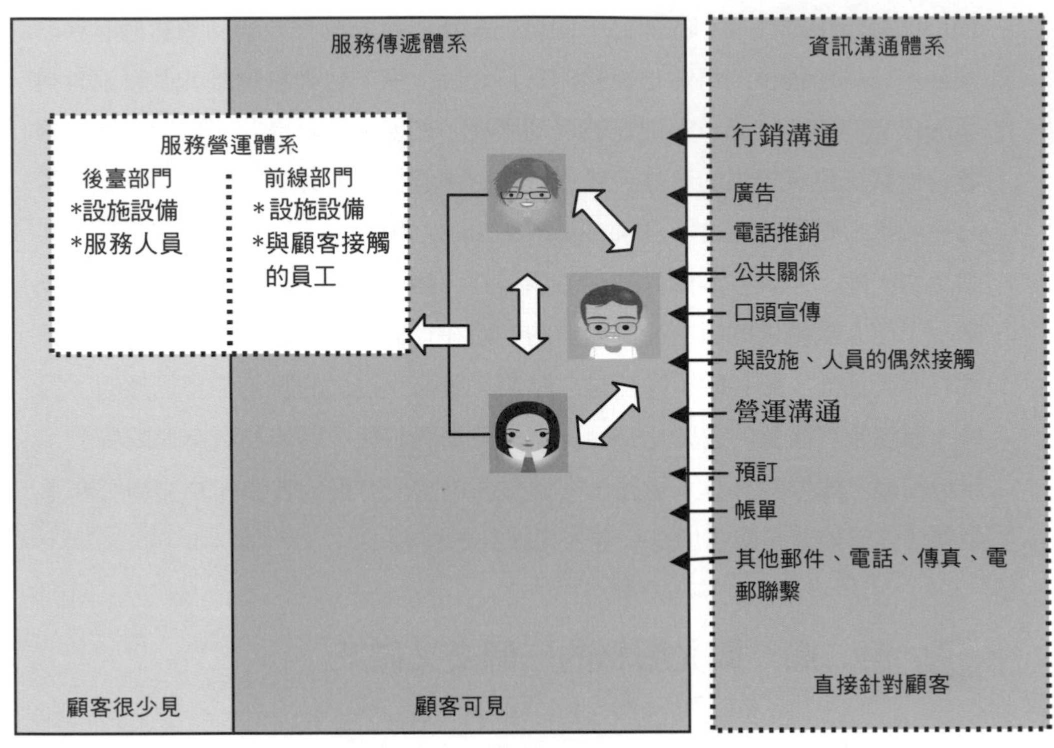

圖2-2　觀光服務行銷體系

資料來源：Lovelock, C. H. & Wirtz, J. (2007). *Services Marketing: People, Technology, Strategy* (6th ed. p.56). Upper Saddle River, N.J.: Pearson / Prentice Hall.

接受服務時等待。在這兩種情況下，其他顧客都在服務現場，他們會影響服務結果或服務過程的特徵，並增加或降低顧客的服務感知與滿意度。例如，如果一隊大聲喧嘩的會議顧客或嘰嘰喳喳的旅行團體突然闖進某個豪華飯店的大廳，此時其他顧客可能會因此對飯店所提供的服務類型和品質提出質疑，從而影響他們對入住該飯店的價值評估。

二、觀光服務營運體系

觀光服務營運體系（Service Operation System）指的是觀光企業為顧客提供服務產品的場所。其可見部分可以被分成和服務人員相關的部分與和有形場所及設備相關的部分。如主題公園的布局要經過精心的設計，為提供重要的服務功能營造適合時宜的外在形象和氣氛，注重直接和顧客接觸時，如

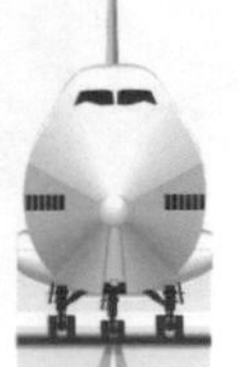

售票、驗票、觀看演出時的座位安排的服務品質，並考慮公園的客流量，以保證設備設施和服務的充足供應。而那些不和顧客直接接觸的後臺場所為企業獲取利益而實施的生產活動，如公園清潔、工程維修、演員為演出所做的準備工作等，本質上也是為了向前線傳遞服務、提供服務而存在的。

與顧客接觸的前線工作人員的工作就像舞臺上的表演，需要很多幕後工作的支援。雖然後臺操作一般不被顧客所見，如果後臺支援部門的人員沒有把準備工作做好，就會影響前臺顧客—員工的服務接觸，從而影響顧客對服務的評估。事實上顧客極有可能走進後臺場所，如走進服務走廊與飯店房務員交流；有意或無意地走進廚房探求服務操作過程。同戲劇演出一樣，顧客知道前線服務是經過精心策劃和準備之後展示在「舞臺」上的。有時顧客希望透過瞭解幕後服務場景來找出服務的真正操作過程。從而，後臺的場所是否乾淨整潔和井然有序、員工是否友好熱情，就成為顧客衡量服務品質好壞的重要因素。因此，後臺部門同前線服務場景一樣，影響顧客對服務品質的評估。

三、資訊溝通體系

資訊溝通體系（Communication System）涉及到服務的前線和後臺部門，包括公關部和銷售部的廣告資訊溝通、服務人員的電話和電郵、財務部的帳單、同服務員和設施的偶然接觸、大眾傳媒中的新聞故事和新聞評論、顧客的口碑，甚至行銷研究的參與。所有這些要素都提供了服務產品的性質和品質的線索，若出現資訊不一致，則會削弱企業在顧客眼中的可信度（Lovelock & Wirtz, 2010）。即使前線工作人員再殷勤友好，也難以將財務部門粗魯的信用卡操作人員、操作不熟的預訂接線員，甚至是一封沒有如期回覆的電郵帶來的負面影響化為零。

第三節　觀光服務品質

對觀光企業而言，品質決定了企業的經營能否成功。美國品質協會

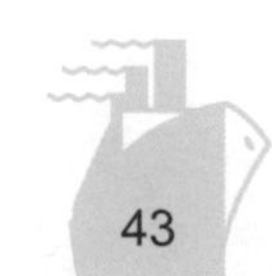

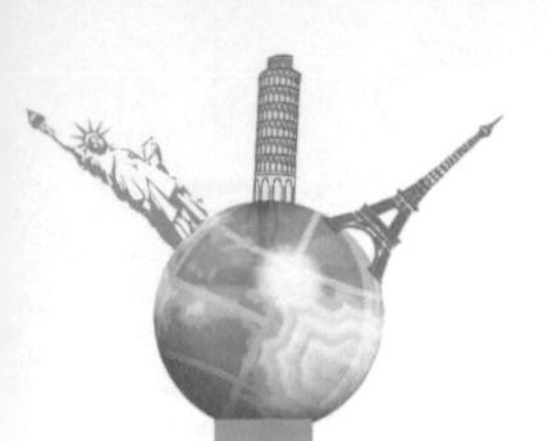

（American Society for Quality, ASQ）認為，品質是產品或服務滿足顧客需要或隱含需求的特質，通常來講顧客認為的品質是透過他們的滿意度所反映出來的（Gregoire, 2010）。服務衡量標準中有客觀、能夠量化的因素，如營業時間、票務中的錯誤率以及等待時間的長短。這些量化的標準在追蹤服務品質調查中能作為有效的間接衡量標準。但是，服務的最終表現還體現在顧客的經歷和體驗上，顧客對體驗的主觀評估往往是決定品質水準的最終標準。

一、品質維度（Quality Dimensions）：技術維度和功能維度

觀光服務的品質概念和製造業產品有所不同，服務產品包含了有形和無形兩個方面，即服務的技術品質和功能品質。**技術品質**（Technical Quality）亦被稱作服務的「物化」方面，即與服務有關的可見要素，包括設備、資源、資訊等，如操作是否正確、預訂是否井然有序等。它主要體現在企業的設備設施品質和實物產品品質兩個方面。設備設施品質指企業硬體的完好、安全、舒適和方便程度，以及與企業的檔次、規模、規格的吻合程度。它覆蓋了企業各個角落和空間的有形物體，甚至包括服務場景的溫度和濕度。實物產品品質指企業提供的有形產品，如紀念品和餐飲產品的花色品種、外觀顏色、內在品質與價格之間的吻合程度。

勞務品質和環境品質構成了觀光企業的**功能品質**（Functional Quality），也可稱作無形品質。**勞務品質**，指觀光企業員工向顧客提供服務時所表現出的行為方式，包括員工的服務技巧、態度、效率、職業素養、團隊精神、儀容禮節等。它是觀光業服務品質標準和程序的內在體現。**環境品質**，指企業的自然環境和人際環境。如優質的自然環境可以使顧客逗留期間感受到天然純淨的高雅品位，和文化藝術的魅力。良好的人際環境體現為觀光企業的管理人員、服務人員和顧客三者之間，友好、和睦、理解的互動關係。

技術品質方面指的是顧客享受到什麼樣的服務，而功能品質方面代表的是顧客是怎樣享受服務的。技術品質即有形品質的高低，有非常具體的客觀衡量標準，但顧客對技術的品質期望值往往只占較小的比重。即使有時公司在技術操作方面達到了最優化，其帶給顧客的產品品質也未必就能算是成功

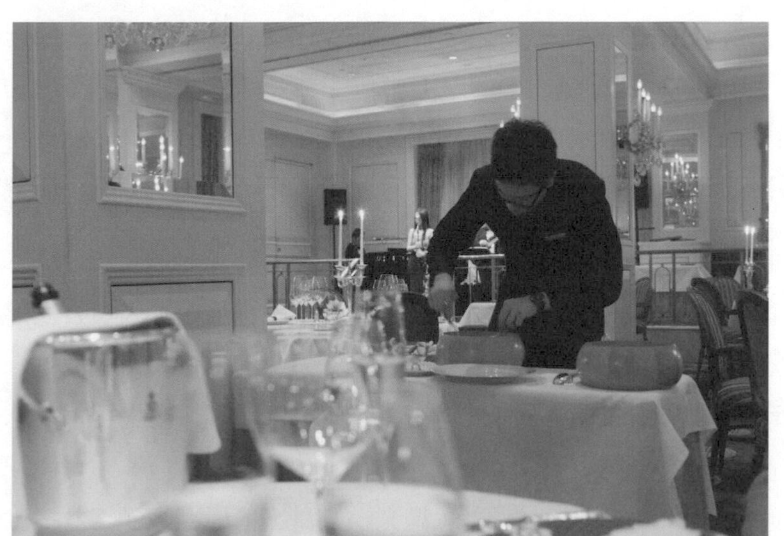
顧客在餐廳用餐的過程中，除可享用到諸如精美餐具、餐廳設備等技術品質外，還可以感受到功能品質，如員工技能、服務品質、儀容禮節等。（徐惠群拍攝）

的。如果這些技術方面的優質遭遇了管理方面的偏差，或是買者—賣者之間相互作用關係的處理不當，整個產品品質也可能完全被這些負面影響抵消為零（Grönroos, 2007）。美味的餐點、精美裝修的機艙，以及準點抵達等，都不足以彌補空服及地勤人員不友善的態度或偷工減料的服務。

另一方面，功能品質的高低雖然也有許多客觀衡量標準，但很大程度上取決於員工在服務現場的心理狀態和顧客接受服務時的主觀感受，常常因人、因時、因地而異，因此功能品質一方面是可以衡量的，另一方面又難以衡量。缺乏技術含量的功能服務品質也會帶來不滿意的結果。例如，航空公司員工優秀的服務品質，不能彌補航班因飛機機械故障延誤所帶來的負面影響。因此，服務的技術性和功能性兩個方面都是影響觀光企業經營的關鍵因素，只有將兩者結合起來，才能對服務進行全面的評估。

二、服務品質衡量標準

服務品質對創造顧客滿意度的重要性已經得到了普遍的認可，1980年代中期，Parasuraman、Zeithaml和Berry經過大量研究，創造了服務品質問卷調

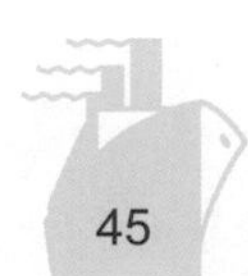

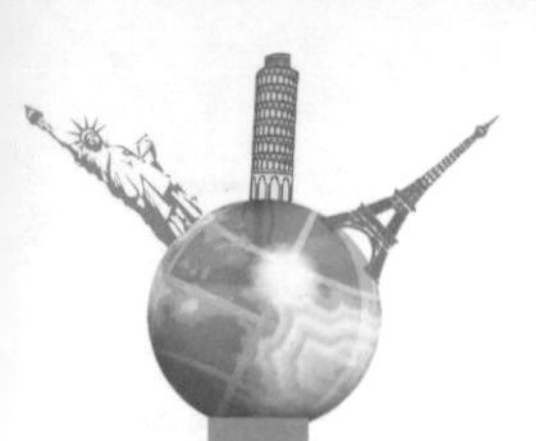

查，即SERVQUAL方法。很多研究把SERVQUAL方法改進後應用到觀光業中，產生了LODGEQUAL和DINEQUAL，分別用來衡量飯店和餐廳的服務品質。他們把服務品質定義為顧客透過比較其接受的服務水準和期望目標得出的對服務的感知。服務品質和顧客滿意度的研究結果表明，顧客衡量服務品質的五個主要標準是（Zeithaml, Bitner, & Gremler, 2009）：

1.有形性（Tangibility）：觀光企業的有形設施設備，人員外表形象和溝通材料。
2.可靠性（Reliability）：觀光企業言而有信地、精確地提供其承諾的服務的能力。
3.回應度（Responsiveness）：觀光企業員工積極回應顧客並提供及時的服務水準。
4.保證性（Assurance）：觀光企業員工的業務知識水準、禮貌禮儀水準和傳遞信任與信心的能力。
5.同理性（Empathy）：觀光服務企業為顧客提供的周到的照顧、個性化的關懷的程度。

在這五項標準中，有形性提供了有關服務品質本身的有形線索直接影響到顧客，特別是新顧客對服務品質的感知，是技術品質層面唯一的衡量尺度。可靠性反映的是技術品質和功能品質兩個方面的綜合。其他三個要素──回應度、保證性、同理性顯然都與服務過程有關，代表了服務過程中提供者與接受者接觸中的人際關係品質。顧客感知的五個維度在感知服務品質中所占的分量是不一樣的。可靠性是感知服務品質中最重要的因素，有形性和其他品質維度相比要次要一些。

三、服務品質缺口

雖然觀光企業經營者竭力追求**零缺陷**（Zero-Defect）的服務環境，但服務中人員參與的特點，決定了這只能是企業的一個超理想化的經營目標。企業的服務品質再優秀，也難以避免像飛機晚點、客房超額預訂或導遊服務情緒化等偶爾的服務差錯和失誤。在服務品質的形成過程中，企業承諾的服務

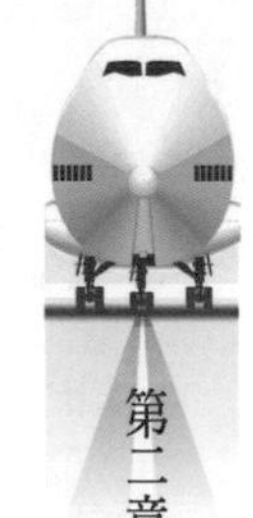

水準與企業兌現承諾時向顧客提供的實際服務過程中，一般會出現五種缺口，此即所謂的**服務品質缺口**（Service Quality Gap）模型。

如**圖**2-3所示：期望缺口（Expectation Gap），即顧客期望與顧客感知的服務之間的缺口——這是缺口模型的核心。要彌合這一缺口，就要對以下四個缺口進行彌合：理解失誤缺口（Misunderstanding Gap），指不瞭解顧客的實際需求；溝通不當缺口（Communication Gap），是正確理解顧客的需求，但未選擇正確的服務設計和標準；表現缺口（Performance Gap），是企業雖然制定了足夠的服務標準，但在服務的生產和交易過程中未按標準提供服務；承諾過度缺口（Overpromising Gap），是行銷活動傳遞給顧客的服務資訊超出了企業實際所能提供的服務的實際水準。

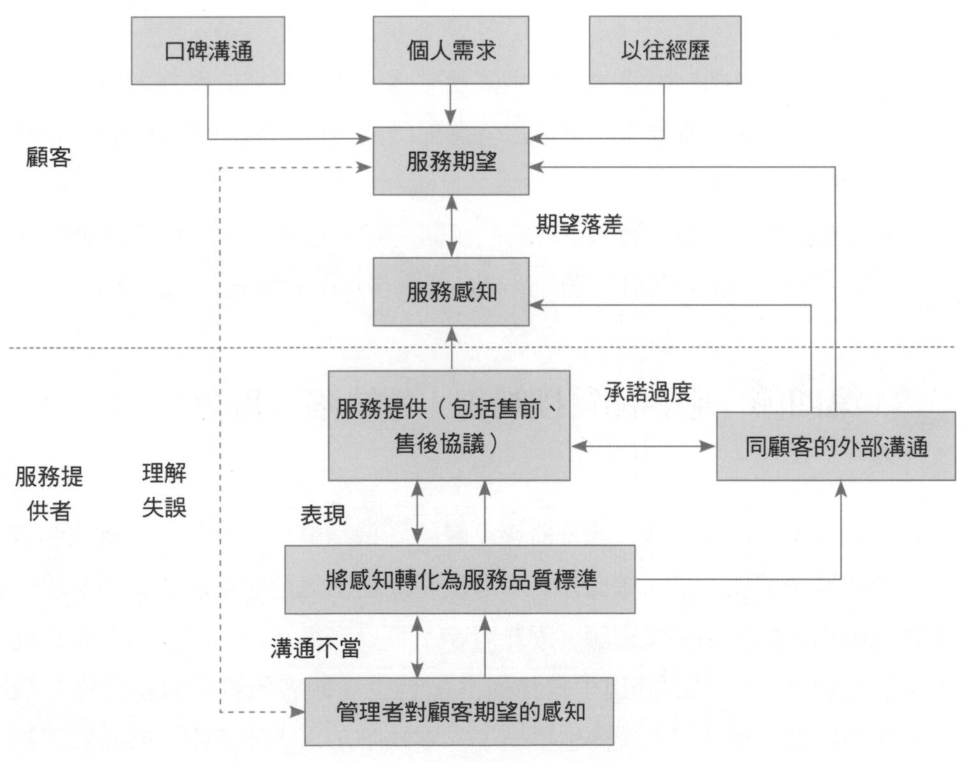

圖2-3　服務品質缺口模型

資料來源：Morrison, A. M. (2002). *Hospitality and Travel Marketing* (3rd ed. p.470). Albany, N.Y.: Delmar Thomson Learning.

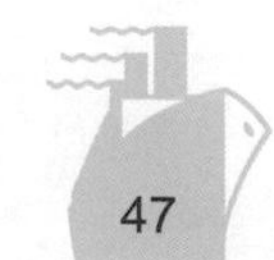

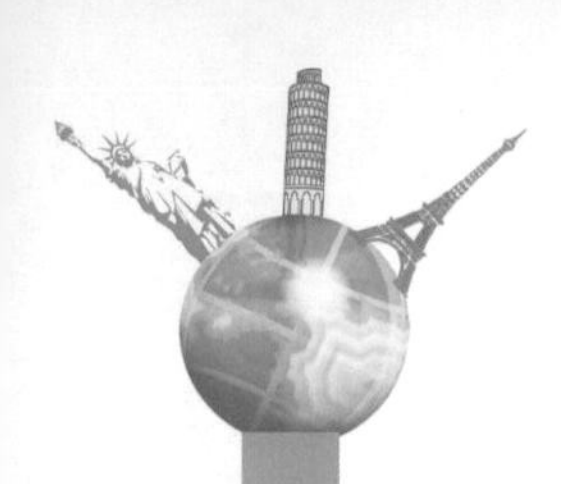

四、縮短服務缺口的方法

針對造成觀光企業服務失誤的眾多原因，本節提供了如何提高觀光服務企業服務品質和顧客滿意度的具體指南：

1. 觀光企業需要準確分析市場需求和品質要求，理解顧客真正希望得到的價值，並決定企業提供的服務種類和品質。
2. 僅僅理解顧客需求還不夠。觀光服務企業管理部門還需要根據顧客的真正需求，制定相關品質標準、政策和程序，透過內部溝通保證各部門和各分支機構在政策和程序上的一致性。
3. 在確保每個員工理解服務標準的基礎上，把這些標準實際運用到服務行動中至關重要。服務行動必須與服務標準相匹配，因為顧客體驗的是服務表現。
4. 透過各種包括口頭宣傳的資訊傳遞形式，承諾可靠的服務，引導顧客建立適當的消費期望，並保證營運部門能提供溝通中承諾的服務來滿足顧客的期望。
5. 觀光服務企業應僅做出可信守的承諾，並按照承諾提供相應水準的服務，不能向顧客做出遠超出企業實際服務水準的承諾。

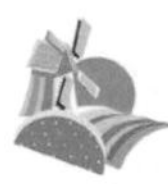

第四節　服務品質控制和「零缺陷」目標

製造企業的品質控制目標是將產品缺陷降低到最少。有效的品質控制方案不僅能減少錯誤，並可確保存貨中瑕疵產品在出售前能被維修或是排除；唯觀光服務企業卻須另當別論，因為服務不可以退換，一旦服務出現錯誤就不可能被撤回，並且服務出了差錯通常是發生在顧客的實際體驗服務過程中。與製造業一樣，服務業內也提出了「零缺陷」、「零差錯」的品質管制標準，但業界一直對此存有爭論。

事實上不論服務企業制定了多麼嚴格的品質控制標準，員工受到多麼好的培訓，或技術設備是如何先進，服務中的零缺陷是一個難以實現的理想。製造商可以調整產品投入和機器設備，直到所有產品相似或一致，但服務企

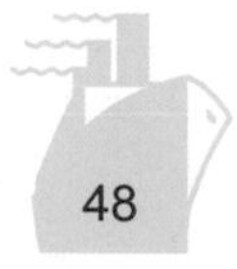

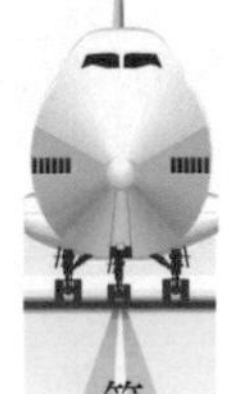

業卻不能避免服務產品產出的變化。很多元素如天氣狀況和顧客本身的特點等，都處於企業的控制之外（Zeithaml, Bitner, & Gremler, 2009）。

雖然「零缺陷」是觀光企業難以實現的一個目標，但這個目標卻促使企業追求「最大程度地降低服務過程中出現問題的機會」。此外，一些顧客對服務有嚴格、甚至是苛刻的要求，但他們的要求或期望也多是基於理性分析的基礎之上。企業制定的服務標準應該是基於顧客的期望。顧客對不同的企業有不同的期望值，也有不同的品質感知。顧客或許不能容忍高級飯店的服務耽擱或瞬間的照顧不周，但可以接受主題公園裡的排隊等待，同樣也會理解和接受速食店提供的服務與超五星飯店的截然不同。

雖然大多數顧客的服務期望都較為理性，但服務差錯可能會降低顧客的重複購買或引起負面的口碑宣傳。服務使用率下降，如商務旅客搭乘某航空公司航班的頻率降低、觀光景點的觀光客數量的減少等，通常都是潛在的品質缺陷的徵兆。在這個時候採取措施（以恢復品牌忠誠度為宗旨）比靜待顧客停止購買行為更為理智。增長的品質缺陷率不但指向品質早已出現問題（或競爭者提供了更高的價值），而且預示著不久將會出現利潤水準的急遽下滑。因此，降低服務差錯、建立顧客忠誠度被認為是獲取永續競爭優勢的最關鍵因素。最高管理層必須認識到，建立和保持忠誠度是一種系統性挑戰，而不僅僅只是策略性的點綴和裝飾（Lovelock, 1996）。

一、品質成本

品質成本（Cost of Quality）也稱**品質費用**，是總成本的一部分，也是確保滿意品質所發生的費用，和未達到滿意品質的有形與無形損失費用的總和。在品質導向的觀光服務企業，企業從生產、營運和人力、財務等方面採取的各種減少服務差錯的措施和方案，似乎意味著企業有著巨大成本的投入，事實上這些成本投入提高了服務品質，最終引起的是成本的降低。品質成本可以分為良性成本（Good Cost）、不良成本（Bad Cost）和醜陋成本（Ugly Cost）（Labovitz & Chang, 1987），或被分為預防成本、控制成本和損失成本（或故障成本）。總體來說，品質成本應包含一切防止品質缺陷的支出、評估及確保產品達到品質標準要求的支出，以及出現品質問題後善後

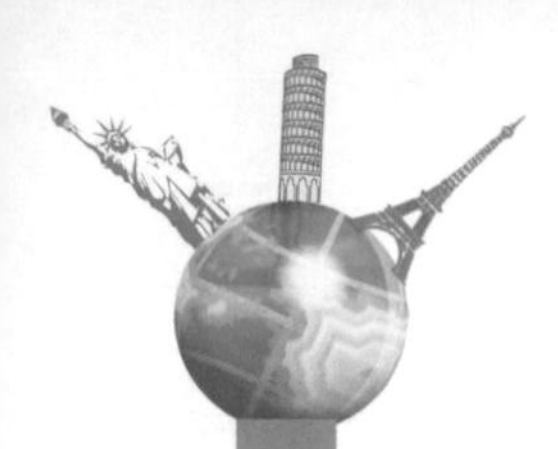

工作的各項支出。

(一)良性成本

良性成本即預防成本，是指企業專門用來防止交易過程中問題產生，確保在產品交付和服務的各個環節不出現失誤的計畫性支出。包括品質創新和改善計畫、新產品的評審、人員的培訓和專案分析等活動的成本，例如積極的招聘方式、品質培訓費、研究數據收集支出、品質改進措施費用等。這些活動發生在產品投入生產之前，其目的是防患於未然，而投入其中的成本實際上也是一種長期的投資。

(二)不良成本

不良成本即控制成本，與從生產過程中消除缺陷的活動有關，包括：(1)服務缺陷出現之後，但產品還未交付使用者使用之前，消除缺陷的鑒定或成本檢驗；(2)企業因為產品或服務不能滿足客戶的需求，導致產品的維修與更換，或重複服務支付的補救性支出（即補救服務缺陷的成本支出）。例如管理人員為解決問題花費的時間、不合格品的損失成本、品質擔保賠償費、提折扣的損失收入、退換貨品損失費、糾正問題的額外工作時間支出所引起的營運效率的降低、額外的培訓費用和員工流動造成的人力管理費用增加等。顯然，企業在顧客抱怨前發現並解決問題的成本，要比處理顧客的抱怨節省不少。抱怨處理機構往往只能解決表面問題，在許多情況下，仍然無法避免造成這些問題的根源。如果不能找出問題根源從根本上徹底解決問題的話，企業對同一缺陷或問題的不斷重複檢查和補救，將導致大量成本的支出。所以，重要的是要不斷努力改進整個服務傳遞系統及其各個分支過程，深入到服務問題的根本原因所在，並確保它們不再發生。

(三)醜陋成本

醜陋成本又稱損失成本，是指企業為已經造成的服務過失或缺陷付出的成本，可以在生產銷售過程中產生，也可能在售後產生。如果企業沒有採取防禦性措施預防過失，或對服務中的缺陷採取有效的補救行動，工作人員提供的服務一旦低於顧客衡量服務品質的標準，便會引起顧客的不滿，進而

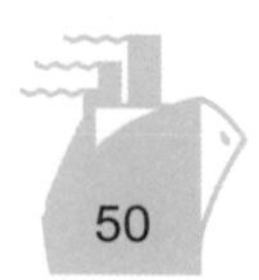

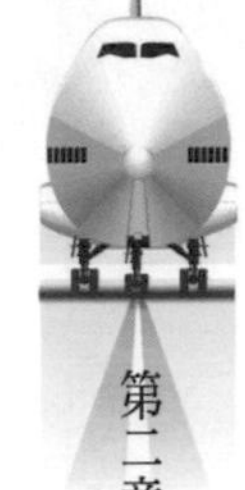

導致醜陋成本的產生。對於那些不滿意服務品質而提出抱怨的顧客，企業至少可以得到糾正錯誤的第二次機會，嘗試著為顧客帶來的不便給予一定的補償。企業是完全有可能在顧客離開前，採取相應的補救措施將服務失誤的後果降低到最小，甚至是把不滿的顧客轉化成開心的顧客。這些實際上是醜陋成本的最低付出形式。

但如果對服務不滿意的顧客在離開時，問題仍沒有得到解決的話，將只會引起更多的品質醜陋成本的產生，這一般體現在三個方面：(1)現有顧客的流失；(2)吸引新顧客的徵求成本；(3)產生負面口碑導致的信譽損失成本。企業因為失去一個現有顧客所支出的成本，除了顯性的顧客消費收益減少之外，還有難以經由常規的品質成本評估系統進行測定的隱性成本元素。

地中海會渡假村（Club Med, Club Méditerranée）對失去顧客的成本有這樣的理解：失去一個顧客將會造成公司至少2,400美元的損失。一個忠誠的顧客在首次光顧渡假村後，往往平均會有四次的再次光顧，並且每次大概消費1,000美元；企業收益毛利率為60%。所以，當一個顧客不再光顧時，地中海俱樂部便損失掉4,000美元的60%，也就是2,400美元。這樣公司就需要透過昂貴的行銷活動來獲取新的客源（Labovitz & Chang, 1987）。

吸引一個新顧客的成本投入大概相當於保持一個現有顧客的5至6倍（Evans, Jamal, & Foxall, 2009）。如果要勸導那些滿意的顧客從現有的供應商轉換到其他的供應商，企業需要花費更多的精力和費用。企業另一個方面的成本支出，是由於負面的口碑宣傳給企業帶來的不良影響。人們往往不願意向服務提供者，而是向他們的朋友、同事和家人傾訴出他們對服務的不滿。研究表明，一個典型不滿的顧客將會把他們不滿意的服務過程告訴其他8至10個人，甚至有五分之一的不滿顧客會告訴另外20個人。其他人的推薦資訊對於顧客在選擇向哪家服務企業購買服務產品時，起著關鍵作用，而負面宣傳為企業所帶來的巨大損失，往往不能從公司的財務報表中清晰地顯示出來，卻在成本構成中占有相當大的比重。

依據前述企業服務失誤的成本支出與企業成功避免失誤所節省的成本支出，我們可以說「品質是免費的」（Crosby, 1979）；另外一種衡量各種各樣的品質成本的方法，就是「1-10-100法則」（Labovitz & Chang, 1987）。一

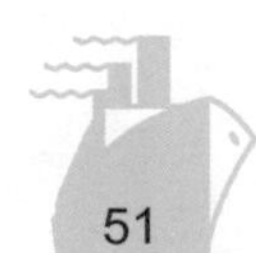

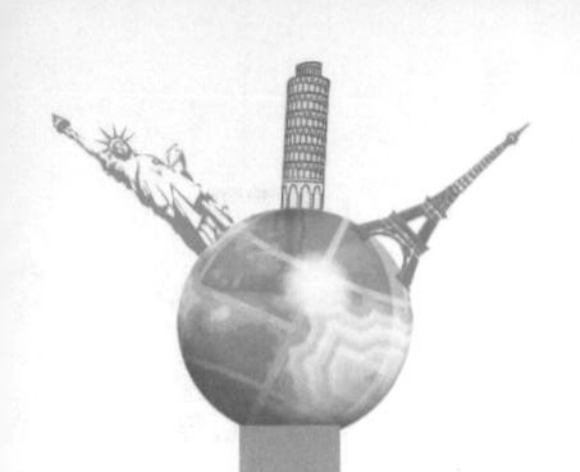

般來說，公司每投入1元的預防成本（良性成本），能為公司節約10元的檢查和糾錯成本（不良成本）和100元的顧客抱怨損失成本。

二、品質成本控制

顧客在服務傳遞中所起的重要作用，也反映在滿意度和服務品質上。顧客關心的是自己的需要是否得到滿足，有效的顧客參與會提高滿足顧客需要的可能性（Zeithaml & Bitner, 2003）。管理部門在發展實施品質控制方案時，應積極向顧客收集資訊，獲取建議，鼓勵顧客參與到品質控制計畫中，這樣可以更好的滿足顧客的需求。但目前很多情況都是顧客發現有問題或進行抱怨時，才有可能參與到企業的品質控制計畫中。顯然，管理部門應把顧客的抱怨當作企業識別品質問題的重要資訊來源。但更重要的是，及早採取防禦性措施以防止問題產生，降低顧客抱怨的需要。品質保證（Quality Guarantee）和其他獲取顧客回饋資訊的方法，對服務品質標準管理和獲取再次光顧客人都具有重大意義。

品質保證

觀光企業一直致力於服務品質的最優化，甚至追求高標準的「零缺陷」目標。不可否認的是，服務「零缺陷」目標的實現存在著困難，但這並不意味著不能確保顧客的滿意。由於服務是無形的，並且經常具有高度個性化或牽涉到個人，顧客總是希望找到令其降低不確定感的資訊和暗示。對於顧客來說，服務品質保證可以降低顧客做出購買決策要承擔的風險，並讓他們建立起對服務組織的信任感（Ostrom & Iacobucci, 1998）。即使「零缺陷」目標幾乎不可能實現，但它能督促和激勵企業盡最大可能為顧客提供最好服務。許多服務企業已經開始認識到，品質保證不僅可以作為一種行銷工具，同時也是組織內對品質進行定義、維護和改善的一種方法。有效的服務保證促使公司關注顧客對每一個服務要素的期望和需要，明晰顧客對良好服務品質定義的標準和因素，在最大程度上縮小企業理解顧客的需求與顧客實際需求之間的誤差。其對企業的積極意義主要體現在以下幾個方面：

1.有助於設立清晰的服務行為標準，向內部員工和外部員工（顧客）傳

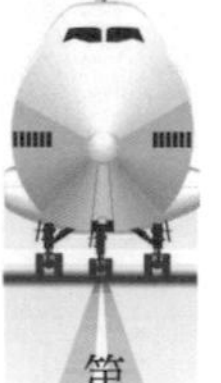

遞公司的價值取向，使員工瞭解公司對他們服務行為的期望，以及如何即時且合理地處理顧客的抱怨（如加強資訊溝通力度）。

2.企業服務表現不佳時，給予企業所能提供的補償措施的有效資料。這些資料可以被用來作為補償系統的重新設計，或作為培訓專案的開發。

3.促使服務企業檢測整個企業或是單個服務部門的服務傳遞系統中，所可能存在的薄弱環節，採取措施克服潛在的失誤點，從而減少品質承諾方案實施的成本。

4.透過減少購買決策的風險和建立顧客忠誠度，提高銷售量和市場份額。

5.管理部門的財務支援顯示企業對提高顧客滿意度的重視，有利企業提高公眾的形象。

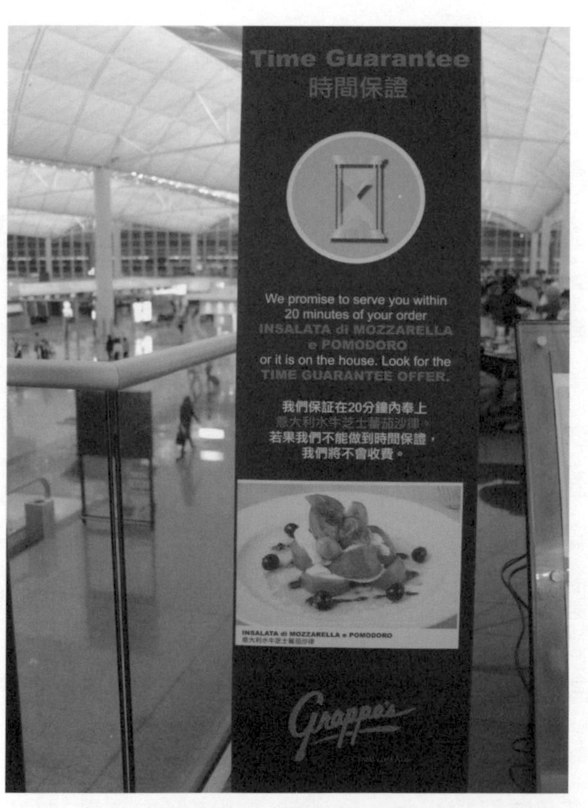

針對有些旅客對時間比較敏感的特徵，這家位於機場的餐廳向顧客做出了精確的時間承諾。（徐惠群拍攝）

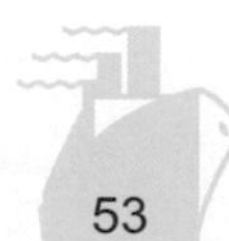

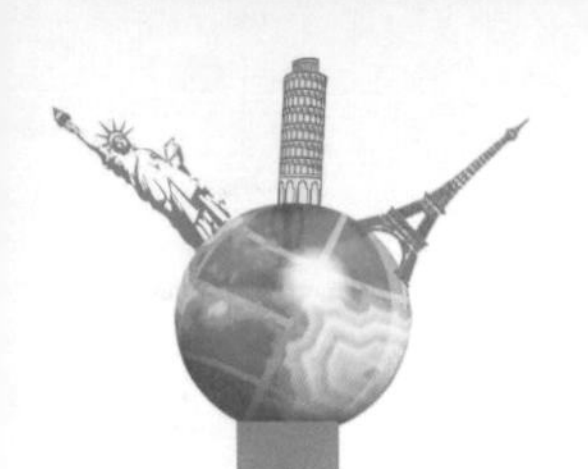

美國Hampton飯店集團於1989年率先發起了「100%滿意保證」的行銷活動。集團的所有飯店都向顧客保證提供高品質的膳食、友好和高效率的服務，並保證住宿環境清潔舒適。飯店做出的「如果你不是百分百滿意，我們將不收你任何住宿費用」的服務聲明，大幅度提高了飯店在其客源市場的聲譽。此外，印度有6家喜來登飯店和亞太地區的其他40家飯店簽署了喜來登品質保證書：如果飯店沒有按預定安排住宿，沒有按時供應餐飲，或自動影視設備沒有按規定準備和運作，顧客將會得到經濟賠償（Kotler, 2003）。但企業做出品質保證只是行銷活動的一個很小部分，更關鍵的是企業要腳踏實地的履行承諾。一個好的品質保證應該具有以下特徵（Labovitz & Chang, 1987）：

1.無條件性：承諾的目的是為了讓顧客滿意，而不是與顧客爭論承諾涵蓋了哪些範圍。當服務承諾有很多附加條件的時候，它就失去了本身的意義。
2.易於理解：服務承諾用語應該簡潔明瞭，精確求實地表明所承諾的內容。只有這樣，顧客才會明白購買的服務有什麼樣的理性期望，員工也能明晰企業對他們的期望。例如，在保證午餐無需過長等待的服務承諾中，用「點餐後10分鐘享用午餐」的承諾要比「快速上餐」清楚明確得多。
3.意有所指：服務承諾需要涵蓋對顧客重要的服務特性，並且明確承諾如果沒有實現時，顧客會得到的有意義的補償措施。不要承諾顧客已經期望的事物，如一個乾淨的房間。
4.易於溝通：簡化抱怨報告程序，確保顧客抱怨的提出不需要經過繁瑣的各個部門或是若干個職位級別。同樣地，企業應該鼓勵不滿的顧客表達出他們的不滿，而不應該讓顧客產生因為提出意見而感到愧疚的錯覺。
5.易於兌現：企業應該設立顧客獲得補償的簡便快捷程序，如有可能，最好是在問題發生現場解決問題。

一旦制定了品質保證程序，我們就需要確保方案是在公平公正的基礎之上實行的。如果一個顧客覺得意見沒有受到重視，個人的不滿會更加惡化，

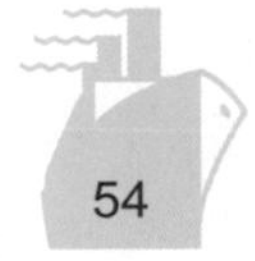

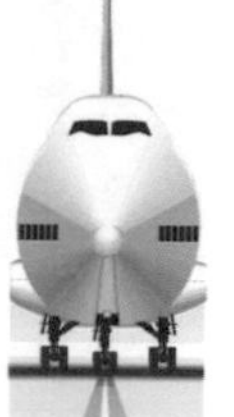

這樣不僅會引起他們不再惠顧，還會成為負面宣傳的一個源頭。因此，企業提供品質保證就必須說到做到，履行承諾。可能偶爾也會有些顧客利用企業的服務承諾，在沒有充分證據的基礎上來欺騙企業，以求獲得賠償。但這種情況往往只是少數，並且花費在這些個案上的成本與強有力的品質保證項目帶來的利潤，比較起來根本微不足道。

另外，還有其他支援顧客抱怨的方式，包括免費熱線或者公司網站裡的顧客抱怨區，這些方法都提供了簡單方便的顧客提出問題的通路。面對面的詢問顧客對服務的評估是一種更為直接的獲取回饋資訊的方式。當飯店前臺接待人員或是服務員在徵詢顧客對體驗的服務進行評估時，其所提的問題應當是非常明確，且具有針對性，也應注意細節，以求獲得顧客誠實明確的答覆。一概以「您覺得服務怎麼樣？」進行提問，並不是有效獲取明確意見的問法。問題應該針對服務的某一細項有明確主題的問法，如「導遊是否有足夠的專業知識？」最後，對常客所進行的常備問卷調查和置於顯眼位置的顧客意見卡等，都是觀光服務企業經常使用的保留顧客和獲取與服務品質相關的有價值資訊的常用方法。

服務企業對顧客的抱怨必須反應及時，即使在某些時候並不是企業本身的過錯，也盡可能迅速地採取相應的解決方案。企業還應該在顧客離開後採取相應的資訊追蹤調查，如售後服務電話或信件，與顧客保持必要的聯繫。顧客一般會因為企業的這種特別關照與重視，而倍感企業對顧客的忠誠與服務的熱情，企業內負責處理抱怨的員工也能透過與顧客的溝通，察覺企業是否仍有其他需要補強的地方，或是發現了其他更好的解決方法。企業所賦予員工適時解決現場問題的權力，為解決顧客問題的行動在很大程度上增強了企業回應顧客要求的能力（Labovitz & Chang, 1987）。

第五節　顧客需求的排隊管理

前面我們已經提到過，服務的不可儲存性決定了服務產品缺乏庫存能力。幾乎所有的觀光服務企業都面臨這樣一個問題：打電話預訂機票要等待、用餐時間去餐廳就餐需要拿號排隊、在景點購買門票需要排隊。在隊伍

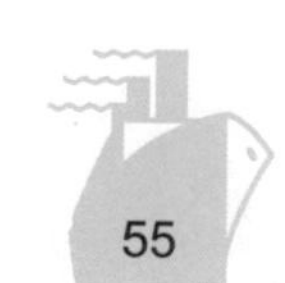

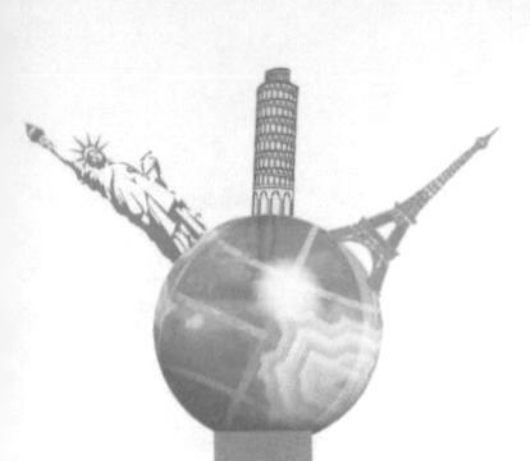

中等待（營運學者稱之為「排隊」）是一種非常普遍的現象。幾乎所有的顧客都有一個共同特點：他們隨機不定時的到達，並且想立即得到服務。如果顧客到達時，所有的服務能力都已經被占用，那麼顧客就需要耐心地排隊等待。當產品／服務供不應求時，或者說服務現場的數量超過服務系統的實際容量時，就出現了排隊等待的現象。心理研究結果指出，人們感知的等待時間長於實際等待的時間，有時甚至感覺長達7倍，也就是說有人等了5分鐘之後，會說他已經等了半個鐘頭（Lovelock, 1996）。因此，服務企業需要管理好顧客排隊等待時的經歷，把感知等待時間最小化。

排隊管理的八項原則

排隊管理（Managing Queues）中的管理排隊等候線的技巧，並不能使等待隊伍移動得更快，但卻能使顧客產生等待時間過得更快、也更開心的感覺。David Maister的排隊論闡述了有關等待時間的八項原則（Maister, 1985）。

(一)閒來無事的等待比忙於某事時的等待時間感覺更長

顧客在等待服務的過程中，閒來無事比有事可做更覺得厭倦、更會注意等候時間。為等待的顧客提供一些與服務相關的活動，會讓他們感覺進入了消費服務狀態，商家也可以提供一些商業活動資訊來獲取顧客對服務的興趣。一些速食餐廳將菜單張貼於牆上，以方便顧客在排隊等候期間瀏覽。在客人閱讀或「研究」菜單的過程中，一些新的或以前沒有注意過的菜品極有可能引發他們的消費。因此，餐廳不僅可以採取相應的轉移顧客注意力的方式，讓顧客在等待的時間裡更加愉快，而且還可以利用等待時間傳遞新的行銷資訊，是一舉兩得的做法。

在迪士尼樂園，觀光客等待區域的附近裝修了很多供觀光客瀏覽的圖案和故事，並且時常會有卡通人物到這些區域帶給顧客興奮感和新鮮感。還有一些觀光景區在等候區域播放有關景點建設過程或重大事件的錄影，讓觀光客瞭解景點的發展歷程，並對即將開始的旅程產生期待。飯店也經常會在電梯旁邊放置鏡子供顧客檢 查他們的儀容，還可以打發時間；有些飯店尚會針

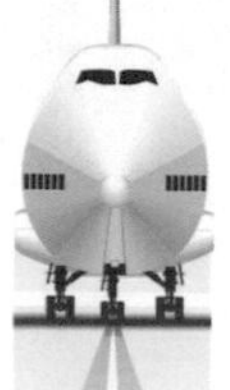

對客人等待時間過長，採取相應的措施；以萬豪飯店集團為例，為減少顧客登記入住高峰期的等候時間，飯店會分配專門人員為使用信用卡和提前預定的顧客登記，替顧客取好房卡，做好前臺的文字工作，然後帶他們到房間，顧客可以在房間裡辦理手續，時間只需要短短的3分鐘（Henkoff, 1994）。香港馬哥孛羅飯店（Marco Polo Hotels）也為尊貴的VIP住客，提供直接在房間內入住登記的服務，從而避免住客於飯店前臺排隊進行登記手續。此外，位於香港迪士尼樂園渡假區的好萊塢飯店和迪士尼樂園飯店，憑藉其屬於迪士尼集團的獨特關係和特殊地理位置，儘量避免住客閒來無事的入住登記等待，讓客人在抵達飯店後，可先寄存行李，只需登記拿號，可挑選適當的時間進行入住登記，之後即可外出安排活動，或提前遊玩迪士尼樂園，以感受其歡樂氣氛。

(二)過程前等待的時間比過程中等待的時間感覺更長

服務過程前的等待，也就是需要等待服務開始的時間對顧客來說，往往心理上難以接受，因為此時顧客會有能否等到服務的不確定性和何時才能得到服務的憂慮。因此，此時使用讓顧客感覺已經進入了服務狀態的策略很重要。很多觀光景點在等待期間提供給顧客資訊的另一個原因，就是為了讓顧客在心理上感覺觀光體驗已經開始。如果等待的時間被那些與服務相關的活動所占用，顧客可能會感覺服務已經開始，他們不再是等待了，這種過程中的活動將使等待時間感覺起來更短。此外，服務過程後的等待，如等待帳單或郵輪觀光時等待下船，也都會讓觀光客更沒有耐心。多日的郵輪觀光通常是在航程要結束之前為遊客準備離船手續，所以郵輪一靠岸，他們就能很快下船，這樣可以排除事後等待的時間。

(三)焦慮使等待時間感覺更長

著名哲學家William James認為：「煩躁產生於對時間流逝本身的關注。」焦慮會增加顧客等待時間的負面影響，使顧客感覺等待時間更長。當顧客感覺他們被遺忘或是時間有限的時候，就容易產生焦慮，而這種焦慮就會導致他們高估等待時間。在紐約的歐姆尼公園中心飯店，當排隊的人數超過6個人時，經理助理就會跑到飯店餐廳，拿來柳丁汁和葡萄汁，送給排隊

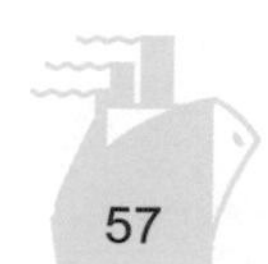

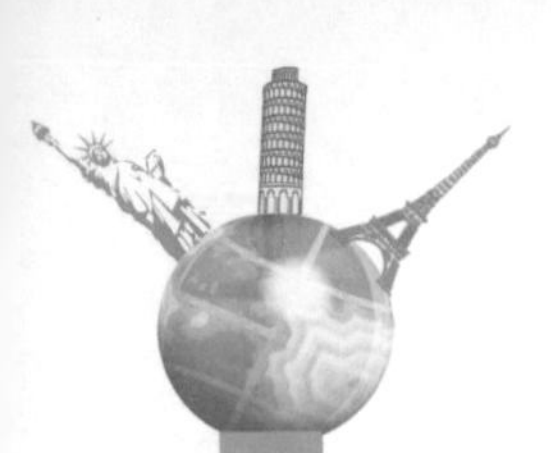

等候的顧客，地區副總裁兼總經理Philip George說：「我們應努力使顧客們感受到：我們知道你在等待。」（大衛奇、陳英，2006）。

服務人員可以透過顧客對時間壓力的反應來識別顧客的要求，採取相應方法緩解焦慮。我們還要意識到的是，兒童往往是引起成人顧客等待時更多焦慮與不安的一個重要因素。當小孩變得坐立不安的時候，同行的成人可能就會變得更加急躁甚至沮喪，同時還可能影響其他顧客的觀光經歷。因此，讓兒童有事可做以減少所有人的焦慮，也是一個讓等待可接受性增加的好方法。

(四)不確定的等待比已知的、有限的等待時間感覺更長

不確定、未知的因素會讓等待更為漫長，因為顧客會感到對自己的等待時間失去了控制。觀光企業應該為顧客估計一個可接受的等待時間，以減少顧客因為未知等待形成的焦慮。另一方面，當實際等待時間比告知等待時間要短時，顧客會感到驚喜。對航空業的研究表明，如果等待的不確定性增加，顧客會感到更生氣，而他們的憤怒將導致更不滿意（Zeithaml & Bitner, 2003）。研究也表明，為顧客提供關於預期的等待時間，或者在隊伍中的相關位置提供預計等待的資訊，將使顧客獲得較為積極的感受，使企業獲得其服務的正面價值評估（Hui & Tse, 1996）。

(五)沒有說明理由的等待時間比做出解釋的等待時間感覺更長

當顧客瞭解到需要等待的原因，以及要等待多久時，一般會比較有耐心，尤其是當這種等待是合情合理的。解釋等待原因便能減少顧客的不確定性，至少也可以幫助他們設想一下將被延誤的時間的長短。當說明所需等待時間時，即便這是一段相當長的時間（譬如說30分鐘），來得比較早的顧客可以有適當的心理準備。但是一旦約定時間過去，即使是一小段時間的等候，譬如說10分鐘，也會讓他們不耐煩。觀光企業對顧客的承諾也是如此。由於某些突發事件而導致無法及時提供服務時，企業應對顧客說明原因，告知大約等待的時間，不要讓顧客覺得無法控制局面，而處於無止境的等待中。如航空公司由於空中交通管制、流量控制、天氣變化，或者飛機故障導致的晚點或起飛時間的延遲等，都應及時告知乘客。

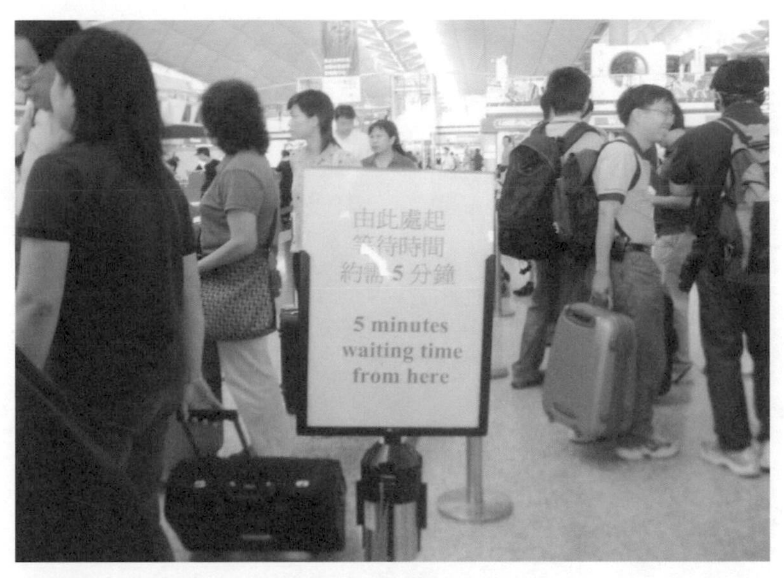

航空公司告知乘客辦理登機手續所需的等候時間，從而讓乘客能有積極的態度對待等待。（徐惠群拍攝）

(六)不公平的等待比公平的等待時間感覺更長

觀光企業在管理排隊時要排除顧客產生受到不公平對待的感覺與可能性。當一位顧客看到後來的人比自己更早接受服務時，不知道會等多久的焦慮就會轉變為因不公平而引起的憤怒。觀光服務企業根據「先來先服務」原則，靈活組織排隊系統以滿足顧客的不同需求，是最好的處理不公平問題的方法。具體問題應具體分析，建立相對公平的排隊規則。在運用最高優先權法則時，對於VIP貴賓的優先服務，應該標明區別，否則其他顧客會覺得非常不公平，如機場裡不同的辦理登機手續的櫃檯。又如剛才所講的香港馬哥孛羅飯店對VIP貴賓採取的特殊對待，普通的住客是不會接觸到的。當這些VIP住客還在從機場至飯店的禮賓車上時，飯店的員工就已經安排好了一切，並且直接到飯店停車場迎接貴賓，帶領他們入住房間，從某種意義上說，也是為了避免不公平等待所出現的矛盾。

(七)服務的價值越高，人們願意等待的時間就越長

Maister（1985）曾提過這樣一個原理：感覺中的價值影響等待。即對於價值很高、參與性強的服務，顧客願意花更長的等待時間，而且覺得有等待

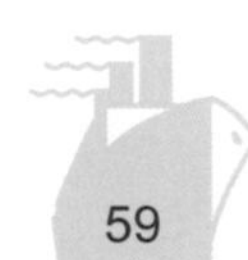

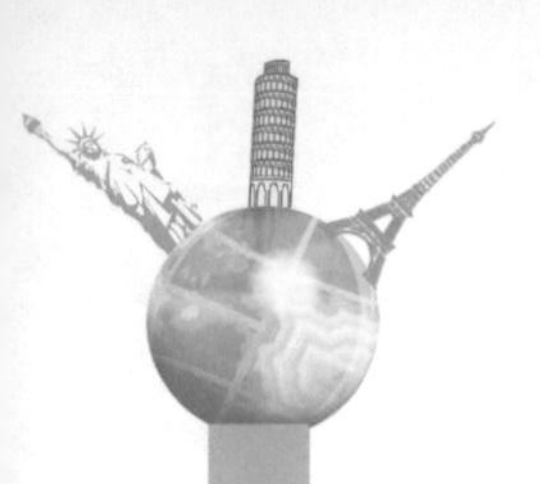

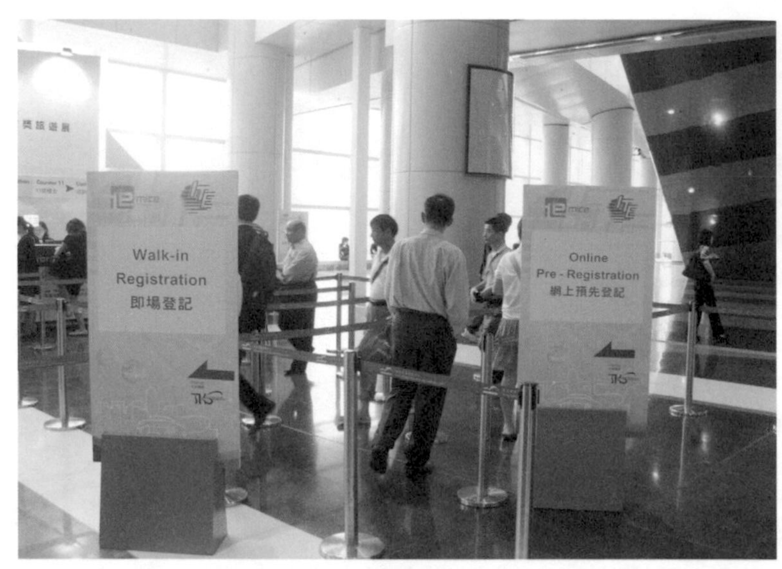

在會展中心，由於現場註冊要花費較長的時間，清楚標明「已經辦理了網上註冊的顧客和現場註冊的顧客」之分區處理，有利減少顧客的不公平等待。（宋漢群拍攝）

的價值，處於積極等待中的顧客往往會感覺時間並不長。觀光服務行銷的部分責任就是為提供的服務創造更多的價值。一家有特色的主題公園與一個普通的遊樂園相比，顧客願意為等待服務付出更多的時間。因此，觀光業應不斷提高服務品牌的價值，創造更高價值的產品，讓顧客感覺等待是值得的。

(八)獨自一人的等待比許多人一起等待感覺時間更長

心理學的研究表明，獨自一人等待比幾個人一起等待感覺時間更漫長。獨自等待個體由於孤單，會更容易關注時間的流逝，也會更容易產生焦躁的情緒。但如果處於一個團隊中，由於團體內的其他成員可以分散注意力，與其單獨等待相比，他們可接受更長的等待時間。在團體等待的情況下，譬如在迪士尼樂園或購買音樂會入場券的長隊中，顧客彼此之間都是陌生人，但如果他們開始談話，等待體驗可以變得更有樂趣，從而成為全部服務體驗的一部分。

提前預訂是透過事先安排供應與需求的匹配來使等待時間最短化的一種有效方式。迪士尼樂園為觀光客提供快速通行卡（Fastpass）服務，遊客可以節省特定遊樂設施的排隊時間。在提供快速通行卡服務的遊樂設施內，他

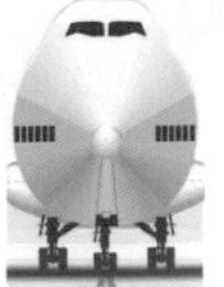

們只需將入場門票插入快速通行卡印票機，然後取出快速通行卡。遊客隨即可繼續享受樂園內的其他設施與服務，不用排長隊，然後在註明的時間返回享用該遊樂設施。對旅行社而言，如果去某一目的地的某日觀光套票已經出售很多張，接待人員可以向顧客建議其他可行的時間，以平均分配需求。管**理等待線**和**提供預訂服務**都是在產品供應不能被儲存的行業所採取的儲存需求的方式，包括服務行業。

第六節　觀光企業內部行銷

如**圖**2-4所示，觀光服務的行銷週期始於促銷活動，這些促銷活動是為了刺激市場對企業所提供的服務產品的興趣。一個潛在的顧客可能會詢問有關企業提供的服務產品，以及相關的定價資訊，企業員工對於顧客的諮詢處

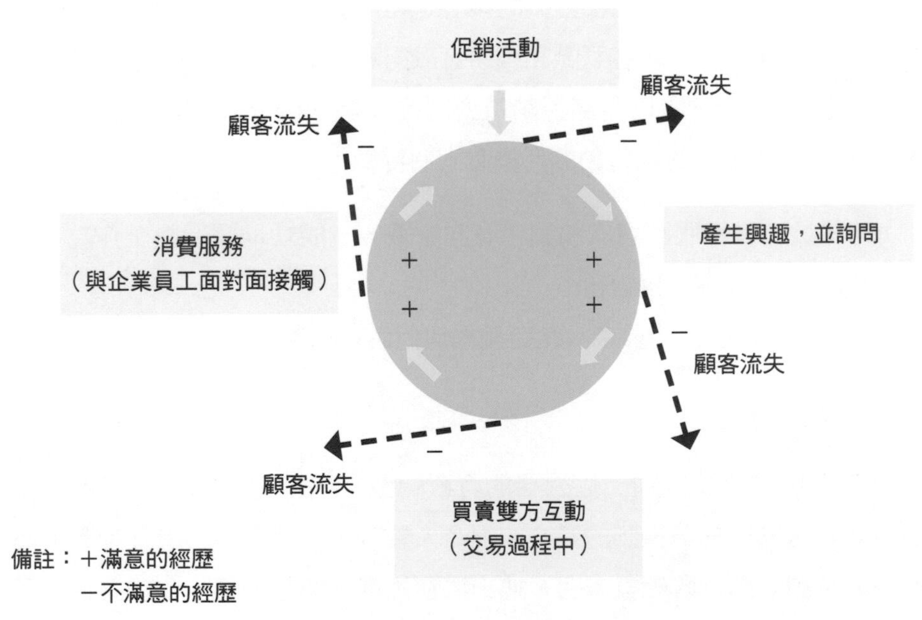

圖2-4　觀光企業行銷週期：行銷與營運

資料來源：Grönroos, C. (1990). *Service Management and Marketing: Managing the Moments of Truth in Service Competition* (p.130). Lexington, MA: Lexington Books.

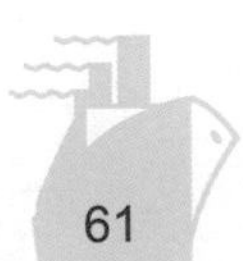

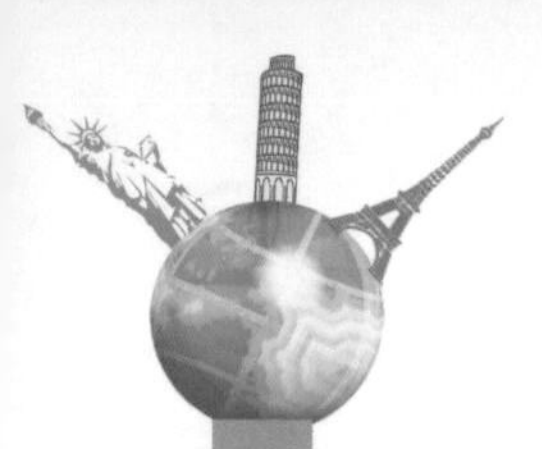

理得當，極有可能促使他們做出購買決策。因此，企業與顧客最初的聯繫對能否成功地將潛在顧客變成真實顧客至關重要。當顧客到達服務企業時，積極美好的第一印象將會幫助企業成功地保留顧客，或至少促使他們當時的消費過程順利完成。顧客成功的消費經歷會增添他們對服務體驗的價值感，並且導致更多的重複購買；反之，不愉快的消費經歷會降低他們的消費體驗並且降低重複購買的可能性。因此，在行銷循環的每一個階段，企業或獲得或失去顧客，完全取決於顧客對消費經歷的評估。顧客對服務的評估建立在他們對所有行銷和營運人員的服務行為和態度的綜合評估基礎上。

一、內部行銷

因為員工對企業的成功至關重要，所以很多觀光企業採取以服務為導向的策略，培訓員工具有服務意識和顧客意識，這些措施屬於內部行銷。**內部行銷**（Internal Marketing）是一種企業員工管理哲學，也是一種開發和強化服務文化的系統化方式。內部行銷的核心是如何發展員工的顧客導向意識。由於員工的服務技巧、顧客意識和服務意識對顧客的服務感知、潛在的購買行為具有關鍵作用，所以內部行銷被公認是成功開展外部行銷的先決條件（Grönroos, 2007）。內部行銷的目標有兩個特徵：

1.確保員工具備服務意識和顧客導向意識，並成功地履行員工作為「兼職行銷員」的工作責任。

2.吸引和保留出色的員工，從而發掘他們最大的潛能為顧客提供服務。

員工招聘和保留

曾有人專訪過華特迪士尼公司的行政總裁，問他是如何把自己的員工培訓得如此有熱情的。得到的答案卻很令人驚奇，「我們並沒有任何針對員工熱情的培訓」。行政總裁表明，迪士尼在挑選「角色演員」也就是他們所稱的「員工」時，友好態度是特別強調的一個條件。美國西南航空公司的前行政執行總裁Kelleher也說：「如果你沒有一個好的態度，即使你有再高的技術水準，我們公司也不會聘用你。」我們可以透過培訓提高員工的技能水準，但員工的態度卻難以改變（Teasley & Robinson, 1998）。為了讓員工的

企業內部行銷成功與否，對飯店員工在和顧客接觸過程中，能否提供卓越的服務有著關鍵的作用。（徐惠群拍攝）

個性能與顧客的個性達成一致，西南航空公司甚至邀請他們的常客，來面試並參與挑選新員工的活動；同樣地，香港JW萬豪飯店的一位管理人員說：「我們可以培訓員工去執行任何任務，但如果要使員工具有友好的服務態度，卻必須從甄選階段開始。」（Grönroos, 2007）。所以，對任何想要改善其服務品質的觀光服務企業來說，他們的焦點都應該集中在員工（也稱之為內部顧客）身上。謹慎的員工挑選程序對於服務企業的成功至關重要。

在很多服務企業中，與顧客接觸最多、最頻繁的往往是在前線工作的員工，如旅行社的櫃檯服務人員、餐廳的服務生、飯店的前臺人員和門僮等。觀光企業對新員工進行職前培訓（Orientation）和培訓（Training），會直接影響員工的工作品質和服務品質，而且職前培訓和培訓還可以減少員工可能由於工作失誤而產生的成本，從而增加員工的工作自信心（Gregoire, 2010）。企業除了應該對員工進行技術方面的指導外，還應該培養員工對整個企業的瞭解，並加深對行銷導向功能的瞭解。麗嘉飯店有一個兩日培訓計畫，用於向新員工傳達公司的理念、文化和品質標準，從而讓他們適應新的工作環境，進而實現公司的經營計畫；新員工的職前培訓計畫也是公司傳達其服務品質文化的一個重要途徑；麗嘉飯店管理階層也認為，定向輔導對新

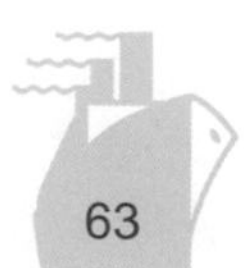

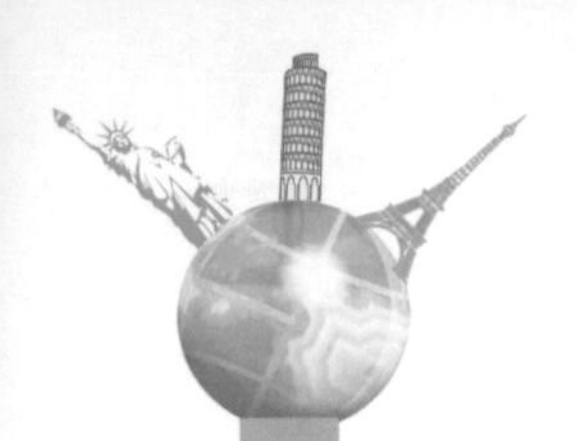

員工的個人發展尤為重要，因為通常新員工最初工作的三到四天，對他們未來的職業選擇和發展有很大的影響；而在職員工所參與的持續性培訓也對企業發展非常重要，因為它不僅能及時更新企業員工的服務理念，強化員工的技能水準和人際交往能力，同時還能重新強調服務品質的重要性。受過良好培訓並且具有服務意識的員工是企業經營成功的關鍵來源。如果內部行銷不能因地制宜地實施，或者企業員工缺乏以品質為導向的服務風格的話，企業可能會因為違背已做出的品質承諾而承受嚴重後果。

二、服務文化

企業文化被認為是組織內部的一種工作氛圍。更專業地說，企業文化可以被定義為，「一個企業的員工所共有的理念、價值、構思、期望、態度和行為準則，而這些價值和理念是和其他企業相區別的。」（Gregoire, 2010）。通常企業文化是培養企業服務文化強而有力的資訊溝通工具，而服務文化則比規章制度更能有效地組織和塑造員工的行為。

著名的服務行銷學者Grönroos對服務文化下了定義：「**服務文化**（Service Culture）是一種鼓勵優質服務的文化。擁有這種文化的組織可以為內部顧客、外部顧客提供相同的服務，組織中的每個人都將為外部顧客提供優質服務，服務文化被視為最基本的生活方式和最重要的價值之一。」（Grönroos, 2007）服務文化的另一種定義是：「被所有員工所共識的關於員工如何和顧客打交道的理念。」（Morrison, 2010）對服務企業來說，首先要鼓勵優質的內部服務，如提供必要的報酬和獎金制度鼓勵員工，以激發員工提供優質服務的熱情和意願，形成整個企業的服務文化。也就是企業需要透過潛移默化的方式，傳遞組織對優質服務的重視和鼓勵。其次，優質服務不僅要針對外部顧客，也要針對內部員工，只向最終顧客承諾優質服務是遠遠不夠的，組織中所有的人都應該得到相同水準的服務。第三，只有當企業注重為優質服務增值，並把這種優質服務當作自然而然的方式，而每個員工都認為優質服務是他們最重要的行為標準的時候，服務文化才會產生（Zeithaml & Bitner, 2003）。以必勝客為例，他們以「做主」（Ownership）作為企業的服務文化理念，主張讓員工透過專業、創新和努力工作來提供服

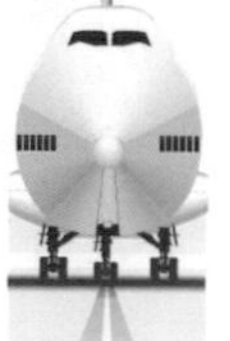

務，而這種文化是透過每位員工的真實表現而傳遞給顧客。

企業可以把內部行銷當作一種培育服務文化的有效方式。例如，內部行銷活動使企業所有的管理人員和前後臺基層員工，理解和接受企業的目標與策略、外部行銷活動和企業流程、感知服務、服務導向、顧客意識，以及自己承擔的職責的重要性，才能理解企業要達到什麼目標；公司注重建立員工與顧客以及其他方面的良好外部關係，創造組織內部和諧的氣氛以及員工間的積極關係；在經理和主管中培養服務導向的管理模式和領導風格；向所有員工傳授服務導向的溝通和互動技巧。當服務導向和對顧客的關注成為組織中最重要的標準時，組織中就自然而然的產生了服務文化。而這些也都是形成組織服務文化的基本要求。

管理人員的管理方式和風格在培育服務文化方面也是至關重要，管理人員必須確保其管理方式能夠鼓勵和強化員工的服務意識與顧客導向；確保良好的內部行銷關係能夠得到保持。一旦管理階層專注於服務品質，其他員工便能迅速地感受到這種忠誠和導向，並且更樂於為服務品質付出努力。同時，其他員工對服務的興趣和對優質服務的認同非常重要：當所有員工對於服務都主動地提供支援，高層管理者、中層經理、與顧客接觸的員工，以及支援人員都參與服務的過程，進而在公司中的所有成員之中形成了共同認可的服務價值，就可以在員工開展日常工作時為其行為提供積極的、主動的指導，這就是一種被稱為服務文化的企業文化。所以，在這個持續不斷的創造文化和延續文化的過程中，各級管理人員都要參與進來，不僅將目光關注於為外部顧客解決問題，也注重與內部顧客（企業員工）溝通交流，提供相應的獎勵，提高外部顧客的消費滿意度和內部員工的工作滿意度。服務文化的另一個作用是留住好員工，降低員工流動率，因為滿意的員工對目前的工作組織更具情感上的依賴性和忠誠度，更願意把好的服務提供給顧客，使顧客更加滿意。滿意顧客的多次重複光顧和品牌忠誠度的建立，必定能提升企業利潤。這個有利的過程一般是一個良性循環的開始，因為更多的利潤能確保企業的所有成員保持以長遠發展服務為導向的態度。圖2-5顯示了服務和利潤之間的關係鏈（Reich, 1997）。

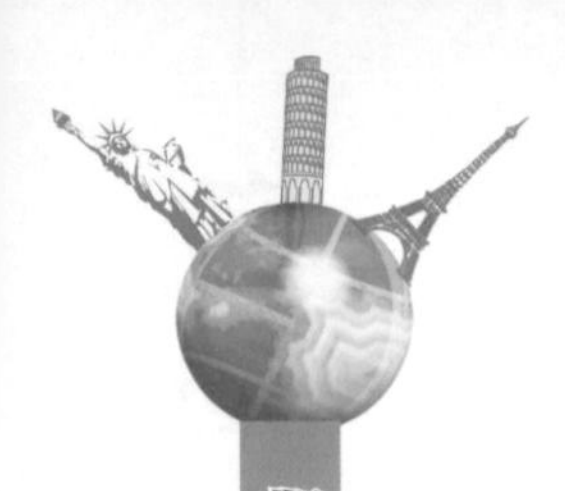

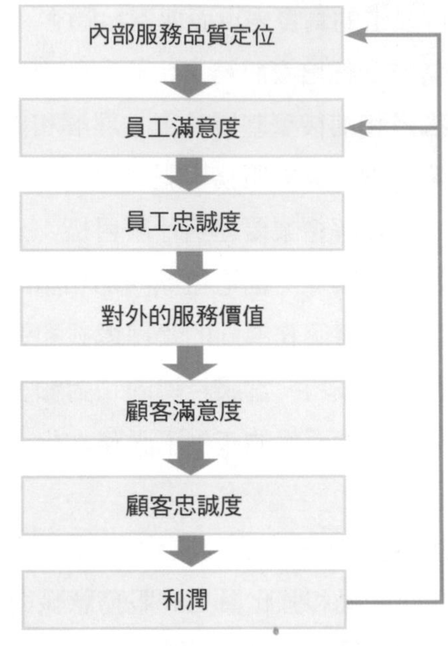

圖2-5　服務利潤鏈

資料來源：Reich, A. Z. (1997). *Marketing Management for the Hospitality Industry: A Strategic Approach* (p.107). New York: John Wiley & Sons, Inc.

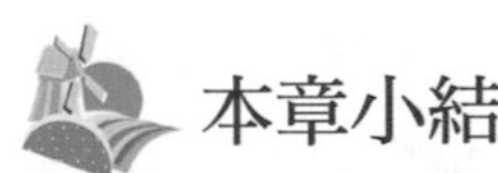

本章小結

觀光服務產品具有不同於製造產品的無形性、人是產品的一部分、需求模式和不可儲存性的特性。觀光企業服務系統一般由三個交叉體系組成，分別是：服務傳遞體系、服務營運體系和資訊交流體系。服務品質的管理需要從企業員工的技術品質以及功能品質兩方面展開。顧客一般依據服務的有形性、可靠性、回應度、保證性、同理性五個主要標準來評估服務。服務品質缺口主要表現在理解失誤、溝通不當、表現不夠、承諾過度和不符期望五個方面。

雖然觀光服務企業的「零缺陷」目標有點不切實際，但能促使觀光企業致力於提供優質服務。提供優質服務最關鍵是要減少惡性成本和醜陋成本，這兩種成本一般要比良性（防禦性）的成本高。企業應該透過提供品質保證和其他資訊收集機制，鼓勵顧客積極提供回饋資訊，從而作為企業提高服務

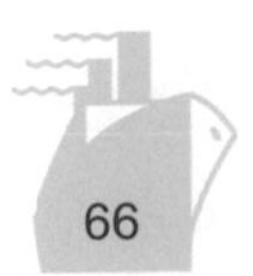

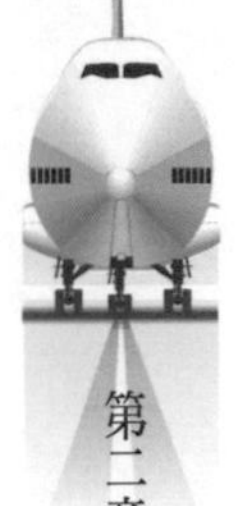

品質的有效依據。

因為服務產品沒有存貨供應，管理和儲存需求就成了服務企業經營的關鍵。對於不可避免的顧客排隊等待的管理是需求管理的一個重要部分。此外，服務文化是企業服務品質和長期利潤都必不可少的元素。內部行銷應該被用來吸引和保留好的員工，以形成企業的服務文化。

重要概念

- ■無形性　Intangibility
- ■人作為產品的一部分　People as Part of the Product
- ■需求模式　Demand Patterns
- ■不可儲存性　Perishability
- ■交叉服務體系　Overlapping Service Systems
- ■服務傳遞體系　Service Delivery System
- ■服務營運體系　Service Operation System
- ■資訊溝通體系　Communication System
- ■品質維度　Quality Dimensions
- ■服務品質　Service Quality
- ■技術品質　Technical Quality
- ■功能品質　Functional Quality
- ■有形性　Tangibility
- ■可靠性　Reliability
- ■回應度　Responsiveness
- ■保證性　Assurance
- ■同理性　Empathy
- ■零缺陷　Zero-Defect
- ■服務品質缺口　Service Quality Gaps
- ■期望缺口　Expectation Gap
- ■理解失誤缺口　Misunderstanding Gap
- ■溝通不當缺口　Communication Gap
- ■表現缺口　Performance Gap
- ■承諾過度缺口　Overpromising Gap

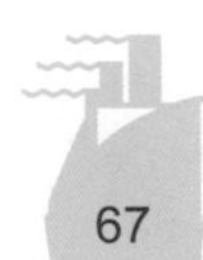

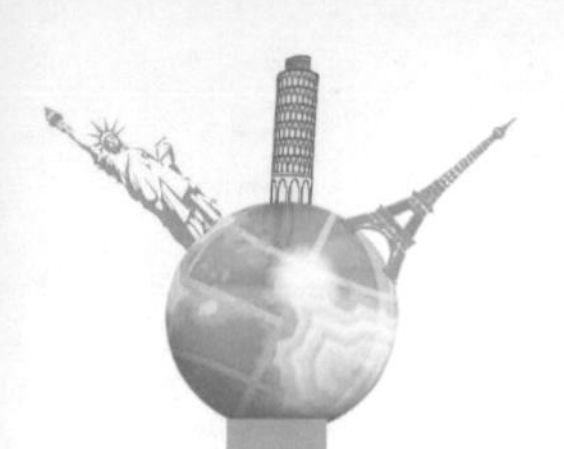

■品質成本　Cost of Quality
■良性成本　Good Cost
■不良成本　Bad Cost
■醜陋成本　Ugly Cost
■品質保證　Quality Guarantee
■排隊管理　Managing Queues
■內部行銷　Internal Marketing
■職前培訓　Orientation
■培訓　Training
■服務文化　Service Culture

課後習題

一、服務具有哪些方面的特徵？這些特徵對觀光企業的經營有何影響？

二、怎樣評估觀光企業的服務品質？

三、服務品質形成過程中一般存在哪些方面的缺口？企業進行品質管制應怎樣來避免這些缺口？

四、「零缺陷」目標存在哪些方面的局限性？它對企業有什麼意義？

五、品質是免費的嗎？為什麼？

六、企業實施品質保證策略的主要作用是什麼？怎樣成功地實施品質保證策略？

七、服務企業經營中的「排隊管理」的定義是什麼？

八、什麼是內部行銷？服務組織應該建立什麼樣的企業文化？內部行銷同企業文化之間有何關係？

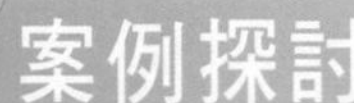

案例探討

內部行銷為本的麗嘉飯店

大多數公司都只注重外部行銷，追求顧客滿意和品牌忠誠度的價值，他們忽視了內部員工滿意的一面，而麗嘉飯店恰恰是從內部行銷入手，提出「照顧好那些照顧顧客的人」，做出了行銷創新。這也是許多卓越公司成功的奧秘，即要提高品牌忠誠度，必須首先培養忠誠的員工，提高員工的滿意度。

麗嘉飯店是一個高級飯店及渡假村品牌，現時擁有超過七十個飯店物業，分布在二十四個國家的主要城市。它以傑出的服務聞名於世，吸引了金字塔上層5%的高層次住客。超過90%的顧客重複光顧麗嘉飯店。該飯店的著名信條是：「在麗嘉飯店，給予客人以關懷和舒適是我們最大的使命。我們保證為客人提供最好的個人服務和設施，創造一個溫暖、輕鬆和優美的環境。麗嘉飯店使客人感到快樂和幸福，甚至會實現客人沒有表達出來的願望的需要。」

麗嘉飯店為了履行諾言，不僅對服務人員極為嚴格的挑選和訓練，使新員工學會悉心照料客人的藝術，還培養員工的自豪感。在挑選新員工時，就像飯店品質部門副經理Patrick Mene說的那樣：「我們只要那些關心別人的人。」為了不失去一個客人，員工被教導要做任何他們能做的事情。全體員工無論誰接到顧客的抱怨，必須對此抱怨負責，直到解決為止。麗嘉飯店的員工還被授權當場解決問題，而不是需要請示上級。每個員工都有2,000美金的權限用來平息客人的不滿，並且只要客人高興，允許員工暫時離開自己的崗位。在麗嘉飯店，每位員工都被視為是「最敏感的哨兵、較早的警報系統」。麗嘉飯店的員工都理解他們在飯店的成功中所起的作用，正如一位員工所說：「我們或許住不起這樣的飯店，但是我們卻能讓住得起的人還想到這兒來住。」麗嘉飯店鼓勵和獎勵表現傑出的員工。根據它的「五星獎」方案，麗嘉飯店向傑出的員工頒發各類獎章、「黃金標準」等作為獎勵。飯店的職員流動率低於30%，而其他豪華飯店的職員流動率則達到45%。

麗嘉飯店的成功正是基於簡單的內部行銷原理：要照顧好顧客，首先必須照顧好那些照顧客人的人。滿意的員工會提供高品質的服務價值，因而會帶來滿意的顧客，感到滿意的顧客又反過來會為企業創造利潤。

資料來源：改編自麗嘉飯店—內部行銷為本。http://blog.meadin.com/u/xuzhiguang1025/20096.html，檢索日期：2010年4月2日。

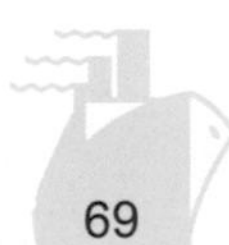

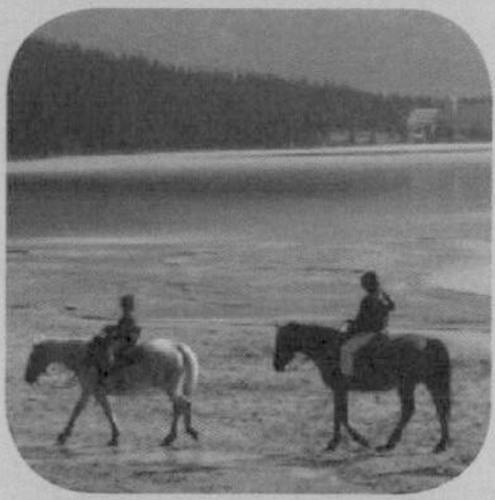

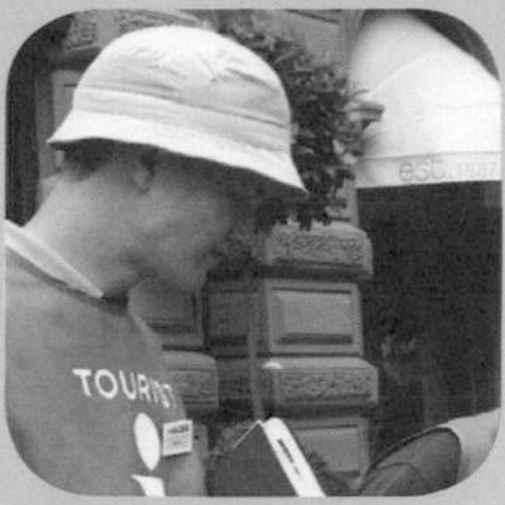

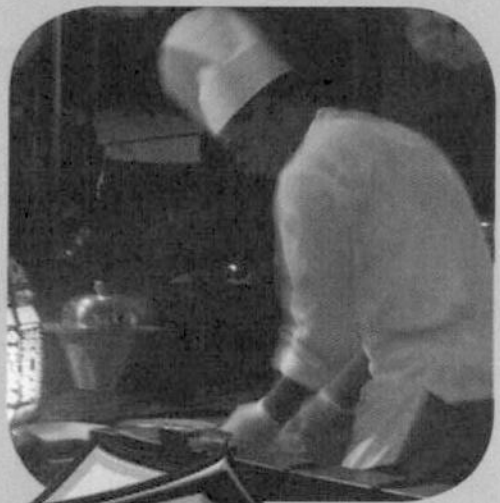

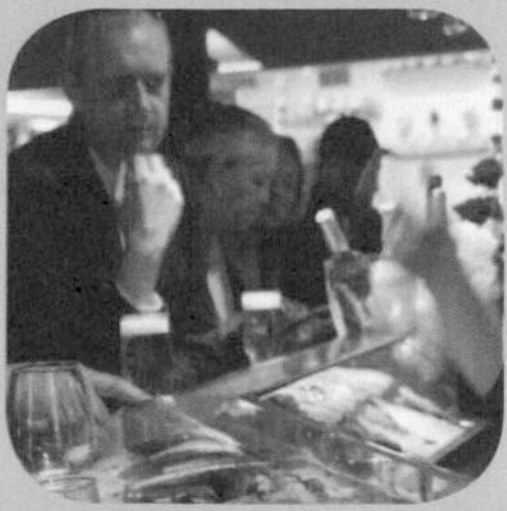

Chapter 3

觀光行銷的宏觀和微觀環境

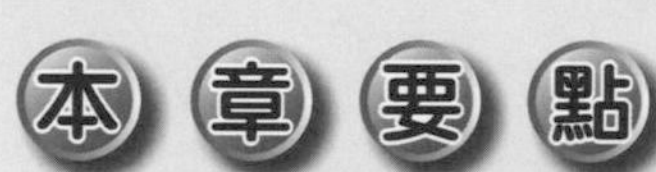

◆觀光行銷宏觀環境要素以及這些要素的影響和意義

◆觀光行銷微觀環境的變化對行銷決策的影響及意義

◆影響觀光客購買行為的主要因素

◆觀光購買決策形成以及購買行為發生的過程

◆顧客在購買觀光產品決策過程中可能要承擔的三種風險

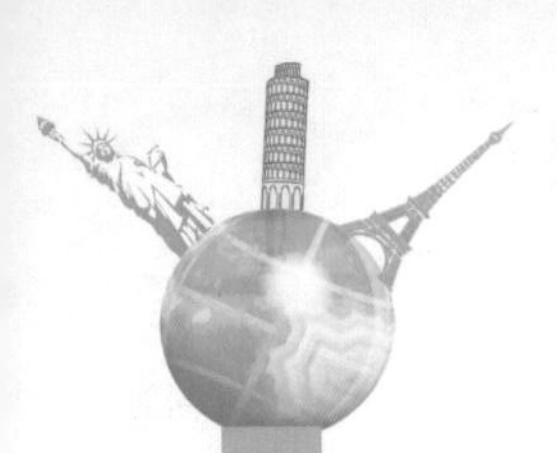

觀光產業對許多國家和地區的經濟發展具有舉足輕重的作用，而觀光產業作為經濟體系中的一員，它的發展也受到國家或地區整體環境的影響，相應的觀光業的行銷方法也受其影響。首先，它的具體體現是觀光行銷會受到由政治、經濟、社會、文化、科技、生態等因素所組成的宏觀環境因素的影響，特別是在經營模式和方法方面的影響。同時，直接影響觀光企業行銷的微觀環境，包括觀光企業自身、觀光仲介、消費者、競爭者、公眾等要素與企業行銷活動直接相關，影響觀光企業的行銷和營運。本章將會圍繞影響觀光行銷的宏觀環境和微觀環境兩個部分進行深入討論。行銷環境要素在**圖**3-1中進行了歸納。

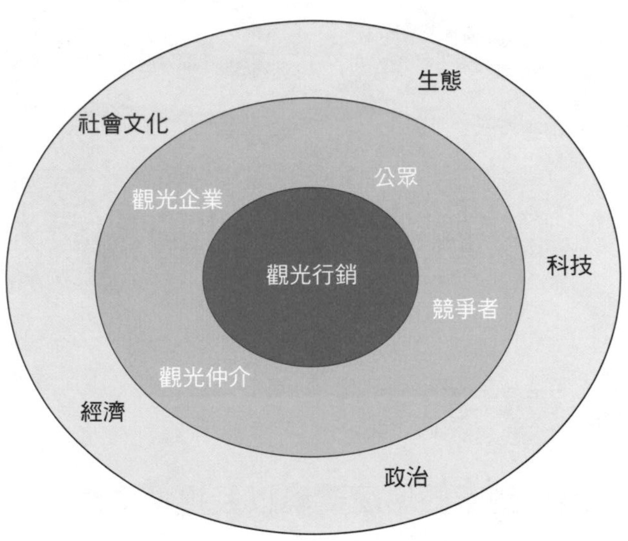

圖3-1　**觀光行銷的環境影響要素**

資料來源：改編自：(1)Hsu, C.H.C. & Powers, T. (2002). *Marketing Hospitality* (3rd ed. p.42). New York: John Wiley & Sons.；(2)Kotler, P., Bowen, J. T., & Makens, J. C. (2006). *Marketing for Hospitality and Tourism* (4th ed. p.115). Upper Saddle River, NJ: Pearson Prentice Hall.。

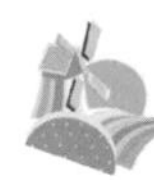

第一節　觀光行銷宏觀環境

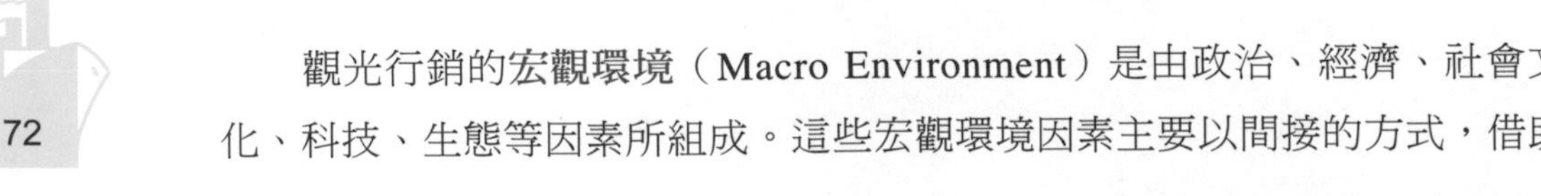

觀光行銷的宏觀環境（Macro Environment）是由政治、經濟、社會文化、科技、生態等因素所組成。這些宏觀環境因素主要以間接的方式，借助

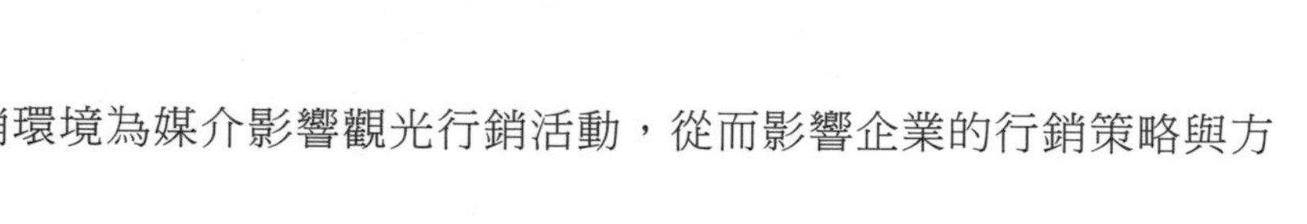

於微觀行銷環境為媒介影響觀光行銷活動，從而影響企業的行銷策略與方式。

一、經濟環境

觀光產品目前還不能算是人們的生活必需品，顧客購買觀光服務首先要有可支配所得。法國統計學家恩格爾（Engel）提出恩格爾定律（Engel's Law）：「一個家庭收入越少，家庭收入中用來購買食物的費用比例就越大；隨著家庭收入的增加，家庭收入中用來購買食物的支出將會下降。」（張莉莉、楊瑩，2004）。當人們需要減少開支時，外出用餐和娛樂休閒的費用就成了首要節省的方面（Editors of American Demographics, 1995）。對於一般企業來說，企業欲縮減經費時，商務旅行和娛樂預算就會減少，外出聚餐的經費也會受到嚴格的限制。因此，觀光業的經營狀況很明顯地反映了當時的經濟跡象。

觀光企業，如飯店及觀光景區，主要依賴於抵押貸款來獲取建設資金。因此，高利率會引起建設新觀光企業投資的減少，同時還會引起現存設施設備成本的增高，造成接待容量的偏低。相對的，低利率會使企業想要獲取更多的資金，從而加大對觀光產業的投資，以澳門永利賭場（Wynn Macau）為例，2006年的低利率使得永利增加融資7.44億美元，作為賭場的投資，永利賭場的強大現金流量和以往博奕產業業績的盈利能力，使得他們有能力與貸款方協商，獲得更低的利率（Euroweek, 2007），但低利率有可能造成觀光企業的過度投資，從而導致接待量的超額與閒置。其他一系列的經濟因素，包括國民生產總值（GNP）增長率、可自由支配所得、通貨膨脹率、消費者信心和消費意願、失業率、貸款簡易度及匯率等，都是經濟環境中應該考慮到的因素。

觀光產業中存在功能各異的不同觀光行業，如飯店業、交通運輸業、旅行社業、觀光景區經營管理業、觀光娛樂購物行業等，構成各觀光行業的是更微觀的觀光企業。不同的經濟要素對不同的觀光行業的影響可能不一樣。例如，民眾的收入波動對平價航空公司和傳統航空公司、平價旅館和豪華飯店的影響可能都是不一樣的。傳統航空公司和豪華飯店可能從經濟蕭條中感

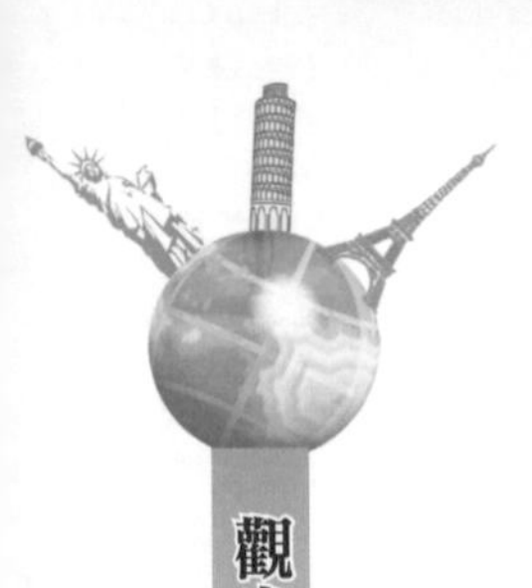

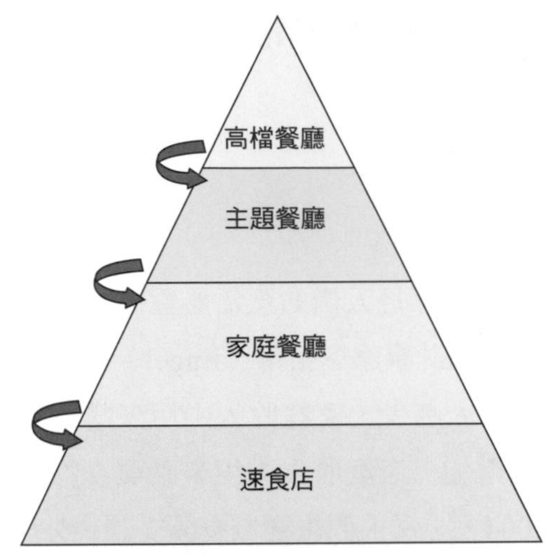

圖3-2　餐飲業「擠壓效應」示意圖

受到經營威脅，而平價航空公司和平價旅館卻可能從中獲取更多發展的機會。在經濟蕭條時期，極有可能引起**擠壓效應**（Squeeze Effect）。如圖3-2所示，面對經濟蕭條，人們用餐支出會相對減少，餐廳之間爭取客源的競爭變得異常激烈。高檔餐廳為吸引顧客，擴大客源，會一改「高不可攀」的形象，為用餐環境注入隨意要素，開發不同價位的菜單。主題餐廳採用特價優惠策略吸引家庭式餐廳的上層客人；家庭式餐廳則透過降價或提供特別套餐優惠來吸引速食客人。最後，速食店則會提供「超值速食」保留現有客人，並鼓勵他們多次消費。經濟蕭條時，同樣的「擠壓效應」也會發生在飯店業。

二、社會文化環境

社會文化主要是指一個國家或地區的種族特質、價值觀念、生活方式、風俗習慣、宗教信仰、倫理道德、教育水準等的彙總。社會文化使人們形成不同的生活方式和價值觀念，並表現為種種具體的市場需求，而觀光行銷的根本目的正是為了滿足民眾的需求和欲望。人們在不同的社會文化環境中成長，形成了不同的價值觀念、偏好及認識事物的方法等，這些因素又決定了一個人的行為方向和方式，從而也就決定了一個人購買觀光產品的種類、購

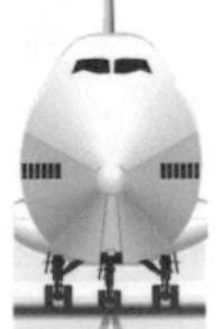

買及消費方式。文化不是靜止不變的，它們受到不同時代、經濟狀況、科技水準、環境、政策和社會變化的影響（張莉莉、楊瑩，2004）。人們的社會文化價值、信仰和觀念的變化為企業帶來新的產品、服務和經營理念，因此觀光行銷須看到文化變化所帶來的行銷機會，適應不同的文化因素，融入目標市場的文化氛圍中開展行銷。

健康是現今消費者所普遍關注的一個社會文化潮流。人們對健康的重視引起了健康食品和服務的新風潮，如水療渡假中心、飯店的健身設備及層出不窮的健康餐單。隨著如今消費者逐漸意識到「二手煙」的危害性，商家們開始重視起來，如賭場也專門劃分可吸煙、不可吸煙兩類博奕區域；越來越多的飯店也設有專門的無煙樓層或房間，迎合社會健康意識的趨勢。另外，近年來在很多國家出現的生態觀光也是一種社會文化變化影響的結果。生態觀光是基於自然觀光和永續發展基礎上的觀光，觀光客進行生態觀光，是有目的地前往自然地區去瞭解當地環境的文化和自然歷史，並致力於對自然環境的影響最小化，而且使當地社區從保護自然資源中獲得經濟效益。**生態觀光**既有利於自然保護和保育，也為觀光客接受環境教育提供了機會。

觀光行銷是一種跨文化的行銷活動。觀光行銷人員不管是在觀光產品設計、廣告創意以及制定行銷方案時，都必須適應當地的文化。實際上，文化的影響遍及整個行銷活動，包括產品的定價、促銷、分銷通路等各個環節，而且觀光行銷人員的工作本身也變成了文化的一個構成部分。而其中，觀光市場的教育程度、宗教信仰、傳統習慣等文化因素的影響更為明顯。教育水準高的國家比教育水準低的國家更具觀光需求。宗教信仰直接影響著人們的生活習慣和風俗喜好。不同的宗教有不同的文化傾向，從而影響人們認識事物的方式、行為準則和價值觀念，也影響到人們的消費行為和觀光行銷。如宗教信仰促進宗教觀光，並影響到飯店住宿時對樓層以及客房房間號的選擇、食物的禁忌等。又如在穆斯林國家的公共場所的設計過程中，便需要考慮到宗教的因素，因此在機場、碼頭，都會在公共洗手間內設有專門的祈禱室。

一個社會的人口結構的變化對社會文化價值和趨勢，以及消費者的消費偏好都有重大影響。**人口結構**是指可以客觀衡量的人口特點，包括年齡結構、收入水準、家庭結構等。一些人口結構特點將在以下內容中加以討論。

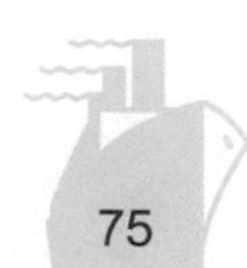

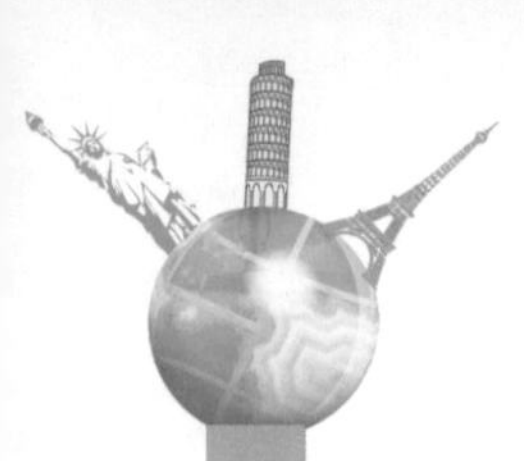

(一)年齡構成

由於年齡的差異，不同的觀光客在選擇觀光產品的類別、品牌以及在觀光過程中的購買行為也是大相徑庭。一般來講，年輕人喜歡時尚的、刺激性和冒險性較強、體力消耗較大的觀光活動；而老年人則傾向於節奏舒緩、舒適，並且體力消耗較小的觀光活動。不同年齡階段的觀光消費特徵在**表**3-1進行了歸納。如今，隨著人們的平均壽命上升，健康狀況明顯改善，銀髮休

表3-1　不同年齡階段人群的觀光消費特徵

	年齡	觀光業消費特徵
		童年
幼童	5歲及以下	對父母而言是「問題消費者」，飛機上和餐廳裡需要嬰兒位置；飯店裡可能需要托嬰服務
孩童	6-12歲	對外出就餐地點的選擇有重要影響；渡假勝地飯店為孩童提供娛樂項目
		青少年
少年	13-15歲	變成獨立的消費者，但是通常沒有明顯的獨立收入；對外出觀光有主要影響；飯店有供其獨立使用的娛樂設施
青年	16-18歲	獨立的消費者，經常做兼職工作；對社交活動有很高的需求
		年輕的成年期
單身年輕人	19-24歲	全職工作或念大學，或半工半讀；收入足以負擔，如為了約會等小規模地使用飯店、景區服務；和家人一起旅行，觀光支出較少
年輕夫婦	25-34歲	大都是雙薪家庭，但是家庭開支和投資通常減少了可用於觀光的資金；對觀光興趣很大
		中年
中年早期	35-49歲	收入大幅增長，但是家裡的或在上大學的子女需要不斷的支援；對觀光有最大的嗜好
中年晚期	50-64歲	收入達到最高，或由於退休而收入減少；對觀光有很強的偏好；和年輕一些的中年群體相比，外出就餐相對少
		老年
老年早期	65-74歲	收入穩定且充足，退休後有充裕的空閒時間；通常身體健康，充滿活力；想要享受生活；出於健康考慮，對飲食有一些特別的講究
老年中期	75-84歲	存在健康問題，身體狀況變差；通常喪偶獨居；可能需要老人院的護理；在飲食上更加注意
老年晚期	85歲及以上	生活上更需要照顧；女性比例高於男性；年老體弱，但有些老人反應靈敏，身體健康；通常需要特殊的飲食和說明

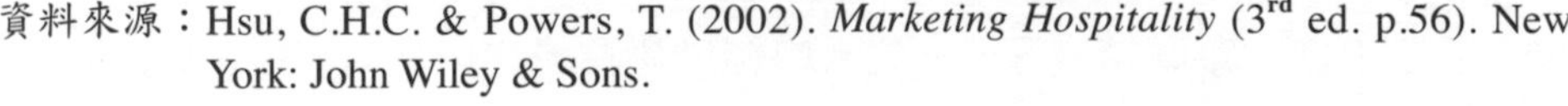

資料來源：Hsu, C.H.C. & Powers, T. (2002). *Marketing Hospitality* (3rd ed. p.56). New York: John Wiley & Sons.

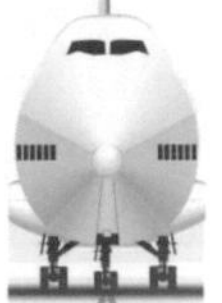

閒市場將會變得越來越重要。以美國為例，人口特徵轉變的最大趨勢是65歲以上老年人逐步增多。在1980年代，超過65歲的人群總共是2,550萬，1990年代是3,120萬，2000年代是3,480萬。到2010年老年人口將會緩慢增加到3,970萬，預計到2030年，老年人口有望增加到7,030萬，最大的原因是因為第二次世界大戰後的嬰兒潮時期出生的人達到了老年階段（Goeldner & Ritchie, 2009）。而在英國，到了2017年，65歲以上的老年人將會比16歲以下的人要多，並且預計到了2050年，英國總人口的25%為老年人，這比2007年的15%將增加10%（Holloway, Humphreys, & Davidson, 2009）。銀髮休閒市場的重要不僅是因為老年人口數增多，還因為他們的可支配所得和閒暇時間也明顯增多。

老年人通常已經積累了豐厚的資金，具有很強的購買力，再加上退休之後有了非常充裕的閒暇時間。現在銀髮休閒市場日益受到觀光行業的青睞和重視，而且也逐漸成為觀光行業上最關鍵的一個群體。在很多國家，許多旅行社把銀髮族觀光作為新的開發市場，尤其是在淡季時。但是旅行社在開發老年觀光產品時，要考慮銀髮族的身體心理狀態，合理地安排觀光路線，隨團應配備醫護人員，注意老年人的出行安全則是非常重要的環節。另外，在行銷上還要注意某些觀光類型，如健康和養生觀光市場，老年人就占據了非常大的比重（Smith & Puczkó, 2009）。

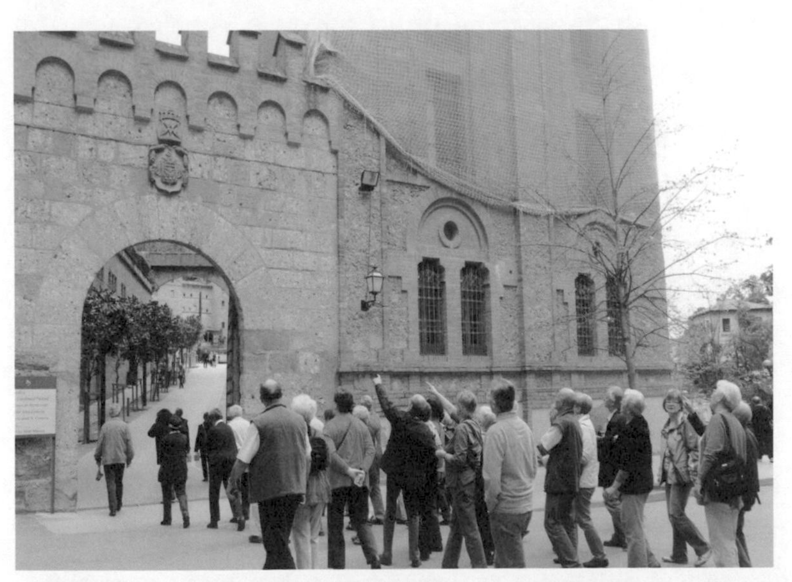

「銀髮族」往往積極參與各種觀光活動。（徐惠群拍攝）

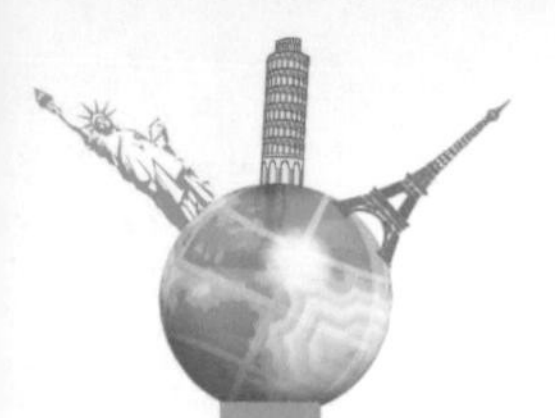

(二)女性工作比例

女性工作比例也會影響到觀光行銷活動。如今，女性就業率的提高意味著家庭收入的增多，在家自備餐食和長假的時間減少；而更多的是在外就餐或是選擇外賣食品，對觀光類型的選擇，則傾向於短程的休閒式觀光。

女性就業人數變多帶來觀光需求量的增加。根據世界觀光組織統計，在過去的十幾年間，女性觀光客人數增長3.7倍，占觀光總人數的44%（張仲英，1999）。針對女性觀光市場，美國、歐洲、日本的一些旅行社推出了全部參團顧客都是女性的觀光團（All Female Tour），參加這種類型觀光團的旅客享受到了更舒適、放鬆的氛圍，同時也可以分享相似的興趣（Junek, Binney, & Winn, 2006）；而有些飯店也專門設計了只接待女性住客的女性樓層（All Female Floor），以日本大阪富士屋飯店為例，該飯店就專門設有女性專用樓層，連專用樓層電梯間也都設計得溫馨可愛。在健康和養生觀光市場，女性顧客同時也占據有非常大的比例（Smith & Puczkó, 2009）。

此外，越來越多的女性涉入商業領域，使得女性商務客群體成了一個重要的觀光行銷市場。如今，每三位商務客人中就有一位是女性（Burke & Resnick, 2000）。女性商務客最需要的是安全感，有些飯店針對這個特點，讓走廊過道的燈光變得更加明亮，有的飯店甚至會雇傭保安人員陪同女顧客出入停車場，以確保她們的安全（Burke & Resnick, 2000）。此外，女商務客人對飯店客房設施和餐飲服務也提出了新的要求，例如衛生間的化妝鏡，衣櫃裡的吊裙衣架及健康食品等。溫德姆飯店的房間設計也是專為女性商務客所開發，如在房間內安置上化妝鏡、配備熨斗等，飯店還很重視女性商務客，並於1990年代中期，專門為女性商務客人推出了「女性之旅」（Women on Their Way）的活動，吸引了眾多女性客人參與。最後，工作場所女性比例的增大，也影響到了企業的資訊傳媒策略。

(三)家庭構成

晚婚、晚育以及無小孩的家庭觀念，對觀光業的發展產生了深遠影響。「頂客家庭」（Dual Income, No Kids, DINKS）是指有雙份收入、無小孩的家庭，這類家庭由於經濟能力良好並有更多的閒暇時間，所以他們更頻繁地光顧餐廳，更多的外出旅行，並且樂意享受更貴的客房。晚婚觀念和高離婚

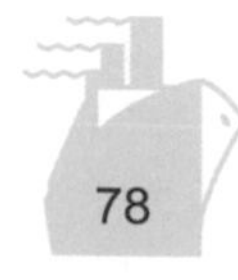

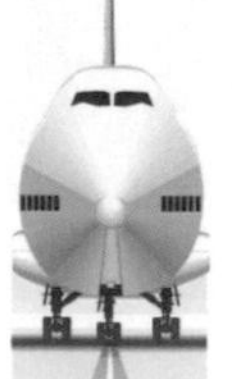

率也意味著產生了更多的單身個體或單親家庭，以及更多的由女性掌管的家庭。與傳統家庭的消費方式相比，這些家庭的個體消費需求與偏好具有其自身的特性。單親家庭，特別是那些由婦女掌管的單親家庭，相對來說收入水準普遍偏低，她們的經濟狀況相對緊張，對觀光業不會有太大的消費貢獻。

三、政治環境

政治環境對觀光行銷的影響主要體現在兩個方面：國家或地區的政治局勢環境和法律環境。

(一)國家或地區的政治局勢環境

穩定的政治局面，不僅有利於經濟的增長和居民收入的提高，創造出更多的可支配所得用於觀光消費，而且也會影響到觀光客的心理狀況，從而提高他們的觀光信心和需求。

出於人身安全以及健康問題的考慮，觀光客對政治局面穩定的目的地會更感興趣，而對於那些政治動盪的目的地則心存芥蒂。比如九一一紐約世貿大廈的恐怖襲擊、印尼峇里島的系列爆炸、莫斯科劇院人質劫持事件、埃及紅海觀光勝地的炸彈事件，以及泰國反政府的「紅衫軍」示威活動等，都給當地，甚至是全球的觀光業帶來直接或間接的影響。另外，政府的政策和措施對觀光業也是影響深遠。在亞洲地區，例如從2003年開始，中國大陸開始實施「港澳自由行」計畫，規定大陸部分城市的居民可以申請赴香港、澳門自由觀光，而不需要強制地跟隨旅行團觀光。「港澳自由行」的實施對於促進香港在SARS後觀光業的復蘇起了積極作用。而從2009年開始，中國大陸政府收緊了大陸居民去澳門觀光簽證的發放，在很大程度上為澳門博奕產業降了溫。而2008年中國大陸和臺灣雙方開放「大陸居民赴臺觀光」活動，也對臺灣的觀光業產生了可觀的經濟效益。

從全球範圍來看，1978年開始，各國政府對航空業解除管制（Deregulation），使得航空公司可以解決設立、解散、併購、航線經營和定價等方面的事宜，使得世界上很多的航空公司進入長期的價格戰，一方面也促進了平價航空的發展。

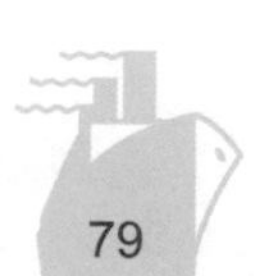

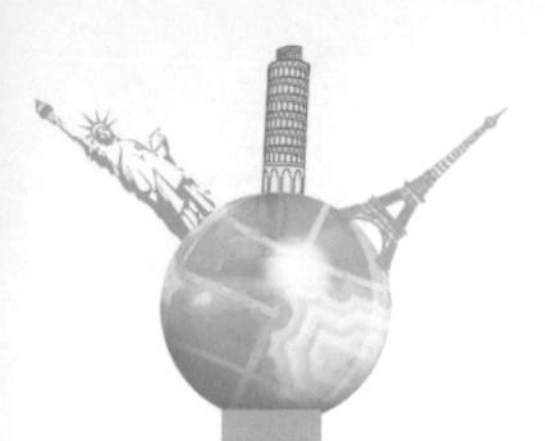

(二)法律環境

法律環境是指國家或地方政府頒布的各項法規、法令和條例等。法律環境對市場消費需求的形成和實現具有調節作用。觀光企業活動受國家、地方法規所限制，如勞動基本法法規、食品衛生安全法規、消費者保護法、勞工保險條例等的保護和制約。完善的法律環境，既可以保證觀光企業依法管理和經營，促使公平競爭環境的形成，同時也對消費者進行保護，減輕消費心理壓力。有些立法條款對觀光娛樂的消費需求產生重大影響，交通運輸中關於鐵路客運票價、航空票價條款的規定，觀光娛樂消費稅和扣除額度的規定等，都影響著觀光客的消費行為，從而影響到觀光行業的行銷活動。

以博奕產業為例，各國政府對於博奕條款有不同的政策規定。新加坡政府規定，新加坡居民在進入賭場之前，必須在賭場外的櫃檯繳交賭博稅；而海外賓客則必須出示含有入境蓋章的有效護照、工作許可證、學生證，或是印有個人照的長期居留證，才可進入賭場。新加坡政府還規定21歲以下者禁止進入賭場，而澳門的賭場卻規定只要年滿18歲，就可以進入賭場。目前，臺灣的觀光法律法規主要有：「交通部觀光局辦事細則」、「旅行業管理規則」、「旅館業管理規則」、「觀光遊樂業管理規則」等等。

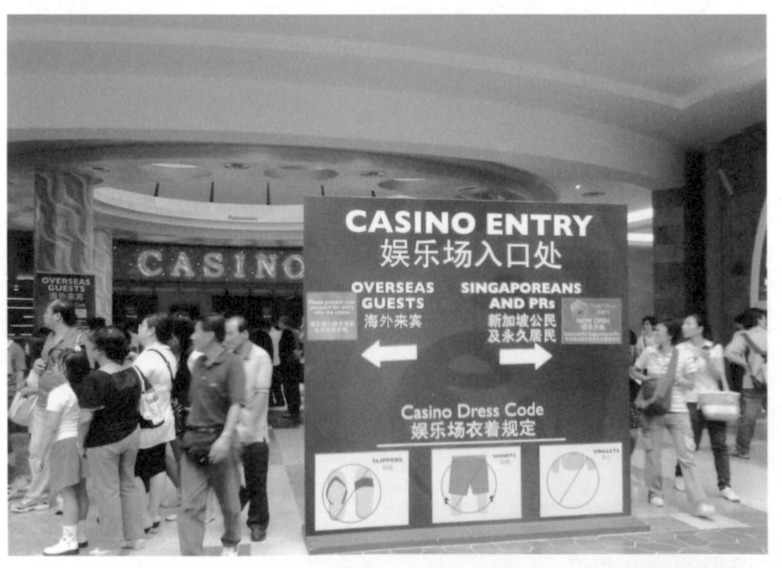

新加坡居民在進行博奕活動之前，必須繳賭博稅。（徐惠群拍攝）

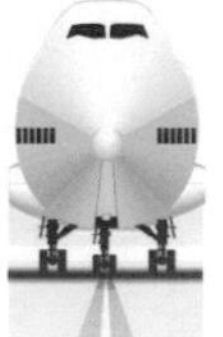

四、科技環境

現代科技和資訊產業的發展推動了高技術在觀光產業中的廣泛應用，並對觀光業經營的資訊溝通方式和資訊的數量、品質都產生了重要影響，主要體現在兩個方面：首先，觀光電子商務的蓬勃發展。如今有很多線上旅行社充當觀光仲介的角色，他們提供各種觀光產品給消費者，如飯店、機票、觀光套票等。有些線上旅行社和國際飯店集團聯繫緊密，如成立於2002年的Travelweb LLC和希爾頓飯店集團（Hilton Hotels Corporation）、凱悅集團（Hyatt Corporation）、萬豪集團（Marriott International）、洲際集團（InterContinental Hotels Group）、喜達屋集團（Starwood Hotels）等，都保持著緊密的合作。

其次是管理資訊系統在觀光企業中的廣泛應用。目前在國際上已經被廣泛應用的系統有：觀光業宏觀管理資訊系統、中央預訂系統、物業管理系統、旅行社業務資訊管理系統、目的地資訊系統等，這些資訊系統使得服務操作變得輕鬆，如預訂機票、車票、飯店客房，及安排旅行路線、查詢景點資訊等，消費者只需在家中操作即可完成。如機票預訂和自選座位系統的運用，觀光客只需利用網路就可完成機票購買和換領登機牌的程序。POS零售管理系統使得餐廳部門經理可以即時知道各個時段的經營利潤情況，如此的資訊溝通效率和速度為企業經營運轉提供很大便利。而且，分支企業的資訊也能迅速被區域經理或是總部獲悉，在溝通上變得極為順暢。其他的技術運用包括資產管理系統、食品生產和儲存；設備保險與安全；能量控制、行銷和資訊系統；客戶預訂和支付系統等，都大大方便了當今觀光企業的行銷和營運。

電腦被用來儲存詳細的客史資料，包括消費標準、光顧頻率和服務偏好等，從而跟進服務品質和預備下一次服務。自動化的入住和退房系統的投入使用，也是飯店節省勞動力和提高效率的有效方法。也有一些觀光組織透過網路開展促銷、分銷（預訂服務）及公關活動。飯店、渡假村、賭場以及郵輪公司已經開始利用「一站式智慧卡」技術，客人在企業內的任何消費都可以用此卡，從而減少客人有眾多消費時簽單上的繁瑣，同時還可以追蹤客人的活動，以充實客史記錄。

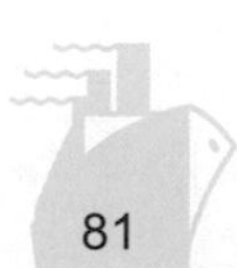

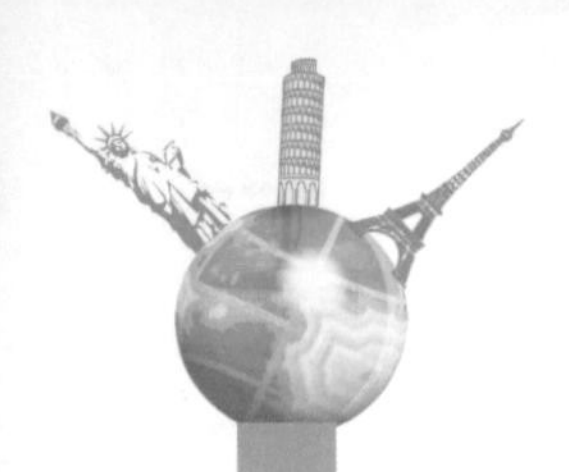

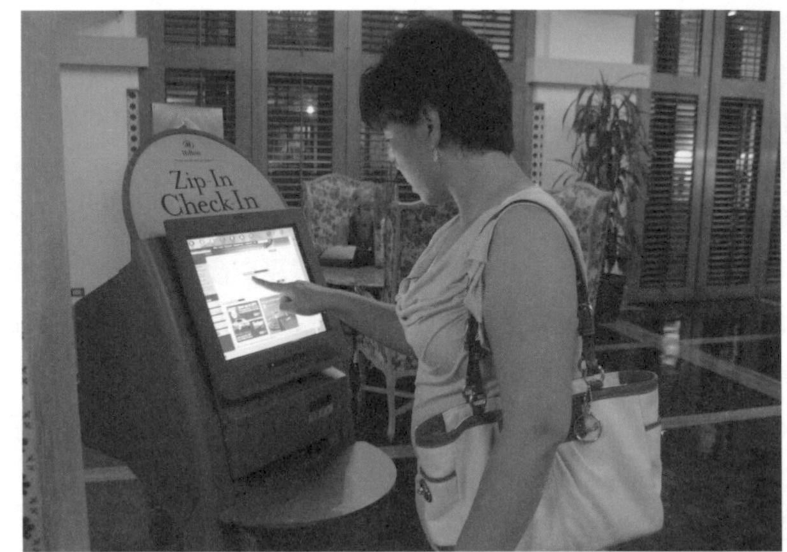

飯店在大廳為客人提供各航空公司的自助登機手續，在提供客人個性化服務的同時，也節省客人在機場排隊等候的時間。（徐惠群拍攝）

在電子和資訊技術帶給觀光業諸多好處的同時，同時也帶給觀光企業一些挑戰——市場的全面開放。隨著越來越多的人透過互聯網預訂飯店、機票、購物等，旅行社的業務受到了很大的影響；資訊的公開化使得無專利權的觀光產品易於被競爭者仿效；線上觀光節目，如「線上虛擬假期」的出現使部分消費者不用出門，就能在家中參與觀光娛樂活動，減少觀光企業住宿、餐飲、交通、購物等的收入來源。

五、生態環境

生態學是一門研究人類和其他生物，以及支持這些生物生長的必不可少的空氣、土壤和水分之間相互關係的學科（Pearce & Robinson, 1997）。企業對於自然環境的保護和保育是責無旁貸的，因為企業需要足夠的自然資源，以保證在最佳的環境中獲得盡可能長遠的發展。如今，消費者對於環境保護的意識也越來越強，他們都要求企業的經營從環保角度出發尋求發展。因此，環境政策的應用也成為觀光企業間相互競爭的一個重要方面。根據國際生態觀光協會（International Ecotourism Society）的資料，「保護導向觀光」

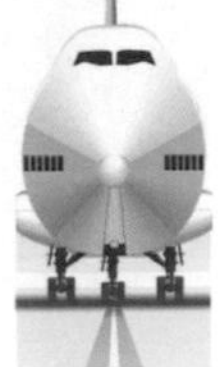

市場繼續增長，在2004年，世界生態觀光和自然觀光的增長速度比觀光業總體的增長速度快3倍以上（International Ecotourism Society, 2010）。

世界企業永續發展協會（WBCSD）開發了一種被稱為「生態效益」的經營管理理念，「生態效益」作為聯合國環境規劃署（UNEP）的清潔生產計畫，在全球範圍內得到了廣泛的推廣，它旨在鼓勵工商企業在發展其競爭優勢的前提下，更注重環境保護和保育工作（企業永續發展協會，2010）。如今，「生態效益」策略也可以體現在觀光企業的經營理念中。以郵輪為例，地中海郵輪公司的幻想曲號（MSC Fantasia Cruise）標榜忠於環境為特色，採取了一系列的環保措施。郵輪採用低硫燃油在保護地區航行，同時在郵輪內部大堂、乘客艙，都安裝了節約能源、降低燃油消耗的系統，也安裝了節能燈泡；郵輪高標準的水處理系統也確保了污水處理嚴格地遵守國際條例；郵輪上的鋁製品、塑膠和玻璃等也都進行回收利用；服務員在乘客艙和早餐區域進行的分餐措施也減少了包裝的使用，同時也將浪費降低到最小程度。正是由於一系列的環保措施，幻想曲號也獲得了很多環保榮譽，同時也成為第一家獲得Veritas認證署頒布的Six Golden Pearls榮譽的郵輪（MSC Cruise Lines, 2009）。

隨著人們環境意識的增強，觀光客源市場對觀光的感知、期望、態度和價值觀也會發生相應變化。西方學者將觀光市場的這種變化稱為市場的「變綠」，即觀光客越來越注重觀光環境品質。觀光客變得更關注產品的環保效用，也樂意支援關注環境保護的觀光企業，因此，環保活動也得到眾多觀光企業的積極參與。如今**綠色飯店**開始出現，這些飯店為觀光客提供充分利用資源、符合生態環保要求的產品與服務，同時也保障賓客的身心健康。具體體現在：飯店會選擇性地清洗客房用品，鼓勵客人不必每日更換毛巾與床單；有些飯店業建議住客不要把空調溫度設置太高或太低，從而有益於身體健康；另外一些普遍的措施，如入住時需要插卡取電，一方面是為了使客房保持在最佳節能的狀態，另一方面是為企業節約成本，使其更具競爭優勢。

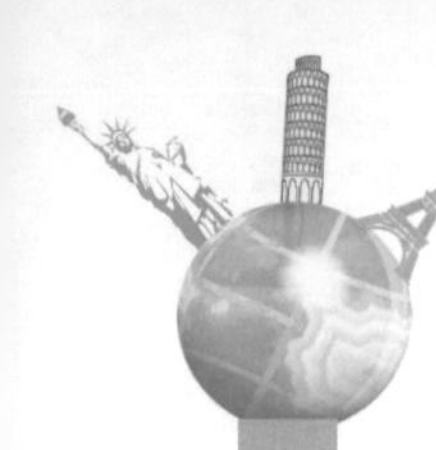

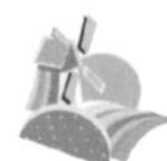

第二節　觀光行銷微觀環境

觀光行銷的目的是為顧客創造價值，讓他們獲得較高的滿意度，並和他們建立聯繫，但是，行銷任務的完成不是一個孤立的過程，其成功與否還取決於企業微觀環境中的其他要素。對觀光企業來說，微觀環境（Micro Environment）因素的可控制性要遠遠大於宏觀環境因素。因此，主管和行銷人員要更好地控制企業自身及顧客要素，提早做好準備，創造適合企業經營的微觀環境。

一、觀光企業自身

觀光企業行銷從規劃到具體實施的一系列活動的進行，都要與觀光企業的諸多部門，如行政管理、財務、採購、營運以及人力資源等部門的工作緊密聯繫。所有這些相互聯繫的部門構成了公司的內部環境。首先，行政管理部門確定公司的宗旨和目標，制定公司的總體策略和政策。行銷主管必須在行政管理部門制定的策略計畫範圍內做決策，且行銷計畫在實施之前也要經過行政管理部門的審批；其次，行銷經理還必須與公司其他部門緊密配合。財務部門負責籌集和使用實施行銷計畫的資金；採購部門確保提供足夠及合格的生產產品所需的配件和原材料，如主題公園紀念品、食品材料、飲料等；營運部門負責生產並實現產品和服務從企業向消費者的成功轉移；人力資源部門保證人力資源的優化配置使得行銷活動效率最大化。總之，所有這些部門的營運和操作都關係到行銷活動能否順利進行。

二、競爭者（Competitor）

一般把觀光看作是由業務各異的餐飲飯店業、交通運輸業、觀光娛樂業、旅行社業和觀光購物業的總和。這些不同的觀光行業還可以根據其經營產品的性質再進行細分，如餐飲業還可以分為高級餐廳、休閒餐廳和速食店等；飯店業也可以再分為渡假、商務、會展、休閒型飯店等。所以，觀光企業行銷活動的開展，首先必須定位自己所處的市場狀態和相應的競爭環境。

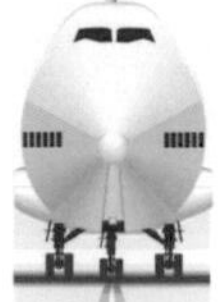

用來定義一個行業市場結構的變數是它的集約化（Concentration），或者說市場區隔（Segmentation）程度。集中性市場或控制性行業是指幾個大型企業控制整個產品市場的銷售。區隔的市場是指眾多企業占有市場份額，沒有任何一個企業的市場份額可以大到足以影響整個市場（Pearce & Robinson, 1997）。在觀光行業中，只有少數幾個市場是集約化的，例如國際航空業分別由三大航空公司聯盟，包括星空聯盟（Star Alliance）、寰宇一家（One World）及天合聯盟（Sky Team），控制了大部分市場。在國際優質航網上，這三家航空公司聯盟已經具有先發優勢，中小型航空公司很難擠進這種環球連線的服務中。又比如在澳門，博奕產業只能被六家持有博彩牌照的公司所經營，所以整個博奕產業也被這六家公司所控制。

旅行社業和會展業的區隔程度很高，尤其是小型旅行社或會展公司會專門經營少數幾種產品或業務。有些旅行社專做入境接待業務，而有些則專門從事亞太地區出境旅行套餐業務；某些會展公司會專門從事某個產業的會議展覽，如醫學、玩具行業等。由於企業之間的競爭異常激烈，企業經營者面臨著產品創新和嘗試新的行銷理念的問題，一些大型的觀光集團為了開發新的連鎖理念，開始放慢它們的核心品牌單元的增長速度，從而引起了旅行社業市場占有率的巨大變化。

飯店業表面上來看是被為數不多的大型國際品牌飯店連鎖集團所操縱，因為這幾個品牌擁有成千上萬個飯店的授權或管理經營。然而，授權或合同管理經營下的飯店的所有權，實際上和經營權是分離的。產權所有者不會局限於從屬於某一個飯店集團，而有權利隨時改變它們的品牌。因此，飯店業具有很複雜的投資環境，並且具有激烈的競爭性。飯店的高度競爭會對價格策略和其他所有的市場組合元素產生重要影響。相對分化的市場結構意味著市場環境將會保持高度競爭並難以預測。沒有一種對所有企業來講都是百戰百勝 的行銷策略。每個公司都應該考慮到自己的規模，以及同競爭對手相比在產業中的地位。尋找適合作為標竿的競爭者，密切注視他們的行銷活動，在取利去弊的基礎上，根據自身特點制定出更有競爭力的行銷策略。

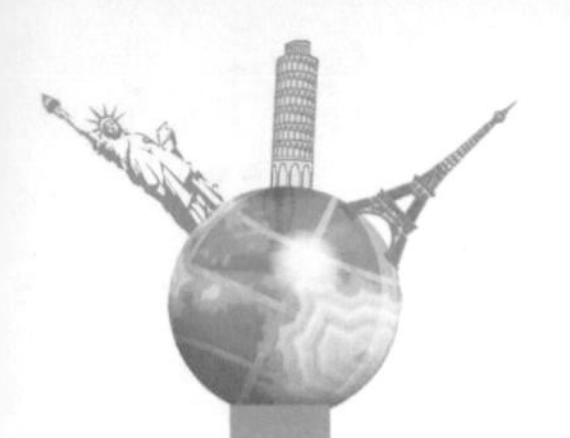

三、消費者

觀光企業的一切行銷活動都以滿足顧客需求為中心。顧客是觀光企業產品的最終購買者或消費者，也是行銷活動的出發點和焦點。因此，顧客是觀光行銷微觀環境中最重要的因素。對觀光消費者的把握，要從觀光市場的規模和觀光客需求的質與量兩方面分析。觀光行銷人員研究觀光購買行為，就是為了回答在既定的行銷環境中和行銷活動作用下有關市場的下列問題：購買什麼？為什麼購買？如何購買？何時何地購買？與誰一起購買？由誰購買以及購買多少？

觀光購買者一般可以分為個體購買者、一般組織機構購買者和轉賣型組織購買者。個體觀光購買者是最終觀光消費者，如觀光型觀光客、渡假型觀光客、商務型觀光客等。個體觀光客具有人數眾多、來源廣泛、需求差異大、購買數量小、頻率高和流動性大的特點，並且購買行為與個人特點和心理特性有很大關係。一般組織機構購買者是指為了消費而團體購買的觀光客。一般組織機構如事業機構（學校、醫院等）、政府機構、軍事機構、公司企業、各種協會、社交娛樂組織等，都有可能團體購買觀光產品，如某些企業為「年度優秀員工」購買的獎勵觀光產品、公司為參與某會議

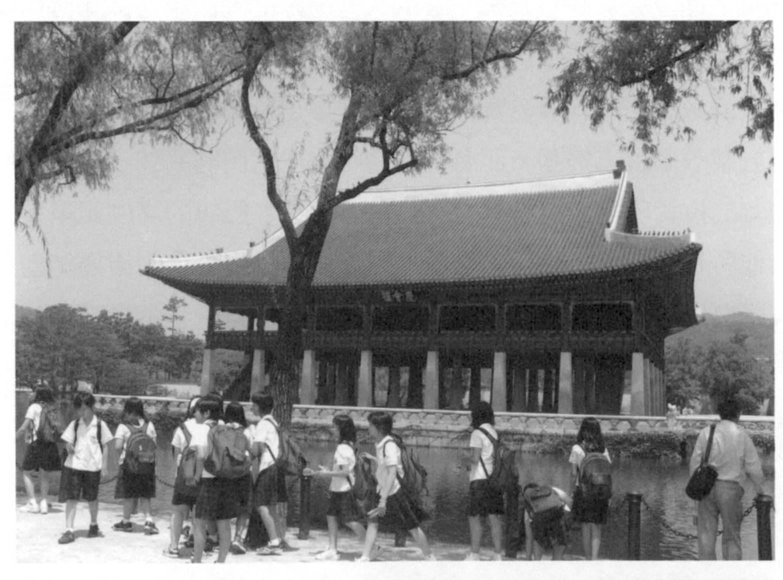

學校在辦理學生團體觀光旅行的過程中，扮演著一般組織機構購買者的角色。（宋漢群拍攝）

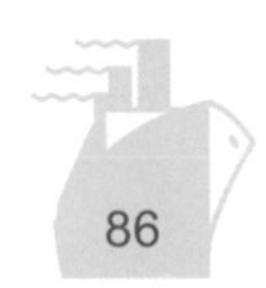

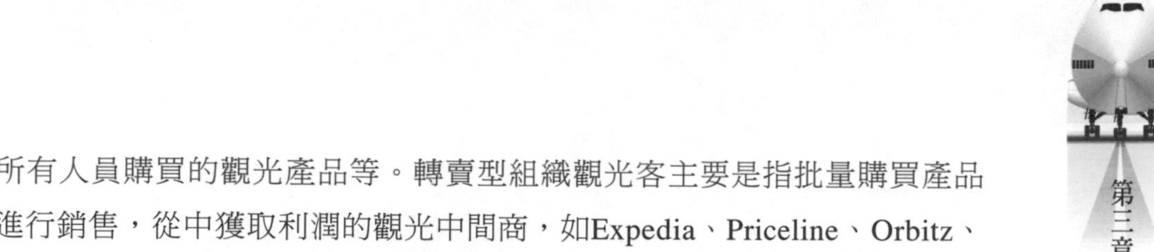

的所有人員購買的觀光產品等。轉賣型組織觀光客主要是指批量購買產品再進行銷售，從中獲取利潤的觀光中間商，如Expedia、Priceline、Orbitz、Travelocity、Zuji等線上旅行仲介商便屬於此類。後兩類觀光購買者都具有購買者數量少、產品需求量大、每次購買數量多、較注重產品品質，而且對價格有較大的決定權的特點。由此可見，各類購買者的需求不一，能否準確研究出目標市場上觀光消費者的購買行為，是決定行銷工作能否成功的關鍵。因此，行銷部門必須深入理解觀光客的購買行為，包括影響購買行為的因素、不同購買群的購買特點，以及觀光客購買產品的過程，從而對症下藥，制定出適合市場需求的行銷策略。這些內容都會在下一節中進行專門的闡述。

四、觀光仲介

觀光仲介（Intermediary）是指從事觀光產品和服務轉賣的中間機構，主要指協助觀光企業促銷、銷售和經銷其產品給最終觀光客的有關機構，包括中間商（批發商、代理商、零售商）、實體分配企業（運輸、倉儲）、行銷服務機構（廣告、諮詢、研究）、財務中間機構（銀行、信託、保險）等。觀光仲介是行銷不可缺少的中間環節，大多數觀光企業的行銷活動都需要有仲介的協助才能順利進行。如航空公司需要透過廣告公司等協助銷售；景點需要旅行社說明促銷；觀光企業擴大生產、進行基本建設等等，往往需要銀行等金融機構的支持。仲介商一方面把有關產品資訊告知現有和潛在的觀光客，同時也使觀光客克服時空限制，及時接觸到「無法儲存」的觀光產品。可以說觀光仲介是觀光企業和顧客之間的「雙向橋梁」，一方面實現產品資訊從觀光企業向市場的轉移，促使產品價值的最終實現；另一方面又將市場需求資訊回饋給企業，促使觀光企業開發出滿足市場所需的觀光產品。

從某種意義上來說，觀光仲介既可以為顧客挑選最有價值的觀光產品，又可以促使觀光企業提高產品品質。因此，觀光企業能否選擇合適的中間商，關係到觀光行銷計畫是否能夠順利完成。中間商人員的素質、薪水、履行職責效率、對企業的忠誠度、可控程度等，都是影響仲介商品質的重要因素。

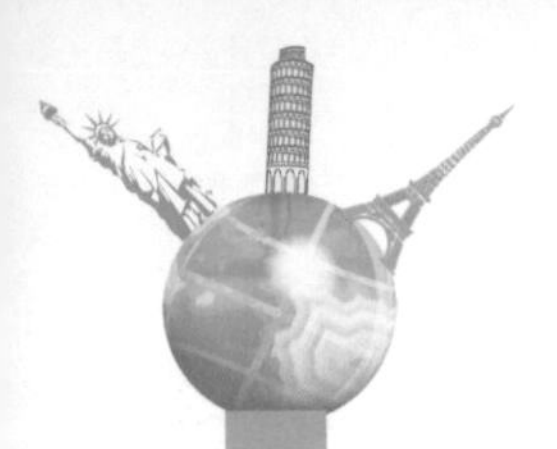

五、公眾

觀光產品的需求替代性較強，市場的潛在競爭對手較多。觀光企業不僅有競爭對手與之爭奪目標市場，還有對企業的行銷活動發生興趣的各類公眾，也就是指對一個組織實現其目標有著實際或潛在興趣或影響的一切團體、組織或個人。儘管觀光企業致力於行銷活動，但企業經營成功與否，卻受到社會中各種公眾對它們行銷活動看法的影響。觀光企業面對的公眾一般可以分為以下七種：

1.金融公眾：影響公司獲取資金能力的財務機構，包括銀行、投資公司、證券公司、信託公司和股東等。

2.媒體公眾：由發表新聞、特寫和社論的機構構成，包括報社、出版社、電臺、電視臺及網路機構等。

3.政府公眾：指與觀光企業經營和業務活動有關的政府機構。如國家和地方的交通部、經濟部、衛生處、觀光局等政府機構。

4.民間團體：公司的行銷決策可能會受到消費者組織、環境組織、弱勢群體或其他群體的質疑，如消費者保護協會、環境保護聯盟等。

5.社區公眾：指觀光企業所在地附近的居民和社區組織。

6.一般公眾：公司需要知道一般社會公眾對其產品和活動的態度。他們既是產品的潛在購買者，又是企業的潛在投資者。因此，企業在一般公眾中樹立良好形象也非常重要。

7.內部公眾：指企業內部的所有工作人員，包括普通員工、管理人員和董事會成員。內部公眾對企業的忠誠度也會影響到外部公眾。

因此，企業應該關注公眾的態度，預測他們的動向，積極發展與公眾的緊密聯繫。觀光企業在針對目標市場進行各種行銷活動時，要將以上微觀行銷環境因素進行綜合運用和調整，才能做到企業的不斷發展。

第三節　影響觀光客購買行為的因素分析

行銷的目的就是要影響消費者的行為。為了達到這個目的，行銷人員必須瞭解消費者的消費行為及原因。影響消費者行為的因素主要體現在三個方面：(1)家庭影響、文化背景、社會經濟階層和參照群體的社會因素；(2)由個人年齡、生命週期階段、心理統計特徵組成的個人因素；(3)相關的心理因素，包括購買者的感知、態度、個性。

一、社會因素

(一)家庭影響

家庭對購買行為的影響主要體現在兩個方面。首先，家庭成員個體的購買決策受其他成員的影響，如父母的價值觀、生活方式、行為準則影響子女的購買傾向、興趣愛好和宗教信仰等。在家庭獨特的文化氛圍影響下，子女從父母那裡學到如何去消費，消費什麼以及為什麼要消費。因此，把父母當作消費者去理解和教育將會為行銷投資帶來長久的回報。子女同樣也在很大程度上影響父母的購買決定。研究表明，小孩對整個家庭做出購買決策，如渡假計畫、娛樂選擇和餐廳類型等方面具有很大影響力。是否帶小孩同行、觀光過程對小孩是利是弊、小孩能否適應目的地的氣候、飯店是否有看護小孩的服務等，都成為父母消費觀光產品前會去考慮的因素。

其次，大部分觀光以家庭為單位進行，渡假、娛樂以及外出就餐的消費決定，是家庭成員共同作用的結果。家庭成員一起做出的決定，一般涉及到幾個成員的共同參與，他們從不同的通路獲取資訊，可能持有不同的意見，並且在決策過程中扮演的角色也會不同。因此，理解家庭決策時的互動性、每個成員扮演的角色以及他們各自的資訊來源，將在很大程度上幫助行銷人員制定行銷決策，更好地吸引家庭型顧客市場。

(二)文化背景

文化具有的差異性、時代性、導向性特徵影響消費者的購買行為，也

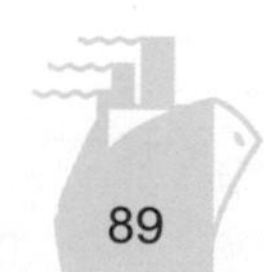

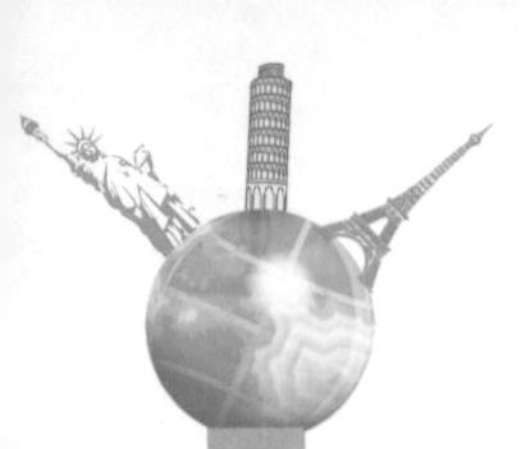

對觀光行銷產生巨大影響。首先，人生活在一定的社會環境中，在該特定環境下的人群會形成有別於他人的獨特價值觀念和道德標準，不同地區、不同種族的人會有不同的風俗習慣、宗教信仰、思維方式和審美取向等，這些就是**文化差異性**的表現。其次，文化作為一種精神層面的體現，反映出所處時代的特質，也體現出不同時期的獨特思想和流行觀念，因此社會發展的每一階段都具有各自的精神文化特徵；對於個體的人來說，不同時期的人有不同的審美標準和價值觀念，相應地也就具有不同的消費習慣和理念。因此，**文化的時代性**決定了觀光業的發展要追隨時代變化，只有這樣才能把握市場機會，並贏得顧客。

再次，文化對於人自身或觀光業的發展都有一種潛移默化的感染和指導作用。一方面，觀光企業透過文化理念的形式，從深層次上與社會和消費者進行價值溝通，在一定程度上迎合觀光客，使自身的價值觀得到認同；另一方面，文化對於消費者來說還有主動的教化導向作用，觀光業可以藉由宣傳教育的形式對消費者的消費觀念、消費行為進行引導，幫助其形成科學、文明的觀光行為習慣和先進的價值觀念。如觀光客永續發展價值觀的形成、環保意識的增強等，都是和永續發展理念的宣傳導向作用分不開的。求知、養

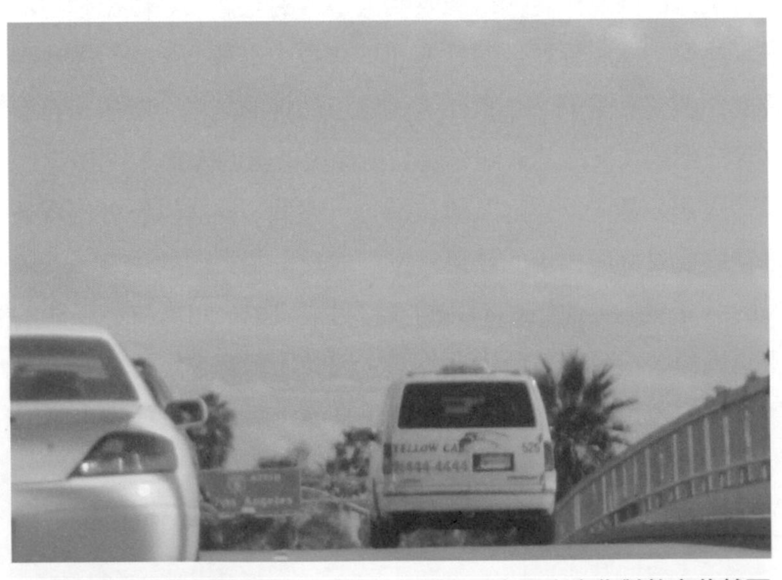

計程車的訂車電話號碼為444-4444，顯示了東西方文化對數字截然不同的反應。（徐惠群拍攝）

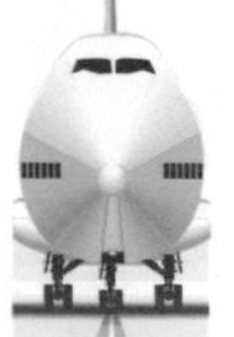

性、怡情是觀光客的觀光目的之一，文化對觀光業的導向作用應得到足夠的重視。

(三)社會經濟階層（Socioeconomic Status）

每個社會都是由很多不同的社會階層所構成。社會階層是根據地位和聲望、價值觀以及生活方式等劃分的相對穩定的團體。許多社會學家根據不同的社會準則，將社會劃分為不同的階層，常見的劃分標準有職業、教育程度、收入水準、資產以及家庭類型等。不同地區或國家區分社會地位的參照因素不盡相同，英國學者按民眾的職業、居住地區／街區來劃分社會地位（Holloway et al., 2009），但是在中國，受幾千年傳統文化的影響，歷代統治者以政治力量人為劃分的「士農工商」等級觀念，至今還根深柢固。因此，擁有博士學歷、月薪不是很高的大學教授，可能比只有中學學歷但月入百萬的商人享有的社會地位要高。所以，各社會階層之間並沒有絕對的界限，且社會階層的衡量元素是若干元素的綜合體，而非單一元素。

由於社會各階層內人群的價值觀念、生活習性和消費行為具有較大的相似性，所以處在同一階層的消費者，購買行為也大致相同，他們對媒體有類似的偏好，偏向於選擇同類產品或品牌，對觀光企業的行銷活動做出的反應也基本一致。一般而言，受教育程度較高的社會中上層人士收入較高，可自由支配所得相對也比較多，個人閒暇時間相對穩定，並且觀念新穎開通，傾向於透過現代時尚的媒體，如網路工具接觸消費資訊，並渴望接觸外界新鮮事物。

中上層人士由於可自由支配所得、閒暇時間，以及對外界新鮮事物的好奇，使得他們樂於觀光，也有能力觀光，因此這一階層往往成為觀光行銷的主要目標市場，如白領、大學教師等。而對於收入較低的低層消費者來說，他們的消費觀念相對比較保守，本著安穩平靜的生活態度，更願意把錢用於購買家用電器、住房等耐用品上，而不願嘗試新鮮事物，他們認為觀光是一種浪費，所以對觀光消費不是很感興趣。但是觀光行銷人員也不要忽視、更不能放棄這部分市場，應該根據他們的特點，有針對性地設計開發一些費用低廉、時間較短的觀光項目，透過一些行銷宣傳活動，改變他們對觀光的消極態度，刺激他們的觀光興趣，讓他們不同程度地增加觀光支出。例如香港

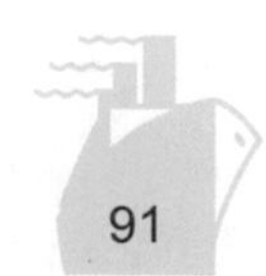

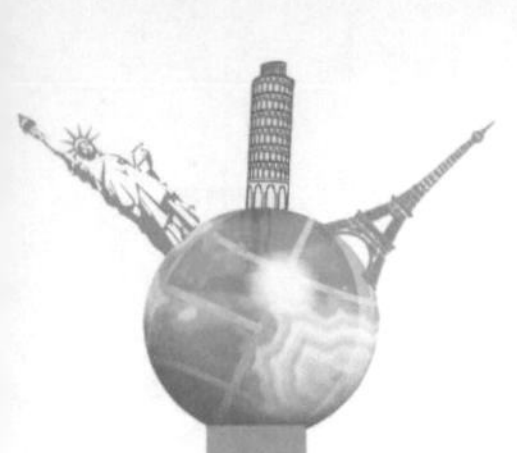

很多旅行社推出的1000港幣超低價遊玩「上海、杭州、南京、蘇州、無錫華東五市」五天團，或者「北京」五日觀光團等，主要都是針對一些對價格比較敏感的社會階層的觀光客，用低價來吸引他們目光的一種行銷策略。而且這種以低價為特色的底端觀光市場的潛力正逐漸顯現出來。

(四)參照群體

所謂**參照群體**（Reference Group），是指直接或間接影響個人的偏好、態度、價值觀和行為的群體，或是因生活方式相似、相關的生活環境而形成某種購買需求傾向的群體。個人的行為既可能受到經常性的非正式群體，如家人、鄰居、親友、同事等的影響，還可能受到其他如社會團體、宗教團體、行業協會、工會組織等的影響。參照群體往往成為人們購買或不購買的參考依據，所以他們作為個人消費行為的資訊源和影響源，也引起了行銷人員的重視。

參照群體主要分為三類：(1)**主要參照組**（Primary Reference Group），包括家人和朋友。消費者往往與他們有著規律的、面對面的接觸和聯繫；(2)**次要參照組**（Secondary Reference Group），由工作中或是其他組織如教會、行業組織的同事、夥伴組成。雖然消費者與這些群體的接觸不如主要參照組那麼頻繁和親密，但他們對消費行為的決策仍然有著很大的影響力。鄰居、同事和同學與消費者的親密程度，以及相互接觸的頻率是因人而異的，所以他們既可能屬於主要參照組，也可能屬於次要參照組；(3)第三類參照群組就是所謂的**志向參照群體**（Aspiration Group），即指消費者所願意歸屬的群體。**期望志向參照群體**（Anticipatory Aspiration Group）是指消費者心中預期將來會歸屬的群體。例如，有些人期望將來成為傑出商務人士中的一員，商務人士群就成為他們的「期望志向參照群體」。**偶像志向參照群體**（Symbolic Aspiration Group）是指個人雖然知道自己不可能成為其中一員，但仍想要歸屬的群體。例如，某人明明知道自己不可能成為成功的職業運動員或電影明星，但仍然希望自己能夠成為其中一員。很多企業請名人代言其產品廣告，就是在行銷策略中，利用了偶像志向參照群體對人們購買決策的影響。

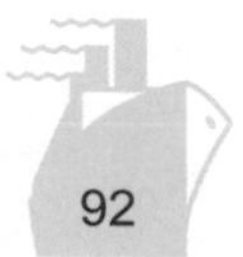

每個相關群體中都有一個所謂的「意見領袖」（Opinion Leader），他

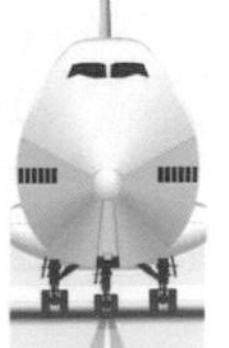

們因自己多方面的才能，如資訊靈活、經驗豐富、足智多謀、膽識過人，或者有較強的社會交際能力等，而對周圍人群有重要的行為示範和潮流引導作用。他們藉由收集、過濾資訊和制定購買決策或領先體驗服務和產品，再為其他成員輸送資訊，以此來引導潮流。事實上，很多觀光目的地重視意見領袖在觀光產品行銷過程中的作用，利用意見領袖打廣告，或者藉由免費體驗等方式吸引這些意見領袖的參與，從而把他們的體驗心得傳播給相關群體。

二、個人因素

消費者的興趣和偏好也會受到自身或與他人具有相似特徵的影響，諸如年齡、健康狀況、性別、職業等。這些因素將為不同的消費者聯繫起來然後進行分組，提供了穩固基礎。

(一)年齡

因為消費者的年齡、興趣和需求，以及他們滿足自身需求的能力是不斷變化的，所以對不同年齡階段的消費群體採取的行銷策略應該不同。

(二)生命週期階段

生命週期（Life Cycle）階段隨著年齡的變化而變化，但不同人的生活經歷不一樣，特別是從青年向中年轉化的階段。當今生活方式自由化，人們可以根據自己喜好選擇不同的生活方式，我們難以把所有生命週期階段的特點全部歸納出來，但**表**3-2對幾個主要的生命週期階段進行了歸納，並分析各個階段的經濟生活特徵。

在人們的生活階段中，不同的年齡意味著不同的生理狀況、心理狀況和收入水準，產生不同的需求和欲望。青年階段有足夠的時間和精力，有一定的探險或遠距離出遊興趣，但又受經濟實力較弱的限制，傾向於購買價格便宜的觀光產品；小型觀光渡假套票產品專為現代越來越多的「雙薪」家庭設計，把短程旅行與某個成員的商務出行結合起來，解決雙方因為工作時間差異難以一起出行的難題；步入老年階段，既有彈性大的時間，也有較強的經濟實力，對觀光產品需求品味高、節奏慢的觀光產品和服務。

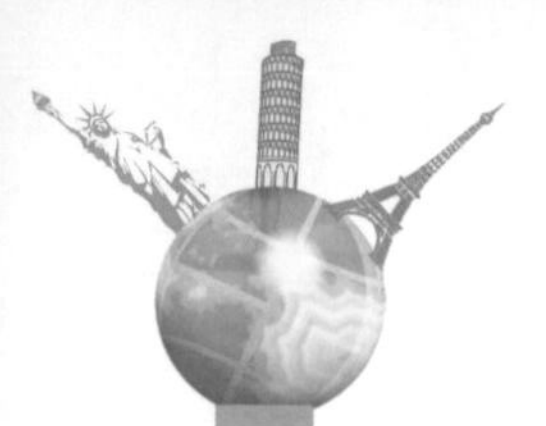

表3-2　生命週期和經濟生活特徵

生命週期階段	經濟生活特徵
青年單身	無經濟負擔，追求時尚和享樂
青年已婚無子女	對於耐久的財產的購買比率較高
青年已婚有子女	花費增多、酒類購買減少，對收入及儲蓄額不滿，關注新產品，也偏好廣告產品
中年已婚有子女	收入提高。家庭中女性二度就業、子女就業、不關心廣告，購買較多的耐久產品
中年已婚不需撫養子女	有房、對於收入及儲蓄額均滿意，喜歡旅行、娛樂、學習，熱中慈善事業。對新產品不感興趣
老年已婚	收入減少，在家時間增多
老年獨身	收入減少，需要特別照顧

資料來源：Murphy, P. E. & Stalpes, W. A. (1979). A modernized family life cycle. *Journal of Consumer Research*, 6 (June), 17-67.

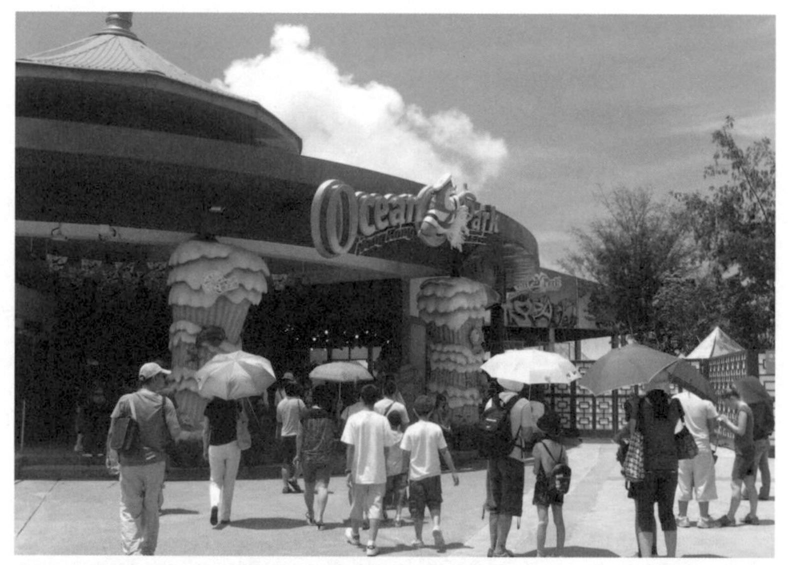

家庭遊客和青年旅行者是主題公園的主要客源市場。（宋漢群拍攝）

隨著醫療技術水準的發展，人類的平均壽命也相應延長，銀髮族群逐漸擴大。尤其是對於一些已開發國家而言，如美國、日本，人口老化趨勢已經變得非常明顯。銀髮族擁有充裕的出遊時間，因此觀光時間不受季節影響；而且很多銀髮族擁有穩定的積蓄支付觀光費用；加上由於生活環境過於單調簡單，大多數銀髮族都產生利用晚年外出觀光、實現以往由於工作繁忙而未

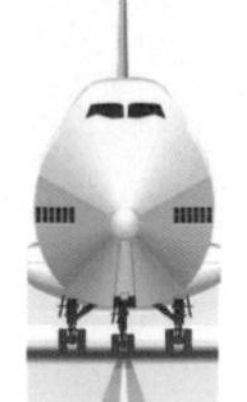

能實現的外出接觸新環境的種種願望。例如一些郵輪公司的環球航線通常為時50至60天，參加這類環球航線的遊客大多數是銀髮族。因此，「銀髮觀光市場」已經開始作為一個新興的觀光客群體，吸引越來越多的行銷人員的關注，成為他們開發的主要目標市場之一。針對銀髮族喜歡健康養生之類的觀光產品，臺灣觀光局借助島內豐富的溫泉資源，向日本銀髮族推介臺灣，也吸引大量日本銀髮族的光臨。另外對大陸市場而言，2009年，銀髮族就占了全部來臺陸客的30%（自由時報，2010）。很多觀光產品的淡季促銷優惠，一般會考慮價格成本，但針對在時間上比較自由的群體設計，如銀髮族群體。

(三)心理統計特徵（Psychographic Characteristics）

消費者的活動模式、興趣、意見（AIO）決定了他們的生活方式。心理特徵或生活形態（Lifestyle）是個人的活動模式（Activity）、興趣（Interest），以及意見（Opinion）相互作用的結果。行銷專家逐漸相信，顧客的生活形態或心理特徵，能比他們的地理位置和人口統計特徵（如年齡、收入、職業等）更完整、更精確地預測其購買行為。觀光行銷的主要任務就是要識別消費者的心理導向，滿足他們生活方式中產生的需求。例如，當今越來越流行的溫泉療養地，就是因為人們工作壓力大，需要能休養生息的休閒方式，並且也有能力消費的結果。

三、心理因素

許多心理因素都會對消費者行為產生影響，行銷人員需要考慮到它們的重要性。心理學是一門複雜的學科，因此在這裡我們只針對三個最主要的消費者心理進行討論：感知、態度和個性。「行銷不是用產品作戰，而是用感知在作戰」、「感知比事實更重要」明顯提出了感知對消費行為的重要作用。消費者通常更依賴於其對事實的感知進行決策，而非事實本身。促使顧客購買的關鍵是促使他們意識到購買這項服務能夠滿足他們的需求和願望。企業在創造行銷價值方面的成功，很大程度上取決於顧客對企業服務的感知方式。感知對行銷具有重要作用，因為它告訴我們消費者有著怎麼樣的世界觀和價值觀。

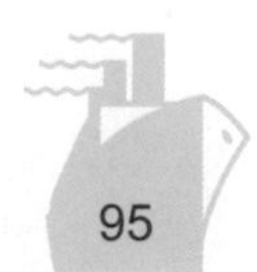

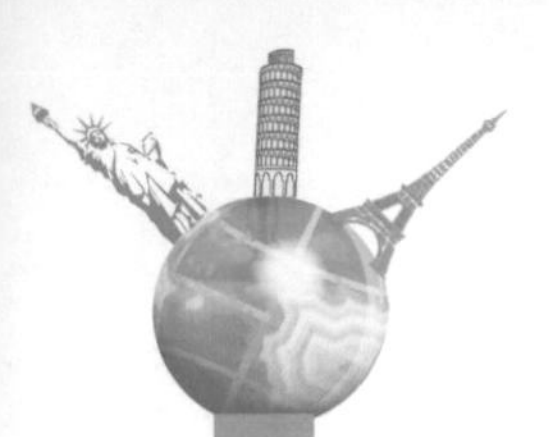

(一)感知

圖3-3顯示了感知（Perception）的形成過程。

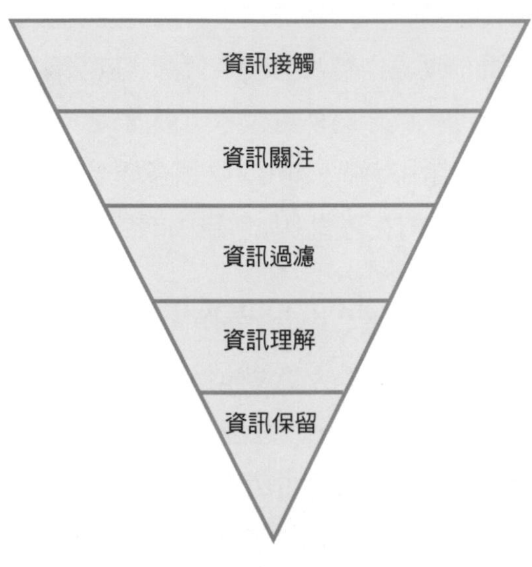

圖3-3　感知形成過程

資料來源：Hsu, C.H.C. & Powers, T. (2002). *Marketing Hospitality* (3rd ed. p.57). New York: John Wiley & Sons.

首先，個體與資訊接觸。消費者每天經歷成千上萬個商業資訊的刺激。你現在只需看看你所在位置的周遭環境，就不難發現四周繁多的商業資訊已經把你包圍。如飲料包裝上的標識、文具上的商標名稱、服裝上印刷的品牌圖案，或者其他或印有品牌名稱、或有廣告標語的產品等等。事實上，即使我們被眾多的資訊包圍，並不代表我們就會注意到它們的存在。消費者往往根據自身的需求、偏好、過去經驗及態度，關注某些相關資訊並進行資訊過濾。A、B兩人同時開車駛向一家熱鬧非凡的購物廣場的過程中，他們會遇到諸多的刺激物件：交通標誌、其他交通工具、行人、路標、商店、看板等等。A的私家車的汽油即將用盡，但B已經錯過午餐時間一個小時了；這種情況下，A可能注意到加油站的標誌，但B則會將注意力投向餐廳標示。還有就是，即使你已經注意到了某些資訊，並不一定就意味著你會按照商家的期望，理解這些資訊的意義。例如，當你和朋友一起看電視的時候，廣告不約而至，你和朋友對這個廣告可能就有不同的解讀，也有可能你們兩個都對

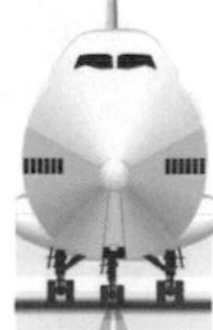

其視而不見，更談不上按商家預期的接收資訊的內容。

即使消費者透過過濾性關注，從成千上萬的資訊中關注到了自己所需要的資訊，他們也不可能長期保留。消費者還是需要對過濾後的資訊進行挑選，對符合自己性格、信念和態度的資訊保留時間較久，也就是我們所說的選擇性保留過程。感知形成過程實際上就是一個挑選過程，它反映了顧客的世界觀和價值觀，從而為行銷各個領域的實施提供重要資訊。行銷人員需要設計出清晰明確、有吸引力的資訊，吸引消費者的注意力，並確保對資訊的理解，從而應對這個高度競爭的過程。

(二)態度

態度（Attitude），是指一個人對某個客觀事物或觀念的相對穩定的評估、感覺及傾向，其評估對象可以是產品、服務或企業。態度的形成往往建立在過去的經歷上。態度一般具有持久性，一旦態度形成便難以改變。識別消費者對某項產品或某個企業的態度很重要，因為個人的態度會直接影響他的行為意向（如參觀或購買的意圖），而行為意向是實際消費行為（如實際參觀或購買）的先兆（Ajzen, 1991）。因此，態度也是影響消費行為能否順利完成的元素。如果某消費者對某個觀光企業抱持著積極的態度，當其需要購買觀光產品時，就更有可能會光臨這個觀光企業，並成為該企業的顧客之一。

(三)個性

個性（Personality），是指每個人與眾不同的一系列特徵和習慣。理解個性的有效方法是把它視為是一個人的自我概念（Mehta, 1999）。人們具有**理想自我**（Ideal Self）、**社會自我**（Social Self）和**現實自我**（Actual Self）三種不同的概念。理想自我是指我們想要成為的人，雖然有時候並不現實。社會自我是指別人怎麼評估我們。現實自我是對我們實際是什麼樣的人的真實評估。人們可能試圖為了更接近理想自我或社會自我而購買東西，也有可能為了反映真實的自我而消費，購買的產品和服務其實都是為了強化自我概念。因此，鼓勵消費者購買某些產品和服務以求「成為理想中的你」，提升自身價值、獲取更高的社會地位、更多的休閒或其他理想狀態的行銷策略就

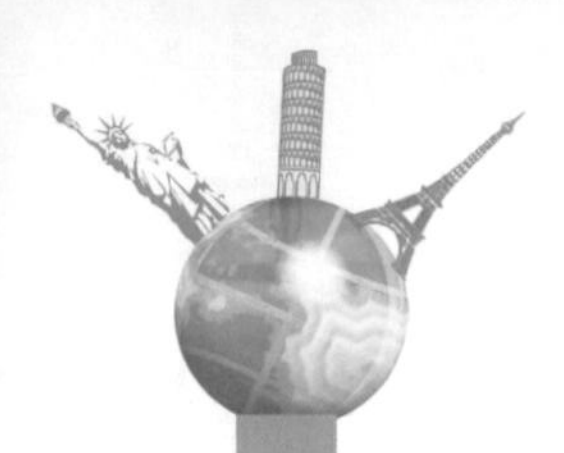

應運而生了。

另一方面，行銷還需要開發出與人們的自我概念相匹配的產品和服務。如豪華飯店可能會引起那些認為自己是成功人士或富裕階層的消費者的注意；探險型渡假村則可能獲得那些意念中或實際上本就屬於年輕、活躍、鍾愛娛樂一族的青睞。雖然人們的個性確實能影響其購買行為，但人類的個性非常複雜，以至於它只能提供總的指導方針，而往往不能建構一個切實可行的市場。

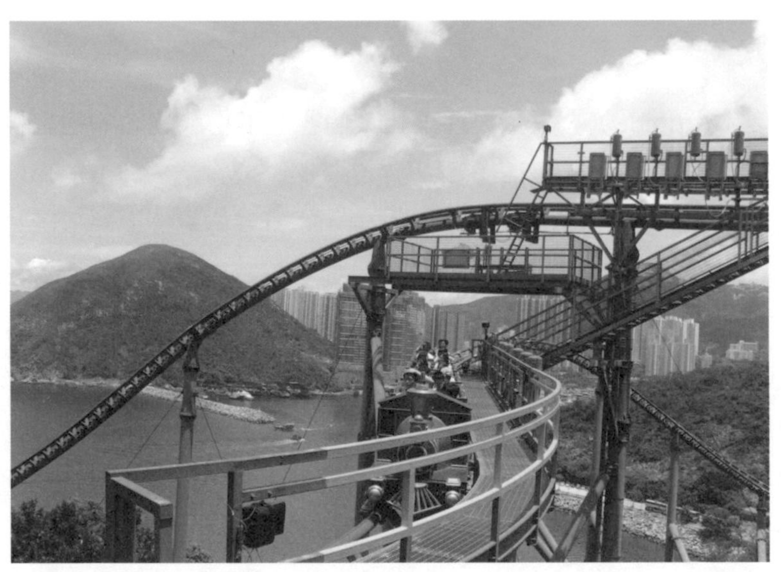

不同個性特徵的觀光客所選擇的觀光活動也會有所不同。（宋漢群拍攝）

Plog（2001）發現，觀光目的地的受歡迎程度和觀光客與生俱來的個性有密切的關係。Plog按照觀光客的心理個性特徵，把它們分為：**探奇型**（Venturer / Allocentric Type）、保守型（Dependable / Psychocentric Type）及中庸型（Mid-Centric Type）三類。探奇型的特徵是喜歡冒險和嘗試新體驗、比較外向及充滿自信、喜歡發掘冷門、未開發、不為他人所知的觀光景點或目的地、偏好動態活動、享受與不同文化背景的人士交往、接受良好以及達到一定水準的膳食及住宿水準、喜愛自由度極高的旅行團（如只有交通及住宿安排）。而**保守型**的觀光客傾向於自我抑制、不喜歡冒險、喜歡熟悉的觀

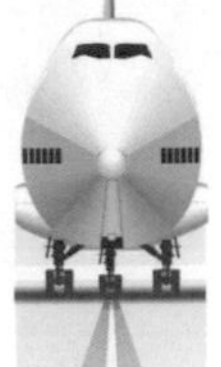

光景點、喜歡陽光和玩樂景點、偏好靜態活動、偏好入住熟悉的連鎖飯店，以及在餐廳享用具有家鄉風味的膳食、喜愛購買旅行套餐產品，並預先安排好所有的行程。**中庸型**則是探奇型和保守型的混合體。**圖3-4**顯示了通常情況下個性特徵的人口分布狀況，大部分人的個性特徵是介於探奇型和保守型之間，絕對的探奇型和保守型個性特徵則比較少見。

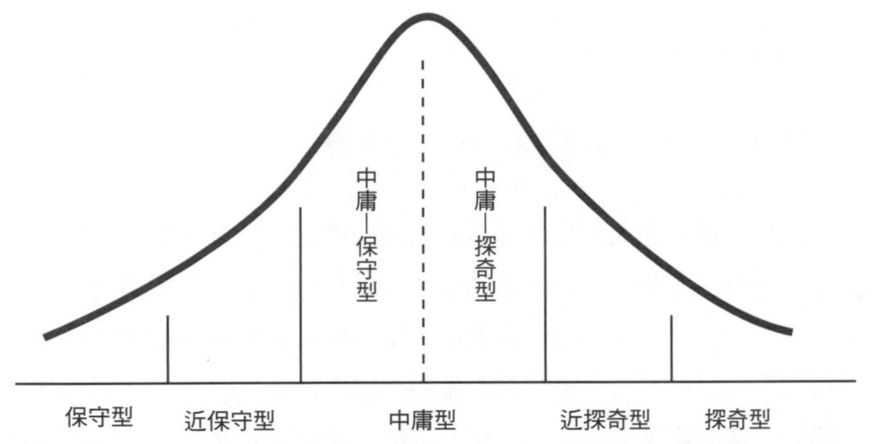

圖3-4　觀光客心理個性特徵的人口分布

資料來源：Plog, S. (2001). Why destination areas rise and fall in popularity: An update of a Cornell Quarterly Classic. *Cornell Hotel and Restaurant Administration Quarterly*, 42(3), 13-24.

第四節　觀光購買決策及購買行為形成過程

觀光客在某些情況下會表現得衝動或過於感性，但他們並不是不切實際的——他們每次的購買行為都至少有一個理由來解釋，這個理由就是以要解決某個問題為目標。觀光客在購買行為真正發生之前，需要經歷一系列相關步驟來達到解決問題的目的。因此，觀光客的購買決策過程（Tourists' Buying Process）就是**圖3-5**所反映出的解決問題的過程。

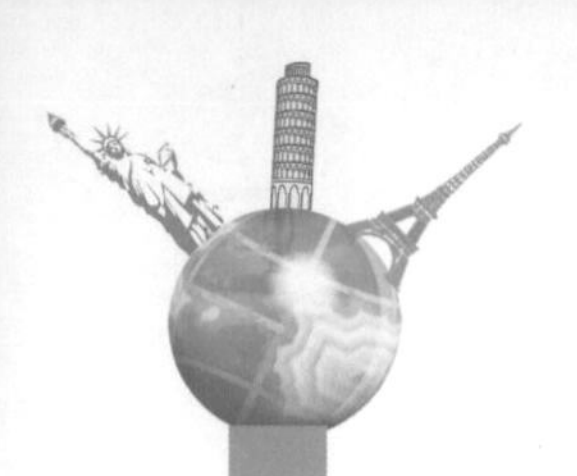

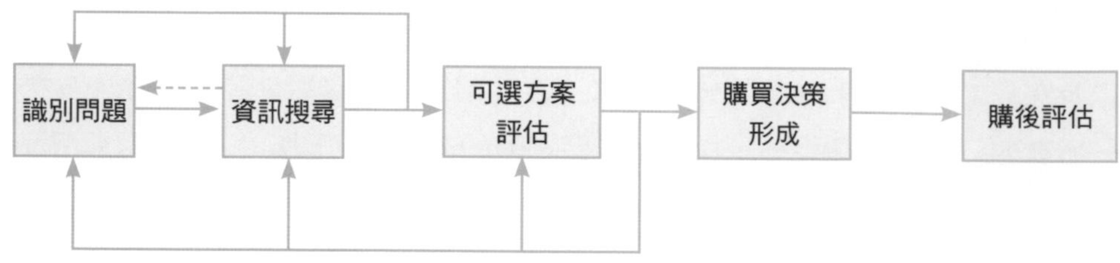

圖3-5　消費者購買決策形成過程

資料來源：Hsu, C.H.C. & Powers, T. (2002). *Marketing Hospitality* (3rd ed. p.59). New York: John Wiley & Sons.

一、識別問題（Problem Awareness）階段

只有當消費者感覺到他們本身所擁有的與他們必須擁有（需求）的，或者與他們想要擁有的（欲望）東西之間存在差異時，他們才可能開始一個消費決策過程。不是每種差異都會引發消費決策過程的開始，只有當差異大到足以使消費者意識到有某個問題存在，並需要採取行動來解決這個問題時，才會真正開始一個消費決策過程。因此，行銷人員的使命就是幫助消費者意識到存在的問題，而且提高他們對需要解決問題的緊迫性的意識，告訴他們行銷人員所屬企業能為其提供這些問題的解決方案。例如，都市周邊地區的渡假農場就是抓住人們尋求逃避現實生活方式——節奏緊張、噪音污染和工作壓力——來作為行銷機會，在行銷過程中，突出都市生活的繁忙緊張腐蝕了城市生活品質這個問題，推崇寧靜鄉村莊園的一頓悠閒輕鬆的晚餐或舒適平靜的週末假期的概念。

二、資訊搜尋（Information Search）階段

當人們意識到問題的存在，就會產生某種需求，並且會有意識地搜尋解決問題的相關資訊。消費者搜尋資訊的積極性和投入程度受到若干不同因素的影響，其中最主要的幾個方面是：決策的重要性、過去經歷的多少、感知的風險程度和資訊來源。

(一)決策的重要性

決策的重要性決定了個人投入這個決策的時間和努力的多少。以一頓簡

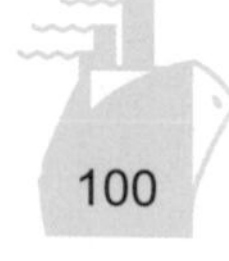

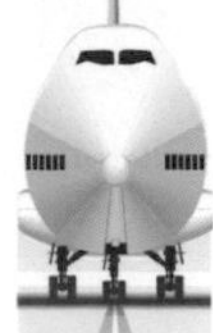

單的午餐為例，學生在課間選擇一家速食店就餐，與第一次約會所挑選的格調高雅的主題餐廳，兩者之間的重要性相差甚遠，在做出決策時所投入的時間和精力也大相徑庭。其中，選擇速食作為午餐，決定了資訊搜索範圍非常有限，決策過程迅速，然而為第一次約會準備的用餐，卻要花更多的時間和精力在餐廳挑選以及決策過程上。

(二)過去的經歷

過去的經歷是決定資訊搜索多寡的第二個因素。當人們計畫首次去一個遙遠的目的地遊玩的時候，他們可能會向旅行社或是曾經去過該地的親朋好友進行諮詢，從別人對過去觀光經歷的評估，尋求相應的資訊；此外，觀光服務的無形性特質也決定了人們在嘗試新的觀光服務之前，對該項服務具有很大的不確定性。所以，顧客會認為做出錯誤決定的**風險係數**（即風險感知，Perceived Risk）相對較高。

(三)感知的風險程度

所有觀光購買決策都存在著風險，包括經濟風險（錢花得值不值得）、社會風險（能否改善自我形象），或績效風險（購買的產品或服務能否達到預期的效果）。

經濟風險是指自己所購買的產品是否物有所值，支出是否會超出預算等不確定因素所帶來的風險。如某些主題公園內的遊樂設施的另外收費，可能會增加觀光客的經濟風險；再如，用積攢了四年的儲蓄購買一項渡假套票產品的觀光客，比用可自由支配所得挑選相同產品的觀光客，所承擔的經濟風險要高得多。**社會風險**是指自己認同的群體是否贊成自己購買的產品、自己的行為是否使周圍群體感到愉快、是否會改善別人對自己的看法等風險，也就是在乎周遭族群對自己購買行為的看法和反應而形成的風險。例如，有些商務旅客不願告訴別人他們住在平價旅館，因為他們擔心這樣會影響其自身的形象，或者被人認為公司不能為其提供更好的住宿條件。另一個實例就是有的客人對自己參加某個高級會所的宴會心存芥蒂，他們會擔心自己的穿著禮儀、行為舉止不夠優雅，讓人笑話，也害怕自身難以融入會所的優雅環境，顯得格格不入。**績效風險**是指對購買的產品和服務的功能與效用能否達

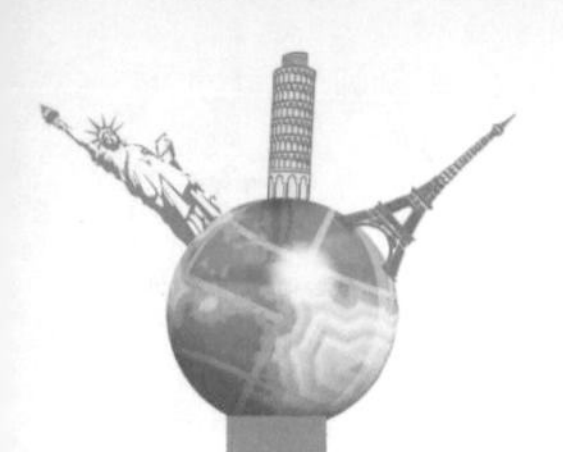

到預期目標的擔憂，是一種關於產品的品質和服務優劣問題的風險。對觀光客來說，當購買的產品和服務可能不如預料那樣的令人滿意時，就會存在績效風險，如來自不安全的飛機裝置、不專業的導遊，以及不友好的服務態度的風險。

顧客感知的總體風險度越高，他們就會在決策過程中投入越多的時間和精力，這也就意味著他們會搜尋更多有用的資訊，以便做出最穩妥的決策。如果他們認為風險太高，就會想方設法降低風險。他們也可能會推遲購買行為，繼續尋找更多的資訊或選擇一家聲譽良好的大型觀光企業。多次選擇相同的服務企業或目的地也可以降低風險。因此，行銷人員必須盡其所能降低顧客的感知風險。

(四)資訊來源

由於購買者獲取資訊的通路和方式很多，因此行銷人員應該熟悉消費者獲取資訊的來源，並瞭解這些來源對於購買決策的影響，從而提供便於讓觀光客易於接觸和感知到資訊。

觀光客的資訊來源主要體現在四個方面：(1)社會來源：來自周遭相關群體，如朋友、家人、同事等的資訊；(2)商業來源：來自媒體，包括報刊、雜誌、電視、網路等的商業性質的廣告和促銷活動，以及觀光企業網站自身發布的商業資訊；(3)公共來源：來自公共團體，如觀光協會、報紙雜誌，以及大眾傳媒對觀光企業獨立客觀的評估資訊；(4)個人內部來源：此指觀光客頭腦裡儲存的資訊，包括過去的經歷和相關促銷的回憶。

觀光產品與其他有形消費品相比，顧客承擔了更大的購買風險，因為觀光產品是無形的，不能進行檢測或試用。所以，在商業性的廣告資訊和社會性的資訊資源（如親朋好友的推薦、網路上的BBS論壇、部落格、臉書留言）之間，觀光客更傾向於依賴後者。因此，口碑宣傳和媒體宣傳有所不同：口碑宣傳只能透過企業的經營狀況展現出來，而媒體宣傳則能藉由企業的成本花費得到。這恰恰描述了第二章中我們討論過的經營表現與行銷，在獲取再次光顧客人方面的相互關係。

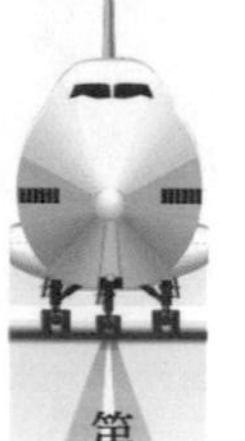

三、可選方案評估和購買決策達成

評估可選方案（Alternative Evaluation）的一種有效方式，就是用單一的標準去篩選候選名單中的所有項目。一旦選擇項目不符合這個標準，就應當機立斷地將之從候選名單中去除，不要再考慮其他因素。如果兩個航空公司在首要評估標準（如價格）上獲得相似的評估，然後就要透過第二重要的標準（如航班時刻表）來對其進行衡量。

衡量眾多可選項目的另一個方法，就是將產品／服務所有屬性的重要性和帶來的利益加權平均。用來衡量一個品牌或目的地的屬性很多，這些屬性分別滿足購買者的不同需求。如某個渡假地為客人所提供利益的屬性，可以包含當地氣候、離家距離、機票價格、客房費用及觀光景點等。購買者不會真正地為達成決策而用計算機算出一個平均值，但他們心裡面實際上有一個與計算平均值差不多的「天平」。觀光客會下意識地依據重要性對目的地的每個屬性進行排序，然後結合屬性重要性的排序，對每個地區進行總體評分，最後加以比較，選擇出最符合條件的目的地。

雖說**購買決策**（Purchase Decision）過程或者說解決問題過程，有著明顯的階段分步，但並不代表顧客在購買決策的過程中，就一定是依次進行或者從一而終。在做出購買決定之前，也就是在形成購買決策過程的任何階段，消費者都有可能在某個決策階段完全停止，或者是回到前一步或幾步去重複已經做過的某些活動。例如，一對夫婦在為他們結婚二十五週年紀念做準備，但經過資訊搜尋和比較評估之後，卻發現沒有一個活動可以滿足他們的要求時，他們就可能重新搜尋更多的資訊，甚至可能回到最開始的階段（需求識別階段），去考慮是否真的需要一個紀念活動——即二十五週年紀念活動到底是不是一個需要解決的問題。

四、購後評估（Postpurchase Evaluation）

即使做出購買決定之後，許多顧客仍可能存在很多方面的困擾，不確定他們的決定是好是壞，認為問題只是得到了部分解決。這種困擾、擔憂以及情感上的不適就是指「認知失調」（Cognitive Dissonance）。例如，一旦某

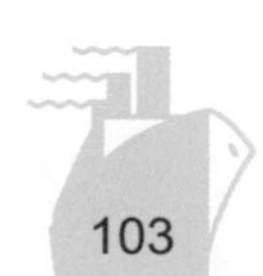

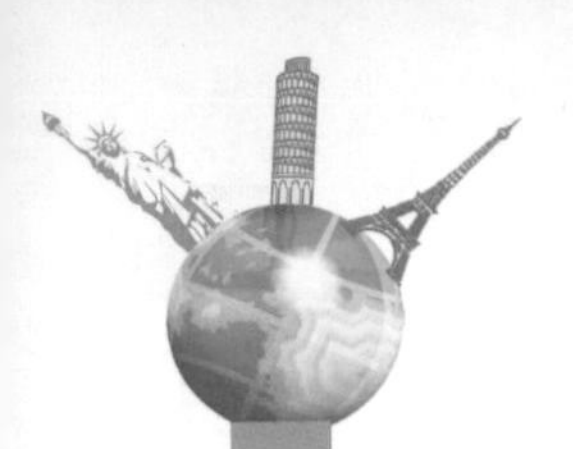

個決定已經達成，顧客都可能會存在「這個決定到底是不是正確的？」的不確定性。購買行為的重要性越高，花費的金錢越多，失調的程度就越高。同樣是觀光套餐產品，觀光客選擇週末在國內渡假旅行所產生的失調感，要比去非洲的兩週休閒渡假旅行所產生的失調感小得多。觀光客一般認為對服務的事後評估比對一般產品要重要得多，因為服務不能事先試用，也更加難以評估，也難在不同服務選項中相互加以區分，結果造就了消費者對他們的購買服務決策缺乏信心。從行銷人員的角度來說，這就需要為消費者在消費經歷結束之後，提供即時的信心保障。一封簡單的人性化預訂確認郵件，或是感謝信，都能幫助消費者減輕心理壓力，增強他們做出正確決策的信心。

顧客對服務的事後評估還會發生在真正接觸到服務之後。顧客往往藉由比較預先期望和實際經歷，找出二者的相互匹配程度，從而評估出此次購買服務經歷的滿意或不滿意。如果出現諸如第二章討論過的承諾過度的偏差，一開始顧客因為不切實際的廣告承諾，產生不切實際的期望，而實際消費經歷時，發現並不能如願以償，從而出現失望情緒，對服務的不滿意評估也就應運而生。另一方面，如果實現了期望，也就是實際購買服務的價值等於、甚至高於承諾的價值，消費者會覺得滿意。滿意的顧客很可能成為再次光顧客，也樂意告訴親朋好友這些滿意的經歷，進行正面的口頭宣傳。

解決問題過程對新顧客和再次光臨顧客來說，都是一個持續不斷的學習過程。如果消費者多次重複地解決某個問題，他可能不願意把太多時間花費在解決問題的過程上，甚至不會按部就班地尋求解決方案。因此，這個過程可以被當作是存在兩個極端的結合體。在一端，**複雜決策過程**（Complex Decision Making）意味著消費者至少有一次經歷過整個解決問題過程的所有階段，並做出一個高度周密、詳實的計畫；在另一端，消費者並沒有經過太多的思考，可能僅僅依據過去的滿意經歷而做出決策，這就是我們所說的**慣常決策過程**（Habitual Decision Making）。

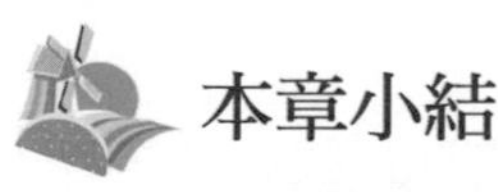

本章小結

觀光行銷宏觀和微觀環境要素對觀光市場的影響是雙方面的，既影響消費者的購買行為，也影響行銷人員的行銷行為。觀光企業行銷的宏觀環境因素，包括經濟、社會文化、政治、科技及生態環境；微觀環境主要包括觀光企業自身、觀光仲介、消費者、競爭者、公眾等要素，其中競爭者和消費者是最重要的兩個要素。行銷人員需要理解顧客購買行為的特點，以及他們把實現購買行為作為一個解決問題的過程，從而有針對性地開展行銷活動來吸引潛在顧客和保留現有顧客。顧客因為社會、個人以及心理因素的不同，表現出不同的購買行為特點。社會因素包含家庭影響、文化背景、社會經濟階層和參照群體；個人因素由年齡、生命週期階段、心理統計特徵組成；心理因素指的是消費者的感知、態度和個性方面。顧客購買行為的產生往往經歷四個階段：問題識別、資訊搜尋、可供方案評估和購買決策達成及購後評估。觀光產品的無形性決定了購買者在購買決策過程中，需要承擔三種風險：經濟風險、社會風險及績效風險。因此，行銷人員不僅要把握觀光行銷的宏觀、微觀環境要素，還要根據觀光購買者自身的購買行為特點，設計開發出適時、適地、適合人群的行銷策略。

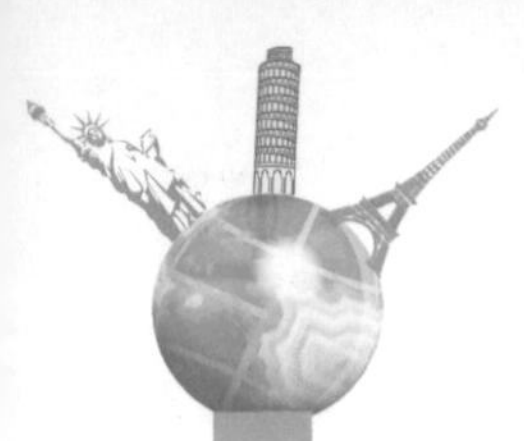

重要概念

- ■宏觀環境 Macro Environment
- ■擠壓效應 Squeeze Effect
- ■微觀環境 Micro Environment
- ■競爭者 Competitor
- ■集約化 Concentration
- ■區隔市場 Segmentation
- ■觀光仲介 Intermediary
- ■公眾 Public
- ■社會經濟階層 Socioeconomic Status
- ■參照群體 Reference Group
- ■生命週期 Life Cycle
- ■心理統計特徵 Psychographic Characteristics
- ■感知 Perception
- ■態度 Attitude
- ■個性 Personality
- ■理想自我 Ideal Self
- ■社會自我 Social Self
- ■現實自我 Actual Self
- ■觀光客購買決策過程 Tourists' Buying Process
- ■問題識別 Problem Awareness
- ■資訊搜尋 Information Search
- ■風險感知 Perceived Risk
- ■可選方案評估 Alternative Evaluation
- ■購買決策達成 Purchase Decision
- ■購後評估 Postpurchase Evaluation
- ■認知失調 Cognitive Dissonance
- ■複雜決策過程 Complex Decision Making
- ■慣常決策過程 Habitual Decision Making

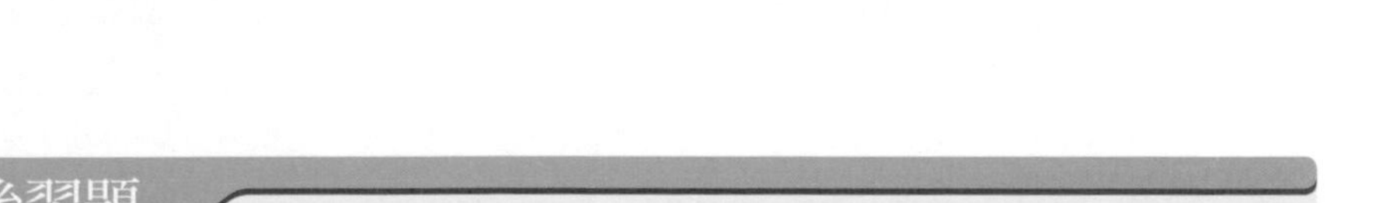

課後習題

一、本章討論的觀光行銷環境因素有哪些？這些因素是怎樣影響行銷活動的？

二、觀光購買者主要有哪些方面的特點？這些特點有何意義或影響？

三、參照群體主要分為哪幾種類型？他們之間是怎樣進行區分的？

四、觀光購買者的感知如何影響購買行為？感知是如何形成的？

五、個性是如何對人們的購買行為產生影響的？

六、觀光購買過程一般分為哪幾個階段？

七、觀光購買決策過程中需要承擔哪些風險？

案例探討

香港JW萬豪飯店和環境保護

飯店服務講求優質享受，要推行環保，阻力比其他行業都要大。作為飯店業的環保先鋒，香港JW萬豪飯店近十多年來一直致力推行各種環保措施，飯店於1997年開始推出綠色指引，並開始在客房安裝節能電燈泡，在浴室蓮蓬頭上加裝省水器。

近年隨著環保技術進步和人們環保意識提高，觀光客對飯店的綠色行為有了一定的要求。為了進一步推廣環保訊息，萬豪飯店集團自2005年起實施減少更換新床單的次數，成功為飯店減少用水和化學清潔劑。飯店更積極實行綠色採購，除要求供應商減少包裝，選購家具時，亦會考慮永續因素，例如拒絕使用珍稀木材所造的家具。

環保食材方面，除了為飯店餐飲業務開拓發展空間之外，亦提供一個強而有力的宣傳賣點。要有效推廣餐廳，必須構思一個討論話題，因為這樣才能夠在市場上芸芸餐廳中突圍而出，凸顯自己的市場定位。在過去幾年來，飯店透過公關活動及電郵推廣等通路，將綠色食材的概念及資訊傳遞給目標顧客。

自2007年起，香港JW萬豪飯店在香港飯店餐飲界率先引進環保食材，推廣綠色食物，鼓勵客人在享受美食之餘，亦為保護環境出一份力。飯店的The

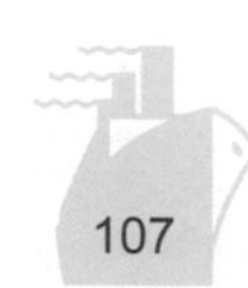

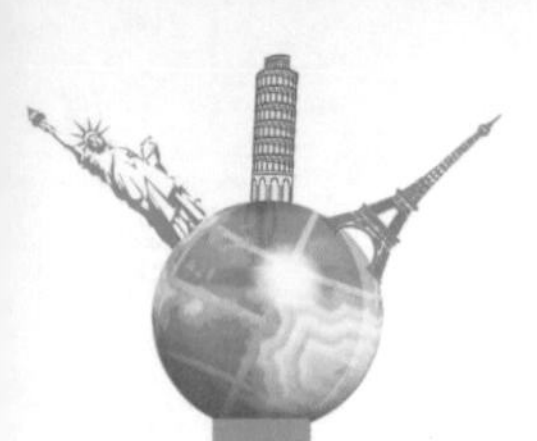

Lounge在2007年於週日香檳早午自助餐設立有機美食專櫃，提供二十多種有機食物，結果大受顧客歡迎，成為香港第一家大規模提供有機食材的飯店餐廳。JW萬豪成為香港第一家引進符合永續發展理念的海鮮食材的飯店，近期再進一步引進天然飼養牛肉（即牛隻在飼養中不用激素或抗生素），另外的食材還包括來自菲律賓的黃鰭吞拿魚、挪威鮭魚、阿拉斯加皇帝蟹、加拿大新鮮干貝，以及澳洲的有機Heirloom番茄。

香港JW萬豪飯店由於在環保方面做出的創新和成就，曾於2008年獲得香港環保卓越計畫飯店及飲食業界特別獎。

資料來源：改編自香港JW萬豪酒店推廣環保餐飲概念，http://www.jiujik.com/jsarticleprint.php?artid=3000023773，檢索日期：2010年4月2日。

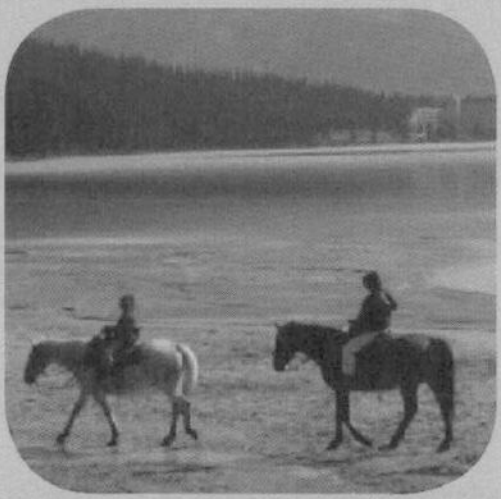

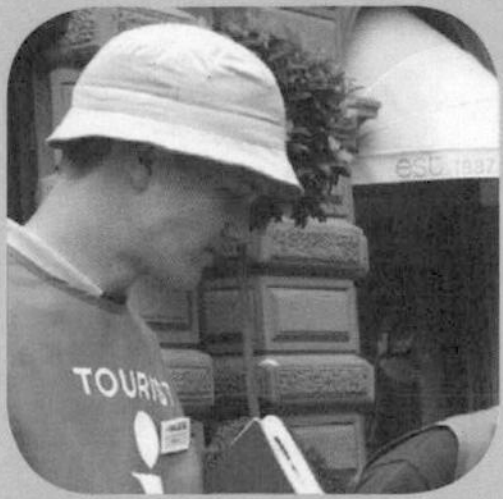

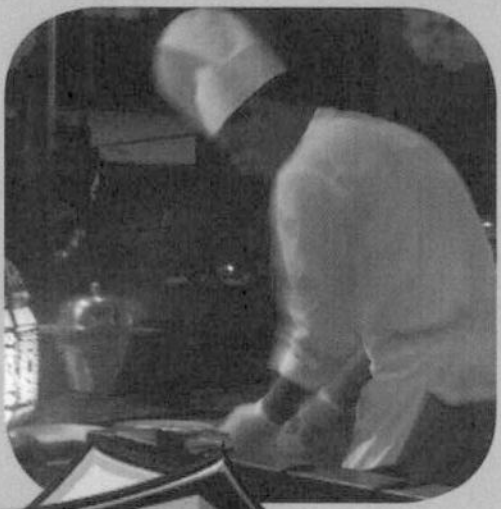

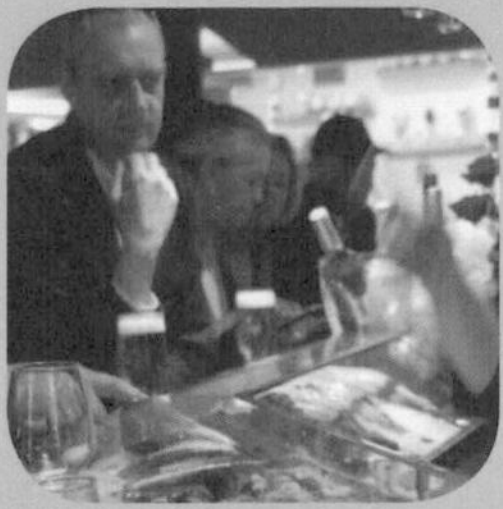

Chapter 4

觀光市場區隔

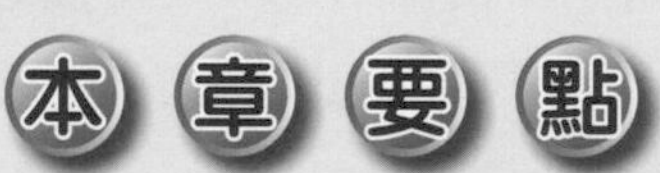

◆市場區隔概念以及其對企業行銷的重要意義

◆觀光企業市場區隔遵循的具體標準

◆市場區隔的類型與方法組合

◆組織型顧客的採購中心及其扮演的重要角色

◆觀光企業的組織型區隔市場

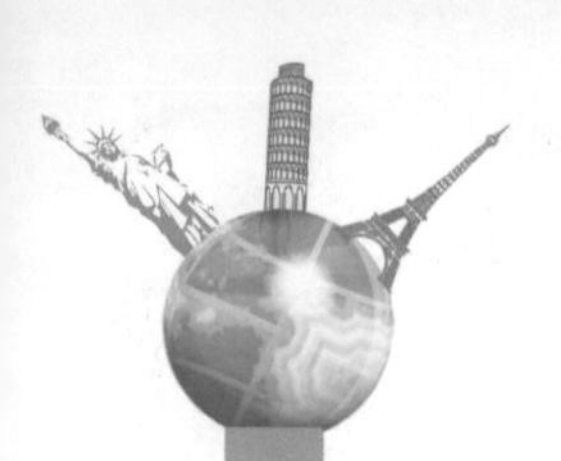

隨著觀光市場上出現越來越多的競爭者，經營者開始意識到獲取競爭優勢的重要性和必要性。逐漸地「以顧客為中心」成了觀光服務業內公認的經營理念，不過此經營理念必須建立在企業清楚地回答「到底誰才是企業的顧客」問題的基礎上。對觀光企業來說，他們的經營不可能面向所有人群，而只能針對某個或幾個服務群體，也就是行銷學中的市場區隔——將市場上具有若干相同或相似特點，並且對行銷方式的反映相同或相似的人組群。因為不同的群體具有不同需要、特徵或行為，因而不同產品或行銷組合適用於不同的人群和市場區隔。

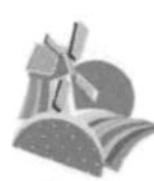

第一節　觀光市場區隔概論

一、觀光市場區隔步驟和標準

市場區隔（Market Segmentation）主要分兩個步驟：(1)把整個市場劃分為具有共同特徵（使用特定的區隔基礎）的不同人群（區隔市場）；(2)挑選出該組織能向其提供最好服務的區隔市場（目標市場）。這個過程就稱為市場區隔分析（劃分市場和挑選目標市場）。有效的區隔市場方法遵循四個基本標準：可識別性、可衡量性、規模適中以及可接近性。本章節接下來以一些觀光經營者關注「銀髮族市場」為例，來闡明這四方面的特性。

1.可識別性（Identifiable）：區隔市場在觀念上能被區別，並對不同的行銷組合因素和方案有不同的反應。各區隔市場有明顯不同於其他群體的特徵。如銀髮族市場和大學生市場之間的不同觀光偏好和消費水準。銀髮族市場是指那些年齡在65歲或以上的群體，該市場非常容易識別。

2.可衡量性（Measurable）：即用來劃分區隔市場規模大小和購買力程度的變數，應該能夠加以測量。某些區隔變數如性格很難測量。定位銀髮族顧客市場時，我們可以使用國家或地區的統計資料來衡量市場的吸引力。例如：我們可以精確地計算出該市場的大小，以及銀髮族的消費能力。

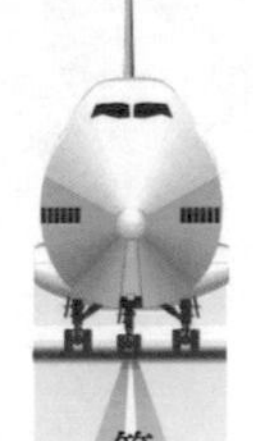

3.規模適中（Adequate Size）：即區隔市場的規模應該足夠大，從而確認企業可以獲利。作為一個區隔市場應該是值得為其設計一套行銷規劃方案的盡可能大的同質群體。如今許多已開發國家的人口老化問題已逐漸顯示出來，這也意味著將來銀髮族市場的規模會逐漸擴大，對觀光產業來說，開發潛力也會很大。

4.可接近性（Accessible）：即企業具有接近區隔市場並為之服務的能力。有人可能會覺得定位於週末「花天酒地」的人群是個不錯的抉擇，但問題是怎樣找到這些願意或者有經濟能力在週末過上奢侈生活的人呢？如果要定位於銀髮族市場，大量的報刊雜誌等出版物，就可以幫助企業直接跟銀髮族進行接觸並傳遞資訊。隨著網路資訊大爆炸時代的來臨以及網路的普及，觀光企業可以利用網路向銀髮族觀光客發布各類觀光資訊。

另外，平價旅館也是體現市場區隔優點的一個典型案例。開發商發現許多觀光群體其實並不需要全面的飯店服務，他們需要的是便宜、乾淨、舒適和交通便利的住宿設施。針對這種需求，平價旅館的開發商選擇提供一種不同於全面服務型飯店的方便、簡單並且實惠的服務標準，像1974年源於美國、現今聞名全球的Super 8隸屬於溫德姆飯店集團（Wyndham Hotel Group），而其他一些飯店連鎖集團的子品牌，如Days Inn、Holiday Inn Express、Ibis等，如今也已經是享譽全球、家喻戶曉了。

從企業自身的情況出發，行銷人員需要明確地對市場進行定位，鎖定企業能做好服務的消費群體，並將此群體作為企業提供的產品服務的目標，這些群體就是企業的目標市場（Target Market）。從邏輯上說，目標市場選擇或定位發生在市場區隔之後，一般依照市場區隔→目標市場選擇→行銷專案制定的順序。因此，行銷專案是企業選好一個或幾個目標市場之後，圍繞這些目標市場設計的。

二、為什麼要進行市場區隔

從根本上來說，市場區隔將企業的經營以及行銷活動同市場上的顧客緊密聯繫在一起——當然不是所有的顧客，而是那些企業可以識別、具有某些

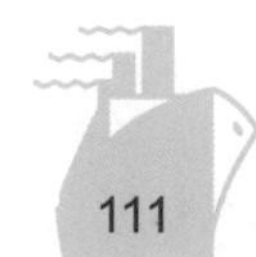

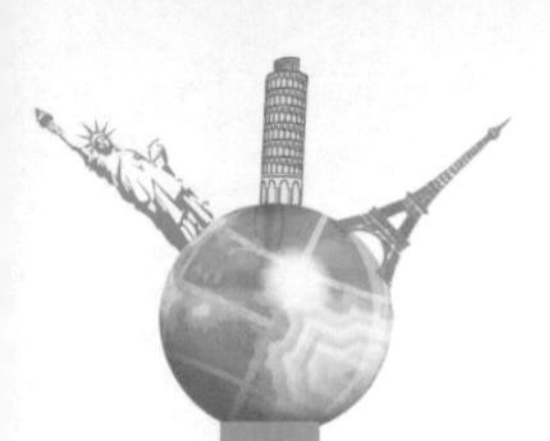

相同的特徵、會被某種特定服務吸引，以及對企業的市場行銷活動反映基本一致的一個或幾個消費群體。市場區隔是一種很好的瞭解種類繁多、千變萬化的市場的方法。我們需要更明確地瞭解市場區隔的必要性和重要性，在此基礎之上再說明如何進行市場區隔。市場區隔的重要性主要體現在：

1.市場區隔策略針對的是具體的消費群體。因此，經營者和行銷人員在做出決策時，應該有一個明確的參照群體。

2.市場區隔使得企業能在不同時期，挑選出最有利潤潛力的消費群體。例如，位於溫暖氣候的豪華渡假村可能在旺季定位於富有、且對服務品質要求高的觀光客，但在淡季將目標市場轉變為對價格敏感的觀光客。

3.區隔市場的過程中，可能會發現到一些沒有服務到或是服務不夠的區隔市場。如那些新轉換工作地點或僑居別國的人，就有傳統飯店不能滿足的特殊需求，他們對飯店內固定的餐飲服務通常不感興趣，有時想自己準備些簡單的食物，而且傾向於選擇工作空間足夠大的寬敞房間，並且需要有更多工作之外的休閒活動。長住型服務飯店或服務式住宅正好能滿足這個市場的需求。

4.市場區隔不僅幫助我們理解人們希望從產品中獲取的價值，也讓我們瞭解他們願意支付的價格，以及希望服務的地點。透過識別能接觸到目標市場的最有效傳播媒體，市場區隔還使企業能挑選出最有效的促銷媒體。

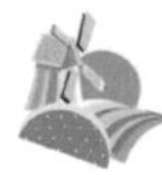第二節　市場區隔的類型

區隔市場的主要目的在於：透過科學的、全面的市場調研，發現整個市場購買潛力最大的某一個或幾個目標市場，結合自有資源（人力、物力、財力等），去挖掘和發展產品的特質與潛力，進行產品定位，以便將行銷組合有效地用於明確的目標，以達到更好的創造消費、引導消費的行銷目的。因此，行銷人員能否及時、準確、客觀地掌握、分析消費者選擇產品時表露出的資訊，就十分重要。在行銷理論中，可將這些具體的資訊按五大類變數：

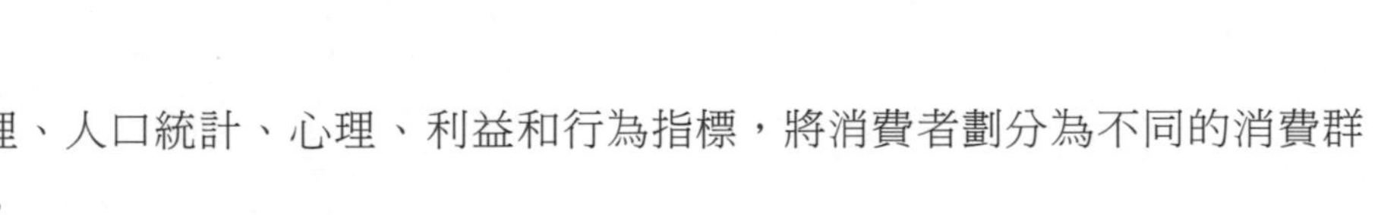

地理、人口統計、心理、利益和行為指標，將消費者劃分為不同的消費群體。

一、地理區隔市場變數

(一)地理區隔

地理區隔（Geographic Segmentation）是指觀光市場按照觀光客不同的來源地進行劃分，它可以是不同的區域範圍，大至國家或地區，也可以是省、城市，甚至小至某一個地段或居住社區。以香港旅遊發展局公布的統計資料為例，訪港旅客主要被分為幾個子市場：美洲、歐洲／非洲及中東、澳洲／紐西蘭及南太平洋、北亞、南亞及東南亞、臺灣、中國內地（香港旅遊發展局，2010）。另外，一些餐廳的客源市場可能是整個大的都市人群，也可能小到周圍的某個學校、辦公大樓或是居民社區（陶卓民、胡靜，2001）。地理位置區隔市場的變數很多，每個變數都對觀光行銷有特殊意義。

(二)郵政分區

地理分區也可以依據郵遞區號進行識別。美國九位數的郵遞區號可以細到將某個城市街道和大廈識別出來。透過郵遞區號識別客戶的方法迅速、簡單、易於操作，既可以使觀光代理確定出客源最大的臨近社區，也可以幫助飯店及觀光景點找出產生最多顧客的城市。

(三)媒體覆蓋範圍

另一個可選的地理區分方式就是透過媒體的覆蓋區域進行劃分。大部分廣告媒體如電視、廣播、報紙及雜誌等，都有針對特定的地理區域來提供諮詢服務和資訊傳遞。國際性的航空公司可能選擇國際性的報刊雜誌，如《財星》或《讀者文摘》接觸世界各地的旅行客人，也可能分國家選擇不同的媒體，如美國《紐約時報》、英國《泰晤士報》等擴大影響力；而很多地方性的報紙和有線電視臺，如香港《蘋果日報》、《明報》、明珠台（無線）、now TV（有線）電視等，都有針對地方上的需要提供廣告服務，獲取當地客源。

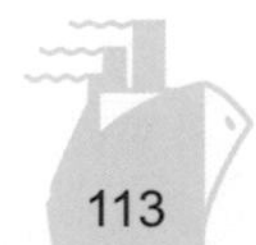

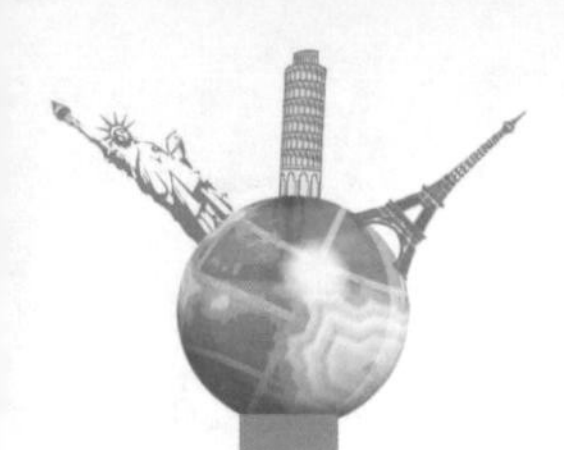

二、人口統計區隔市場變數

地理位置區隔市場的核心是「顧客在哪裡」，而人口統計標準則以「顧客是誰」為出發點。人口統計標準是將觀光市場按照人口統計（Demographic Segmentation）變數，如年齡、性別、家庭規模、家庭生命週期、收入、教育程度和宗教信仰等進行劃分。由於觀光客的願望、偏好和習慣的變化與人口變數高度相關，人口變數往往比別的變數更易定義和測量，再加上其在測定所期望的目標市場中影響著促銷媒體的選擇等原因，人口變數成為最常用的市場區隔變數（陶卓民、胡靜，2001）。

(一)年齡變數

年齡作為社會統計的重要變數，不言而喻。在現實生活中，人們不僅為年齡賦予了多種含義，而且年齡還可以折射人們的一種生活狀態（劉德寰，2002）。不同年齡階段的觀光客對觀光產品的刺激反映不同，對其需求程度和消費方式也有區別。例如，有的觀光企業看準了有足夠時間和積蓄，並且願意購買觀光產品的銀髮族市場，推出了一系列滿足銀髮族需求的舒緩、節奏慢，且悠閒的「懷舊遊」、「保健遊」、「休閒遊」等觀光產品。而有的觀光企業則將目光鎖定在收入高、沒有家庭負擔的「年輕都市白領」，根據他們追求新穎、喜歡運動、渴望拋開都市緊張生活節奏的休閒需求，開發出一系列集健身性、參與性、娛樂性等特點為一體的戶外運動觀光產品，如登山、攀岩、漂流、垂釣、滑翔、驅車越野、自行車穿越、冬泳、滑雪、衝浪等。大多數中年觀光者有自己的家庭，以安全、便利、冒險性小的家庭觀光方式為主的觀光產品，也不斷被開發出來，如郵輪觀光、主題公園遊、農場體驗、郊野露營和海灘渡假村休閒等。地中海俱樂部就成功地把年齡變數運用到了產品設計中，早在1970年代就有學者發現，在歐洲和美國出現了大量富裕的受過良好教育的年輕人。他們的父母一輩屬於工薪階層，通常只到英國的布萊頓或美國的大西洋城度過為期數週的夏季假期。但是年輕人不滿足於父輩的傳統渡假方式，因此地中海俱樂部以年輕人曾經流連的「遊樂據點」為藍本，開發一些新穎別致的觀光景點，從而使得年輕一族成為這些地方的理想觀光客（Drucker, 2002）。

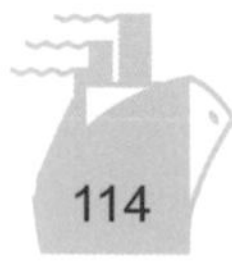

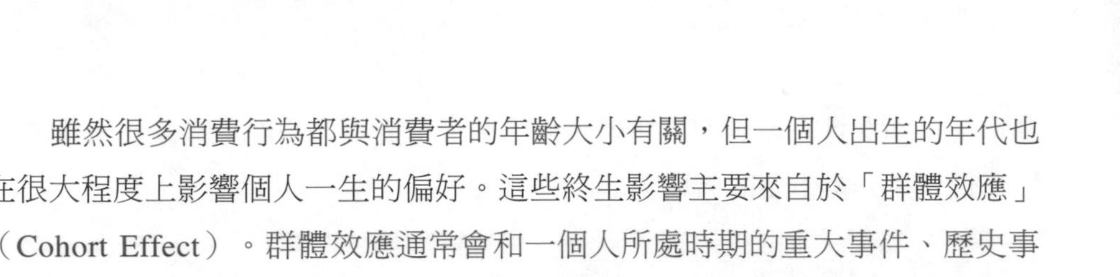

雖然很多消費行為都與消費者的年齡大小有關，但一個人出生的年代也在很大程度上影響個人一生的偏好。這些終生影響主要來自於「群體效應」（Cohort Effect）。群體效應通常會和一個人所處時期的重大事件、歷史事件有關。這些事件造成了某些年齡階段群體特有的核心價值，從而影響他們的消費選擇傾向和消費行為（Kurtz, 2008）。例如以美國為例，在嬰兒潮（Baby Boomer）時期出生的人，受到了越戰和美國黑人民權運動的影響；同樣的，在2001年九一一事件發生時，17到22歲的人的價值觀也會因為恐怖事件而明顯改變（Kurtz, 2008）。很明顯，嬰兒潮時期出生的人和X世代（Generation X）、Y世代（Generation Y）對不同產品和服務的看法，會有所不同。臺灣把出生於不同民國時期的人劃分為各種年級生。五年級生和六年級生由於所處的時代背景一樣，因而文化、思維、消費行為都頗為相似。而在中國大陸，一些年齡較大的、經歷過戰亂的銀髮族把觀光看成是一種「揮霍」及不負責任的活動（Hsu, Cai, & Wong, 2007）。

(二)性別因素

男性和女性在觀光消費偏好和需求上存在很大的差別，飲食偏好作為明顯的例子就可見一斑。眾多飯店、餐廳為現代女性設計了專門的健康減肥餐、排毒餐，以及美容養顏餐等，如臺北遠東飯店專門為女士設計出了「中國四大美女套餐」，套餐選用中國古代四大美女的典故，配以名貴滋補的養顏食材，吸引了大量愛美女士的光顧。麥當勞為了提高它的男性用餐市場占有率，則設計出了分量足夠大的「巨無霸」漢堡作為行銷策略，為相對胃口較大的男性客人提供了新的選擇。在這兩個例子中，女顧客是遠東飯店美女套餐的目標市場，而男顧客則成為麥當勞推出巨無霸漢堡的行銷目標。

性別差異在飯店住宿方面的表現也是大相徑庭，女商務客人一般把房間的溫馨氛圍、人性化、細節性的服務，以及價格因素作為衡量飯店的標準。客房內是否有熨斗、熨衣板、送餐服務，以及浴袍等也是重要的考慮因素。但男住店客人則一般考慮更多的是服務品質，以及配套商務設施（McCleary, Weaver, & Li, 1994）。男女在觀光旅行的動機和偏好也是有所區別的。女性主要表現出歷史文化動機、購物動機、浪漫動機等，而男性觀光更多的與體育鍛鍊、探險、渡假、休養和參觀觀光設施有關。另外，由於婚後要以家庭

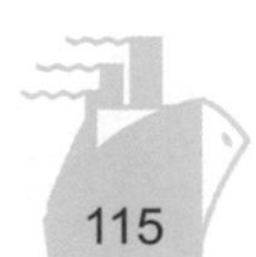

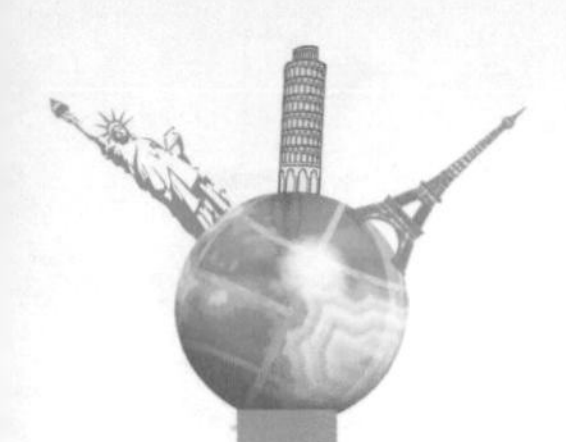

為重，日本女性在結婚前會頻繁地外出旅行，對很多目的地來說，日本的女性上班族是非常重要的市場。

(三)家庭規模

家庭是社會基本的組成部分，也是觀光消費者的基本構成。一般來說，沒有子女的家庭參加觀光活動的可能性更大，觀光支出也較高；雙薪家庭由於收入比單薪家庭更高，也更有可能產生觀光行為；新婚夫婦常會去蜜月旅行，在新興消費方式的影響下，婚慶蜜月觀光已成為一個十分理想的選擇。有孩子的家庭，孩子往往對家庭觀光地的選擇、觀光時間、活動內容等產生間接影響，他們往往會將旅行安排在學校放假期間。旅行社可根據不同的家庭對觀光的不同需求來區隔市場。一些渡假勝地是以家庭為導向的，專門提供兒童遊玩設施及娛樂活動，而另一些渡假村則不接待小孩，如悅榕莊（Banyan Tree）渡假村；但悅榕集團旗下另一品牌Angsana則主要定位於服務年輕且有小孩的家庭。集團針對兩種不同類型的區隔市場，提供兩種不同類型的觀光服務產品，以滿足不同市場上的需求。

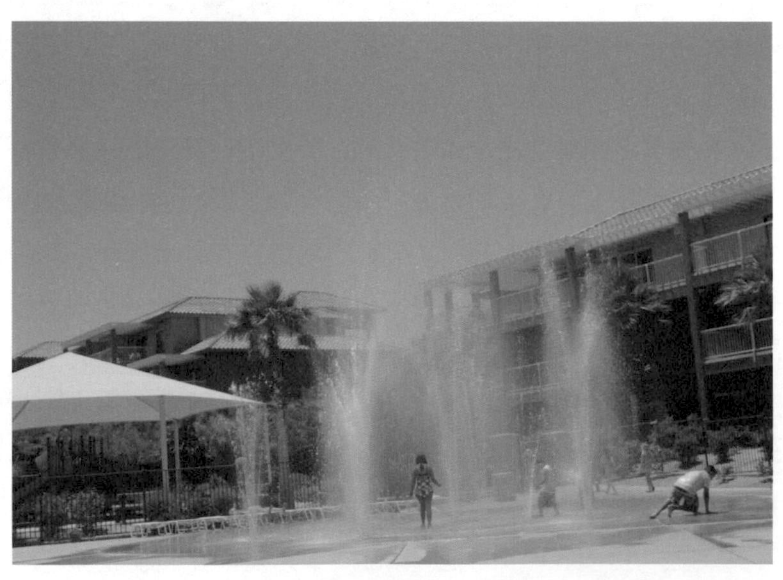

一些分時渡假村以家庭為導向，專門為小孩提供遊玩設施及娛樂活動。（徐惠群拍攝）

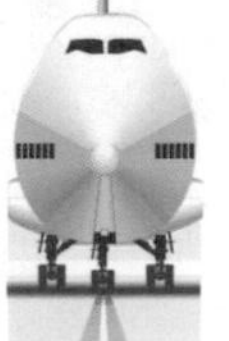

(四)收入因素

觀光購買力與個人收入是正向關聯的。收入越高，可自由支配所得越多，旅行消費的支配能力就越大。強調物美價廉和便利快捷的平價旅館服務於一般的消費大眾，而高星級的豪華飯店則為高收入階層而設計。對於購買郵輪產品的顧客來說，住在豪華街區的居民顯然要比住在低收入街區的民眾的購買力要強，對郵輪公司來說，居民的收入水準是影響他們選擇不同促銷媒體的一個關鍵因素（Walker, 1999）。所以，不同收入水準的群體也意味著對不同類型觀光產品的支付能力，收入區隔標準就是為了區分出高、低收入階層之間的消費習慣，並有針對性地迎合這種區別。

(五)宗教信仰

顧客的宗教信仰也在很大程度上影響著他們的消費偏好。顧客常會因為宗教信仰的存在，有特殊的餐飲習慣或觀光路線需求，從而形成特殊的消費群體。例如，清真餐館的主要顧客群體是伊斯蘭教客人，因此不提供任何豬肉類食品給顧客；以西方住客為主的飯店為適應客人忌諱13的特點，將十三樓用12A或其他數字代替；香港有些旅行社開發的浙江普陀山觀音菩薩生日

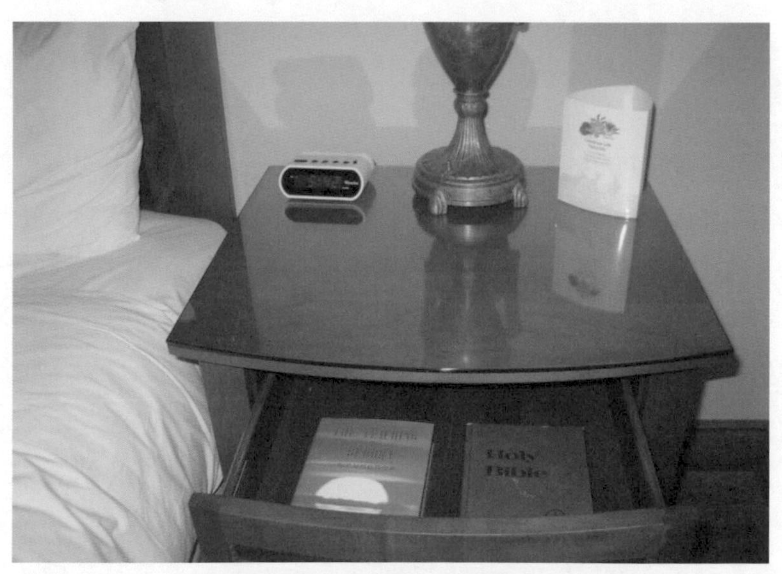

飯店客房的床頭櫃內備有《聖經》及英日版本的《大般若經》，以滿足不同客人的宗教信仰和語言需求。（徐惠群拍攝）

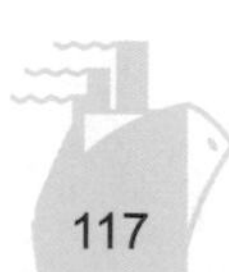

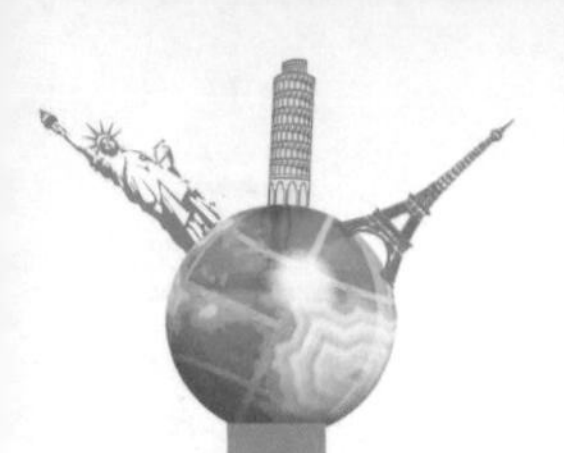

進香線路、四川峨眉山、樂山大佛朝聖之旅等。以上的例子都是觀光企業，包括餐飲、飯店和旅行社等針對不同的宗教信仰者，選擇特定的區隔市場的反映。

人口統計資料客觀、易於收集，並且是最便宜的資訊來源之一，而且用幾個人口統計變數一起定位市場，能更好地提高行銷效率。例如將年齡和家庭收入結合起來，同是30歲左右的人會因為收入差距產生購買行為差異；有小孩的家庭跟那些沒有小孩負擔的家庭相比，一般可支配所得相對較少。單一的人口統計因素只能說明某一個方面的問題，而不具有全面的代表性，所以用多個人口統計變數來定位目標市場是比較準確的。

我們也應該意識到，客觀的人口統計因素沒有考慮到消費者的主觀態度和價值觀。一個富裕的人完全有能力住在豪華昂貴的飯店，但他在和家庭成員一起出遊的時候，卻有可能選擇一個平價旅館。中年消費者可能選擇光臨一個年輕人聚集的餐廳用餐，因為這樣可以讓他們覺得自己依然年輕，或者想要感受年輕的氣氛。僅靠人口統計因素，並不能為行銷人員在挑選合適的廣告策略，或者設計吸引購買者的促銷方法，提供足夠的資訊證據。人口統計因素是市場區隔的一個重要起點，但如果加上生活方式要素，二者會為其提供一個更深入、更全面的區隔依據。

三、心理區隔市場變數

美國行銷專家Philip Kotler曾指出：「在同一人口區隔中的人可能顯示出迥然不同的心理特徵。」因此，「各種產品和品牌的行銷人員，正越來越多地運用消費者的生活形態來區隔他們的市場」。生活形態是研究消費行為與心理的最佳著眼點，以其為基點，使市場區隔由平面轉為立體，多方位、多角度去分析消費群體，使劃分和確定的目標市場更具深度。生活形態（Lifestyle）以常見的AIO變數進行衡量：(1)活動（Activity）：是指消費者在平時的工作或生活中從事的活動；(2)興趣（Interest）：是指消費者對某些事物及產品感到興奮，並做出特殊且持續性的關注；(3)意見（Opinion）：是指消費者對事件或現象所表達的看法，包括解釋、期望及評價（Evans, Jamal, & Foxall, 2009）。換句話說，我們可以從某人從事活動的範圍（包括

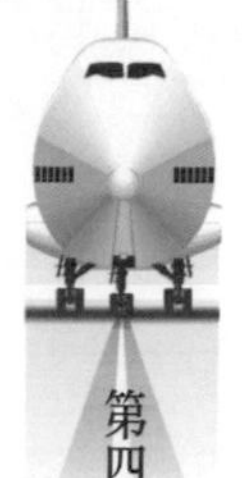

表4-1 AIO生活形態變數的常見特例

A	I	O
活動（Activity）	興趣（Interest）	意見（Opinion）
工作	家庭成員	自我
愛好	家	社會問題
社交活動	工作	政治
渡假	社區	商務
娛樂	休閒	經濟
會所	時尚	教育
社區	食物	產品
購物	媒體	未來
體育運動	成就	文化

資料來源：Morrison, A. M. (2010). *Hospitality and Travel Marketing* (4th ed. p.220). Clifton Park, N.Y.: Delmar Cengage Learning.

工作和社交方面的諸多活動，如娛樂、體育及渡假偏好）、所感興趣的事項，以及各項意見的表達，來衡量他的生活形態（曹勝雄，2006）。**表4-1**列舉了有關AIO生活形態變數的常見特例。透過心理研究及AIO研究定位市場能更好地洞察諸多要素，如消費群體的時間或價格敏感度、冒險精神或自信心。他們是否喜歡冒險？是否是衝動型購物者？生活態度是樂觀還是悲觀等等問題，都能透過心理研究得到答案。

迄今為止到底有多少種區隔的生活形態存在，學術界還沒有一個統一的定論。眾多的生活形態區隔研究中，**價值和生活形態範式**（Values and Lifestyles Framework, VALS）是公認的比較出名的一個。VALS是基於人口統計、價值觀念、傾向和生活形態變數的模型，並在商業界受到廣泛的應用，並被應用於國外200多家公司和廣告代理商的行銷實踐中（吳垠，2005）。如**圖**4-1所示，從水準角度來看，利益群體主要受到三種動機的驅動：理想、成就和自我表現；從垂直角度來看，被分為多的資源和少的資源。資源主要包括：收入、教育、自信心、管理者能力和精力。受理想驅使的思考者和信奉者主要受知識和原則影響；受成就驅使的成就者和奮鬥者主要是想要在同輩人面前展示自己的成功；自我表現驅動的體驗者和實踐者想要追求多樣的社交和物質活動，並且喜歡冒險。創新者擁有最多的資源，而且也是積極的消費者，因此他很難和三種動機中的任何一種聯繫起來；相反，倖存者擁有

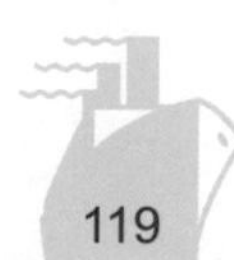

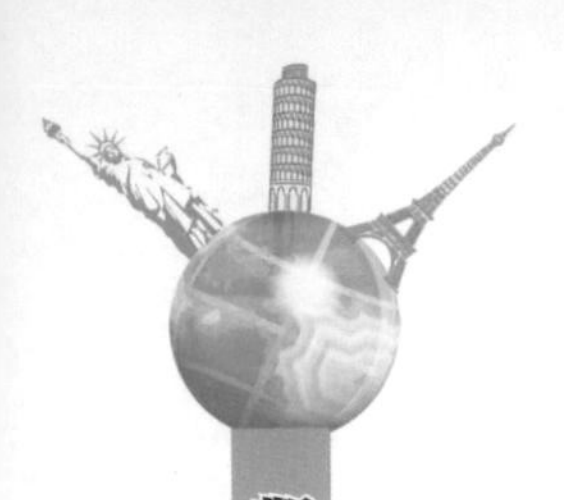

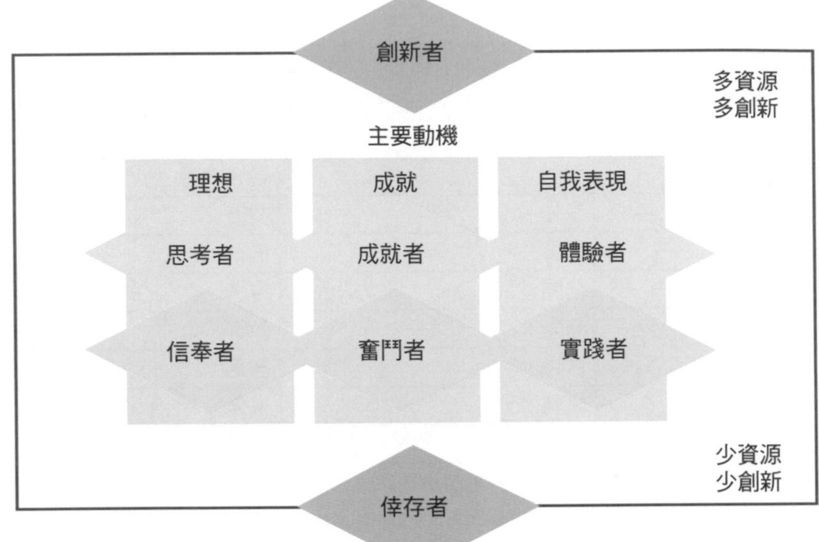

圖4-1　價值和生活形態範式

資料來源：SRI Consulting Business Intelligence (SRIC-BI)，引用自Peter, J. P. & Olsen, J. C. (2008). *Consumer Behavior and Marketing Strategy* (p.376). New York: McGraw-Hill / Irwin.

最少的資源，他們不是積極的消費者，因此也很難把他們歸類到三種動機中的任何一種（Peter & Olsen, 2008）。**表**4-2對價值和生活形態範式中的八個利益區隔及特徵進行了詳細的描述。

觀光企業將VALS用於行銷活動，不僅可用於開發新的休閒理念和服務來設計新的產品，而且可用於選址、設計風格，以及促銷活動的開發和管理。研究人員可以根據顧客的資料依照VALS群體把他們進行分類，然後找到某類產品或服務的最主要顧客群。這種資訊可以用於挑選適當的目標群體配以廣告和促銷（Peter & Olsen, 2008）。主觀的心理區隔市場是從個性化角度區隔市場，常與客觀的人口統計因素一起尋找目標人群。把人口統計特點與心理特點相結合進行市場區隔，能對消費者有更深刻的認識和瞭解。

四、利益區隔市場變數

根據消費群體希望從產品或服務中得到的利益來區隔市場，是一種有

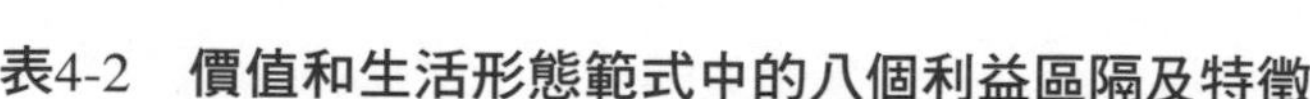

表4-2　價值和生活形態範式中的八個利益區隔及特徵

區隔	生活形態特徵	心理特徵	顧客特徵
創新者	成功、成熟；重視個人發展；廣泛的興趣；有教養；愛好社交；積極參與政治	樂觀；自信；個性外向；追逐新奇；即將成為或已經是商業或政府領袖	喜歡新鮮事物；不相信廣告；頻繁的閱讀各種類型的刊物；較少看電視
思考者	適度的參與社區及政治活動；休閒活動主要是在家裡；重視教育和旅行；關注健康；適度參與政治	成熟；滿足；思想開放；自我內在激勵；重視秩序、知識和責任心	受到良好教育；不關注形象和聲望；喜歡看教育及公共事務的電視節目；經常閱讀並閱讀廣泛；喜歡實際耐用的商品
信奉者	遵從規章；享受安穩舒適的生活；社交主要是和家庭成員以及固定的群體；政治保守；比較有教養	傳統；遵從規章；小心謹慎；注重道德規範；追求安穩	中等收入；熱中於美國本土的商品和品牌；改變生活習慣的速度較慢；喜歡特價商品；喜歡看電視；閱讀家居、園藝類型的雜誌
成就者	生活以事業和家庭為重；有正式的社交活動；不想生活有巨大的改變；休閒時也會考慮到工作；政治保守	謙虛；追求理想；生活常規；深思熟慮	熱中於高檔品牌；喜歡各種類型的商品；適度的看電視；閱讀商業、新聞、自我實現類型的雜誌
奮鬥者	興趣比較少；教育程度不高；不關注體育鍛鍊和營養；不關注政治	以得到獎勵為目標；缺乏信心；有動力	收入不是很高；追逐時尚和好玩的事物；花費在服裝和個人護理產品；相對於閱讀，更喜歡看電視
體驗者	追求新奇、熱愛冒險；喜歡戶外運動；愛好社交；不遵守規章，但是崇尚健康、權利和名聲；不關注政治	個性外向；不依慣例；活躍；容易衝動；精力充沛；有熱情	平均年齡只有25歲，是所有區隔中年齡最小的；追逐時尚；在服裝、速食、音樂和電子產品上花費很多；喜歡追求新的產品和服務
實踐者	熱愛戶外運動；喜歡與親朋好友一起進行休閒活動；拒絕參加組織；不相信政客、外國人和大公司	務實，崇尚自給自足；生活態度積極；忠誠；滿足	喜歡耐用、舒適、有價值的商品；不喜歡奢侈品；聽電臺節目；閱讀汽車、家用電器、釣魚、戶外運動類的雜誌
倖存者	非常少的興趣和活動；主要關注安全；受到健康問題的困擾；保守和傳統；不會創新	關注的事物較少；避免冒險；保守	平均年齡為61歲，是所有區隔中年齡最大的；忠誠品牌消費者；常用優惠券；相信廣告；閱讀文摘和女性雜誌

資料來源：取自於SRI Consulting Business Intelligence（SRIC-BI），並根據以下資料改編：(1)Peter, J. P. & Olsen, J. C. (2008). *Consumer Behavior and Marketing Strategy* (p.376). New York: McGraw-Hill/Irwin；(2)Shoemaker, S., Lewis, R. C., & Yesawich, P. C. (2007). *Marketing Leadership in Hospitality and Tourism: Strategies and Tactics for Competitive Advantage* (4th ed. p.326). Upper Saddle River, N.J.: Pearson / Prentice Hall.

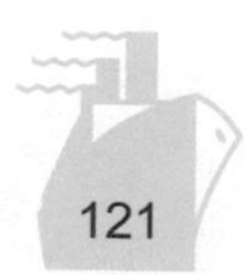

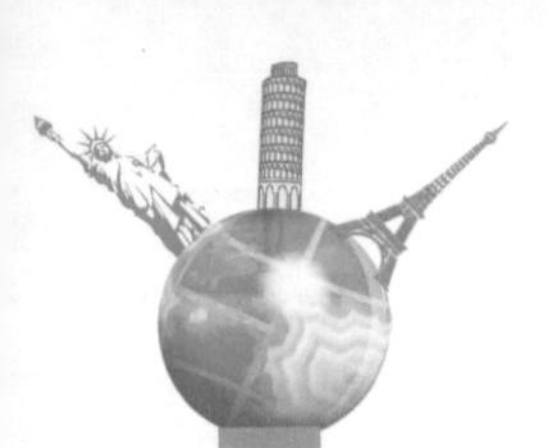

效的市場區隔形式，因此這種方法常被用來衡量消費者價值體系和消費者對各種品牌或產品的感知。因為顧客購買產品或服務的真正目的是為了購買產品所衍生出的某一種或幾種特殊利益。觀光動機一直被當作一個常用的區隔市場變數。例如，外出觀光的人們追求的利益可能是接近大自然、增進生活情趣、遠離城市壓力和喧囂，也可能是增進家庭感情、尋求冒險刺激等。而消費者獲得的利益可以是社會方面的，比如和朋友相處，或者與其他人分享同一件事；或者從感知體驗方面來看的，比如感受大自然等。一項在香港對於美國風格咖啡館的研究顯示，顧客主要可以分為四種利益區隔市場，即：追求服務的人、注重環境氛圍的人、關注咖啡品質的人、注意行銷活動的人（Tan & Lo, 2008）。

另外一項關於美國休斯頓Spa飯店的研究顯示，顧客有三種利益區隔，分別是：(1)逃離現實者：這類人是以健康、讓自己年輕為目的；(2)中立主義者：他們是以舒緩壓力、放鬆為目的；(3)第三種是享受主義者，他們追求Spa的開心體驗，並喜歡和家人一起分享Spa的經歷（Koh, Yoo, & Boger, 2010）。總而言之，研究顧客購買產品的原因是一種與顧客購買目的相聯繫的區分市場方法。企業透過利益區隔市場方式，識別顧客群體選擇觀光產品和服務的真正理由，認清目標市場上的消費需求，運用利益行銷策略，為顧客設計出能滿足他們利益需求的產品和服務，並將資訊傳遞給目標市場上的消費者，凸顯出顧客想要的利益，從而吸引其購買。譬如，入住飯店的客人一般被分成商務客人、會議客人和休閒客人三大類。由於每個群體的入住動機和想獲得的利益均有區別，他們在對飯店設施的要求、房價敏感度和興趣等方面，都會表現出某種程度的不同。

五、行為區隔市場變數

行為區隔是按照人們的知識、態度，以及對產品的反應和使用情況，把觀光客劃分成不同的群體，常用的劃分依據有三種：使用者狀況、使用者頻率及使用時機。

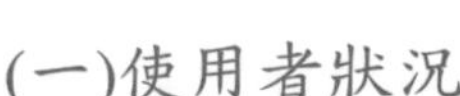

(一)使用者狀況

使用者狀況（User Status）主要是指消費者是否使用或使用產品和服務的狀況，一般可分為：非使用者、潛在使用者（未使用過某產品和服務，但有消費潛力者）、首次使用者和多次使用者。行銷人員往往可以藉由鼓勵潛在使用者首次試用產品和服務，而將其從潛在群體中分化出來成為首次使用者。

被越來越廣泛應用的一種方法，是區隔出已經使用者和尚未使用者兩個主要區隔市場，而公司的定位往往影響其在這兩個市場上的行銷重點。研究指出，保留現存顧客的成本要比獲取新的客戶低5至6倍，因此市場份額大的公司，有能力注意及吸引新的消費者進行市場擴張，而資金能力有限的小公司則須更多地將注意力放在保留現有顧客上。在現有消費者中，行銷人員能根據使用頻率再將他們區隔成不同的群體。

(二)使用頻率

使用頻率（Usage Frequency）係根據觀光客使用頻率的高低，將他們劃分為輕度使用者、多次使用者和慣常使用者三類，後兩者也可統稱為常客。不同的觀光企業關注的群體可能不同。例如，飯店、餐廳與航空公司，對常客的關注日漸明顯。幾乎所有大型航空公司和連鎖飯店都有專門針對常客提供的一系列特殊獎勵計畫。如中華航空的「華夏哩程會員積分獎勵計畫」；飯店為商務客人提供的特殊服務，如專用休息室、免費早報、免費美式早餐（Continental Breakfast）、高級客房設施及專門接待員等。

(三)使用時機

時機區隔法係根據顧客購物的時間和目的來劃分顧客群。利用特殊節慶（耶誕節、情人節、春節等）推出促銷方案，是時機區隔市場的一個表現。針對蜜月市場開發的「巴黎浪漫之旅」、「熱情浪漫夏威夷之旅」，以及飯店的「豪華蜜月套房」就是典型例子。另一個例子是根據觀光目的，將會議市場區隔為年度會議、例會、董事會議、教育研討會、銷售會議等等。

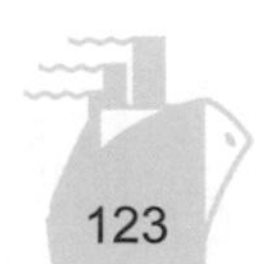

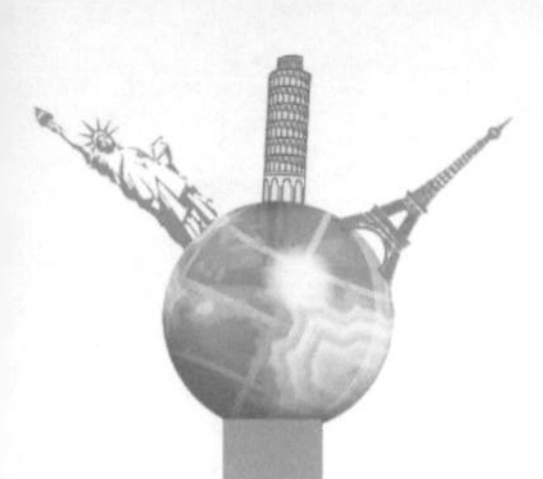

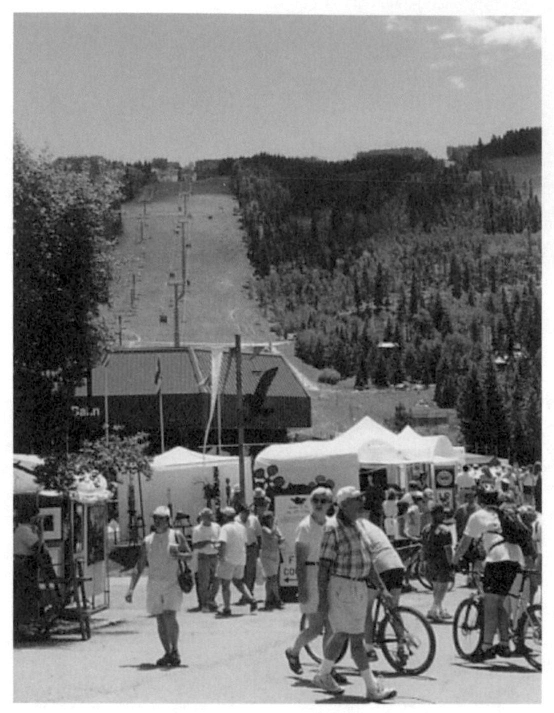

滑雪場在冬季用於滑雪，而夏季則可舉辦各類活動，以吸引不同的目標市場。（徐惠群拍攝）

另一個基於**使用時機**（Usage Occasion）區隔市場的表現，就是渡假區的季節變化性、飯店和航空公司的週日—週末客源區別。淡季光臨渡假村和渡假觀光地的客人一般對價格敏感；而旺季時段入住的客人願意支付較高房價，但對服務品質的要求較高。週末入住客人一般是休閒客人，而工作日光臨的則以商務客人居多。類似地，航空公司平時工作日的乘客多數是因公務搭乘飛機，而週末的乘客更多是休閒客人。消費者怎樣使用產品也是使用時機市場區隔的方法之一，如內食或外賣。這兩個類別對食物包裝、服務，甚至有時候對價格都有不同的要求。這樣的區隔對經營策劃和行銷活動都有意義。

六、市場區隔方法組合

企業不僅要識別哪些是影響消費市場區隔的變數，更重要的是要選擇適

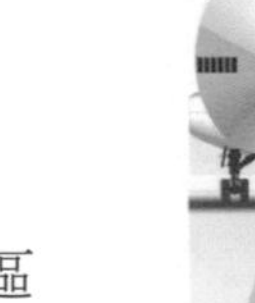

合自身的變數來進行區隔，最終挑選出最適合的目標市場。企業進行市場區隔的方法可分為單一性市場區隔和組合性市場區隔。

(一)單一性市場區隔

單一性市場區隔係指企業選擇任何一種區隔變數，如地理、心理、行為等進行市場區隔。例如，飯店根據住客的觀光目的將他們分為商務客和渡假客；旅行社根據使用方法將觀光客分為團體客人和散客等。單一的市場區隔方法往往不夠全面，因此大多數行銷專家都利用幾個因素的組合進行市場區隔。例如，某企業可能會結合地理特點和人口統計因素一起區隔市場，而有的企業也可能根據地理位置和購買行為對目標市場進行區隔。

(二)組合性市場區隔

組合性市場區隔則是將兩種或幾種方法結合起來，在大多數情況下是更有效的區隔方法，也就是市場區隔組合。例如，對郵輪觀光市場首先用人口統計因素中的收入變數，區隔出經濟型消費市場，然後將經濟型消費市場根據行為變數中的使用頻率，進一步明確化和區隔為初次郵輪觀光客和再次光顧客。市場區隔矩陣是一種組合多種區隔方法，進而識別所有可能的目標子市場的工具。

(三)市場區隔矩陣

市場區隔矩陣（Segmentation Matrix），指識別出被區隔出來的子市場中存在的特點不一的市場域，並進一步進行區隔（總市場——子市場——市場域）。這種區隔出來的市場域使我們能夠集中於某個特別的市場來進行產品的設計、開發、定價和促銷。建立市場區隔矩陣的第一步是基於兩種區隔市場方法對總體市場進行市場區隔。例如，根據家庭狀態可以劃分出四個子市場，而根據心理特徵可以分成三個子市場。然後，陳列出結合4×3（四個家庭子市場和三個心理子市場）得出的所有市場域。如圖4-2所示，基於客人「何時住」和「為何住」這兩種區隔方法，我們最終能得出三十六種可能的飯店市場域。因為週日客人與週末客人的偏好和心理狀況有很大區別，他們也可以不屬於同一區隔市場。

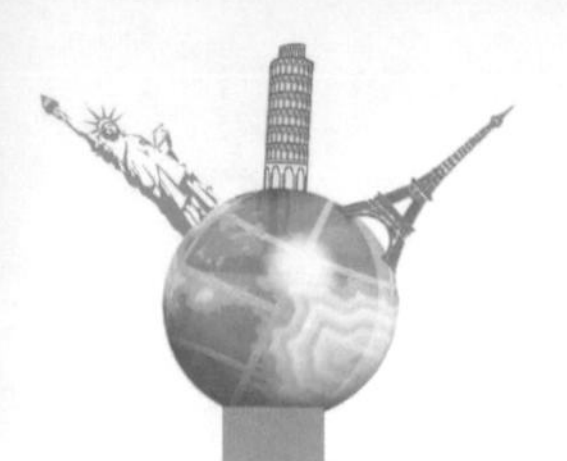

<table>
<tr><td></td><td>月份
類別</td><td>1至2月</td><td>3至4月</td><td>5至6月</td><td>7至8月</td><td>9至10月</td><td>11至12月</td><td></td><td></td></tr>
<tr><td rowspan="6">飯店客房需求</td><td>商務</td><td>1</td><td>1</td><td>5</td><td>1</td><td>9</td><td>11</td><td rowspan="3">工作日</td><td rowspan="6">一週時間</td></tr>
<tr><td>休閒</td><td>2</td><td>1</td><td>6</td><td>1</td><td></td><td>12</td></tr>
<tr><td>會議</td><td></td><td></td><td></td><td></td><td></td><td></td></tr>
<tr><td>商務</td><td>3</td><td></td><td>7</td><td></td><td>1</td><td></td><td rowspan="3">週末</td></tr>
<tr><td>休閒</td><td>4</td><td></td><td>8</td><td></td><td></td><td></td></tr>
<tr><td>會議</td><td></td><td></td><td></td><td></td><td></td><td></td></tr>
</table>

註：表格中的數字是按重要性程度排列的區隔市場。

圖4-2　基於使用時間和利益劃分的市場區隔矩陣

市場區隔矩陣有助於一目了然地識別不同的區隔市場。企業實現了市場區隔之後，應當考慮自身的資源，如人力、財力、物力和技術能力等，看是否具備足夠條件在特定區隔市場上進行行銷。主要資源應該被分配到能產生最多收益的區隔市場。因此，觀光企業應該識別出有潛力的各個市場域，並根據重要性對它們進行排序，找出各市場域的行銷策略的輕重之分。在為有潛力的市場域進行分級的時候，既要考慮到機會的大小，也要參照企業服務於此市場的實際競爭能力。

第三節　組織型消費市場區隔

除了個體為單位的服務對象，觀光企業服務的顧客中有很大部分是以團體為單位，即公司、企業、機構團體等團隊性的顧客群體。特別是大型飯店的大部分業務均集中在團隊住客上，如觀光團隊、公司長住客等。團隊顧客群體因為人數多、消費數量相對較大等，與個體散客有著很多不同的購買特點。

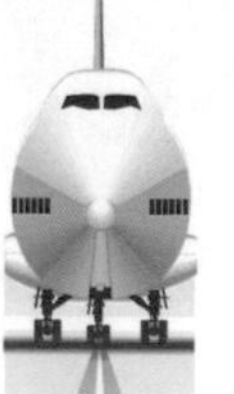

一、組織購買行為分析

組織購買行為一般是由幾個而不是某個人單獨決定，這些參與到組織購買的決策群體，即是我們常說的採購中心（Buying Center）。**採購中心**包括所有參與購買決策過程的個人和集體，他們具有某種共同目標並一起承擔由決策所引發的各種風險。例如，一家外貿公司每年為員工提供獎勵旅遊，選擇合適的旅行社提供觀光安排，公司專門成立了由人力資源部、財務部、高層經理和員工代表組成的採購中心，根據一系列衡量標準，最終選定了一家旅行社，並與之簽訂長期購買協議。組織型購買過程因涉及到眾多個人的參與往往比較複雜，且採購中心的每位個體扮演的角色可能也各不相同，Webster和Wind（1972）最早指出採購中心一般包含有五種角色：使用者、影響者、決策者、購買者和守衛者。後來的研究者又提出了第六種角色——倡議者，指最先識別某種購買需求的人。六角色分類法是研究組織型購買行為的基本模式（吳作民，2007），例如美國行銷協會對採購中心角色的定義也包括了這六種角色。識別每個人在組織型購買中扮演的不同角色，對企業行銷具有重要意義。

在上面的例子中，使用者是參加**獎勵旅遊**（Incentive Travel）的員工。員工、人力資源部、財務部是影響者，他們幫助定位需求和挑選標準。決策者則包括具有正式或非正式權力做出決策的人員。上述例子中的決策者可能是高層經理，也可以是高層經理和其他高級管理人員一起組成；具有行使最終權力達成購買的購買者角色，可能是由財務部長擔任；守衛者包括為決策過程中收集資訊和控制資訊流的人員，如採購經理等。而最早提出透過獎勵旅遊表彰優秀員工的倡議者，可能是人力部經理或者是員工代表。**表**4-3是另一個採購中心的各種不同角色的例子。

組織一直以來都被認為是理性的購買者，因為購買行為都是發生在理性的綜合考慮之後，例如價格和功用。這種任務導向的觀念並不算錯，但卻有它的片面性。終究是人為組織機構做出購買決策，因此我們也可以理解為，他們也是感性地從自己的興趣和以自我為中心決定購買行為。他們也需要處理好不確定性和採購風險方面的問題。

組織購買行為比個人購買行為要複雜得多，一般由一個團隊組成，這個

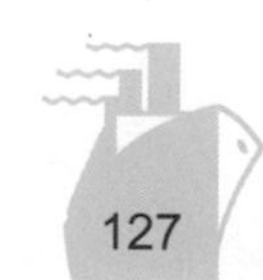

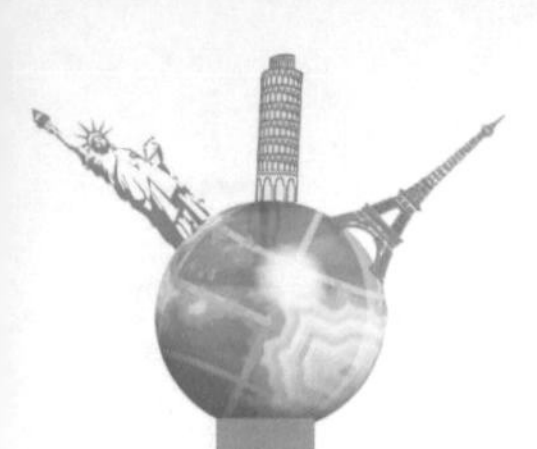

表4-3 組織購買決策過程中的參與者

購買角色	參與者
倡議者和守衛者	總經理秘書在10月末的員工會議上提議籌劃一個耶誕晚會。在這個提議尚未正式考慮之前，他負責收集資料、撰寫提議大綱並傳播相關資訊
使用者	每個參與晚會的職員都會使用公司購買的晚會產品，包括餐廳座位、環境、餐飲和相關活動內容等
影響者	由一個負責挑選晚會場所和菜單的專門委員會組成。公司內任何正式或非正式的高級管理者可能會接受委員會成員的諮詢，並提供相關意見和建議
決策者	公司總經理基於預算和委員會的推薦以及他自己的判斷，將會做出最後決策
購買者	公司（購買者）確定餐廳的具體事項並議定好價格後，付款購買

資料來源：改編自：Hsu, C.H.C. & Powers, T. (2002). *Marketing Hospitality* (3rd ed. p.83). New York: John Wiley & Sons.

團隊有可能是正式委派的，也有可能是臨時安排的，並且身分也可能隨著購買行為的展開而發生變化。採購中心的成員在購買過程中可同時扮演幾種不同的角色。瞭解採購中心的決策過程，以及採購中心所扮演的角色對於制定「大額行銷」方案具有至關重要的作用。我們必須意識到所有影響個體購買決策的變數，也會影響到組織採購中心的成員。因此，銷售人員對採購中心的成員瞭解得越多，就越能影響他們做出最終購買決策，從而銷售人員獲得成功的機會就越大。

二、飯店的組織型顧客市場

對某些飯店來說，團隊顧客是他們的主要市場，對大部分飯店而言，在觀光淡季時開發團隊市場就顯得尤為重要，有些航空公司和旅行社也有一些類似情況。接下來我們將對團隊顧客市場進行討論。

(一)個體商務旅行者

針對商務旅行客人的行銷往往不是針對客人本身，而是對其所在的公司或企業進行行銷。地方商務旅行客源，包括總部設於當地或擁有大量商務來訪客人的公司。專業機構如諮詢公司以及員工經常要在外出差的公司，也是商務旅行的重要客源。

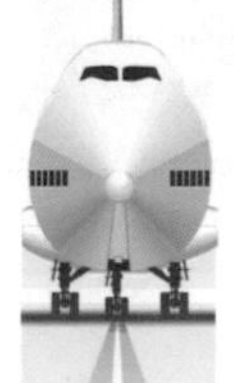

與「誰是消費者」相對一個重要問題就是「誰是購買者」。如果公司的秘書負責企業人員出差的預訂，他們必然成為觀光企業行銷中的重要目標，即便他們自己並不是真正入住飯店或搭乘飛機的顧客。為在異地的企業或專業組織提供服務的觀光主管或會議企劃人員負責組織商務旅行業務，也是同樣的情況。**個體商務客**是多數飯店的關鍵客源市場，但他們經常是透過組織的附屬機構預訂。

觀光企業還能藉由一系列的方式，如旅行預算大小或旅行頻率對商務旅行客人進行區隔，也可以基於公司規模大小以及觀光服務購買數量，將公司區隔，然後藉由提供特別價格和服務優惠，將目光鎖定在那些產生大量商務旅行業務的組織。

(二)團體顧客市場

飯店面對眾多不同種類的團體市場、不同的團體商務客人子市場，顯示出不同的需求和特點，如何鎖定目標於某一或幾個子市場並採取相應的行銷策略，至關重要。**表4-4**分類列舉了飯店常見的幾類團體型子市場，還概括了這些區隔市場的特點和確定其為目標市場的方法。公司會議市場由那些需要組織其管理階層會議、銷售會議或培訓會議和研討會的企業組成。還可以基於會議規模或每個參會者的平均花費大小，對此市場進一步進行區隔。會議規模和預算大小，往往決定了公司對會議設施和服務的不同需求與偏好。

經常舉行會議、展覽活動的商務或專業協會，也是組織客源市場的重要組成部分。這個市場除了客房和會議室方面的需求外，一個重要的特點就是對會議和展覽場地的要求。小型組織和地區性會議可能選擇典型的全面服務性質的大飯店。因為大型會議和展覽都要求有專門為展覽目的設置的足夠空間和設施設備，一般的飯店往往沒有這些，而會議型飯店或會議中心正好符合要求。

另一個重要的組織客人市場就是觀光團。觀光批發商一般每隔一段時間就批量購買客房、航班座位和其他的觀光產品要素，然後將這些產品組合成觀光套票產品出售給觀光者。飯店通常為批發商批量購買的客房提供很高的折扣優惠，一般被認為是一種低邊際利潤的銷售。但批量購買的數量大、行銷成本相對較低、飯店也不必擔心賒欠和催帳等問題，大大減少了飯店的

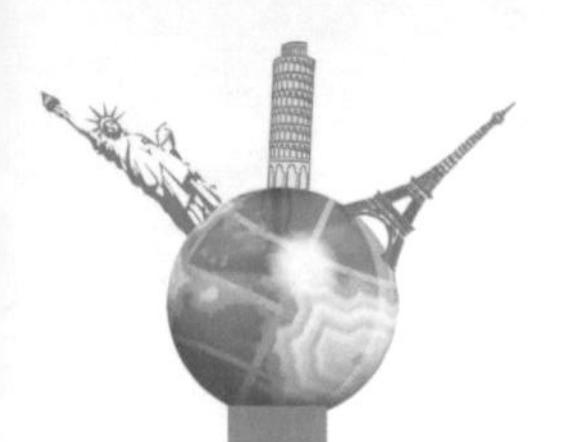

表4-4　飯店業定位的組織型區隔市場

區隔市場	行銷方法和特點
個體市場	
個體商務旅行者	1.聯繫當地或遠程的聯絡機構 2.為高度消費組織提供特惠價格
團隊市場	
公司會議	特殊的會議設施設備，如錄音和錄影、多媒體等
大型會議	
小型會議	
商務和專業協會	
大型會議	大型會議或會展場地、方便實用的設施、便利的交通等
小型會議	小型會議室
觀光團（含獎勵旅遊市場）	1.為批發商提供批發價 2.銷售拜訪觀光套票產品經營者
其他組織型市場	
航空公司機組人員	合約定價，高度隔音的客房
政府機構	優惠價格
SMERF（社會團體、軍事組織、教育機構、宗教組織和兄弟會）	優惠價格

資料來源：Hsu, C.H.C. & Powers, T. (2002). *Marketing Hospitality* (3rd ed. p.85). New York: John Wiley & Sons.

行銷與營運成本。相較於個體使用者而言，觀光批發商在飯店銷售中也屬於組織型客人一類。獎勵旅遊批發商是一個典型的團隊顧客市場。目前很多公司或機構把帶薪觀光作為獎勵工作表現出色或銷售業績優秀的人員的一種方式。獎勵旅遊批發商專為這些公司或機構提供獎勵旅遊套票產品，如峇里島海灘渡假之旅、韓國滑雪休閒之旅等。他們從觀光產品供應商，如飯店、航空公司、租車公司等批量購買產品，然後組合包裝成觀光套票產品，銷售給購買獎勵旅遊的公司或機構。

其他組織型觀光市場包括航空公司機組人員、政府機構和民間組織協會等。航空公司機組人員是主要機場所在城市的組織市場中很重要的一部分。航空公司一般與飯店簽訂合同訂房，價格相對固定，時間較長。由於不規律的工作日程，機組人員有特殊的需求。如入住客房時間相對較短，所以他們期望快捷的入住和退房手續，別人工作時他們則需要休息。因此，遠離交通且有厚重遮光窗簾的安靜客房會受到他們的歡迎。因為飯店一般給予航空公司較高的折扣率，機組人員的入住在入住率高的旺季對飯店沒有太大的吸引

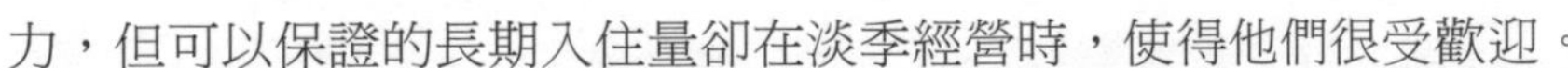

力，但可以保證的長期入住量卻在淡季經營時，使得他們很受歡迎。

政府機構人員的差旅費一般價值固定，按天數來計算，因此政府人員對價格一般都比較敏感。政府特約房價一般要遠遠低於其他大多數組織型客人的優惠價，這也使得他們在價格問題上呈現出與機組工作人員一樣的特點。許多政府部門都將觀光事務集中化，有專門的部門或人員負責觀光產品預訂和購買。負責購買的可能是專職主任，如同航空公司的採購人員或其他企業的客房簽約人員一樣，負責觀光事務，是購買過程中的購買者，但不一定是最終使用者。而被委派的出差人員才是產品的最終使用者，也就是真正消費的顧客。

SMERF（Social, Military, Educational, Religious, Fraternal Organizations）指的是社會團體、軍事組織、教育機構、宗教組織和兄弟會。如校友聚會、家庭聚會、軍人出差、求學之旅、宗教會議、獅子會（Lions Club）聚會、扶輪社（Rotary Club）會議，這些SMERF市場對價格極其敏感，因此觀光企業一般不會在銷售旺季或平時搜尋這個市場，除非他們願意支付較高的價格。

本章小結

觀光企業服務的顧客成千上萬，如何將具有相似特徵的顧客聯繫起來，並有針對性地提供產品和服務，成了觀光企業面臨的異常重要的任務。從行銷角度來說，具有某些相同或相似特點的消費者形成的群體，也就是顧客市場區隔。目標市場的行銷是指，控制行銷組合要素以便吸引某一個或幾個特定的目標市場。本章就幾種常見的市場區隔形式，包括地理、人口統計、心理、利益和行為進行了討論，而觀光企業將這幾種常見的區隔形式，根據自身特點而形成市場區隔方法的組合。

組織型購買者一般都是大批量購買者，是觀光企業開展「大額行銷」的對象。行銷人員對目標群組織採購中心結構的瞭解以及中心成員的熟悉，是影響組織行銷成功與否的關鍵。對組織型市場的行銷也受惠於市場區隔。飯店的組織型市場包括商務旅行者、公司會議、協會組織、包含獎勵旅遊的觀光團、航空公司機組、政府機構，以及諸多協會的組合體SMERF。

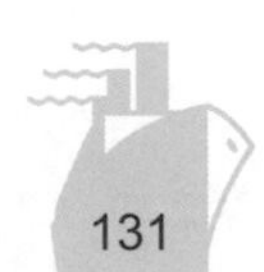

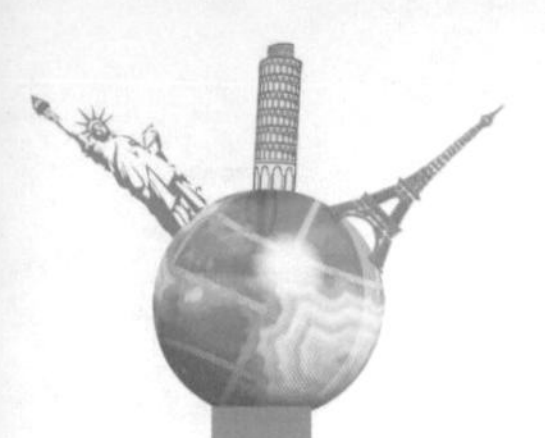

重要概念

■市場區隔　Market Segmentation
■可識別性　Identifiable
■可衡量性　Measurable
■規模適中　Adequate Size
■可接近性　Accessible
■目標市場　Target Market
■地理區隔市場　Geographic Segmentation
■人口統計區隔市場　Demographic Segmentation
■群體效應　Cohort Effect
■心理區隔市場　Psychographic Segmentation
■利益區隔市場　Benefit Segmentation
■行為區隔市場　Behavior Segmentation
■生活型態　Lifestyle
■AIO變數　Activity, Interest, Opinion
■價值和生活形態範式　VALS（Values and Lifestyles Framework）
■使用者狀況　User Status
■使用頻率　Usage Frequency
■使用時機　Usage Occasion
■市場區隔矩陣　Segmentation Matrix
■採購中心　Buying Center
■獎勵旅遊　Incentive Travel
■社會團體、軍事組織、教育機構、宗教組織和兄弟會　SMERF

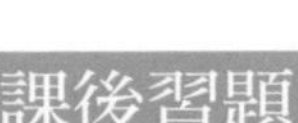

課後習題

一、區隔市場的四個基本標準是什麼？為什麼說區隔市場有助於企業行銷？

二、什麼是目標市場？請舉出你周圍一個以某特殊群體作為行銷目標的公司的實例。

三、觀光企業可以依據哪些要素或變數來區隔市場？請舉例說明企業常用的幾種區隔方法，並解釋企業是如何使用不同的變數來區隔市場的？

四、心理變數區隔指的是什麼？請舉出二到三個根據心理變數區隔市場的實例。

五、企業是怎樣根據顧客的行為來區隔市場的？

六、個體消費者和組織消費者的購買行為呈現出哪些方面的不同？

七、採購中心的含義是什麼？採購中心裡一般包含哪幾個重要角色？

八、飯店的組織型顧客市場一般有哪些？他們各自有什麼具體的需求？

案例探討

飯店女性專用樓層

在飯店中劃出相應的樓層專為女性服務，絕對算是緊跟國際潮流。在這些專為女性客戶特別設計、改造過的客房中，暖色調的布置、資深女性服務生提供的貼心服務、相對獨立空間創造出的安全感和歸屬感，頗討女性住客的歡心。其實，女性樓層（Ladies-Only Floor）由來已久，在女性樓層出現之前，有記載的最早的女性飯店是位於美國紐約曼哈頓的阿萊頓飯店（The Allerton Hotel），它興建於1923年。在當時女性於職業領域剛剛取得平等權的年代，該飯店為當地職業女性的安全提供了一席樂土。據說，該飯店尚未竣工之時，客房就被預訂一空，等候預訂的人員名單被列為一長串。

第二次世界大戰之後，出現了很多的飯店女性樓層。當時，越來越多的女性涉入職場，商務旅行也成了女性的工作內容之一。為吸引這一新興消費群體，以保障獨身旅行女性安全為目的的女性專用樓層登上飯店舞臺。希爾頓飯店就曾經推出過此類服務，如該時期希爾頓飯店集團的廣告宣傳中，特地強調了「希爾頓飯店是女性安全的保障」。

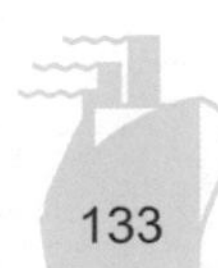

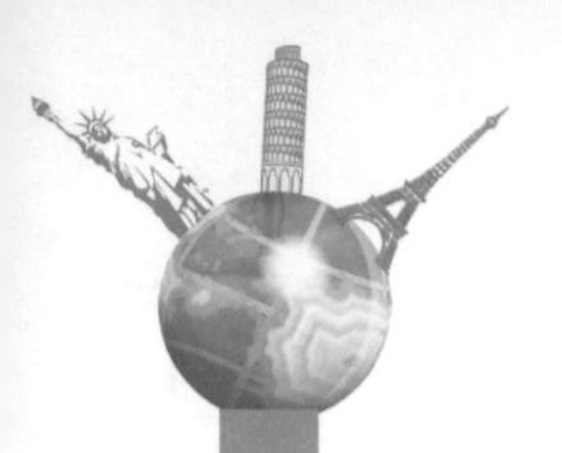

1960、1970年代，第二次女權主義浪潮使女性的社會地位日漸提高。在飯店業，把女性作為「弱者」形象保護起來的女性樓層開始受到女權主義者的反對。飯店改而採取一定的特惠活動取代女性樓層來吸引女客。如在1967年，希爾頓飯店集團與各大航空公司聯手推出了大型推廣活動——「攜妻共住希爾頓」（Take your wife along）。而到了1980年代，雖然有些飯店也有女性專用樓層供女士選擇，但是，這個時候張揚的女權主義讓女性的職業理想更為「雄心勃勃」，對於想成為幹練女強人的她們，女性樓層簡直就是性別歧視，而不是友好之舉。至此，女性樓層逐漸淡出飯店舞臺。

從1990年代開始，女性商務客人成為飯店越來越重要的客源，全球的飯店經營者都在想方設法吸引這批潛力無限的消費群體。如溫德姆飯店在1990年代中期就非常關注女性客源，曾專門為女性商務客人推出了「女性之旅」（Women on their way）的活動，一度吸引眾多女性客人參與。但這個時期女性樓層的概念很少有人提及。不過，女性客人在商務活動的比重加大，已為女性樓層的復出備好了「溫床」。

從2000年代開始，傳統飯店業在個性、新潮飯店的衝擊下，受到了前所未有的挑戰。能否開拓新的市場是傳統飯店行銷策略的重要課題。旨在吸引專屬客源的會所樓層、行政樓層、禮賓樓層應運而生，一度消失的女性樓層也毫無懸念地再次出現。在世界各地，女性樓層如雨後春筍般在各大品牌飯店中紛紛亮相。其中成功的案例包括位於杜拜的朱美拉阿聯酋飯店（Jumeirah Emirates Towers），該飯店是中東首家推出女性專用樓層的飯店。飯店的第四十層為女性專用樓層，女性樓層除了奉行「男士免入」的政策、提供全女性服務人員來確保安全外，還有一系列女性獨享的服務。如在客房配備定製的羽絨緞面床單，洗浴用品採用著名香水品牌「蕭邦」的「蕭邦精選系列」，另外配有專用的化妝品冰箱、化妝鏡、厚絨化妝浴袍等，為客人創造一個完全如家的氛圍。

資料來源：改編自酒店女性樓層—瀟湘夜雨，http://blog.meadin.com/u1/yuelianghe/36138.html，檢索日期：2010年4月3日；女性樓層全球大流行_酒店視界_新浪博客，http://blog.sina.com.cn/s/blog_58b22a7c0100b95l.html~type=v5_one&label=rela_nextarticle，檢索日期：2010年4月3日。

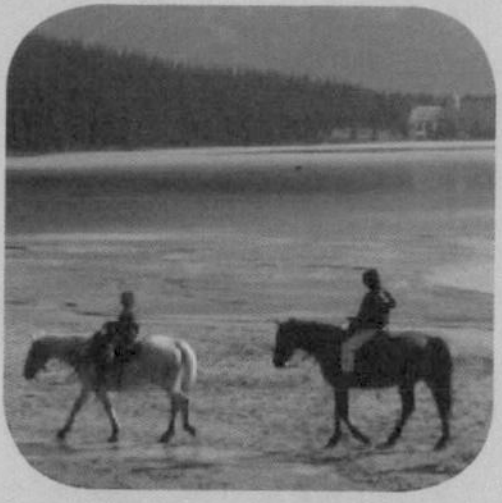

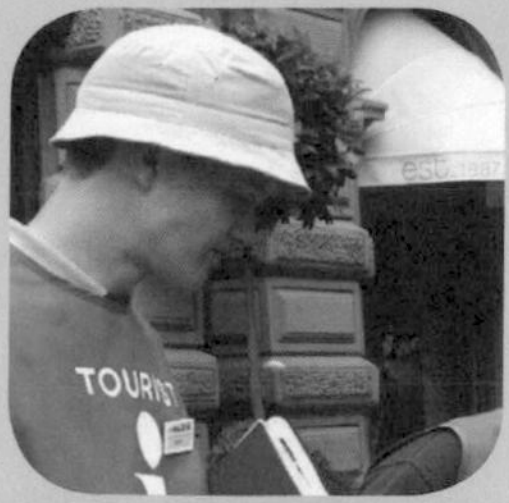

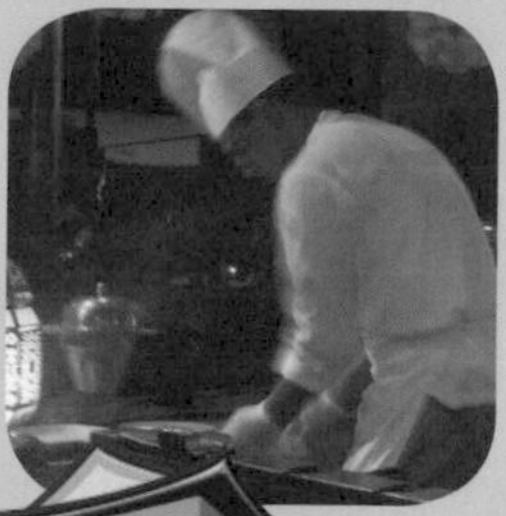

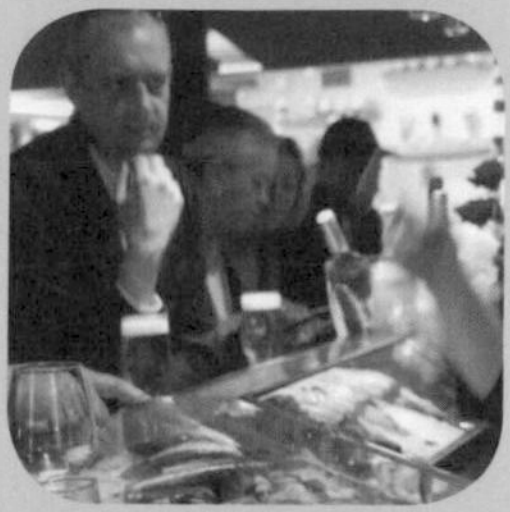

Chapter 5

觀光行銷資訊與研究

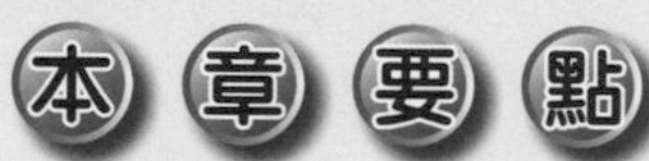

◆觀光行銷訊息來源

◆觀光企業通常進行的行銷研究方向和主題

◆行銷研究的具體過程

◆設計行銷研究方法的主要原理

◆資料庫行銷的定義、原理與使用價值

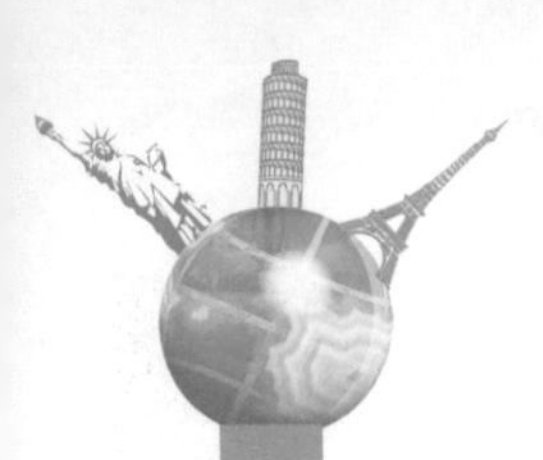

觀光市場的競爭已經越來越激烈，觀光企業能否在激烈的競爭中獲勝，關鍵之一是他們能否準確及時的掌握市場動態和競爭環境的資訊。市場訊息是企業做出正確決策的重要因素，但是獲得和使用資訊要付出巨額費用，現在資訊費用的持續增長為行銷部門帶來了很大的壓力。可以說很多觀光企業總部花在行銷上面的費用是一個天文數字，麥當勞一年要花費20億美元在行銷上。因此，為了使行銷成本能夠物有所值，並且為觀光企業帶來最大的經濟效益，行銷專家需要真實可靠的、基於事實的市場訊息來幫助他們做出最好的行銷決策。

第一節　觀光行銷訊息來源

行銷資訊或行銷情報（Marketing Intelligence）是指透過計畫、編製預算、市場區隔、促銷活動執行、指標測量及改進等，對全方位行銷提供廣泛的分析與報告的功能，從而為行銷人員提供深度機能的資訊。它是用來支援有關產品、價格和其他管理及行銷問題等，諸多關鍵決策的整套內部和外部市場環境資訊的總和，不僅包括來自企業內部資源組合、財務管理狀況等方面的資訊，還包括經濟、勞動力市場環境、法律規定和其他相關事件，如社會趨勢和科技發展等訊息。

所有外部資訊都可以從公共通路來獲取，這些資訊對觀光企業能否做出最好決策至關重要。但是，如果要瞭解最新資訊，觀光企業還要進行既費時又費力的外部環境掃描（Environmental Scanning）。而內部資訊很大部分是來自於公司自身的原始資料，如飯店或景點的日常經營記錄、顧客抱怨備案、員工流動率等，這些相對上來說比較容易獲得。此外，對顧客的調查研究，以及在法律允許的範圍內對競爭者的合法觀測，也是企業獲取資訊的重要通路。

一、企業內部資料來源

許多觀光企業建立了基於公司資訊的大規模**內部資料庫**（Internal

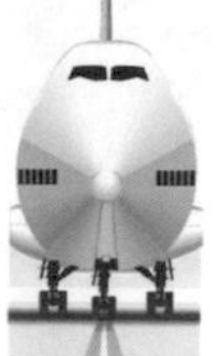

Database），行銷人員可以隨時取得資料庫資訊，並由此識別市場機會和存在問題，並制定計畫、評估績效。內部資料庫資訊有許多來源，如遊客登記和預訂記錄、銷售組合和顧客組合資訊、詢問記錄和拒客統計、申訴處理記錄等，都可被用來作為市場行銷的有用資訊源。又如，飯店物業管理系統可提供每星期的標準客房入住率的資料。如果這個比率與同行業或總公司的平均比率相比偏低，這可能是飯店的平均房價低於其應有的平均價的原因。於是，行銷經理可制定獲取更多的家庭住客和會議顧客的行銷策略，提高標準客房出租率，同時也提高平均房價。

飯店與航空公司的預訂資料，也是企業在制定行銷策略和經營決策過程中經常借鑒的資源。也就是說，當飯店或航空公司出現長期預訂超出實際供給能力，則顯示出飯店客房或航班座位的供不應求，此時可考慮建造一間新的飯店，或就現有的飯店進行擴建，航空公司則可考慮增加航班班次。如喜來登飯店決定花費7.5億美金在拉斯維加斯新建一家飯店，這項決策在很大程度上係依據其飯店預訂系統所登錄的每年拒絕十四萬個預訂的記錄（Macdonald, 1994）。飯店預訂系統對飯店內各種不同房型的具體分析，可進一步為新飯店房型的設計提供詳細資訊，也可更準確地確定飯店整個房型的比例構成。譬如若商務套房預訂最多，則可多設商務套房；如果標準客房需求量大，則增加標準客房等。

銷售點管理系統（Point of Sales, POS），是目前觀光企業使用較多的儲存公司內部資訊、情報的系統，是由許多以特定軟體控制的收銀機組成，用來記錄出售貨品的數量、成本、銷售時間、顧客資料等交易資料和銷售資訊。零售管理系統記錄的經營資訊涵蓋了貨品銷售數量、銷售地點、銷售時間、銷售地區以及顧客資料等諸多方面，引起了觀光企業經營的革命性變化。例如，美國的菲爾茲餅乾（Mrs. Fields' Cookies）擁有一套允許不同分店與總部之間做雙向交流的綜合電腦網路。每間分店每天都會事先收到總部基於歷史資料做出的每種產品的預測銷售數量，總部也會監控每間分店的實際銷售水準，並每小時更新其預測。當實際銷售量低於期望值時，電腦就會給予建議的推銷技巧以提高銷售額，譬如在店前提供樣品供過往路人品嘗。公司總部行銷研究部門的審計員、分店經理或市場分析人員，也會定期地從不同的報告中蒐集資訊，識別消費趨勢，解決經營中存在的某些問題。

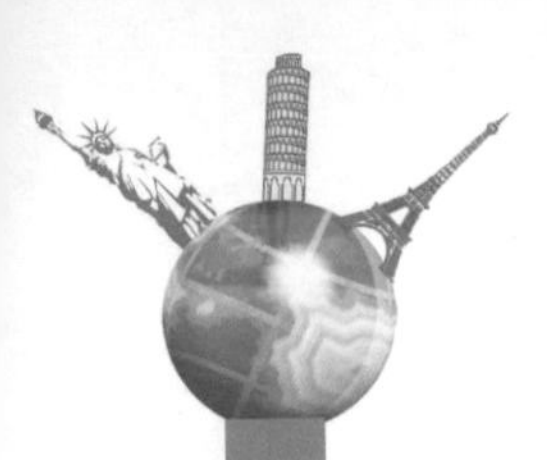

二、競爭者資訊

熟知企業所處的競爭環境也是管理部門在市場競爭中戰勝對手的關鍵。**獲取競爭者資訊**（Competitor Information）的方法很多，日常使用剪報服務探測並分析當地或業內新聞媒體，就是一種蒐集競爭者資料的方法。企業通常會定期向已登記存檔的客戶提供即時的促銷資料，而電子郵件是最簡便和常用的方式，因此成為競爭者郵件客戶名單中的一員也是獲取資訊的有效方式，可以在第一時間瞭解競爭者的行銷活動。旅行社也可派內部行銷人員以顧客的身分前往競爭者的旅行社，觀察門市部內張貼或前臺派發的促銷資料，確定其採取的具體行銷策略。這些資訊報告不僅對個別門市部的銷售人員大有裨益，對整個企業組織總部的行銷人員也有重要作用。公司可以購買、分析競爭對手的產品，監測他們的銷售情況。許多餐飲企業要求行政人員定期向競爭者購買餐飲產品作為分析和研究，如競爭飯店新推出的菜品的製作原料和方法。行銷人員親臨對方餐廳之後所寫的報告，一般會包括餐廳為顧客提供的菜單樣本，把對當地餐飲產品的深入認識提供給總部人員。

公司也可以檢驗其競爭對手的其他類型資訊。一些公司會定期檢查競爭對手的停車場：車位滿表明業務繁忙，車位半滿表示境況艱難（Suzie, 1999），而且辨別車牌能獲知對方主要的客源地區或區域。此外，透過非正式的資訊交流網絡，如從銷售人員與工作人員的日常聊天，可以知道周邊其他景點的遊客量和票價。在飯店業，前臺員工最清楚入住狀況，他們需要即時更新飯店的入住資料以避免超額預訂。關於競爭對手的情報還可以從其年度報告、商業對話及演講、貿易展覽、新聞報導、廣告及網頁中得到。互聯網被認為是競爭對手提供的大型資訊源。多數公司把大量的資訊和細節放在互聯網上，以吸引顧客、股東、供應商或出讓方，當然競爭對手也可以透過點擊滑鼠瞭解這些資訊。網上的新聞報導可以讓公司掌握競爭對手的新產品及組織變革，而網上的招聘廣告則表明競爭對手近期的擴張方向。

三、行銷資訊系統

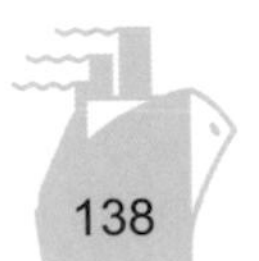

市場訊息只有在被利用來制定更好的行銷決策時才凸顯其價值。企業

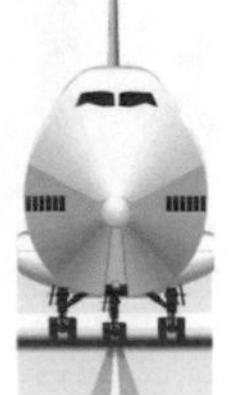

獲取了足夠的市場訊息（內部和外部）之後，就需要在組織內部有系統、有條理地溝通和傳遞這些資訊。**行銷資訊系統**（Marketing Information Systems, MIS）確保企業內各個層面的行銷人員和營運人員獲得他們所需要的資訊，然後根據這些資訊採取必要的、行之有效的競爭性行動。一般而言，分店的行銷資訊，如競爭對手的購物報告，應該定期以總結概要的形式上報給總部。總部蒐集的資訊如果需要傳遞給區域機構或分店的行銷和營運經理的話，也應該被總結出來並分發給他們使用。

但我們必須認識到以營運為主導的公司由於經營的快速運轉和繁忙，往往沒有足夠的時間將獲取的大量資訊進行有效分析和使用，造成資訊的浪費，也就是我們說的「資訊留滯」。雖說企業可以獲取大量的有用資訊，但還需要將這些資訊分析和解釋之後才真正具有意義，因為企業只有親身參與資訊的蒐集和分析，才能真正理解怎樣來解釋和使用資訊。另外一個危機就是資訊盲點，即高端科技的電腦造成資訊負荷。電腦簡化了資訊獲取通路，但同時也使得企業的行銷和營運經理面對繁多資訊的轟炸而不知所措，判斷資訊有效性和有益性的能力大大受挫。

第二節　次級資料來源與評估

觀光行銷研究是指透過系統地蒐集、記錄與行銷有關的大量資料，並對其進行科學地分析和研究，從中瞭解本觀光企業產品的現有市場和潛在市場，並對市場供求關係的變化及環境的變動做出科學的預測，從而為觀光行銷決策人員提供科學依據的過程。行銷研究能夠使用次級資料（指已經存在的為其他目的而蒐集的資訊），或初級資料（為當前研究目標而專門蒐集的原始資訊），也可以是這兩類資料的結合。

一、次級資料來源

次級資料研究（Secondary Research）是指，將用來回答其他研究問題的資料應用於解決目前的研究問題（Hsu, Killion, Brown, Gross, & Huang,

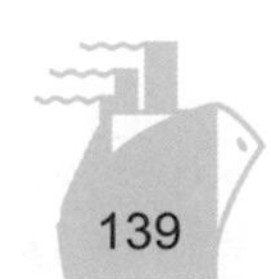

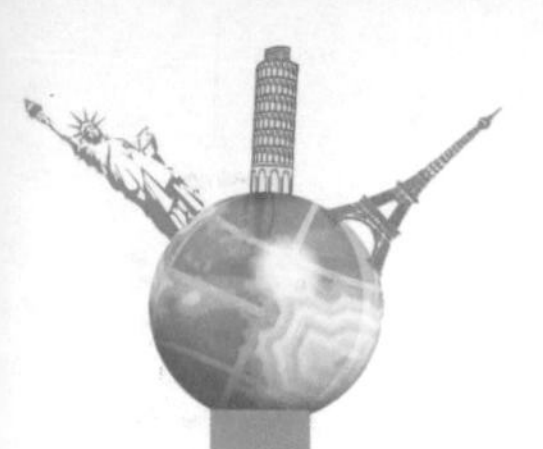

2008）。次級資訊的來源相當廣泛，可以大致歸納為政府部門、行業組織和協會、行業門面網站、行業刊物、研究或商業諮詢公司等（**表5-1**）。一般來說，次級資料比初級資料更容易獲得，成本較低，甚至有時不需要成本，但

表5-1　觀光服務業的次級研究資料來源

政府機構	
香港旅遊發展局	瑞士觀光局
英國觀光指導委員會	日本觀光局
加拿大觀光局	臺灣觀光局
新加坡旅遊促進局	
觀光行業組織和協會	
聯合國世界觀光組織	國際民航組織
世界觀光旅遊委員會	國際航空運輸協會
旅行暨觀光研究協會	國際旅館協會
國際飯店、餐飲及機構教育委員會	國際會議和觀光局聯合會
世界旅行業協會	亞太觀光協會
行業門面網站	
Hotel online	雅虎奇摩觀光頻道
Hotels	Lonely Planet
Hotelmarketing.com	Tourism Cares
	Condé Nast Traveler
行業出版刊物	
Frequent Traveler	《觀光研究年刊》
Travel and Leisure	《旅行研究期刊》
Cruise Travel	《觀光管理》
SeaLetter Cruise	《康乃爾飯店管理季刊》
Travel Agent Central	《餐旅管理國際期刊》
Spa	《餐旅研究期刊》
Restaurant Hospitality	《旅行與觀光行銷期刊》
Asian Hotel and Catering Times	
Caterer Hotelkeeper	
Foodservice Hospitality	
Hotels	
Lodging Hospitality	
調研公司和諮詢公司	
史密斯旅行研究公司	浩華管理顧問公司
Menlo Consulting Group	IPK International
Davidson-Peterson Associates	PKF Hospitality Research
Simmons Market Research Bureau	Yesawich
D. K. Shifflet	Pepperdine
Brown & Russell	

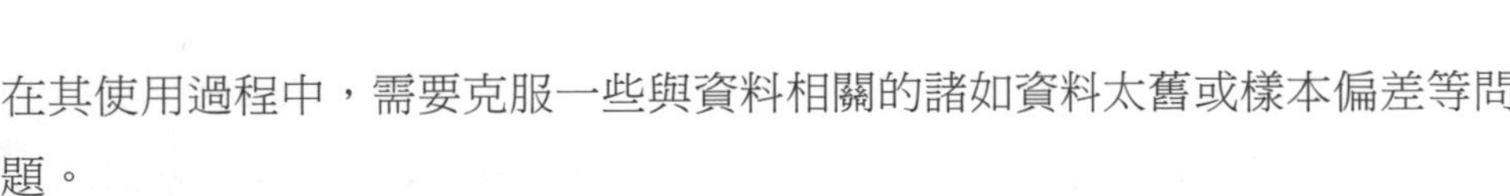

在其使用過程中，需要克服一些與資料相關的諸如資料太舊或樣本偏差等問題。

(一)政府機構

政府機構會定期對各行業的資料進行統計，這些機構的出版刊物或統計報告是次級資料的重要來源。一般國家或地方政府會進行各行各業的統計，定期公布相關統計資料。以美國為例，聯邦政府下屬各部門會定期公布各類政府統計資料，包括經濟、人口、教育、能源、環境、科學和交通等，且各行業的統計報告可以在官方網站上查詢取得。國家或地區的觀光部門也會進行觀光資源的統計，並定期發布觀光業的統計資料。如香港旅遊發展局也會在「香港旅業網」上公布最新的「訪港旅客統計資料」和觀光產業方面最新的統計資料，以便提供給學術界和行業界作為行業的參考資料。世界上各國或地區的觀光部門一般從屬於國家的商務部或貿易部，如英國觀光指導委員會、加拿大觀光局、新加坡旅遊局等；而有些則從屬於交通部，如瑞士觀光局、日本觀光局、臺灣觀光局等。

(二)觀光行業組織和協會

隨著觀光事業的不斷發展，各類觀光組織和協會也積極參與到了分析、規劃、發展，以及推廣觀光產業和觀光地的活動中。這些組織和協會有些是國際性的，而有些則是地區或地方性的。國際性的組織包括聯合國世界觀光組織（UNWTO）、世界觀光旅遊委員會（WTTC）等。UNWTO全稱為United Nations World Tourism Organization，它是國際公認的最重要的觀光組織。UNWTO成立於1974年，總部設在西班牙的馬德里，隸屬於聯合國。UNWTO的成員來自於世界上一百五十多個國家和地區。UNWTO除了積極促進世界各國在不以破壞環境和當地文化的前提下發展觀光事業外，還進行觀光統計和市場研究。UNWTO的研究報告主要以國際的標準來衡量觀光產業對國家經濟的影響，並對未來的發展趨勢做出預測。WTTC全稱為World Travel and Tourism Council，它創立於1990年，是全球觀光業商業領袖論壇組織，也是世界上唯一一個代表觀光業私人企業的組織，其成員包括全球觀光業界近百位企業的總裁、董事長和首席執行長，由該組織主辦的世界觀光大

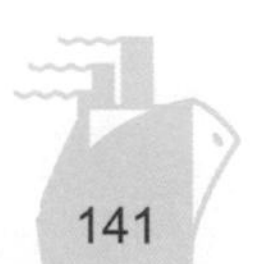

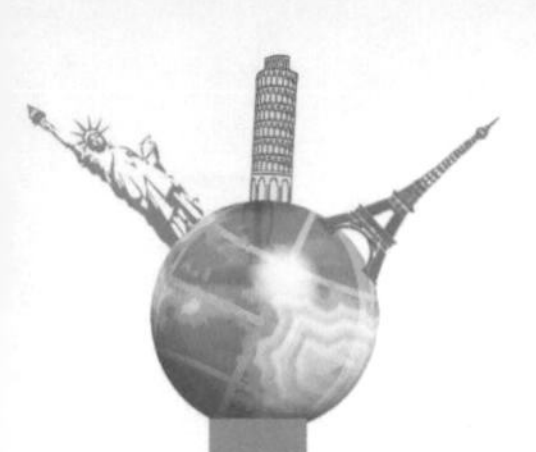

會是全球觀光行業政企領袖對話的重要平臺。WTTC的長久目標是提高公眾對觀光業對經濟和社會貢獻的關注，為公眾創造就業機會，促進經濟發展。WTTC的研究主要涉及觀光業發展對全球、區域和國家的經濟貢獻。

另外，國際上的觀光研究協會還包括旅行暨觀光研究協會（TTRA），國際飯店、餐飲及機構教育委員會（I-CHRIE）等。TTRA的全稱是Travel and Tourism Research Association，它作為一個非營利組織，致力於觀光行銷研究和應用的發展，並積極為觀光市場提供最新資訊。TTRA每年都會召開年會，與會者包括觀光地行銷人員、資訊公司、研究者和學者。I-CHRIE全稱為International Council on Hotel, Restaurant, and Institutional Education，它也是一個非營利組織，努力促進飯店業、學術界和行業協會之間的交流與合作，並致力於提高全球飯店業研究、教育及行業的發展。其他類似的國際性組織還有國際航空運輸協會（International Air Transport Association, IATA）、國際民航組織（International Civil Aviation Organization, ICAO）（Goeldner & Ritchie, 2009）、世界旅行業協會（World Association of Travel Agents, WATA）、國際旅館協會（International Hotel Association, IHA）、國際會議和觀光局聯合會（International Association of Convention and Visitor Bureaus, IACVB）等（陳思倫、宋秉明、林連聰，1995）。另外還有一些地區或地方性的協會，如亞太觀光協會（Pacific Asia Travel Association, PATA）等。

(三)行業門面網站

飯店業和觀光業的門面網站如Hotel Online 及Hotels，也是提供有用的觀光與飯店業資訊的重要平臺。這種門面網站往往目標明確，提供與其目的相關的具體資訊，從其名稱就能很明確地辨別出在網站內能獲取哪一方面的資訊。另外一些入口網站，如雅虎奇摩觀光頻道、Lonely Planet、Tourism Cares、Condé Nast Traveler等，也為從業人員和研究者提供了非常豐富的產業資訊。有些網站則專門針對飯店觀光業行銷，譬如Hotelmarketing.com，按旅行、飯店業、網路行銷等不同類別，為學術界和從業人員提供了最新的行銷諮詢。

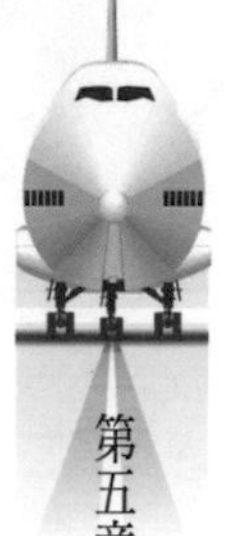

(四)行業出版刊物

各式各樣的觀光業報章雜誌和學術期刊是獲取觀光和飯店等資訊的有效途徑。一些觀光方面的雜誌，如*Frequent Traveler*、*Travel and Leisure*等，除了為普通的讀者提供有價值的觀光地、飯店、渡假村、郵輪、交通及其他新開發產品的觀光資訊外，也為旅行業者提供專業的資料。另外還有專門針對某一領域的觀光休閒雜誌，如*Cruise Travel*、*SeaLetter Cruise*、*Travel Agent Central*、*Spa*等，為產業人員提供最新、最全面的產業資訊。此外，飯店業的專業雜誌，如*Restaurant Hospitality*、*Asian Hotel and Catering Times*、*Caterer Hotelkeeper*、*Foodservice Hospitality*、*Hotels*、*Lodging Hospitality*等（如**表**5-1），除了多方位提供飯店業發展方向的資訊外，從業人員也可以從中瞭解到最新的飯店、餐飲發展趨勢，從而為研究提供重要背景資料的參考。

觀光學術期刊展示了最新研究成果、新發現，並且為觀光業內人士和研究者提供了觀光研究的前沿領域和課題。被學術界和實務界普遍認可的世界頂級期刊可以分為兩類：一類是以觀光領域的研究為主，包括《觀光研究年刊》（*Annals of Tourism Research*）、《旅行研究期刊》（*Journal of Travel Research*）、《觀光管理》（*Tourism Management*）；另一類則以飯店餐飲行業的研究為主，如《康乃爾飯店管理季刊》（*Cornell Hospitality Quarterly*）、《餐旅管理國際期刊》（*International Journal of Hospitality Management*）、《餐旅研究期刊》（*Journal of Hospitality and Tourism Research*）（McKercher, Law, & Lam, 2006）。另外，也有專門研究觀光行銷的學術期刊，如《旅行與觀光行銷期刊》（*Journal of Travel and Tourism Marketing*）。

(五)調研公司或諮詢公司

現在，許多機構組織或研究諮詢公司從事觀光方面的調研，涉及的領域包括航空、飯店、滑雪場、旅行社、景區、觀光地等。這些研究機構或諮詢公司為觀光企業經營者提供各個方向的諮詢服務，其中比較重要一項是行銷調研。諮詢公司或者直接販賣、或者限量發售其研究結果，銷售目

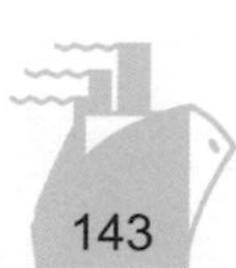

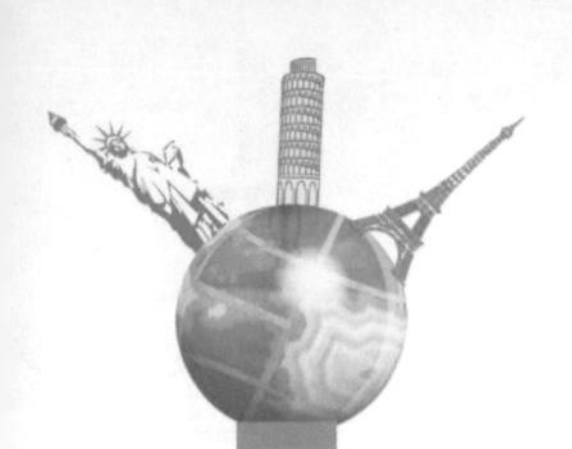

標是特定的調研贊助群體。一些組織側重觀光服務業的某些特定部分，其他則提供更廣泛關於觀光規模和旅行模式的統計資料。在觀光業研究方面比較知名的諮詢機構有：史密斯旅行研究公司（Smith Travel Research）是飯店業比較著名的諮詢公司，除了提供飯店行業的調查、預測外，對個別飯店或集團也提供詳盡的調查和對比服務，並製作了針對飯店業的STAR分析報告。Menlo Consulting Group則從事美國的出境觀光市場的研究，他們除了研究出境觀光市場份額外，還研究美國人選擇出國觀光地的改變趨勢等（Goeldner & Ritchie, 2009）。浩華管理顧問公司（Horwath HTL）也是針對飯店、觀光和休閒產業的諮詢公司，並擁有比較完善的國際飯店和觀光產業的資料庫。PKF Hospitality Research從事飯店業最新趨勢的研究，Yesawich、Pepperdine、Brown & Russell則從事美國休閒觀光監測。而Themed Entertainment Association and Economics Research Associates主要集中在主題公園方面的研究，D. K. Shifflet主要集中在觀光客特徵的分析；另外IPK International、Davidson-Peterson Associates、Simmons Market Research Bureau等，也是從事觀光產業研究的諮詢研究公司（如**表**5-1）。

二、評估次級資料

相對於初級資料來說，次級資料的獲取過程更加便捷、快速，而且費用也更加低廉，在企業市場行銷研究早期搜尋背景資料非常有用，可確定問題並對市場行銷研究的開展有指導意義。次級資料雖然能解決某些問題，但由於其本身是為解決其他問題而蒐集的，資料的種類和來源可能無法完全滿足資訊搜尋者目前需要解決的問題。此外，次級資料的最先蒐集者當初執行這項研究時可能存在某些偏見，因此需要仔細辨別。例如，非營利性協會和商業性協會兩者即使執行同一項調查，其各自所強調的要點可能會不一樣，從而得出的統計結果的解釋也會有偏差。我們需要意識到，不同的組織或個人由於目標和著重點的區別，對於同樣的資料也極有可能產生不同的解釋結果。

在使用次級資料時，清楚地回答以下問題有助於研究者的研究進展：

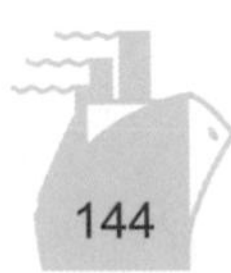

1.資料是否和當前研究有關？

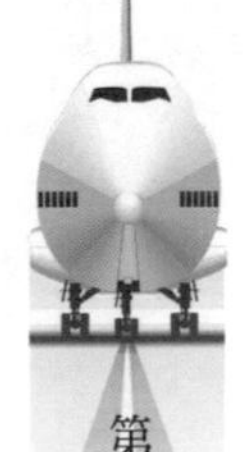

2.資料中變數的原始定義是否和當前研究中的定義一致？

3.資料是否夠新？

4.資料可否透過其他來源加以證實？

5.資料是否準確且無偏見？

正因為次級資料方便獲取，同時也就造成了另一個可能的問題——次級資料負荷造成資料過濾的壓力。繁忙的經理們，特別是那些小型企業需要管理各方瑣事的經理，可能缺少時間過濾繁多的資料，找出真正適合解決自身問題的資料。不過現在出現很多專業的調研公司經營資訊調研業務，透過收費服務幫助企業執行各方面的資訊調查和蒐集，例如：浩華管理顧問公司是浩華國際在亞太區的分部，專門從事飯店及觀光業諮詢顧問服務。

第三節　初級資料研究範圍

初級資料是最有效、最明確地蒐集解決行銷問題的資訊的方式。初級資料研究（Primary Research）須經歷明確問題與研究目標、確定解決問題的研究方案、蒐集和分析原始資料及撰寫研究報告的過程。本章下一節的內容將對初級資料研究的具體過程、其在觀光服務業的應用以及如何檢測研究過程進行詳細討論。本節主要介紹最常見的行銷研究問題，包括顧客識別、產品研究、促銷有效度回饋和追蹤調查。

一、顧客識別——誰是我們的顧客？

不同的觀光企業具有不同的資源和特點，應該根據自身的優勢和劣勢找到適合的市場定位，識別誰是服務群體。要和現有顧客建立良性互動的關係，觀光企業應建立客戶資料庫，透過顧客潛在價值分析，找出最有效的行銷及產品銷售方式，保持客戶的長久品牌忠誠度。對於那些具有消費潛力但尚待發掘的潛在顧客，可以透過企業的行銷活動刺激消費，擴大顧客占有率。

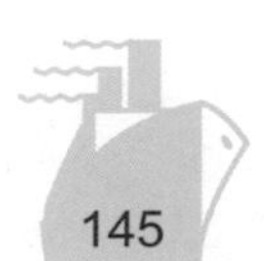

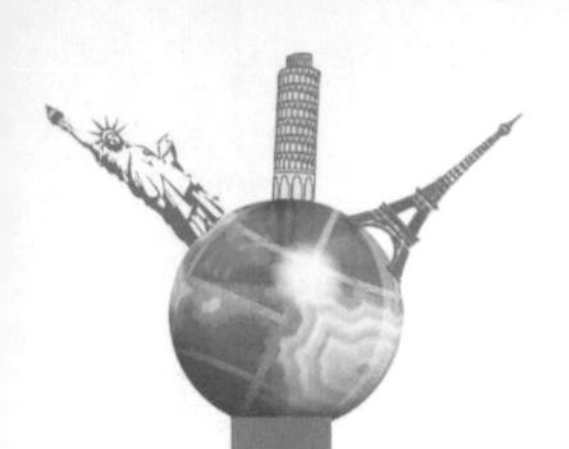

二、產品研究——我們的顧客想要什麼？

透過一般性的產品研究，企業可以辨別顧客的購買行為，即他們購買的產品和服務、是否喜歡企業提供的產品，以及他們對企業推出的產品的看法和評估。顧客購買行為或消費研究可作為市場區隔的基礎。它可以藉由調查顧客中的樣本人群來區分：重度消費者、中度消費者和輕度消費者，以及他們的人口統計特徵來完成。另外透過觀察某個企業及其顧客來估測產品銷售情況，也是一種有效研究顧客行為的方式，但得出的結果沒有前者精確。實際上我們也經常聽到經理人講「我們大多數的顧客……」，說明他們並沒有百分百的瞭解自己的顧客而帶有揣測的成分。

飯店可以在設計或重新裝修客房之前調查顧客想要的客房布置。如給顧客一張列滿了客房特徵的紙，每個特徵均設有一個價格。顧客獲得一些「錢」（供此調查用的假想的錢），並被要求購買他們認為能代表最佳價值的特徵，直到他們花完所有的錢。根據每個特徵所附的錢的數額，飯店可以識別每個特徵在顧客眼中的相對重要性，在客房設計中可以融入重要特徵。

觀光地在開發觀光景區及其他服務項目時，首先要研究觀光客的觀光動機。旅行動機決定觀光客對觀光地的選擇和遊玩方式，因此熟悉觀光客的旅行動機有助於瞭解和預測他們的行為。動機是觀光客實施某種行為的原因，它是為解釋和預測觀光客行為而必須探究的根本問題。行為理論中的動機研究的兩大因素：推力和拉力，為觀光客動機和旅行行為研究提供了一個很好的理論框架（Klenosky, 2002）。在這一框架內，**推力因素**指激勵和決定人們旅行（如離開慣常環境）的那些具體力量，而**拉力因素**指影響人們選擇具體觀光地的那些決策因素。具體來說，推力因素被理論化為由於人體的緊張或不平衡而導致的內在動機因素或需要，即激勵或導致人們旅行願望的那些因素。辨識動機因素是觀光客行為研究中的核心內容，關於動機理論研究框架有：推力—拉力、尋找—逃離、探奇—保守、旅行生涯模式等（Hsu, Cai, & Li, 2010）。動機因素解釋了觀光客參加旅行的原因，和觀光客需要什麼樣的旅行經歷、觀光地或觀光活動。大多數的旅行動機因素研究是對某一個國家、地區或者具體的一個觀光地的動機，在這些研究中，通常辨識出的推力因素有：逃離日常生活、休憩、歷險、求新、社會交往、聲望、懷舊、改善

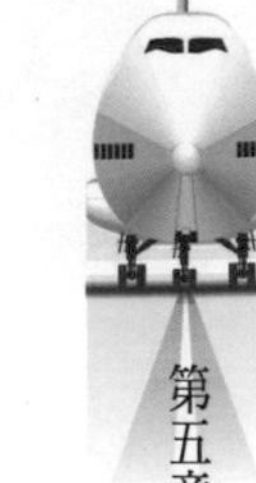

人際關係、健康、自我發展等。拉力因素通常與觀光地本身的特點或屬性有關，如陽光、沙灘、運動場所、娛樂設施或平價的住宿、機票等。一些學者基於推力拉力理論，認為觀光客及潛在觀光客的旅行動機，從本質上是受制於觀光客對觀光地的感知形象，因此理解觀光客所感知的觀光地形象，有助於研究人員或業界人士更好地認識觀光客及潛在觀光客行為與相關因素。

三、廣告設計測試

在正式製作推出之前的設計階段早期，廣告概念一般就會被測試，用以確定它們是否為消費者所接受。這一稱為**廣告設計測試**（Copy Testing）的做法在電視廣告裡尤為普遍，因為電視廣告的製作費用和媒體時間都很昂貴，特別是黃金時段的播放時間。所以，為了避免廣告預算使用無效，需要進行廣告設計測試。其他形式的廣告也可以用下述方法評估。

廣告設計測試的方式很多，有問卷調查、電子郵件或電話調查。但是，**市場試驗法**作為一種基本的行銷研究方法，經常被用於廣告設計測試。市場試驗法有兩種類型：模擬試驗和實地試驗。**模擬試驗**（Laboratory Experiment）是研究人員創造出一個具有特定條件的人為環境，以便控制一些變數，並影響另一些變數，測定它們對因變數的影響。**實地試驗**（Field Experiment）是指在真實環境中的研究，由研究者在環境所允許的有控制的條件下，操控一個或多個自變數，並對該實驗的因變數進行測定。行銷研究中的實地試驗是在真實自然的市場環境下進行的。在實地試驗中，試驗者可以操縱一些變數，但不能控制市場中所有的變數。這種方法常用於調整行銷策略（Bennett, 1995）。

在評估一個電視商業廣告的類比試驗中，若使用模擬實驗，某些目標市場成員被邀請觀看研究者選定的電視節目，包括正在研究的商業廣告。所有的變數，包括觀看的內容、觀眾組成和觀眾注意力，都在研究者的控制與評估之下。所有觀眾在提供回饋資訊時，研究者都會要求他們採取同樣的方式。但如果使用實地試驗評估即將推出的商業廣告，企業則會將某商業廣告播放給某城市的某一部分有線電視使用者，或是播放給全部的有線電視家庭。在模擬場景中的觀眾一定會按研究者的要求看完整個節目。而在實地場

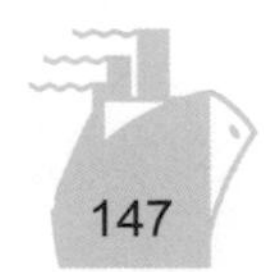

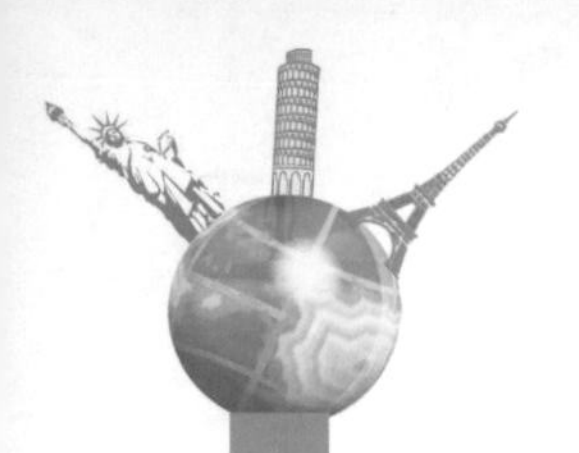

景中，研究者無法控制這些電視使用者，他們中的一些極有可能會利用廣告時間轉換頻道或做其他事情，有的甚至不會打開電視。

模擬試驗中研究者能對實驗進行更有效的控制，成本相對較低，操作相對快速，且研究結果具有保密性。但模擬試驗可能產生測試效應。通常招募來參加試驗的人知道自己正在被觀察，由於希望取悅研究者，他們會做出與平時不同的反應。相反地，實地試驗因為是在真實環境中進行，被控制因素少，得到的結果往往比較真實，向真實社會推廣的可能性相對比較高。而且因為實地試驗的對象（廣告、產品樣本等）數目可以較多，能追蹤實際的購買行為並推斷出真正的因果關係。

進行廣告設計測試時，可以分析出被研究的對象具有以下特徵和屬性的程度（Mehta, 1999; Mortimer & Mathews, 1998）：

1.說服力度：如觀眾是否會購買或願意購買？
2.資訊溝通：如觀眾是否獲悉了關鍵資訊？
3.回憶效果：如資訊是否突破雜波干擾？
4.自我參與：如觀眾是否以觀眾的身分參與？
5.可信度：如觀眾是否相信傳遞的資訊？
6.清晰度：如資訊是否能被觀眾準確理解？
7.品味性：如資訊是否冒犯了觀眾？
8.刺激性：如資訊是生動還是沉悶？

四、追蹤研究

從廣義上看，**追蹤研究**（Tracking Studies）是對同一組消費者在多個不同的時間點上進行調查、蒐集資料，然後透過對前後幾次調查所得資料的統計分析，探索消費者消費行為隨時間發展而發生的變化，及其不同行為間的因果關係的一種研究方式。它可以分為首次調查（或稱前期調查）和追蹤調查（或稱後續調查）兩個部分。狹義上看，追蹤研究僅指對前期調查過的消費群體在經過一段時間後進行的第二次（或第N次）調查，即僅指後續調查。開展追蹤調查的常用方法，是基於市場區域的隨機抽樣樣本的一系列調

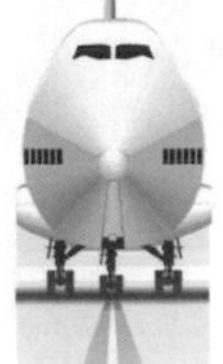

查。首次調查得出的結論為後面調查研究奠定了比較的基礎。接下來的研究是對消費者行為和態度變化的追蹤。追蹤調查一般被用於識別消費者變化，評估新產品推廣、新行銷策略實施或服務品質標準的有效性。但不同企業調查的主題可能不同（**圖5-1**）。

顧客類型
品牌知名度
購買頻率和時機
廣告認知度和回憶
顧客態度和企業形象
顧客滿意度
對服務品質的感知
首選產品／服務的特性
不同場合的顧客偏好

圖5-1　觀光企業追蹤研究的主要方向和主題

顧客類型的研究可以比較某一觀光企業的輕度使用顧客和重度使用顧客的人口統計與心理特徵，比較幾個競爭性企業的顧客組成，以及在不同的時間點上監測顧客組成的變化，追蹤企業認知度以確定行銷項目的有效性。品牌知名度（Brand Awareness）是指消費者對品牌瞭解的程度。品牌知名度可以可分為首要意念（Top-of-Mind）、無輔助回憶度（Unaided Recall）和輔助回憶度（Aided Recall）。所謂**首要意念**是指在潛在消費者的心目中，當某種需求產生時，對某特定品牌的潛意識反應。例如詢問問題「您覺得您住過的優質服務飯店有哪些」時，若被詢問者立即回答「香格里拉飯店」，則說明香格里拉飯店是他記憶最深刻的優質服務飯店品牌，此即為首要意念。**無輔助回憶度**是在不提示品牌或廣告的情況下被測定的。例如調查問題為「昨晚你看過哪些有關飯店的電視廣告？」。消費者自己不經過提示就能寫出的飯店名字，則具有無輔助回憶度。**輔助回憶度**是在先提示品牌或廣告的有關資訊（如產品群）後，以開放式問卷的方式測定。如問卷「您有沒有聽過亞洲航空這一航空公司品牌」，對調查的品牌或產品群有所提示，屬於輔助回憶度。研究顯示，品牌的首要意念與銷售額有更密切的關係。因為消費者在

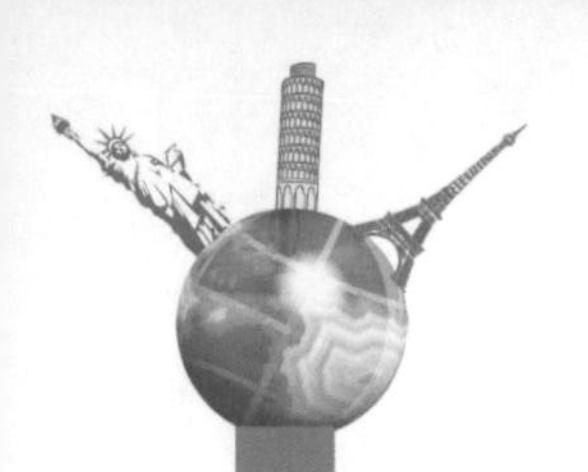

一般的情況下最先回憶起自己最喜歡的品牌。所以，把回憶度作為廣告目標時，以首要意念作為廣告目標比較合適。

購買頻率和時機研究分析顧客在某一段具體時間，如一個月內購買產品的次數與購買目的。分析結果可用於推斷購買時機，計算出市場份額並識別出每個子市場的購買力。**廣告認知和回憶**也能用於追蹤衡量產品廣告的輔助性和非輔助性回憶效果。一旦建立起廣告認知度，便可以詢問受訪者廣告中涉及了哪些理念或主題，從而有助於瞭解觀眾對廣告的認知。具有最好的回憶效應的廣告媒體也因此能被識別出來。

企業可以讓受訪者對企業的一系列屬性進行評分，從而衡量受訪者的態度和企業形象。1至5或1至7為常用評估尺度，受訪者對企業各種特徵的評估從極好到極差都有列出，或是基於與競爭者比較的基礎上所列的遠遠超過到遠遠低於的項目進行評分。市場概念最基本的原則是：只有識別顧客需求並滿足顧客需求，才能贏得顧客（Day, 1994）。所以，很多公司耗費大量的人力物力對顧客滿意進行測量和管理。Bolton和Drew（1994）指出，顧客滿意度取決於他們對服務品質的反映，或是接受服務時的態度。Anderson和Fornell（1994）針對這種關係，認為改善服務品質會獲致顧客滿意，並指出在很大程度上這種關係僅是一種直覺，而顧客忠誠度在很大程度上是由滿意度決定的。**表**5-2是某航空公司和飯店追蹤研究可能涵蓋的產品屬性和特徵清單。關鍵產品和服務特徵也能包含在該清單中，經過統計分析可認清哪些特徵是與消費者的嘗試或重複購買積極聯繫的。此外，還可以透過讓受訪者識別不同情況下的消費點選擇進行評估。從**表**5-3中我們就能清晰地看出顧客的時機偏好差異。

廣告或促銷活動之後的行銷研究有助於衡量這些活動對諸多因素，如品牌知名度、產品態度和購買頻率的影響。一系列始於促銷活動前的最基本研究，為衡量公司正在採取的行銷活動提供了更深入的認識。研究的結果同時也可作為將來行銷和廣告措施的基礎。

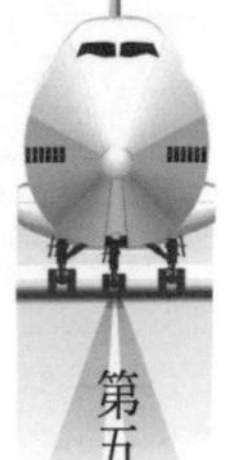

表5-2　追蹤研究中航空公司或飯店可能涉及的經營屬性

航空服務屬性	飯店屬性
機餐食物品質	客房乾淨整潔
菜色選擇性	入住手續簡便
花費價值	設施潔淨度
航班時刻表	裝修風格
地勤服務效率	無煙樓層
空服人員態度	交通便利
座位安排	保安人員和設施
機內氛圍	商務中心設備
飛行途中的娛樂設施	免費早報
登機門位置	送餐服務
員工儀容整潔	室內安全性
機艙乾淨	寵物入內許可
高效服務	個性化服務項目
起降準時	物有所值
飛機新舊	免費早餐
行李運送	快速退房手續

資料來源：改編自：Hsu, C.H.C. & Powers, T. (2002). *Marketing Hospitality* (3rd ed. p.105). New York: John Wiley & Sons.

表5-3　顧客就餐時機不同時表現出的不同消費偏好

請根據下列不同的情況選出您最有可能在以下哪家餐廳用餐：

	餐廳A	餐廳B	餐廳C	餐廳D
1.獨自一個人吃午餐	□	□	□	□
2.與朋友一起吃午餐	□	□	□	□
3.與家人一起吃午餐	□	□	□	□
4.獨自一個人吃晚餐	□	□	□	□
5.與朋友一起吃晚餐	□	□	□	□
6.與家人一起吃晚餐	□	□	□	□
7.約會時的晚餐	□	□	□	□
8.晚餐自己買並帶走	□	□	□	□
9.叫外賣送至辦公室	□	□	□	□
10.叫外賣送至家裡	□	□	□	□

資料來源：改編自：Hsu, C.H.C. & Powers, T. (2002). *Marketing Hospitality* (3rd p.106). New York: John Wiley & Sons.

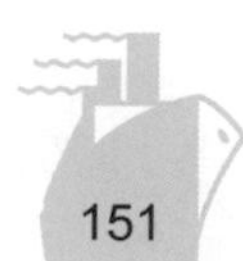

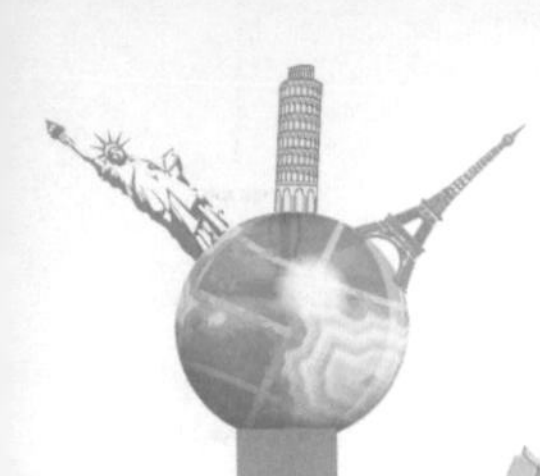

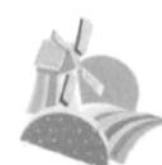

第四節　觀光行銷研究過程

不論是初級資料研究還是次級資料研究，企業進行行銷研究時，識別和理解需要研究的問題是行銷研究過程的第一步。本節針對行銷研究的六大步驟分別進行詳細的解釋（圖5-2）。

一、明確問題

提出研究問題是行銷研究的第一步，也是最重要的階段。提出問題的過程可以是研究中的一個階段，也可以是研究的全部。研究問題必須清晰、明確，否則會影響到後面的研究步驟，相應的蒐集資訊的過程也會受到限制。研究問題既是一項研究計畫的中心，也是主要目的所在。所有的研究活動應該和解決研究問題有關。

行銷研究問題來自於不同領域的行銷實踐。一個研究主題可以產生於一次廣告活動（如活動的有效性）、一個策略行銷計畫的形成（如觀光地的定位）或者特定的促銷活動（如對市場份額的影響）。研究問題也可以是關於公司產品開發、市場分析、顧客需求調查和競爭者分析的。行銷經理可以共同討論當前的形勢和阻礙公司盈利能力、市場份額以及長期策略目標的主要挑戰。他們需要決定哪些問題是最急迫的、不利的，是必須立即關注並研究解決的。

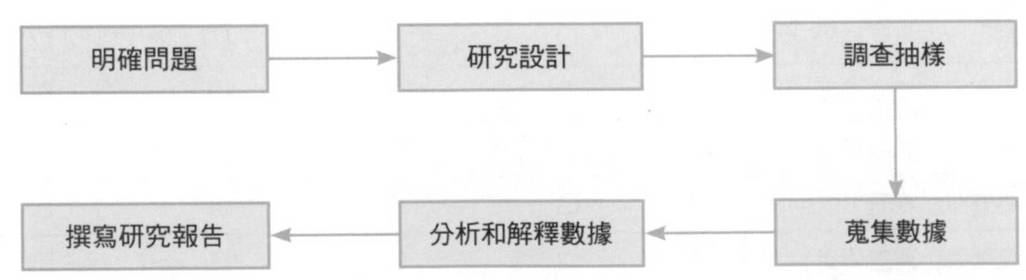

圖5-2　行銷研究過程

資料來源：改編自：Hsu, C.H.C. & Powers, T. (2002). *Marketing Hospitality* (3rd ed. p.107). New York: John Wiley & Sons.

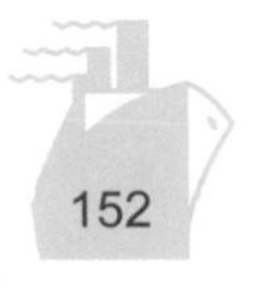

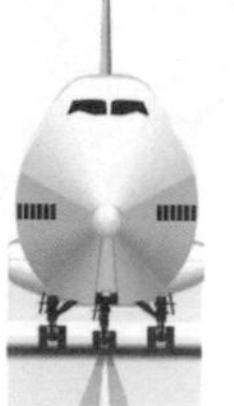

二、研究設計

研究目的和問題本質確定下來之後，下一步就是研究設計的決策階段，包括研究類型、受訪者來源和數據蒐集方式。行銷研究的方法多樣，可以採用初級資料研究或次級資料研究，這已經在前節內容中討論過。此外，我們也須決定要採用質性研究（Qualitative Research）還是量化研究（Quantitative Research）。質性研究是對某些事實或現象進行觀察和研究，得出一些普遍結論或理論的歸納過程。在多數質性研究中，深入的資訊來自少數的參與者，對參與者的採訪原文和話語進行文本分析後生成普遍的概念圖式。質性研究相對而言比較主觀，因為它更多地依賴文本的釋義而不是數字或圖形。但是，質性研究可以獲得關於一個現象的詳細、深入、豐富的一手資訊和知識。相反，量化研究是一個演繹思考的研究過程。量化研究從關於某一特定現象的理論著手，通常使用從真實環境中蒐集的資料來檢驗理論。調查是最普遍的資料蒐集方法，可以透過面對面訪談、電話訪談、郵寄或網上問卷蒐集調查數據。有多種統計方法可用來分析量化的數據。

(一)質性方法

■深度訪談

深度訪談（In-Depth Interview）是行銷研究中最常使用的一種質性調查方法，是指訪問者與被訪問者直接的一對一會談。訪問者與被訪問者通常是面對面的交談，但也可以透過電話或網路進行。在訪談過程中，由掌握高級訪談技巧的採訪員對調查對象進行深入訪談，用以解釋對某一問題的潛在動機、信念、態度和感情。採訪員的任務是鼓勵被採訪者對採訪主題自由談論自己的觀點。除了開放式問題外，採訪可用非結構化的方式。非結構化訪談沒有固定的面談問題結構，面談者提問的內容和順序都取決於面談者的興趣和現場被訪者的回答。這種訪談方式給談話的雙方充分的自由，採訪員可以針對被訪者的特點進行有針對性的提問，不同的被訪者所回答的問題可能不同。採訪員可以從被訪者對某一問題的回答中發現新的問題，對被訪者的觀點和看法有更深入的理解。

關鍵人物訪談指的是採訪那些能深入洞察所存在的問題的人物。關鍵人

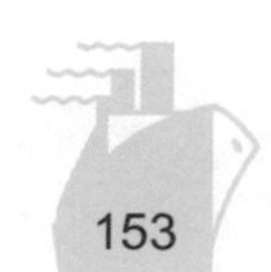

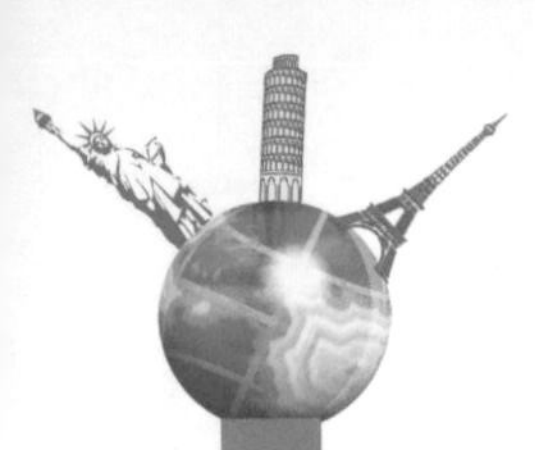

物可以是營運經理、銷售人員（包括服務員和前臺接待員）和其他的企業雇員、供應商和顧問。有選擇性地分析企業案例，某些時候有助於研究，例如集團內最好經營結果和最差經營結果的比較和研究，有助於發現問題所在。

■焦點小組訪談

焦點小組訪談（Focus Group）是行銷調查中經常採用的一種質性調查方法，由8至12人為一組，在一名專業主持人的引導下，對某個主題或概念進行深入的討論。焦點小組訪談通常在設有攝影裝置，如單面鏡和閉路電視設備或／和錄影、錄音設備的會議室進行，對全程進行記錄，便於事後分析。焦點小組訪談比個人深度訪談方向更加明確，因為主持人有必要事先將所要探討、瞭解的問題項列出，編製討論指南，即一份關於焦點小組訪談中所要涉及的話題大綱。

焦點小組訪談借用了社會心理學中的「群體動力」概念，即在小組中來自各種生活背景和職業的人們，當被鼓勵主動表現自己而不是被動回答問題時，他們會對某一主題表達出更全面和更深入的看法。主持人把小組的注意力中心引導到特定的主題或一套問題上，客觀、公平地鼓勵所有參與成員，避免某一個或幾個成員成為討論意見領袖，並確保所有涉及的主題都已被討論。在座談會中組員的積極討論所帶來的資訊是透過個人訪問所不能獲得的，就像我們通常所說的：「透過辯論，問題越來越清晰」。

焦點小組訪談通常用於解決一些瞭解消費者行為、需求和態度的問題，所獲得的結果是質性的。同時，它也是在量化調查之前重要的步驟之一，小組訪談的一些結果可以作為量化調查問卷設計的基礎。

■觀察法

觀察法（Observation）主要是指觀察人們的行為和情感表現，並系統地記錄人、物體或事件的行為模式的方法。當事件發生時，運用有觀察技巧的市場行銷研究人員見證並記錄資訊，或根據對以前的記錄的觀察編輯整理證據。常被用於檢視顧客購買行為和對某種產品、服務或行銷策略的反應和顧客滿意度研究。當觀光企業在應用新的提升銷售量方法時，也可以讓服務員觀察顧客的反應。經過新銷售方法試用階段之後，總結服務員的觀察筆記以確定新方法的有效性。**神秘訪客**（Mystery Shopper）**觀察法**是近年發展出來

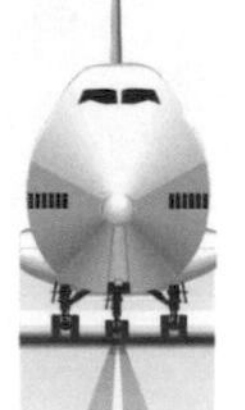

的一種新的調查方法。其做法是由對被調查企業所在行業有深刻瞭解的調查者，以普通顧客的身分親歷被調查企業的服務產品，在真實的消費環境中，以專業的視角感知企業與顧客接觸的每一個真實瞬間，並將其消費經歷、感受、評估等，以「顧客經歷報告」的形式回饋給被調查企業。由於被檢查或需要被評定的專案事先無法識別或確認「神秘訪客」的身分，故該調查方式能真實、準確地反映客觀存在的實際問題。

由於質性研究方法在執行過程中分析的往往只是整個被研究人群中很少部分的代表，其局限就是受訪者不足以代表整個人群，因此得出的結論就缺乏總結性或反映性。例如，研究人員需要研究銀髮族的觀光偏好，於是便選取了三組老年人進行研究。第一組參與者在焦點小組訪談中對文化觀光產品的討論興趣盎然，顯示出文化觀光發展的重要性；而第二組和第三組的銀髮族認為，觀光過程中更重要的是接近自然環境和享受人生，他們對文化觀光興趣不大；這三個訪談組表現出來的差異性就明顯說明了焦點小組（如第一組）代表性不足的現實。

此外，追蹤調查常被用於檢驗深度訪談和小組座談所產生的初步調查結論的準確性。這些初步調查結果有助於研究過程與方法的設計，並為其他研究方法如調查問卷的開發設計提供了很好的背景資料。**表5-4**總結了各種質性研究方法的優缺點。

表5-4　各種質性研究方法的優缺點

方法	優點	缺點
深度訪談	1.資訊蒐集更加深入 2.被訪問者沒有社會壓力 3.時間地點靈活 4.訪談者和被訪談者之間建立良好關係	1.高技巧的訪談者 2.費時 3.成本高
焦點小組訪談	1.小組互動 2.自由發表意見	1.需要有技巧的主持人 2.被訪問者有社會／同伴壓力 3.訪談安排的困難和費用
觀察法	1.研究對被觀察者干擾最小 2.「真實」環境中的初級資訊 3.具有時效性	1.需要有技巧的觀察者 2.僅限於行為研究 3.由於觀察可能導致的行為變化

資料來源：改編自：Zikmund, W. G. & Babin, B. J. (2010). *Exploring Marketing Research* (10th ed. p.142). Mason, Ohio.: South-Western Cengage Learning.

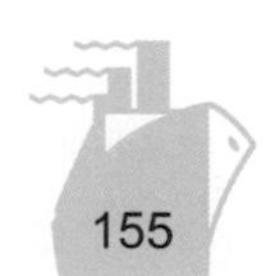

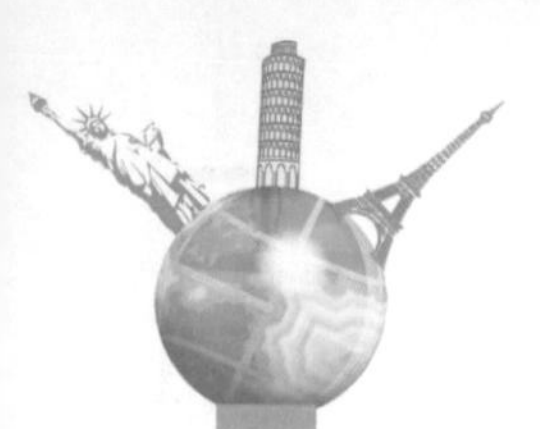

(二)量化方法

調查法（Survey）是服務業最常用的量化研究方法，它應用範圍廣且成本相對較低。訪問資料可透過不同方式獲得，包括攔截訪問調查、電話訪問調查、郵件調查和網路問卷調查。

■攔截訪問調查

攔截訪問調查（Intercept Survey）是由訪問員在適當的地點攔截路人填寫調查問卷或口頭訪問，是一種面對面蒐集數據的方法。方法相對簡單，超市、辦公大樓、觀光景點、街道、車站、停車場等公共場所均可進行這樣的訪問（**圖**5-3）。此方法適用於研究顧客對產品或廣告的認知度與態度。面對面蒐集資料利於向被訪者直接解釋問題、澄清可能的誤解，並可以當場觀察他們的反應和身體語言以獲取資訊。但這樣的調查需要專業的調查員才能有效進行，缺點是調查員的培訓和調查過程的管理費用高、難度大且比較費時。

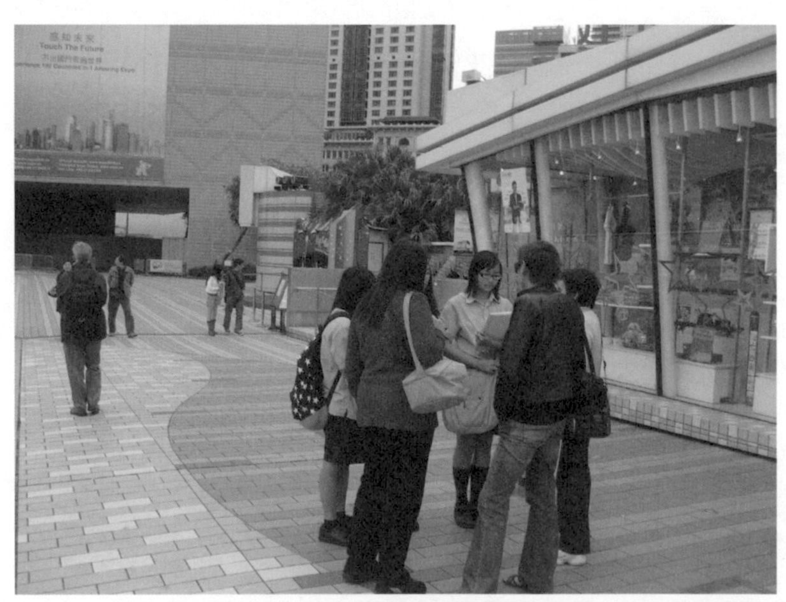

圖5-3　攔截訪問調查

資料來源：宋漢群攝。

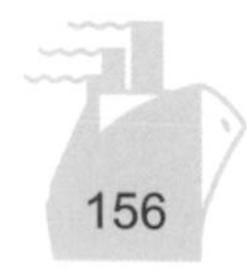

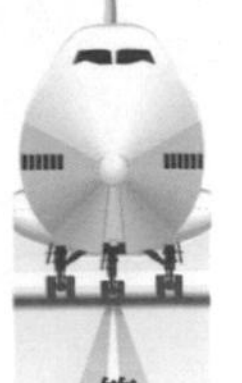

■電話訪問調查

電話訪問調查（Telephone Survey）主要是利用電話作為工具，與受訪者進行資訊交流，從而達到蒐集數據的目的。電話調查的應用範圍通常包括：熱點問題或突發性問題的快速調查、關於特定問題的消費者調查、針對特殊群體的調查等。電話訪問一般在晚上下班時間或週末進行。電話訪問費用較低，省去了交通上的時間花費，且更易於獲取重要人物的訪問機會，但同時也失去了觀察被訪者的反應和表情以獲取更多資訊的機會，難以判斷被訪者作答的真實性。電話訪問的提問是為了抓住被訪者的注意力，要求問題相對簡單，時間控制較緊，無法深入調查。

■郵件調查

因為成本相對較低，調查區域廣泛，易於接觸大量的被訪者，郵件調查被頻繁用於觀光業的市場調查中。**郵件調查**（Mail Survey）通常有兩種方式：特設問卷調查和小組郵件調查。**特設問卷調查**（Ad Hoc Mail Survey）是指研究人員透過樣本庫或自身的關係網，挑選出受訪者的名單和地址，然後把問卷郵寄給受訪者的方法。通常來講，研究人員和受訪者沒有事先的聯繫。但是，為了增加問卷的回收率，相同的問卷可能會數次寄給同一個受訪者。**小組郵件調查**（Panel Mail Survey）是事先抽取一個地區性或全國性的樣本，徵得樣本中家庭或個人同意後，由調查機構向該固定樣本中的成員定期郵寄調查問卷，樣本中的成員將問卷按要求填好後，及時寄送回調查機構，為防止樣本老化，應定期調整更新樣本。小組郵件調查會對同一受訪者進行不同時間段的調查（McDaniel & Gates, 2010）。

郵件調查不需要對調查員進行挑選和培訓，整個調查可以由一家機構單獨完成，而平時不肯接受面對面或電話採訪的受訪者，也比較容易透過郵件調查而接觸到。因此郵件調查是一種高效、方便和平價的調查方法。但郵件調查因為調查現場無訪問員指導、輔助被訪問者回答問題，限制了所獲資訊的類型及該方法的普遍推廣。此外，郵件調查還存在拒訪率高的問題，同時由於缺乏調查者對問卷進行詳細解釋，可能會造成問卷在填寫時產生誤差大的缺陷（McDaniel & Gates, 2010）。

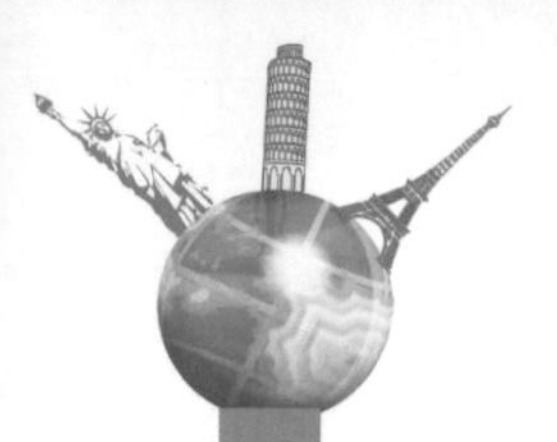

■網路問卷調查

網路問卷調查出現於1980年代末至1990年代初。隨著互聯網不斷發展，越來越多的研究者利用電子郵件來進行調查研究。**電子郵件法**，是透過給被調查者發送電子郵件的形式，將調查問卷寄給一些特定的網路用戶，由使用者填寫後以電子郵件的形式，再發還給調查者的調查方法。電子郵件法的優點是它省去了傳統調查的很多環節，郵件傳送的性能大大提高，有助於縮短調查週期，提高工作效率。此外，比電子郵件調查更加靈活的網路問卷調查日益被研究者應用。**網路問卷調查**（Online Survey）使用網路語言（HTML）來建設網站的頁面。研究者把調查問卷公布在網站上，參與調查者可以是經研究者招募而去網站回答問卷的，也可能是自行去瀏覽該網站的，在後一種情況下，網站會透過其橫幅廣告及彈出式視窗的設計來吸引網上訪問者參與調查。通常，網上網路調查可以是互動的，而且在設計時融入了最新的網路技術，實現了一些傳統調查無法實現的功能。**表5-5**總結了各種調查方法的優缺點。

表5-5　各種調查方法的優缺點

方法	優點	缺點
攔截訪問調查	1.問卷填答完整 2.相對高的回答率 3.與被訪問者關係良好 4.資料蒐集地點靈活	1.勞力密集 2.相對昂貴 3.訪問者偏見
電話訪問調查	1.可以隨機抽樣 2.電腦輔助電話調查系統減少數據輸入的錯誤	1.過度使用會受到被訪者的抵制 2.時間長於15分鐘會使被訪者疲勞
郵件調查	1.可以大規模郵寄 2.對被調查者的干擾最小	1.缺少人與人的接觸 2.低回收率 3.更長的資料蒐集期
網路問卷調查	1.快速完成調查 2.相對便宜 3.問卷設計引人注目	1.被調查者樣本的代表性 2.技術限制 3.難以計算回收率

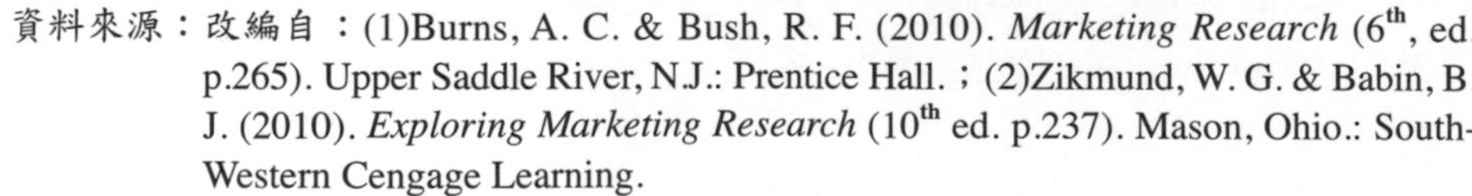

資料來源：改編自：(1)Burns, A. C. & Bush, R. F. (2010). *Marketing Research* (6th, ed. p.265). Upper Saddle River, N.J.: Prentice Hall.；(2)Zikmund, W. G. & Babin, B. J. (2010). *Exploring Marketing Research* (10th ed. p.237). Mason, Ohio.: South-Western Cengage Learning.

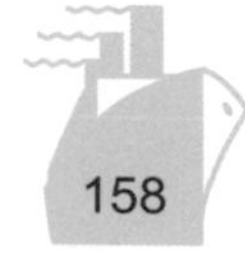

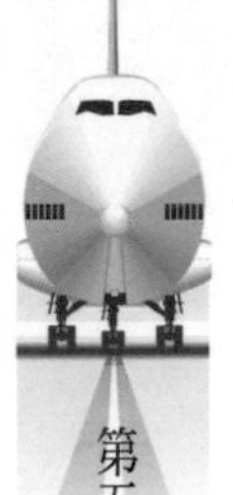

三、調查抽樣

(一)抽樣範圍和框架

抽樣框架決定了研究將要包含的群體。母體或全域，是指在市場調查中能夠提供所需資訊的個人或者群體的全體。通常分析人員在調查之前的首要任務是定義同質母體，並對相關的產品和服務的目標市場進行界定。行銷研究中不經常使用普查的方法，即獲取母體中每個成員的資訊。因為其同質母體一般情況下包括成千上萬的個體，這樣大規模地進行普查會耗費大量的成本和時間，甚至在通常情況下並不可行。一般來說，企業會從母體中抽取部分個體進行資料蒐集，即**樣本**。統計學理論證明：一個相對較小、但精心選擇的樣本群能準確地反映出被調查母體的特徵，一個樣本是母體所有成員的一個子集，從子集獲得的有關資訊，可以用來估測母體特徵，這種方法就是抽樣（Sampling）調查。企業是否從母體中選出正確的樣本，直接影響行銷研究結果的可信度。例如，一家大型觀光企業想要在涉入遊樂場經營業務之前進行行銷研究。該公司從總體人群中挑選出樣本，但公司的目標市場是遊樂場的頻繁光顧者，單身的青年男女、年輕夫婦和有小孩的家庭。這家公司實際上會受研究結果的誤導，因為調查對象是從大眾中選擇出來，代表的並不是其針對的目標市場的意見和觀點。

主題公園可採用的抽樣框架（Sampling Frame）為其公園遊客，旅行社則可能調查觀光客，而很多飯店和餐廳會對店內的顧客進行研究。儘管市場調查中很少用到普查，但有時它們也適用於某些案例。譬如會員相對較少的私人俱樂部有可能組織全員調查；在進行社區觀光開發時，為了獲得當地民眾對觀光開發的支持，會對所有的居民進行調查以瞭解是否可以進行觀光開發，當地居民是否願意參與並熱情接待觀光客等。

(二)抽樣過程和方法

研究抽樣可以使用機率抽樣和非機率抽樣。**機率抽樣**（Probability Sampling）是一種讓研究者選取充分反映母體內部差異的樣本的有效方法。量化市場調查中的機率抽樣是指，在調查總體樣本中的每個單位都具有同等可能被抽中的機會，其基本原則是每一個要素在抽樣過程中都有非零的中選

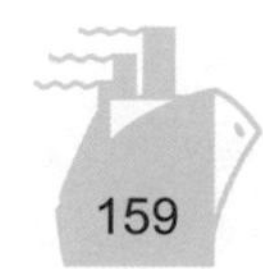

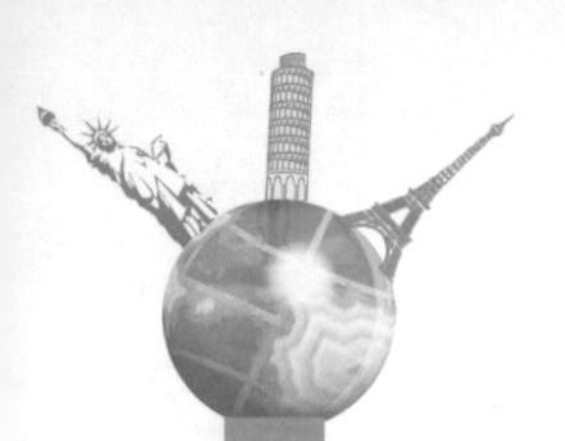

機率。主要特點是總體中的每一個體被抽選為樣本的機率相同，那麼從這個總體中抽取的樣本就具有該總體的代表性，能避免樣本偏差，較其他抽樣方法更具代表性。使用機率抽樣必須要有抽樣框架，即所有成員的一張清單。常用的機率抽樣方法有以下四種類型：

1.簡單隨機抽樣（Simple Random Sampling）：指保證每個可能的樣本都有相同的被抽中的機率。如按照「抽籤法」、「隨機表」法抽取訪問對象，從單位人名目錄中抽取名字。優點是隨機度高，在特質較均一的總體中，具有很高的總體代表度；是最簡單的抽樣方法，有標準且簡單的統計公式來計算出適合的、最低的樣本數。簡單隨機抽樣可以透過電話隨機撥號功能來完成這個步驟，也可以從電腦檔案中挑選調查對象。但會遇到「樣本可能分布不均」及「沒有好的抽樣框」等問題。

2.等距抽樣（Systematic Random Sampling）：是機率抽樣的一種形式，指將總體中的各單元先按一定的順序排列、編號，然後決定一個間隔，並在此間隔基礎上選擇被調查的單位個體。以顧客為調查對象時，可以按照顧客資料庫中每隔n個顧客挑選出一個顧客作為研究樣本。如n=5，被選出的樣本則為第5、10、15、20……位客人。若觀察單位很均勻地分布在總體中，便可以保證對總體有較好的代表性。但等距抽樣是以總體的隨機排列為前提的，一旦總體包含不明顯的分布形態或有「不合格樣本」時，或由於調查者在抽選樣本時的疏忽，就會產生極大的樣本誤差。譬如一個大規模的旅行團分成了若干個由20名團友組成的小型旅行團，依照團友名單排序，位於名單第一位的是團長，若對該大規模旅行團進行20位團友挑選一位的等距抽樣，而每次抽取的是名單上的第一位團友，那麼該等距抽樣就會有每次抽取的都是團長的誤差。此外，當總體內個體類別之間的數目懸殊過大時，樣本的代表性可能較差，如在一項對郵輪觀光客的市場區隔的研究中，如果研究所選取的幾艘郵輪中，90%的觀光客是65歲及以上的銀髮族，只有10%的觀光客為65歲以下，那麼在這種情況下按照等距抽樣所選擇的樣本就有了很大的誤差。

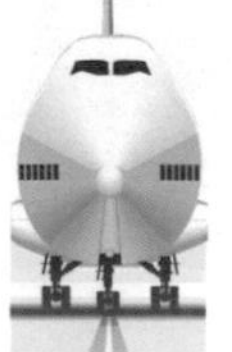

3.整群抽樣（Cluster Sampling）：是將總體隨機抽取分為若干個群體，然後從這些分開的群體中抽樣，對被抽中群體的全部單位進行調查。如景點經理可以隨意地選出某些日期，並把在這幾個時間來訪的所有觀光客作為研究對象。此法適用於群間差異小、群內各個體差異大、可以依據外觀或地域的差異來劃分的群體。但若群內單位有趨同性，其準確度則比簡單抽樣低。

4.分層抽樣（Stratified Sampling）：是把調查總體分為同質的、互不交叉的層（或類型），然後在各層（或類型）中獨立抽取樣本。例如調查入境旅客觀光偏好，可按國籍將旅客首先分層，然後分別在各層中隨機抽樣，所得樣本相當於總體的縮影，其資料可以代表母體的觀光偏好情況。適用於層間有較大的異質性，而每層內的個體具有同質性的母體，能提高母體估計的準確度，在樣本量相同的情況下，其準確度高於簡單抽樣和等距抽樣；能保證「層」的代表性，避免樣本偏差；同時，不同層可以依據情況採用不同的抽樣框架和抽樣方法。但此方法要求有高品質的、能用於分層的輔助資訊；由於需要輔助資訊，抽樣框架的建立需要更高的費用；抽樣誤差估計比簡單抽樣和等距抽樣更複雜。

當研究母體過於龐大、複雜，採用機率方法有困難時，或當抽樣框架沒法獲取時，可以採用非機率抽樣來避免機率抽樣抽到實際無法實施或「不合格」的樣本，從而避免影響母體的代表度。**非機率抽樣**（Non-Probability Sampling）又稱非隨機抽樣，指根據一定主觀標準抽取樣本，令總體中每個個體的被抽取不是依據其本身的機會，而是完全決定於研究者的意願。其特點為不具有從樣本推斷母體的功能，但能反映某類群體的特徵，是一種快速、簡易且節省時間、經費的數據蒐集方法。**常用的非機率抽樣方法**有以下四類：

1.便利抽樣（Convenience Sampling）：指從現有的可受訪者中根據調查者的方便選取的樣本，以無目標、隨意的方式進行。如購物中心、街頭攔截訪問（看到誰就訪問誰）、個別住戶誰開門就訪問誰。

2.判斷抽樣（Judgment Sampling）：由專家判斷而有目標地抽取其認為

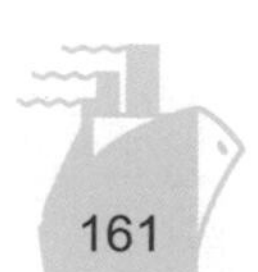

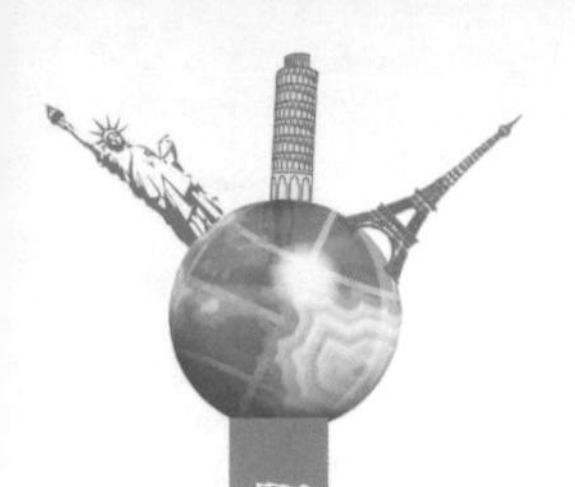

「有代表性的樣本」。如行銷人員選取某類型家庭顧客進行研究，如選三口之家（子女正在上學的）；或在市場對某項新服務項目測試接受性時，挑選中型、有代表性的城市進行市場調查。

3.配額抽樣（Quota Sampling）：先將總體元素按某些控制的指標或特性（如性別、年齡、使用頻率等）分類，然後按方便抽樣或判斷抽樣選取樣本元素。實際上相當於先「分層」（事先確定每層的樣本量）再「判斷」（在每層中以判斷抽樣的方法選取抽樣個體）；費用不高，易於實施，能滿足總體比例的要求。如訪問100位男性客人和100位女性客人，或對100位重度使用者和100位輕度使用者進行問卷調查等。

4.滾雪球抽樣（Snowball Sampling）：先選擇一些被訪者並對其進行訪問，請他們提供另外一些屬於所研究目標總體的調查對象，根據所提供的線索選擇之後的調查對象。此類被訪者彼此之間較為相似。滾雪球抽樣通常在目標總體難以確定的情況下使用。

在非機率抽樣過程中，並不是整體中的所有個體都有相同的被選為樣本的機會，這種難以避免的選樣偏差成了研究過程中要考慮並盡可能最小化的一個重要問題。鑒於選樣決定的複雜性，適當的偏差是可以接受的。研究者總是需要衡量所獲資訊的價值是否值得或高於付出的成本。

四、蒐集數據

不管採取什麼蒐集數據和抽樣方法，調查問卷仍然不可或缺（請見本章附錄所展示的某飯店的顧客意見調查表）。設計出適當的調查問卷並非易事，研究者需要考慮到諸多因素確保問卷的效度、信度和可行性。如**表5-6**所示，研究人員在設計調查問卷的過程一般包括十大步驟：確定所需資訊、確定問卷類型、確定問題內容、確定問題類型、確定問題措辭、確定問題順序、問卷排版與設計、問卷測試、問卷定稿、問卷評估。

數據蒐集要求研究負責人制定具體的工作程序，培訓研究人員按照程序執行，同時監督研究以確保蒐集過程沒有偏見。核對收回來的問卷調查，以確保被調查者理解問卷問題並做出合適回答。如有可能，獲取的錯誤數據應在分析之前便從資料庫中刪去。

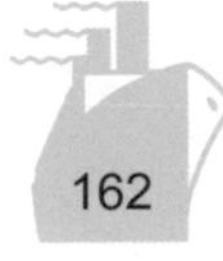

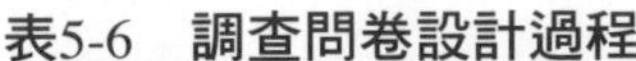

表5-6 調查問卷設計過程

	問卷步驟	考慮因素
1	確定所需資訊	此次調查想要獲得哪方面的資訊？ 問卷設計之前：把握所有達到研究目的所需要的數據；決定所有用於分析及使用這些數據的方法，如頻率分布、統計檢驗等；按這些方法蒐集數據，把握數據。
2	確定問卷的類型	採取結構型問卷和無結構型問卷？還是合二為一？ 無結構型問卷：問題的設置和安排上無嚴格的結構形式，受試者自由發揮；蒐集資訊範圍廣泛，深入發現問題和探詢特殊意見。 結構型問卷：問題的設置和安排結構固定，限定回答順序；適用於範圍廣泛的調查對象；易於控制，但難以獲得較深入、詳盡的數據。 綜合性問卷：在結構型問卷為主的情況下，可以加入一兩個無結構型問題，兩類形式的問卷結合使用。確定問卷類型的考慮因素，如研究費用、時效性要求、被調查對象、調查內容等。
3	確定問題的內容	調查對象願意並有能力回答問題嗎？問題易於被調查者理解嗎？是否因冒犯隱私或侵權而影響被調查者的回答意願？ 問題的內容與研究目的緊密相關，圍繞調查主題全面展開；確定問題的內容涉及到個體的差異性問題；確保問題難易適度，被調查者有能力作答。
4	確定問題的類型	使用自由問答題、選擇題還是混合型問答題？ 開放式問題：只提問，不給具體答案選項，被調查者自由作答，又稱自由問答題。 封閉式問題：提問並給出若干答案，包括單項選擇題和多項選擇題。 混合型問題：又稱半封閉型問題，封閉型問題再附上一些開放式問題。
5	確定問題的措辭	問題的措辭是否一目了然？是否會引起歧異？答案選項是否全面，是否可供被調查者從提供的選項中做出選擇？ 原則：陳述問題通俗易懂；避免問題歧義；客觀，避免引導性問題；避免問題的從眾效應和權威效應；確保一題一問。 評估尺度：普遍使用1至5或1至7分制；譬如測量服務滿意度時，5=非常滿意，3=介於滿意和不滿意之間，1=非常不滿意；也可列出若干項目，讓被調查者按重要性、喜歡程度或購買意向、購買量等因素進行先後排列。
6	確定問題的順序	問題的排序是否合理？是否能激發興趣和合作性？是否應該按邏輯順序排列？ 問題排列次序：從簡易問題開始；核心問題居中間；個人資料最後。注意個人資料諸如收入、年齡等敏感性問題。注意問題的邏輯順序。
7	問卷的排版和設計	問卷排版和布局是否合理？ 問卷的基本布局：簡要說明、調查內容和結束語。問卷排版和布局總要求：整齊、美觀、便於閱讀、作答和統計；考慮因素：字體、字距、紙張大小、品質和顏色、圖片選用和設計。
8	問卷的測試	問卷初稿是否還有需要修改的地方？ 小樣本測試問卷的初稿，從中發現問題並及時修改。
9	問卷的定稿	問卷是否已經修改完畢，有沒有必要再進一步修改？ 測試完成，定稿。
10	問卷的評估	問卷的總體設計品質怎麼樣？是否能獲取需要的數據？ 問卷的評估方法：專家評估、上級評估、被調查者評估和自我評估。還可以用評估結果再做改進。

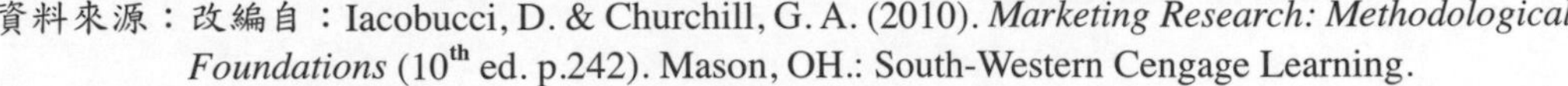

資料來源：改編自：Iacobucci, D. & Churchill, G. A. (2010). *Marketing Research: Methodological Foundations* (10th ed. p.242). Mason, OH.: South-Western Cengage Learning.

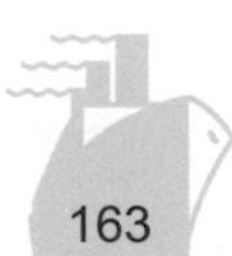

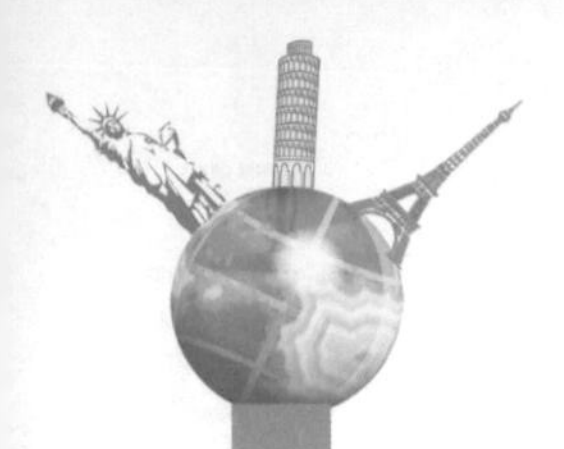

五、分析和解釋數據

蒐集好完成的問卷之後，就要對這些問卷進行分析、總結並解釋結果。在量化研究中，每個問題的回覆率最好用表格形式呈現出來。**表5-7**描述了與會展中心設施相關項目的回覆率和平均值。而交叉**表5-8**則分別顯示了會展中心已經使用者和未使用者兩組不同作答者的回應量和比率。分組對比還可根據性別、年齡、教育背景和收入水準進行。若為了獲取更多的變數之間的關係，還可以進行更複雜的統計分析。

除了分析數據，研究人員還需要解釋分析出的結果，以及數字代表的具體意義。例如，**表5-8**中，與使用過此會展中心的組別相比，數字顯示了更多沒有使用過會展中心的人認為，他們在選擇會展中心時，好的會議室和餐飲設施

表5-7　調查項目的回覆率和平均值

	極好	很好	好	一般	不好	不知	平均值
	5	4	3	2	1	--	--
1.會議室品質	24.8%	24.0%	21.7%	11.2%	18.3%	8.7%	3.26
2.會議室設備租用花費的價值	22.8%	18.3%	21.9%	12.1%	11.8%	13.1%	2.89
3.會展中心位置	22.8%	35.7%	23.1%	8.7%	0.8%	8.9%	3.44

資料來源：Hsu, C.H.C. & Powers, T. (2002). *Marketing Hospitality* (3rd ed. p.112). New York: John Wiley & Sons.

表5-8　調查項目交叉表

選擇會展中心時最重要的考慮因素	是否在此會展中心舉行過會議					
	是		否		總計	
	數量	百分比	數量	百分比	數量	百分比
位置	28	40.0%	9	11.3%	37	24.7%
聯絡人員	0	0.0%	3	3.8%	3	2.0%
會議服務	9	12.8%	8	10.0%	17	11.3%
會議室設施	10	14.3%	24	30.0%	34	22.7%
娛樂設施	0	0.0%	2	2.5%	2	1.3%
餐飲設施	15	21.4%	24	30.0%	39	26.0%
其他	8	11.4%	10	12.5%	18	12.0%
總計	70	100.0%	80	100.0%	150	100.0%

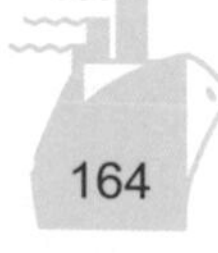

資料來源：Hsu, C.H.C. & Powers, T. (2002). *Marketing Hospitality* (3rd ed. p.112). New York: John Wiley & Sons.

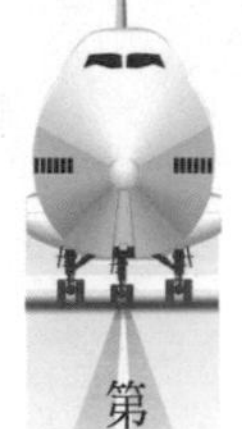

是重要的因素，而那些使用過此會展中心的人則表明位置是最重要的因素。

六、撰寫研究報告

市場調查的最後一項工作是撰寫研究報告。依照蒐集的資訊撰寫書面報告是行銷研究的最後分析階段。在這一階段，判斷、經驗和常識都要起到關鍵作用，因為統計報告一般不會自己顯現出其實際意義。統計方法利於總結結論，但研究人員和行銷主管需要做出最後的決策。從**表**5-8中可以得出的行銷活動有：(1)針對未使用者採取行銷活動以宣傳此會展中心的會議室及餐飲設施；(2)與競爭者進行比較分析，找出會展中心的設施是不是真的比不上競爭者；(3)組織一次對未使用者的行銷研究，蒐集更詳細的資訊，找出未使用者沒有在本會展中心舉行會議的真正原因。在最後的研究報告中一般會包括可能採取的行動，並提出推薦性意見。然而，主管需要做出最後的決定並選出最適當的行動。**圖**5-4歸納出了整個的行銷研究過程。

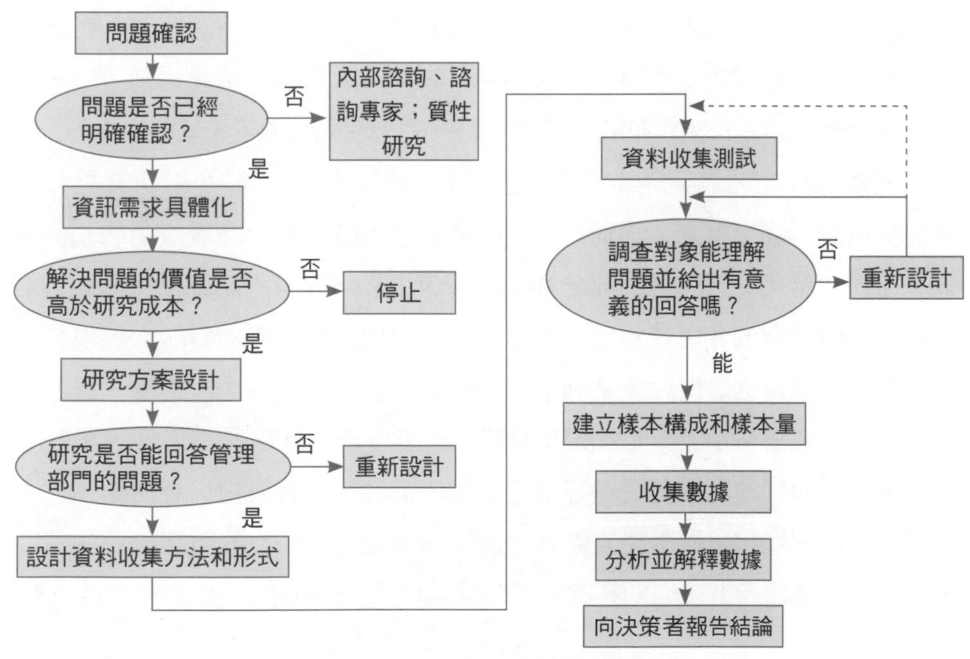

圖5-4　行銷研究流程圖

資料來源：改編自：Hsu, C.H.C. & Powers, T. (2002). *Marketing Hospitality* (3rd ed. p.113). New York: John Wiley & Sons.

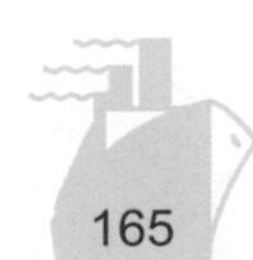

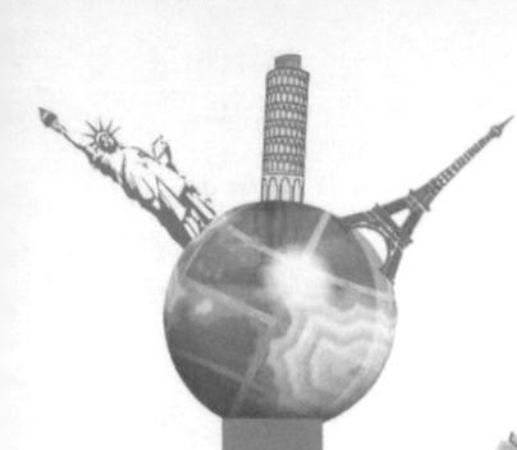

第五節　顧客資訊——發掘顧客資料庫

資料庫行銷（Database Marketing, DBM）是指利用顧客資料庫進行行銷的方法。具體來說，資料庫行銷是綜合運用電腦資料庫技術來設計、創造和管理消費群的相關資料，如年齡、職業、收入、愛好、最近生活變化等，以及企業與顧客間關係的所有資訊等各方面的資料，經過篩選後，確定最有可能需要產品和服務的目標顧客群，再以各種方式有針對性地開展行銷。資料庫使行銷具有針對性，更好地滿足人們的消費需求。資料庫行銷所儲存的資訊具有整合與業務相關的顧客資料並加強顧客終生價值的能力，這是支援企業進行資料庫行銷的價值驅動力量。用於管理資料庫諸多資料的技術有：(1)資料庫處理技術，如數據導入、匯出、查詢等功能；(2)基於過去的交易記錄，預估每位顧客產生某特定的產品或服務的潛在購買行為的統計技術；(3)掌握顧客消費動態和客戶生命週期，持續不斷地計算顧客終生價值的測量方法（Bennett, 1995）。

資料庫行銷的基本特點是它甚至要比其他的市場區隔方法，如人口統計因素或心理因素還要有效得多。資料庫行銷可以做到視每個顧客為一個子市場，利用資料庫可以識別個人需求和偏好，從而進行客製化行銷。

追蹤客戶交易最早從企業追蹤誰是它的客人開始。很多飯店會把每位住客資料記入客史檔案。早期的客史檔案實際上僅僅屬於高級飯店的一個特徵。在1930年代，芝加哥Palmer House 飯店用3×5的卡片記錄下每個顧客的資料，當時所有的客史資料已經可以將一個現代中等價格的飯店大廳填滿。而現在高端技術的應用大大便利了客史記錄，資訊可達性大大提高，並且儲存裝置——電腦伺服器、CD和VCD等，都使得資訊儲存非常方便。誰是企業的客人，他們的具體消費偏好是什麼等，都從客史資料中一查便知，大大提高了提供個性化服務與建立顧客忠誠度的可能性。如一些航空公司的常客在飛機上總是能夠坐在他們喜歡的同一個座位上。

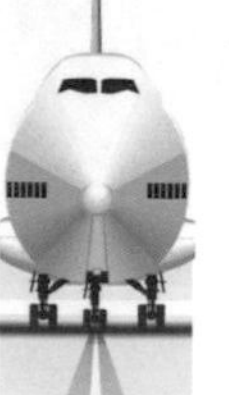

一、常客行銷

常客獎勵計畫是企業或集團對於消費相對頻繁的顧客提供的一系列購買優惠、增值服務或其他獎勵方式，其目的在於獎勵忠誠顧客、刺激消費並留住核心顧客，是實施關係行銷的一種重要方式（Ran & Itamar, 2002）。**常客行銷**（Frequency Marketing）這個專有名詞，是從1981年美利堅航空公司的飛行常客計畫（American Airlines' Advantage Program）中衍生而來。其形式是按乘客的飛行里程獎勵里程積分，並將里程積分兌換為免費機票，以此作為培育顧客忠誠的一種方法，應對各國政府對航空業解除管制所產生的競爭壓力。眾多航空公司熱中於此常客獎勵計畫，譬如國泰航空馬可孛羅俱樂部（Marco Polo Club）、英國航空會員俱樂部、中華航空華夏哩程會員等。

隨著越來越多的航空公司推出類似的方案，越來越多的合作夥伴引進他們各自的新創舉，像香格里拉集團的貴賓金環會、凱悅集團的貴賓金護照、洲際集團的優悅會，以及希爾頓飯店集團的榮譽客會等（**表**5-9）。因此，餐飲娛樂和服務行業也開始採用常客行銷，或稱為頻次行銷計畫作為保持客戶忠誠度的策略。根據顧客消費的次數、頻率、金額等，給予頻繁光顧的顧客某種「抽象貨幣」形式的獎勵和回報。積累這些「貨幣」，可以用來交換從商品、食物、優惠購物券，到機票、飯店住宿等被看作價值高的獎勵。獎勵可以有實質獎勵和抽象獎勵之分。實質獎勵是指獎勵有實際的金錢價值，如折扣、免費商品、免費機票或免費房間。抽象獎勵是指主要為客人提供某些優先權，給顧客以精神上和心理上的支持，如特惠預訂、優先登機和領取行李、客製化和其他特殊待遇。一旦顧客成為常客計畫中的一員，顧客的姓名、住址和一些常用的個人資訊就會自動存入顧客資料庫以備用。

常客計畫的優勢在於觀光企業能夠透過計畫，積累顧客的消費資訊和背景資料，採取真正適應市場需求的行銷策略，保留或獲取高價值的顧客。資料庫可識別出輕度、重度顧客的種類，從中找出哪些重度顧客是企業創收的關鍵，哪些輕度顧客有望實現向重度顧客的晉升；還可以區分出顧客的忠誠度水準，找出哪些是具有高忠誠度的顧客，哪些是嘗新主義者，不易建立起忠誠度的群體，還有哪些是服務成本最高的客人，因為他們高度關注服務的性價比（Price / Performance Ratio），追求用最少的錢享用最好、最划算的服

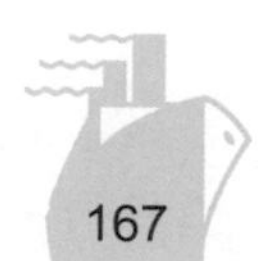

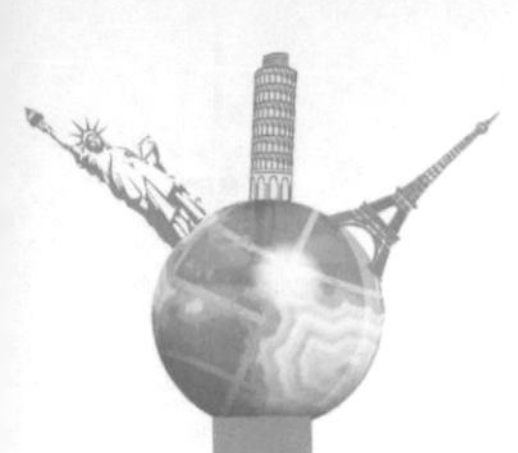

表5-9　大型飯店集團的常客計畫方案舉例

香格里拉集團			
計畫專案	入會資格	會員等級	會員特別優惠
金環會	以合資格房價入住，客人便可在辦理登記入住時獲邀加入貴賓金環會。更可即時享受會員優惠	1.標準級：無最低住房要求 2.行政級：≥2間香格里拉飯店或渡假飯店以合格房價入住20晚或以上 3.豪華級：一年內≥3間香格里拉飯店或渡假飯店以合格房價入住60晚或以上	1.基本優惠：入住和退房優先；提前入住、延遲退房；會員等級早餐；享有客房預訂的候補名單資格；客房升級優惠等 2.經濟及財務優惠：銀行信用卡可每次免手續費提現250美金；免收當地電話費；傳真收費優惠等 3.會員專享優惠：即時電子通訊；合作夥伴提供的專享優惠；免費報刊；迎賓禮品等 4.個人喜好選擇：非吸煙客房；床型、睡枕自行選擇
凱悅集團			
計畫專案	入會資格	會員等級	會員特別優惠
金護照	首次入住凱悅飯店即可入會	1.金卡（普通）：無最低住房要求 2.白金卡：5次或15晚認可住宿後自動升級 3.鑽石卡：25次或50晚認可住宿後升級至最高級別的會籍資格	會員可在凱悅金護照積分或航空公司飛行里程中任選一；積分兌換的獎勵： 1.免費飯店住宿：凱悅旗下飯店及其合作飯店 2.專為會員設計的個人獎賞計畫 3.汽車租賃獎賞 4.積分換飛行里程：2.5點金護照積分換1飛行里程 5.購買或轉移積分
洲際集團			
計畫專案	入會資格	會員等級	會員特別優惠
優悅會	網上填表即可申請成為普通會員	1.普通卡：無最低住房要求 2.金卡：一年內15晚住宿洲際旗下飯店，或累積20000點積分。 3.白金卡：一年內60晚入住洲際旗下飯店，或累積60000點積分	1.航空公司獎勵——累積航空公司的飛行里程 2.飯店住宿獎勵（包括洲際全日空／聯盟飯店）——將積分兌換成飯店現金券使用；零售店購物券；飯店消費券；皇冠假日高爾夫獎勵；溫泉獎勵—水療現金禮券；專用金卡、白金卡精英會員服務電話號碼；優先登記入住和退房優惠；免費房間升級等

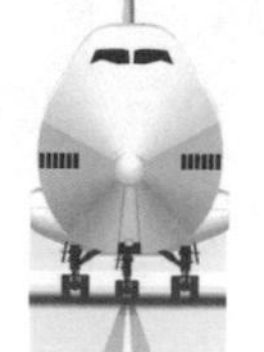

（續）表5-9　大型飯店集團的常客計畫方案舉例

希爾頓飯店集團			
計畫專案	入會資格	會員等級	會員特別優惠
希爾頓榮譽客會	希爾頓榮譽客會的申請對所有人開放，不需要任何費用。可網上申請或聯繫HHonors客戶服務中心	1.藍色級：申請或首次入住 2.白銀級：一年4次入住；黃金級：一年內16晚榮譽會員飯店或一年內36晚希爾頓飯店 3.鑽石級：連續十二個月≥28次有效入住或60天住宿	1.雙贏積分計畫：同時累積飛行里程積分和希爾頓積分 2.優惠措施：優先預訂電話號碼；貴賓入住登記室、退房優先權；提高客房等級禮遇或禮品；飯店積分可與航空里程互換，且積分能購買希爾頓合作商的產品如機票、鮮花、食品、卡倫道爾自行車、AAA會員資格、租用汽車等。可為HHonors鑽石卡貴賓會員打點和協調所有旅行計畫，包括航班、飯店住宿和租車預訂等

務（Barlow, 1999）。

二、資料庫行銷的運用

資料庫行銷有時也被當作是關係行銷（Relationship Marketing），因為某個組織或企業一旦建立起顧客資料庫，就能利用庫存的資訊建立和增強其與顧客之間的關係，實施一對一的行銷。企業可以透過資料庫資訊與顧客保持緊密聯繫，提高顧客的信任感，也可以根據顧客檔案實施客製化服務。顧客檔案一般記錄了顧客的消費偏好，飯店、餐廳或航空公司等，則可以在顧客再次光臨時，提供客人偏好的客房服務、餐飲服務或選座服務，提高顧客感知的服務品質，增強顧客的滿意度和忠誠度。因為常客優惠計畫的實施，主要是防止現有顧客「跳槽」和鼓勵其更頻繁地購買產品——培育顧客忠誠度，所以也常被稱為忠誠度行銷計畫。

雖然資料庫行銷更多地關注企業現有常客，但不應該忽略其他的首次消費客人或消費次數較少的客人，同時還可以在其他尚不是企業顧客、但與現有常客特點相似的潛在顧客群體中應用。運用內部資訊與人口統計資料庫（如各政府統計處公布的入境旅客統計資料，各個國家的旅客於目的地的平

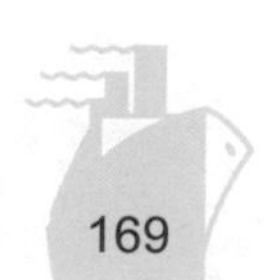

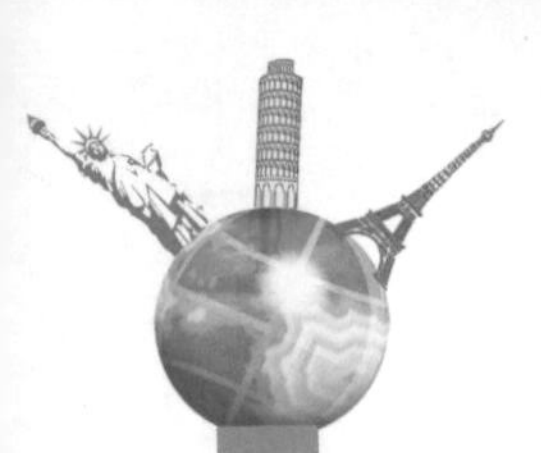

均消費金額），是觀光企業找出更多潛在客源的途徑之一。因此，資料庫行銷的優勢在於建立現有顧客的忠誠度，識別潛在顧客市場以擴大市場占有份額，為成本收益分析提供基礎，並使企業更精準地定位目標市場，從而長遠上減少企業的市場行銷成本。

「二八法則」是眾多行業經常使用的一種顧客分群原則，即20%的顧客往往能產生企業總業務的80%，而另外80%的顧客創造的收入則只是總收入的20%。很明顯，企業往往利用「二八法則」，聚焦於那些購買了80%產品的20%最有價值的顧客，並瞭解他們的構成和特徵，實施針對性的溝通和促銷。顧客消費頻率並不足以代表企業產生的經濟效益，因為平均消費金額的差異也是關鍵的影響因素之一。企業資料庫在辨別關鍵顧客群時，不僅要考慮顧客的消費頻率，還要考慮他們的實際消費價值。高消費的顧客群才是獲取特惠獎勵和認可的歸屬。例如一些航空公司就會確保這些關鍵顧客受到優待，保證航班高峰期的訂位，或是在乘機過程中安排特別照顧服務如高級餐飲、優先選座等。

作為一個過程，資料庫行銷應該包括建立、維持和利用資料庫這三個基本步驟。建立一個行銷資料庫費用相對昂貴，且不能一蹴而就，一般需要數年的時間來建立。僅僅建立資料庫而不去維護它，會出現資料過時或所需資料不精確、影響企業決策效果的後果。因此，保持資料庫資訊的即時更新是企業維護資料庫的關鍵。而如果不把資料庫行銷應用到一般企業的諸如目標市場選擇、產品決策、價格測試等行銷活動中，則資料庫行銷只是發揮了它很小的一部分功能。此外，客史資料分析也有助於觀光企業規劃容量和收益管理，從而提高行銷效益。飯店根據客史資料中預訂日期和實際入住日期兩方面的資訊，就可以計算出各類不同性質顧客（商務、渡假、家庭等）具體的**實際預訂期**（Lead Time）。Lead Time原意是指供貨期，即貨物從入庫開始到送達顧客手中所需的時間，在飯店客房管理中是客人從預訂客房到實際入住所需的時間，可稱之為實際預訂期。實際預訂期的分析是幫助實現收益管理的一種方法，概括的講，是透過歷史資料的統計，對各客源預訂期的規律進行分析，來預測未來客房庫存單位的銷售趨勢，從而決定銷售價格和銷售量的關係。舉例來說，旅行社團隊預訂客房的實際預訂期，基本上是集中在15天之前，而訂房中心散客是在7天之前，如果飯店預測10天後的客房庫

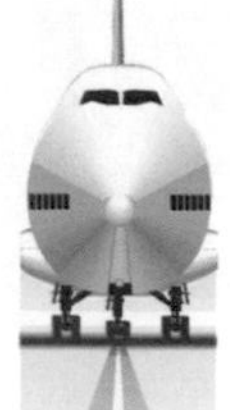

存銷量比去年同期對10天後的預測要低，這個時候便需要推動訂房中心的促銷工作。

在觀光行業的大眾行銷中，降低價格或增加優惠促銷項目，是最強有力的擴展業務方法。但是，這兩種方式都會減少企業的邊際利潤。觀光企業如果採用資料庫行銷，則能透過提供專門針對顧客需求的服務項目和設施，實現資訊的有效傳遞來獲取交易。資料庫行銷最基本的特徵，就是它不是依靠單次的產品或服務交易來為企業創造價值，而是關注與顧客的長期關係，實現持續不斷的交易創造收益。著名的洲際飯店對加入其常住商務觀光項目的成員，建立了詳細的顧客個人資料庫，包括顧客對客房類型（吸煙、非吸煙），床型（雙人床、加寬雙人床、單人床）和樓層的偏好，以及其他細節，諸如特別的香皂或需要額外的枕頭等，更體貼和周全地為客人服務，提高客人的回住率。

 本章小結

隨著行銷費用的持續增長，以行銷資訊系統和行銷研究作為支援來做出經營決策，已經成了企業的一個經營模式。行銷研究資訊可以來自企業內部資源（如銷售業績分析、顧客抱怨比例等）和外部資訊（如競爭者行銷資訊、行業市場發展現狀分析等）。行銷研究不僅有賴於已存在的次級資料研究，同時也會運用企業自身調查獲取的初級資料。常見的行銷研究主題包括顧客識別、產品研究、促銷評估和追蹤調查。研究的過程從問題的識別開始，且一般基於初步的質性研究方法。隨著研究問題明確化，研究的設計過程開始過渡到研究類型的運用、研究方法設計、樣本挑選和資料蒐集方法。蒐集好資料之後，就要開始分析數據、解釋分析結果並準備最後的研究報告。

目前越來越多企業的行銷研究集中於如何更多地瞭解現有顧客，而利用常客獎勵計畫則成了這些企業追蹤顧客交易記錄的最主要途徑。常客獎勵計畫是經營者與企業的關鍵客戶——消費金額最多、最頻繁的客戶——建立良好關係、保持或增強他們的忠誠度的重要策略，但同時對潛在顧客的吸引和誘導，也是行銷研究的一個重要組成部分。資料庫行銷是企業利用庫存的資

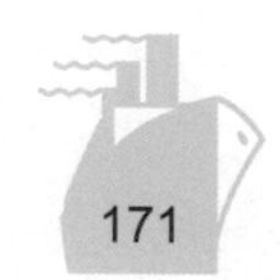

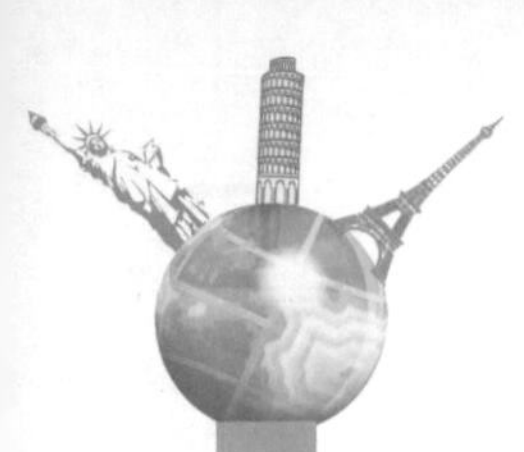

訊建立和增強其與顧客之間的關係，實施一對一的行銷。資料庫行銷是包括建立資料庫、維持資料庫和利用資料庫這三個基本步驟的一個過程。

重要概念

■觀光行銷資訊　Tourism Marketing Intelligence
■環境掃描　Environmental Scanning
■銷售點管理系統　Point of Sales, POS
■行銷資訊體系　Marketing Information Systems
■初級資料研究　Primary Research
■次級資料研究　Secondary Research
■廣告設計測試　Copy Testing
■模擬試驗　Laboratory Experiment
■實地試驗　Field Experiment
■追蹤研究　Tracking Studies
■品牌知名度　Brand Awareness
■首要意念　Top-of-Mind
■無輔助回憶度　Unaided Recall
■輔助回憶度　Aided Recall
■質性研究　Qualitative Research
■量化研究　Quantitative Research
■深度訪談　In-Depth Interview
■焦點小組訪談　Focus Group
■觀察法　Observation
■神秘訪客　Mystery Shopper
■調查法　Survey
■攔截訪問調查　Intercept Survey
■電話訪問調查　Telephone Survey
■郵件調查　Mail Survey
■特設問卷調查　Ad Hoc Mail Survey
■小組郵件調查　Panel Mail Survey
■網路問卷調查　Online Survey

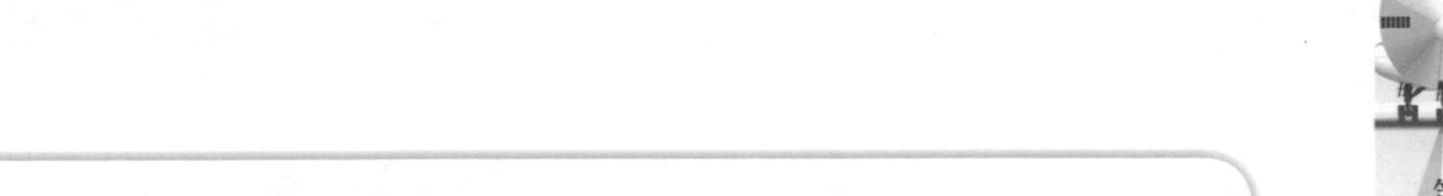

■抽樣　Sampling
■抽樣框架　Sampling Frame
■機率抽樣　Probability Sampling
■簡單隨機抽樣　Simple Random Sampling
■等距抽樣　Systematic Random Sampling
■整群抽樣　Cluster Sampling
■分層抽樣　Stratified Sampling
■非機率抽樣　Non-Probability Sampling
■便利抽樣　Convenience Sampling
■判斷抽樣　Judgment Sampling
■配額抽樣　Quota Sampling
■滾雪球抽樣　Snowball Sampling
■資料庫行銷　Database Marketing, DBM
■常客行銷　Frequency Marketing
■關係行銷　Relationship Marketing
■實際預訂期　Lead Time

課後習題

一、行銷資訊的主要來源有哪些？你認為這些資訊對基層企業至關重要嗎？對集團總部呢？

二、次級資料研究的主要來源有哪些？請闡述次級資料研究的優缺點。

三、觀光企業通常進行行銷研究的主題有哪些？你認為應如何利用這些研究主題？

四、請闡述行銷研究的整個過程，有哪些步驟需要完成？

五、行銷研究過程中怎樣精確地選取研究樣本？列舉並解釋機率抽樣和非機率抽樣的具體方法。

六、請簡要闡述行銷調查問卷設計過程中的十大步驟，以及各步驟的注意事項。

七、什麼是資料庫行銷？觀光企業一般採取什麼樣的資料庫行銷方式？有什麼意義？

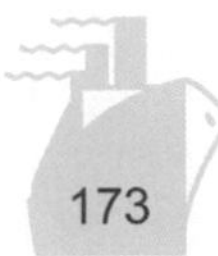

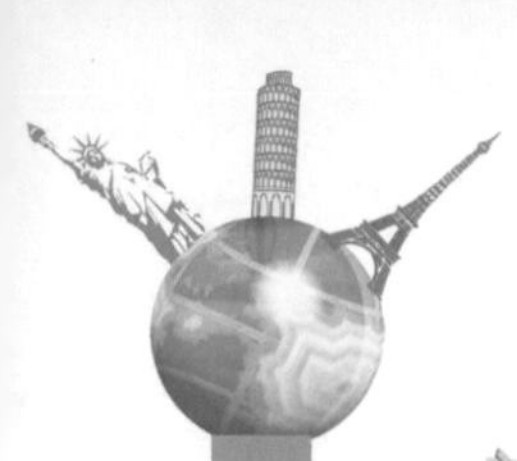

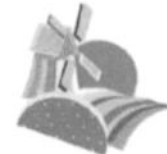

附錄一　某飯店的「顧客意見調查表」

尊敬的女士／先生：

您好，感謝您下榻本飯店，為了給住客提供更好的服務，我們正在進行一項關於顧客意見的調查。歡迎您協助我們填寫這份調查問卷，這份問卷大約要花費您10分鐘左右的時間。您所填寫的所有資料將會嚴格保密。非常感謝您的幫忙！我們將仔細研究問卷，並不斷提高我們的服務品質。

【說明】請在每個項目後面的數字或方格內打勾，以表示你所認可的服務水準或經歷。數字1至5所表示的是程度的逐漸增加。

1.您的整體住店經歷	差	一般	好	很好	非常好
考慮各方面的因素，請您對本飯店的整體體驗給予評分	1	2	3	4	5
2.再次光顧	根本不可能	不大可能	有可能	很有可能	一定會
您有多大可能性會再次選擇入住本飯店？	1	2	3	4	5
您有多大可能性會向您的朋友和同事推薦本飯店？	1	2	3	4	5
3.請根據您自己對於本飯店的感受給予評分	非常不同意	有些不同意	一般	有些同意	非常同意
本飯店在同類飯店中表現優秀	1	2	3	4	5
本飯店適合像您這樣的人	1	2	3	4	5
我覺得您和本飯店建立了一份感情	1	2	3	4	5
本飯店是您信賴的飯店	1	2	3	4	5
下榻本飯店給您回家的感覺	1	2	3	4	5
4.請您對抵達本飯店時的整體感覺給予評分	差	一般	好	很好	非常好
到達時的總體印象	1	2	3	4	5
大廳環境	1	2	3	4	5
室外環境	1	2	3	4	5
綠化環境	1	2	3	4	5
辦理入住手續的速度／效率	1	2	3	4	5
預訂的準確程度	1	2	3	4	5
飯店接送服務	1	2	3	4	5
沒有使用「飯店接送服務」☐					
行李運送的及時程度	1	2	3	4	5
沒有使用「行李運送服務」☐					

5.您對房間的特殊要求是否得到滿足（如果您在預訂時已提出特殊要求）	是	否	未在預訂時提出		
6.請對住宿服務／設施給予評分	差	一般	好	很好	非常好
對客房的整體評分	1	2	3	4	5
客房設計（裝修／裝飾／整體色調）	1	2	3	4	5
床的大小	1	2	3	4	5
床墊、枕頭和床單的品質及舒適度	1	2	3	4	5
光線（自然光／照明光）	1	2	3	4	5
空氣品質	1	2	3	4	5
隔音	1	2	3	4	5
網路設備	1	2	3	4	5
沒有使用「網路設備」 □					
保險櫃	1	2	3	4	5
沒有使用「保險櫃」 □					
電視節目（包括自辦節目）的多樣化	1	2	3	4	5
電視接收效果	1	2	3	4	5
客房服務	1	2	3	4	5
7.早餐服務（您是否使用該項服務，如未使用，請直接回答下一道題）	差	一般	好	很好	非常好
對早餐的整體評分	1	2	3	4	5
價格	1	2	3	4	5
早餐價格包含在房價中，未知 □					
菜品的物有所值程度	1	2	3	4	5
用餐環境	1	2	3	4	5
菜單或自助餐品種的多樣化	1	2	3	4	5
食品的新鮮程度	1	2	3	4	5
食品溫度的適宜程度	1	2	3	4	5
現場製作食品的品質	1	2	3	4	5
餐檯的設計和擺設	1	2	3	4	5
自助餐檯添加食品的及時程度	1	2	3	4	5
餐檯清理的及時程度	1	2	3	4	5
服務員服務的及時程度	1	2	3	4	5
餐廳清潔程度	1	2	3	4	5
8.除早餐外的就餐（您是否使用該項服務，如未使用，請直接回答下一道題）	差	一般	好	很好	非常好
對該餐飲的整體評分	1	2	3	4	5
價格	1	2	3	4	5
菜品的物有所值程度	1	2	3	4	5
用餐環境	1	2	3	4	5
菜單或自助餐品種的多樣化	1	2	3	4	5

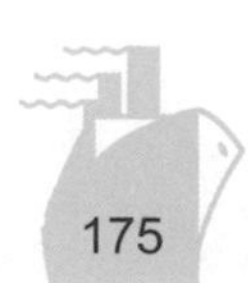

食品的新鮮程度	1	2	3	4	5
食品溫度的適宜程度	1	2	3	4	5
餐廳清潔程度	1	2	3	4	5
9.根據最近一次客房送餐的情況對以下各項給予評分（您是否使用該項服務，如未使用，請直接回答下一道題）	差	一般	好	很好	非常好
菜品的物有所值程度	1	2	3	4	5
菜品飲料的品質	1	2	3	4	5
菜單品種的多樣化	1	2	3	4	5
送餐的及時程度	1	2	3	4	5
訂餐的準確程度	1	2	3	4	5
10.飯店的員工	差	一般	好	很好	非常好
對飯店員工的整體服務給予評分	1	2	3	4	5
禮貌程度	1	2	3	4	5
熱心友善程度	1	2	3	4	5
對您的要求反應迅速程度	1	2	3	4	5
解決問題的能力	1	2	3	4	5
溝通技巧	1	2	3	4	5
識別客人的能力	1	2	3	4	5
11.商務中心（您是否使用該項服務，如未使用，請直接回答下一道題）	差	一般	好	很好	非常好
對商務中心的整體評分	1	2	3	4	5
價格	1	2	3	4	5
設施齊全	1	2	3	4	5
環境（安靜／舒適）	1	2	3	4	5
服務人員的說明	1	2	3	4	5
12.您是否使用其他服務及設施，若使用，請回答下列問題	差	一般	好	很好	非常好
大廳酒廊	1	2	3	4	5
總機／服務中心	1	2	3	4	5
洗衣服務	1	2	3	4	5
健身會所及Spa	1	2	3	4	5
游泳池	1	2	3	4	5
美容院	1	2	3	4	5
禮賓部／賓客關係部	1	2	3	4	5
留言服務	1	2	3	4	5
會議／宴會服務	1	2	3	4	5
13.客人安全	非常不安全	比較不安全	沒感到安全也沒感覺到不安全	比較安全	非常安全
您住店期間是否感到安全？	1	2	3	4	5

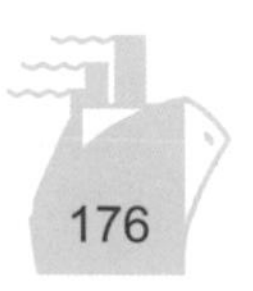

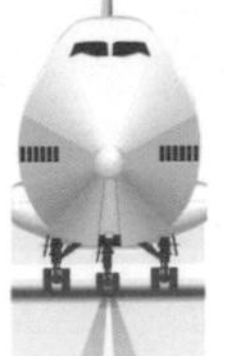

14.結帳服務	差	一般	好	很好	非常好
對結帳服務的整體評分	1	2	3	4	5
辦理結帳手續的速度	1	2	3	4	5
帳單的準確程度	1	2	3	4	5
行李運送的及時程度	1	2	3	4	5
門僮送客離開時給予的援助（如幫助攔截計程車）	1	2	3	4	5
15.價格評估	很貴	較貴	適當	較便宜	很便宜
與其他同樣檔次的飯店相比，您認為本飯店的價格：	1	2	3	4	5
16.請根據您自己的印象對以下描述給予評分。	非常不同意	有些不同意	一般	有些同意	非常同意
本飯店給您「都市綠洲」的感覺	1	2	3	4	5
本飯店給您輕鬆愉悅的感覺	1	2	3	4	5
木飯店的設計別具一格	1	2	3	4	5
本飯店是一個富有創意的飯店	1	2	3	4	5
本飯店是商務人士的理想選擇	1	2	3	4	5
17.存在的問題	有	沒有			
您此次下榻本飯店有沒有遇到任何問題？	□	□			
您有沒有向飯店有關部門反映您遇到的問題？	□	□			
18.您此次為何選擇入住本飯店？（請選擇所有適合的項目）					
他人推薦	□				
您以前住過很滿意	□				
飯店的信譽／形象	□				
廣告	□				
旅行社的建議	□				
旅行社的規定	□				
飯店的促銷活動	□				
公司差旅政策規定	□				
在飯店召開會議／集會	□				
19.您此行的主要目的是：	□ 商務	□觀光			

非常感謝您的參與，請將填寫好的問卷交至大廳前臺以領取一份紀念品！

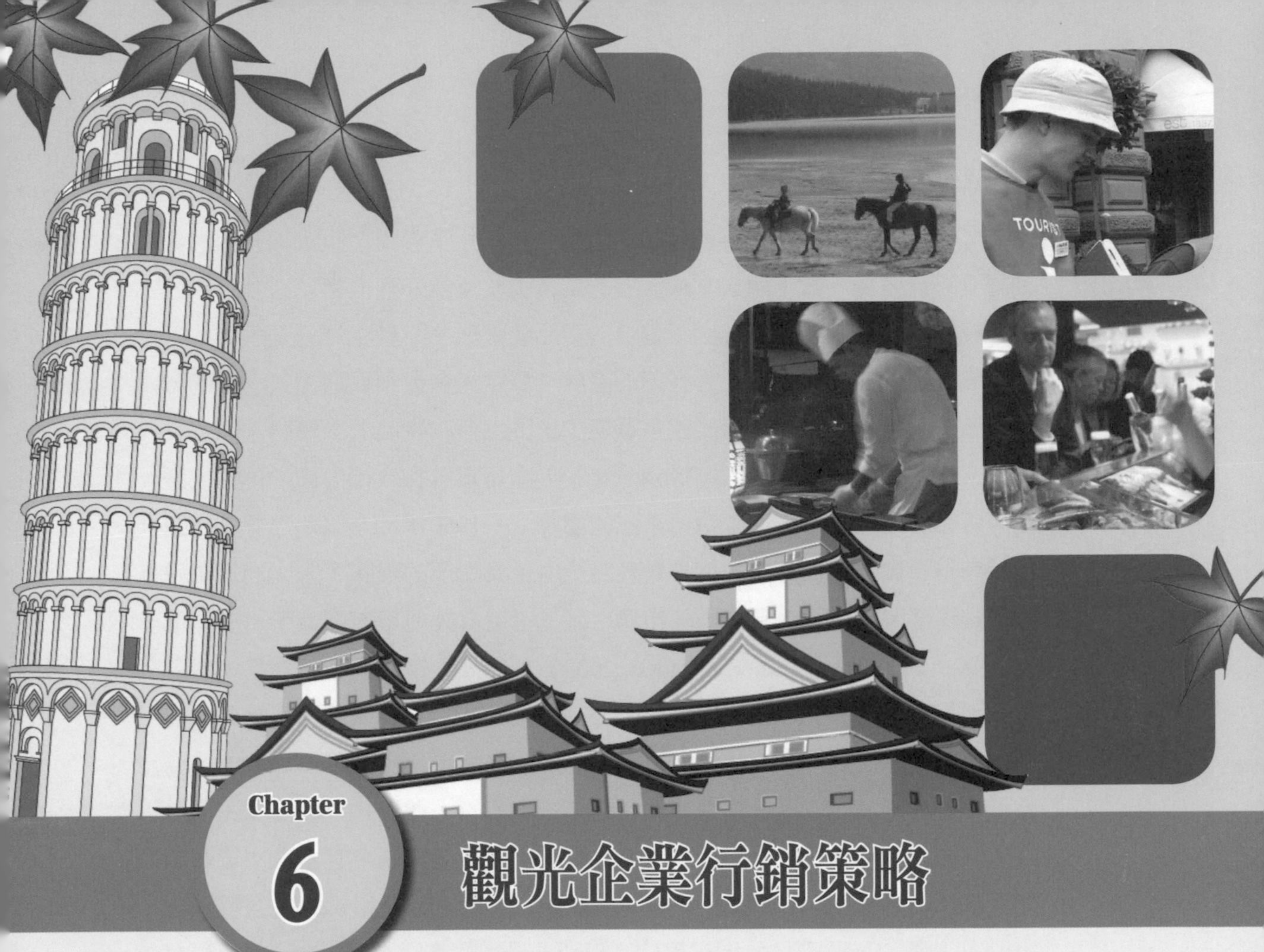

Chapter 6

觀光企業行銷策略

本章要點

- ◆策略行銷和功能行銷的主要區別
- ◆觀光企業制定策略規劃的具體步驟
- ◆企業資產組合分析的定義、具體方法，以及兩種常見的分析模型：波士頓管理諮詢公司模型和奇異模型
- ◆市場境況分析（SWOT分析）在觀光企業中的應用
- ◆三種常見的一般性策略和四種以成長為導向的拓展型策略模式
- ◆市場定位和定位聲明

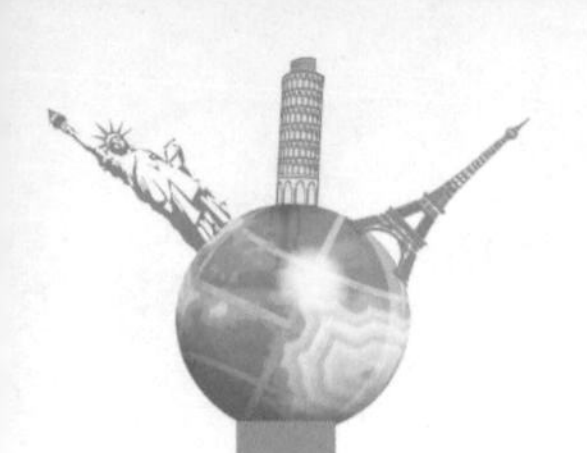

如今，觀光產業的業務競爭異常激烈，有些企業獲得了巨大成功，有些則經受不住考驗，敗下陣來。或許有的企業由於運氣好而取得了成功，因為他們在適合的時間向市場推出了適合的產品或服務。一旦企業只是一味的憑藉運氣，那麼他們將不可能有長遠的發展。故觀光企業須採取先人一步的方法和策略，以適應複雜多變的競爭環境，求得生存和發展。「策略」的英文"Strategy"一詞源於希臘語"Strategos"，本是軍事和政治方面的詞彙，是指「將領有效利用軍隊資源指揮軍隊的藝術」。1960年代，策略思想開始運用於商業領域，並從商業角度被定義為「由企業內部的現狀、未來的規劃目標、資源部署，以及企業與外部市場、競爭者還有其他環境因素所組成的重要綱要」（Mullins, Walker, & Boyd, 2008）。此外，策略也被認為是一個公司的「遊戲計畫」（Pearce & Robinson, 1997），或「公司著眼於未來的發展而制定的宏偉藍圖」。

更具體地說，企業策略是企業制定諸多決策的一種模式，這種模式：(1)決定、形成並明示企業的長期、短期目標；(2)制定實現這些目標的主要政策和計畫；(3)明確企業願意涉入的業務種類、想要的經濟和人力組合種類，對股東、員工、顧客和社區實現的經濟或非經濟貢獻的性質（Bower et al., 1991）。

行銷在企業策略管理過程中起著至關重要的作用，因為成功的行銷為企業逐步實現目標起著關鍵作用。雖說我們在此主要聚焦行銷，但企業策略涉及到諸多方面的元素：財務、人力資源、營運、技術等。例如，企業想要在某區隔市場上達到加倍的市場份額，則須依賴於實現此目標必需的企業的財務、人力資源和技術資源等。行銷策略是對企業面對的可選機會和風險的分析，這些機會和風險透過外部環境（如競爭環境、社會環境、經濟環境等）和內部資訊（如生產力、生產效率）表現出來，並指引管理部門選定一套特別的市場區域、產品和顧客目標。行銷策略所起的作用是為行銷行動的執行指定明確的目標和方向（Armstrong & Kotler, 2009）。

第一節 觀光企業策略行銷

當企業目標與顧客需求達成一致時，企業才能提供給顧客想要的高價值體驗。當企業提供的價值具有較低的價格、較好的產品，或二者合一的物美價廉的特點時，企業競爭優勢由此形成。當相同或相似的價值被兩個或以上的企業提供時，大多數顧客不能區分出它們之間的區別，也就體現不出企業的競爭優勢。如果企業之間沒有競爭優勢，可能會導致一場價格戰。雖說可以滿足顧客的需求，但無法實現企業的目標。因此，行銷策略須被定義為：「企業為與其他提供相同或相似產品、服務的競爭對手競爭，運用相對力量在某個特定的環境去更好地滿足顧客需求而積極採取的行動」（Jain, 1997）。

在特定的市場環境中，行銷策略從本質上處理的是三方面的問題，也就是我們所說的"3C"：顧客（Customer）、競爭（Competition）和企業本身（Corporation）（Jain, 1997）。這三個關鍵要素一起形成了如**圖6-1**所示的**行銷策略三角架**（Marketing Strategy Triangle）。企業的行銷策略主要

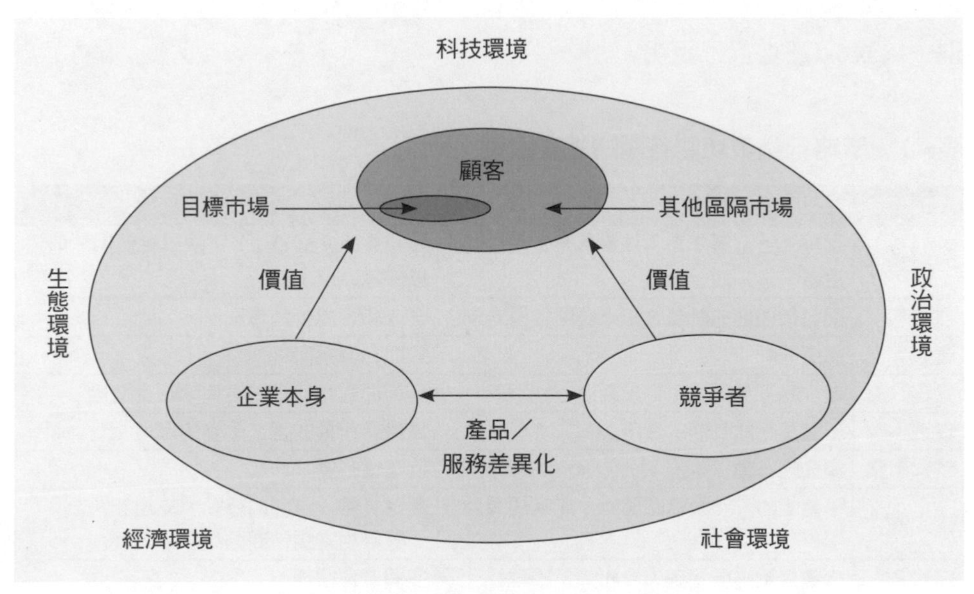

圖6-1 行銷策略三角架

資料來源：Ohmae, K. (1982). *The Mind of the Strategist* (p. 92). New York: Penguin Books.

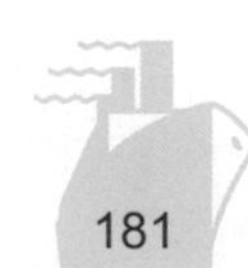

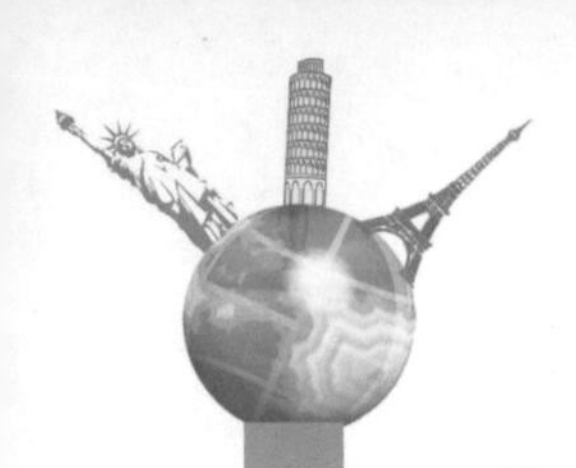

就是為了找出能區別企業與競爭者，體現企業優越性的特點，即競爭優勢（Competitive Advantage），而且緊緊抓住這些特點傳遞給顧客更好的價值。策略性的行銷視野是企業為了確保行銷策略與企業的整體目標、發展方向一致的必需條件。

一、策略行銷與功能行銷

策略行銷與功能行銷的區別是相對的。一般來說，**策略行銷**（Strategic Marketing）從長遠的角度考慮問題，並在很大程度上考慮到整個集團或企業的基本責任，相對於實際行動而言更關注長遠目標和計畫。策略行銷注重在合適的時間裡為合適的市場提供合適的產品，或集中於解決企業重點經營什麼業務的問題。雖然策略行銷規劃的制定主要來自客觀的市場研究，但同時也可能要注入主觀性元素，如個人經歷、個人判斷、專長和高層管理人員的直覺。有時候短期的經營行為要為企業的長遠發展做出犧牲。而**功能行銷**（Functional Marketing）則與日常行銷活動緊密相連，實施必要的行銷策略，並善於觀察目標市場上即時的變化，甚至是變化的細枝末節。它主要針對的是企業既定的某個或幾個經營業務。有關策略行銷和功能行銷的主要區別，於**表**6-1裡進行了說明。

表6-1　策略行銷與功能行銷的主要區別

	策略行銷	功能行銷
時間跨度	長期（三至五年）：決策具有長期性的意義	短期（Day-to-Day）：決策有效期一般以一年為度
目的	開發策略性的計畫為未來發展指引方向	形成和實施行銷專案
資源	廣泛分配	短期利弊權衡
過程	較少拘泥於形式，更加靈活	更加形式化並且結構化地制定進度
環境	千變萬化的動態的環境	偶爾有紛擾的恆久不變的環境
領導風格	預先性行動	反應性行動
確定性	不確定的、涉及範圍廣泛、非常規問題	明確具體、定時的行動、支出和控制，一般針對常規性問題
職責	少數幾個高層管理人員和營運經理	多個營運經理

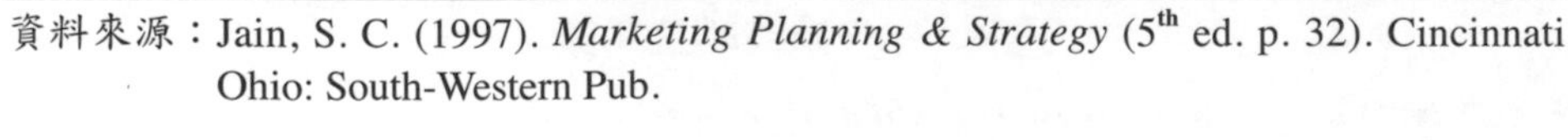

資料來源：Jain, S. C. (1997). *Marketing Planning & Strategy* (5th ed. p. 32). Cincinnati, Ohio: South-Western Pub.

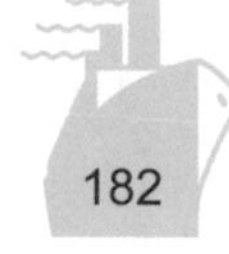

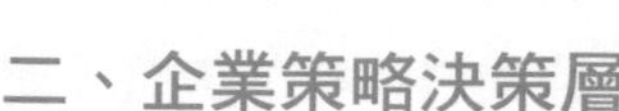

二、企業策略決策層

整個企業／集團的策略決策非一個人所能制定，而是企業內部各個不同的管理層面系統化決策的結果，如**圖**6-2顯示了典型的行銷決策層級圖。企業總部決策層居於最高層，主要由執行總裁和董事委員會組成。在多業務型企業裡，企業總部決定將要經營的業務內容和形式。

在業務層面，負責各項具體業務（旅行社、飯店、餐飲、汽車租賃等）的經理，必須把企業層面產生的目標陳述詮釋成經營策略，並將這些策略傳遞給各自的策略業務單位成員，指導單位未來的發展重點和方向。和整個組織相比，策略業務單位（Strategic Business Unit, SBU）只從事及經營較少的相關業務。每一個策略業務單位由相關的分支機構組成，並由分支機構的負責人向策略業務單位或組織總部進行工作溝通（Enz, 2010）。單一業務型企業的策略業務單位只有一個，如麥當勞的組織總部層面和業務單位層面是相同的；但多業務型企業的策略業務單位卻可以包含其涉入的多個相互聯繫、提供不同產品的業務。以在世界娛樂業和資訊業占據重要地位的華特迪士尼

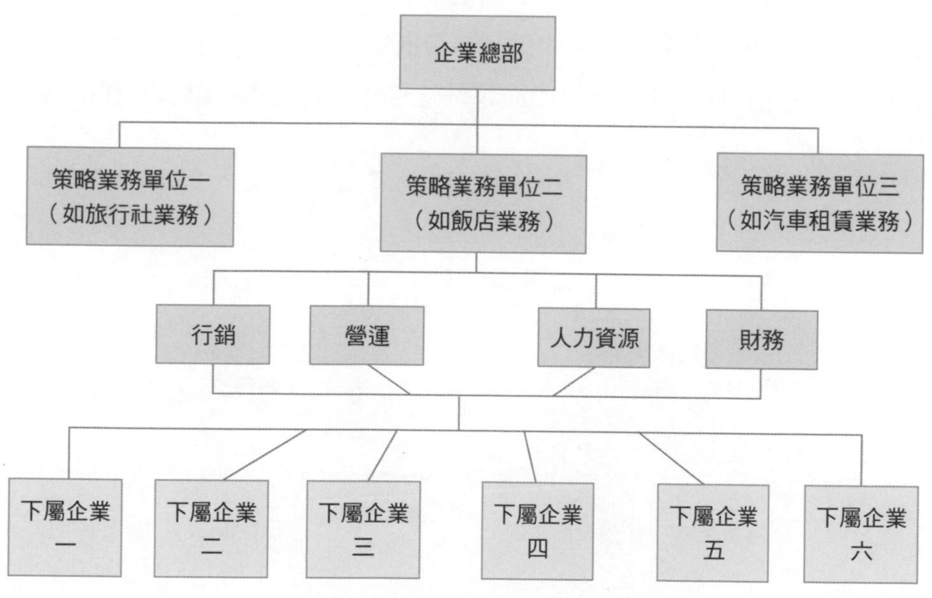

圖6-2　企業策略管理層級圖

資料來源：Hsu, C.H.C. & Powers, T. (2002). *Marketing Hospitality* (3rd ed. p.127). New York: John Wiley & Sons.

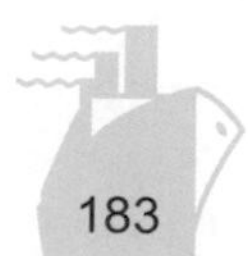

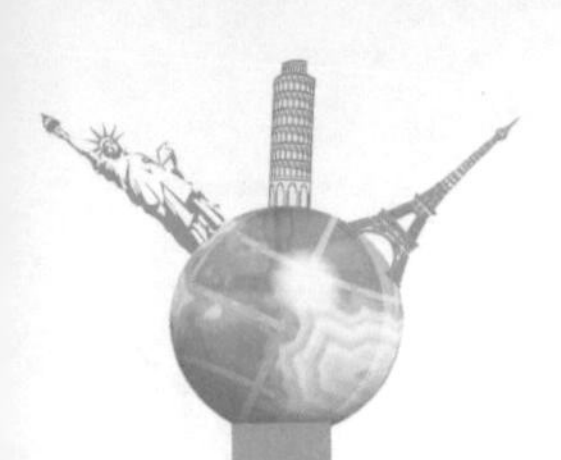

公司為例，該公司採取了針對不同產品和服務的多種業務經營的策略（圖6-3）。對於多業務型企業的策略業務單位的主管來說，他們要為各自負責的業務開發出指引未來發展的長期性行銷策略。因此，該層面策略行銷的具體實施主要是針對各個策略業務單位。

位於企業策略管理結構圖第三層的是功能決策層。該層主要負責制定各功能部門的目標和年度計畫。傳統上來說，某項業務經營的成功取決於行銷部門、營運部門、人力資源部門和財務部門功能的結合。下屬企業單位的主管則是把各層策略規劃運用於實際經營活動中的執行者。集團總部和策略業務單位的管理人員聚焦於「做正確的事情」，而功能層和下屬企業單位則關注於「正確地做事」。

 第二節　觀光企業策略規劃

對於經營多種業務的企業來說，策略存在於不同的管理層次。策略按其影響的範圍及內容可劃分為三個層面：第一，**企業策略**（Corporate Strategy）是指整個企業／集團的生存和發展策略；它基於企業集團的價值理念和企業使命形成，所要解決的問題是確定經營範圍和企業資源在不同業

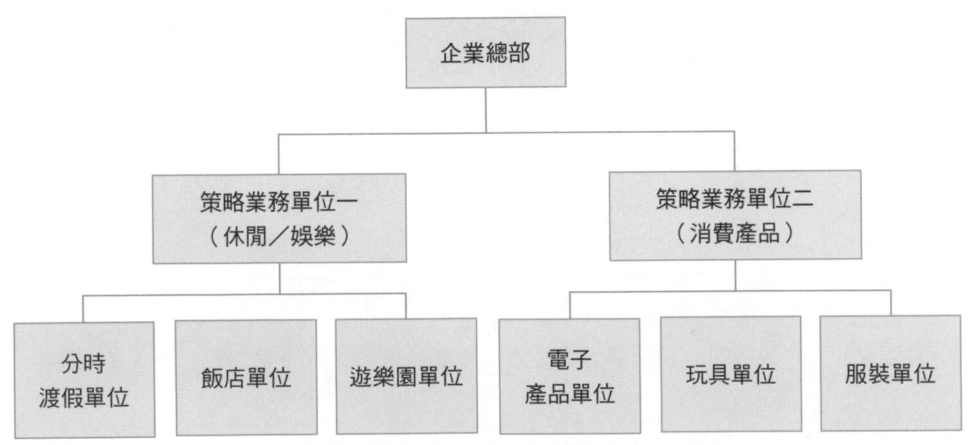

圖6-3　多業務型企業的策略業務單位圖

資料來源：Enz, C. A. (2010). *Hospitality Strategic Management: Concepts and Cases* (2nd ed. p.321). Hoboken, N.J.: John Wiley & Sons.

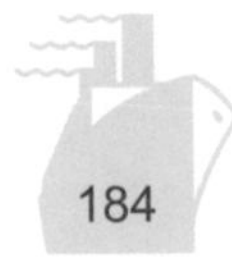

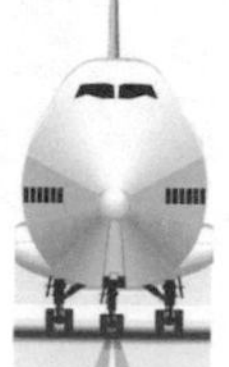

務單位之間的分配事項。它由企業的最高管理層來確定，並且有較長的時限。第二，**業務策略**（Business Strategy），即公司所從事的各個業務單位或事業部的經營策略；集中於在某一既定的經營業務內確定如何競爭的問題。它的影響範圍要較企業策略窄，且適用於單一業務型企業。第三，**功能策略**（Functional Strategy）是指各功能部門的具體策略，如營運策略、人力資源策略、行銷策略、財務策略等等。

企業制定策略規劃，明確企業使命和識別業務單位是首要條件（如**圖6-4**）。企業進行周密的資產組合分析，選定將要經營的策略業務單位，並確保能在各單位之間合理分配資源。而選定的策略業務單位本身具有的優勢、劣勢，外部面臨的機遇、風險，即SWOT分析的結果，是企業制定業務單位的使命和策略的基本依據。一旦明確制定這些使命和策略，企業便要對各個市場進行定位並制定出具體的定位聲明。最後，企業根據企業策略和業務策略制定具體的功能範圍策略並付諸實施。上面所描述的策略規劃過程被稱之為自上而下的規劃方法，一些企業也運用自下而上的策略規劃方案。規劃最先由下屬公司和功能部門開始，然後才是策略業務單位並最終產生出企業的經營使命。即使是使用自上而下的規劃方法，各下屬層面的參與也都是很重要的。

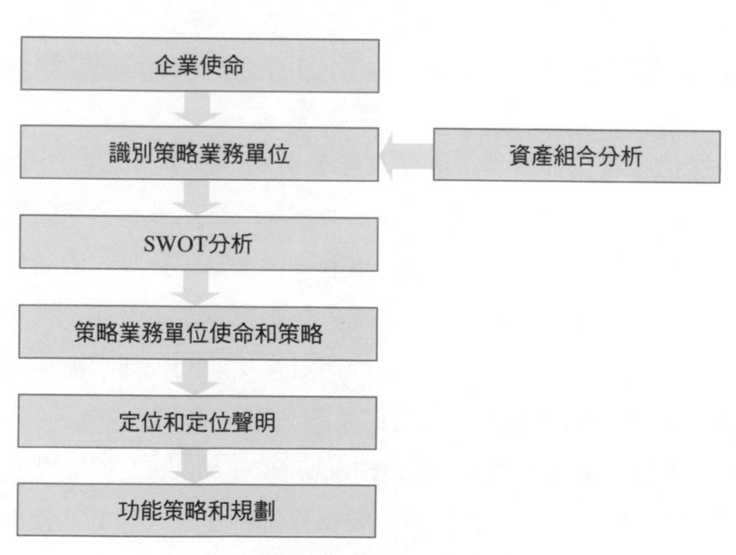

圖6-4　企業制定策略規劃過程

資料來源：改編自Hsu, C.H.C. & Powers, T. (2002). *Marketing Hospitality* (3rd ed. p.128). New York: John Wiley & Sons.

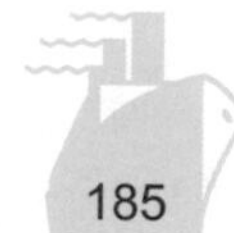

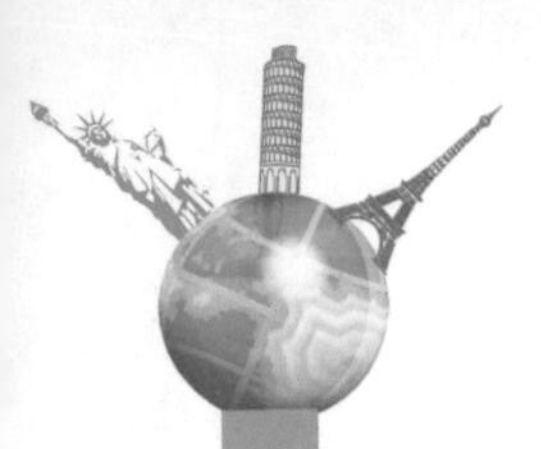

一、企業使命

在管理學上，**企業使命**（Corporate Mission）是一個專有名詞，它是一個公司對長期持久目標的設計和界定，是「要去完成的任務」，將反映出這個組織的價值觀、長期宗旨和優越性。企業使命主要代表公司想要做的事以及想要達成的目標，這個目標是企業存在的基礎，並體現出與眾不同之處。企業使命陳述將公司與業內其他公司區分開來，塑造自身獨特的形象、明確業務發展重點及其發展道路。所有公司，無論規模大小，都需要使命陳述作為指導，讓其員工、顧客，甚至股東瞭解它代表誰的利益及它往何處發展。企業長期的發展意向，如企業為什麼存在、參與什麼樣的業務、為何種客人服務等問題，都在企業使命陳述中明確反映出來（Bower et al., 1991）。香格里拉飯店集團的使命宣言是「每時每刻令客人喜出望外」。從中可以看出，香格里拉透過提供使客人時時刻刻喜出望外的服務來實現企業存在的價值。

企業的使命陳述可以被視為目標，而其他所有活動則是實現這一目標的方法。因此，使命陳述可作為評價公司績效的一個標準。但是，使命陳述不是永恆的。往往隨著時間和環境的變化，使命陳述應該被評估和修正。最佳措辭的使命陳述是簡單而簡潔的。

二、資產組合分析（Portfolio Analysis）和策略業務單位的界定

多樣化企業往往發現不同業務經營的資本投入和產出不能達到平衡。一些業務單位的收益比實際維護或拓展業務的支出多，但有的業務單位卻相反，收入低於支出。所以，企業／集團管理者為了實現「收益最大化」的目標，就要找出在各業務單位之間合理分配企業資產（財務、人力、技術等）的最好方式。業務資產組合就成了管理者常採取的一種平衡企業內不同業務單位現金流的方法。最常用的兩種業務資產組合評估模型，是波士頓管理諮詢公司模型（Boston Consulting Group, BCG Model）和奇異模型（General Electric, GE Model）。行銷人員主要負責提供企業有關的各種產品和市場訊息，以協助完成策略決策的制定。

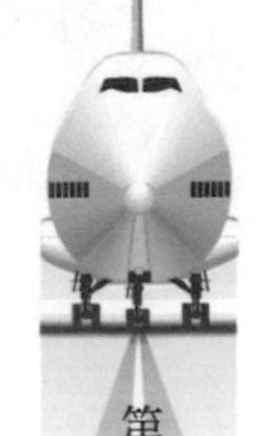

(一)波士頓管理諮詢公司模型

世界最大的諮詢集團之一——波士頓管理諮詢公司（Boston Consulting Group, BCG）於1970年代初期開發出資產組合矩陣，主要對企業的市場增長率和相對市場份額進行分析。波士頓矩陣用「市場增長率」指標表示發展前景，用「相對市場份額」指標評價各項業務的競爭地位，然後利用這兩者組成的矩陣，顯示出哪個策略業務單位提供高額的潛在收益，哪個策略業務單位是組織資源的漏斗（圖6-5）。這兩個重要的衡量指標把業務單位分為四種類型——問題型、明星型、現金牛型和瘦狗型。用四個相對簡單的分析來應對複雜的策略問題，波士頓矩陣確定哪些產業應該投資、控制成本或剔除，以使業務組合達到最佳經營成效。

■問題型業務

問題型業務區域的業務市場增長率高，但市場份額低。企業的新業務投入高度增長的市場時，往往屬於此區域，因為新業務市場占有份額不高，但增長潛力較大。問題業務的決策相對較難掌握，因為其中一些應當出售或剔

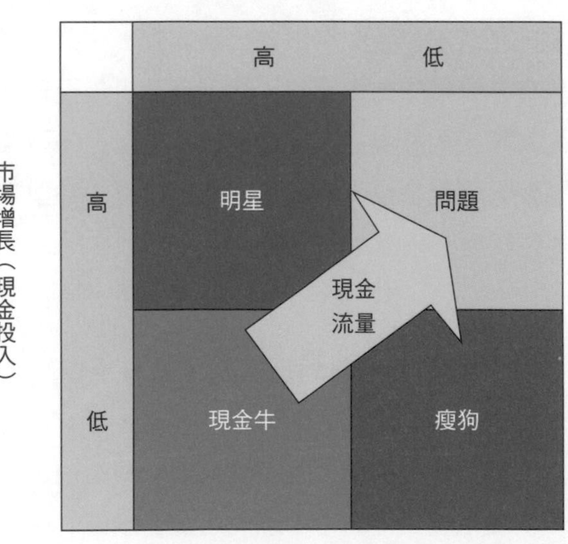

圖6-5　波士頓管理諮詢公司市場增長率—相對市場份額（BCG）矩陣

資料來源：Mullins, J. W. & Walker, O. C. (2010). *Marketing Management: A Strategic Decision-Making Approach* (7th ed. p. 55). Boston: McGraw-Hill Irwin.

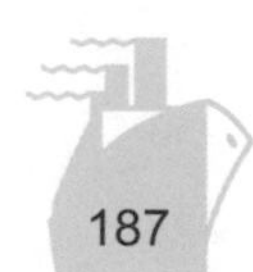

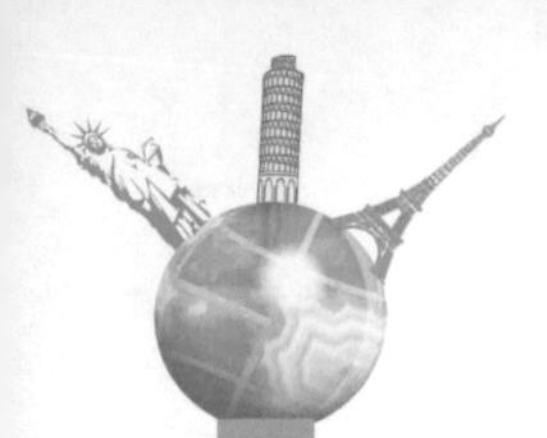

除，另一些則可以透過採取必要措施，如投入大量的現金，建立相應的設施設備和人力資源轉成明星業務。「問題」非常貼切地描述了公司對待這類業務的態度，因為這時公司必須慎重回答「是否繼續投資，發展該業務？」這個問題。只有那些符合企業長遠發展目標且具有資源優勢、能夠增強企業核心競爭力的業務，才能得到肯定的回答。如果得到肯定回答的問題型業務取得成功，市場份額一旦擴大，便會發展成明星型業務。

明星型業務

明星型業務領域中的產品處於快速增長的市場，並擁有舉足輕重地位的市場份額，可以視為高速成長市場中的領導者。但這並不意味著明星業務一定可以為企業帶來源源不斷的現金流，因為市場還在高速成長，企業必須繼續投資，以保持與市場同步增長，並擊退競爭對手。如果明星業務在市場飽和及增長率下降的情況下，仍能有相對最大的市場份額，那麼最終會轉變為現金牛業務，為公司帶來豐富的現金收益。此時決策人員必須採取正確的方法，將企業有限的資源投入在能夠發展成現金牛的業務上。

現金牛型業務

現金牛型業務領域的業務經營已經發展成熟，並成為企業現金收益的主要來源，但面臨有限的增長前景。由於市場已經成熟，企業不必大量投資來拓展市場規模，同時作為市場中的領導者，該業務享有規模經濟和高邊際利潤的優勢，因而給企業帶來大量現金流。企業往往用現金牛型業務來支付帳款並支援其他三種需要大量現金投入的業務。為保持現金牛型業務單元的市場份額優勢，企業往往採用比較穩定的市場策略。

瘦狗型業務

瘦狗型業務往往處於微利甚至是虧損狀態，占有市場份額不大且增長率低。如果對現金牛型業務的市場領導地位維持不當，就有可能轉化成瘦狗型。企業有可能由於主觀的管理決策失誤而淪為瘦狗型業務，也有可能是由於難以控制的外部環境變化所致。例如，以前建在老城區的會展中心曾經生意興隆，但隨著政府辦公樓和一些公司總部遷到新開發的配套設施齊全的新城區，導致對老城區會展中心的需求下降，而不再成為首選的會議場所。所

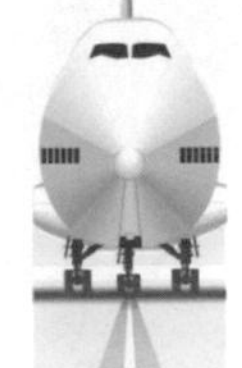

以，該會展中心的會展業務不是因為管理的差錯，而是難以控制的外部環境的變化而成為瘦狗型業務。

傳統觀點一般把瘦狗型業務用悲傷的表情來形容此類業務的衰退，但其實並非所有瘦狗型業務都是如此。其中一部分業務其實是應該看到希望而不是失望，有些業務仍有收益且可以創收。例如，隨著越來越多高星級飯店的出現，一些三星級飯店的生意每下愈況。但是，由於近年來地產升值，這些業主可以高價出售飯店套現，再投資到其他有經營前景的業務。

分屬不同類型的業務需要不同的行銷策略對應。首先，為實現問題業務向明星業務的轉化，企業必須大量投入資金來創建必要的硬體、軟體設施，採取有效的行銷支持以獲取市場份額。第二，由問題型業務繼續投資發展起來的明星型業務，可以視為高速成長市場中的領導者，但這並不意味著明星業務一定可以為企業帶來源源不斷的現金流，因為企業必須繼續投資才能保持與市場同步增長。此時企業多採用拓展型的行銷策略，以實現明星型業務向現金牛型業務的轉型。第三，現金牛型業務處於成熟的市場環境，占領了市場優勢並能產生大量現金。維持該業務的高市場份額和市場領導地位才是企業最主要的任務。因此，企業多採用穩定型行銷策略。瘦狗型業務既不需要企業的大量投資，也難以為企業創造收益。因此，企業會採用收縮式行銷策略，如出售或清算業務，以便把資源轉移到其他領域。

(二)奇異模型

企業策略學家認為波士頓矩陣過於單一，難以反映企業複雜的業務經營狀況。針對該矩陣存在的很多問題，美國奇異公司於1970年代開發了新的資產組合分析方法——GE矩陣。如圖6-6所示，GE矩陣運用市場吸引力（橫軸）和業務實力（縱軸）兩個維度衡量業務水準，但兩個維度都使用了多個指標，同時增加了中間等級。圖6-6列舉的只是用來衡量市場吸引力和業務實力的指標的一部分。BCG矩陣中用到且僅用到的兩個要素——市場增長率和市場份額，只是GE模型諸多衡量指標中的兩個。

GE矩陣中每個維度分三級，分成九格以表示兩個維度上不同級別的組合。企業可以根據自身特點增減指標或改變它們的重點所在，從而使GE模型可適應管理者的具體意向或某產業特殊性的要求。矩陣被分成三個板塊：位

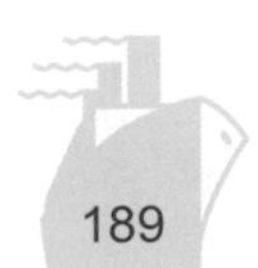

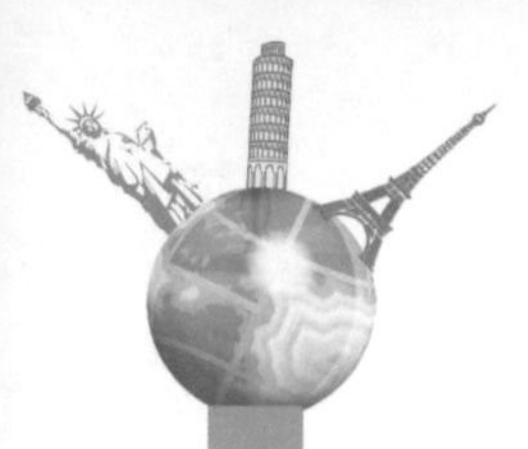

衡量因素
- ■策略業務單位自身資產與實力
- ■品牌／市場的相對容量
- ■市場份額及其成長性
- ■知名度
- ■相對成本結構
- ■相對利潤率
- ■分銷通路結構及產品生產能力
- ■技術研發能力
- ■產品／服務品質
- ■融資能力
- ■行銷有效性

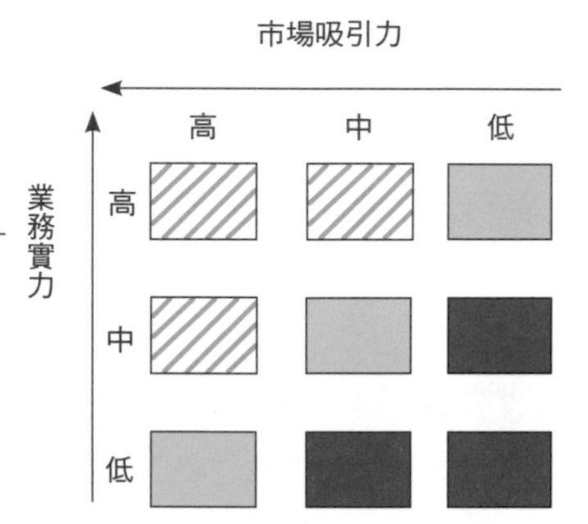

影響因素
- ■市場規模
- ■市場增長率
- ■市場收益率
- ■定價趨勢
- ■競爭強度
- ■產品／服務差異化機會
- ■產品／服務需求變動性
- ■市場區隔
- ■分銷通路結構
- ■社會、政治、經濟、文化和技術環境

=增長與發展策略
=維持或有選擇發展
=停止、轉移、撤退策略

圖6-6　奇異公司資產組合模型

資料來源：改編自Hsu, C.H.C. & Powers, T. (2002). *Marketing Hospitality* (3rd ed. p.131). New York: John Wiley & Sons.

於左上角的三個方格，即斜線區域的業務單位競爭力大，適宜採取增長和發展型策略以謀求主導地位；從右上角至左下角成對角線的淺灰色區域的業務單位具中度吸引力，企業應優先分配資源，將區隔市場專門化，採取維持或選擇性的發展策略；位於右下角深灰色區域中的業務單位，吸引力和競爭力都偏低，企業應採取停止、轉移或撤退策略，著重於自身或競爭對手的盈利業務。

行銷部門對市場增長潛力的衡量和市場份額大小的評估，是企業資產組合分析的關鍵。一旦各策略業務單位在市場矩陣中的位置得以識別，企業管理人員就會對其制定具體的策略決策。進行業務資產組合分析的另一層含義，是企業所有的業務單位並不一定處於BCG矩陣或 GE矩陣中的同一位置，可能分散於不同區域。所有業務單位在矩陣的不同區域的平衡布局，才是企業長期經營成功的有利條件。雖說行銷經理的最終目標是為企業獲利，但並不代表他們一定要圍繞「擴大業務銷售量」的目標來轉，因為不同業務單位所處的不同發展階段和位置，需要不同的行銷策略（或擴張、或緊縮、

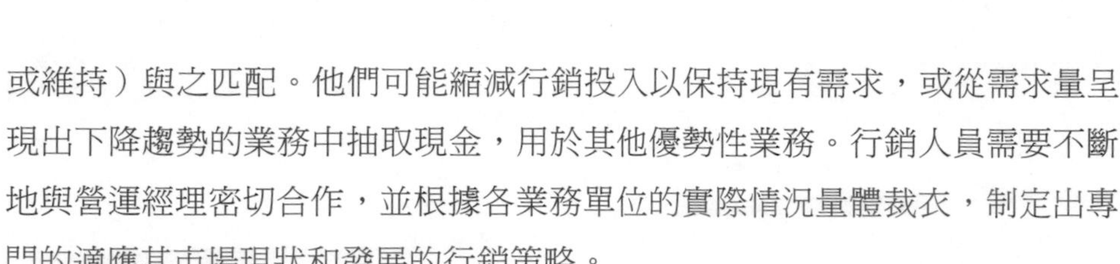

或維持）與之匹配。他們可能縮減行銷投入以保持現有需求，或從需求量呈現出下降趨勢的業務中抽取現金，用於其他優勢性業務。行銷人員需要不斷地與營運經理密切合作，並根據各業務單位的實際情況量體裁衣，制定出專門的適應其市場現狀和發展的行銷策略。

三、SWOT分析

市場境況分析即SWOT（Strengths, Weaknesses, Opportunities, Threats）分析，是指對企業內部的優勢和劣勢，以及外部環境中機會和威脅的分析。SWOT分析是企業管理人員用來掃描經營業務所處的策略位置的一種方式。SWOT分析認為，合理有效的策略來自於企業內部經營能力（優勢與劣勢）與它的外部環境（機會與威脅）的相互匹配。而這兩者間的匹配能使企業的優勢和機遇在最大化的同時，讓企業的劣勢和威脅將至最低（Pearce & Robinson, 1997）。

企業的優勢可以體現在人力、技術、硬體設施或其他方面。企業優勢的確定有利於企業識別可以發揮其優勢的現有或潛在的外部機會，並為這些機會的隨時出現做好準備。另一方面，企業的劣勢則可能體現在企業資源的貧乏、技術的局限，或其他使企業的經營表現受到不良影響的負面因素。劣勢可能存在於企業的設施設備，如航空公司的安全記錄、售票系統，和業務夥伴的關係、品牌形象、行銷技巧或財務資源等方面。

機會是指外部環境中對企業發展有利的場景和狀況。動態的市場環境本身就是觀光企業面對的機會之一。例如，健康飲食概念的推廣、女性觀光客數目的增多和技術的進步等，都反映了觀光服務業發展的潛在機會。與之相反，威脅恰恰是指外部環境中對企業發展不利的因素和場景，是對企業保持現有市場地位或追求更高位置的主要障礙。例如，最低法定薪水的提高和高技術水準人才的缺乏，對想要進行市場開發的企業來說就構成了威脅。

系統地進行SWOT分析的主要方法，是將企業目前的經營現狀歸納如**圖6-7**所示的四類。格局1是最有利的狀況，此時企業面臨很多機遇，並擁有多方面優勢，促使企業更方便地抓住這些機遇。以增長或拓展為主導的策略往往適合位於這一格局的企業。國際知名的國泰航空公司成立至今已有六十多

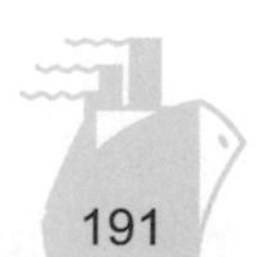

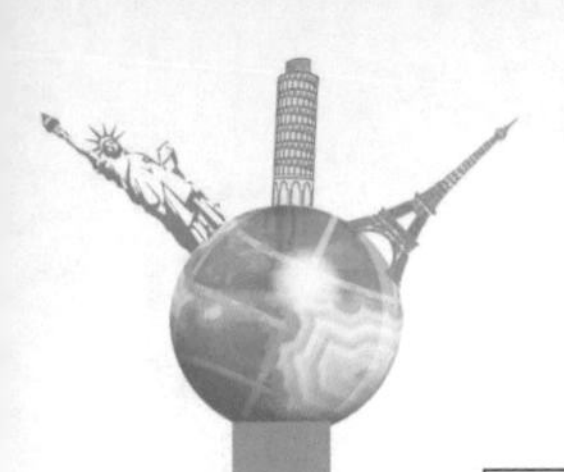

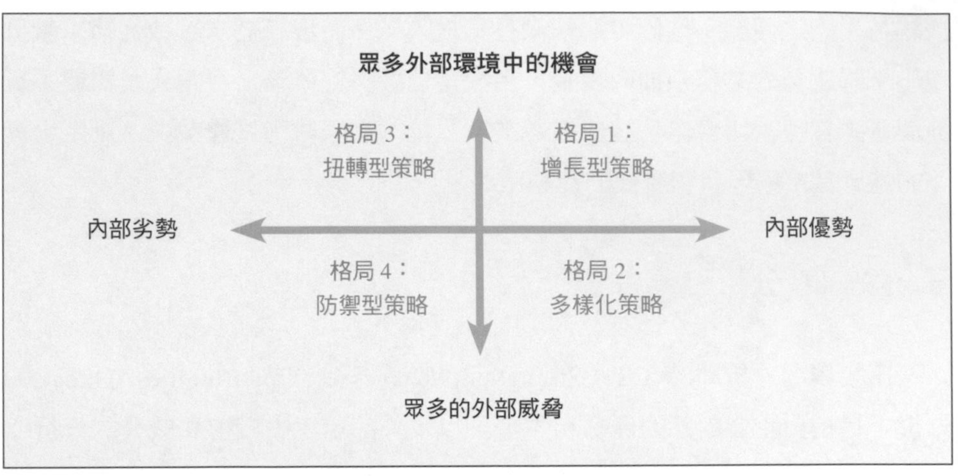

圖6-7　SWOT 分析座標

資料來源：Pearce, J. A. & Robinson, R. B. (1997). *Strategic Management: Formulation, Implementation, and Control* (6th ed. p. 172). Boston: Irwin / McGraw-Hill.

年，在其目標「令國泰成為全球最受讚賞之航空公司」的指導下，抓住近年來亞洲觀光市場快速增長的機會，實施增長型策略，不斷進行龐大投資，除投資機隊外，還投資航空飲食、飛機維修和地勤服務公司等。國泰航空多年來一直被譽為最佳航空公司，並連續獲得「最佳航空公司」、「最佳亞洲航空公司」、「最佳泛太平洋航空公司」、「全球最佳航空公司」等殊榮（Cathay Pacific, 2010）。

格局2中的企業雖然具有很多可能是人力、財力或硬體設施方面的內部優勢，但外部環境卻不容樂觀，威脅多於機會。企業需要利用自身的內部優勢，發掘和創造其他產品或市場上的機會。一些行銷諮詢機構雖然具有豐富的行銷人力資源優勢，但外部的軟經濟環境引起的各觀光企業收入的下滑，卻對其發展構成了一定的威脅。格局3中的企業雖面對大量的機會，但卻缺乏可以抓住這些機會的優勢條件。企業此時需要排除內部存在的隱患，以有效地抓住這些機會。例如，某大學經營的飯店建造於1990年代，經營十多年後，出現了衰退的跡象，為了扭轉這個局面，飯店高層制定了扭轉型策略，定位於其獨特的龐大的校友市場，整合飯店內部資源，成功地打造出以「大學文化」為特色的主題飯店，讓飯店經營效益顯著提升。

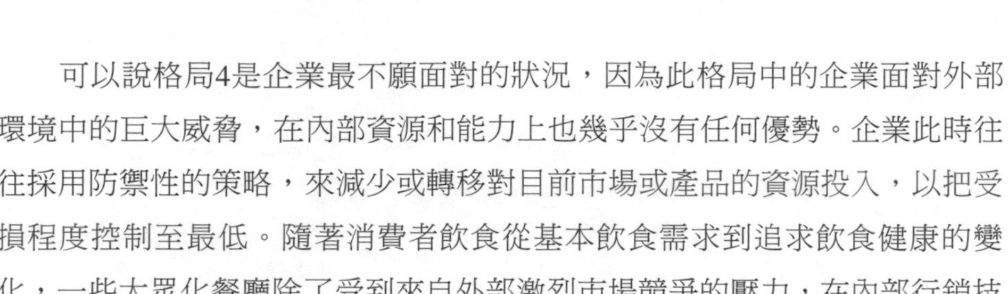

可以說格局4是企業最不願面對的狀況，因為此格局中的企業面對外部環境中的巨大威脅，在內部資源和能力上也幾乎沒有任何優勢。企業此時往往採用防禦性的策略，來減少或轉移對目前市場或產品的資源投入，以把受損程度控制至最低。隨著消費者飲食從基本飲食需求到追求飲食健康的變化，一些大眾化餐廳除了受到來自外部激烈市場競爭的壓力，在內部行銷技巧和財務資源相對上也比較匱乏。

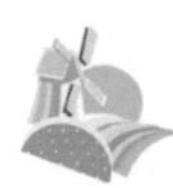

第三節　策略業務單位的使命和業務策略

衡量各業務單位的內外部環境之後，管理者就要對各自所負責的業務部分，形成一個明確的未來發展方向和實際的追求目標。未來發展方向和目標的確定是開發業務單位的使命和策略的主要依據。業務單位的使命與整個集團的使命應是一致的，但只是立足於業務單位的角度上。

一、一般競爭策略

企業使命宣言中陳述的經營理念應該與策略規劃過程緊密結合。所有的策略都基於一個關鍵的理念——「企業如何才能在市場上占據最大競爭力」。這個關鍵的理念就是我們所說的**一般競爭策略**（Generic Strategies），它將企業及業務單位達成競爭優勢的基本方式具體化。廣義上來說，一般競爭策略可分為三種：成本領先策略、差異化策略、聚焦策略（Porter, 1998）（**圖**6-8）。企業及業務單位選擇其中一種作為主導策略，用以防禦並超過整個行業中的競爭者，也就是說，創造可持續性的競爭優勢。

(一)成本領先策略

成本領先策略（Cost Leadership Strategy）也稱低成本策略，指企業透過有效途徑降低成本，使企業的全部成本低於競爭對手的成本，甚至是在同行業中最低的成本，從而獲取競爭優勢的一種策略。在這種策略指導下，企業在提供相似功能、品質的產品和服務的條件下，努力降低成本來取得「低

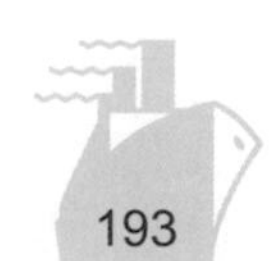

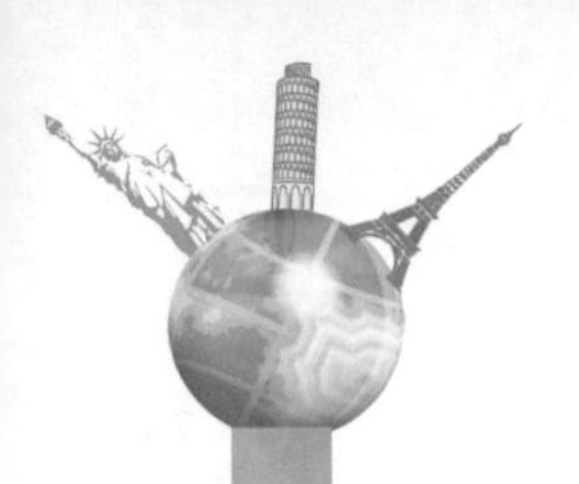

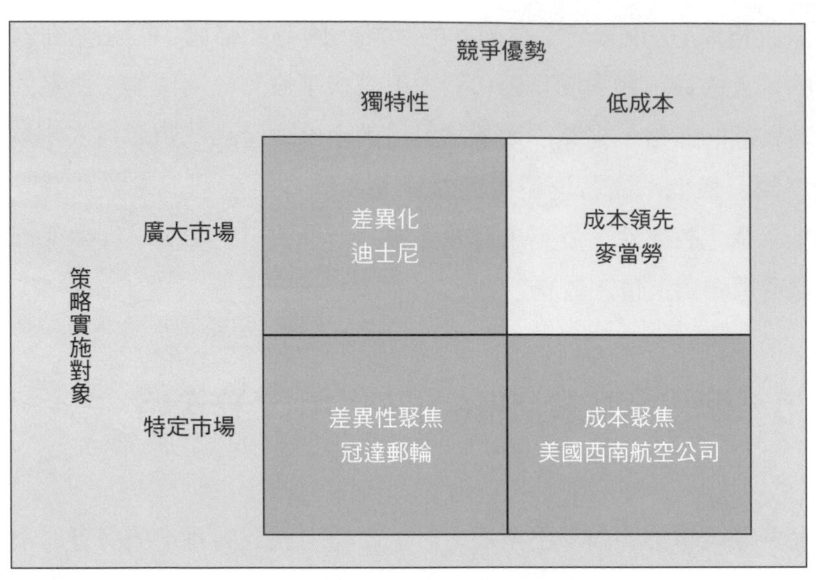

圖6-8　一般性競爭策略分析圖

資料來源：改編自Porter, M. E. (1998). *Competitive Strategy: Techniques for Analyzing Industries and Competitors*. New York: The Free Press.

成本」競爭優勢。簡化服務內容、改進服務程序、節約消費品提供、降低人力費用或設備自動化等，為觀光服務企業常用的成本領先策略的方法。企業實施低成本策略有兩種結果：一種是企業的利潤增加，並把增加的部分利潤轉讓給消費者；而另一種是企業自己占有增加的利潤空間。如今，平價航空（Low-Cost Carrier, LCC）通常是以削減許多額外的乘客服務項目，來提供低價的機票給乘客。平價航空實際上應該是「低成本航空」，而平價航空實際上追求的是第一種結果，即將低成本所產生的利潤轉讓給旅客。美國西南航空公司藉由簡化工作程序和簡化服務內容，把成本降至最低，提供低價位產品，與傳統航空公司競爭，是航空運輸業中採用成本領先策略的典型代表。

觀光服務的「生產與消費同時性」的特點，限制了企業大規模生產的能力。但速食巨頭麥當勞還是實現了在廣告宣傳和交易中的規模化。麥當勞成千上萬家的餐廳為其實現規模生產以及控制成本提供了優勢，形成了我們所說的**經驗曲線效應**（Experience Curve Effect）。經驗曲線效應認為生產成本和總累計產量之間存有相關一致性。如果一項生產任務被多次反覆執行，它

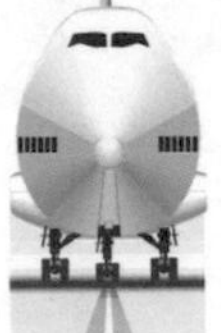

的生產成本將會隨之降低。首先，批量購買原材料（如餐廳的食品、飯店的客房消費品）獲取的折扣優惠，是減低成本的有效方法。其次，每當產量倍增，總成本價值（包括管理、行銷、分銷和製造費用等）將以一個恆定的、可測的比率下降。

(二)差異化策略

所謂**差異化策略**（Differentiation Strategy），是指企業以產品的獨特風格作為與競爭對手競爭的主要方法，透過提供在整個行業內都被認為是別具一格、具有競爭對手沒有的特點或屬性的產品，占有更大的市場份額和獲取利潤的一種策略（Porter, 1998）。當然，這種差異應是買方所希望或樂意接受，對其有價值的。經營差異化重在創新，代價一般較高，它不能直接降低成本。但是如果差異化產品成功地被顧客接納，就可以得到價格溢價的報酬，或在一定的價格下出售更多的產品，或建立顧客忠誠度等相應的利益。越是難以模仿或複製的屬性和特點就越讓企業受益，並且更久地占有競爭優勢。但觀光服務產品的易複製性，決定了服務產品的創新或變革具有相對的難度，即使有新產品被開發出來，投入市場後也會很快地被大量複製。例如，2004年，由中國著名導演張藝謀參與設計的廣西桂林的旅遊表演——「印象劉三姐」，以其獨特的創意把桂林的民間傳說和「甲天下」的山水風光融為一體，以山水風光表演的形式展示給觀光客，並引起了很大的轟動，但是很快被其他目的地進行模仿，短短幾年中國的旅遊表演便已經超過了三百臺。

雖然觀光企業由於創造或革新某種新產品，或最先引進某種經營理念而占據市場優勢，並在獲取巨大收益的同時引來成群的「追隨者」，這些追隨者複製或模仿新出現的產品並分割市場份額。但並不代表觀光服務企業的產品創新或差異化所帶來的市場優勢是短暫的，一旦標準化之後是可以長久保持的。

成立於1984年的維珍大西洋航空公司，在其創始人Richard Branson宣導的價值主張——「為所有旅客提供最佳的服務品質」的指引下，成功實施了差異化策略，真正做到把飛行旅途變成乘客有趣的經歷。維珍大西洋航空的成功是維珍品牌價值的最佳見證，其品牌承諾——誠實、旅行樂趣和娛樂、

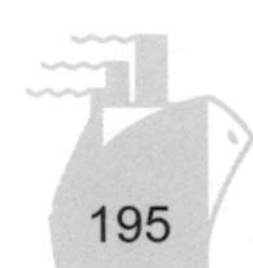

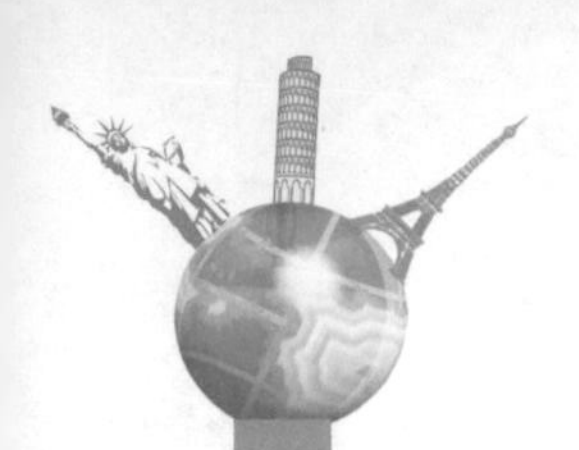

智慧、高服務品質、正直、價值、積極進取、創新、關愛、友好、獨特在很多服務上得到了履行。如登機手續辦理過程中，有專車接送、在汽車內辦理登機手續；在客艙服務中，維珍在業內最先開發出座位椅、機艙內按摩設備、兒童安全椅、商務機艙旅客的個人電視螢幕，並推出定位介於其他航空公司的一般經濟艙與商務艙之間的新的服務艙等級。所以，維珍大西洋航空公司所推出的創新，是有別於其他航空公司的差異化創新。另外維珍航空還在機場大廳專門提供了休息室、按摩師、美容醫療師、淋浴設備、泡澡設施、打盹的場所等（Aaker & Joachimsthaler, 2000）。從1986年以來，維珍大西洋航空公司持續獲得各種獎項。2007年9月，維珍大西洋航空公司獲得了觀光行業公報獎年度最佳航空公司（Virgin Atlantic Airlines, 2010）。

同樣的，新加坡航空公司也透過為顧客提供卓越的服務來實現產品的差異化，從某種程度上說，差異化主要針對的是平價航空。新加坡航空在實現產品差異化的同時，還透過核心競爭力（成本節約的卓越服務），來使企業實現了內部成本領先。除了有空服員「新加坡女孩」為旅客提供的優質服務，新加坡航空還對機上娛樂進行創新，為旅客提供Krisworld娛樂系統；旅客可以透過網上或電話辦理登機手續；可以網上提前預訂自己喜歡的機上餐飲；還為旅客創造了大型的睡椅空間（Heracleous & Wirtz, 2009）。

(三)聚焦策略

企業收益最大化的理想狀態是企業能同時取得成本領先和差異領先的競爭優勢，因為成本領先意味著成本的降低，與此同時差異領先會帶來價格溢價，從而實現收益的增加。但由於各種條件的限制，全面、長期地同時取得成本領先和差異領先的地位的目標難以實現。部分企業將經營活動集中於某一個或幾個特定的購買群、某種產品的一系列的區隔市場或某一個區隔市場，這就是**聚焦策略**（Focus Strategy）。這種策略的核心就是專注於某一個或幾個特定的消費群體、某種具體的產品線或某個區隔市場。聚焦策略可以結合成本領先或差異領先策略實現：成本領先目標聚焦策略尋求在目標市場上的成本優勢，差異領先目標聚焦策略則追求目標市場上的產品差異優勢。在豪華郵輪市場上，冠達郵輪（Cunard Cruises）就是成功地實現了結合相對高價位基礎上的差異性策略。同時平價航空的代表：美國西南航空公司也利

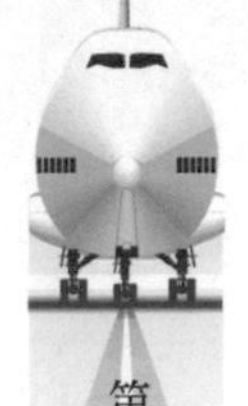

用此策略，在對價格敏感的市場上獲取了巨大成功。只要企業選擇特定的目標區隔市場，聚焦策略就能受用。

二、成長策略

業務增長是所有企業，包括多樣化企業集團和單一業務企業想要達到的目標。任何成功的企業都將會或已經經歷了長短不一的增長期，因為從本質上來說，只有實現企業的增長才能不斷擴大企業規模，使企業從競爭力弱小的小企業發展成實力雄厚的大企業。企業為達成長期目標，在不同的發展階段會採取一系列方向明確、相互一致並能有效實施，以適應拓展市場份額和獲取競爭優勢的策略，這就是**成長策略**（Growth Strategies）。其具體的策略形式包括：市場滲透策略、產品創新策略、市場開發策略和多樣化經營策略（**圖**6-9）。採用拓展型策略的企業傾向於採用非價格的方法同競爭對手抗衡，新產品開發和管理模式優化是提高競爭力的主要優勢。一般來說，會以相對更為新穎的產品和服務，以及管理上的高效率作為競爭策略。

(一)市場滲透

市場滲透（Market Penetration）是指以現有的產品面對現有的顧客，以目前的產品市場組合為發展焦點，透過更大的市場行銷力度，提高現有產品

	現有產品／服務	新產品／服務
現有市場	市場滲透	產品創新
新市場	市場開發	多樣化經營

圖6-9　**企業增長型策略方法選擇**

資料來源：Armstong, G. & Kotler, P. (2009). *Marketing: An Introduction* (9th ed. p.43). Upper Saddle River, N.J.: Pearson Prentice Hall.

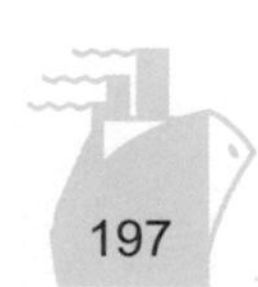

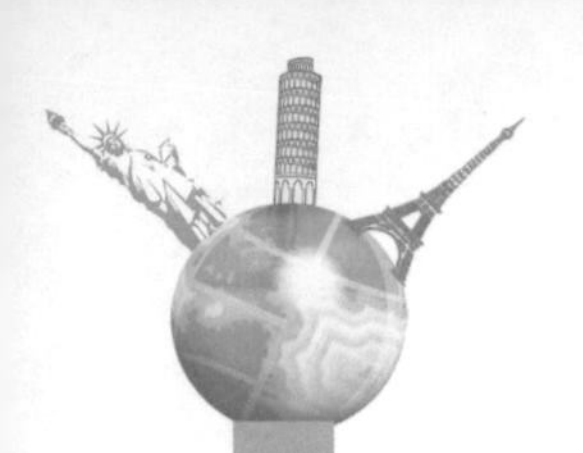

品質或服務水準，進一步提高市場份額，力求增大產品的市場份額的策略方式。採取市場滲透的策略，藉由促銷或提升服務品質等方式，來說服消費者增加重複購買次數或購買企業提供的多種不同產品。飯店工作人員向住店客人建議購買飯店的其他產品或服務，如紀念品、酒類、飲品、點心或升級至更好的房間，就是市場滲透方案之一。目的地也可以鼓勵商務旅行者帶他們的家人再次來到該地渡假，吸引現有客人的多次重複消費，或激勵潛在客人試買消費的促銷活動也屬此類。市場滲透策略與其他策略相比是風險性最小的。當企業特定的產品或服務在當前市場中還未達到飽和，使用者對產品的使用率還可以顯著提高時，企業往往採用市場滲透策略。但如果市場中已經達到飽和，這種策略可能是回報率最低的。

(二)產品創新

產品創新（Product Development）的核心是企業推出新產品給現有顧客。企業通常以推出全新產品或擴大現有產品的深度和廣度給現有的顧客，利用現有的顧客關係來開展行銷，增加產品銷售量和市場占有份額。新推介的產品既可以是現有產品的升級和改進，也可以是全新的產品。例如：迪士尼樂園會不斷增加新的遊樂設施，並向遊客出售新款紀念品；北京肯德基推

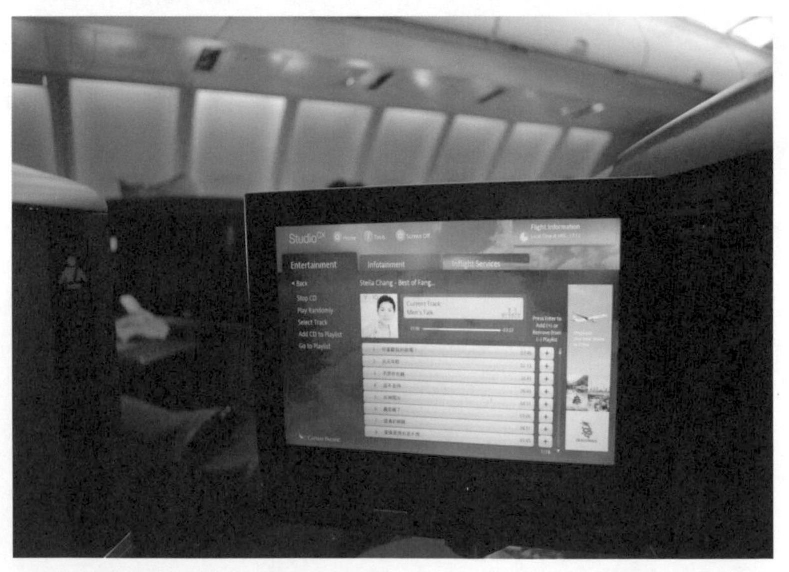

航空公司透過為旅客提供先進的機上娛樂系統來實現產品創新。（孫曉澄拍攝）

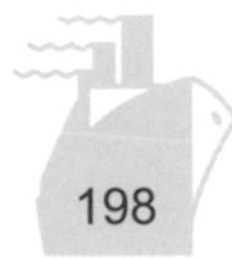

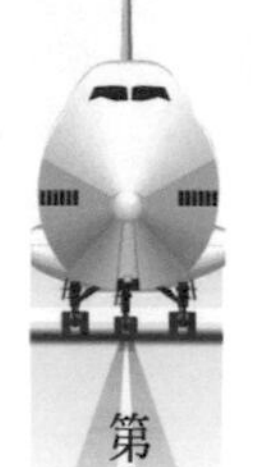

出了北京烤鴨風味的「老北京雞肉卷」，以增加銷售量；麥當勞可以說是眾多西式速食中涉入早餐業務的領頭羊，早餐產品的開發為其帶來了巨大的市場效益。觀光經營者不斷推出新的目的地，目的地也不斷開發新的景點景區。以航空公司、郵輪公司為例，他們會開發新航線、線路來滿足顧客的需求。但產品創新策略風險係數大，因為進行產品開發通常需要大量的研究和開發費用，一旦某項新產品的開發遭受失敗的厄運，損失成本將非常高。

(三)市場開發

市場開發（Market Development）是指企業開拓尚未開發或未飽和的市場，在不同的地區上找到具有相同產品需求的顧客，並為其提供現有產品的策略。其主旨就是將現有產品或服務打入新的市場。採用該策略的企業一般存在過剩的生產能力和行銷能力，並且可以得到可靠的、經濟的高品質銷售網絡。該策略要比市場滲透風險大，因為企業如果開拓新市場失敗，會帶來大量市場開發支出的損失。最常用的市場開發活動是識別新的地區市場，如從歐洲市場向亞洲市場延伸。在飯店業內，連鎖經營被認為是有利於市場開發的最主要方法。連鎖經營集團向各下屬企業提供必要的投資和信心十足的管理人員，這正好解決了市場擴張的兩大主要問題——財務和人力資源。當今世界各大知名飯店集團（萬豪、洲際、四季等）紛紛涉入亞洲飯店業市場，就是其進行市場開發的實例。

市場開發的另一種方式就是將產品推廣至非傳統的業務地區。一個典型的例子就是速食業將分店開至中小學、大學校園、機場、購物廣場及超級市場。在現有市場區域內尋找非傳統市場部分，也是透過市場開發增長的方式之一。一般來說，企業需要開發出新的行銷組合以吸引新的消費群體。例如，一些飯店為了彌補週末商務客人的低入住率，利用特殊優惠價吸引週末渡假的家庭。同樣地，公司還可以借助在不同的、目標明確的媒體做廣告，達到同樣的目標。例如，會議型飯店可以選擇在以會議展覽為主要業務的媒體打出廣告，以吸引更多新的會議展覽客人。

(四)多樣化經營

當同一個企業將新產品投入新市場時，**多樣化經營**（Diversification）隨

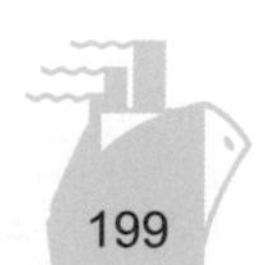

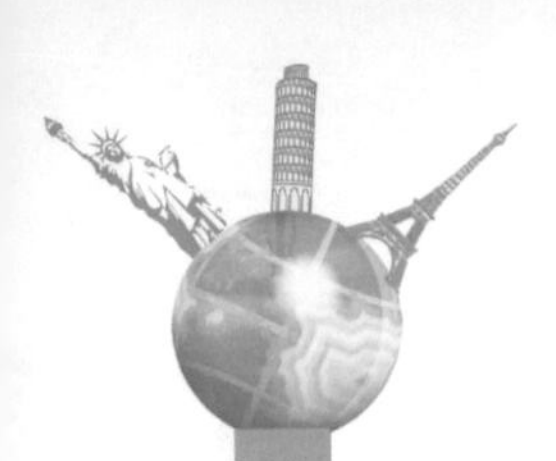

之出現。提供新產品給新市場具有新產品創新和新市場開發雙向的風險性，是一種風險最高的策略。洲際飯店集團多年前曾嘗試進入建築業、交通業和獨立於飯店之外的餐飲業務經營，但最終因為投資回報率低而脫離出來。

企業實行多樣化策略，關鍵是實現所有不同部門的優劣勢互補，取得公司整體力量強於各部門力量之總和的協同（Synergy）效果。華特迪士尼公司是採取多品牌、多種產品經營的策略。華特迪士尼公司創立於1922年，如今是世界上第二大傳媒娛樂企業，它的市場價值達到了380億美金，產品除了涉足電影娛樂、電視、主題公園，也包括渡假村和零售店的業務。華特迪士尼公司旗下的電影發行品牌有：華特迪士尼影片（Walt Disney Pictures）、試金石影片（Touchstone Pictures）、好萊塢影片（Hollywood Pictures）等；而電視業務方面則包括：美國廣播公司（American Broadcasting Company, ABC）和娛樂與體育節目有線電視網（Entertainment and Sports Programming Network, ESPN）。華特迪士尼公司還擁有迪士尼樂園渡假區、華特迪士尼世界，授權經營巴黎迪士尼渡假區、東京迪士尼渡假區和香港迪士尼樂園渡假區。在世界各地的迪士尼樂園，建築、主題，包括室內室外的演出，主要都是以迪士尼卡通片、電影中出現的場景或人物來進行設計。而如今，迪士尼公司還積極在北美和歐洲地區發展迪士尼零售店業務，可以說迪士尼公司的多種產品的經營有利於企業的長久發展（Walt Disney Company, 2010）。洲際飯店集團的前身六洲飯店集團（Six Continents Hotels）主要經營餐廳和酒吧、飯店，以及軟性飲料三方面的業務。至2001年，集團的總銷售額達到59億美金。餐廳和酒吧主要是在英國市場經營，包括500家品牌經營的餐廳和350家酒吧。飯店業務則是遍及世界上一百多個國家，為顧客提供從高檔到平價旅館之間各種類型的飯店，其中包括了一系列的知名品牌，如洲際（InterContinental）、皇冠假日（Crowne Plaza）、假日（Holiday Inn）、快捷假日（Holiday Inn Express）、Holiday Inn Select、Holiday Inn SunSpree、Staybridge Suites等（Harrison & Enz, 2005）。洲際飯店集團的不同品牌、不同產品的相互配合和優勢互補，對於公司整體力量的加強起著至關重要的作用。

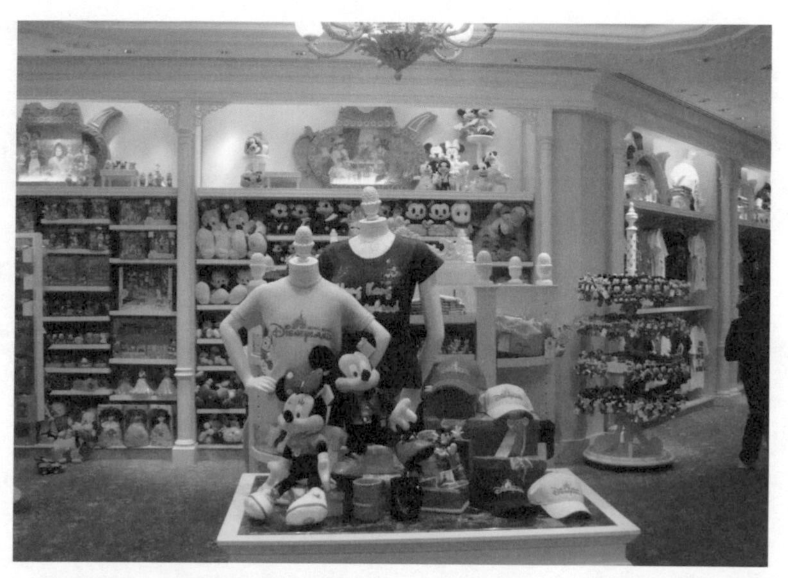

迪士尼公司的業務除了包括娛樂、渡假區之外，還涉足零售業產品。（宋漢群拍攝）

第四節　觀光企業市場定位和定位聲明

市場定位（Positioning）是指企業在市場上清楚建立、並明確自身和／或其經營產品位置的過程。**再定位**（Repositioning）則指改變某項經營內容現有的位置。市場定位成功的企業，往往是那些在眾多企業積聚的「企業群」中，超過競爭對手脫穎而出、占據大的競爭優勢，並取得與眾不同的市場位置的企業。因為顧客往往是基於其感知的不同來選擇在哪一家企業消費，行銷人員的工作就是識別顧客群用以區分企業的重要屬性。

市場定位對企業的行銷策略至關重要，因為它關係到企業如何將其與策略三角架中的另外兩個關鍵元素——顧客和競爭者聯繫起來。它實際上還將市場分析和競爭者分析與企業內部分析聯繫起來（Lovelock, 1996）。**圖6-10**歸納了這三者之間的聯繫以及市場定位的基本步驟。外部分析是指對顧客和競爭者的研究，而內部分析則主要集中於企業自身，主要針對它的經營目標和實際經營能力。

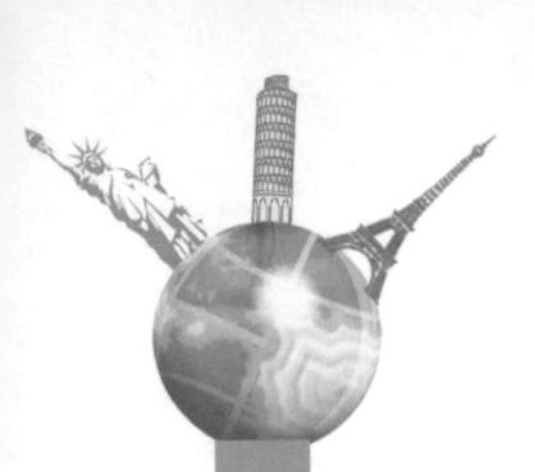

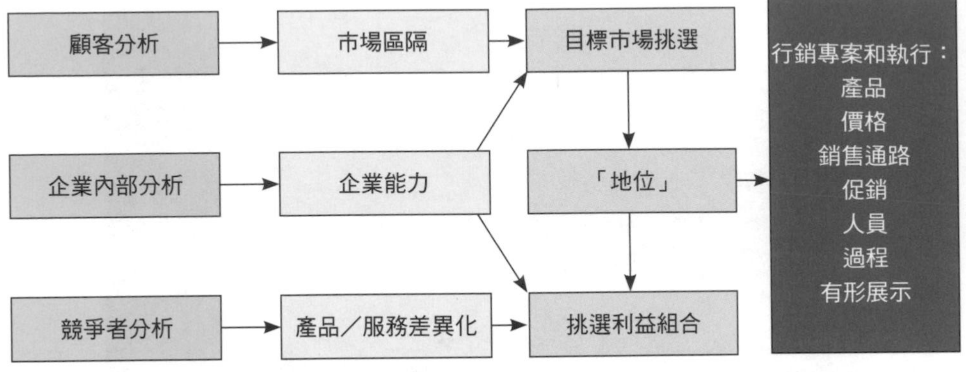

圖6-10 市場定位過程中的影響因素

資料來源：改編自Hsu, C.H.C. & Powers, T. (2002). *Marketing Hospitality* (3rd ed. p.142). New York: John Wiley & Sons.

顧客分析是指識別顧客與他們的需求相關的因素，如整體需求量和趨勢、需求的地區性差異等。基於不同區隔市場的規模和發展潛力，管理層一般選擇某一個或幾個目標市場。**企業內部分析**有助於管理層制定長、短期目標和識別內部資源與能力的優、劣勢，有助於企業挑選目標市場和提供顧客所需的價值。競爭者分析不僅要對直接競爭者予以分析，間接競爭者也需要包括在分析內容中，當然直接競爭者分析應是分析的重點。例如，觀光產品代理（如旅行社）對競爭者的分析，除了特別關注其他觀光代理的直接競爭之外，還應該對目標市場上提供間接性的競爭產品的網上預訂網站進行有關分析。**競爭者分析**的主要目的是找出企業本身區別於競爭者的競爭優勢。至此提及的三種分析得出的結果明確了企業的市場定位，並在企業的定位聲明中得以清晰描述。**定位聲明**（Positioning Statement）則是將企業仔細甄選出來的定位策略明確化和具體化。

一個好的定位聲明應該具有以下特點：(1)聲名簡潔明確：明晰企業形象，傳遞企業提供的價值，和競爭者加以區分；(2) 目標市場明確：如果企業的目標市場不止一個，則每個市場都應該有具體的定位，不能一概而論。因為不同市場的顧客衡量企業的標準不同，並且競爭環境也存在差異，企業需要不同的技巧和能力服務不同的市場。因此，企業在每個區隔市場上的定位應該是與其能力、相關競爭對手相對應的。以下是兩個市場定位聲明的案例：

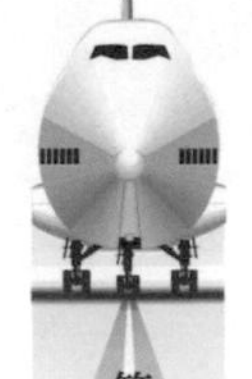

案例一　美國西南航空公司

美國西南航空公司是在1971年開始平價航空服務，也被認為是該領域最成功的案例（Goeldner & Ritchie, 2009），西南航空在促銷推廣中總是使用同一個標語「低票價航空」（The Low Fare Airline），因為公司知道顧客一直在尋找更便宜的機票，因而西南航空在美國消費者心目中也占據了一個獨特的位置。西南航空的低價格策略和獨特的定位聲明，讓非常多人都留下了深刻印象（Morrison, 2002）。

案例二　Contiki Holidays公司

Contiki Holidays公司是專門為全球青年人設計假期的觀光公司。自1961年在歐洲成立至今，該公司定位聲明為“Contiki Holidays for 18-35’s”，即其客戶群全都是18至35歲的觀光客。甚至在旅行過程中，導遊和司機的年齡也必須介於18至35歲，該公司客人的平均年齡為24歲。事實上，Contiki Holidays的成功，很大程度上是依據人口統計特徵劃分的區隔，明確訂立自己的目標市場定位（Morrison, 2002）。

從定位聲明中，企業能明確回答諸多問題，如「我們的產品或服務理念是什麼」、「我們想要達成什麼樣的目標」、「我們為達成目標而採取什麼行動」等等。**表**6-2歸納了定位分析在產品開發、服務傳遞、定價和資訊溝通策略方面的具體作用。企業利用各種行銷組合元素的行動方案，可以基於市場定位策略進行開發。因此，企業的定位策略決定了企業經營的產品、價格和促銷策略。但同時我們要注意的是，雖然清晰明確的定位聲明在它的產品廣告中可以有所體現，但定位聲明的制定主要是為了向內部員工明晰企業追求的目標規劃，使員工更好地理解顧客期望，共同實現使顧客滿意的目標，而並非外部溝通。

第五節　觀光企業功能策略和規劃

企業策略和業務單位策略是開發功能策略的基礎。功能策略是指，企業的每個功能部門在執行公司策略和業務單位策略的過程中，所採用的方法和

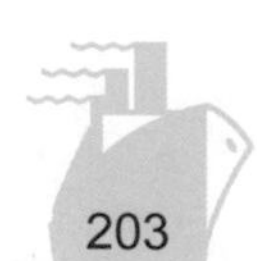

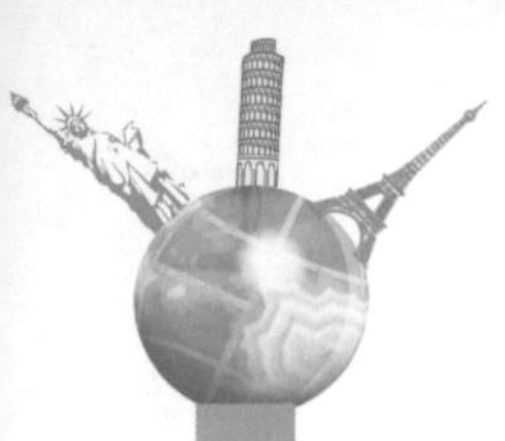

表6-2　市場定位策略的主要作用

1.為明確和理解產品與市場之間的關係，提供有用的判斷工具：
(1)與競爭者提供的產品／服務相比，企業的產品／服務有哪些屬性和特徵？
(2)依據具體的產品／服務評判標準，企業提供的實際產品／服務迎合消費者需求和期望的程度如何？
(3)既定的產品特徵在既定的價格基礎上，某產品能預見的銷售能力有多大？

2.為以下行動識別市場機會：
(1)引進新產品：
a.定位於哪些目標市場？
b.相對於競爭對手而言，企業提供的產品具有哪些屬性？
(2)重新設計或定位現有產品：
a.是繼續吸引現有市場還是開發新顧客？
b.應該增加、放棄或改進現有產品的哪些屬性？
c.廣告宣傳中應側重於產品的哪些特點和屬性？
(3)哪些產品應該放棄：
a.不能滿足客人的實際需求
b.競爭異常激烈、難以取得優勢的產品

3.制定其他行銷組合來預先占領市場或回應競爭者的行動：
(1)分銷策略：
a.在哪裡提供產品／服務（選址、分店類型等）？
b.什麼時候能夠提供產品？
c.分銷通路
(2)定價策略：
a.產品／服務如何定價？
b.採用何種付款方式以及具體的支付形式為何？
(3)溝通策略：
a.哪些目標市場最容易被說服（企業的產品屬性具有競爭性優勢，並意識到產品屬性對其的重要性）？
b.傳遞有關企業哪些方面的資訊（即企業應注重傳遞產品的哪些屬性，如果競爭者存在的話，企業應與哪些競爭者進行比較）？
c.採取什麼樣的資訊傳遞通路──人員推銷？還是運用不同的廣告媒體？（資訊傳遞通路的挑選不僅基於向目標消費者傳遞既定資訊的能力，還依賴於它們凸顯產品形象的能力）

4.選擇人員、設計過程、有形展示：
(1)員工選擇：招聘標準、提供的培訓、目標市場的匹配
(2)服務策略：品質水準、服務水準──自助服務還是全面服務
(3)有形展示：氣氛、實體布局、環境

資料來源：Lovelock, C. H. (1991). *Services Marketing* (2nd ed. p.111). Englewood Cliffs, N.J.: Prentice Hall.

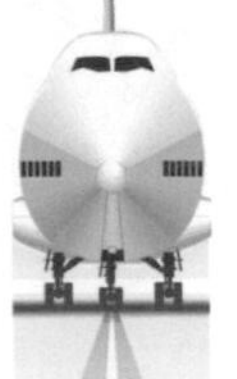

形式，集中於公司總策略的實際運用和實施。與企業策略和業務策略相比，功能策略具有以下特點：首先，功能策略的時間跨度要較企業策略短得多；其次，功能策略要較企業策略更具體和專門化，且具有行動導向性。企業策略係指出企業發展的總體方向；而功能策略則必須指明比較具體的方向與做法；最後，功能策略的制定需要較低層管理人員的積極參與。事實上，在制定階段吸收基層管理人員的意見，對成功地實施功能策略是非常重要的。

觀光企業的功能領域策略一般包括行銷策略、財務策略、營運策略、人力資源策略。傳統上來說，這些功能部門根據總策略規劃制定各自的部門性計畫。但有許多企業運用跨功能的綜合型策略，即各功能部門在制定功能策略時不是各自為政，而是相互合作，實現各部門的功能策略互補。這種方式被認為是一種執行公司策略的更好方式。如果把跨功能的綜合性策略比作一個拼圖的話，各功能策略則是拼圖中的一個小塊。只要把所有小塊合理地組合在一起，就能達成企業總策略的目標。

例如，某旅行社決定採用成本領先策略和市場滲透策略。根據總管理部門制定的總體策略導向，各功能部門包括行銷、營運、人力資源和財務部門一起工作，開發出各部門的功能策略計畫。這種團隊工作方法相當受用，行銷活動有助於財務部門達成財務方面的目標，同時也是營運部門順利進行日常運作並實現經營目標的必要條件。隨著各個功能部門相互協助以實現他們的計畫，企業的整體策略才能得以更有效地實施。正如**表6-1**所列舉的，功能行銷立足於短期和具體的經營活動。開發功能策略的過程和行銷計畫內容的制定，將在下一章進行討論。

大型企業的策略管理通常是一個明確、正式的過程，經理透過策略管理過程組織企業的運作，並對複雜、動態的環境做出積極的反應。由於企業規模不同，許多大企業使用的策略規劃過程和技巧不一定適合中小企業。中小企業的策略一般很少是正式的，有時可能是隱性的、不明確的策略（顏光華、林明，2004）。甚至有很大部分小型企業在經營過程中完全沒有考慮到長遠的策略發展這個概念。

小型觀光企業的經營是從本身的生產能力，如硬體設施和人力，而不是客人的實際需求出發，依賴自己的某種「洞察」或「直覺」提供產品和服務，故一般沒有專門的使命陳述。這種經營理念起初會帶來一定的效益，但

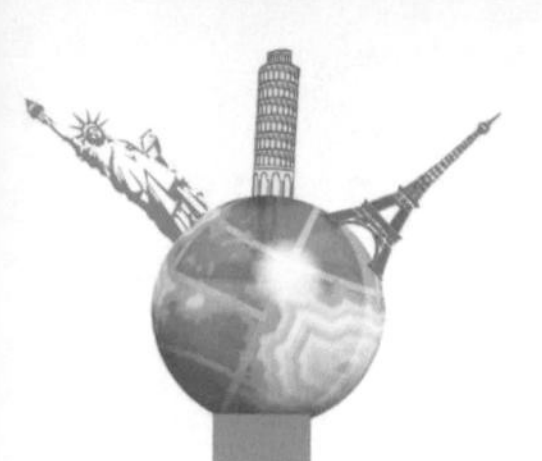

隨著外部環境，如人口流動、年齡變化或新競爭者的入侵等變化，沒有規劃的經營就不得不面對利潤下降的命運。

所有的企業，不論大小均需要一個清晰的策略以指導其日常的決策。小型企業的策略規劃過程與前面討論過的大型企業的策略規劃過程，本質上基本相同，都需要透過分析內外部環境和自身資源達到資源配置最優化，取得市場份額和競爭優勢；市場定位策略在目標市場也同樣適用。但是小企業的策略和大企業的策略確實有所不同。首先，小企業的策略更側重於企業的生存，並建立在保證有效解決企業「安身立命」問題的基礎上。對於小型觀光企業來說，企業的首要目標是生存，策略的核心即在於賴以生存的基礎——服務。此時此刻企業策略要考慮的中心議題是：如何以合適的價格將適合的產品和服務送到目標顧客手中。其次，中小企業策略計畫的資訊主要來自於私人資訊和個人關係網絡等，整個策略管理過程深受企業經理人的個性、特徵等因素的影響。再次，中小企業由於規模小、實力弱、經營靈活等特點，而更多採用差異化策略和聚焦性策略。最後，小型企業一般經營業務單一，除非正處於快速增長階段，否則資產組合分析對其沒有太大的意義，但如果營業中心，如單體飯店的餐飲部、客房部等被作為策略業務單位，則可以進行有關的資產組合分析。

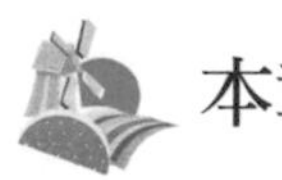

本章小結

策略可被定義為企業旨在確保一系列經營目標的實現而採取的行動過程。策略規劃過程涉及到各管理層面的共同參與：企業總部、業務單位、功能部門和營業單位層面。策略性的視野對各個管理層面的規劃行為都至關重要。與功能行銷相比，策略行銷側重於企業長期性的策略視野，旨在導引企業的經營活動朝著實現未來目標的方向發展。企業行銷策略三角架明確了企業進行策略行銷時，應該全面分析的三個主要方面——顧客、競爭者和企業本身，從中找出企業的競爭優勢，並運用優勢與競爭者競爭。

企業的策略規劃過程具系統性和有序性：以開發企業使命陳述開始，緊接著透過對企業資產組合分析識別出可經營的策略業務單位。波士頓矩陣和

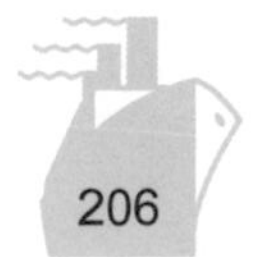

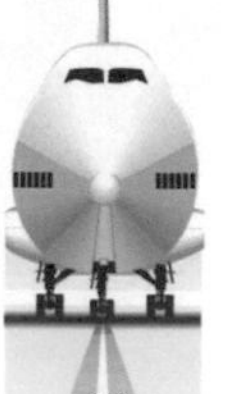

奇異矩陣則是最常用的兩種資產組合分析方法。接下來便是對每個策略業務單位進行SWOT分析，分析的結果作為制定各個策略業務單位的使命和策略的依據。業務策略有一般策略和成長策略之分。三種最常見的一般競爭策略為：成本領先策略、差異化策略和聚焦策略。成長策略則包括市場滲透、產品創新、市場開發和多樣化經營。企業的各策略業務單位都要確定一般策略和成長策略，以作為市場定位和制定定位聲明的依據。

企業的市場定位以全面分析其顧客、競爭者和內部功能與資源為基礎，進而制定市場定位聲明。聲明必須明確指出企業想要在市場上占據的位置，企業提供的價值、與競爭者比較所存在的差異性和優越性，為企業塑造一個清晰的形象。同時，市場定位聲明還是企業的功能部門制定策略的基礎。

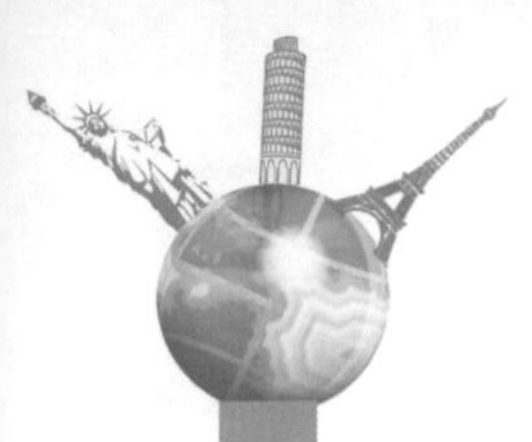

重要概念

■區隔　Strategy
■顧客　Customer
■競爭　Competition
■企業　Corporation
■行銷策略三角架　Marketing Strategy Triangle
■競爭優勢　Competitive Advantage
■策略行銷　Strategic Marketing
■功能行銷　Functional Marketing
■策略業務單位　Strategic Business Unit（SBU）
■企業策略　Corporate Strategies
■業務策略　Business Strategies
■功能策略　Functional Strategies
■企業使命　Corporate Mission
■資產組合分析　Portfolio Analysis
■波士頓管理諮詢公司模型　Boston Consulting Group（BCG）Model
■奇異模型　General Electric（GE）Model
■市場境況分析　SWOT Analysis
■一般競爭策略　Generic Strategies
■成本領先策略　Cost Leadership Strategy
■平價航空　Low-Cost Carrier（LCC）
■經驗曲線效應　Experience Curve Effect
■差異化策略　Differentiation Strategy
■聚焦策略　Focus Strategy
■成長策略　Growth Strategies
■市場滲透　Market Penetration
■產品創新　Product Development
■市場開發　Market Development
■多樣化經營　Diversification
■協同　Synergy
■市場定位／再定位　Positioning / Repositioning
■定位聲明　Positioning Statement

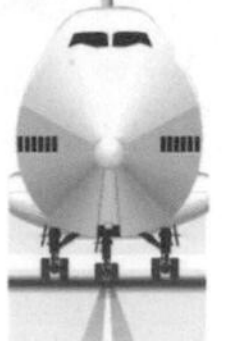

課後習題

一、企業的策略決策架構包括哪三個層面的具體決策？

二、策略行銷和功能行銷的區別主要體現在哪些方面？

三、企業策略規劃過程中有哪些步驟？

四、企業的不同管理層在策略規劃過程中分別扮演什麼樣的角色？

五、如何系統化地進行SWOT分析的評估？

六、請簡述一般策略和成長策略的內容。

七、市場定位的定義是什麼？企業如何確定自己想要占據的市場位置？

八、與大型企業相比，中小型企業的策略規劃有哪些特點？

案例探討

TUI AG集團的策略

作為歐洲最大的觀光企業集團，TUI AG於1968年開始觀光業務。TUI為德文Touristik Union International（國際旅遊聯盟）的簡稱。TUI AG集團是從工業集團Preussag AG 發展而成的富有活力的觀光與航運集團。其經營範圍涵蓋觀光業的各個環節：控股歐洲7家航空公司，擁有飛機140架；擁有超過3500家觀光零售商，遍布歐洲；有十二個飯店的品牌；擁有137艘海洋運輸船，此外還有大型郵輪。TUI AG集團還經營觀光業以外的產業，如運輸業、石油及天然氣開採等。值得一提的是，TUI是專門做休閒渡假旅遊的觀光批發商，集團目前主要的商業活動是觀光服務。TUI集團在歐洲以130億歐元的營業額占據市場的主導地位，前往歐洲觀光的觀光客有超過80%會選擇TUI集團的觀光套餐。集團的願景是「讓笑容洋溢在每個人的臉上」（Putting a smile on people's faces），旨在為所有的顧客提供優質服務。

TUI AG有三個策略業務單位，分別是旅行、飯店和渡假村、郵輪。TUI旅行（TUI Travel）包括觀光經銷、分銷通路、航空等。作為國際領先的旅行公司，它擁有81家觀光批發商，遍及比利時、丹麥、德國、英國等地，並擁有來自二十七個主要市場的超過3000萬的顧客。TUI旅行主要的產品分為四類：(1)主流傳統產品（Mainstream Sector）；(2)特殊及新興市場產

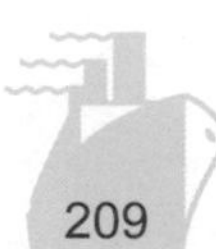

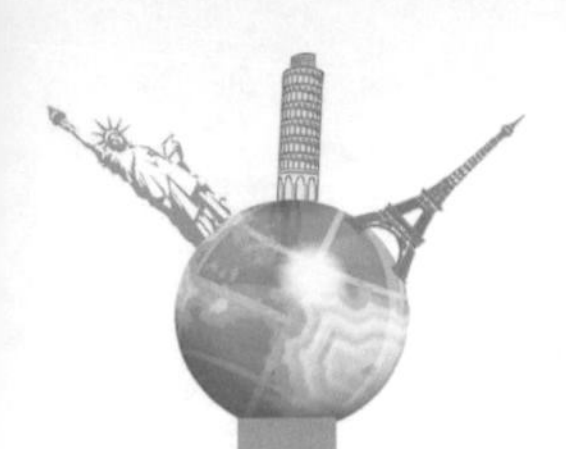

品（Specialist & Emerging Markets Sector）；(3)活動型觀光產品（Activity Sector）；(4)住宿及目的地產品（Accommodation & Destination Sector）。主流傳統產品業務主要集中在歐洲，並在荷蘭、英國、法國、奧地利、波蘭、德國等國，占據當地市場的第一位；而在挪威、比利時則占據市場份額的第二位。飛機航線主要分布於歐洲各地。特殊及新興市場產品在北美以學生旅行及團體觀光套餐為主，在歐洲則主要針對小眾市場，如豪華觀光產品。新興市場的產品主要集中在俄羅斯、中國和印度。活動性觀光產品包括海洋、海邊休閒、帆船、遊艇觀光；探險旅行；滑雪等。英國學生市場的遊學、滑雪旅行、露營，團體和公司客戶的體育觀光也屬於活動型觀光產品。

在飯店和渡假村業務方面，TUI集團是歐洲排名第一的休閒旅館經營者，在二十八個國家擁有243間飯店。集團的大多數飯店是和當地的合作夥伴聯合經營。64%的業務集中在四星級飯店。由於產品可以透過直銷直接提供給顧客，集團的飯店平均入住率達到76%。除了飯店方面，集團還積極推進生態渡假區的建設。集團內部還有關於飯店及渡假區的品質認證和評定標準。並且由專業的環保機構對環境保護系統進行監管，飯店和渡假村的環保專案也要求達到國際環境保護標準，比如ISO 14001環境標準認證。集團管理成員堅信環境保護的品質控制，可以保障觀光客渡假的品質和顧客的滿意度。另外在郵輪業務方面，旗下的Hapag-Lloyd Kreuzfahrten郵輪在德語區國家和地區，占有中檔及高檔郵輪的市場領先位置。集團還和皇家加勒比國際聯合合資了TUI郵輪。

TUI最大的策略優勢在於豐富的資源，觀光客可以在觀光途中享受一條龍服務，並且TUI集團在飯店、用餐、用車、景點等細節上，都有嚴格的統一服務標準，TUI集團的承諾是「只要顧客不滿意，退還全部付款」。

資料來源：改編自TUI AG集團介紹，http://www.tui-group.com/en/company/profile，檢索日期：2010年3月16日。

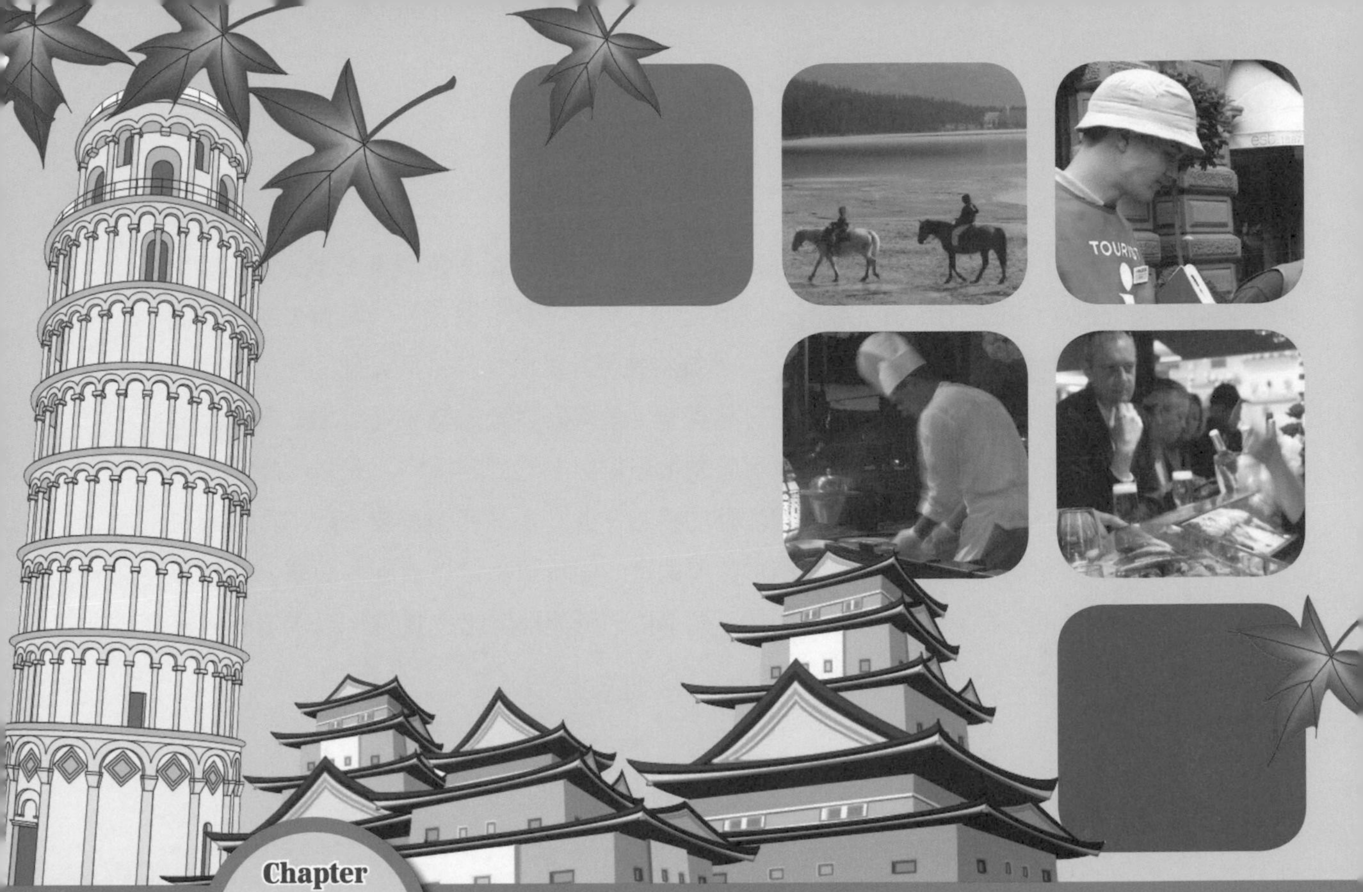

Chapter 7 觀光行銷規劃

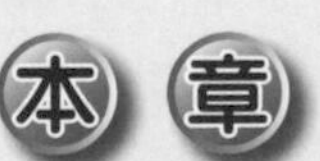
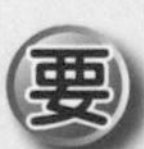
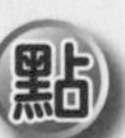

本章要點

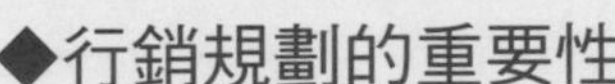

◆行銷規劃的重要性

◆行銷規劃的過程和結構

◆重要性—績效分析方法的定義及在觀光企業中的實際運用

◆行銷預算方法及具體應用技巧

◆觀光企業行銷計畫的制定

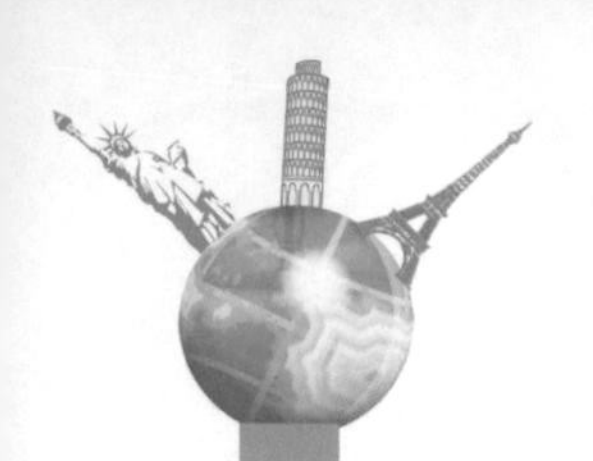

行銷規劃（Marketing Planning）是將行銷活動的每個環節事先做一整體企劃，以之作為執行準則，以便追蹤、糾正、評定績效。公司首先制定整體行銷計畫（Marketing Plan），然後將整體計畫轉化為各個分部、產品或品牌的行銷計畫或其他計畫，並付諸實施，最終對實施的結果進行績效評估和測量。行銷規劃有助於公司實現整體策略目標中的行銷策略，是每項業務、產品或品牌進行行銷管理總體活動的核心。對於多業務型企業來說，行銷計畫主要是將總部層和策略業務單位層選定的經營策略付諸實施。而單一業務型企業的行銷計畫則是將計畫在不同單位的營運部門之間實施，以求達成最終目標。

第一節　為什麼要規劃

一、為什麼行銷規劃的重要性會受到質疑

行銷規劃是行銷策略的思考過程，企業試圖從客戶導向的角度來分析目前的現狀，指出企業面臨的需求、問題及機會，然後訂出企業期望達成的目標及確定達成目標的策略。觀光企業常見的營運導向型經營觀念，在某種程度造就了對行銷策劃不夠重視。營運部門人員的工作強調的是具體化的操作模式和技巧，而對行銷計畫可能就不夠熱中和不重視。即使在某些大型觀光企業，行銷策劃也可能只是一句口頭承諾，或被認為是廣告部門的責任。

其次，雖然行銷計畫可以比較準確地預測企業發展的主流趨勢，但實施過程中遇到的不可控因素會加大實施的難度，甚至某些時候會引起計畫的改變。當某棟房子的設計圖出來之後，我們就希望它建成後的實物能與設計圖一致。同樣地，當營運部門實施一個成本控制計畫時，我們就會希望營運成本真正能節約至計畫中的預算目標。但另一方面，我們又必須清醒地意識到，行銷計畫本身是建立在對未來可能發生的事情的預測上，很多難以預測狀況的出現可能會引起計畫實施的困難。所以，並不是所有實際出現的情況都能按照計畫本身順利發生或進行。經濟環境的不景氣、突起的競爭者、自然災害等，都可能成為阻礙計畫實施或無法實施的不可控性因素。

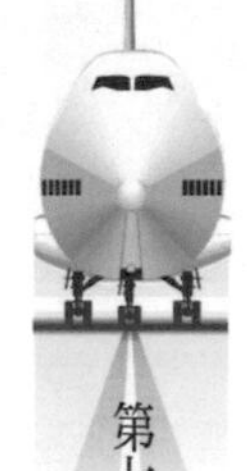

此外，行銷計畫的效果難以衡量。經營成效的獲取是眾多因素共同作用的結果，既可能是外部良好的經濟、政治、文化環境，也可能是內部員工、技術、知識等作用的結果。行銷計畫可能只是造就成功的要素之一。例如，銷售量增加是內部的促銷效應，還是由於其他如宜人的氣候、上升的經濟環境等外部因素的影響呢？此外，行銷計畫的實施既可帶來即時的、可量化的經濟效益，也可帶來長期的、無法量化的無形效益，如知名度或員工忠誠度的提高等。如果行銷活動的效果在短期內無法精確衡量的話，那麼其產生的深遠影響力就更加難以估計了。如果僅肯定行銷計畫帶來的有形利益，許多經營者會覺得計畫的作用不大，而且不切實際，甚至是在浪費時間。

二、主導型的行銷規劃與回應性的行銷行為

行銷規劃的主旨是企業事先做好準備，在某些事件沒有發生之前就做好相應的防範措施，在經營上占有更大的掌握市場趨勢和變化的主動權。但許多經營者屬於直覺導向型，傾向於相信自己的直覺和主觀感應制定經營策略。他們往往在某些事件發生後才被動地採取相應行動，本質上是一種被動回應性經營模式。例如，X飯店成立了一個秘書俱樂部，我們最好也組織一個。Y旅行社提供免費的機場接送，也許我們也應該這樣。主題公園Z在報紙上刊登了大量的廣告，我們是不是也應該刊登廣告呢？這種短期回應性的行銷行為把企業帶到了一個缺乏方向感、被動應付的處境。況且這種回應性的行銷活動開支並不會少於事先規劃的行銷活動。企業需要投入資金回應競爭，並且這種投入只是短期行為，難以為企業帶來長期性的效益。在高度競爭的行業，如旅行社業，未來發展的不確定性是難以否認的事實，但這並不能說明企業不需要預先計畫將來，相反的只會更加需要計畫。因為事先制定的計畫可以為經營者應對市場提供信心保證。計畫本身為企業將要進行的活動提供明確的方向，並且即使環境或狀況出現難以預料的變化，計畫也是可進行具體的細節性修改的。

雖然行銷項目的長期性影響難以提前預測，但只要看看業內的幾個標誌性企業，我們就不難確信行銷計畫的深遠影響。麥當勞已在小孩心目中成為僅次於耶誕老人的第二個最能識別和記住的名字。觀光客在聽到希爾頓或凱

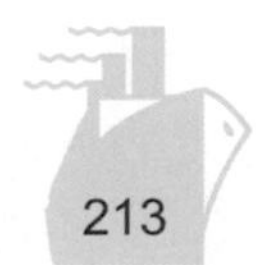

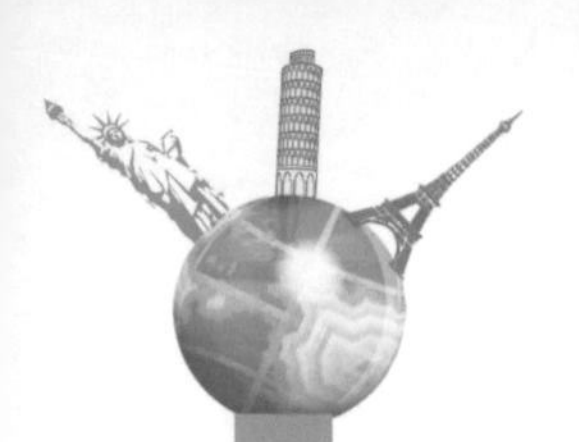

悅的名字時，頭腦中即時出現的清晰形象也是很多飯店追求的效果。如果沒有有效的行銷策略，這些結果都是不可能產生的。總而言之，制定行銷規劃的理由體現在很多方面，行銷規劃是：

1.企業開展行銷活動的指導和依據。
2.防範日漸加劇的市場競爭、解決不斷上升的行銷預算問題，從而在市場上取得競爭優勢的關鍵。
3.指導企業發展方向的指示燈，使企業知道該朝哪個目標前進，該如何達到目標，並且知道是否已經達到目標。

三、什麼是行銷計畫

行銷計畫一般以年度為單位，主要是對下一年將要實行的行銷活動的一個整體規劃。它是公司的核心文件，也是體現公司策略、指導公司運作的基本的、關鍵的營運計畫。不同的公司因為特徵和性質的差異，在制定年度行銷計畫的結構形式上會有很大差異，但它們也體現出很多的共性。**圖7-1**是某單體會展中心的一份年度行銷計畫書樣本，基本上也是下一節將要進一步討論的行銷計畫的主要內容構架。如果與**圖7-2**所示的某綜合旅行社的行銷計畫相比，我們會發現雖然後者的內容明顯更詳細，但兩者的主題很相似：兩者都分析了市場形勢（問題、機會、挑戰、威脅），明確了策略選擇、具體目

1.執行綱領	Executive Summary
2.使命陳述	Mission Statement
3.外部環境分析	External Analysis
3.1.市場境況	Market Situation
3.2.消費者基礎	Customer Base
3.3.競爭狀況	Competition
4.內部環境分析	Internal Analysis
4.1.優勢和劣勢	Strengths and Weaknesses
5.市場區隔和定位	Market Segmentation and Positioning
6.長、短期目標	Goals and Objectives
7.行動計畫	Action Plan

圖7-1　某單體會展中心的行銷計畫構架圖

資料來源：Hsu, C.H.C. & Powers, T. (2002). *Marketing Hospitality* (3rd ed. p.152). New York: John Wiley & Sons.

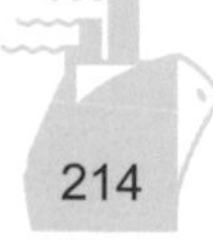

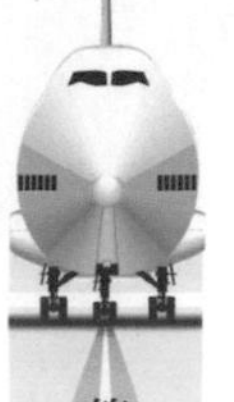

1.執行綱領
2.介紹語
3.市場評估
  3.1.旅遊市場總覽
  3.2.消費者態度
  3.3.競爭環境
  3.4.經營表現
  3.5.使命陳述
4.下年行銷目標和策略
5.定位聲明
6.行動計畫
  6.1.廣告
    廣告角色
    廣告的目標
    廣告的策略
   創意
    創意策略
    創意目標
    創意理念
   媒體
    媒體目標
    媒體策略
    全國收視率——時段
  6.2.促銷
   促銷作用
   促銷目標
   促銷策略
  6.3.全國行銷總方案
  6.4.各地旅行社的行銷目標
  6.5.公共關係目標
  6.6.定價
  6.7.產品開發先後順序
  6.8.下屬企業拓展項目
  6.9.新領域專案
  6.10.研究
    全國消費者研究委員會
    形象研究
    消費者感知
    設備設施
    新產品資訊
    媒體趨勢
    競爭者的媒體支出和創意管理
    廣告測試
  6.11.授權經營的行銷支持體系
    主要行銷責任
    授權者
    規劃
    廣告
     創意
     媒體計畫和購買
     研究
     促銷
    授權支持
     地區性合作
     地方被授權者
  6.12.預算

圖7-2 某綜合旅行社的行銷計畫結構圖

資料來源：Hsu, C.H.C. & Powers, T. (2002). *Marketing Hospitality* (3rd ed. p.153). New York: John Wiley & Sons.

標，並且對它們進行衡量，還明確預測了最終的財務結果。

第二節 行銷規劃的過程和結構

嚴謹的行銷規劃過程應至少包括三個部分：行銷環境分析、行銷計畫形成和行銷活動的執行過程、成果控制。前者包括外部機會與挑戰分析、內部

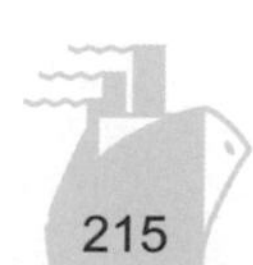

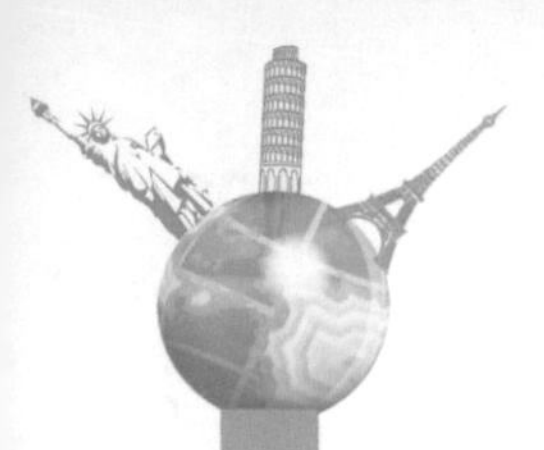

優勢與劣勢分析等；中者主要是用前者收集的資訊和分析的結果周密地策劃而成；後者主要是執行中者，並透過控制以達預定的行銷目標。接下來我們就以**A飯店的行銷計畫**為例，對年度行銷計畫的內容結構和制定流程進行具體的分析。A飯店屬於一家大型的國際連鎖集團。該飯店最近幾年的經營收入開始出現滑坡現象，所以飯店高層想要找出收入降低的原因，以制定扭轉逐漸失去競爭優勢格局的措施。

一、執行綱領和使命陳述

執行綱領（Executive Summary）是對整個年度計畫的一個整體概況，概括出企業目前的形勢、選擇的策略、制定的目標、主要的行動和可能的財報結果，以有助高層管理人員，如執行長、行銷主管和財務主管等，在審核年度計畫之前瞭解計畫的主要內容，並可選擇性地瞭解某些關鍵部分。

案例探討

A飯店的行銷計畫

A飯店在當地的市場份額已經從第三位下降至第五位。我們採取了一種特殊的定價措施以維持銷售量。然而，純營業利潤在過去的一年裡就從兩年前的304萬美元下降至150萬美元。我們期望在接下來的一年裡能夠獲得56萬美元的純利潤。

外部的經濟環境對商務飯店的經營其實是有利的。但飯店內部的硬體設施需要改善，並且服務品質也有提高的空間，這對經理和員工的專業化水準提出了更高的要求。更新設備、組織專業培訓、增長市場份額和培養消費者忠誠度，是飯店應對市場的主要策略。在此行銷計畫中，我們分別對每個目標市場的具體目標和實施策略都進行了詳細闡述。我們還提議暫時性外購停車場和商務中心，以解決商務客對此的需求。 （續）

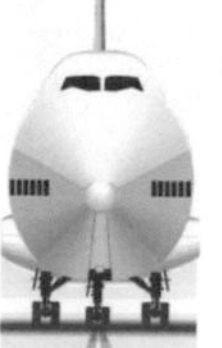

使命陳述（Mission Statement）一般被認為是行銷計畫書正式內容的開始。就如第六章所解釋的，使命陳述確定了企業將要涉入的業務、經營的產品或服務，以及針對的目標市場群體。它是將企業的整體策略和行銷計畫緊密聯繫起來的依據。

A飯店在全國各地被公認為是提供高品質、殷勤款待的飯店。飯店在便利的位置提供客房、會議設施和餐飲娛樂服務，致力於保持在市場上的競爭力，並力求為消費者提供優質的飯店產品和服務。（續）

二、外部環境分析（External Analysis）

(一)整體市場境況分析

市場境況分析即SWOT分析，是觀光企業全面剖析行銷環境的主要方式。它兼顧企業外部的機會與威脅和內部的優勢與劣勢雙方面的剖析，得出的結果是決定市場規模和增長趨勢的主要依據。市場境況的內容廣泛：(1)觀光企業的可用資源（如總體市場的客房、郵輪艙位、觀光客接納數量等）、上一年產業銷售量和營業收入的分析，是明確劃分整個市場規模的主要依據；(2)行業資訊：包括發展動態和統計資料或報告，如觀光景點統計、觀光客流量、觀光企業名錄、觀光產品消費水準、觀光創收總結等，是解析外部觀光市場的關鍵；(3)當地業內市場的發展境況評估：包括主要雇主、即將開業的新企業、籌建中的主要建築或工程、就業率和員工流動率、居民出行率以及交通動線，如機場附加設施、高速公路改造等因素，都是識別市場競爭趨勢、需求水準和供應能力的資料。最後，觀光企業所處的社區環境，包括社區的簡要歷史、周邊區域的文化傳統、當地政治環境、人口統計資料等，也有必要進行總結。這些資訊不僅有助於當地的管理團隊全方位的回顧和總結外部環境，還能成為幫助集團內負責審核計畫的高層領導者解析某些內容的基礎。

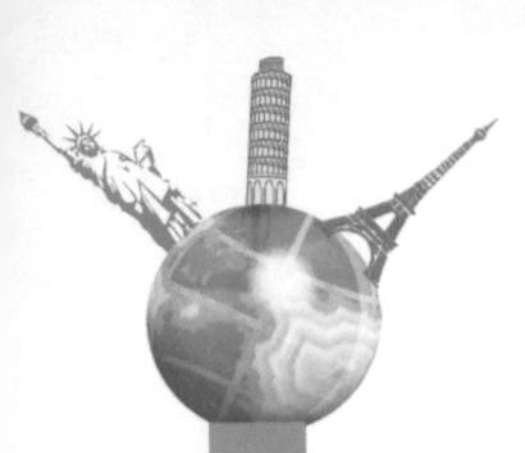

A飯店位於某大都市的近郊。這個郊區現處於快速發展時期，各種商業集團和辦公大樓中心紛紛建成。該區域的家庭大都是中年人當家，收入屬於中、上層。當地良好的經濟環境和商業發展狀況反映了人口將不斷增長的趨勢。且飯店隔壁的大型購物商場是當地最大的購物中心，每星期都吸引了周圍50公里區域內成千上萬的購物者光顧。該區現總有客房1,415間，日平均出租率達72%，日平均房價為200美金。（續）

(二)消費者基礎

對企業所處的總體行銷環境的全面剖析，是預測未來的變動趨勢和進行行銷規劃的基礎。經濟發展、政策與立法管制、社會和文化發展，以及行業的競爭性發展的趨勢等宏觀環境要素分析，奠定了企業制定行銷計畫的基礎，但這些不是企業可以控制的因素。因此，企業的注意力更多地集中於微觀環境中可掌控的消費者和競爭者上。**消費者**是觀光企業衡量外部環境的首要要素。現有消費者的組成和特徵是行銷計畫中消費者分析的一項關鍵內容，一般包括消費者來源、產品和服務需求、價格期望值、人口統計特徵和生活方式等。此外，消費者的使用境況（購買時機、頻率、目的等），也在很大程度上影響著觀光企業提供的產品和服務類型。如餐廳應該確知消費者消費主要是為了家庭聚餐、工作餐、商務餐，還是只是旅途中的短暫停留。對於那些有多個創收中心的企業（如全服務型飯店）來說，所有營運部門的消費者檔案都應該具體分析，不能一概而論。

客房

◆飯店為當地公司或組織的團體提供了特殊優惠價，並且很大比例的團體顧客使用特殊優惠價。

◆過去六個月裡與體育活動相關的客源有明顯增長。A飯店相信這部分市場的潛力很大，因為其中很大部分是年輕家庭，此市場有增加的趨勢。

◆以公告牌價出售的客房在總銷售量中所占的比例很小，而這部分客源主要是渡假觀光客。

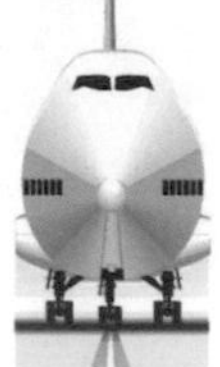

功能／會議

- ◆當地很多公司是A飯店的常客，他們多半在此舉行小型會議。
- ◆會議業務以日常會議業務為主，與之相關的餐飲業務很少。
- ◆也有部分是某些組織或協會的每月會議聚餐，社會團體午餐會、婚宴和耶誕聚會。
- ◆由於會展和娛樂設施欠缺，A飯店的會展業務是最少的。

餐飲

- ◆週日（星期一至星期五）期間，餐廳的午餐客人大都是當地的商務人士和會議客人。
- ◆晚餐消費者主要是住店客人，特別是商務觀光者。
- ◆週末光顧的則主要是當地帶著小孩來消費自助餐的家庭客人。他們對價格比較敏感。
- ◆酒吧消費者的平均年齡在21至30歲，未婚且從事半技能型的工作。晚餐俱樂部活動吸引了當地許多商業管理人員前來，並成為我們的常客。（續）

(三)競爭者狀況

「知己知彼，百戰百勝」向來就是企業經營的關鍵理念。如何戰勝競爭對手、獲取市場份額是企業事先要解決的關鍵問題。因此，對競爭者（包括直接和間接的競爭者）進行全面的分析，也是企業獲取競爭優勢首先須解決的問題之一。**直接競爭者**（Direct Competitor）是指那些與企業有著相同的目標市場，提供相同或相似產品和服務的經營者。**間接競爭者**（Indirect Competitor）則指那些提供可被認為是企業目前提供的產品或服務的替代性產品或服務的企業。例如，航空公司的直接競爭者是其他航空公司，而間接競爭者可以是高鐵、巴士甚至是渡輪等。對於多業務型的觀光企業，每種業務所面對的直接和間接競爭者都應該列舉出來。對直接競爭者的描述更應該詳細具體，包括他們與本企業相比具有的競爭優勢和本企業的自身優勢。對方的市場份額變化，包括新品上市計畫、訂價政策、分銷方式、廣告、媒體安排、促銷活動與效果等，也是企業應該掌握的重要內容。與各個主要競

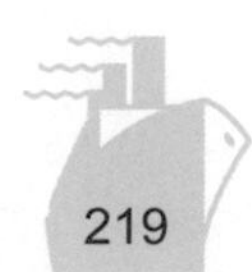

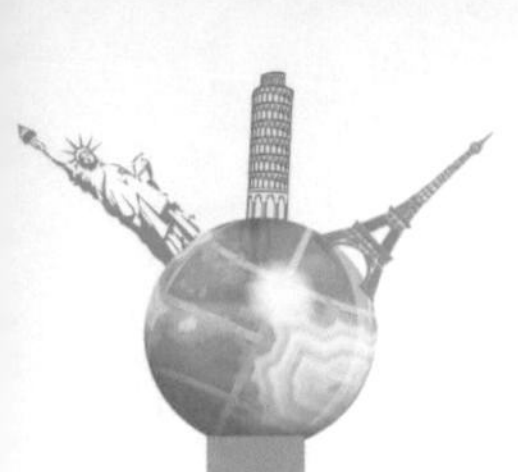

爭者比較分析的內容應該面面俱到，不僅僅是量化的銷售額和利潤水準的比較，還包括價格水準、產品、技術能力、服務品質、傳遞效率等其他重要元素的等級評定。

供應商和員工可以是瞭解競爭者的資訊源，而以消費者身分自行前往體驗和觀摩，也是有效的資訊獲取途徑。對停車場的車牌號碼的檢測可識別出對方的主要消費者群；客房出租率、餐廳占用率或會議設施租用率可探知對方的業務水準。對方的設施設備改進、新分店的建設、新技術的引進，甚至是人力資源的調整等，都是企業應該關注的要素。觀光企業一般會用專門的表格將收集到的競爭者資訊進行總結歸納，比較和評估各自的優、劣勢。**表**7-1和**表**7-2就是兩個觀光企業用來收集並評估競爭者資訊的表格樣本。

此外，總結競爭者的產品或服務特價資訊的特價總結表，以及透過市場研究得出的競爭者資料在此部分也都可以進行表述。對於餐廳來說，描述對方的市場訊息不僅需要，菜單價格比較的結果也是重要的依據。最後，該部分還是企業進行市場份額分析的重點。A飯店的市場份額分析可以自**表**7-3看出，A飯店以26.7%的銷售量份額，略高於應得市場份額26.5%；但其出租率低於市場份額同樣高於應得水準的飯店C和D。

除了要比較總銷售量，企業還應該比較不同的區隔市場（如飯店區隔成會議、渡假、商務市場等），具體分析各市場的銷售量。**表**7-4中，A飯店比較了不同市場上的客房銷售量。從表中我們可以看出：A飯店最大的市場是**商務散客**，但其在該市場的客房銷售量低於競爭者B；與競爭者C和D相較幾乎比例相當。雖說A飯店的**商務團隊**市場的銷售比例略高於業內平均水準，但沒能趕上C，且在數量上也居於B之後。可以說A飯店在**會議客人**市場占有最大的市場份額，但這兩項業務占總業務中的比例都不大，尤其是後者所占比例最小。C在**體育團隊**市場的發展勢頭明顯，去年的銷量比A飯店多出了30間。**渡假散客**市場是A飯店經營的薄弱環節，優勢最小。

三、內部環境分析

(一)企業內部的優勢與劣勢

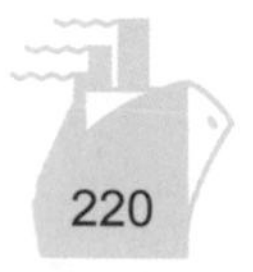

企業參與競爭，不僅要知「彼」（競爭者），關鍵還要知「己」（企業

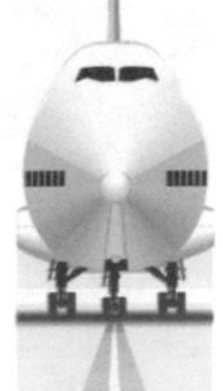

表7-1 競爭者資訊分析表

名字：__________
地點：__________
客房數目：__________
員工數量：__________
員工的技巧和工作態度：__________
年平均住房率：__________
業務組合：
  1.個體商務旅客：____%
  2.團體商務旅客：____%
  3.個體渡假旅客：____%
  4.渡假觀光團隊：____%
價格結構：__________
餐飲設施：
  1.送餐服務：____ 是 ____ 否
  2.餐廳數量：__________
  3.酒吧數量：__________
  4.設施的規模：__________
  5.宴會負荷力：__________
  6.菜單種類：__________
  7.菜品價格：__________
娛樂設施：
  1.游泳池：____ 是 ____ 否
  2.健身中心：____ 是 ____ 否
附屬服務：
  1.租車服務：____ 是 ____ 否
  2.禮品店：____ 是 ____ 否
  3.美容：____ 是 ____ 否
  4.停車服務：____ 是 ____ 否
  5.禮賓服務：____ 是 ____ 否
會議設施：
  1.會議室數量：__________
  2.會議室規模：__________
  3.錄音／視聽設備：__________
有形環境：__________

資料來源：改編自Hsu, C.H.C. & Powers, T. (2002). *Marketing Hospitality* (3rd ed. p.157). New York: John Wiley & Sons.

自身），這就是SWOT分析中關於企業內部的優勢與劣勢部分。雖說行銷是我們討論的重點，但其他功能部門的表現和能力影響著行銷計畫的實施。因此，內部環境分析（Internal Analysis）不是針對某個單一部門，而是涵蓋企

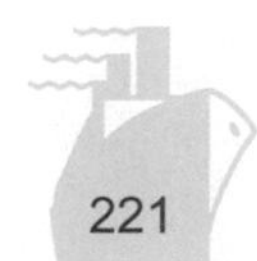

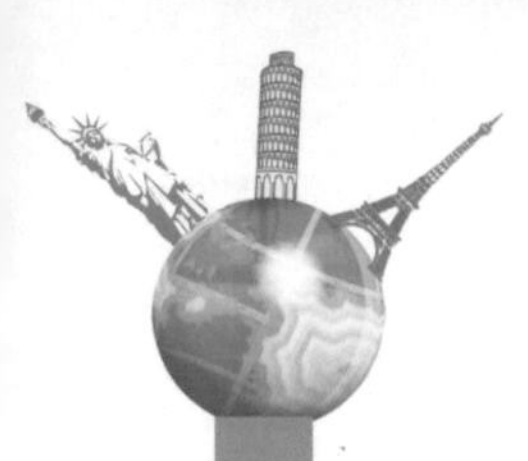

表7-2 競爭者評估表

按照以下每個指標對每個競爭者加以評分：5＝非常好；1＝非常差			
	競爭者A	競爭者B	競爭者C
知名度			
名稱認可度			
市場份額			
服務品質			
價格／價值感知			
促銷有效性			
銷售人員能力			
員工態度和技巧			
員工流動率			
服務速度			
清潔度			
出租率			
房價			
財務穩定性			
獲利能力			
領導能力			
分銷通路			
消費者忠誠度			
地點			
交通便利性			
明亮度			
停車設施			
建築物狀況			
客房品質			
會議設施			
餐飲服務			
宴會設施			
企業文化			
資訊技術			

資料來源：改編自Hsu, C.H.C. & Powers, T. (2002). *Marketing Hospitality* (3rd ed. p.158). New York: John Wiley & Sons.

業的所有功能部門，是跨功能部門的掃描和對所有經營表現的評估。

評估所有部門的表現時，不只是對各部門具體分析優、劣勢，而且還要對所有部門的優、劣勢進行主、次排序，最好還能根據這些優勢與劣勢為管理部門提議相應的對策。跨部門評估的要素很多，**表7-5**列舉出了評估中需

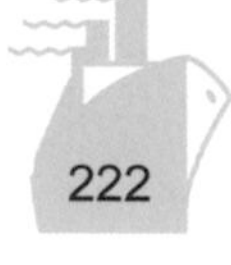

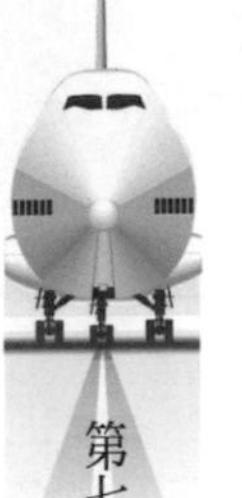

表7-3 A飯店市場份額分析表

飯店	客房數a	每年可用客房總數b (a*365)	每年客房銷售量d	住房率f (d/b)	實際市場份額g (d/e)	應得市場份額h (b/c)
A飯店	220	80,300	57,158	71.2%	26.7%	26.5%
B飯店	250	91,250	60,555	66.4%	28.3%	30.1%
C飯店	200	73,000	53,114	72.8%	24.8%	24.1%
D飯店	160	58,400	43,228	74.0%	20.2%	19.3%
總　數	830	302,950 (c)	214,055 (e)	70.6%	100.0%	100.0%

資料來源：改編自Hsu, C.H.C. & Powers, T. (2002). *Marketing Hospitality* (3rd ed. p.159). New York: John Wiley & Sons.

表7-4 區隔市場銷量分析表

市場區隔	A飯店		競爭者B		競爭者C		競爭者D		總數	
	客房銷量	%	客房銷量	%	客房銷量	%	客房銷量	%	客房銷量	%
商務散客	26,181	45.8	28,294	46.7	23,857	44.9	20,931	48.4	99,263	46.4
商務團隊	13,682	23.9	14,122	23.3	12,914	24.3	8,858	20.5	49,576	23.2
會議客人	9,114	15.9	8,014	13.2	7,022	13.2	2,910	6.7	27,060	12.6
渡假散客	7,009	12.3	9,110	15.0	8,119	15.3	10,118	23.4	34,356	16.1
體育團隊	1,172	2.1	1,015	1.7	1,202	2.3	411	1.0	3,800	1.8
總數	57,158	--	60,555	--	53,114	--	43,228	--	214,055	--

資料來源：改編自Hsu, C.H.C. & Powers, T. (2002). *Marketing Hospitality* (3rd ed. p.159). New York: John Wiley & Sons.

要考慮到的一些主要因素。**主要優勢**是指企業擁有的高於其他經營相同業務的企業的獨特屬性或能力；這些能力具有獨特性，難以被競爭對手複製和模仿。次要優勢是指企業具有的高於平均水準，但不夠突出的能力或表現。**次要優勢**對企業吸引新消費者、從競爭者手中挖掘客源、提高消費者購買頻率或增高消費者的花費都沒有太大幫助，但它卻有利於留住現有客人，和促使企業保有競爭優勢。

次要劣勢是指某些次於競爭者，但不會對企業經營造成嚴重的負面影響的要素；這些要素對企業不會表現出太大的威脅，卻也是企業搶占競爭優

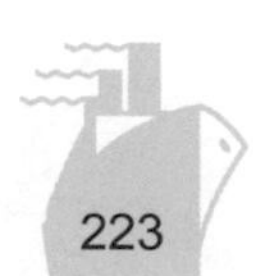

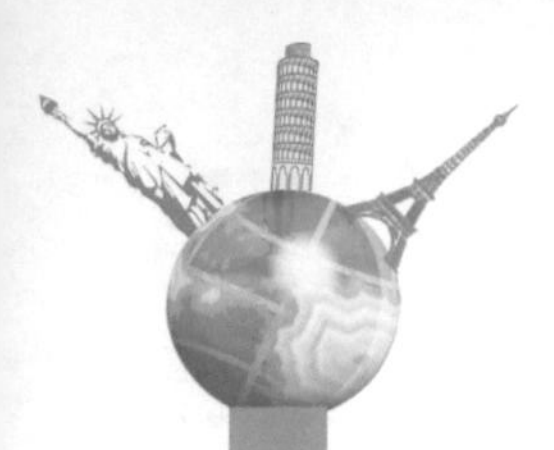

表7-5　企業內部評估的主要要素

(1)用5至1的尺度評估以下每項表現的優勢與劣勢水準：
5＝主要優勢　4＝次要優勢　3＝不優不劣　2＝次要劣勢　1＝主要劣勢
(2)用5至1的尺度對以下每項表現實現企業長遠目標的重要性進行打分：
5＝非常重要　1＝非常不重要

	優勢／劣勢	重要性
名聲	______	______
市場份額	______	______
服務品質	______	______
價格／價值感知	______	______
促銷效果	______	______
銷售人員能力	______	______
員工態度和技巧	______	______
員工流動率	______	______
服務速度	______	______
清潔度	______	______
出租率	______	______
客房價格	______	______
財務穩定性	______	______
利潤水準	______	______
領導能力	______	______
分銷通路	______	______
消費者忠誠度	______	______
地點	______	______
可達性	______	______
可視度	______	______
停車設施	______	______
建築物狀況	______	______
客房品質	______	______
會議設施	______	______
餐飲服務	______	______
宴會設施	______	______
企業文化	______	______
資訊技術	______	______

資料來源：改編自Hsu, C.H.C. & Powers, T. (2002). *Marketing Hospitality* (3rd ed. p.160). New York: John Wiley & Sons.

勢的障礙之一，因為它們也是企業在某些方面的不足或缺陷。**主要劣勢**則是迫切需要企業採取及時的改進措施的嚴重性錯誤或不足；特別當它們成為企業爭取某種機會或避免某種威脅的障礙時，這種劣勢的排除或解決就刻不容緩。在對內部各要素進行分類時，主要優勢和主要劣勢一般都很明顯。但如

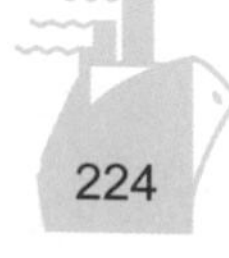

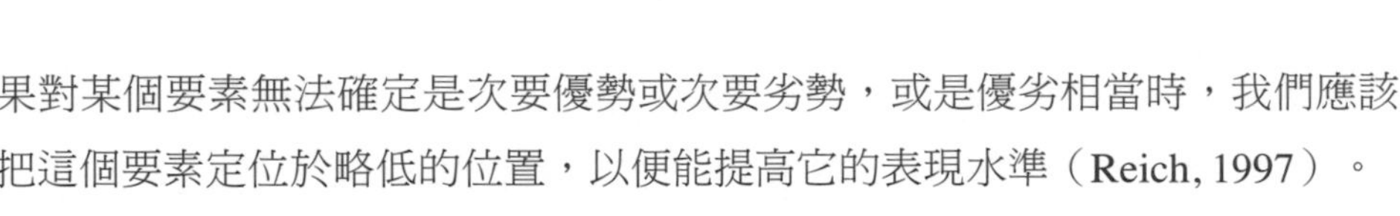

果對某個要素無法確定是次要優勢或次要劣勢，或是優劣相當時，我們應該把這個要素定位於略低的位置，以便能提高它的表現水準（Reich, 1997）。

(二)重要性—績效分析

企業一般難以一次性提升所有優勢，也難以將所有劣勢和不足進行改進和彌補。所以，在對所有表現／要素進行優、劣勢歸類之後，還要評估它們對企業達到長遠目標的重要性。一般可用5至1的尺度打分，5表示非常重要，1則表示非常不重要。根據各項要素／表現的優、劣勢性質和相對重要性雙方面的結果，企業可確定提升或放棄的要素，以及解決問題的時間先後，並在這些要素中合理配置資源。整個優、劣勢分析和重要性分析過程就組成了**重要性—績效分析**（Importance-Performance Analysis, IPA）。重要性—績效分析（IPA）座標，可將各個要素的優劣勢性質和重要性具體表示出來，如**圖**7-3。根據各要素在座標中的具體位置，企業清晰地辨別出應加強、減少或停止資源配置的要素。

重要性—績效分析圖的四個象限代表不同的意義，為經營者指出的方向各不相同。與經營成功與否有重大關聯且已受到企業重視，被視為主要優

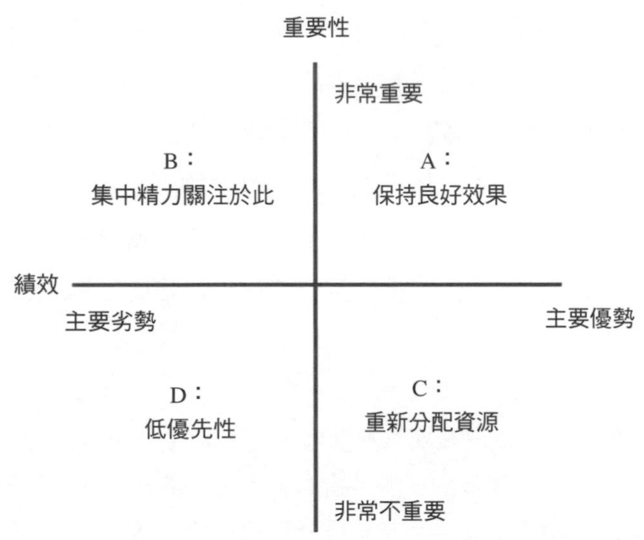

圖7-3　重要性—績效分析圖

資料來源：Hsu, C.H.C. & Powers, T. (2002). *Marketing Hospitality* (3rd ed. p.161). New York: John Wiley & Sons.

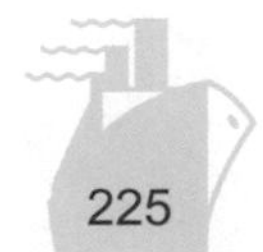

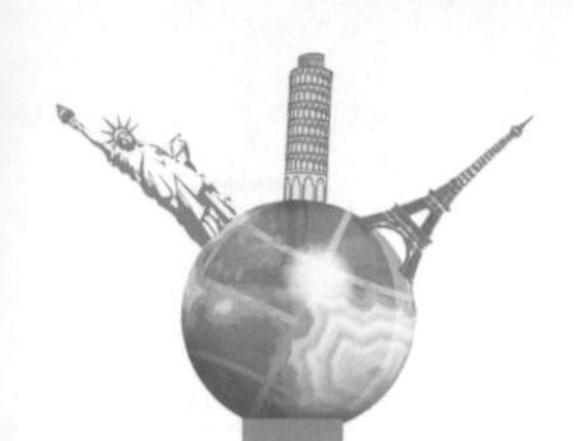

勢因素，置於A象限。此象限的要素是經營者建立、保持和提升競爭力的關鍵，因此企業應繼續重視這些要素：「保持良好效果」。對經營重要卻表現為劣勢的要素位於B象限，這些要素暫時沒有發揮出本身應有的優勢，因此企業應該及時採取行動，糾正可能錯位的行動，分配合理的資源以將其轉換成企業的優勢：「集中精力關注於此」。C象限的要素對經營成功與否的影響不大，但受到企業重視並被當成優勢因素。這通常是企業出現資源分配偏差，將資源過度分配到了這些並不重要的方面的結果。因此，企業應該重新分配資源，將資源調配至B象限的重要項目。最後，對企業相對不重要且績效欠佳的要素，如有足夠的資源可用的時候，可予以關注，但不是處於優先地位。它們一般位於D象限：「低優先性」。

相同要素在不同市場扮演的角色可能是不同的，位於某市場上座標分析圖的A象限上的要素，在另一市場可能位於B或C甚至D象限。所以，企業應該對每個區隔市場都進行重要性—績效分析。如某飯店的酒吧在當地首屈一指，吸引了大批喜歡熱鬧的年輕人前往。但它卻可能導致商務客人不願光顧此飯店，因為他們覺得太嘈雜，影響他們的休息和工作。因此，此酒吧在商務客人市場上被視為是劣勢。同時，某些屬性在不同市場上的重要性也不盡相同，它們對達成成功所需要的競爭力度也會存在差異。如會議設施是組織型客人（公司、協會等）衡量飯店的一個非常重要因素，但對渡假觀光客就沒有太大意義。因此，會議設施獲得組織型客人的5分，但渡假觀光客僅1分。以A飯店的IPA分析圖（**圖7-4**）為例：除了基於預先制定好的標準進行重要性－績效分析之外，對有形設施和服務特徵的描述也是提供更多、更深刻的內部環境資訊的方式。這也是各營業單位向總部傳達他們的需求的可行通路，因為高層管理人員審核行銷計畫的過程也是瞭解這些營業單位的實際情況的過程。

A飯店在過去幾年裡已幾次調整房價，提高到了一定的水準。但持續下降的出租率和最近一次房價的下調，造成了這兩年總營業收入的直線下降。雖然去年餐飲的總銷售量有所上升，但今年的餐飲總營業收入卻下降了。這主要是由於今年出租率的降低，導致飲料銷售量下降5.3%。從月度經營總結也可以明顯看出過去九個月的客房出租率與去年同期相比都要低，並且剩下

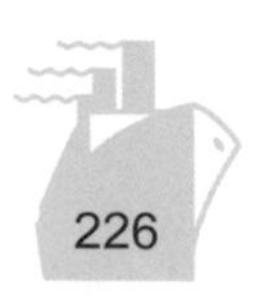

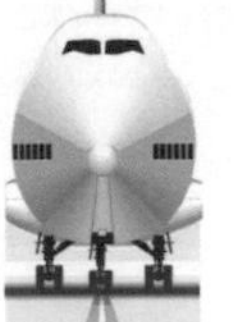

的四個月也可明顯看出持續的下降趨勢。

對內部商務散客分析的結果顯示出，我們最需要改善的項目是服務品質、清潔度、房價、停車設施和客房品質；其次則是價格／價值感知、服務速度、出租率、領導能力、可視度、建築物狀況和資訊技術。（續）

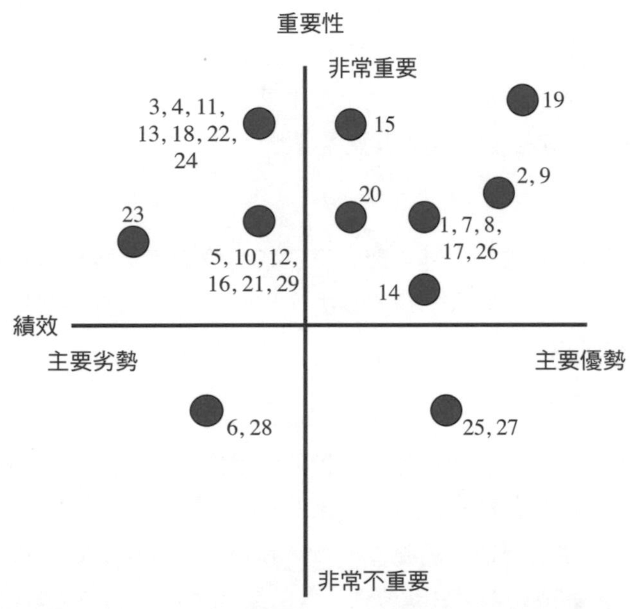

1.知名度	11.清潔度	21.可視度
2.名字認可度	12.出租率	22.停車設施
3.市場份額	13.房價	23.建築物狀況
4.服務品質	14.財務穩定性	24.客房品質
5.價格／價值感知	15.獲利能力	25.會議設施
6.促銷效應	16.領導能力	26.餐飲服務
7.銷售員工	17.分銷通路	27.宴會設施
8.員工態度和技巧	18.消費者忠誠度	28.組織文化
9.員工流動率	19.地點	29.資訊技術
10.服務速度	20.可達性	

圖7-4　A飯店的IPA分析圖

資料來源：改編自Hsu, C.H.C. & Powers, T. (2002). *Marketing Hospitality* (3rd ed. p.162). New York: John Wiley & Sons.

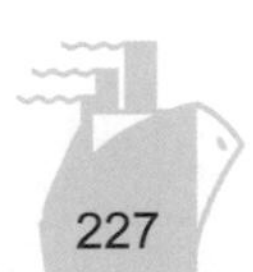

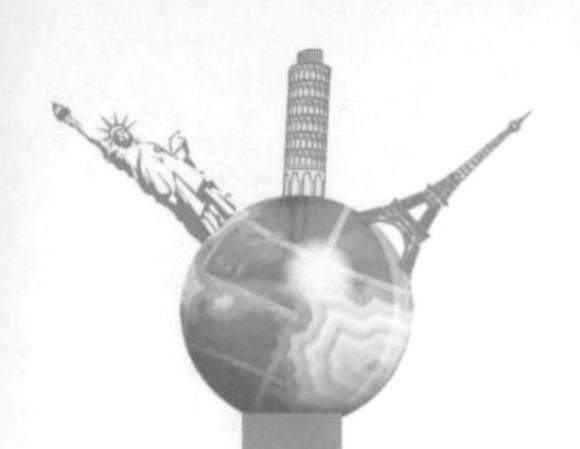

A飯店的整體建築物概況及服務如下：

建築物外觀

兩層樓高的飯店整個建築外觀呈L形，整個樓面較低且平。飯店的前方是一個大的停車場。游泳池周邊區域是一片花海，勾畫出美麗的視覺景觀。但建築物的後方和東區卻太過單調，毫無吸引力。況且飯店的後面還有一個久未維護的空地和路邊平價旅館的後背。

飯店的主要招牌面向中堅路，從八號高速公路也可以看見。但這個陳舊的招牌已沒有任何時尚的元素。強生街和中堅路方向的兩個主要入口的招牌都太小，以至於難以吸引到路人的目光。

飯店的入口

飯店的頂棚已顯陳舊。大廳空間太小，指引標識不夠，磨損的痕跡也隨處可見。宴會廳裡缺少供客人存放衣物的衣帽間，也沒有通向餐廳的入口，且宴會廳的門過於普通，吸引力不夠。

大廳和休閒區

餐廳、酒吧和宴會廳的入口都是直接朝向飯店大廳。晚上使用這些功能時，這個區域就會異常擁擠。

從娛樂中心和宴會廳傳來的聲音，有時候會使大廳前臺與客人的交談受到直接的干擾。前臺急切需要升級改造。收銀臺的櫃檯表面要重新修整。

飯店的服務

幸運的是飯店擁有一批忠誠的員工，他們與很多客人，尤其是飯店的常客，長期保持著和諧友好的關係。但他們服務的專業化程度在有些時候卻難以達到期望值。我們一直以來都注重對他們的專業化程度的提高，但我們的管理隊伍人數不多，其中也沒有人有足夠的能力承擔起這個培訓的重任。並且其他工作任務使得我們難以騰出足夠的時間和精力，去開發一個量身定做、高效益的培訓專案。（續）

四、市場區隔和定位（Marketing Segmentation and Positioning）

全面的SWOT分析結果也是企業區隔市場的證據。如第四章所述，市場可以根據人口統計因素、心理因素、利益或行為特徵等進行區隔。企業可根

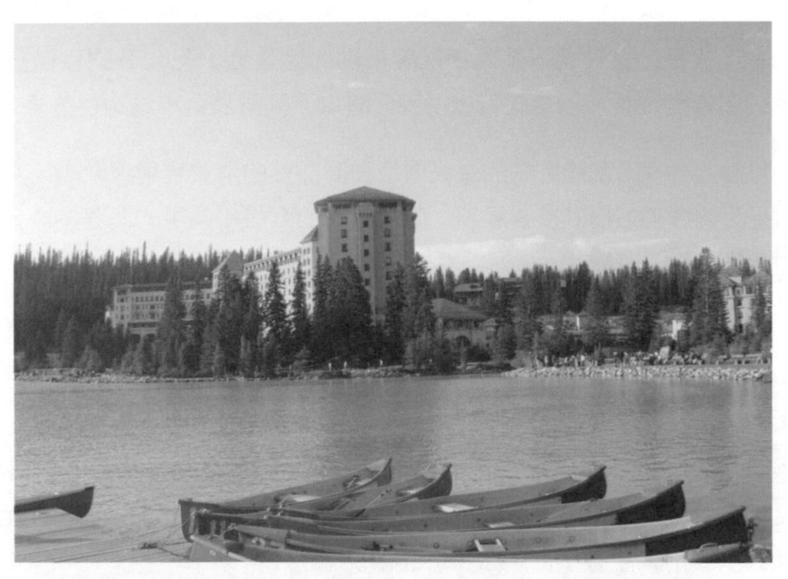

飯店的有形設施是決定其市場區隔的一個因素。（徐惠群拍攝）

據實際規模、獲利潛力和可達性，對既定的區隔市場先後排序。各市場的特點如觀光偏好、旅行目的、媒體選擇等應在此清晰描述。

按照使用境況劃分出的商務散客市場是A飯店最重要的目標市場。當地欣欣向榮的商業和經濟的發展前景盡顯出該市場的巨大潛力。他們的預訂多半是由其所在公司的秘書或接待員來操作。及時、優質的服務，乾淨、精緻的房間和方便的停車場，是個體商務旅行者評價飯店品質的最主要因素，他們還要求飯店有方便商務事宜的商務中心和客房內有順暢的網路連接。這些屬性也已成為當地的公司為其員工或客戶選擇飯店的主要衡量因素。此外，他們對房價也比較敏感，力爭質優價廉的客房。（續）

其次，SWOT分析和其他市場研究分析的結果，是企業定位各個目標市場的關鍵依據。定位不僅包括企業現今所在的位置，還包含企業在將來各個階段想要達到的位置，且二者的比較有利於企業制定新定位或再定位策略。定位聲明是企業用以傳遞定位資訊的文字檔案。它包含企業在各個目標市場上想要占據的明確位置，以及為了達到這些位置採用的策略指南。以下是A飯店對商務散客市場的定位分析：

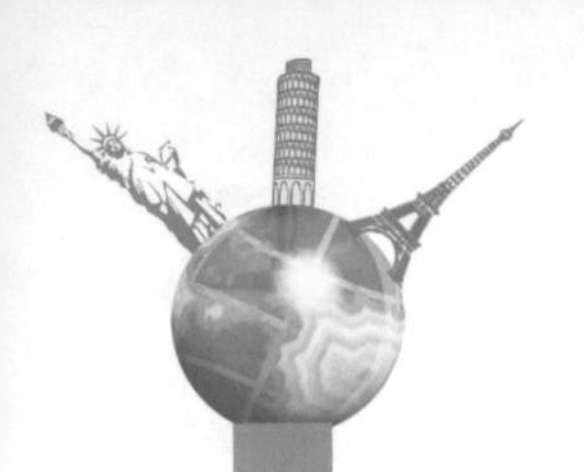

目前，A飯店還只能說是商務散客市場的追隨者，但我們的目標鎖定在該市場的領導者位置。為達成目標，我們將以下列兩項為市場定位基礎：

1.利益：為客人創造更高的金錢價值和高回報的消費環境。

2.產品特性：如提供優質服務、乾淨舒適的客房和易用的商務中心。

以下定位聲明是體現我們不同於競爭對手的重要說明：

A飯店旨在成為業內為商務散客提供優質服務，滿足他們多方面需求的優秀典範。合理的房價、方便的停車場、精緻的客房、貼心的服務和易用的商務中心，僅代表了我們的人性化服務組合的一部分。住在A飯店這樣一個高效的環境中，消費者能獲取更多，也更能促成事業的成功。最重要的是，我們員工用貼心的服務和真切的關懷為消費者建立起了溫馨而又和諧的環境；吸引他們多次前來體驗「賓至如歸」的愉悅。（續）

五、長期目標與短期目的

年度行銷計畫並不是短期的以年度為單位的行銷目的之專利，它也可以包括企業的長遠目標。各業務或營業單位在行銷計畫中闡明自身的長遠目標，並以此傳遞給高層管理部門。管理部門可評估實現這些目標所需的資源和支援，辨別它們的可行性。A飯店以下兩個目標就需要企業高層和區域管理層雙方的支援。我們可以注意到，這兩個目標都包含了行銷組合中的產品元素和營運操作人員的參與，而不僅僅是行銷人員。

目標1

對整個飯店進行大規模整修，不僅包括飯店的外觀（包括前、後各個面）煥然一新，使其具有足夠的吸引力；而且在客房內全部裝入網路連線和其他必要的商務設施。透過擴展飯店大廳和休息區來增大容納空間。

目標2

提高培訓水準和能力，提升員工的專業化服務水準和素質。（續）

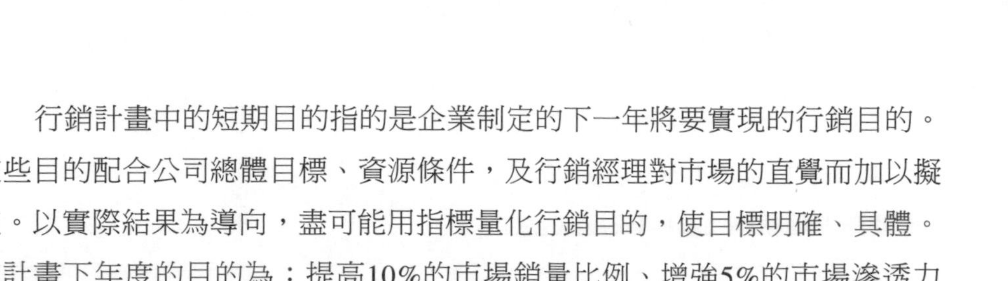

行銷計畫中的短期目的指的是企業制定的下一年將要實現的行銷目的。這些目的配合公司總體目標、資源條件，及行銷經理對市場的直覺而加以擬定。以實際結果為導向，盡可能用指標量化行銷目的，使目標明確、具體。如計畫下年度的目的為：提高10%的市場銷量比例、增強5%的市場滲透力度，或減少1,000間客房的銷量下跌等。此外，行銷計畫必須列出完成目的之流程時間表。因此，時間也是行銷規劃中的一個重要因素。量化的指標和明確的時間界定還是年底衡量企業的經營表現的主要標準。年度目的也可再細分成季度計畫或月度計畫，簡化經營成效的檢測和評估。例如，某會展中心的年度目的是在下個年裡將大型會展活動從50項增加至85項。考慮到會展需求的季節性特徵，會展中心具體將目的增至各個季度：1月到3月增加5項；4月到6月增加15項；7月到9月增加5項；10月到12月增加10項。

不切實際的目標只會讓員工失去鬥志，成為激發員工的積極性和主動性的障礙。只有充分考慮實際的容納能量和生產能力，企業才能制定出切實可行的目標與目的。如：

要完成的每個目的：

目的1：下一年度增多2,000間的商務散客的客房銷售量。

目的2：在6月底之前，商務中心建成並正式投入使用。

目的3：將消費者的客房和服務品質的滿意度提高10%。（續）

六、行動計畫

行動計畫（Action Plan）是導向目標達成的指引圖。它清晰說明行動的內容、執行行動的時間、負責人、完成方法和過程以及具體預算等。企業要根據各區隔市場的具體目標來制定相應的行動，且每項活動應具體到確切的時間和負責人。負責人明確責任，確保各項活動的順利開展。企業在設計行動計畫時亦須遵循SMART原則：

1.具體的（Specific）。

2.可衡量的（Measurable）。

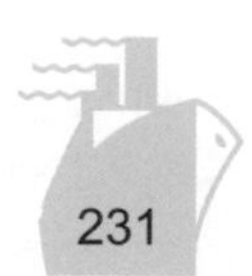

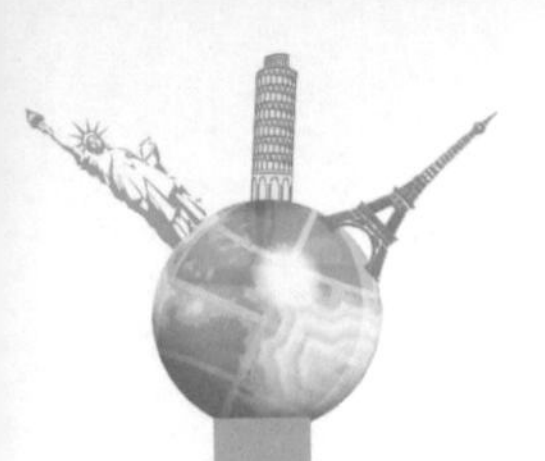

3.能達到的（Attainable）。

4.結果導向的（Results-Oriented）。

5.有時限的（Time-Based）。

行動計畫必須具體明確、可衡量，設定的目標能夠達到，太高或太低都會失去意義。制定的計畫應是結果導向的，而且各項活動有限定的起訖時間，明確的時間限定有助於負責人制定出合理的時間表，追蹤活動進展，在規定的時間裡完成任務。

各項計畫或活動需要的資金投入也是決定計畫能否執行的關鍵。因此，對各項計畫進行支出預算也是行動計畫中的關鍵內容。行銷預算是一種為獲得預期的行銷目標而分配資源，並監控實際目標達成及費用支出情況的營利性的行銷財務計畫。它使行動計畫中的執行行動更具體化；也可當作評估實際工作績效的基準。行銷預算的計算方式主要有兩種：(1)由上而下的預算方式（Top-Down Approach）；(2)由下而上的預算方法（Bottom-Up Approach）。

(一)由上而下的預算方式

由上而下的預算方式，即是將營業收入的百分之幾投入行銷活動。例如，某旅行社的年營業收入是800萬元，拿出其中的5%（40萬）作為下年度的行銷支出。在這40萬的行銷預算中，10%（4萬）用來作為緊急情況備用金。**緊急情況備用金**（Contingency Funds）是指，用來作為處理緊急情況或難以預料的市場變化的費用。2003年的SARS是整個觀光行業的「大劫」。為減少損失，許多觀光區動用緊急備用金組織各種行銷活動，如拍攝以風景區為背景的公益廣告、「防治疫情，親近自然」的公益性活動和電視宣傳片，或組織小規模、分散的大眾觀光健身活動等。緊急備用金也可以用來對付市場上突然出現的新競爭者，或現有競爭者突發性的大舉擴張行動的情況。

緊急情況備用金通常有兩種計算方法：(1)按總行銷預算的一定比例儲備；(2)按策略項目風險係數高低計算。按總行銷預算的比例儲備一般為總行銷預算的5%至10%，是最簡單的做法。按策略專案風險係數高低計算是相對複雜但更科學的做法。主要是對下一年度要實施的所有策略專案及目標進行風險衡量，得出各自的風險係數。風險係數常用1至5尺度表示，1分代表風

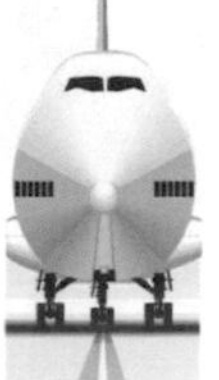

險最低，5分代表風險最高。係數越高，緊急情況備用金就越多。但風險係數和儲備額的關係也可以透過預算委員會討論進行靈活調整。

扣除所有行銷行政支出，如銷售主管的薪水、補助，以及專業行銷組織的會員費之後，行銷預算的餘額會根據各區隔市場的規模進行分配。如餐飲部門的收入主要來自三個部分：商務會議、婚宴和家庭聚餐。它們的收入分別占了總收入的50%、30%和20%。扣除了所有的行銷行政支出之後的餘額是24萬。因此，這三個市場按照比例分別獲得的行銷費用為：商務會議市場12萬、婚宴7.2萬和家庭聚餐4.8萬。區隔出這三個市場後，把自己所得的這些行銷費用分配在各項活動中進行。

行銷費用的分配不是絕對的，經營者也可能會因為開闢某一全新的市場或主攻某獲利潛力最大的市場，而相應地調節行銷投入。如餐飲經理相信即將到來的暑假是家庭聚餐的高峰，野炊、燒烤和假期聚會等活動在暑假具有更大的收益潛力。基於此，他可能會為家庭聚餐行銷活動多分配20%的行銷費用。

(二)由下而上的預算方法

另一種**由下而上的預算方法**，即是根據各市場計畫中的目標／目的計算出可能需要的行銷費用，所有活動的費用總和即為下年的行銷預算支出。如果企業不能按照預算列出的費用支出全部，則意味著企業高估行銷目的，應該重新進行調整，將行銷支出減至可接受的水準。例如，A飯店實現「將商務散客的客房銷售量增多2,000間」的目的，所需的費用為84,000元，如果飯店無法或不願意在此市場投入84,000元，則其增售2,000間客房的短期目的就應予以調整。

行銷預算實際上是多個部門的人員共同參與的結果。財務部門的預算小組負責組織預算，它制定預算編製的表格、協調並彙總各部門的預算進行平衡，和與公司的目標進行比較，同時承擔預算的修訂工作。行銷部門則在預算部門制定的預算原則之下，組織下屬部門和人員制定預算。對行銷預算的審批，通常由高級管理人員如執行長、行銷主管和財務主管組成。

制定行銷預算首先是行銷部門的原始預算的提報。行銷部門預算過程中，不僅要有行銷管理高層的參與，還最好要有下屬層面的投入。一般說

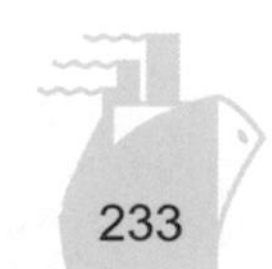

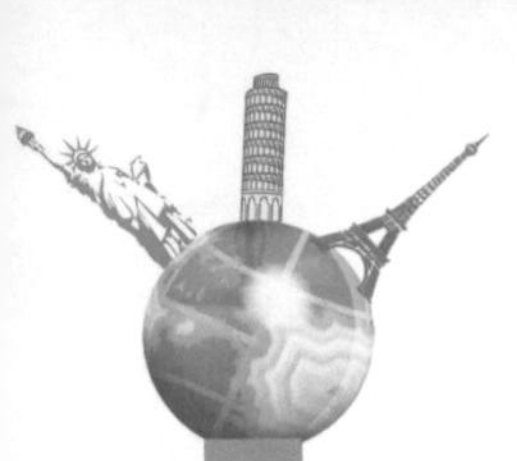

來，制定行銷預算的時候，本年度的預算業績應該優於上一個年度的預算業績。第二個步驟是兩個層面上的協商。協商首先發生在行銷層面。高級行銷經理就下屬部門提出的預算進行審查覆核，提出充分的理由就其修改意見與下級部門協商並取得一致。然後是公司層面的協商。公司的執行長、財務主管也可能會對行銷主管制定的行銷預算的看法存有差異，同樣的協商過程會再次發生。協商的最終目的是意見一致性最大化，保證預算目標既有挑戰性和可行性，又能發揮公司的經營潛力。覆核和審批是預算的第三步。為確保行銷預算的可行性，公司在最終批准行銷預算之前，會對所有部門的預算總量進行檢查和平衡。譬如，需要檢查營運部門的成本預算是否與行銷部門的銷售量預算相配合；財務部門是否有足夠的確保計畫實施的資源；行銷部門提供的現金流量是否足以維持公司的營運，如果不夠，財務應該採取什麼樣的籌集資金的措施等等。

本章小結

行銷規劃是建立在對未來的預測基礎之上。未來環境中的某些不可控性或不確定性因素，使得行銷規劃成為一項艱難且複雜的任務。但它在行銷策略中扮演的角色，使得它在經營中起了必要和重要的作用。制定行銷計畫不僅要考慮企業內部本身的資源和條件，還要聯繫外部環境中會對行銷活動產生影響的要素。不同企業制定的行銷計畫的結構可以不同，但幾乎所有行銷計畫都包含了執行綱領以及緊跟其次的使命陳述兩部分。其次，由外部市場境況、消費者基礎和競爭者資訊組成的外部環境分析也屬其中。內部分析則是對企業內部所有功能部門進行的跨功能性的優、劣勢分析。內、外部分析即SWOT分析的結果，是企業選定區隔市場和定位方法的基礎，也是企業確定長期目標、短期目的的關鍵考慮因素。基於上述過程，內容明晰的行銷行動計畫便應運而生，計畫中清楚陳述各項行銷活動的具體細節、時間界限、負責人和預算情況。

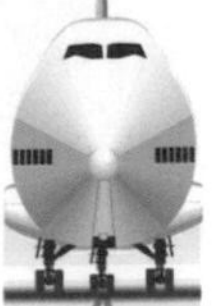

重要概念

- ■行銷規劃 Marketing Planning
- ■行銷計畫 Marketing Plan
- ■執行綱領 Executive Summary
- ■使命陳述 Mission Statement
- ■外部環境分析 External Analysis
- ■直接競爭者 Direct Competitor
- ■間接競爭者 Indirect Competitor
- ■內部環境分析 Internal Analysis
- ■重要性—績效分析 Importance-Performance Analysis（IPA）
- ■市場區隔和定位 Market Segmentation and Positioning
- ■長期目標與短期目的 Goals and Objectives
- ■行動計畫 Action Plan
- ■SMART原則 Specific, Measurable, Attainable, Results-Oriented, Time-based
- ■由上而下法 Top-Down Approach
- ■緊急情況備用金 Contingency Funds
- ■由下而上法 Bottom-Up Approach

課後習題

一、你覺得為什麼很多人不熱中於行銷規劃？但為什麼說行銷規劃其實具有很重要的意義？

二、怎樣進行重要性—績效分析？重要性—績效分析圖中各個象限代表的含義是什麼？

三、行銷計畫主要由哪些元素組成？

四、怎樣編寫行銷計畫中的短期目的？

五、行動計畫主要由哪幾部分內容構成？

六、企業一般如何進行具體的行銷預算？

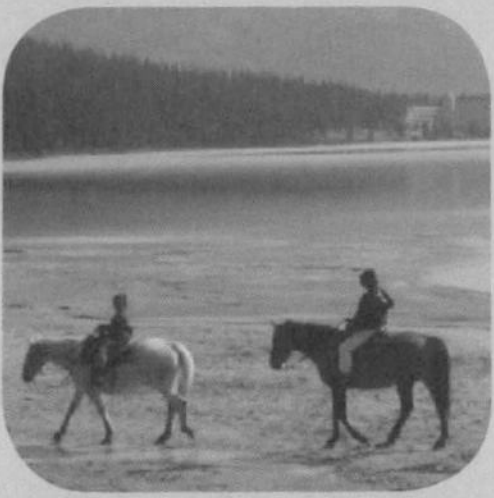

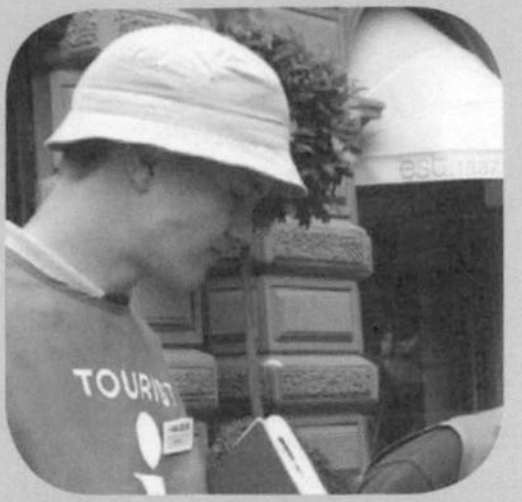

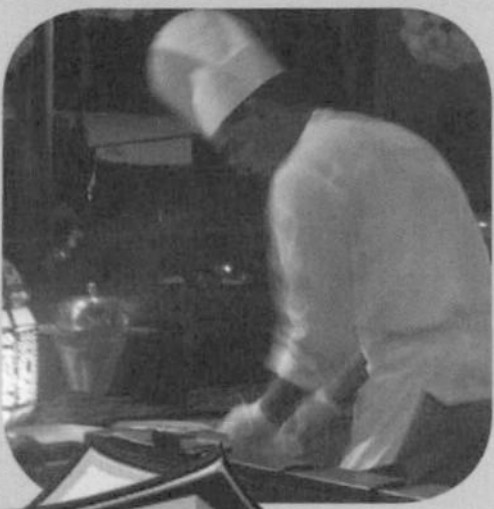

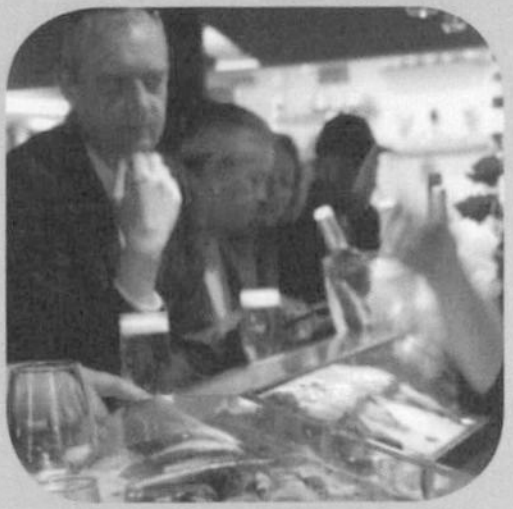

Chapter

8 觀光產品

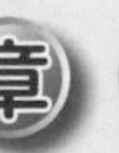

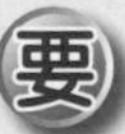

- ◆觀光產品的組成和類別
- ◆觀光產品定位和品牌塑造
- ◆觀光企業品牌塑造的策略及其特徵
- ◆觀光產品生命週期理論
- ◆觀光新產品開發的過程

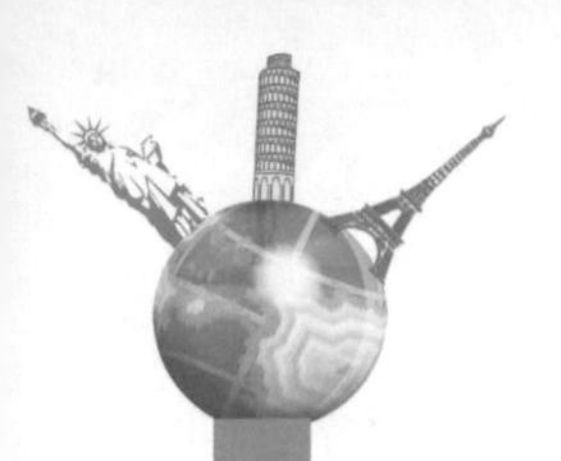

在接下來的五章裡，我們將討論觀光行銷組合要素——產品、人員、過程、有形環境、價格、通路和促銷。本章主要討論觀光產品。在詳細介紹組合的任何一個要素之前，首先要清楚什麼是行銷組合。行銷組合就像一個籃球隊，球隊的成功是球員之間努力合作的結果，每位球員發揮了各自不同的重要作用，只有各要素協同作用才能使行銷組合成功。

一些觀光企業經營者把他們的產品視為可變因素來關注，另一些經營者則認為成功的關鍵在於產品的生產和銷售。這也就是我們在第一章闡述過的產品導向和銷售導向概念。我們不能說這兩種導向是完全錯誤的，但至少有點片面。產品和服務（Product）是任何一個觀光企業經營的關鍵，但在哪裡（Place）實現這些產品和服務向消費者的轉移、以什麼樣的價格（Price）讓渡給消費者，以及經過什麼通路（Place）讓消費者知道提供的這些產品和服務（Promotion），也有舉足輕重的意義。對於服務業而言，誰來提供服務以及將服務提供給誰（People），服務如何被提供（Process）以及在什麼樣的環境中（Physical Environment）提供，也是三個重要的因素，因此，這三個P也被列入觀光服務產品的行銷組合。這七者中的任何一個或即使是六個，都不足以保障企業的成功經營，七者必須相輔相成，缺一不可。與其他行銷概念一樣，行銷組合的關鍵亦是消費者。因為組合的所有要素對消費者而言都很重要，所以整個組合依賴於七者的相互影響。

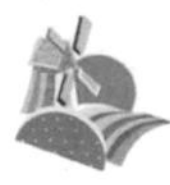

第一節　觀光產品的組成成分

我們從產品入手來討論行銷組合，是因為產品和服務的品質是消費者的主要關注點。從目的地的角度出發，觀光產品是指觀光經營者憑藉著觀光景區、交通和觀光設施，向觀光客提供的用以滿足其觀光活動需求的全部服務；從觀光客的角度來看，觀光產品就是指觀光客花費了一定的時間、費用和精力所換取的一次完整的觀光經歷。總之，觀光產品是指觀光經營者為了滿足觀光客在觀光活動中的各種需求，而向觀光市場提供的各種物質產品、精神產品和觀光服務的組合。本節我們首先探討觀光產品中的有形成分，接著解析觀光產品的包裝和活動策劃，然後對觀光產品包含的三種不同層面進行討論。

一、觀光產品中的有形成分

觀光中的「產品」是個綜合性概念，因為它涵蓋了有形機構、服務、款待、自由選擇和顧客參與等多方面的元素。因此，對觀光中有形產品的界定也有多種方法。有形產品形成了所有觀光體驗的核心，它可以是天然的（如瀑布、岩洞）或人造的（如主題公園）；固定的（如飯店）或流動的（如飛機）；持久的（如博物館）或短暫的（如春節）。在觀光行銷中，確保有形產品提供給某個或幾個真正適合的特殊目標市場極其重要。相應的觀光消費者的欲望和需求，是引導觀光企業甄選和開發有形產品的最主要因素。Kotler、Armstrong、Brown和Adam（1998）將產品定義為「能被投入某個市場並引起人們的專注、占有、使用或消費，從而可能滿足某種欲望或需求的一切事物的總和。它包括有形物品、服務、人員、地點、組織和理念」（p. 887）。它既包括具有物質形態的產品實體，又包括非物質形態的服務。觀光業中的「產品」需要採取全面化和綜合化的觀點，即Middleton和Clarke（2001）所定義的「整體觀光產品」概念：「觀光產品是指一次觀光體驗的週期，這個週期開始於觀光客離開長久居住地，直至他回到長久居住地為止」（p. 122）。觀光客把旅途中遇到的所有感受體會都作為整體觀光活動中的組成部分。前往機場的計程車、飛機上的觀景、飯店的迎接、床位的舒適度、餐飲的口味和服務方式等，均屬於這項整體觀光產品的組成成分，並最終形成觀光客對此次旅行經歷的總體印象。

在此「整體觀光產品」的綜合性歸納之下，個體觀光企業的產品一般由更具體、更詳細的產品構成。雖然目的地提供一系列能滿足觀光客欲望和需求的產品，但獨立的觀光企業提供的產品更加具有針對性，如航空公司針對交通、飯店則是針對住宿等。這些單獨的企業建立各自的功能執行過程，以適應各自對應的特殊市場區域。

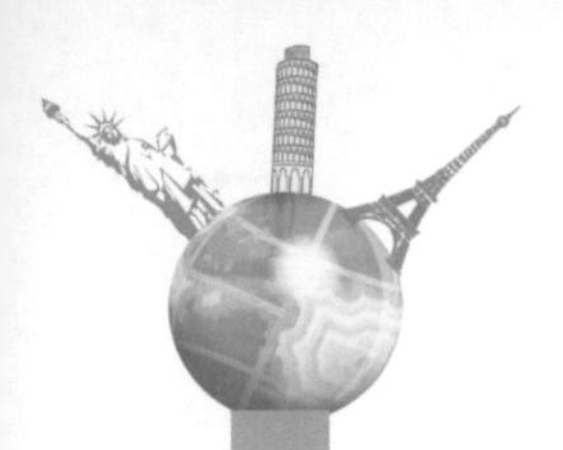

二、觀光套票產品和專案策劃

如前所述，觀光產品是一個由有形產品、服務和地點組成的綜合概念。同樣的，觀光客的欲望和需求也是複雜且多變的。觀光行銷的一個主要功能就是找出觀光產品和觀光消費者之間的契合點。**觀光產品組合**（Packaging）是將目的地的產品特徵和利益組合成一個可銷售的「產品包」，以便其足以滿足對應的市場消費群體的欲望和需求，這種產品被稱之為「觀光套票產品」。這種方法與零售市場上盛行的「產品組合銷售」策略相似。例如，相鄰而設的咖啡廳和書店實際上就是一種產品組合策略。二者相輔相成，共同獲益，形成一個有助於咖啡消費和書本交易的銷售環境。

觀光套票產品是指觀光企業將一系列觀光產品和服務整合成一個以統包的價格出售的組合產品；其中，參與組合的各項單獨產品和服務的成本不分開計算。**專案策劃**（Programming）是一種補充性的行銷技術，它開發出各種特殊的活動和／或事件，以增加觀光套票產品的價值，並增加購買者的支出。渡假套票產品在觀光銷售額中占有很大比例。套票產品功能全面，購買方便，這也是其主要的吸引力之一。產品組合使得各種觀光服務提供者（如交通、住

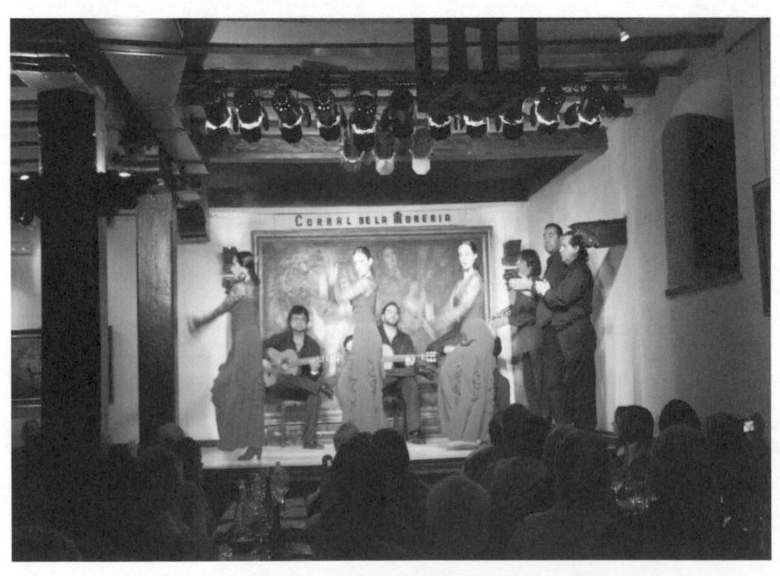

把佛朗明哥舞表演和餐飲結合起來的專案策劃，既可以作為目的地的吸引物，又可以提高顧客的消費水準。（徐惠群拍攝）

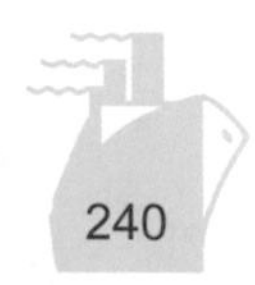

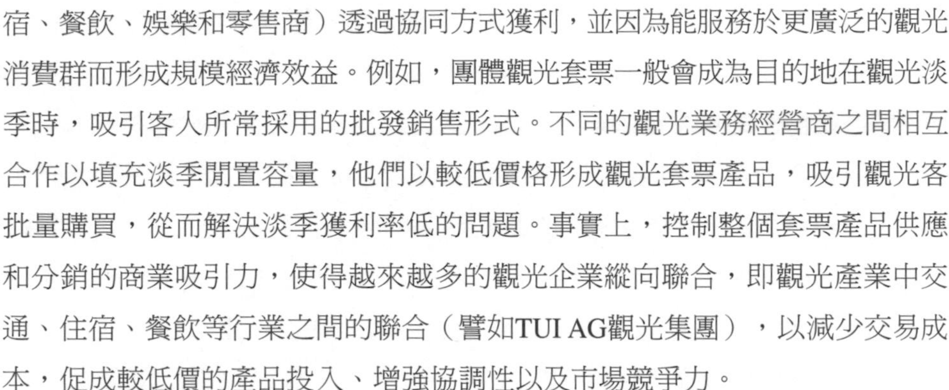

宿、餐飲、娛樂和零售商）透過協同方式獲利，並因為能服務於更廣泛的觀光消費群而形成規模經濟效益。例如，團體觀光套票一般會成為目的地在觀光淡季時，吸引客人所常採用的批發銷售形式。不同的觀光業務經營商之間相互合作以填充淡季閒置容量，他們以較低價格形成觀光套票產品，吸引觀光客批量購買，從而解決淡季獲利率低的問題。事實上，控制整個套票產品供應和分銷的商業吸引力，使得越來越多的觀光企業縱向聯合，即觀光產業中交通、住宿、餐飲等行業之間的聯合（譬如TUI AG觀光集團），以減少交易成本，促成較低價的產品投入、增強協調性以及市場競爭力。

一個海岸渡假套票產品可能涉及到目的地、航空公司、區間交通接送、景點、觀光經營商以及旅行社的參與。各種組成要素的經營者是一個團隊，他們提供各自經營的產品，並最終組合成整體套票產品。其中，觀光經營商形成套票產品構思，並充當各產品經營商之間的協調者。套票產品的品牌可能是出自於觀光經營商、旅行社或是能代表目的地的某個觀光組織。所有經營商參與其中的主要目的，是提供一個無紕漏的觀光體驗，這種體驗積極反映出各參與企業、組織是否在觀光客心目中留下正面印象。

商品銷售全球化的持續增強，導致消費者對消費產品和服務有越來越多的選擇。同樣地，「需求跟隨供應」的經營觀念已經不再是觀光業經營的主宰，相反，觀光企業現在需要識別觀光客的旅行體驗需求，據此開發供應和傳遞的高級技巧，並隨著需求不斷升級。觀光套票的發展性特徵正好反映了這種趨勢。Host（2004）列舉五種觀光套票產品發展的主要要素：

1.家庭觀光：如今家庭時間明顯缺乏。社會競爭激烈，日常生活備受壓力，家庭相聚的時間益顯寶貴。家庭出遊為各成員均提供了有價值且優質的時間支配。

2.體驗觀光：體驗觀光是快速發展的觀光潮流之一。各種主題明確的、多層次的體驗觀光模式，鼓勵觀光客積極參與體驗觀光，以感受其樂趣，而不再是被動的觀光客。例如，「到農場裡體驗田園生活」的農場觀光；自駕車觀光以及登山、探險遊等。

3.技術和「人力元素」：網路已經成為人們搜索、挑選以及購買套票產品的資訊的主要平臺，如Expedia和Travelocity。這為觀光企業如何在

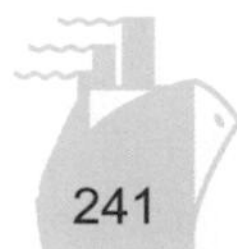

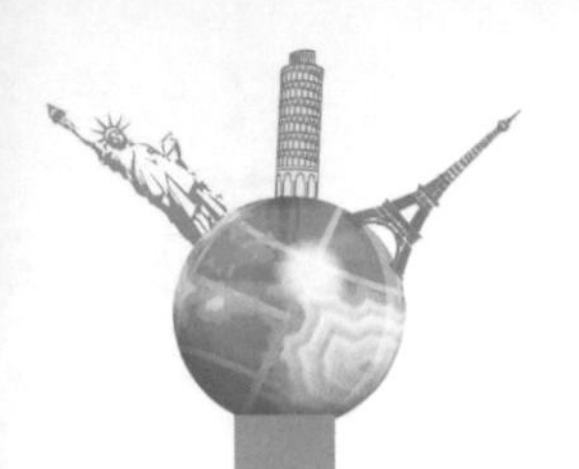

保持高水準服務的同時，充分利用網路優勢提出新的挑戰。

4.靈活性及客製化：識別觀光客需求之後的下一步工作，是找出能適應這些需求的更廣泛的解決方法。基於一個足夠寬泛的活動選擇方案，觀光企業定製出能適應目標群體或個人產品。這個過程涉及到觀光企業間新合作關係的形成，以實現產品的靈活性和客製化。例如，郵輪公司與其他交通企業合作，以實現觀光客全線交通轉移的便利，包括離開居住地、進入郵輪、每到一個目的地碼頭，進行當地的觀光活動、離開郵輪直至回到原居住地。

5.控制：安全問題是觀光客關注的主要問題。觀光客對觀光經歷中安全控制的感知變得越來越重要。旅行策劃者和／或觀光經營商的專業性可以在很大程度上，減輕觀光客在旅行途中形成的安全方面的壓力。

三、觀光產品的三個層面

觀光產品可以由三種特性和利益形成：核心服務或利益、必需的促成服務和附加產品（外延產品）三部分。**圖**8-1對此做了說明。

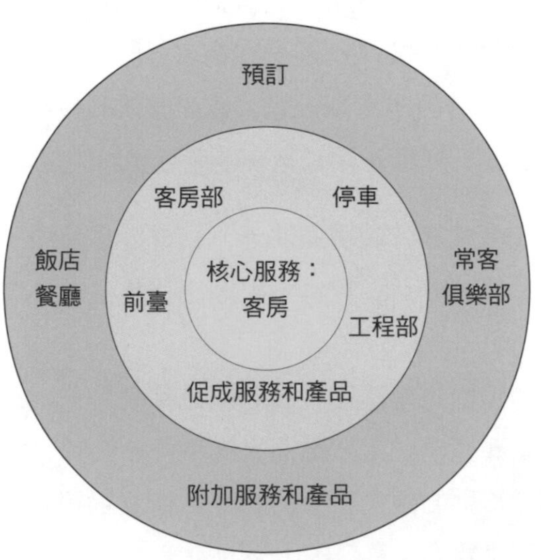

圖8-1　**觀光服務的三個層面：以飯店為例**

資料來源：Grönroos, C. (1990). *Service Management and Marketing: Managing the Moment of Truth in Service Competition* (p.77). Lexington, MA: Lexington Books.

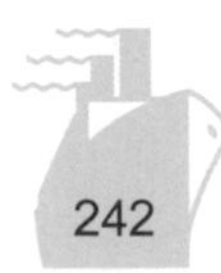

(一)核心服務

核心服務（Core Service）是觀光產品提供給顧客最基本的價值和利益。飯店的核心服務是客房，觀光勝地的核心服務是景點，餐廳的核心服務是膳食和飲料。

(二)促成服務

促成服務（Facilitating Service）是核心服務之外必須存在的服務項目，有了這些項目，觀光企業才能順利運作。例如，飯店必須有前臺才能為客人辦理入住，有客房部才能清潔客房以及工程部維修等，這些都是為提供核心服務而必須存在的服務項目。觀光企業也可憑藉這些促成服務體現出自身特色。如古典風格的大廳裝飾或獨具特色的宴會廳等。

(三)附加服務

附加服務（Supporting Service）或稱外延產品，是在顧客購買觀光產品時，所獲得的全部附加服務和利益的總和。它也是觀光企業用以實現產品差異化的重要方式。某些飯店提供的票務代理服務或是當地觀光導遊服務、航空公司提供的飯店預訂服務或紀念品訂購服務、餐廳的免費停車服務等，都可能屬於附加產品的內容。

預訂系統是飯店業內最強有力的輔助服務之一。預訂服務的便捷和準確對於區分它和其他的連鎖飯店非常重要。但隨著越來越多的飯店提供預訂服務，這項服務也逐漸失去了特色。所以很多連鎖飯店和餐廳提供的常客計畫或常客俱樂部，即成為附加產品內容之一。它主要透過對顧客的忠誠度管理來提供附加服務。

附加服務需要有形的輔助商品的維持。例如，會員卡是常客俱樂部的有形支撐，而預訂或確認方面的電子郵件則是預訂系統必需的。總而言之，住宿、交通、食物等是常見的核心觀光產品，而這些核心產品又需要如大廳、客房之類的促成服務，才能使之成功傳遞。附加產品如常客俱樂部積分或獎勵是觀光產品行銷的重要支撐，也是用以體現產品特色和個性的關鍵。

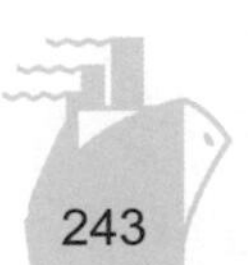

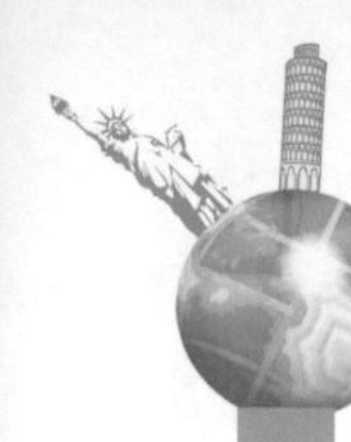

 第二節　觀光產品的品牌塑造

品牌（Brand）可被定義為一個名稱、符號、標誌或圖案，或是這些東西的組合。品牌被用來識別一個組織的產品，並把它們同其競爭對手的產品區別開來，它可以體現在產品的包裝方式以及所運用的標誌和標語上（Vellas & Becherel, 1999）。品牌是企業和產品的形象，是對自身形象高度濃縮之後加以精心設計，再盡情發揮市場功能的一種標誌物（張穎，2003）。而品牌化（Branding）是運用某一標識或（名稱）短語去反映定位，以快速而簡明地傳達所定位內容的基本要義，從而使所提供的利益能夠易於（為觀光消費者所）瞭解和記憶（李天元，2007）。簡言之，品牌化就是一種把自己的一項或一系列產品／服務，同競爭對手的產品／服務區分開來的方法（張穎，2003）。品牌對觀光企業和目的地行銷都至關重要，以下就品牌在觀光企業的應用展開討論，而與目的地相關的品牌行銷問題，則於第十三章第一節中加以論述。

定位和品牌化概念起源於消費品的行銷策略（De Chernatony, Drury, & Segal-Horn, 2003），隨著服務產業的重要性不斷擴大，定位和品牌化的應用也已擴展至服務產品，要求認識到本產品不同於其他服務產品的獨一無二的特質。De Chernatony和Segal-Horn（2001）指出，品牌化中對這些差異性的應用的主要意義在於，雖然所有品牌都是無形的，但服務品牌代表了服務中的某些無形因素，而產品品牌代表了產品的部分有形成分。所謂**定位**（Positioning），就是識別和確定某一產品或服務的重要品質，以便能夠以有意義的方式，向消費者展現其有別於競爭產品或服務的特色或內含利益（李天元，2007）。所以，「差異化」成為觀光產品定位的關鍵點，它使企業的產品從眾多的同類產品中凸顯出來，體現出自身的競爭優勢。品牌化則使之在觀光消費者心目中建立起一個與眾不同的形象，並留下美好回憶。一旦與此形象相關的觀光產品的名字、標識或口號被呈現，消費者便能回憶起該產品。

飯店業的品牌化始於20世紀初。當時，一些飯店如斯塔特勒（Statler）和麗茲（Ritz）把分屬於不同城市的飯店聯繫起來，並採用同一個品牌，從

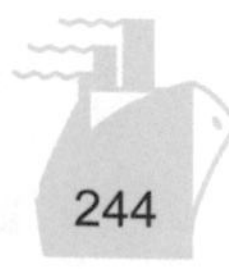

此品牌在飯店業中的重要效用便引起了關注。在距今二十五年的時間裡，品牌化已經成為普遍被飯店業所接受和採用的主要行銷策略（Dev, Zhou, Brown, & Agarwal, 2009），眾多飯店普遍採用品牌化策略，在很大程度上是由於品牌能夠為飯店住客和飯店本身提供更多的附加價值（O'Neill & Xiao, 2006）。有些飯店集團把企業的名稱融入到企業旗下的多種品牌中，如萬豪集團。唯一例外的是麗嘉（Ritz-Carlton），因為早在被萬豪集團併購之前，麗嘉就已經是享有聲譽的品牌了（O'Neill & Mattila, 2010）。另外有一些飯店集團則採取了多品牌策略，是以完全不同的飯店名稱代表不同的品牌理念，通常各個飯店品牌是不包括母公司的名稱的，如喜達屋（Starwood）和精品國際（Choice）（O'Neill & Mattila, 2006）；有些飯店則採取兩種策略相結合的方式，如希爾頓（Hilton）和溫德姆（Wyndham）飯店集團（O'Neill & Mattila, 2010）。現在不管是飯店業還是餐飲業，品牌化和品牌連鎖企業在觀光業中發揮了日益重要的作用，而使用品牌名稱的爆炸性時代已然到來。

優異的業績是提升企業品牌形象的關鍵。品牌形象使得企業與其他競爭性企業區分開來，體現出獨特品牌所彰顯出的差異化和特色化內涵。麥當勞、肯德基和必勝客等餐飲品牌的知名度，已不僅僅享譽北美，而是全球聞名。希爾頓、四季、萬豪等飯店品牌或國泰航空、新加坡航空亦是如此。

品牌連鎖帶來的廣告、採購、預訂等方面的規模經濟效應，屬於品牌效應中的一種。品牌還可以被用來區隔市場。很多觀光集團會針對不同的區隔市場對其旗下的品牌進行劃分，既保持品牌的綜合統一，也體現出各自的特色和個性。雅高飯店集團就是偏向於使用多品牌策略來滿足不同區隔市場需求的典型特例。雖然其在臺灣地區的業務開展得較晚，如首家飯店諾富特（Novotel）於2009年11月開幕，但它卻是旗下共有十五個品牌分布於全球九十個國家，其中七個為核心品牌的知名飯店集團。旗下的索菲特（Sofitel）以其高定位和尊貴的服務品質，展示著豪華的品牌地位；諾富特（Novotel）為商務客帶來周全、便利與高效能的舒適環境；美居（Mercure）、宜必思（Ibis）及佛繆勒第一（Formule 1）等品牌，則在某些地域組成了一個不同檔次的飯店群落，成為這些區域飯店業務的壟斷者。

品牌也有助於新業務的開展和新產品的引進。當假日飯店集團決定進入

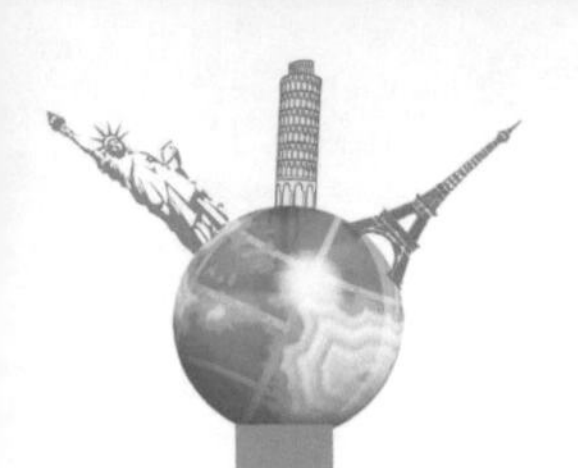

有限服務飯店市場時，它引進的新品牌快捷假日（Holiday Inn Express）的迅速發展，很大程度上歸功於假日集團長時間積累起來的聲譽和形象。**圖**8-2簡要概括了企業實行品牌化所產生的益處。

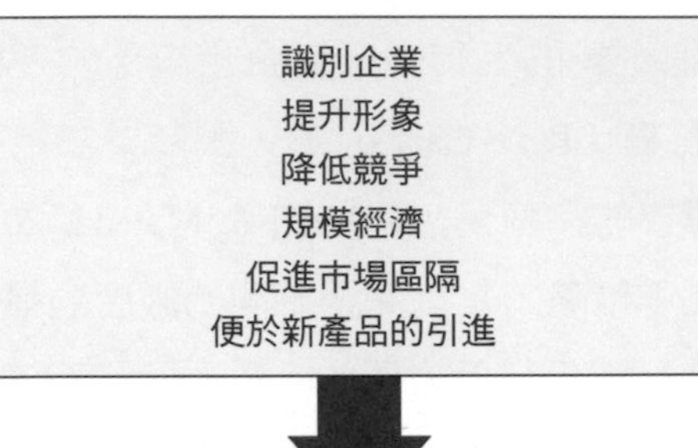

圖8-2　**品牌化的優點**

資料來源：Hsu, C.H.C. & Powers, T. (2002). *Marketing Hospitality* (3rd ed. p.181). New York: John Wiley & Sons.

一、品牌權益

Aaker認為品牌權益（Brand Equity）是指「與品牌、名稱和標識等相關的一系列資產或負債，可以增加或減少透過產品或服務帶給企業或顧客的價值」，品牌權益被定義為「品牌體現出的價值」（Aaker, 1991）。Armstrong和Kotler（2009）定義品牌權益為消費者對產品／服務所顯示的積極的、獨特的名稱的反應。**品牌權益**既可以是企業因滿足顧客而長期積累的回報——品牌記憶度、認知度和忠誠度；也可以是透過消費者願意溢價購買自己偏愛的品牌，從而為企業帶來的增加值。高效的廣告或其他行銷溝通方式有助於形成品牌形象，但必須要有實際的經營行為支撐，才能真正有助於品牌權益的建立和維持。如前所述，假日集團推出新品牌「快捷假日」並迅速取得成功，就是其擁有的品牌權益優勢的體現。以顧客為基礎的品牌權益是衡量品牌成功度的真正指標，這種品牌權益包括了六種資產（如**圖**8-3所示）：感知品質、品牌知名度、品牌形象、管理信任、品牌信賴度、品牌忠誠度；前面五種資產導致了品牌忠誠度的產生（Hsu, Oh, & Assaf, 2010）。

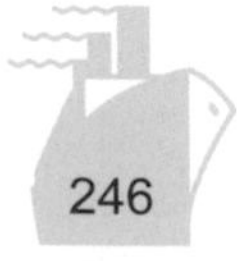

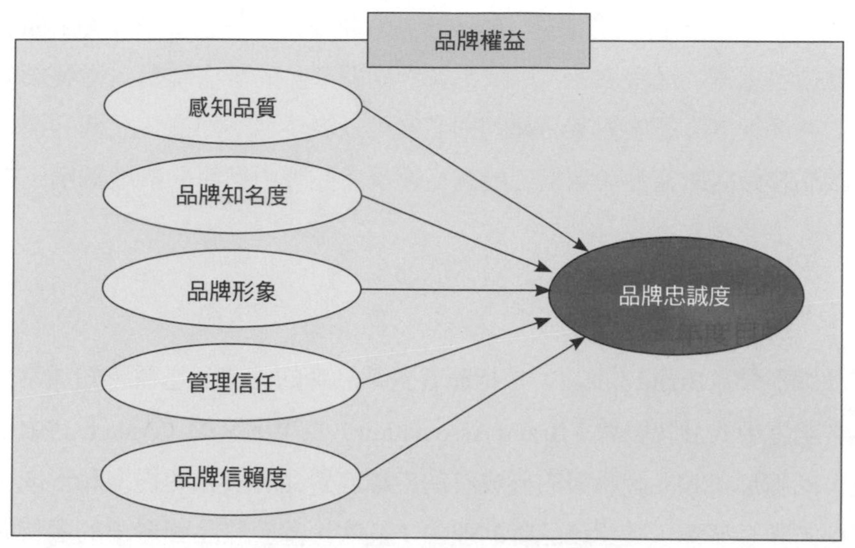

圖8-3　品牌權益的構成要素

資料來源：Hsu, C.H.C., Oh, H., & Assaf, A. (2010). A customer-based brand equity model for upscale hotels in China. *Journal of Travel Research*, forthcoming.

(一)感知品質

感知品質（Perceived Quality）是指顧客所感知的某一品牌在同類別產品中的優越性程度，由於較高的感知品質意味著更高的要價，因此感知品質成為企業財務表現的重要貢獻者。但是由於種種原因，市場所感知的品牌品質有可能與實際的品質並不相符，這些原因包括以前經歷的低劣品質、品質的感知來源是原先以為並不重要的屬性、消費者資訊處理的不完善等。顧客所感知的品質是否正確並不重要，重要的是顧客的真實感受是什麼。以顧客入住某品牌的飯店為例，顧客良好的感知品質是：該品牌代表著高品質；該品牌的質量標準高於其他品牌；該品牌的品質標準是全行業中最高的。

(二)品牌知名度

品牌知名度（Brand Awareness）是指潛在購買者能夠認識或回憶起某品牌是屬於某種產品類別的能力（Aaker, 1991）。品牌知名度是品牌體現在目標市場的頭腦中的強度，其目標並非一般的知名度，而是指品牌因為其指定的目的而被記憶。品牌知名度是所有銷售活動的基礎，譬如在廣告的AIDA模型中，廣告的目標首先是要引起注意（Attention）即產生知覺，然後激發

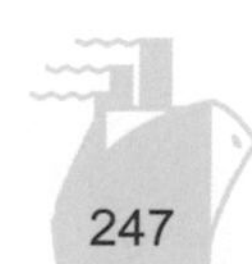

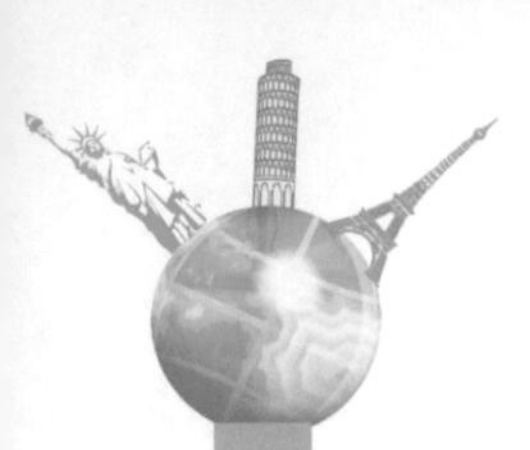

興趣（Interest），再創造欲望（Desire），最後帶來顧客行為（Action）。企業應透過重複的品牌展示，以及品牌與相關產品的緊密聯繫，增強顧客對品牌的熟悉程度。顧客對某品牌的知名度可以表現為：知道該品牌的標識；知道該品牌飯店的產品和氣氛；能夠從競爭者品牌中輕而易舉地識別出該品牌。

(三)品牌形象

品牌形象（Brand Image）是指顧客對某品牌的感知，這種感知通常是透過顧客記憶中的品牌聯繫（Brand Association）表現出來的（Aaker, 1991）。首先，品牌形象和品牌聯繫的形成有助於顧客對品牌資訊的提取和形成，這一過程向顧客解釋了購買該品牌的理由；其次，基於該品牌形象的獨特之處或者和品牌聯繫相關的其他目的，顧客可以區分各個品牌；最後，由於品牌延伸的認可度主要是受母品牌和延伸品牌之間的契合度影響，所以品牌形象和品牌聯繫是品牌延伸的基礎（Hsu et al., 2010）。顧客心目中所認為的優質品牌形象可以是：某品牌是有名望的；某飯店品牌能夠吸引高貴賓客入住；入住某品牌飯店能夠讓顧客感到特別；顧客很清楚何種類型的顧客會入住某品牌的飯店。

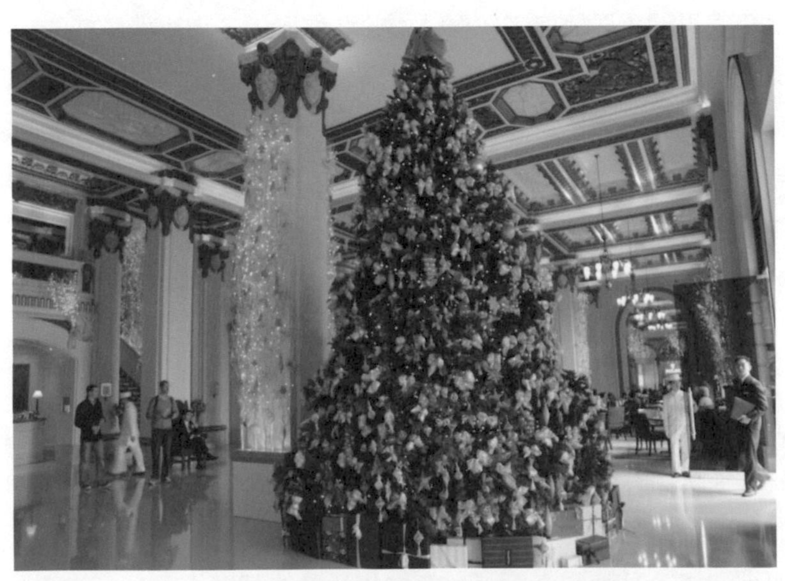

在以復古、奢侈著稱的香港半島酒店內，哪怕是用來襯托大廳內耶誕樹的禮物盒，也都彰顯著與半島酒店相似的品牌地位。（徐惠群拍攝）

(四)管理信任

在飯店品牌化環境裡，**管理信任**（Management Trust）是指顧客對能夠滿足他們住宿需求的品牌管理所呈現出的信心感和意願（Hsu et al., 2010）。當顧客對他們自己所選擇的飯店品牌、品牌管理能力、實際管理，表達了強烈的信任時，顧客的管理信任就形成了。顧客在選擇飯店的過程中，透過對該飯店管理能力的瞭解，讓各個飯店與眾不同。因此，顧客對品牌管理所表現出的管理信任和信心，可能是一個飯店品牌成功與否的關鍵因素。顧客對於某品牌的管理信任可以表現為：信任某品牌的管理；某品牌的管理瞭解如何經營飯店；某品牌飯店比其他品牌更好地實施管理措施。

(五)品牌信賴度

品牌信賴度（Brand Credibility）是指顧客對某品牌的期望和其品牌表現所呈現的一致性。當某品牌的表現達到了顧客的期望，顧客即認為該品牌是值得信賴的，那麼顧客就會認為該品牌所提供的是高品質服務，並且趨於對該品牌的忠誠。因此，品牌信賴度可能會持續不斷地影響顧客的品牌忠誠度（Hsu et al., 2010）。以顧客入住某品牌飯店為例，品牌信賴度表現為：某品牌每次都能滿足顧客對該品牌的期望；本次入住某品牌飯店的經歷和以前每次入住的感覺相一致；某品牌每次都不會讓顧客感到失望等。

(六)品牌忠誠度

品牌忠誠度（Brand Loyalty）是指消費者在購買決策中，多次表現出來的對某個品牌有偏向性的（而非隨意的）行為反應。它是一種決策和評估的行為過程，也是一種心理態度過程。品牌忠誠度的最終衡量指標是顧客的重複購買及口碑推介。品牌忠誠度的形成不完全依賴於產品的品質、知名度、品牌聯繫及傳播，它與消費者本身的特性緊密相關，形成於消費者的實際使用經歷。品牌忠誠度的建立需要一個過程，一般經過購買前的認知、購買時的體驗和購買後的偏好三個主要步驟。首先，產品的廣告或其他溝通方式，使得消費者從未知到知之，即識別；其次，成功的經營和持續的行銷刺激購買行為的完成，用自身的體驗檢測識別階段形成的價值期望；最後，體驗過後的高程度的滿意和價值衡量，才可能建立消費者對該品牌的偏好，即使支

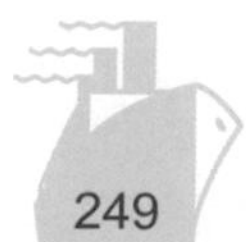

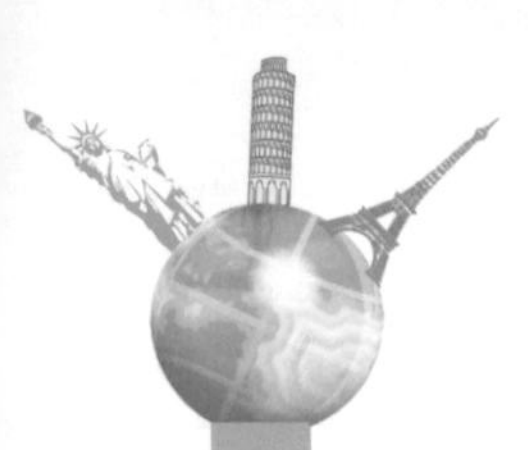

付更高的價格也願意（Hesket, Sasser, & Hart, 1990）。

二、品牌塑造策略

在觀光業中，品牌塑造顯示出日益重要的作用，各企業塑造品牌的形式也呈現出多樣化的趨勢。企業不僅可以自身實現品牌化，還可以對單個產品進行品牌化操作，如麥當勞的巨無霸；也可以對單項服務實現品牌化，如迪士尼的快速通行證（Fastpass）。觀光業最常見的品牌塑造策略有四種：

(一)品牌聯合策略

Interbrand機構將**品牌聯合**（Co-Branding）定義為：兩個或兩個以上為消費者所高度認可的品牌，進行商業合作的一種方式，其中所有參與的品牌名字都被保留。它既可以指兩個或多個不同主體的品牌間的聯合，即品牌聯合化；也可以是供應商為其下游產品中必需的原料、成分和零件建立品牌資產的成分品牌化（Ingredient Branding）。品牌聯合主要用於異業組合聯盟，相互聯合的品牌通常經營不同的業務，雙方之間不存在競爭。例如萬豪飯店集團和星巴克簽訂協議，飯店只提供星巴克的咖啡；位於杜拜的朱美拉阿聯酋

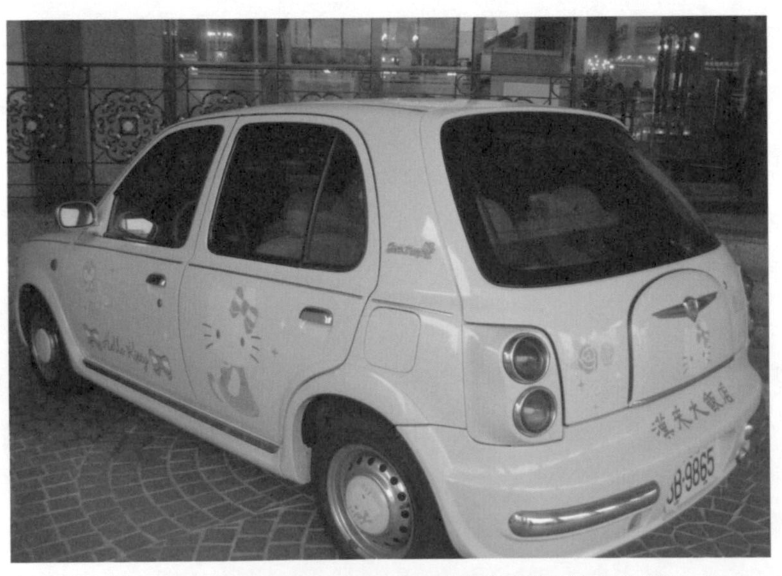

台灣高雄的漢來大飯店與Hello Kitty公司實施品牌聯合，推出以Hello Kitty為主題的小轎車和客房。（簡君倫拍攝）

飯店（Jumeirah Emirates Towers）的女性專用樓層與知名香水品牌「蕭邦」（Chopard）合作，為女性住客提供非凡的夢幻享受；另外，肯德基和百事可樂、麥當勞和可口可樂的品牌聯合策略也是觀光產業中成功的案例。

兩位學者對六個飯店品牌和六個餐飲品牌進行品牌聯合的研究，結果顯示：不同地區的顧客所假想的、喜愛的飯店和餐飲品牌聯合完全不同。兩岸三地的華人最喜歡的三種品牌聯合依次是：香格里拉—全聚德、香格里拉—麥當勞、香格里拉—星期五餐廳；而其他地區（亞太地區、北美地區）的受訪者最喜歡的品牌聯合依次是：JW萬豪—澳美客、JW萬豪—星期五餐廳、宜必思—麥當勞。從企業經營策略的角度出發，品牌聯合為企業進入新的市場提供了參考意見，同時針對不同的顧客群體，推出適合的品牌聯合也具有現實意義（Guillet & Tasci, 2010）。

觀光路線的設計不僅包括遊覽的景點，還包括住宿、交通和餐飲等成分。所以，很多旅行社與知名飯店、航空公司或餐廳聯合，利用它們的名氣提升線路品質和檔次。如某些旅行社制定的「入港觀光豪華團」行程中，安排乘坐國泰航空的航班、並入住香港半島酒店。旅行社可以利用飯店、航空公司或餐廳的良好品牌形象來提升自己品牌的評價，提升本身的形象與知名度。總之，品牌聯合的優點在於形成交叉品牌信任度和認可度，促成品質認知的移轉與品牌評價的提升。

(二)多品牌策略

多品牌策略（Multiple Branding）即指一個企業的產品使用多個品牌。每一品牌面對的區隔市場明確，相互之間一般不存在競爭。如精品國際飯店集團採用的就是多品牌結構，包括住宿旅館（Sleep Inn）、舒適旅館（Comfort Inn & Comfort Suites）、品質旅館（Quality Inns, Hotels & Suites）、號角飯店（Clarion Hotels）、平價客棧（Econo Lodge）、羅德威旅館（Rodeway Inn）、長期套房飯店（Mainstay Suites）等。多品牌策略主要被運用於經營業務比較多的大型企業。百勝餐飲集團是全球餐廳界最大的餐飲集團，在全球一百多個國家擁有超過34,000家連鎖餐廳和85萬多名員工。其旗下包括肯德基、必勝客、塔可鐘（Taco Bell）、A & W及Long John Silver's五個世界著名餐飲品牌，分別在炸雞、披薩、墨西哥風味食品、美國

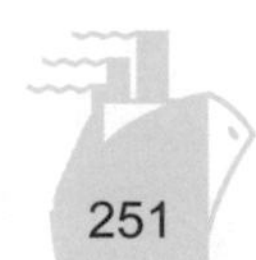

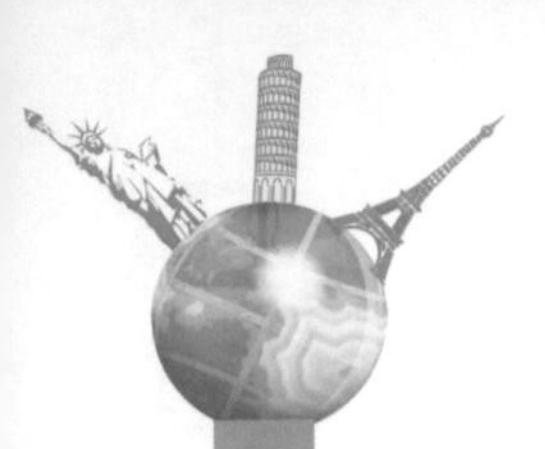

傳統食品及海鮮連鎖餐飲方面，各列全球第一。

(三)品牌傘策略

品牌傘也稱為母品牌（Family Brand），是指某一產品使用已經在市場上建立起來的品牌名稱的做法（朱輝煌、盧泰宏、吳水龍，2009）。**品牌傘策略**（Umbrella Branding）又被定義為：企業或母品牌帶領數個產品個別品牌的做法（Owen, 1993）。飯店集團的母品牌一般表現為飯店集團的公司名稱，如萬豪飯店集團的Marriott和希爾頓飯店集團的Hilton品牌。品牌傘策略通常採用「受託品牌」結構，即「獨立品牌 + by + 受託品牌」的形式。如喜達屋飯店集團（Starwood Hotels & Resorts Worldwide）的喜來登福朋品牌（Four Points by Sheraton）、萬豪集團的萬怡品牌（Courtyard by Marriott）和Fairfield Inn by Marriott、希爾頓飯店集團的Homewood Suites by Hilton、Home2 Suites by Hilton即是使用受託品牌結構。

(四)品牌延伸策略

所謂品牌延伸（也即相關延伸）就是指用母品牌作為原產品大類中針對新區隔市場開發新產品的品牌。**品牌延伸策略**（Brand Extension）主要有三種模式：向上延伸、向下延伸和雙向延伸。不管採取何種延伸模式，企業都是以本身的核心價值為主要依據。飯店集團常見的品牌延伸策略是在保持家族品牌名稱的基礎上加入新的名稱元素，即「主品牌＋亞品牌」結構。凱悅飯店集團的四個品牌：柏悅飯店（Park Hyatt Hotels）、君悅飯店（Grand Hyatt Hotels）、凱悅飯店（Hyatt Hotels）和凱悅麗晶飯店（Hyatt Regency Hotels）就屬此類。1952年，威爾遜以「一個尺寸適合所有人」的標準化思路，組建了假日集團（Holiday Inn），成為當時全球最大的單一品牌飯店集團。然而1980年代末以來，賓客的需求出現多樣化的趨勢，一個尺寸不再能適合所有人，假日品牌經過向上、向下或雙向延伸，也形成了諸多附屬於家族品牌「假日」的區隔品牌：The Holiday Inn Select以其商業服務和會議設施，為行政人士和商務旅行者提供便捷；Holiday Inn Family Suites Resorts為家庭商務或休閒而設計；Holiday Inn Express則是面向價格敏感的旅行者的平價旅館。

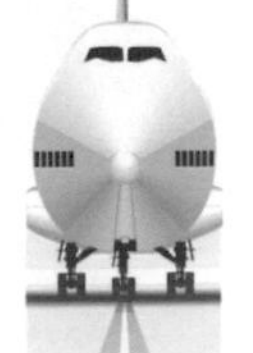

觀光業，特別是飯店業是一個市場分割化明顯、競爭性大的行業。在這種競爭的環境中，品牌塑造成了一個樹立差異化形象的主要方法，也成了建立消費者忠誠度的基礎。因此，塑造品牌成了眾多觀光企業經營的主要策略之一。品牌帶來的經濟效益是塑造品牌形象的主要動力；其在觀光服務業中的重要性更是明顯。其中一個最可能的原因是觀光產品的無形性特點。不管是四季飯店、麥當勞，還是國泰航空、迪士尼，品牌都是識別它們與相似產品的主要標誌，是將它們與相應的競爭對手區別的主要因素。任何一個觀光企業要想在市場上脫穎而出，體現出自身與他人的差異，鮮明的品牌形象是關鍵。

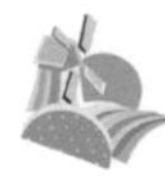

第三節　觀光產品生命週期

一、觀光產品生命週期理論

美國哈佛大學教授Raymond Vernon於1966年在其《產品週期中的國際投資與國際貿易》中，首次提出產品生命週期理論（Product Life Cycle, PLC）。 產品生命週期理論認為，與人的生命週期要經歷出生、成長、成熟、死亡等階段一樣，產品也會經歷一個生命週期過程，一般可分成四個階段：進入期、成長期、成熟期和衰退期（如圖8-4）。PLC理論最先應用於時尚型產品，後亦被運用於觀光服務產品。

當新產品剛剛進入市場時（Introduction），只有一些愛冒險的創新者可能會嘗試。由於進入階段較高的啟動和導入成本及較低的銷售額，公司可能會有淨虧損。隨著產品開始步入成長期（Growth），更多的人成為早期的接受者而嘗試產品。因為銷售額增加，利潤也增長。當大眾市場開始使用，產品就進入了成熟期（Maturity）。此時，銷售額達到最高水準。但隨著越來越多的競爭者出現，銷售額的增長率下降，競爭也容易導致行銷成本增加，邊際利潤率逐漸減少。當市場上供過於求現象越來越明顯，直至飽和甚至過度，產品便會慢慢變成廉價物品直至消亡，進入了衰退階段（Declining）。

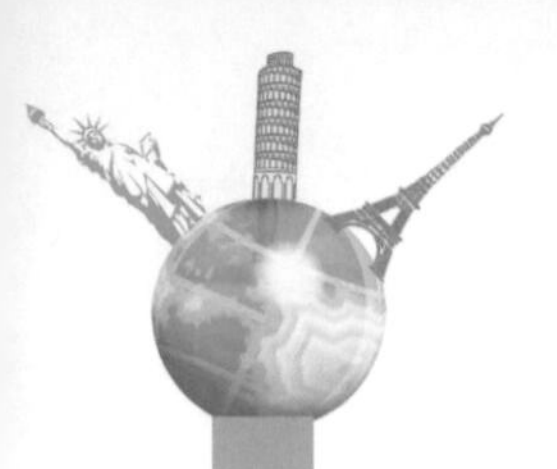

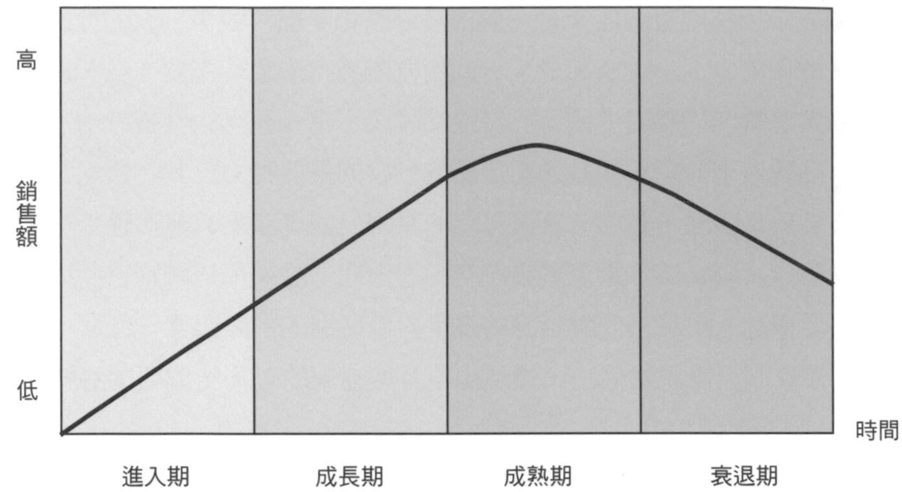

圖8-4　產品生命週期

資料來源：改編自Kotler, P., Bowen, J. T., & Makens, J. C. (2006). *Marketing for Hospitality and Tourism* (4th ed. p.339). Upper Saddle River, NJ: Pearson Prentice Hall.

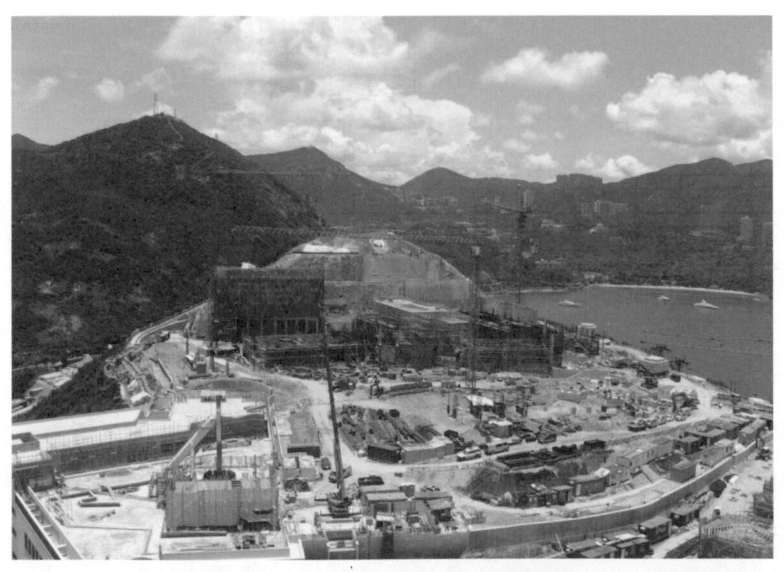

香港海洋公園透過擴建景點和遊樂設施、建造飯店，以延遲進入產品生命週期的衰退階段，或可進入第二代的擴展期。（宋漢群拍攝）

產品生命週期可以應用於任何一個行業、概念、品牌、特定產品，或者觀光目的地。如在美國，家庭自助餐廳（Buffet）的概念產生於1970年代，並開始逐漸流行，但到了1980年代末期就慢慢消失了。很多沒有隨消費者偏好的改變而改變的餐廳，也在自助餐廳業內消亡了。以麥當勞為例，從1990年中國第一家分店在深圳開幕，麥當勞的中國業務得到了快速發展，截至2009年已經有超過1,000家分店，成了城市大眾人口的消費場所，也標誌著麥當勞在中國一線城市的業務進入成熟期。

當產品生命週期概念應用於單個品牌時，情況會完全不同。餐廳經歷消費者接受的週期，但是像麥當勞、漢堡王和必勝客等持久品牌帶來的經驗是品牌不必消亡。如圖8-5所示，它們可以重生。當銷售額開始下降時，公司應該重新審視他們的產品和概念，透過徹底重塑增添新元素或者引入新產品，或者兩者同時進行。早餐菜單的引入使麥當勞和很多其他速食店獲得了新的經營活力，麥樂雞也幫助麥當勞增加了非用餐時段的速食銷售額。

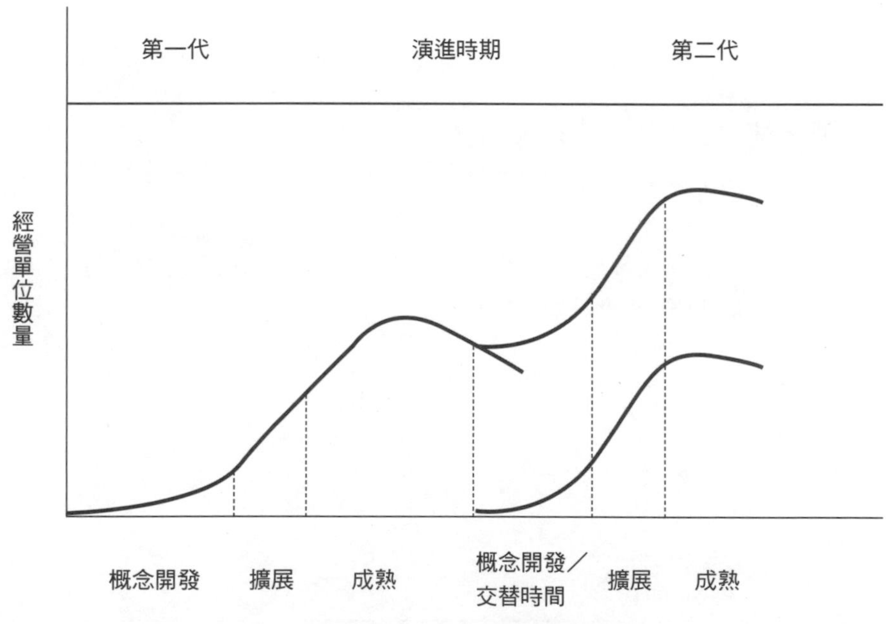

圖8-5　單個品牌的產品生命週期

資料來源：改編自Technomic Consultants。引用於Hsu, C.H.C. & Powers, T. (2002). *Marketing Hospitality* (3rd ed. p.192). New York: John Wiley & Sons.

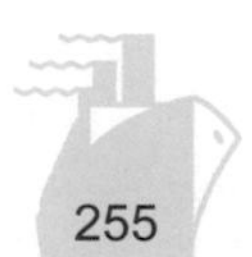

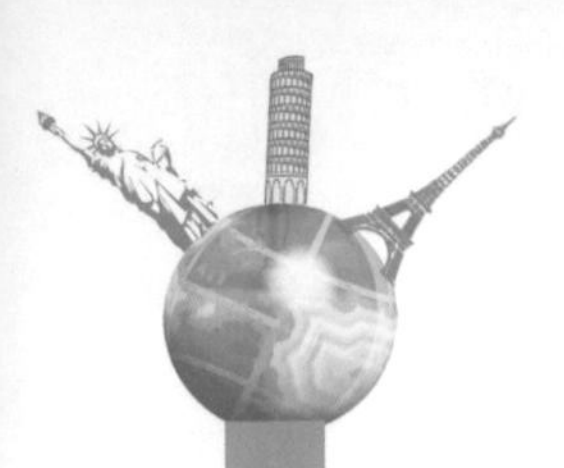

二、目的地生命週期理論

基於產品生命週期概念，Butler（1980）提出了與之對等的目的地生命週期理論，即「目的地生命週期演化模型」，並受到廣泛的關注和應用。雖然該模型隨後被冠之以「觀光區生命週期」、「渡假地生命週期」和「巴特勒時序」（Butler Sequence）等不同名稱，但文獻裡最廣泛採用的還是「目的地生命週期」（Destination Life Cycle）。在此，我們即採用此術語。

目的地生命週期為目的地的不同發展階段的行銷和管理，提供了一個基本框架。隨著目的地的不斷演化，其所存在的環境性因素也相應產生不同的變數。目的地管理者應該運用行銷和管理技巧，將目的地所處環境中的這些政治、經濟、社會／文化和技術硬體變數有效結合，開展行銷。目的地的演化經過下述六個階段（如**圖**8-6）：

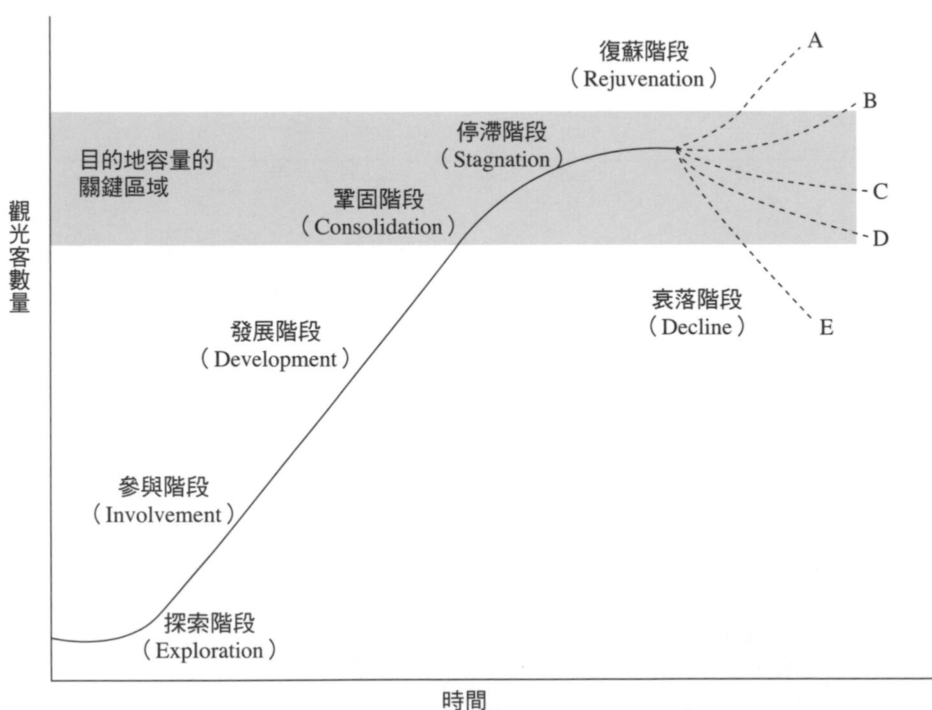

圖8-6　Butler目的地生命週期模型

資料來源：Butler, R. W. (1980). The concept of a tourist area cycle of evolution: Implications for management of resources. *Canadian Geographer, 24*(1), 5-12.

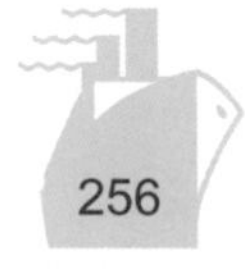

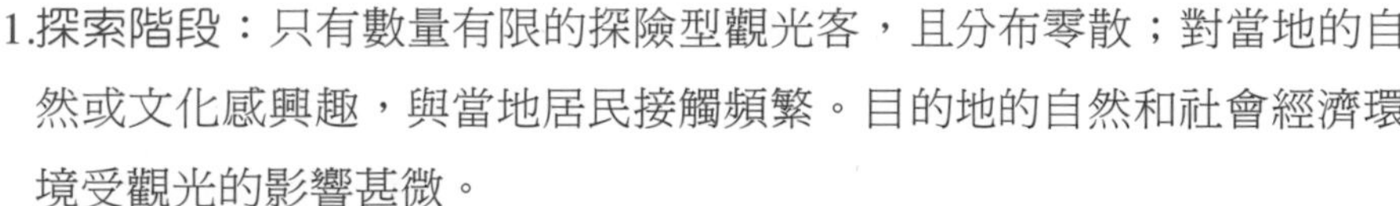

1.探索階段：只有數量有限的探險型觀光客，且分布零散；對當地的自然或文化感興趣，與當地居民接觸頻繁。目的地的自然和社會經濟環境受觀光的影響甚微。

2.參與階段：觀光客的人數逐漸增多，吸引當地居民開始專為觀光客提供一些簡易設施。觀光客與當地居民的接觸依舊頻繁。觀光季節逐漸形成，廣告也開始出現。某種程度上改變了當地的社會生活，並對當地的基礎設施造成部分壓力。

3.發展階段：觀光客人數迅速增加，與當地的長住居民人數相比有過之而無不及。吸引眾多外來投資和外來企業發展其設施設備。交通運輸和基礎設施會有極大的改善，廣告促銷力度也大大增強。當地管理部門失去控制力度；開始促銷人造觀光景點。

4.鞏固階段：目的地經濟發展與觀光業息息相關。觀光客增長率已經下降，但總觀光客量將繼續增加並超過長住居民數量。為了擴大市場範圍，延長觀光季節，吸引更多的長途觀光客，廣告促銷的範圍得到進一步擴大。當地居民對觀光客的到來已產生反感。以前的觀光景點現在降為次級景點，已不再是人們嚮往的地方。

5.停滯階段：觀光環境容量已達到或超過最大限度，導致許多經濟、社會和環境問題的產生。觀光客數量達到最大，使得觀光市場在很大程度上依賴重遊觀光客、會議客等。自然或文化景點被人造景觀所取代，接待設施出現過剩。

6.衰落（曲線E）或復蘇（曲線A）階段：在衰落階段，觀光客被新的目的地所吸引，只留下一些週末渡假或不留宿的觀光客。大批觀光設施被其他設施所取代，房地產轉賣程度相當高。這一時期本地居民介入觀光業的程度又恢復增長，他們以相當低的價格去購買觀光設施。此時原來的目的地或許由於觀光客的急遽減少而逐漸與觀光脫節；另一種可能是目的地在停滯階段之後進入復蘇期，有兩種途徑：一是改造觀光吸引物或開發出新的觀光產品；二是行銷溝通活動開發出新的觀光客市場。

目的地在生命週期後期還可能出現其他現象：曲線B代表繼續增長，但增長幅度減緩；曲線C指經過最初的調節性下降，回復到更穩定的觀光客數

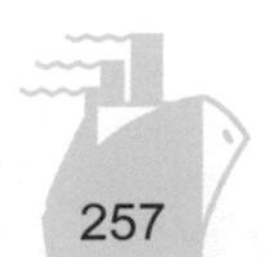

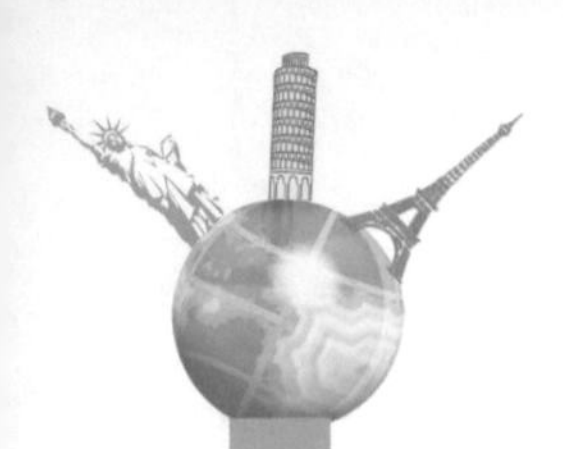

量水平；曲線D表示市場以緩慢速度下滑。

與其他理論模型一樣，Butler的目的地生命週期模型是基於一個理想化的經營環境之上。這既是該模型的一個優點也是一項缺陷，缺陷是因為目的地的環境實際上是不斷變化的，任何一個目的地的經營都不會處於一種完全穩定的經營狀況中。但它的優勢則體現在該模型替目的地真正的生命階段提供了衡量和比較依據。Butler模型建立於一系列的假定條件之上。首先，所有目的地向一個方向發展。其次，模型中並不考慮政治、經濟、社會和科技因素的影響。第三，模型立足於南美和歐洲觀光環境被開發出來，隨後世界其他地區，如亞洲和中東的觀光和飯店業以日漸上升的速度迅猛發展。但實際上我們認識到目的地的發展並不一定是個單向直線型過程，有時候兩個階段向前發展，但緊跟著一個階段倒退。同樣的，除了地理環境可能影響模型的實際解釋和應用之外，其他環境因素如政治、經濟、文化和科技等方面的影響，是必須的考慮因素（Harrison, 1995）。已經有很多目的地對該模型進行了實質性驗證，其中Toh、Khan和Koh（2001）對新加坡作為目的地進行的研究發現，新加坡將會進入衰落階段。但如前文所言，新加坡已經經過了演進時代，如今的聖淘沙名勝世界融合觀光景點、飯店、賭場、會議展覽於一體，使得新加坡進入第二代擴展期。

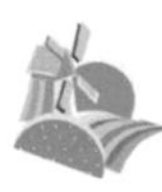

第四節　新觀光產品的開發

隨著消費者的需求和偏好的改變，觀光企業需要引入新產品來滿足顧客的需求和保持經營盈利能力。新產品可以幫助顧客解決生活中的問題，讓生活變得豐富多彩；對於企業來說，新產品是他們在競爭激烈的環境下迅速發展、成功的秘訣（Armstrong & Kotler, 2009）。即便是像麥當勞這樣成立很久的企業仍持續不斷地提供成功的產品，推出現存產品的新組合，而他們也引入真正的新產品，如McFlurries就是從奶品皇后（Dairy Queen）最受歡迎的產品改良過來的霜淇淋，為麥當勞的形象注入新活力。

面對越來越激烈的市場競爭和日益成熟的觀光客，旅行社不斷致力於推出新產品，以提高自身的競爭力和盈利能力。近年來，香港多家旅行社向市場推出一系列美食團、豪華團、名人帶隊觀光團，吸引民眾的眼光。美食團是以到五大洲品嘗道地美食，瞭解當地飲食文化為主要目的，有些美食團甚至由美食專家如李純恩、蔡瀾來帶隊，團友除了品嘗山珍海味之外，一些市井的路邊攤老味道也是他們追逐的對象。面對異常激烈的旅行社價格戰，一些旅行社則針對金字塔頂層顧客推出豪華觀光團，這些觀光團價格不菲，動輒2、3萬港幣，觀光途中觀光客搭乘優質航空商務艙、入住五星級飯店、品嘗特色佳餚，以輕鬆寫意的方式進行觀光體驗。而由名人帶隊的觀光團，如蔡瀾「日本美食之旅」、張瑪莉「小紳士、小淑女親子團」、楊貫一「阿一鮑魚團」，及由旅遊教父黃士心太平紳士親自率領的「中秋華東皇牌觀潮團」、「東非動物大遷徙」、「豪遊杜拜」等，也在香港轟動一時。

一、新產品功能

如圖8-7所示，透過建立或維持現存的顧客基礎，企業可以引入新產品以增加銷售額。麥當勞引入早餐菜單可能是使用新產品來拓展市場的最成功例子。對美國公眾而言，麥當勞可能是最好的在外就餐的早餐供應商。這表明麥當勞已經用其早餐菜單建立了很強的顧客基礎，而且不管競爭如何激烈，始終能夠留住顧客。

新產品可以用來增加現有顧客的銷售額。肯德基在中國市場推出的一系

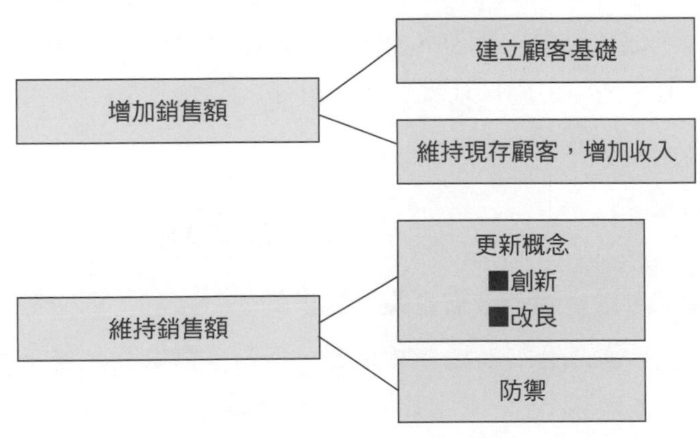

圖8-7 新產品的功能

資料來源：改編自Hsu, C.H.C. & Powers, T. (2002). *Marketing Hospitality* (3rd ed. p.195). New York: John Wiley & Sons.

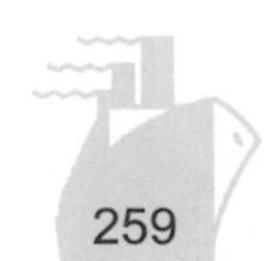

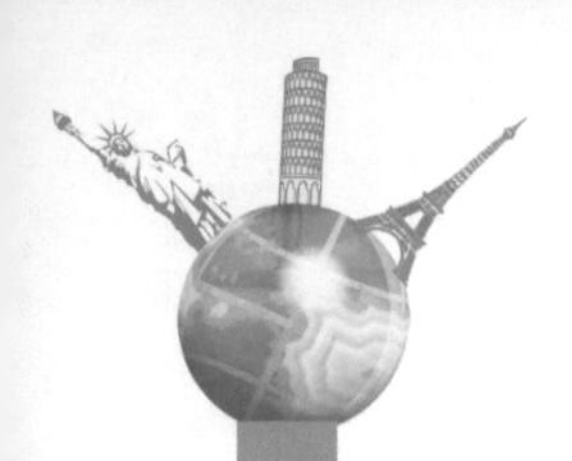

列帶骨雞肉類產品，如「川香辣子雞」、「樟茶烤翅」及「當紅辣子雞」，就是在其原本雞肉產品的基礎上創新出來的新產品，這在一定程度上增加了肯德基的銷售額。而香港迪士尼樂園的創新產品「童話婚禮」，讓新人擁有一次璀璨浪漫、別具氣派、滿載迪士尼特色的結婚盛會，也令新人一生一次的盛大典禮上增添更多奇妙驚喜，使人終生難忘。另外，觀光企業增加每週或每月特色，為常客提供了其他選擇，也鼓勵他們頻繁光顧。節慶日也成為觀光企業開發新產品的著眼點，如新年、農曆新年、耶誕節、情人節和復活節等。如香港迪士尼樂園於新春之際推出新春表演和醒獅點睛表演等活動；復活節期間推出的「拯救兔仔大行動」、「小白兔搜蛋之旅」及「奇趣魔法蛋」，則是針對小朋友的一些新活動，也增加了觀光客遊玩的體驗。

透過給一個過時的概念注入新活力，新產品還被用來維持銷售額。如杭州知名餐館樓外樓的招牌菜之一「西湖醋魚」，這道菜原本的食材是草魚，而現在餐館在保留其原汁原味的基礎上，進行了改良，原料增加了鱸魚和鮭魚，為顧客提供更多的選擇，也使得餐館新老顧客不斷。新產品還可以作為企業的一項防禦策略。當一個企業發現自己由於缺少某個產品而失去市場份額時，它很有可能會防禦性地增加該產品。如航空公司的「機上娛樂系統」即是新產品內容之一。21世紀以來，全機每一個座位皆配備個人電視已成為目前國際航空業的趨勢，如國泰航空航機的座位均配備個人電視，其StudioCX機上娛樂系統提供超過二十個娛樂頻道的節目，「自選視聽娛樂服務」更提供逾350小時的視像節目，供長途航班的乘客選擇。而一些飯店則更新客房設施，如安裝無線網路，或者推出新的療養保健項目，如Spa、足療、溫泉、三溫暖等，也增加其產品的競爭性。

二、定義新產品

一個新產品可以定義為當前企業不提供的任一產品，即使這個產品已被其他業者提供。新產品有很多種類和定義，但是多數觀光企業以下面三種類別中的一種引入新產品：

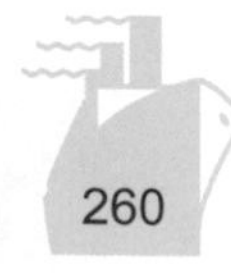

1.模仿：美國航空（American Airlines）於1981年首次推行了AAdvantage常客計畫，並很快被其他航空公司仿效，如國泰航空的「馬可孛羅俱樂

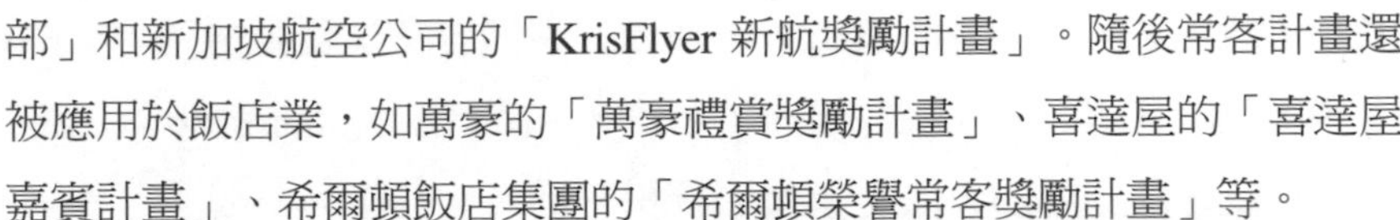

部」和新加坡航空公司的「KrisFlyer 新航獎勵計畫」。隨後常客計畫還被應用於飯店業，如萬豪的「萬豪禮賞獎勵計畫」、喜達屋的「喜達屋嘉賓計畫」、希爾頓飯店集團的「希爾頓榮譽常客獎勵計畫」等。

2.改良：航空公司透過客艙改造或改進服務實現產品的改良。如調整機座和座位的間距、提供電源插座、對機上娛樂系統進行升級等。以新加坡航空公司為例，公司拓寬了頭等艙和商務艙座位，並配備平坦舒適的床位；還配置了升級版的 KrisWorld 機上娛樂系統，從而為乘客提供一千多種娛樂選擇，並配備全面的辦公應用套件。而香港的大家樂速食有限公司為了迎合如今的三低（低糖、低鹽、低脂）及多吃蔬菜的健康飲食概念，改良了一系列菜餚，以追求清新風格和健康本質。對於有三十多年歷史的產品，如焗豬扒飯，大家樂公司會追蹤顧客口味，差不多每二至三年便重新調整豬扒的用料和醬汁配方。

3.創新：創新的最基礎層面是理念創新（Concept Innovation）。觀光服務業的理念創新主要體現在服務形式的創新，服務簡化就是其中的一種。例如，假日集團率先推崇「簡約理念」，簡化客房設施和服務程序，成功開發了平價旅館，並引發仿效浪潮，使飯店業產生徹底變革。1983年，原本定位在高端市場的萬豪集團根據市場需求，開發了中檔商務飯店品牌——萬怡（Courtyard），並獲得了巨大成功。與之同類型的飯店集團也開始紛紛開發新品牌，向中檔商務飯店市場進軍。以餐飲業為例，傳統的內食服務幾乎成了所有餐廳的服務形式，外賣、自取帶走等服務模式也比較普遍。在此基礎上一些餐廳採取了免下車服務和送餐上門服務，實現了新的服務形式的突破。如麥當勞餐廳的得來速服務（Drive-Through）和肯德基的宅急送服務。旅行社推出的新線路、新觀光套票產品也是創新的體現，如2010年上海世博會期間，香港某些旅行社和航空公司聯合推出的「上海世博自由行」套票，便吸引了眾多觀光客報名參加。

三、新產品開發的過程

觀光新產品的開發是與市場研究、可行性分析相結合進行的。市場研究

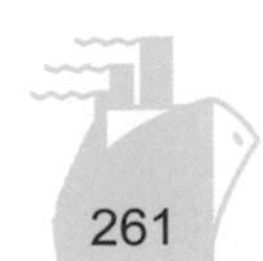

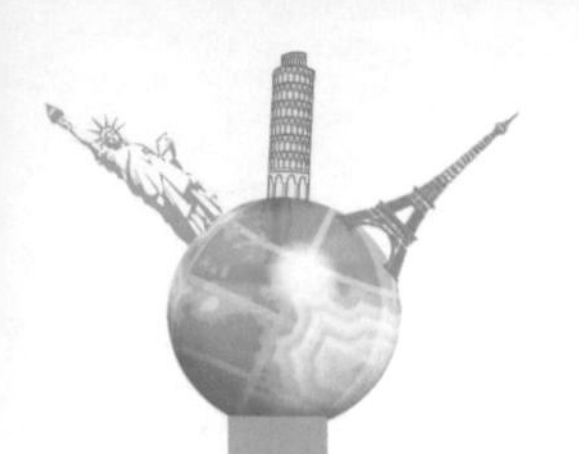

工作是研究和分析顧客的基礎，是準確識別顧客在享受服務或想要的服務過程中所遇「問題」的關鍵。Kurtz（2008）指出，產品開發策略是把新產品介紹到既定的市場的方法。新產品獨特的屬性代表產品的競爭優勢，它們一旦被識別，便能被用於塑造品牌和定位的基礎。正如目的地生命週期模型所示，新產品具有轉型作用，能夠使某個組織或目的地復蘇。開發新產品是一個過程，其中涉及到人的參與。我們應該特別注意到，這裡的「產品」既包括有形產品，也包括服務。開發新產品一般包括以下幾個步驟（如圖8-8）：

1.識別市場需求：有創意的構思產生於對不斷變化的市場需求的反應。對市場上供需狀況缺口的全面理解尤為關鍵，企業有可能從這些缺口中找出新的競爭優勢，發現新機遇。尤其要注意的是，識別需求是以市場為導向的，因為任何有關新產品開發的構思只有得到顧客的認可才能發揮作用。

2.篩選和評價構思：並非所有上一階段蒐集到的關於新產品的構思都是可行的，企業需要對所有的構思進行詳細周密的分析判斷，考慮的因素有：企業資源的總體評價、組織的發展規劃和目標、財務可行性分析、競爭狀況和環境因素分析等。透過評估找出符合企業自身資源和發展策略，能強化企業的行銷組合的價值和潛力的構思，放棄那些不可行的構思，以免造成時間和成本的浪費。

3.發展構思與測試：透過篩選，企業確定最具潛力的構思並對其進行檢

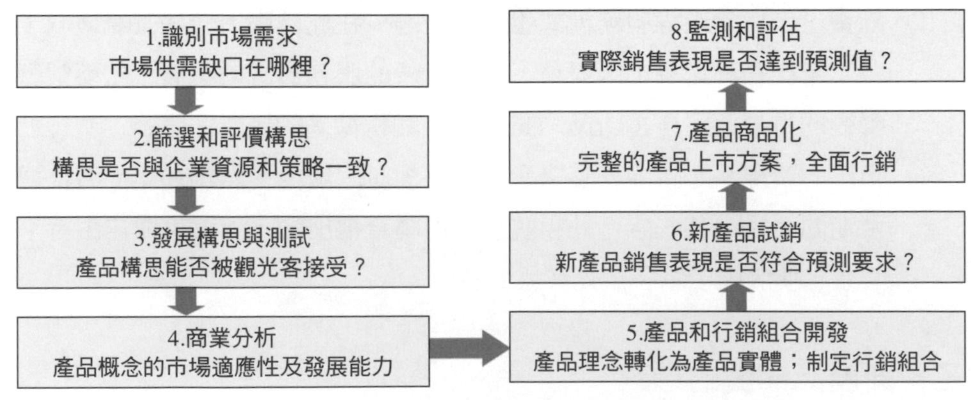

圖8-8　觀光新產品開發過程

資料來源：改編自Hsu, C.H.C. & Powers, T. (2002). *Marketing Hospitality* (3rd ed. p.197). New York: John Wiley & Sons.

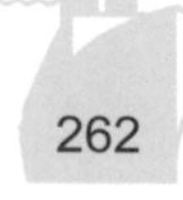

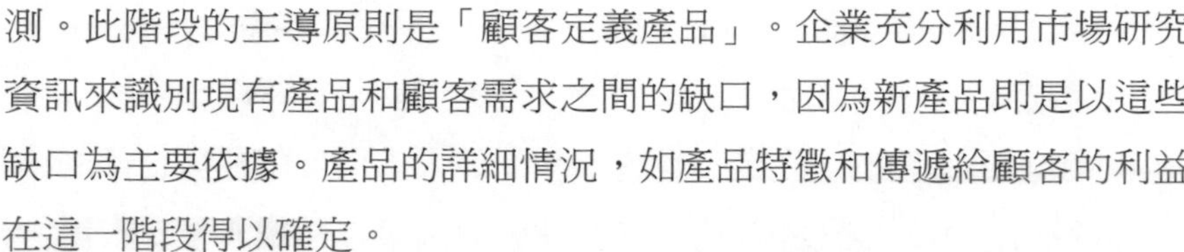

測。此階段的主導原則是「顧客定義產品」。企業充分利用市場研究資訊來識別現有產品和顧客需求之間的缺口，因為新產品即是以這些缺口為主要依據。產品的詳細情況，如產品特徵和傳遞給顧客的利益在這一階段得以確定。

4.商業分析：這一階段主要是預測一種觀光產品概念在市場中的適應性及發展能力。觀光產品理念一經限定，企業要對這種產品的適應市場需求潛力的原始猜想進行再回顧。商業分析主要圍繞選定的產品理念的經濟效益展開，包括收益率和永續發展、開發和投入觀光新產品的資金風險和機會成本、預測環境及競爭優勢的變化對產品發展潛力的影響。風險分析亦是此階段的關鍵。透過對已投入資金的計算，企業在此做出決策，可能是：(1)增加投資，並持續該新產品理念轉變成現實產品的開發過程；(2)停止繼續投資，該產品的開發工作就此結束。

5.產品和行銷組合開發：這是把觀光新產品理念轉化為新產品實體的過程。當企業決定繼續開發既定的新產品理念，企業則將產品與企業的營運部門和行銷部門結合，以決定產品的整個生產和行銷工作。同時也涉及到將新產品與現有產品的有效行銷組合，保證它們之間的協調性。這樣才能保證企業充分調配資源以確保新產品的成功。

6.新產品試銷：在此階段，企業把開發出來的觀光新產品投放到與之對應的、具有代表性的市場範圍內，進行實驗性銷售，觀察消費者的反應，從而使新產品失敗的風險達到最小化。此階段的主要作用在於：(1)檢測新產品在正常市場行銷環境下的可能銷售量和利潤額；(2)瞭解新產品及其組成的行銷組合中的不足，並加以改進；(3)為預測觀光新產品的開發效果提供證據。

7.產品商品化：這是新產品從小批量試銷到全面行銷的階段。試銷成功的新產品在此階段被全面投入目標市場，即為前面章節提及的新產品的導入階段。此階段，管理者應制定一個完整的產品上市方案，包括投入新產品的時間、目標市場、促銷方法、銷售通路等方面的決策，即何時、何地、由誰用何種方法、以何種價格投入什麼市場的問題。與大多數耐用品不同的是，觀光產品的上市地點往往取決於目的地所處的位置。觀光與地域的緊密聯繫性意味著觀光企業不是將新產品引

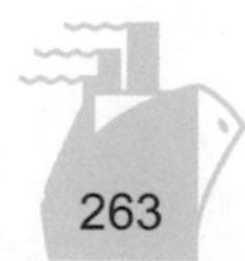

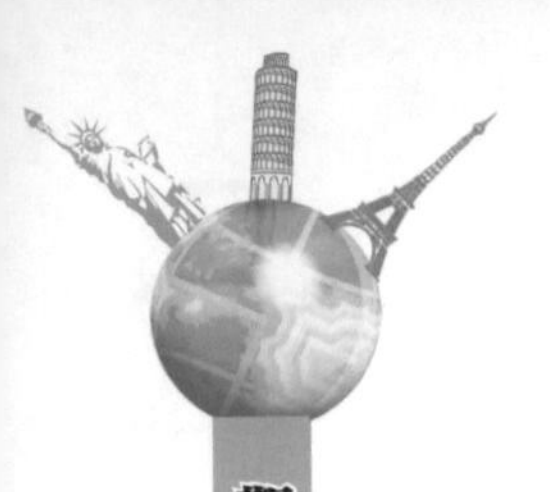

入目標人群，而是將目標人群吸引向新產品。

8.監測和評估：僅僅將新產品投入市場並期望其行銷表現能符合企業所預測是不夠的。企業一旦將新產品導入市場，就要對它們的銷售表現進行謹慎的監測和評估。典型的評估因素包括銷售量、市場份額、投資回報率、收益率、與現有產品相比新產品的銷售量和收益率所占的份額，和顧客回饋資訊。基於這些資料，行銷經理制定出當前和未來的產品供應決策。它顯示了新產品開發過程的週期性特徵，因為現階段產品的開發不僅為未來產品開發提供經驗教訓，還能提供刺激因素推動開發進程。

雖然被測試的新產品無數，但是失敗的案例卻很多。失敗的原因有以下幾種：雖然新產品想法是好的，但是企業可能高估了它的市場份額；產品構思設計欠佳；產品定位錯誤；在不恰當的時間推出新產品；定價過高；或者廣告宣傳不夠（Armstrong & Kotler, 2009）。以雅高飯店集團為例，他們曾推出「醫院旅館」，即在醫院裡開設平價旅館，為病人家屬或長期流動、需要定期治療卻無需24小時留在醫院的病人提供住宿。但是該專案與法國的社會保障制度利益不一致，所以專案以失敗告終。雅高曾經把一些旅館改造成「老年公寓」，從而為老年人提供住宿，但這項目最終也沒有獲得成功（桓楠，2006）。在開發新產品時，企業要考慮的很重要一點是：不管它們成功與否，它們應該為企業增添活力和新奇，而且能夠產生顧客新的需求。如果已經有舊產品可以滿足顧客需求，而新產品和舊產品很相似，就有可能不能激發及滿足顧客新的需求。另外，評價的重要因素還包括現有設備、公司形象、長期目標、銷售額的要求、盈利能力貢獻、所需投資和現存顧客等。

在產品導入期，以受歡迎程度和盈利能力兩個指標來評價產品的吸引力。評價一個潛在的新產品的最後一個因素是它的獨特性。雖然增加新產品有可能是對競爭者成功經營所做出的防禦性回應，但更可取的是，擁有一個能在市場上提出新理念而不只是說「我也有」的產品。

四、新產品開發的風險：蠶食

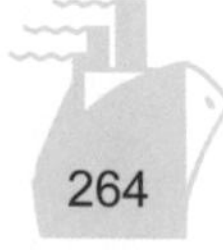

蠶食（Cannibalization）是企業在開發新產品過程中可能面臨的問題，

即新產品非但不能吸引新顧客以增加銷售額，相反會吞食現有產品的銷售額。儘管企業面臨蠶食的危險，但在競爭激烈的市場上，企業還是要透過增加新產品的方式來應對競爭。新產品往往以其自身的差異性和新穎性保留住現有顧客或吸引新顧客。相對來說，連鎖企業引入新產品會比較複雜，因為新產品不僅要符合企業的品牌形象，維持品牌的核心價值，還必須在不同地區及文化下的消費者中受到檢測和評估。但在單體企業，由於管理者往往憑藉自己的經驗做出判斷，因此新產品的開發過程沒有那麼形式化，和連鎖企業相比，單體企業的新產品投入，讓顧客接受的程度可能面臨較小的壓力。雖然單體企業推出新產品的程度可能沒有連鎖企業那麼規範，但同樣仍應考慮前述的基本因素。

本章小結

對觀光客來說，與其說他們購買的是服務，不如說實質上購買的是體驗。但對企業來說，服務是一個有計畫、有組織的過程或事件，需要經過相應的程序才能實現服務的成功傳遞。觀光產品主要由核心服務、促成服務和附加服務三部分組成。品牌是企業與競爭產品或服務相區別的標誌，觀光產品也不例外。品牌塑造和形象定位成為當今目的地行銷中的兩個主要議題。定位識別和確定觀光產品或服務的品質，品牌化則運用某一標識（名稱）或語句來反映和傳達定位，使其提供的利益能夠易於瞭解和記憶。品牌權益由感知品質、品牌知名度、品牌形象、管理信任、品牌信賴度及品牌忠誠度所構成。而前五項品牌資產又導致了品牌忠誠度的產生。品牌聯合策略、多品牌策略、品牌傘策略和品牌延伸策略成為分割化明顯、競爭性大的觀光市場上，眾多觀光企業樹立差異化形象和建立消費者忠誠度的重要策略。

產品生命週期將產品的行銷分為導入期、成長期、成熟期和衰退期四階段，不同階段企業採取與之對應的產品行銷策略。Butler根據目的地特徵提出了目的地生命週期理論，指出目的地的演化經歷探索、參與、發展、鞏固、停滯、衰落或復蘇六個階段，且最終的發展還有趨向其他的可能。

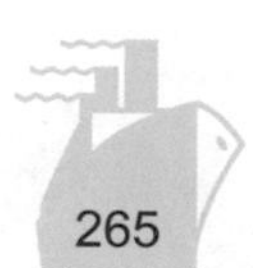

新產品的開發是一個有序的過程，包括識別市場需求、篩選和評價構

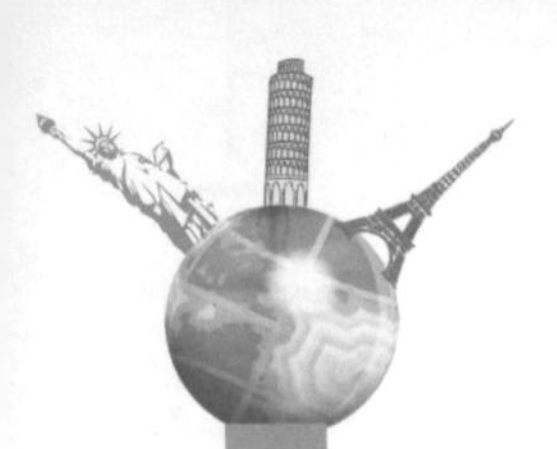

思、發展構思與測試、商業分析、產品和行銷組合開發、新產品試銷、產品商品化以及新產品的監測和評估工作。觀光企業透過模仿、改良和創新，開發出新產品，以維持和增加銷售額、市場份額和競爭力，提升經營業績。

重要概念

■觀光產品組合　Packaging
■專案策劃　Programming
■核心服務　Core Service
■促成服務　Facilitating Service
■附加服務　Supporting Service
■品牌／品牌化　Brand / Branding
■品牌權益　Brand Equity
■感知品質　Perceived Quality
■品牌知名度　Brand Awareness
■AIDA模型　Attention, Interest, Desire, Action
■品牌形象　Brand Image
■品牌聯繫　Brand Association
■管理信任　Management Trust
■品牌信賴度　Brand Credibility
■品牌忠誠度　Brand Loyalty
■品牌聯合策略　Co-Branding
■成分品牌化　Ingredient Branding
■多品牌策略　Multiple Branding
■品牌傘策略　Umbrella Branding
■母品牌　Family Brand
■品牌延伸策略　Brand Extension
■產品生命週期　Product Life Cycle, PLC
■目的地生命週期　Destination Life Cycle
■理念創新　Concept Innovation
■蠶食　Cannibalization

課後習題

一、服務產品的主要要素有哪些？每個要素的作用是什麼？

二、品牌的定義是什麼？怎樣看待觀光服務產品的品牌化問題？

三、觀光企業常用的塑造品牌的模式有哪些？請舉例加以說明。

四、如果某飯店想要採取品牌聯合策略，你覺得可以從哪些方面加以考慮？

五、什麼是產品生命週期？觀光企業如何應對成熟期的產品問題？

六、開發新的觀光產品需要經歷哪些步驟？

案例探討

「瑪麗皇后號」的生命週期

「瑪麗皇后號」（Queen Mary）是目前世界上最著名的豪華郵輪之一。該郵輪上有一家飯店、一個早午餐餐廳、多個餐廳、一個舉行婚禮的禮堂，還有十六個可以舉行私人派對的沙龍。

「瑪麗皇后號」原是英國的郵輪，於1936年5月首航。該輪全長310米，排水量8.1萬噸，是當時世界上最大和最豪華的郵輪之一。1931年在蘇格蘭John Brown船廠建造，為英國肯納德（Cunard）輪船公司所有。「瑪麗皇后號」曾經是橫越大西洋最快的客輪，在1936至1938年間共四次奪得藍帶獎。

二戰期間，瑪麗皇后號被用於軍事運輸。為此，它被漆成便於海上隱蔽的灰色，往返於大西洋的運輸線上，並先後運兵75萬人，在二戰中發揮了重要作用。它也因此成為納粹德國的攻擊目標。據説希特勒（A. Hitler）曾懸賞幾十萬馬克擊沉它。然而它卻一次次化險為夷。二戰結束後，瑪麗皇后號郵輪又數次將美國大兵所娶的歐洲姑娘送到美國，成全了那些在戰爭中建立起來的家庭，成為不折不扣的二戰功臣。

隨著時間推移，瑪麗皇后號也成為「遲暮美人」。1967年，它結束了1,001次橫渡大西洋的航行後，由美國出資買下，「定居」在加州的長堤港邊，並被改裝成博物館、飯店及購物中心，成為南加州的勝景之一。如今它

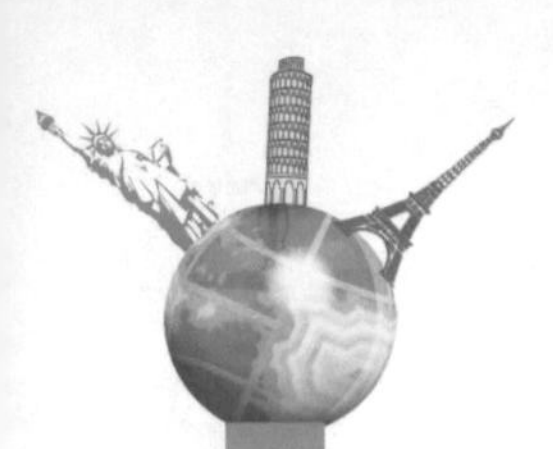

擁有第一流的客房、餐廳、酒吧、商場、電影院、游泳池等，宛若一座城市。

資料來源：改編自瑪麗皇后號郵輪簡介，http://www.queenmary.com及http://www.williamlong.info/google/archives/301.htm，檢索日期：2010年4月2日。

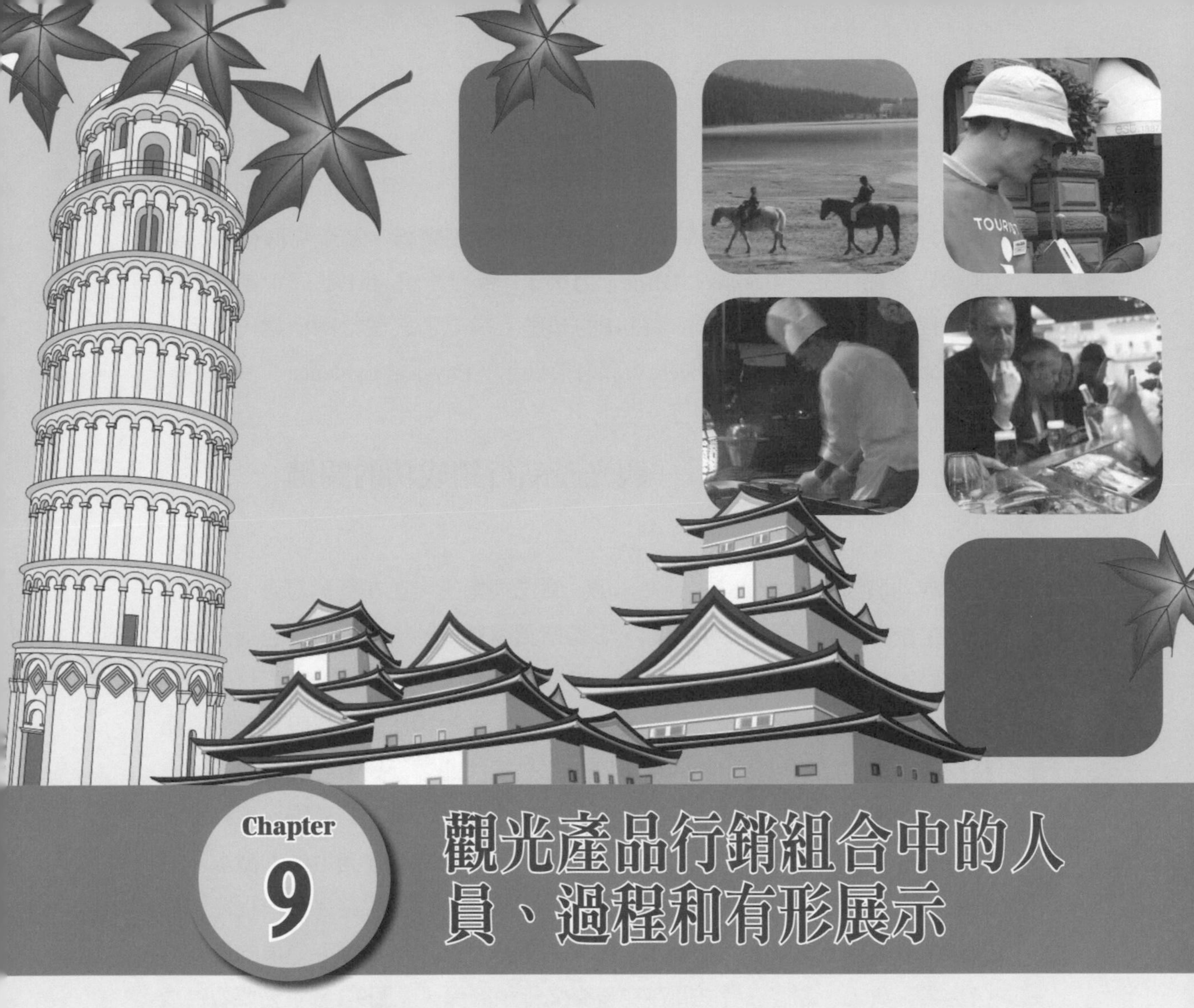

Chapter 9

觀光產品行銷組合中的人員、過程和有形展示

本章要點

◆服務行銷組合的三角構架及相互間的交叉行銷關係

◆觀光企業的「零缺陷」目標和服務補救措施

◆觀光企業的有形展示概念及服務場景對顧客感知的影響

◆服務場景的分類、作用及其策略啟示

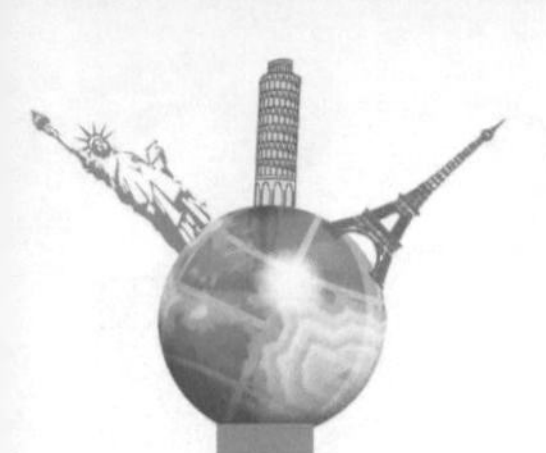

針對服務的獨特性，傳統的行銷組合4P並不完善。為了克服傳統行銷理論研究的不足，Booms和Bitner（1982）將行銷組合4P進一步補充和完善，提出了7P行銷組合概念，在4P的基礎上補充了三個行銷因素——人員（People）、服務過程（Process）和有形展示（Physical Evidence）。

第一節　人員——觀光產品行銷成功的關鍵

成功服務行銷的關鍵在於人。第一章已經指出，在7P行銷組合中，人的要素是指在服務傳遞中扮演角色、影響購買者感知的所有人員，包括企業員工、顧客和服務環境中的其他顧客。在顧客眼中，提供服務的員工也是服務產品的一部分。對於服務企業來說，對服務人員的管理，包括服務態度、服務技巧、服務品質以及相關的培訓等，都是關注顧客行銷體驗的有效方法。所以，企業內部員工是服務行銷中的重要組成要素，員工的素質直接決定了企業的競爭力大小，企業應該在滿足顧客需求的同時，也滿足員工需求，透過執行內部行銷提高內部員工的滿意度，促使員工提高服務品質、提高工作效率，最終滿足外部客戶的需求，提高顧客滿意度，增加顧客價值的感知。在企業、員工、顧客三者之間存在著交叉行銷關係，見**圖**9-1。服務要取得成功必須善於執行三種類型的行銷活動：內部行銷、外部行銷和交互行銷。

三角構架的左邊表明內部行銷的重要地位。在**內部行銷**（Internal Marketing）中，管理者透過招聘、培訓、激勵、薪酬以及提供設備和技術等方式，使服務提供者（員工）具備傳遞所承諾的服務的能力。如果服務員工沒有能力或不願意傳遞所承諾的服務，公司不會取得成功，而服務三角構架也無法支撐。**外部行銷**（External Marketing）位於三角構架的右邊，企業進行外部行銷是對所傳遞的服務設定顧客期望，並向顧客做出承諾。三角構架的底部是**交互行銷**（Interactive Marketing）或即時行銷。在這一環節，人員是關鍵，服務提供者或者信守了向顧客所做的承諾，或者違背了這一承諾。如果沒能信守承諾，顧客會感到不滿，最終將導致顧客離開。由此可見，三角構架的所有三邊都是缺一不可的，而且三邊應保持一致，即外部行銷所做的承諾應該與所傳遞的服務一樣，組織內部的功能活動應該包括員工向顧客

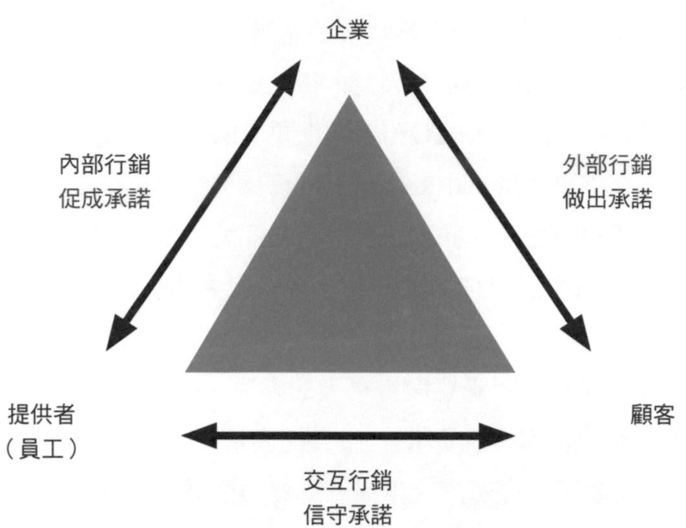

圖9-1　服務行銷的三角構架圖

資料來源：根據下列資料改編：(1)Armstrong, G. & Kotler, P. (2009). *Marketing: An Introduction* (9th ed. p.222). Upper Saddle River, N.J.: Pearson Prentice Hall. (2)Bitner, M. J. (1995). Building service relationships: It's all about promises. *Journal of the Academy of Marketing Science*, 23(4), pp.246-251. (3)Grönroos, C. (2007). *Service Management and Marketing: Customer Management in Service Competition* (3rd ed. p.337). Chichester, England; Hoboken, NJ: John Wiley & Sons.

傳遞信守的承諾，並促成員工讓顧客達到他們的期望值（Bitner, 1995）。

一、員工的作用

在服務情境中，為顧客提供完美的體驗是非常困難的，因為服務過程包括了很多的人際接觸，既有員工與顧客之間的互動，也有顧客與顧客之間的互動。前線員工對於在員工—顧客服務接觸情境中所提供的服務品質，發揮著關鍵作用，他們的表現顯著影響客人的體驗。由於多數觀光服務是高度個性化和體驗導向的，因此，同一位顧客從不同的前線服務員工那兒得到的體驗，可能完全不同。這些差異可能源於員工的技能和態度。禮貌的舉止和周到的照顧，可以把一個普通的服務場合變成特別令人難忘的美好回憶。相反，一個冷漠或不友好的前線員工則會令顧客的體驗大打折扣，哪怕

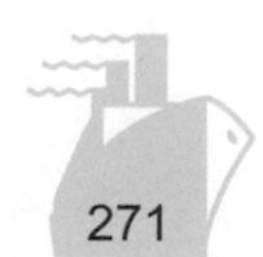

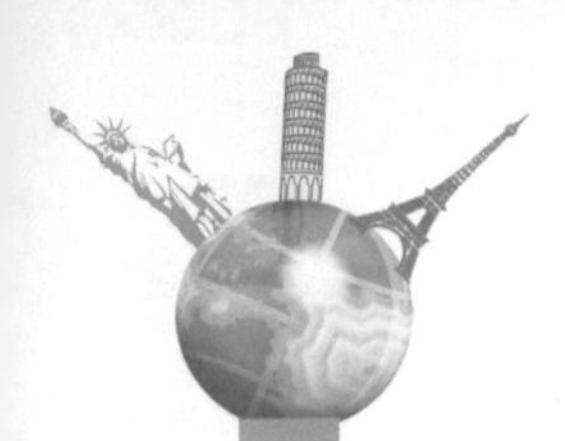

服務環境和設施是一流的。服務體驗的差異也可能是來自員工與顧客的互動，那是基於具體的服務場景。因此，員工對顧客不同要求的應變和解決問題的能力，對於提供高品質的服務至關重要。Butcher、Sparks和O'Callaghan（2003）把**社交尊重**（Social Regard）定義為：服務提供者對顧客表現的真正的尊重、維護和興趣，使顧客感覺在社交互動中受重視。這三位學者也調查了社交尊重在顧客滿意度中的作用，調查結果顯示，社交尊重在各行業中對服務接觸的滿意度有顯著影響，而且對於咖啡店的顧客而言，社交尊重比感知核心服務品質對滿意度有更大的影響。Gountas、Ewing和Gountas（2007）的研究也證實了，飛機空服員的表情（如微笑、友好和真正的關心）與乘客的總體服務滿意度、生活滿意度和重購的可能性，有很強的正相關關係。

在觀光業，前線員工本身是服務傳遞中的一部分。如果沒有導遊的參與，團體旅行就不完整。如果少了飾演米老鼠、白雪公主等各個角色的演員們的表演，去迪士尼主題公園的觀光客就沒有真正體驗到迪士尼之旅。對多數觀光企業而言，前線員工在顧客眼中代表的是「企業形象」。服務人員的外表、行為、學識、態度和服務素質等，對於顧客對其所代表的企業的感知有很強影響。例如，暴躁的空姐、粗心的行李員或馬虎的廚師，都可能嚴重影響一家航空公司、飯店或餐廳的形象。Nickson、Warhurst和Dutton（2005）指出員工某些方面技能的重要性，如向顧客表現積極的態度及展現其優雅的一面。現在企業經營者日益意識到員工與顧客進行的服務接觸的重要性。研究表明飯店業主正在其前線員工身上尋求「軟技能」，包括態度和美學的技能。

適當的個人裝扮與笑容、乾淨整潔的制服等，使服務員工看上去更專業化、更值得信賴，也使客人在服務接觸中感到更舒適和愉快。服務人員的專業知識與態度對於創造滿意的顧客也是必不可少的。如果導遊只有職業外表而缺乏對目的地或景點的歷史文化知識，就不可能令人滿意地履行其職責。一項關於上海旅行團中導遊的工作表現與遊客滿意度的關係的研究（Huang, Hsu, & Chan, 2010）表明，導遊的工作表現直接影響觀光客對導遊服務的滿意度，並在很大程度上間接影響觀光客對於觀光經營商服務的滿意度，以及對總體觀光經歷的滿意度。該研究凸顯了前線服務人員，即導遊在決定遊客

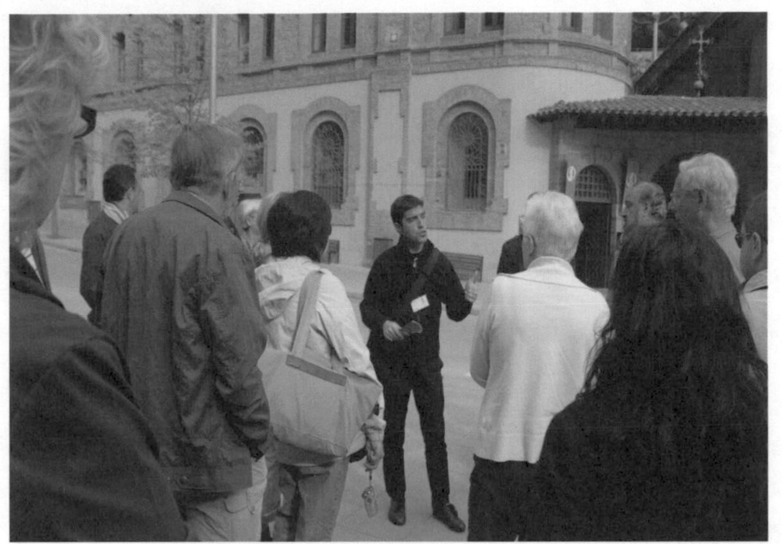

導遊對目的地相關知識的瞭解與對觀光客表現出的關懷，很大程度上影響了遊客的滿意度。（徐惠群拍攝）

滿意度（不論是對導遊服務、對觀光經營商，還是總體觀光經歷方面的滿意度）的重要影響，並指出導遊工作表現的關鍵維度，在於與目的地相關的知識、工作熱誠與態度、人際溝通技巧、組織協調能力，以及解決問題的能力上。

為了確保服務員工擁有令人滿意的儀表、知識和態度，必須為其提供專業培訓和發展。由於觀光業是包含很多不同服務部門的一個多方面的行業，所以除了各個企業組織的在職培訓專案以外，目的地行銷組織（Destination Marketing Organization, DMO）或行業協會，可以為其成員和與觀光相關的企業，開發和組織一些行業內的培訓發展項目。

處於後臺的輔助員工的作用也不容忽視，雖然他們通常和顧客沒有直接接觸。服務產品既包含了直接和顧客接觸的員工的工作，也包含了和顧客沒有接觸的後臺輔助員工的工作。假如一家旅行社線控人員把旅行團的入住飯店標準由豪華飯店安排成商務飯店，當團隊成員發現入住飯店規格降低後，即便導遊全程表現一流，旅客的滿意度亦會大打折扣。因為服務傳遞包括了前線和輔助員工的努力，所以只有他們發揮團隊合作精神，才能確保服務品質。前線服務員工提供高品質的無縫服務時，很大程度上需要依賴和其同等重要的後臺輔助員工。認識到這點，服務業中的經理們通常不會老是待在辦

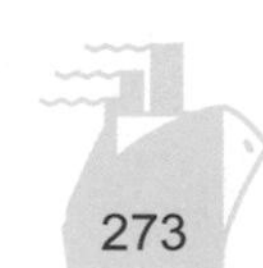

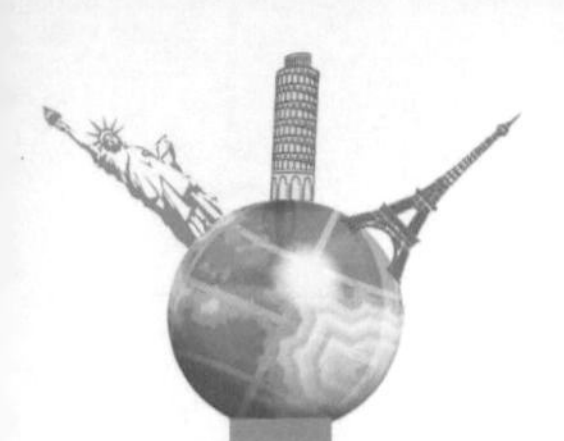

公室，而是會進行「走動式管理」，以確保所有員工一起合作；他們藉由和顧客見面、向顧客問候，把自己作為服務品質團隊的一部分，確保顧客能獲得其想要和期望的服務。

服務企業員工的作用比製造企業職工更加普及和重要。員工的滿意度對顧客的滿意度有顯著影響。在服務行銷中，有一句諺語是：「滿意的員工產生滿意的顧客」。現在很多的服務企業把他們的員工當作內部顧客來對待，運用行銷原理來培育滿意的員工。以前曾一度盛行「顧客第一，員工第二」、「顧客是上帝」的箴言，惟目前愈來愈多服務企業果敢地將員工放在首位，一種全新的行銷理念——旨在創造滿意的員工的內部行銷應運而生。

二、顧客的作用

觀光服務員工和顧客之間的互動對於提供高品質的服務體驗至關重要。互動的品質取決於雙方之間建立的和諧。因為在服務接觸中出現和／或參與，顧客行為常常是服務體驗的一部分。不同顧客對觀光服務或經歷可能有不同的期望。當相同的服務提供給有不同期望的顧客時，他們的滿意度會有所不同。除了作為服務傳遞系統中的參與者，顧客也可以被視為企業的資源和資產。當顧客取代部分員工的工作，自己進行一些活動時，如自助遊或者網上辦理航班登機手續等，企業可以把顧客當作資源，有時也能稱其為「兼任」員工。一些觀光客更喜歡服務傳遞過程中主動參與帶來的更強的控制感，例如，在網上辦理登機手續時，乘客可以自行選擇在飛機上的座位，使用隨身導遊講解設備的觀光客能自己決定參觀一個觀光景點的節奏。

在顧客與顧客互動的服務情境中，顧客之間的協調性尤其重要。如乘坐郵輪旅行的觀光客多數時間處於郵輪這個時間和空間相對有限的環境中，如果其他觀光客干擾了他們享受渡假，他們也很難有機會迴避。故觀光行銷者須根據時空變數、人口統計變數或行為變數對市場進行認真區隔，以增進顧客間的協調性，創造擁有相似特徵和行為的顧客群。如在標榜宗教朝聖為特色的旅行團中，如果出現有些觀光客不注意自己的朝聖表現，或違反宗教行為準則的話，將會引起其他相同旅行團中遊客的不滿，那麼這次的朝聖之旅也就是不成功的。

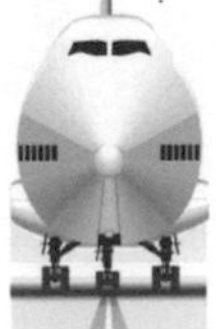

一項關於火車旅行中旅客與旅客之間談話的研究（Harris & Baron, 2004）表明，在旅客近距離接觸且長時間相處的服務環境中，陌生人之間的談話有穩定效果，而且當旅客表達不滿時，談話有助於緩減不滿情緒。這種穩定效果使顧客更能容忍，且更有能力處理服務上的不足。陌生人之間的談話有助於減少顧客風險和焦慮，鼓勵一些顧客充當兼職員工的角色，並提供了社交互動，所以起到了穩定作用。

如果一項觀光服務有顧客作為「合作生產者」參與，就必須採取措施提高顧客滿意地為他們自己服務的能力。顧客教育和培訓活動有助於明確顧客在服務傳遞過程中的作用，使他們能有效地完成其角色。藉由讓顧客適應的過程，顧客可以贊同服務組織的價值觀，培養特定情形下完成角色所必需的能力，理解對他們的期望和要求，獲得與員工及其他顧客互動的技巧和知識。例如，航空公司可以引導乘客在機場的自助登機辦理櫃檯，自行辦理登機手續。服務提供者應該透過向顧客解釋尋求其合作和順暢運作對他們的好處，從而鼓勵顧客遵從既定的服務程序，也可以用指示牌來告知顧客在服務傳遞過程中所扮演的角色。

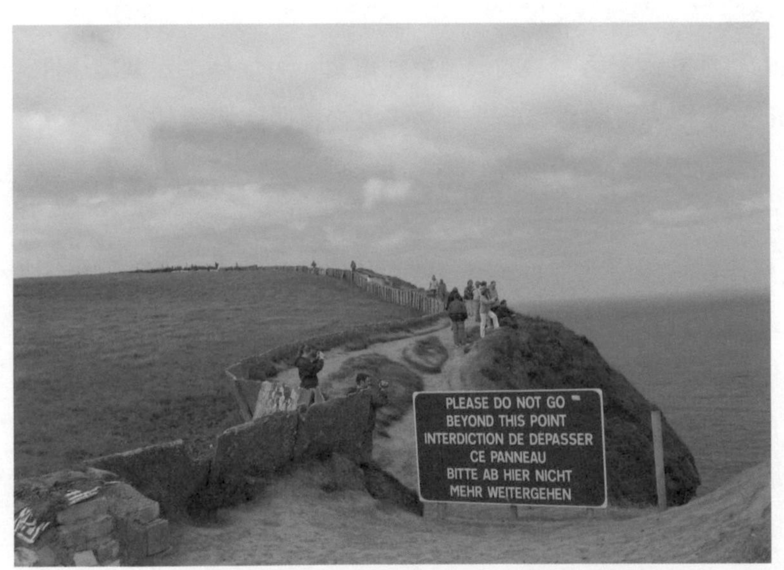

觀光客能否依照觀光景點的指示予以配合，直接影響服務傳遞的品質。（徐惠群拍攝）

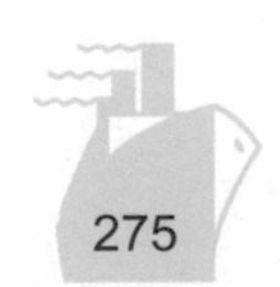

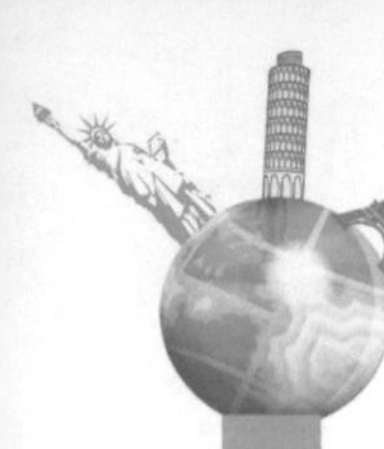

 第二節　服務過程——觀光產品服務品質的重要環節

服務過程是指服務提供和運作系統，即服務提供的實際程序、機制和活動流程（Zeithaml, Bitner, & Gremler, 2006）。考慮到觀光服務中員工與顧客的高接觸程度，前線員工和顧客對服務提供系統都非常重要。在觀光經歷中，觀光客通常是在一系列服務接觸中進行位移，完成消費過程。這些服務接觸中有許多服務提供者的參與，包括觀光經營者、飯店、航空公司、主題公園和其他景點，以及目的地行銷組織。

一、關鍵事件

觀光中的很多**服務接觸**（Service Encounter）或**真實瞬間**（Moment of Truth），包含了在服務企業現場顧客與服務員工之間面對面的互動，比如在主題公園裡或在飛機上。有時候，接觸也可以是遠距離的，例如電話中心的電話服務或互聯網網路或郵件服務。觀光服務接觸也能透過有形物體或高科技設備來體現，如路邊的指示或觸控式螢幕的資訊終端。一些接觸比其他的事件對觀光客體驗的形成更加重要，可以稱之為**關鍵事件**（Critical Incidents）。觀光行銷者和經理們應該重視這些關鍵事件，因為正是這些真實的瞬間會鮮活地留存於顧客的腦海中，它們表明體驗的品質，並決定顧客的滿意度。

服務提供者要特別小心，防止負面關鍵事件的發生。一個負面或令人不滿的關鍵事件會毀掉整個服務傳遞過程，因此應該盡可能避免。一旦有負面關鍵事件發生，服務提供者不應該等到顧客離開之後才加以處理，而應該在顧客還在的時候立即啟動**服務補救**（Service Recovery）措施。服務補救是組織針對服務失誤採取的行動。糾正一個負面事件既能留住顧客，也能獲得顧客正面的口碑；相反，不及時糾正的話，會導致顧客流向競爭者和／或負面的口碑。

顧客體驗服務提供過程的實際步驟，給了他們評判服務品質的證據。一些服務非常複雜，需要顧客按照一系列複雜的步驟來完成整個過程。以出國觀光為例，就有部分國家或地區的簽證與許可較難獲得，如北韓。還有些與

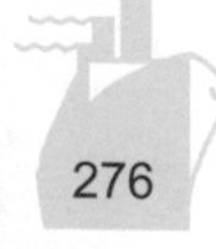

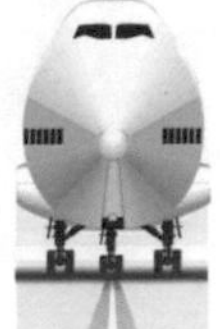

觀光客所在國家不友好的國家或地區的簽證也很難申請，如馬來西亞和以色列的相互簽證。能向顧客表明服務品質的服務的另一項特徵，是服務的標準化或個性化程度。**平價航空公司**通常提供標準化的服務，根據標準化的操作流程歡迎所有的顧客。像國泰與新加坡航空等傳統航空公司，便隨時為頭等艙和商務艙的乘客、經濟艙的常客計畫會員，按照其個人偏好提供不同程度上的個性化服務。標準化服務是基準的或最低的要求，客製化或個性化服務則是標準化服務之上的提升。

二、「零缺陷」目標和服務補救

第二章已經對服務品質控制和零缺陷目標做了詳細闡述，此處不再重複。如前所述，與製造企業的有缺陷的產品不同，觀光企業服務失誤產生的不是產品的退回，而是產生了不愉快的顧客。因為「缺陷」是發生在顧客身上的事件，沒法像製造業產品那樣可以退回，所以，「零缺陷」是觀光企業難以實現的一個目標。不管流程有多嚴密，員工培訓有多準確，也不管技術有多先進，服務失誤在一定程度上仍不可避免地受觀光服務的獨特特點影響，從而導致顧客眼中的服務品質欠佳，如天氣、顧客自身等因素是企業無法控制的。**服務失誤**（Service Failure）可定義為服務表現低於顧客期望（Hoffman & Bateson, 2006）。減少品質缺陷的計畫性措施對觀光企業的成功經營非常重要。

在服務行銷中，服務失誤可以分為兩種類型：結果失誤和過程失誤（Hoffman, Kelley, & Rotalsky, 1995）。**結果失誤**是指顧客從服務提供者那裡實際得到的服務有瑕疵，而過程失誤是指服務傳遞給顧客的方式出現問題。飯店可能因為過量預訂而無法提供足夠的客房，航空公司也可能因為這個原因而無法提供航班座位給乘客，這些屬於結果失誤，而此時顧客承受了經濟損失。旅行過程中的導遊不友好與惡劣的態度屬於過程失誤，**過程失誤**對顧客造成的是社交損失。顧客對經濟損失的感知可以透過經濟性補償加以補救，而由於服務過程失誤導致的顧客對社交損失的感知，則需要透過社交溝通方式來補償，如服務補救過程中的道歉、尊重和同理性（Smith, Bolton, & Wagner, 1999）。

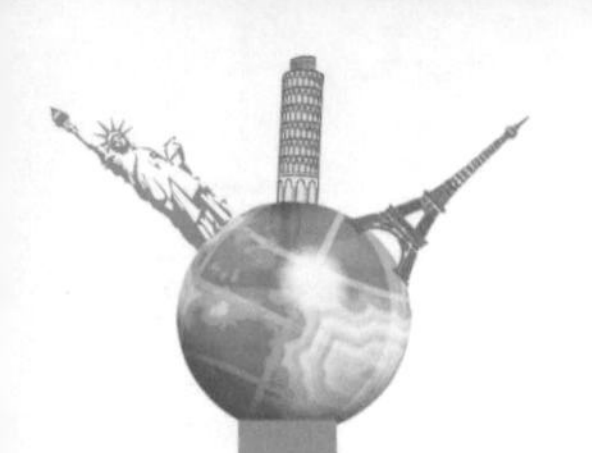

另一種服務失誤的劃分方式是將服務失誤分為三大類：服務傳遞系統失誤、顧客特別要求的失誤、突發的員工行為的失誤（Hoffman & Bateson, 1997）。服務傳遞失誤是指企業提供的核心服務方面的失誤。以航空業的失誤為例，則有向旅客派發了錯誤的行李、沒有告知航班時間的更改、機上的娛樂系統故障、空服人員的短缺等，這些都直接與航空業的核心服務有關。第二種失誤與顧客需求和要求有關，主要是與個別顧客的特殊要求相關。以旅行團為例，當某位觀光客嘔吐或身體不適時，導遊不能給予協助和溫暖的問候，會使旅客感到失望和難受。第三種失誤是與某些事件中員工的行為有關。如觀光大巴拋錨時，導遊面臨突發事件不能及時採取措施，而是對司機或觀光客致以置之不理或粗魯的行為，是突發事件發生時員工行為的體現。又如因天氣原因而導致航班延誤時，航空公司地勤人員對旅客的解釋與處理的方式／態度，也與第三種失誤有關。

當發生服務失誤時，消費者可能做出如下反應：(1)保持沉默；(2)向銷售者提出意見指出問題；(3)向朋友和／或家人說出經歷；(4)向處理消費者抱怨的機構提出爭議。所有這些反應都是消費者抱怨的形式，是對服務經歷的任一方面不滿的正式表達。保持沉默是消極的行為。其中有些消費者由於惰性或缺乏其他選擇，而持續光顧一家服務提供者；而另一些消費者不採取抱怨措施，只是簡單地更換服務提供者，不再光顧令他們不滿的企業。觀光服務經營者應該努力把顧客的沉默轉變成向服務提供者說明問題，因為顧客的抱怨可以提供服務失誤產生原因的資訊。如果顧客無動於衷的話，服務企業是不會知道有任何問題存在，這也就意味著不可能解決這些問題。

企業應該儘量說服顧客向服務提供者抱怨，而不是透過負面的口頭宣傳向家庭成員或朋友，或者向顧客權益組織或法律機構抱怨。為了鼓勵顧客直接向服務提供者抱怨，企業應該建立一個顧客服務或抱怨處理機制，與顧客和員工直接而明確地溝通，且應告知顧客，企業歡迎他們向負責的服務人員直接抱怨。一個清楚明確的抱怨處理方式有助於鼓勵顧客說出他們的問題。幾位學者的顧客對餐廳抱怨行為的研究（Cheng, Lam, & Hsu, 2005）表明，就餐者對服務提供者表達不滿的意圖受他們對抱怨行為的感知控制的影響。當用餐者感覺向餐廳經理抱怨很容易且在其控制之內，他們更有可能說出他們的不滿。另外，學者Yuksel、Kilinc和Yuksel（2006）研究發現，不同國家

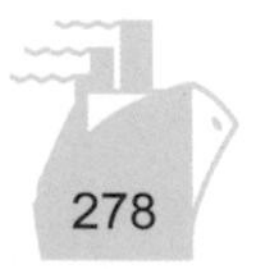

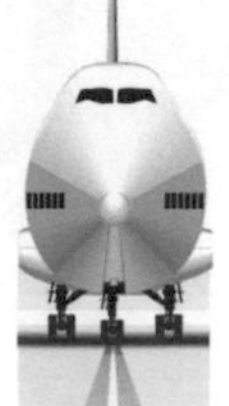

飯店客人的抱怨行為也有所不同。所以，經理和前線員工應該意識到，顧客在經歷不滿意的服務之後行為上的文化差異。

鼓勵顧客抱怨的其他方式包括提供免費電話號碼，或提供互聯網網址，方便顧客向服務企業報告問題。當面徵詢顧客意見是一個更直接的方式。當導遊問遊客他們的觀光體驗時，應該問一些具體的問題，鼓勵客人誠實回答。常見的問題如「玩得開心嗎？」這種想得到一個明確而單一的回答不是最有效的。多數顧客在回答這類一般性問題時，就多用一個詞「還好」來應付。因而問題應該指向服務的一個具體方面，如「這次城市之旅有沒有提供足夠的資訊，讓您瞭解本地的歷史？」此外，定期向抽樣的客人發放問卷，把意見卡放在顯著的位置，也是獲得有價值的顧客保留和服務品質資訊的有效方式。

如果觀光企業接受到抱怨，就需要採取服務補救行動。服務補救是前線員工為解決顧客問題，在發生問題的情況下仍能留住顧客而採取的一系列行動（Zemke, 1995）。由於對服務品質更加敏感，所以顧客對服務補救中想要的、認為合適的服務的期望，要高於原來的服務，而且對任何缺失的容忍度也降低了。因此，服務補救所採取的措施要比原來的服務要求更高，而且更具挑戰性。

公平理論（Justice Theory）被應用於觀光企業管理中是基於這樣的觀念，顧客滿意度取決於他們是否感覺公正、是否受到公平對待（Sparks & McColl-Kennedy, 2001）。在服務補救情境裡也有四種類型的公平（Colquitt, 2001）：

1.分配公平（Distributive Justice）：指顧客最終所獲得的待遇，如退貨、打折或道歉等。
2.過程公平（Procedural Justice）：指顧客獲得結果的過程，如政策、程序、及時性、靈活性等。
3.互動公平（Interactional Justice）：關於顧客和服務提供者之間的互動，如禮貌、以同理心對待顧客等。互動公平涉及人際關係方面，它強調在決策執行過程中，人們感受到的人際對待的公平性。
4.資訊公平（Information Justice）：指提供的關於服務失誤的解釋，如

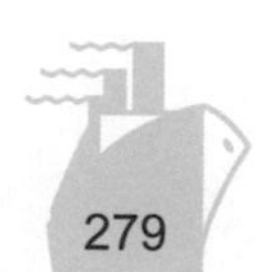

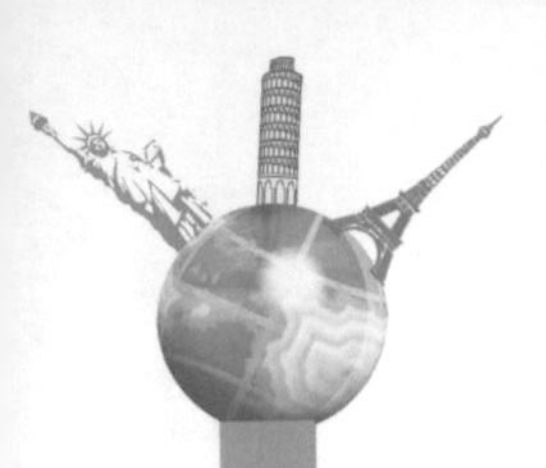

辯解和理由等。

顧客回顧服務補救活動，基於上述四個維度決定他們對所受到的接待的滿意度。研究結果顯示：在餐廳環境下，也有四種類型的公平：價格公平、過程公平、結果公平、互動公平（Namkung, Jang, Almanza, & Ismail, 2009）。

服務企業對抱怨的反應必須及時，即使自身沒有過錯，也要盡可能解決問題。客人離開後，最好是給客人打電話、寫信或發郵件進行跟進。客人很欣賞這種及時的親自關注，而且處理抱怨的員工有機會和客人一起來決定，是否需要另外的行動及適當的補救措施。認識到這點很重要，如果一個服務企業能授權給員工於現場解決客人問題的權力，便能夠大大提高組織對抱怨的反應能力。

基於對顧客期望的、覺得在補救行動中值得回憶的積極行為和態度的研究，Zemke（1995）提出了一個六步驟過程，以應對失望的、甚至不滿的顧客。這些步驟如下：

1.第一步：承認顧客確實遭遇了不便，並且為此向顧客道歉。當接到抱怨時，前線服務人員應主動承認問題，不要有防禦心理，或只想把責任歸咎於顧客。被認可是顧客的一個主要期望，也是留住傷心顧客的很重要的第一步。一個簡單真誠的歉意花不了任何代價，而且在第一時間對當事人面對面道歉是最有效的。真誠的道歉，如「我為遲到給您造成的不便深表歉意」，表明員工正在親自專業地關注著情況。在很多例子中，服務失誤並不是由服務提供者造成的，而是由於顧客自身參與或使用不當引起的。因此，對服務失誤沒有推卸地道歉有助於緩和問題，從而為其解決提供所需時間。

2.第二步：傾聽、表示同感，詢問開放式問題。顧客尋求的是一個能讓他們發洩不快和理解他們失望情緒的好的傾聽者。在多數抱怨的場合中，生氣的顧客更關注的是服務員工有多在乎客人的抱怨，而不是服務員工對抱怨行為有多瞭解。

3.第三步：對問題做出一個公平的修正。服務人員承認並對服務失誤表示歉意之後，必須提供問題解決方案。為了進一步安撫顧客，服務

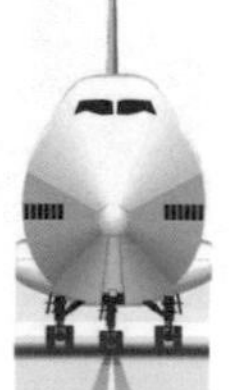

員工應該給予合理解釋（資訊公平），並表示關注（互動公平）。徵詢顧客如何公平解決問題有助於提高顧客對過程公平的感知。服務提供者在開始實施服務補救計畫之前，要仔細研究顧客對補救需求的期望。顧客的補救期望隨地點、顧客的人口統計特徵和競爭的服務環境的不同而不同。例如，有證據表明顧客對服務失誤和補救的感知（Magnini & Ford, 2004），以及抱怨處理中的公平感知（Mattila & Patterson, 2004）等，都有文化差異。

4.第四步：為對顧客造成的不便和傷害提供一些增值的補償。由於很難準確估計社交損失的價值，所以補償通常在本質上是象徵性的。這種象徵性的補償可以採取免費用餐、折扣券、部分或全額退款等形式。經濟上的補償並不是每次服務失誤成功補救必須採取的措施。但是，當顧客因服務傳遞故障而感覺受挫時，補償對顧客滿意度至關重要。顧客需要體會到分配公平。

5.第五步：信守承諾。顧客會很自然地懷疑服務提供者的補救承諾。他們寧願聽到反映悲慘現實的壞消息，也不願聽謊言和誤導的資訊。如航空公司的乘客寧願被告知航班可能會延誤一小時，也不願意四次聽到航班要延誤十五分鐘。

6.第六步：服務人員在最初的服務補救事件後，對顧客進行跟進，以確保問題以令人滿意的做法進行解決，給顧客留下好的印象。服務補救不只是修正問題，它還要確保同樣的問題不會再次發生。因此，需要一個內部跟進系統來記錄和分析問題，如果有必要的話，還要修正服務流程設計。

三、顧客滿意度的其他影響因素

顧客滿意度是顧客對一個產品或一項服務是否滿足其需求和期望的評價（Zeithaml et al., 2006）。在第二章中，我們闡述了顧客衡量服務品質的五個主要標準是有形性、可靠性、回應度、保證性和同理性（Zeithaml, Berry, & Parasuraman, 1992），這些是顧客滿意度的主要影響因素。但是，服務品質和顧客滿意度有根本不同的基本原因和結果。服務品質特別關注服務的維

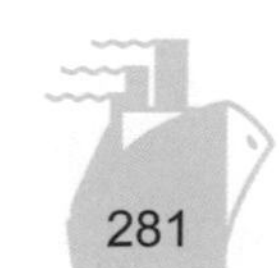

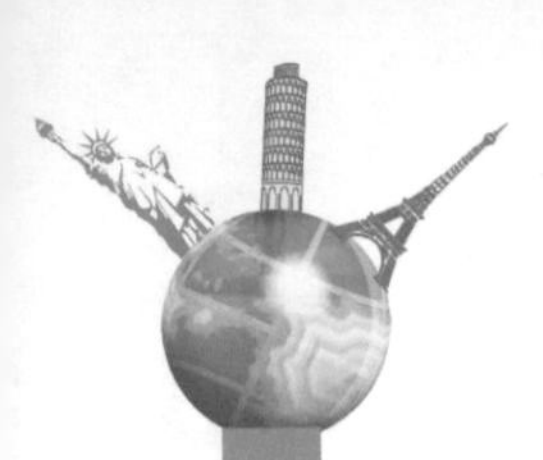

度，而滿意度一般被認為是一個更廣泛的概念。除了感知服務品質，顧客滿意度的其他決定因素包括：輔助產品和服務的特徵、價格、個人因素和情景因素。

輔助產品和服務特徵之於顧客對服務體驗的評價和他們的滿意度有顯著影響。對於像一個全包的家庭渡假勝地那樣的服務，重要的輔助特徵可能包括免費使用水上設施和高爾夫設施、品種多樣且高品質的就餐選擇、兒童服務和活動。在形成總體滿意度評價時，顧客會權衡不同的服務特徵，取決於這些特徵對於他們的重要性。例如，當就餐選擇的品種和品質沒有他期望的那麼好，但是飯店員工和設施對小孩特別關愛時，該客人還是會給予其在渡假勝地的逗留令人滿意的評價，尤其是當客人覺得小孩的快樂勝過一切時。

價格通常是影響顧客滿意度的一個因素。在多數情況下，是顧客的感知價格而不是以金錢計量的實際價格影響顧客滿意度。顧客傾向於將支付的價格和其消費服務獲得的感知價值進行比較。當支付的價格相對於感知價值而言不高時，顧客會覺得感知價格合理，而且傾向於對服務表示滿意。因此，服務提供者可以透過提供對顧客而言更高的感知價值以降低其感知價格，來提高顧客滿意度。

個人因素是指和顧客作為個體相關的那些屬性，如個人身體和健康狀況、心情和情感狀態。顧客的情感可以影響他對產品和服務的感知滿意度。當顧客心情很好時，積極的心態對服務的評價產生正面影響。相反，顧客心情很差或情緒低落會感染他對服務的評價。

服務員工的情感表達也會誘導顧客的情感，進而影響顧客對服務的滿意度。研究發現，在一個乘坐竹筏漂流的情境中，導遊的情感對於其顧客對旅行的情感反應有很強的影響，而且那些情感和他們的總體旅行滿意度相關（Zeithaml et al., 2006）。導遊的積極情感，如快樂、愉悅、興高采烈和熱心，能大大提高觀光客對竹筏之旅的滿意度；而導遊的消極情感，如悲傷、憂愁、悔恨和氣憤，會降低觀光客滿意度。這個研究帶來的管理啟示是：服務企業應該強化對服務員工情緒控制和管理的培訓，尤其是前線員工於客服過程中要保持積極的情感狀態，以提高顧客的滿意度。

情景因素包括場合、服務情境、服務和消費同伴的重要性。在這些情景因素中，家庭成員的觀點和其他重要人物的意見特別重要。例如，對一次家

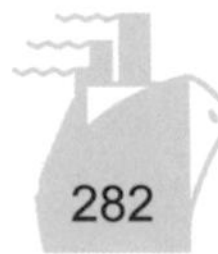

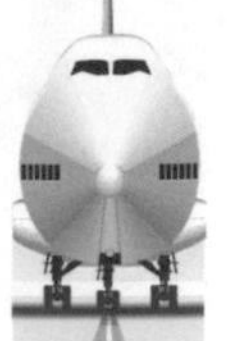

庭渡假旅行的滿意度，通常受個別家庭成員在整個渡假過程中的反應和表情的影響。家庭成員對渡假經歷的感知，或多或少受其他成員在假期中所說的和重複說的選擇性記憶和故事的影響。類似地，一個包價旅行參與者的滿意度不僅受他自己感知的影響，還受到同一個旅行團中其他觀光客的感知、觀點和意見的影響。

 第三節　觀光產品的有形展示——管理外顯性特徵

因為觀光企業和目的地提供的是一種體驗，但這種體驗必須靠有形物體的承載才能實現，所以承載這種體驗的有形環境是產品的關鍵部分。有形環境其實是體現無形體驗的一種特殊方式。由於服務本身是無形的，顧客對服務產品的感知在很大程度上是用五官去理解有形事物而形成的。所以，顧客必須依據輔助提示或有形展示，在購買前做出對服務的評估，在享受服務過程中及之後對其滿意度進行評價。例如，飯店的豪華裝飾和高效率的服務傳遞代表著顧客的實際體驗；零亂的餐廳或破舊的大廳同樣也代表了客人的體驗。一個混亂無序的導遊或一輛破舊的觀光巴士都示意了觀光客的經歷。

有形展示可以定義為進行服務傳遞，公司與顧客進行互動所處的環境，

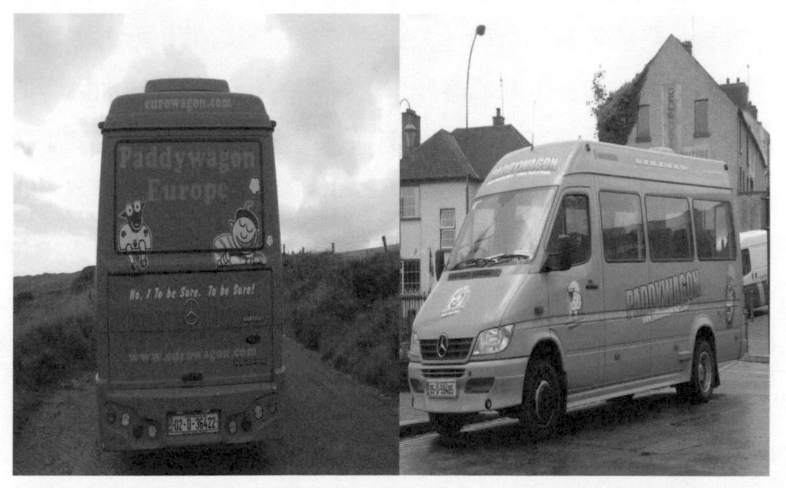

觀光巴士車身鮮豔的色彩、可愛的圖案可以引起年輕觀光客的興趣。（徐惠群拍攝）

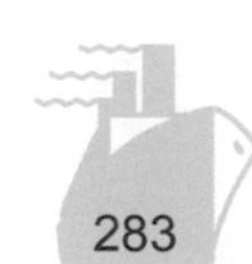

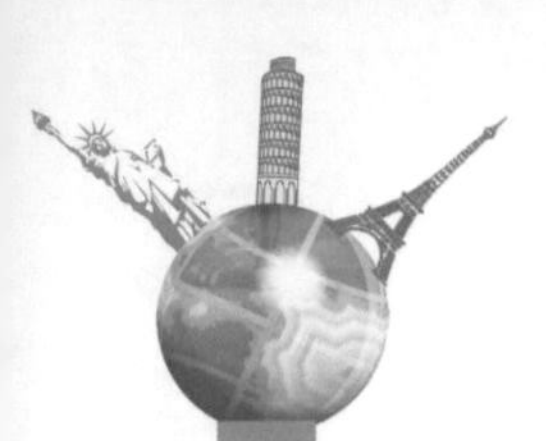

以及有利於服務執行或傳播交流的任何有形體，包括服務提供者提供的有形設施的內外部各個方面，或者是服務場景或所有有形的溝通方式。建築物的大小及布局、家具、顏色和企業提供的服務功能設施，所有這一切都促成了顧客對企業的最初印象。例如，大廳是客人接觸到飯店的第一個地點，在大廳客人也由新來的陌生人轉變成了飯店的住客。因此，飯店應正確管理大廳空間的所有要素，以便滿足客人在到達飯店時所有的期望，並為客人創造他們入住期間的期望和滿意。旅行社的外部設計和美化也會完善其想要樹立的形象。溫泉渡假村乾淨的停車場會讓人聯想到有效的管理與整潔的溫泉治療室。Hightower、Brady和Baker（2002）進行的關於有形環境對體育事件參與者的研究表明，服務場景對參與者感知服務品質有直接的正面影響，而感知服務品質又影響其感知價值。價值感知進而正面影響顧客的行為意圖，如忠誠度、口碑宣傳以及支付更高價格的意願。

隨著顧客需求和生活方式的改變，消費場所也在發生變化。為了鼓勵消費，設計者、建築師和零售商正在創造愈來愈精緻和令人激動的環境，以促進顧客和企業之間的互動。由於眼光敏銳的顧客數增多和日益加大的競爭壓力，零售企業需要為顧客提供愈來愈新鮮、刺激、創新的、令人興奮的、同時又舒適便利的環境。這一變化的消費場景的觀點在一些研究文獻中，是以**服務場景**（Servicescape）這個概念來表達的。一些研究者認識到了消費場合的有形設計與裝飾要素和消費行為間的關係。Bitner（1992）最先把服務場景定義為企業所營造的環境（人造的、不同於自然和社會環境的有形環境），並視其為對企業員工和顧客及二者之間的相互關係施加影響的一個因素。她確定了服務場景的三個組成維度：(1)周遭環境：環境的背景特點，如溫度、噪音、照明、聲音和氣味等；(2)空間布局和功能性：機器、設備、家具如何擺放，它們如何相互聯繫來實現企業的績效目標；(3)指示、符號和人工製品：多數是看得見的，讓人一看到這些提示就能想起這個地方的意義。服務場景這一概念暗示了其三個維度之間相互作用，並且和感知及內部認知（理性）、情感和心理變數（感性）、生理反應等調節因素相互作用，來產生符合企業經營目標的消費行為。

表9-1列出了有形展示的一般要素。這些要素包括組織的有形設施（服務場景）及其他形式的有形傳播。影響顧客的服務場景要素既包括外部特

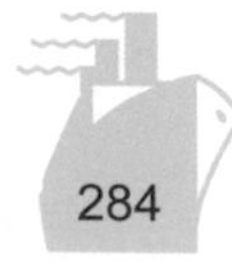

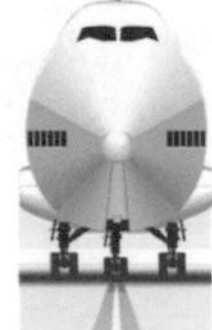

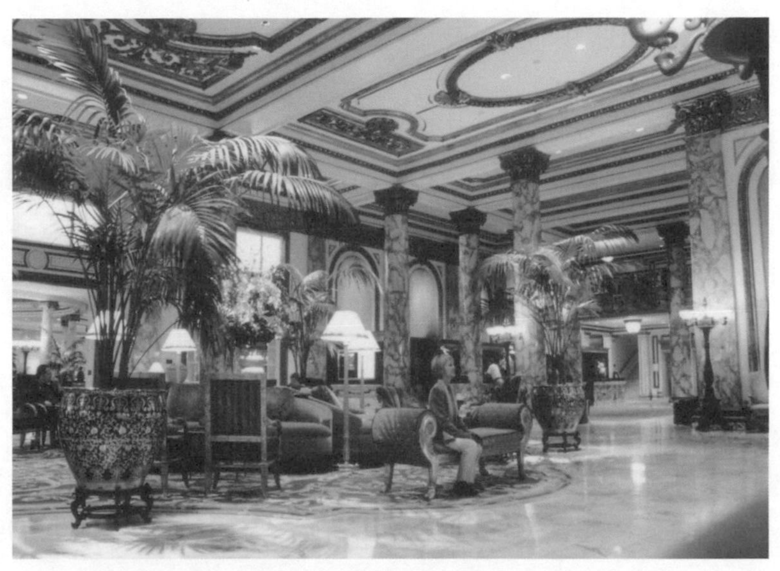

服務場景是顧客形成期望並提醒他們在某些環境中的得體行為的場所。（徐惠群拍攝）

徵，如標誌、停車場地和周圍景色等等；又包括內部特徵，如設計、布局、設備和內部裝潢等等。需要注意的是，網站和互聯網上服務場景是有形展示的最新形式，企業可以利用這些形式傳播服務體驗，使顧客在購買前後對服務都更有直觀體會。

表9-1　有形展示的要素

服務場景	其他有形物	服務場景	其他有形物
外部設施	名片	內部設施	手冊
外部設計	文具	內部設計	網頁
標識	收費單	布局	虛擬場景
停車場地	報告	空氣品質／溫度	
周遭景色	員工制服		
周遭環境			

資料來源：Zeithaml, V. A., & Bitner, M. J. (2003). *Service Marketing: Integrating Customer Focus Across the Firm* (3rd ed.). New York: McGraw-Hill.

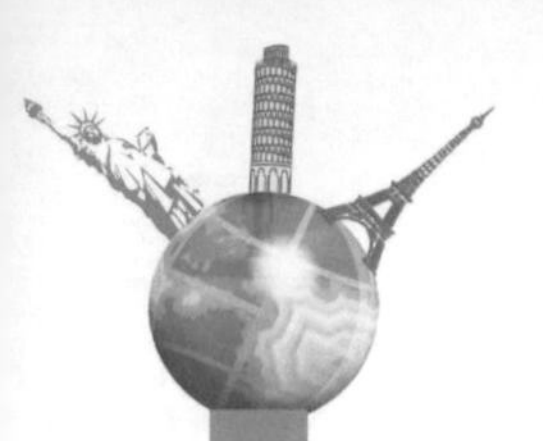

一、有形展示的作用

有形展示在企業的定位策略中發揮著重要作用。首先，作為一個有形產品的組合，有形展示傳遞了關於所提供的體驗的品質資訊；作為一個組合，有形展示描繪了一個特別的形象，激發了一種特殊的感官或情感反應。這種組合作用在形成最初印象或創造顧客期望時尤其重要。有形展示也是一種吸引注意力的方式。

服務場景還能作為一種輔助服務環境中員工或顧客表現的便利劑或障礙。一個設計良好的功能設施可以使顧客愉快地體驗服務，也能使員工高興地提供服務。例如，很多航空公司在商務艙和頭等艙提供更加寬敞舒適的座位設計，便於乘客休息或工作。而對空服員而言，由於在商務艙或頭等艙工作，對環境更積極的情感與行為反應使他們感到更愉快，而提供更加優質的服務。

有形環境的設計可以作為員工和顧客接觸溝通的橋梁，因為它傳遞了服務參與各方期望的角色和行為。例如，主題公園和高檔溫泉的服務場景鼓勵不同的行為類型。主題公園的觀光客之間或觀光客與員工之間透過頻繁對話或誇張的手勢互動，被認為是合適的；但是，標榜著安謐寧靜的溫泉則不鼓勵這種積極的互動行為。在下面的內容中，我們將按照客人體驗的順序，就內外部的有形環境展開討論。

(一)第一印象：外部環境

設想正開車行駛在路上的一家人想要停車找個合適的餐廳吃午飯。道路的兩旁是繁華的購物區，各種商家標誌和招牌清晰可見。這家人需要選定某一家餐廳，然後停下車準備進入餐廳就餐。此時，餐廳的外觀視覺效果會成為他們選擇的一個主要考慮因素。

合理的外觀設計既可以展示出企業的表面功夫，又可以生動形象且有效地傳遞其內部風格和服務品質，更能彰顯出企業的整體形象和個性。有些情況下，顧客從外觀就可以區分店家所提供的產品或服務的類型。高檔餐廳的外觀設計當然與針對大眾食客的普通餐廳的風格截然不同。餐廳外面落地窗的乾淨與否在某種程度上也反映出內部的整潔與否，甚至也會激發客人對食

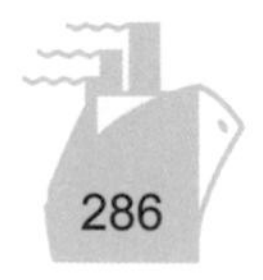

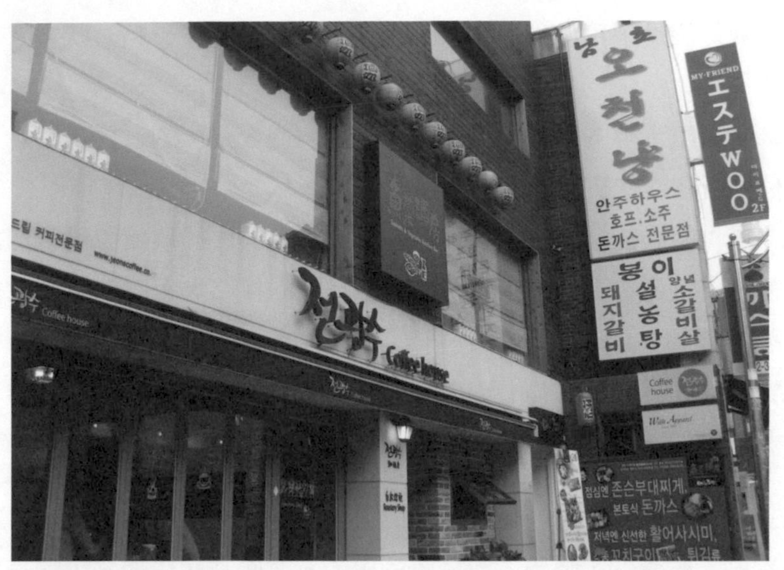

這家韓國餐廳以顯眼的招牌、獨具特色的外部裝飾吸引食客的目光和光顧。（宋漢群拍攝）

物衛生的信任與否。企業在外觀設計中更應該關注細節，確保細微的設計也要與整體建築協調一致。

(二)持續印象：內部環境

雖然精美的外觀設計可能贏得顧客的光顧，但接下來顧客所處的購買服務的地點，即內部環境是企業服務傳遞系統的一個舉足輕重的部分。我們可以把服務傳遞體系比喻為一個舞臺背景（Lovelock, 1996）。為了創造客人期望的印象，或給予客人適當的服務特點的提示，內部設計就應以達到想要的效果為目標，這稱為營造氛圍載體（Atmospheric），也可被定義為有意識地設計空間，以期在顧客身上產生某種效應。更具體地講，營造氛圍載體就是努力設計購物環境，在顧客身上產生特定的情感效應，從而提高購買的可能性（Schmitt & Simonson, 1997）。

營造氛圍載體在環境行銷中有三個功能：首先，營造氛圍載體是一個激發注意力的體系。色彩、聲音、形態和動作都是營造氛圍的載體；其次，營造氛圍載體傳遞出提供的體驗之品質的資訊；最後，營造氛圍載體會影響客人的情感與情緒，比如產生一種興奮或寧靜感。營造氛圍載體不僅僅是視覺外觀，事實上它們影響著五種感官中的四種：

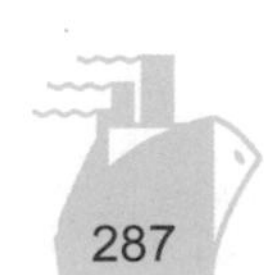

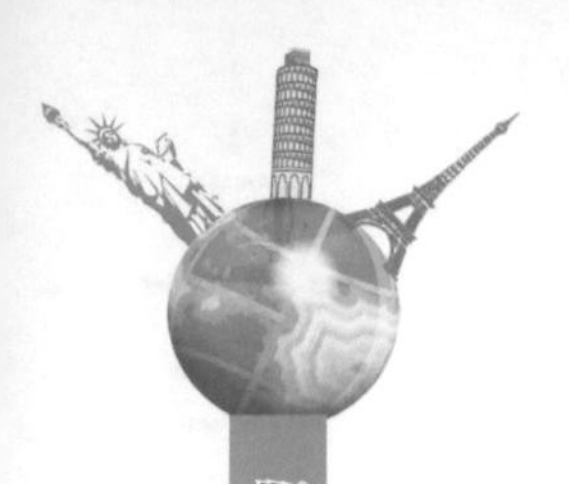

1.視覺：設計師用色彩、光線（明亮或昏暗）、大小和形狀來營造視覺效果。

2.聽覺：噴水池的水聲、柔和（或急促、或大聲）的音樂，暗示了客人他們所在之處及感覺如何。

3.嗅覺：飯店無煙房為住客提供了一個沒有異味的環境；麵包店故意裝置管道將麵包香味送到大門前，以吸引過往路人；還有餐廳入口處彌漫著烤肉的香味等。

4.觸覺：奢華的亞麻餐巾和桌布是高檔餐廳的標誌；厚實的浴巾和地毯支撐了高雅飯店的奢華感。

營造氛圍載體提供了企業所給予的體驗的一種即時的視覺描繪，客人能體驗視覺的、聽覺的、嗅覺的和觸覺的提示。這些載體也加強了觀光期間的服務體驗。企業應特意設計和營造氛圍載體，以為顧客提供與服務相關的重要線索。

二、管理有形環境

服務接觸環境提供了企業按設計需要可以引出的提示。服務企業可以使用前述服務場景的三個維度來影響人們的情感、認知、心理和行為反應。企業可以改變周圍條件，應用空間分配和人流模式等設施排列，來輔助一個家庭主題或提供豪華提示。Newman（2007）關於機場環境的研究發現，環境的易辨認性（清楚的指示和顯示的空間）影響人們的心情。總體布局和易辨識的指示有助於誘發積極心態和對服務提供者的正面形象。Zemke和Shoemaker（2007）測試了會議室周圍氣味的影響。結果顯示，周圍氣氛對於參與研究的陌生人之間發生社交互動（口頭和非口頭行為）的數量，有顯著的正面影響。服務提供者可以考慮在想要鼓勵顧客與顧客互動的地方提供宜人氣味。

解說牌誌可以被用來作為方向標識，如觀光景點的名字，也可以傳遞一些行為準則，如禁止攝影。圖片可以和服務功能表設計、方向指示、企業標識、廣告和簡報等通訊資料結合在一起，以創造一個統一的形象。符號（如世界遺產標識）和人工製品（如封閉式可回收垃圾箱）也可以間接提示使用

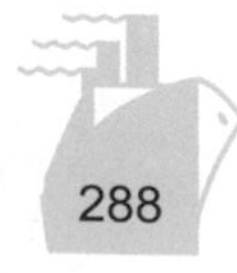

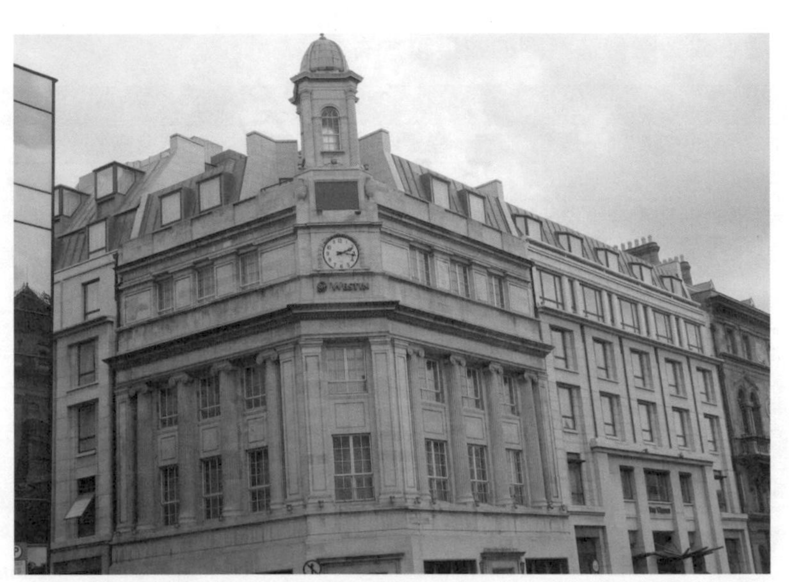

標識的設計會隨著周遭的環境而稍作改變，圖中飯店標識設計和歷史風格的建築融為一體，給顧客整體的協調感。（徐惠群拍攝）

者有關提供的服務、期望的行為和服務地點的意義。很多餐廳、主題公園會透過員工的統一服裝來輔助某個概念。

家庭風格的主題公園成功地將解說牌誌應用於觀光客情感和行為的管理。例如，快節奏的歡快音樂和明亮的顏色容易使顧客變得興奮；照明閃亮的建築物表面易於使人走動，這是人流交通管理的部分邏輯。很多歷史景區限制使用被視為有損景區歷史意義的現代商業解說牌誌；這再次反應了觀光企業為取得特別的環境效果所做的努力。

服務業的企業主、經理和行銷者需要把服務場景當作一個整體，關注其所有方面，以使顧客對服務品質的感知水準、顧客滿意度和再次光顧業務最大化。服務場景的重要性和在一個特定設施所花費的時間是直接成比例的。有形產品、氣氛和服務傳遞都是觀光體驗提供和獲取方式的一部分。例如，飯店客人和服務場景的交流時間要比速食店客人和服務場景的交流長得多。這表明，企業與顧客之間的互動越多，顧客就對一些問題有多一些瞭解，從而形成他們對服務品質的感知和滿意度。所以，應該把服務場景作為行銷策略的至關重要的組成部分。

服務的互動場景為企業在設計時刻意採用的某些線索提供了重要資訊。**表**9-2說明了如何控制環境提示來達到特定的環境效果。

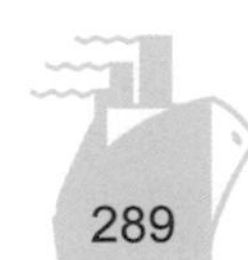

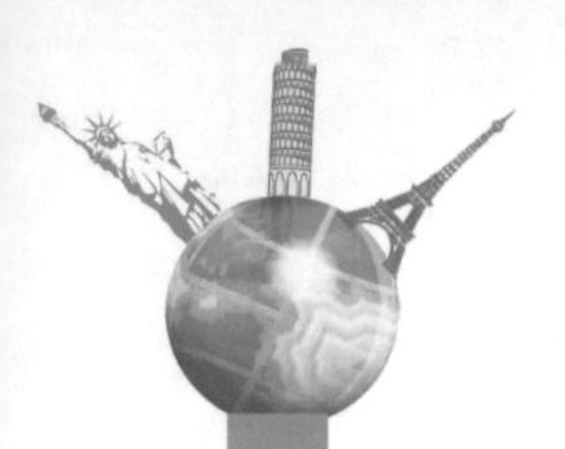

表9-2　飯店或餐廳營造氛圍的效果和方法

營造私密感	促進座位周轉率
使用隔離的用餐小空間而不是長椅，減少視覺分散	使用長椅或者連桌子的座椅
走廊區域使用不同圖樣的地面	使用反射表面准許高的噪音水準
使用柔和的燈光，限制視線接觸	座椅和桌面使用硬的光滑表面
使用吸音材料，控制音量	溫暖的房間營造擁擠感，促進座位周轉率
背景音樂有助於分散其他噪音	照明光亮的建築表面易於使人離開
圍坐座椅上方用較低的天花板	鮮豔的顏色促進座位周轉率
在大空間裡用不同的高低來分隔更小的區域	
顧客之間使用照明源（如蠟燭），以拉近他們的距離	
使用柔和的、細微的顏色，產生一種安閒的效果	

資料來源：Baraban, R. S. (1984). The psychology of design. *Proceedings of the 1984 Chain Operators Exchange*. International Foodservice Manufacturers Association.

經驗表明，保持裝修風格的時尚很重要。由於顧客不斷尋求新的體驗，餐飲服務的設計在愈來愈短的時間內變得過時。在飯店經營中，特許經營者的整套裝飾計畫要經常審查，而且是特許經營續約時談判的主要議題。餐飲服務經營的經驗顯示，即便菜單和服務風格是餐廳概念的基石，裝修風格的變化對復興計畫有重大影響。當菜單和服務沒有改變而餐廳氛圍徹底重塑之後，顧客用餐體驗的感知可能便完全不同；相反，當菜單和服務有所改變而氛圍沒有改變時，顧客對餐廳的感知則可能和以前一樣並未改變。

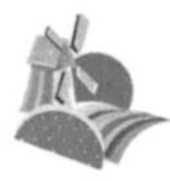

本章小結

除了傳統的4P之外，服務行銷組合還包括人員、過程和有形展示。員工的滿意度對顧客的滿意度有顯著影響。觀光服務員工和顧客之間的互動，對於提供高品質的服務體驗至關重要。除了作為服務傳遞系統中的參與者，顧客也可以被視為企業的資源和資產。顧客教育和培訓活動有助於明確顧客在服務傳遞過程中的作用，使他們能有效地完成其角色。

服務過程是指服務提供和運作系統，即服務提供的實際過程、機制和活動流程。觀光行銷者和經理們應該重視關鍵事件，要特別努力防止負面關鍵

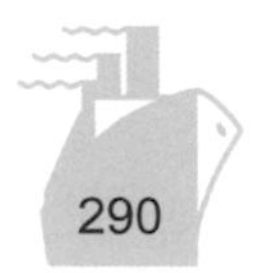

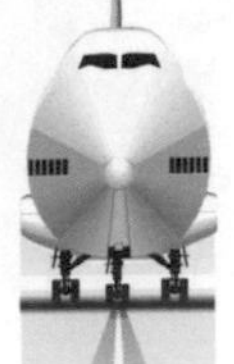

事件的發生。顧客體驗的服務提供過程的實際步驟給了他們評判服務品質的證據。服務過程中很難避免服務失誤。在服務行銷中，服務失誤可以被分為兩種類型：結果失誤和過程失誤；服務失誤還可以被分為：服務傳遞系統失誤，顧客特別要求的失誤，以及突發的員工行為的失誤。觀光企業應鼓勵顧客進行抱怨。一旦企業接到抱怨，就應當採取服務補救行動。服務補救是前線服務員工為了解決顧客問題、在發生問題情況下仍能留住顧客而採取的一系列行動，須把服務補救做到位，比原來所提供的服務更具挑戰性。服務企業對抱怨的反應必須即時，要盡可能解決問題。

顧客滿意度是顧客對一個產品或一項服務是否滿足其需求和期望的評價。除了感知服務品質，顧客滿意度的其他決定因素包括輔助產品和服務的特徵、價格、個人因素和情景因素。

有形展示可以定義為進行服務傳遞、公司與顧客進行互動所處的環境，以及有利於服務執行或傳播交流的任何有形體，包括服務提供者提供的有形設施的內外部各個方面，或者是服務場景或所有有形的溝通方式。有形展示在企業的定位策略中發揮著重要作用，所以企業要科學管理有形環境。

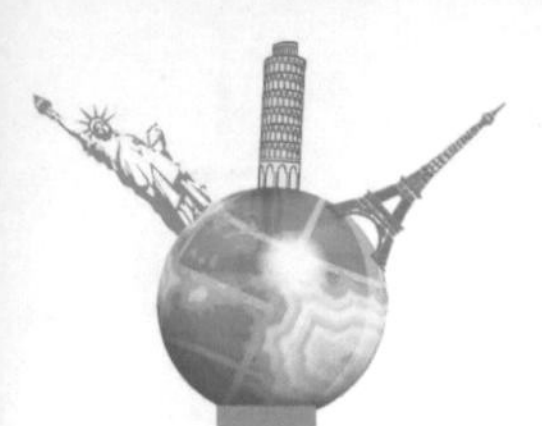

重要概念

■人員　People
■服務過程　Process
■有形展示　Physical Evidence
■內部行銷　Internal Marketing
■外部行銷　External Marketing
■交互行銷　Interactive Marketing
■社交尊重　Social Regard
■服務接觸　Service Encounter
■真實瞬間　Moment of Truth
■關鍵事件　Critical Incident
■服務補救　Service Recovery
■服務失誤　Service Failure
■公平理論　Justice Theory
■分配公平　Distributive Justice
■過程公平　Procedural Justice
■互動公平　Interactive Justice
■資訊公平　Information Justice
■服務場景　Servicescape
■營造氛圍載體　Atmospheric

課後習題

一、服務行銷三角構架包括哪三種行銷，相互關係如何？
二、解釋服務員工對創造顧客滿意度和服務品質的關鍵作用。
三、為什麼「顧客是服務企業的資產和資源」？
四、服務企業如何成功實施服務補救？
五、影響顧客滿意度的因素有哪些？
六、請舉例說明顧客在認知、情感和生理等方面受服務場景因素的影響。
七、「營造氛圍載體」是什麼意思？請舉例說明，並說明其效果如何？

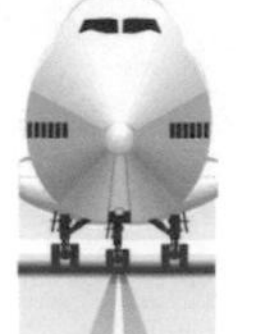

案例探討

以內、外部環境著稱的麗江悅榕莊

總部位於新加坡的悅榕集團（Banyan Tree）以經營及管理世界級渡假飯店聞名，並且獲獎無數，包括亞洲最佳渡假飯店及世界十大泉浴飯店，其所提供的香薰水浴設施與服務更是舉世聞名。企業的宗旨是在延承亞洲傳統與保護環境的大前提之下，發展並管理高檔的豪華飯店與渡假村。

位於中國雲南的麗江悅榕莊以其獨特的建築風格、地理位置、優雅浪漫的渡假風格為飯店的特色。整體建築風格非常地方化，建造伊始就按照麗江城市規劃要求，把麗江古城的建築風格融會貫通其中，內部則是五星級現代化飯店設施。

麗江悅榕莊的55棟納西式的別墅均朝東北向，每位住客均可欣賞到海拔5,600公尺的玉龍雪山山頂。令人歆羨的大自然景觀全部收集在麗江悅榕莊寬敞的別墅裡，每棟別墅配有室外溫水按摩浴池或私人泳池。其建築體均採用當地特有建材興建而成，如五彩石及納西灰磚。傳統紅瓦屋頂乃取自當地的磚窯，重現納西現代彎屋頂。

以營造優雅浪漫的渡假環境著稱的悅榕莊把浪漫也體現在客房設計中。客房設計讓客人體驗到的是別有情趣：寬大、浪漫、新奇、異域、舒適……想用來形容而一時想不出的美好辭彙都可以用在這裡，這裡沒有臥室、客廳、洗手間、休息區的界線，一打開獨立庭院的大門，就可以看到一張面朝雪山的大床放在大客房的中間。每一棟別墅均配有高科技的設備。「行到水窮處，坐看雲起時」，古人追求的自然狀態成為精神寧靜的最高境界。在自然的環境中體驗另類奢華，是麗江悅榕莊對游離都市生活以外、追求精神享受的最好注解。

麗江悅榕莊選擇在這個靈氣的地方，用富麗堂皇的別墅設計裝潢與家具，折射出當地豐富多樣的特質，並以「奢華到令人窒息」、「輕鬆和浪漫」的特點，被稱為是「中國最貴的渡假飯店」之一。

資料來源：改編自「麗江悅榕莊：中式的奢華與浪漫」，http://villa.focus.cn/news/2008-04-24/573902.html，檢索日期：2010年3月29日。

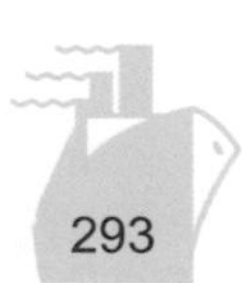

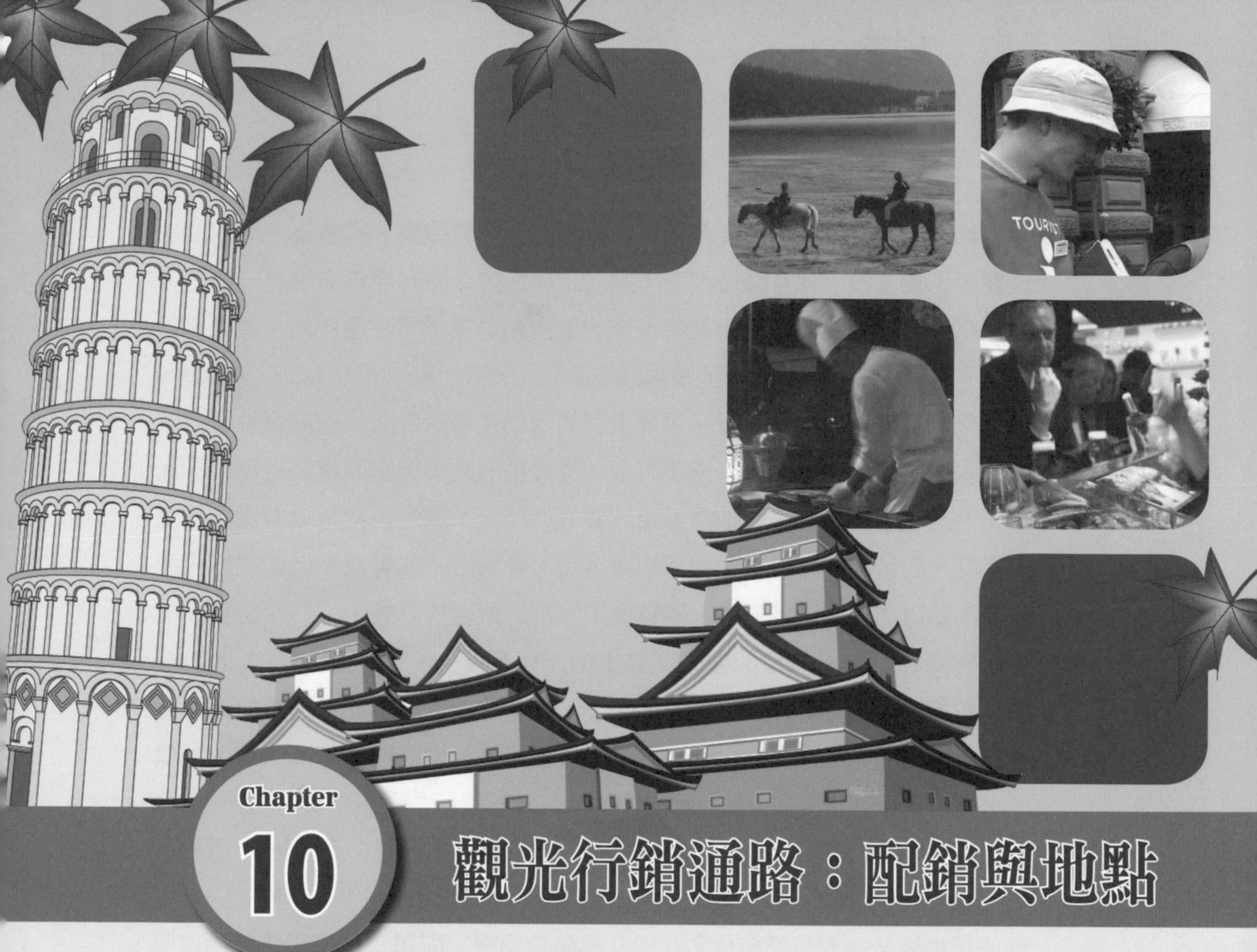

Chapter 10

觀光行銷通路：配銷與地點

本章要點

◆觀光配銷通路的主要考慮因素與常見的通路分類

◆飯店電子商務預訂系統的主要表現形式和特點

◆全球配銷系統和中央預訂系統在觀光業的實際運用

◆旅行社業務配銷體系特點

◆飯店選址可行性研究的主要過程與步驟

◆旅行社或門市選址遵循的三大原則

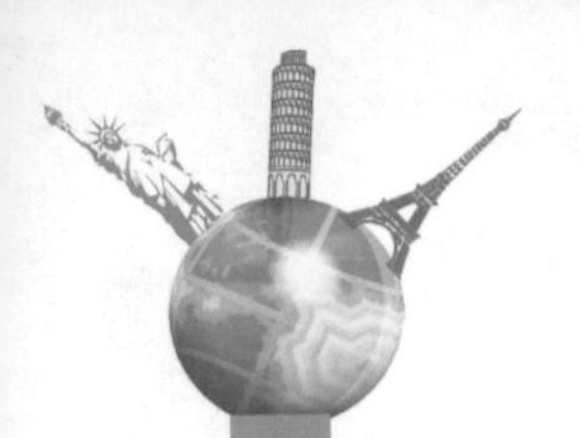

觀光產業的通路通常比傳統行業的通路（如製造商—批發商—零售商—消費者）更直接。在有些情況下，觀光企業把製造商和零售商融為一體，甚至不需要批發商的環節，而觀光行業的生產和消費是同時進行的，也就是說消費者只有親臨購買現場才能實現觀光產品的消費（Reid & Bojanic, 2010）。在觀光業，「通路」是由多個相關主題的行銷元素組合而成的綜合性概念，不僅包括產品（使用權和／或所有權）從提供者向消費者的轉移過程，即配銷；而且包括將產品便利地傳遞給消費者的場所。觀光企業可以製造出最好的產品，如目的地、航空交通、飯店客房、會議中心或餐飲。但如果觀光消費者不知道如何到達目的地、購買機票、預訂飯店或訂餐，這些產品實際上只是形同虛設，成為當地觀光開發中的一個秘密。「配銷通路」（即傳統的行銷組合中4P中的Place或場所）是解決此類問題的根本。透過配銷通路（Distribution Channel），觀光消費者被告知目的地的觀光產品元素，如餐飲、住宿和交通等，從而決定體驗這些產品和服務，並產生購買行為。

行銷組合4P中，Product（產品）、Promotion（促銷）和Price（價格）所代表的意義都能一目了然，但Place的概念卻有些模糊，不夠明晰。它並不能將行銷組合中的配銷角色和功能全部體現出來。**配銷**是指將具體產品或服務的資訊放置於市場上，以獲取消費者的認知並做出決策的過程。如果這些資訊能讓消費者覺得會滿足他們的欲望和需求，那麼消費者可能會購買該種產品或服務。消費者的認知決定了他們的購買決策，也決定了生產者或供應商是否能將消費者的購買動機轉變成銷售行為。消費者的認知包括可接觸到哪些產品或服務，及如何接觸等一系列的資訊。一旦資訊導致決策達成，一個購買行為便隨之產生。

正如Reid和Bojanic（2006）所解釋的：配銷的主要目的是使產品和服務按照消費者偏愛的地點、時間，並以其偏愛的方式傳遞到消費者手中。與其他行業相較而言，觀光業本身就是一個特性鮮明的行業，因此觀光產品的配銷通路也與其他行業的配銷存有差異。與加工產品的「買賣場所分離」特點對應的是，觀光產品的配銷要求：「觀光消費者必須親自前往生產現場才能體驗其購買的觀光經歷，即親臨他們所選擇的目的地」。對於行銷專家來說，為了開發出有效的配銷通路，目的地不僅要將目的地組合的所有成分的資訊公布於市場，而且這些資訊要足以說服消費者選擇來此，而非去其他目

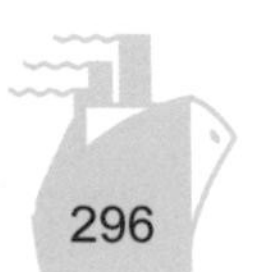

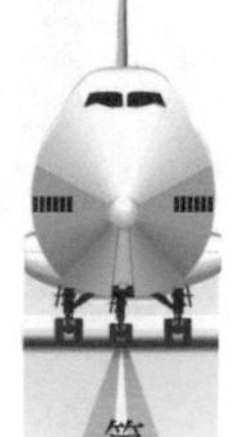

的地旅行，從而與相競爭的目的地進行有效的競爭。本章主要由兩個部分內容組成：首先是觀光企業／集團的配銷問題，包括分別討論不同業務單元，如飯店業和旅行社業的配銷模式；然後是觀光企業的地點和場地決策的形成。

第一節　觀光配銷概論

一、配銷通路的基本概念

某種商品和服務從生產者轉移到消費者的過程中，取得這種貨物和服務的所有權，或幫助轉移其所有權的企業和個人稱為**配銷通路**。簡單地說，就是商品和服務從生產者向消費者轉移過程的具體通道或路徑。具體到觀光產品行銷通路，則是指觀光產品從觀光生產企業向觀光消費者轉移過程中，所經過的各個中間環節連接起來而形成的通道。觀光產品供應商、中間商（Intermediaries）和觀光消費者構成了觀光配銷系統。中間商由觀光配銷或行銷通路中位於觀光產品供應商和最終消費者之間的一切企業或組織組成。它既可能是某個機構如專業預訂公司、獎勵旅行服務公司、會議策劃公司，也可以是具體個人如企業銷售代表、協會行政人員、公司旅行事務部等（Fill, 1995）。**圖**10-1是觀光配銷系統的一個基本構架。

二、配銷通路的分類

配銷體系的結構設計是行銷策略的基礎。不同的配銷體系結構，影響觀光企業對配銷體系的政策和管理方法。配銷體系的長度、寬度和廣度是所有企業設計配銷體系結構時考慮的三個關鍵要素。要素不同，配銷通路的分類也就不同。

(一)配銷體系的長度

配銷體系的長度是指觀光產品在配銷體系的流通過程中，要經過的仲介的層級。觀光配銷體系可分為直效配銷和間接配銷兩大類。**直效配銷**簡稱直

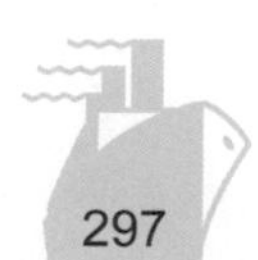

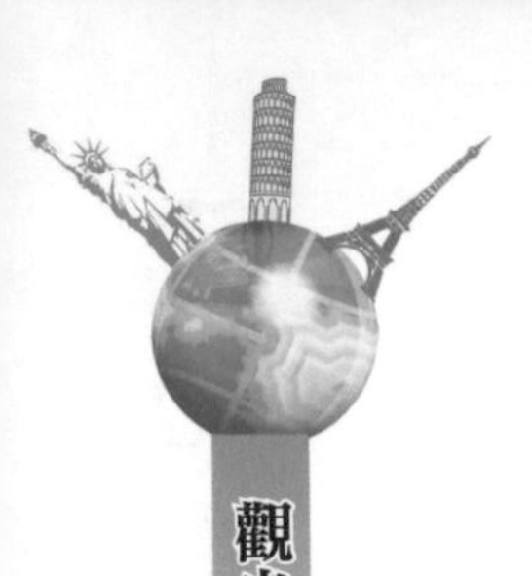

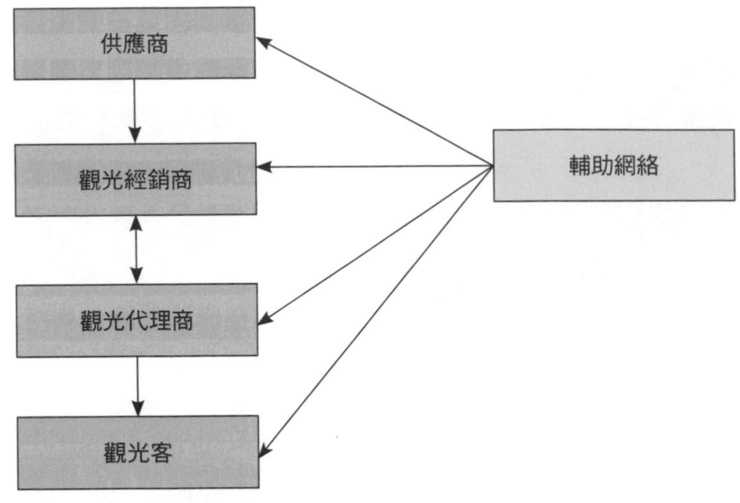

圖10-1　觀光配銷通路基本構架圖

資料來源：Buhalis, D. & Laws, E. (2001). *Tourism Distribution Channels: Practices, Issues and Transformations* (p.41). London and New York: Continuum Publishing.

銷（Direct Distribution），是指企業將觀光產品直接銷售給最終消費者，由於沒有中間商，也稱為零級配銷。常見的直效配銷形式有上門推銷、直接郵件、網上直接預訂、電話推銷和零售點直銷等。**間接配銷**是指觀光企業經過若干層次的中間商，最終將其產品逐級轉賣給消費者，包括一級配銷體系：企業（指生產某項旅行產品的企業，如航空公司、飯店、目的地等）→某個中間商→消費者；二級配銷體系：企業→批發商→零售商→消費者；三級配銷體系：企業→總代理商→批發商→零售商→消費者。觀光企業依據配銷體系的控制與資源運用的能力大小來選擇長配銷體系或短配銷體系。

(二)配銷體系的寬度

配銷體系的寬度是指配銷體系每一層級裡仲介的數量，如一級批發商或二級批發商各有多少等。配銷體系的寬度主要有三種方式：密集型配銷、選擇型配銷和獨家配銷。**密集型配銷通路**（Intensive Distribution Channel）也稱廣泛型配銷通路，是指生產商在同一通路層級上選用盡可能多的通路中間商來經銷自己的產品。航空公司的配銷策略多屬此類。**選擇型配銷通路**（Selective Distribution Channel）使用較為廣泛，是指在某一通路層級

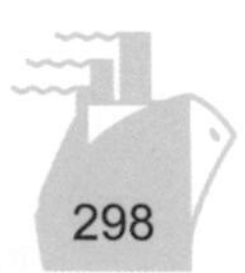

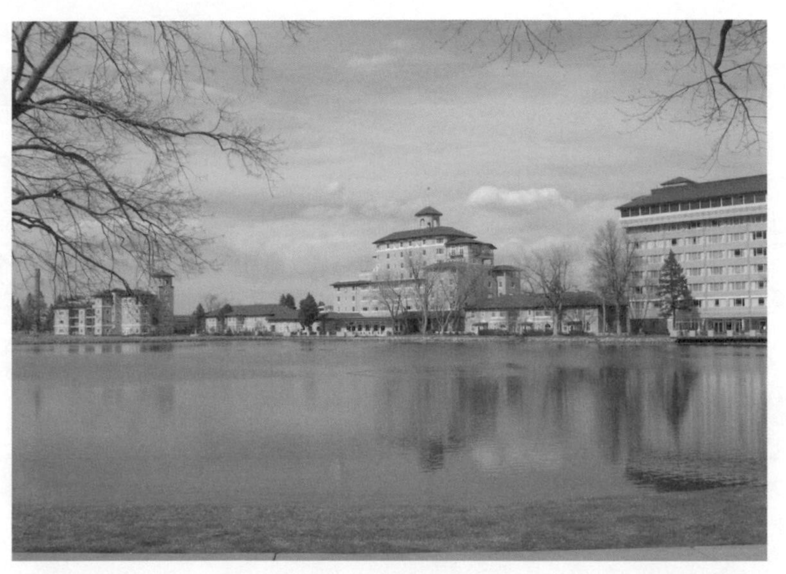

豪華典雅的Broadmoor飯店坐落於美國科羅拉多州落磯山脈的科泉市，是一家典型的採取獨家配銷通路策略的飯店。（徐瑪麗拍攝）

上選擇少量的通路中間商來進行商品配銷。超豪華飯店和度假村，如四季（Four Seasons）和悅榕莊（Banyan Tree）；主題公園，如迪士尼和環球影城（Universal Studio），在選擇經銷場所時常使用該策略。**獨家配銷通路**（Exclusive Distribution Channel）是指在某一通路層級上，只選用唯一的中間商，即一個市場只有一個銷售者。如紐西蘭的N. Michoutouchkine—A. Pilioko Foundation公司對當地的火山土治療項目擁有獨家配銷權。三種方式各具特點，**表**10-1是對這三種形式的簡單概括。

(三)配銷體系的廣度

配銷體系的廣度是指觀光企業採用配銷類型的多少，即採用單一的直銷制或某一種間接配銷制，或是多種配銷體系結合，如直銷制與間接配銷體系（一級配銷制、二級配銷制、三級配銷制）中一種或多種結合配銷的形式。廣度上的配銷模式可分為單一化模式和多種配銷方式並用的多樣化模式兩種。**單一性通路**（Single Distribution Channel）是指企業只採用一種配銷體系形式配銷產品，如餐廳不透過任何預訂機構，而只透過餐廳自有電話施行直效配銷。**多樣化通路**（Multiple Distribution Channels）則指企業採用多種不同類型的配銷形式進行配銷，如飯店既透過官方網站直接預訂，又透過與旅

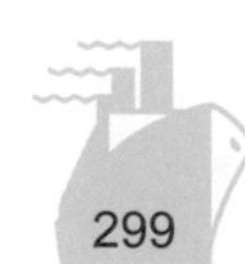

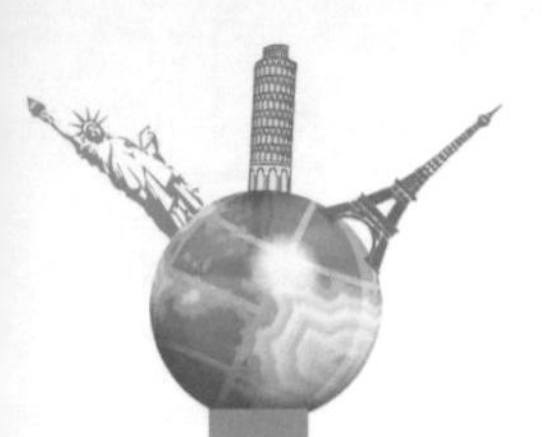

表10-1　三種配銷體系寬度上的方式與特點

方式	特點	應考慮的問題
密集型配銷	1.市場覆蓋面廣泛 2.中間商之間的競爭利於擴大銷售量 3.配銷越密集，銷售的潛力越大 4.觀光企業對眾多中間商控制力較弱	1.如何控制眾多的配銷商 2.如何避免配銷商資源的重複和浪費
選擇型配銷	1.市場覆蓋面較大 2.企業對中間商的控制力較強 3.中間商之間的競爭程度較高	如何確定中間商區域重疊的程度
獨家配銷	1.中間商忠誠度高 2.企業對中間商的控制力強 3.缺乏競爭，企業對中間商的依賴性較強	如何避免中間商對企業的銷售量的控制

資料來源：改編自Hsu, C.H.C. & Powers, T. (2002). *Marketing Hospitality* (3rd ed. p.202). New York: John Wiley & Sons.

行社或其他中間商網路連結間接預訂。這三個考慮因素劃分出來的配銷形式如**表10-2**示：

表10-2　觀光企業配銷形式的劃分標準

考慮要素	劃分標準	劃分結果
長度	配銷通路中間環節的多少	直效配銷和間接配銷
寬度	每級中間商數目的多少	密集型、選擇型和獨家配銷
廣度	採用配銷類型的多少	單一性通路和多樣化通路

資料來源：徐惠群整理製作。

三、市場飽和度與配銷策略的選擇

觀光產品的不可儲存性決定了觀光業的配銷強度與傳統的製造業截然不同。服務企業有一定的實際接納能力，從經濟角度來說，當這個能力的使用比率沒有達到可接受的程度時，就意味著該觀光企業不得不退出市場。因此，市場可以支撐的企業數量是有限的。在像平價旅館這種以便利為導向的行業，密集性配銷已成為一種慣例，而大量的速食餐廳分布於同一城市，形成密集性配銷。

儘管配銷方式各異，飯店、航空和其他觀光企業都在經歷著日漸密集的

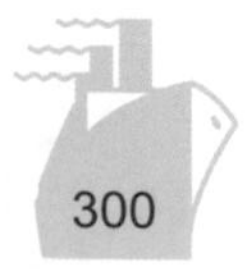

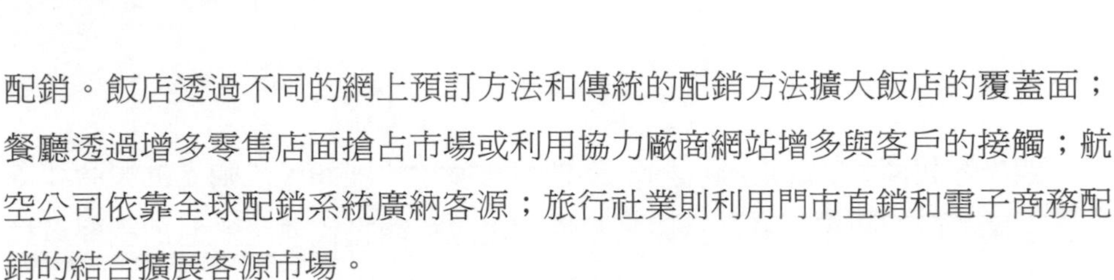

配銷。飯店透過不同的網上預訂方法和傳統的配銷方法擴大飯店的覆蓋面；餐廳透過增多零售店面搶占市場或利用協力廠商網站增多與客戶的接觸；航空公司依靠全球配銷系統廣納客源；旅行社業則利用門市直銷和電子商務配銷的結合擴展客源市場。

第二節　觀光配銷通路的構成

配銷通路是將產品或服務提供給消費者和商業客戶過程中的各種獨立組織的集合，主要是為了提供充分資訊，使得適當的人在適當的時間、適當的地點做出購買決策，達成銷售。換句話說，就是將消費者向產品移動。觀光行銷通路主要由觀光批發商、觀光零售商、專營機構、銷售代表、政府觀光部門、觀光行業協會和電子商務預訂系統（包括全球配銷系統）構成。

一、傳統的觀光配銷通路

(一)觀光批發商

觀光批發商（Travel Wholesaler）也叫批發觀光經營商，主要從事組織和批發觀光套票產品業務。觀光批發商與觀光產品生產商如飯店、車船、航空公司、景點，以及觀光套票中還涉及的其他企業簽訂協議，預先購買這些服務專案，然後根據觀光客的不同需求和消費水準，設計出各具特色的觀光套票產品，並透過觀光零售商進行銷售。批發商從批量購買中獲取較大的折扣和優惠，透過組裝並以較高價格出售給零售商或代理商，二者之間的差價即成為他們的主要商業利潤。目前大型的觀光批發商有美國運通（American Express）與歐洲的TUI AG集團等。以臺灣為例，臺灣排名前十位的觀光批發商就占了整個臺灣批發商業務的50%，比較知名的批發商有：東南旅遊、雄獅旅遊、易遊網、燦星旅行社、可樂旅遊、山富旅遊、桂冠旅遊、世邦旅遊（Huang, Chen, & Wu, 2009）。

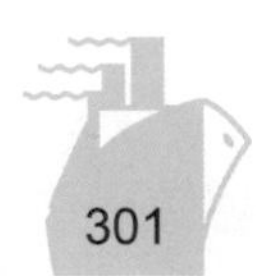

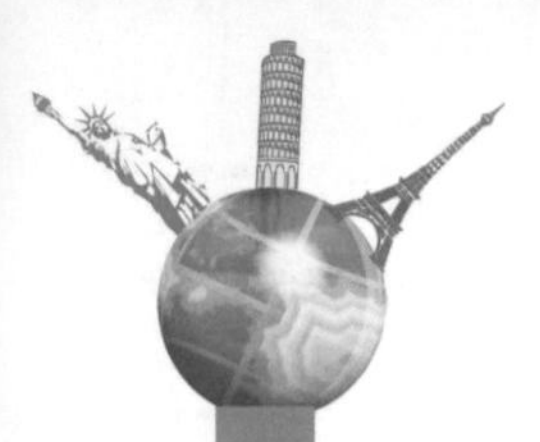

(二)觀光零售商

觀光零售商（Travel Retailer）亦稱零售旅行代理商，是觀光批發商和觀光客之間的聯繫紐帶，既包括觀光零售商也包括觀光代理商。他們主要幫批發商招徠和組織觀光客，並為觀光客提供觀光交易操作和服務。旅行代理主要有兩種形式：一是觀光零售商從批發商處買下產品所有權，設定最後價格並銷售給最終消費者——散客或團隊觀光客。絕大部分飯店直接銷售客房，屬於零售商，也是配銷通路的成員。幾乎所有餐廳都是直接為消費者提供餐飲產品和服務，因此也是零售商中的一員。第二，部分觀光企業僅從事產品代理，不買下產品的所有權。他們通常不控制所代理的產品的銷售價格，而是根據所銷售的產品的多少提取佣金。旅行社一般都有從事代理的機構，他們主要代理飯店、航空、郵輪和汽車租賃和景點等其他觀光企業的產品，並根據銷售額獲得由觀光批發商支付的佣金。透過預訂系統，旅行代理是觀光產品銷售中一個很重要的配銷通路成員。

(三)專營機構

專營機構是指那些專門經營某一觀光線路，或某一項觀光產品的企業、專業的訂房公司、商旅服務公司、票務、會展公司等，如旅行社的線路專營、航線買斷、獎勵觀光專營公司和會議會展專營商等。觀光線路專營就是旅行社透過買斷自己開發的某條觀光線路中的某些環節，全部或某類產品和服務在某段時間內的使用權，而形成對某條線路的排他性經營（潘永濤，2004）。以日本旅行公司為例，它是專門從事訪日觀光服務專營公司，專門接待赴日商務觀光、獎勵觀光以及會展觀光團業務。

(四)銷售代表及其他通路

銷售代表一般包括飯店、航空公司、郵輪、主題公園、分時渡假村、會議展覽中心等觀光企業指派的、與顧客直接溝通的工作人員。他們一般為消費者提供售前諮詢、預訂服務、售中增值服務等。**政府觀光部門**向市場提供資訊，在全國或更大範圍內促銷觀光業，同時也可以成為政府出遊的安排機構，包括國家觀光局與地方觀光局等。**觀光行業協會**進行觀光經濟效益和服務品質等方面的調研工作，提供最新行業資訊或諮詢服務。不同協會之間的

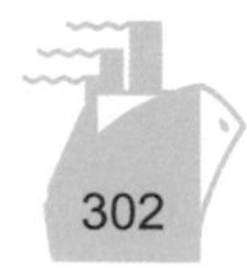

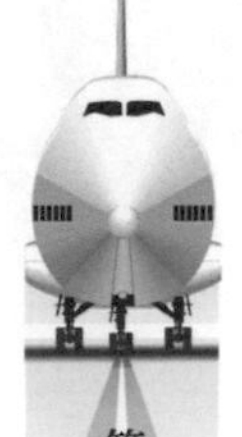

相互交流與合作利於開展整個行業的交叉行銷，如觀光協會、旅行社協會、飯店業協會、觀光車船協會、觀光報刊協會等。

二、電子商務預訂系統

(一)全球配銷系統

全球配銷系統（Global Distribution System, GDS）最早依託於航空公司的電腦票務預訂系統，現發展為同時向飯店、渡假村、汽車租賃、鐵路、郵輪等其他觀光相關行業，提供預訂和行銷綜合服務的銷售系統。各GDS系統提供商均依託於各自的電腦預訂系統，透過國際航空電信協會（Airline Telecommunications & Information Services, SITA）的通信專網，將加入GDS的航空公司、飯店、汽車租賃公司等產品／服務的提供者（即賣方），和加入GDS的遍布全球的觀光代理人（即代理方），連成一個觀光專業網路系統，並透過後者實現對觀光客——「最終用戶」的銷售（殷文，1998）。

全球配銷系統透過龐大的電腦系統，將航空、觀光產品與代理商連接起來，使代理商可以即時銷售各類組合產品，從而使最終消費者（旅客）擁有最透明的資訊、最廣泛的選擇範圍、最強的議價能力和最低的購買成本。目前，北美的Sabre和Worldspan、歐洲的Amadeus和Cendant-Galileo是GDS的四巨頭。

(二)觀光電子商務配銷系統

互聯網的高速發展和人們日益追逐自由化的觀光需求，為網上觀光市場的發展提供了兩個必要條件。觀光電子商務配銷系統也不斷的增多，有些是全球性的，如 Travelocity、Expedia、Priceline等，而有些則是地區性的，如中國大陸的攜程旅遊網、芒果網、藝龍旅行網等，臺灣的玉山票務、易遊網等。**表10-3**顯示了2009年5月排名前十名的網上觀光網站，該排名是Hitwise公司基於美國網路用戶而統計出來的。這十家網站都與觀光和觀光行業密切相關，包括觀光刊物、旅行社、交通、航空公司、目的地、渡假地、觀光指南、住宿等。其中電子配銷系統，如Travelocity、Expedia、Priceline都榜上有名。

以全球性著名的三家觀光電子商務系統為例，這三家不論在瀏覽人次、

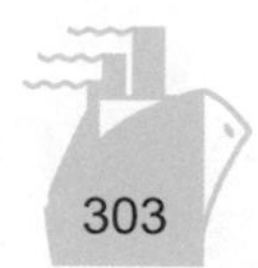

表10-3　排名前十位的網上觀光網站

排名	網站	市場份額	排名	網站	市場份額
1	MapQuest	11.01%	6	Travelocity	2.16%
2	Google Maps	10.98%	7	Princeline	1.98%
3	Expedia	3.44%	8	Yahoo! Travel	1.57%
4	Southwest Airlines	2.63%	9	Orbitz	1.47%
5	Yahoo! Maps	2.29%	10	TripAdvisor	1.41%

資料來源：環球旅訊（2010），觀光類網站排名，http://www.traveldaily.cn/special/37/page_03.html，檢索日期：2010年6月7日。

知名度，還是營業額方面都屬於領先群，並且這三家企業都是美國那斯達克（NASDAQ）的上市公司。這三家商務系統銷售的產品涉及到：航空公司的預訂、飯店訂房、租車公司的租車，以及觀光旅行套票。Priceline 公司還涉及到個人理財和房屋抵押接待業務，以及銷售新車和長途電話通訊服務（林東封，2003）。**表10-4**就以這三家網站做詳細比較。

臺灣的觀光預訂網站可以分為六種：傳統旅行社、航空公司、觀光媒體、集團企業、網路公司所經營的網站及觀光社群網站。接下來我們簡要討論這六種類型的預訂網站。第一種為傳統旅行社經營的觀光網站，它又可以分為兩類：一是交易性的網站，譬如玉山票務、百羅旅遊網、易遊網等；二是公司形象的門面網站，幾乎所有的旅行社都會把產品放在自己企業的網站上，便於旅客查詢和瞭解。第二種是航空公司所經營的旅遊網站，如易飛網、Yestrip、Quiktravel等。第三種是旅遊媒體業者經營的旅遊網站，如《中國時報》的我的旅遊網、《中國時報》和《民生報》的太陽網等。第四種是集團經營的旅遊網，如神遊網、樂遊網等。第五種是網路公司經營的旅遊網站，如雅虎奇摩入口、新浪網、蕃薯藤等。最後一種是旅遊社群網站，如Anyway旅遊網、Travelmate旅遊家庭等（林東封，2003）。

第三節　飯店業配銷體系的構成

雖然配銷的基本概念適用於觀光業的不同分支部門，但不同的觀光企業所採取的配銷體系也存有諸多差異。接下來我們就對飯店業和旅行社業的配

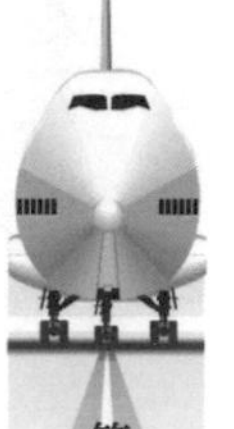

表10-4 Travelocity、Expedia與Priceline網站的比較

比較項目	Expedia	Travelocity	Priceline
公司背景	微軟關係企業	美國航空和訂位系統，Sabre的關係企業，併購了ZUJI足跡網集團	Delaware Corporation所成立
產品與服務	以觀光產品為主，包括提供超過450個航空公司，65,000個住宿，以及各大租車公司的即時預訂與查詢服務	以觀光產品為主，包括販賣全球700家航空公司的機位，50,000多家飯店訂房，50幾家租車公司的租車，以及6,500多種觀光套票	除了國內外機票、訂房、租車等觀光產品外，還有銷售汽車和家庭理財服務
客製化服務	售價追蹤功能（Fare Tracker）、我的旅程、我的檔案	售價觀察功能（Fare Watcher）、航班／登機提醒功能（Flight Pager）、航班座位表的選擇、根據出發地以預算篩選所到地點的地圖（Dream Maps），以及最後1分鐘的觀光套票產品搜尋與活動觀光產品搜尋	提供獨特的自行定價（Name Your Own Price）服務、地圖查看、列表查看、機票搜尋工具
全球化	除了美國之外，在英國、德國以及加拿大提供所在地的服務	在英國和加拿大成立旅遊網站，並結合加拿大的Rider/BTI，英國的Hillgate Travel等實體店面	分站涉及美國、英國、新加坡及香港
亞洲發展	2004年成為中國藝龍旅行網（eLong）的策略夥伴，並擁有其52%股權	旗下足跡網（ZUJI）業務主要集中在亞太地區	2002年與香港和記黃埔合資（Hutchison-Priceline Ltd），名為得意旅遊網，現業務擴展至臺灣、新加坡和中國大陸

資料來源：整理修改自林東封（2003）。《旅遊電子商務經營管理》。臺北：揚智文化，頁109。旅遊研究所（2010）。美國旅遊網站介紹，http://travel20.blogspot.com/2009/09/travelocity.html，檢索日期：2010年6月7日。

銷體系分別進行討論。

一、飯店業特許經營配銷模式

飯店配銷體系的成形主要依託兩種力量：首先是自1950年代在全球逐步發展起來的特許經營模式；第二是基於互聯網的網上配銷系統。網上配銷系統引起飯店配銷的徹底變革，並與傳統的銷售通路包括旅行社、訂房中心、

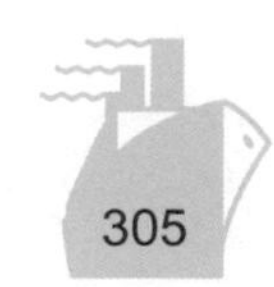

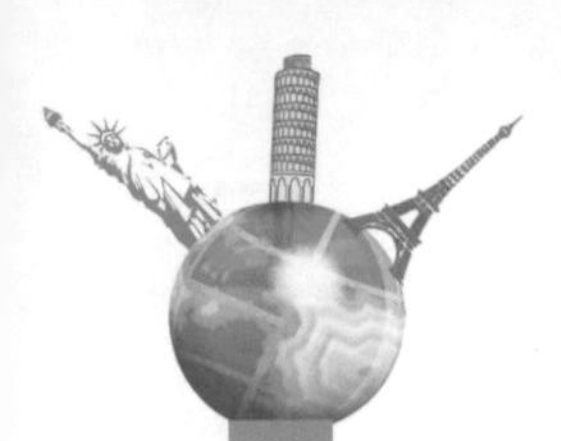

人員銷售（特別是對政府和企業等大客戶的銷售），和非網絡直接預訂等配銷方式相抗衡。

(一)何謂飯店特許經營

飯店特許經營（Franchising）是指飯店集團將其擁有的具有知識財產權性質的品牌，包括先進的預訂網路和配銷系統、成熟定型的飯店管理模式與服務標準等的使用權出售給飯店業主，讓單體飯店業主按照飯店集團的品牌品質標準和規範來進行飯店營運（王德剛、孫萬真、陳寶清，2007）。出讓方（Franchisor）一般是飯店管理集團為接受飯店名稱使用權的公司，制定經營飯店的標準程序和方法，提供技術、行銷、人員培訓、採購、經營管理等方面的支持，收取特許經營權使用費。這個費用可以是固定的，也可能與營業收入相關。受讓方（Franchisee）在飯店集團的監督與指導下，在產權和財務上保持獨立，不受飯店集團的控制。自1950年代假日飯店開創現代飯店特許經營模式開始，許多國際知名飯店集團紛紛採用了特許經營模式，聖達特（Cendant）、萬豪（Marriott）、卡爾森（Carlson）集團等，都是特許經營的突出代表。如今，全球領先的飯店集團幾乎都運用了特許經營模式，溫德姆和精品國際飯店集團的特許經營比例甚至接近或已經達到100%（**表10-5**）。資深特許經營諮詢顧問E. P. McGuite指出，採取特許經營的最重要原因就是可以獲得資金，並迅速建立一種有效的配銷通路（Hoover, Ketchen, & Combs, 2003）。

隨著市場份額的擴大，特許經營對出讓方和受讓方的發展都產生了深遠的影響，特別是在飯店規模擴張方面。對飯店集團而言，特許經營是一種有效的、低成本的集團擴張和品牌輸出方式，它開發新專案快，能迅速提升品牌影響力。同時，特許經營模式也為大量的單體飯店打開了大門，為眾多小型單體飯店的經營提供了良好的選擇。因此，隨著經營範圍的不斷拓展，特許經營系統已經成為當今飯店業最為重要的擴張方式（李金美、高鴻，2006）。

(二)特許經營的管理

特許經營集團的營運需要有成熟的管理模式和經營體系為基礎，以確

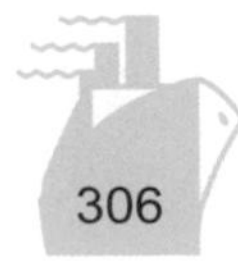

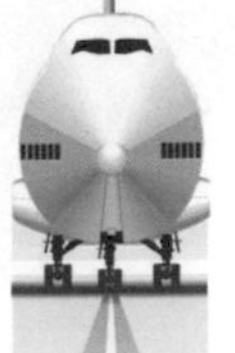

表10-5　特許經營飯店數量排名前十名的飯店集團及其所屬品牌*

飯店集團	主要品牌	飯店總數	特許經營店數
溫德姆（Wyndham Hotel Group）	Wyndham Hotels and Resorts、華美達（Ramada）、戴斯（Days Inn）、Super 8、Wingate、Baymont Inn & Suites等	7,043	7,016
精品國際（Choice Hotels International）	Comfort Inn、Comfort Suites、Quality、Clarion、Sleep Inn、Econo Lodge、Rodeway Inn、MainStay Suites等	5,827	5,827
洲際（InterContinental Hotels Group）	洲際（InterContinental）、皇冠假日（Crowne Plaza）、假日（Holiday Inn）、快捷假日（Holiday Inn Express）、Staybridge Suites、Candlewood Suites、Hotel Indigo等	4,186	3,585
希爾頓（Hilton Hotels Corp.）	希爾頓（Hilton）、港麗（Conrad）、Double Tree、Waldorf Astoria、Embassy Suites、Hilton Garden Inn、Hampton、Homewood Suites、Home2 Suites、Scandic等	3,265	2,774
萬豪（Marriott International）	萬豪（Marriott）、JW萬豪（JW Marriott）、麗嘉（Ritz Carlton）、萬麗（Renaissance）、萬怡（Courtyard）、Residence Inn、Towne Place Suites、Fairfield Inn、Spring Hill Suites、Bulgari、Marriott Vacation Club International 、Horizons、The Ritz-Carlton Club、Marriott Grand Residence Club、ExecuStay等	2,999	2,079
雅高（Accor）	索菲特（Sofitel）、鉑爾曼（Pullman）、美憬閣（Mgallery）、諾富特（Novotel）、美居（Mercure）、宜必思（Ibis）、佛繆勒第一（Formule 1）、Suitehotel、F1（hotel F1）等	3,982	1,129
威倫萊星頓（Vantage Hospitality Group）	Americas Best Value Inn、Canadas Best Value Inn、Chinas Best Value Inn、Lexington Collection等	845	845
卡爾森（Carlson Hotels Worldwide）	麗晶（Regent）、麗笙（Radisson）、Park Plaza、Country Inns & Suites、Park Inn等	1,013	840
喜達屋（Starwood Hotels & Resorts Worldwide）	威斯汀（Westin）、喜來登（Sheraton）、聖瑞吉斯（St. Regis）、福朋（Four Points）、美麗殿（Le Meridien）、雅樂軒（Aloft）、至尊精選（The Luxury Collection）、W Hotel、Element等	942	437
LQ Management LLC	La Quinta Inns、La Quinta Inn & Suites等	337	337

註：*資料截至2008年底。

資料來源：改編自Gale, D. (2009). *Top 10 Hotel Franchisors*. Retrieved March 28, 2010, from http://www.hotelsmag.com/article/361153-Top_10_Hotel_Franchisors.php.

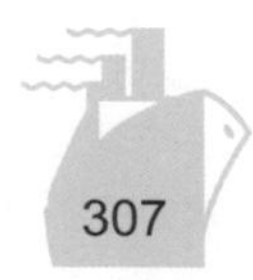

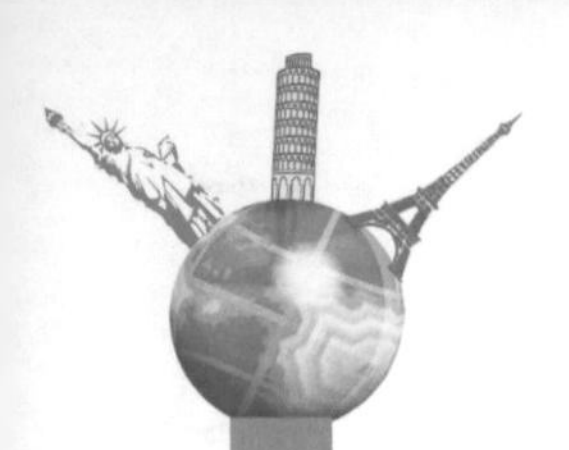

保集團內的所有加盟成員的經營／管理／服務運作模式一致。飯店集團的特許經營體系中至少包含五項基本服務：統一的品牌標識和行銷計畫、預訂系統、品質保證、採購團體化和培訓專案。

■統一的品牌和行銷計畫

品牌是獲取顧客信任的關鍵。為了支持品牌和成員飯店，特許飯店集團集中廣告費用以維持全球和區域廣告及促銷活動。飯店集團還提供印刷版或網絡指南，讓顧客知道哪裡有飯店、房價如何、有什麼配套設施。關鍵城市的銷售代表也是全球行銷計畫中的重要組成部分。專業銷售點追求團體業務，區域辦事處拜訪當地的旅行大客戶以銷售其品牌。

■預訂系統

全球配銷系統和中央預訂系統在飯店業預訂中發揮日益重要的作用。飯店集團獲得愈多的住客直接預訂，它的預訂成本就越低，因為它不用支付費用給中間商。多數大型飯店連鎖運作自己的預訂系統；中小型連鎖飯店一般與專業電話行銷預訂中心或預訂仲介公司簽訂合同。仲介公司使用飯店名稱和標識，為飯店體系提供預訂服務，因此，顧客甚至沒有意識到他們是在和另一個機構打交道。

■品質保證

大型飯店連鎖體系要控制好所有成員飯店（有的成員飯店數量超過了5,000家）一致的服務品質不是件易事，但卻是必須要做的事。如何去控制受讓方維持良好的品質，並使自己的聲譽不斷增值，這些成為目前保證特許經營長久生存的關鍵之一。特許經營的品質控制涉及到多個方面：首先是對受讓飯店資格審查方面，尤其是硬體設施的審查控制；其次，建立品質資訊管理系統，對受讓飯店在營運過程中記錄所有的品質管制內容，並定期評估其品質管制工作。「觀察員」制度、「客戶熱線」以及「部落格」（Blog）往往是很多大型飯店集團採取的品質評價控制方法。

■採購團體化

特許經營的一個顯著特點是90%以上的商品都是由總部集中供貨，出讓方既可以利用大宗採購的優勢，使得受讓方得到低於自己採購的低價，同時

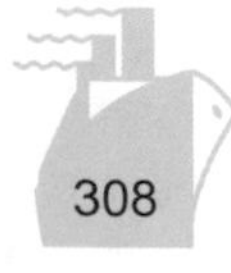

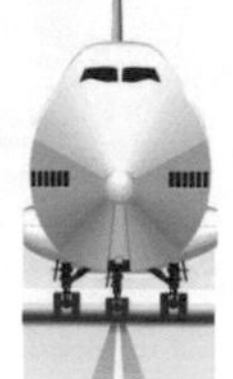

又可以對加盟店的供貨品質進行控制，不至於因為某個加盟店的品質問題，影響到整個特許體系的信譽，同時也可對受讓方的日常經營活動有效控制，保證受讓方權利金的提取。這是一個互利的模式。因此如何管理特許體系中的供應鏈，成為特許體系管理的一個很重要內容。對於飯店來說，特許經營的採購團體化主要體現在飯店用品採購、資訊系統和廣告系統支援三個方面。中央預訂系統為成員飯店提供資訊支援；統一的國際性、區域性或地區性廣告則支持成員飯店的廣告宣傳。

■培訓專案

培訓系統是統一的特許經營體系下的一項重要內容，因為受讓方的發展速度在很大程度上取決於培訓系統的速度、效率和標準化。授權飯店把培訓標準納入整個體系，組織受讓飯店的培訓專案，如制定統一的培訓錄影帶和培訓手冊等。這些培訓專案有助於服務品質標準化，也能在培訓資料開發中節省成本。麥當勞的漢堡大學就是為特許經營者、管理者和管理助理提供培訓的主要模式。

(三)特許經營模式的變化

1950年代飯店業特許經營早期，受讓方願意接受特許飯店集團的所有規定和要求，雙方之間的忠誠度很高，合作相對便利和容易。隨著愈來愈多的飯店集團涉入特許經營領域，1980年代中期，單體飯店有了選擇加盟品牌的權利。單體飯店可以從一個特許經營品牌變換到另一個特許經營品牌。到1990年代初，飯店市場上出現嚴重的供過於求狀況，眾多飯店開始在不同的品牌之間轉換，引起了特許經營飯店集團之間爭取成員飯店的競爭。出讓方和受讓方的角色也有所轉移，特許集團一改曾經的準老闆形象，變得更像服務提供者，特許經營加盟者變得更像消費者而不是從屬者。成本是促使加盟者改變加盟飯店集團的一個主要考慮因素。一般來說，特許經營權使用費占飯店總收入的4%至6%（Ross, 1999）。為了爭取更多的加盟者，眾多特許經營集團採取了「折扣」等價格競爭策略。此外，消費者市場也是眾多特許經營飯店集團之間競爭的重要原因。

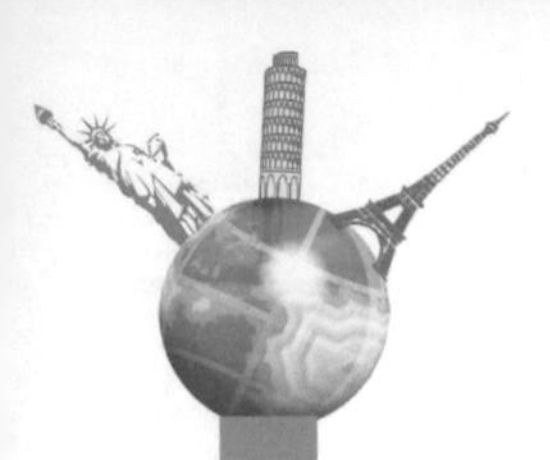

二、飯店業網路預訂系統

飯店業利用現代資訊技術進行行銷的方式主要體現在兩方面：以大型電腦資料庫為核心、資料專網為紐帶的專有集團封閉型配銷模式——中央預訂系統（Central Reservation System, CRS）；以互聯網技術和多功能觀光產品資料庫整合而成的全球開放性、綜合性配銷模式——全球配銷系統（Global Distribution System, GDS）。此外，專業網上觀光仲介和飯店網路行銷聯盟，也是多樣化的飯店網上配銷系統的重要組成部分。

(一)中央預訂系統

中央預訂系統（CRS）主要是指集團飯店所採用的內部預訂系統。它是一種封閉的、歸屬特定企業集團、由集團成員共用的預訂網路，它具有排他性，較少對外開放，既是企業集團綜合實力的體現，同時又是其壟斷客源的一種途徑。飯店集團透過其CRS對客源構成、流量及流向進行控制，並透過各種價位組合及調整實行收益管理，以實現集團利益的最大化（谷慧敏，1998）。同時，CRS還具有集團內飯店資訊共用、客戶資源分享的聯網銷售優勢。如香格里拉飯店集團的「金環會」（Golden Circle），可以儲存所有的集團內常客的個人資料、偏好等資訊，供所有成員飯店共用。某位客人在一家香格里拉飯店下榻的資訊，待他預訂另一家香格里拉飯店時，該資訊便可自動顯示，從而使這家飯店能夠提高預訂效率，並進一步提供有針對性和個性化的服務。

1965年假日飯店建立的假日電訊網（Holidex），是最早的飯店中央預訂系統。系統經過多次升級，目前客人透過系統已經可以預訂全球各地的假日飯店和渡假村的不同等級的客房，並在幾秒鐘內得到確認。喜來登飯店於1970年開通中央預訂系統，目前其CRS辦事處已遍布全球。此外，英國福特飯店集團的Forte-Ⅱ、法國雅高的PROLOGIN和華美達的ROOMFINER等，也都是控制飯店集團客源市場的有力工具（趙雲昌，2001）。

(二)全球配銷系統

全球配銷系統（GDS）是隨著世界經濟全球化和觀光客需求多樣化，

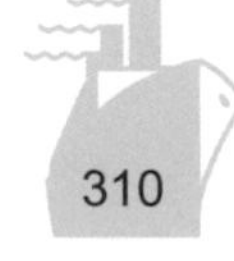

由航空公司、觀光產品供應商形成聯盟，集運輸、觀光相關服務於一體，從航空公司航班控制系統（Inventory Control System, ICS）、電腦訂位系統（Computer Reservation System, CRS）演變而來的全球配銷系統（生穎潔、張娟，2006）。目前，國際上著名的四大GDS（Sabre、Amadeus、Galileo、Worldspan）可向全球配銷500多家航空公司、6,000多家飯店、數百家租車公司和旅行社的產品（李珍軍，2001）。GDS全球飯店配銷系統EasyBooking，是中國航信以國外先進的旅行配銷系統應用技術為基礎，自行開發研製新一代非航空產品，定位於國際飯店與汽車租賃資訊的查詢與預訂操作的前端應用產品，為使用者提供了一個直接參與飯店、租車產品配銷的便利通路。透過EasyBooking系統可以查詢遍布全球50,000多家飯店與近50家汽車租賃公司的客房和車輛資訊，包括飯店地點、飯店服務設施、房間狀態、客房價格以及與租車相關的各類資訊，並可直接預訂滿足旅客需要的客房或車輛。

GDS具有系統開放、可進入性強以及組合配銷產品的優勢，全球主要飯店集團和單體飯店都已經由不同的途徑建立了與GDS的系統連接，並透過GDS通路實現產品的全球配銷。GDS行銷在飯店業中的作用主要體現在：

1.全球覆蓋性：飯店加入GDS系統後，可以透過其遍布全球的銷售網絡獲得國際性的客源，實現飯店的跨國際、跨地區配銷。
2.區隔市場多樣性：其市場範圍包含從豪華、高端、中端直至平價旅館等不同類型客源。
3.間接銷售性：GDS將飯店產品存入資料庫中，透過網路與安裝有GDS終端的旅行社，實現面向飯店消費者的銷售。而GDS公司及旅行社均可被視為是飯店與其消費者間的通路。
4.預訂服務全面性：除了為飯店提供全球預訂服務以實現客房銷售收入外，各GDS系統還分別開發出網上服務的系列軟體產品。飯店可以在網上多方位、形象直觀地宣傳自己的產品和服務，並在不同時期針對不同的目標市場，制定不同的價格策略和促銷活動。

(三)專業網上觀光仲介

此外，**專業網上觀光仲介**也是多樣化的飯店網上配銷的重要組成部分。

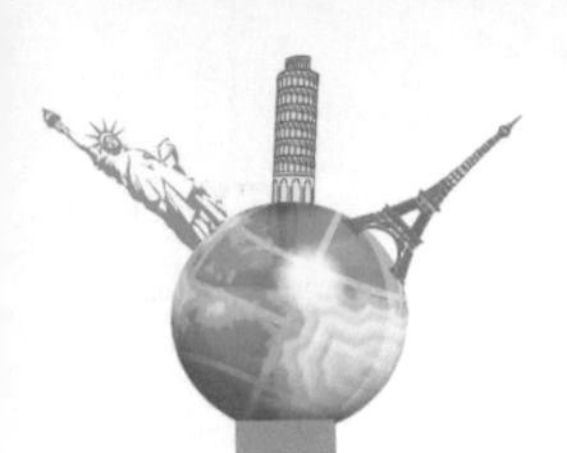

飯店預訂仲介系統是指專門從事飯店行銷的企業、協會或組織所建立的銷售網絡，它透過自己設立在世界或全國各地的銷售點或終端接受客人委託預訂，同時與入網飯店建立代理銷售合同，透過佣金形式實現自己的利潤。目前在國際上影響力較大的網上觀光仲介公司有Utell International、The Leading Hotels of the World、World Hotels & Resorts、Sterling International等。Utell International是目前英國最大的單體飯店銷售代表組織，擁有自己的中央預訂系統。Utell不擁有任何飯店，但是它代表了世界上超過6,500 家的飯店。透過Utell的Pycom和Paytell程式，旅行社能夠及時支付定金和收到佣金。在英國，Utell 預訂系統被稱為Hotelspace，並且透過全球GDS，如Galileo、Sabre、Amadeus等來進行操作（Horner, 1996）。

(四)飯店網路行銷聯盟

飯店網路行銷聯盟也是最具潛力的互聯網觀光配銷通路之一。在觀光電子商務行銷中，僅靠單個飯店的力量可能難以形成市場影響，而一定數量的飯店聯合起來，打破地域和行政條塊的分割，形成網路行銷聯合體，有利於實現行銷資源和觀光服務資源的聯合，形成較強的集體競爭力。飯店網路行銷聯盟（也可是飯店、旅行社、餐飲、娛樂服務企業等結合的更廣泛的觀光行銷聯盟）可以是不同的觀光飯店的商務網站開展聯合業務，也可以是共同建立新的電子商務系統。例如，為了平衡與觀光預訂仲介銷售量在總銷售量中的比例，五大飯店集團希爾頓（Hilton）、凱悅（Hyatt）、萬豪（Marriott）、洲際（InterContinental）和喜達屋（Starwood）聯合成立了TravelWeb，提供最低網上房價，並作為飯店產品批發的交換站。因此，互聯網不僅是新興仲介，而且是一個新的多層次、多方位的綜合性仲介系統。

(五)其他配銷商

飯店和旅行社合作的優勢體現在代表性的加強和知名度的擴張。旅行代理為飯店帶來他們無法觸及的消費者或市場，擴大了飯店的客源，從而增加了營業收入。飯店支付的成本就是旅行社的代理佣金。

透過旅行代理銷售的一個問題是代理的忠誠度和專一性。代理制中維繫雙方關係的是佣金，而代理商往往可以同時代理若干個不同的品牌的產品，

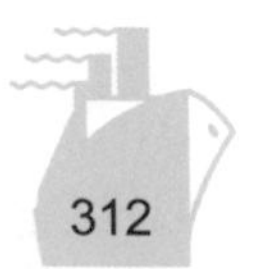

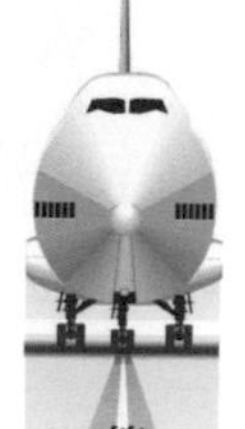

難以忠誠於某一家委託飯店，常常會為了追逐佣金收入而游離於各家飯店之間。從而飯店的產品難以從代理商代理的若干類似品牌中體現出自身的優勢。當然，如果飯店採取某些特定的策略或政策與旅行代理合作，成為代理的唯一品牌則另當別論。成功的經驗表明，飯店連鎖對使用旅行代理的承諾必須始於高層管理者，且必須和所有層次的飯店員工溝通。當今，愈來愈多的飯店把對旅行代理商的培訓納入培訓體系，目的在於提高旅行社對飯店產品的熟悉程度，體現出自身的特點。某些飯店就透過組織研討會等，使旅行社懂得如何組織會議和獎勵活動。此外，飯店還應該保持與旅行社的溝通，及時提供有關特殊活動和大型活動的資訊，儘早促銷，以便旅行社能夠進行銷售。希爾頓飯店設定了旅行社代理電話專線，且配備了經特別培訓的代表輔助旅行社行銷。此外，飯店還指派了有關行政人員與旅行代理一起組成了旅行代理諮詢委員會，合作開展飯店的行銷活動。凱悅培訓員工不要當著客人的面批 評旅行代理。萬豪專為旅行代理開發的「飯店卓越」銷售培訓計畫，以及麗笙（Radisson）的「改進預訂」專案，都是飯店與旅行代理溝通協調的有效方式。

飯店銷售代理處或飯店代理人員在特定市場代表了飯店。他們有自己的銷售力量，通常也有自己的預訂中心。小型飯店的代表只在一個或一些市場運作，但是大型飯店／集團在全球範圍內經營。**獎勵旅行服務公司**專門針對公司客戶，為某些公司安排旅行組合，作為對那些超過績效目標或贏得銷售競賽的員工的獎勵。獎勵旅行通常是所有旅行費用全包的，就是飯店、交通和其他的觀光產品，所有都包含在由公司支付的觀光套票中。

三、飯店配銷的未來發展趨勢

配銷通路的多樣化帶來了飯店選擇配銷通路的靈活性和多樣性。傳統的非網絡配銷系統，如旅行社門市部、飯店銷售代表仍然發揮著銷售作用的同時，依託互聯網技術形成的各種網上預訂模式，在飯店配銷方面凸顯出巨大的影響力。

圖10-2是飯店電子商務配銷系統的一個模型。飯店不僅可以選擇全球配銷系統和專業仲介預訂網站作為配銷模式，同時也可以建立飯店的自有網站

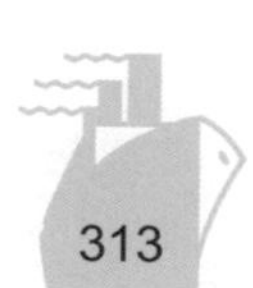

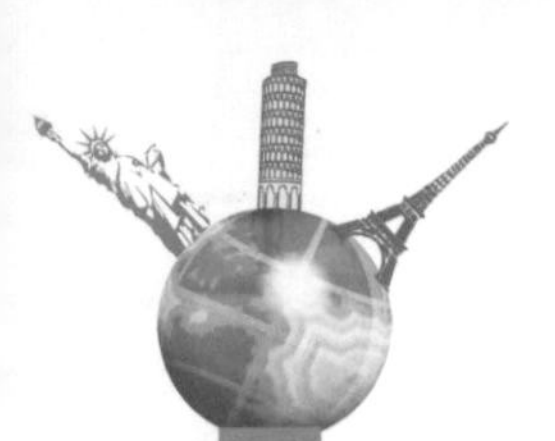

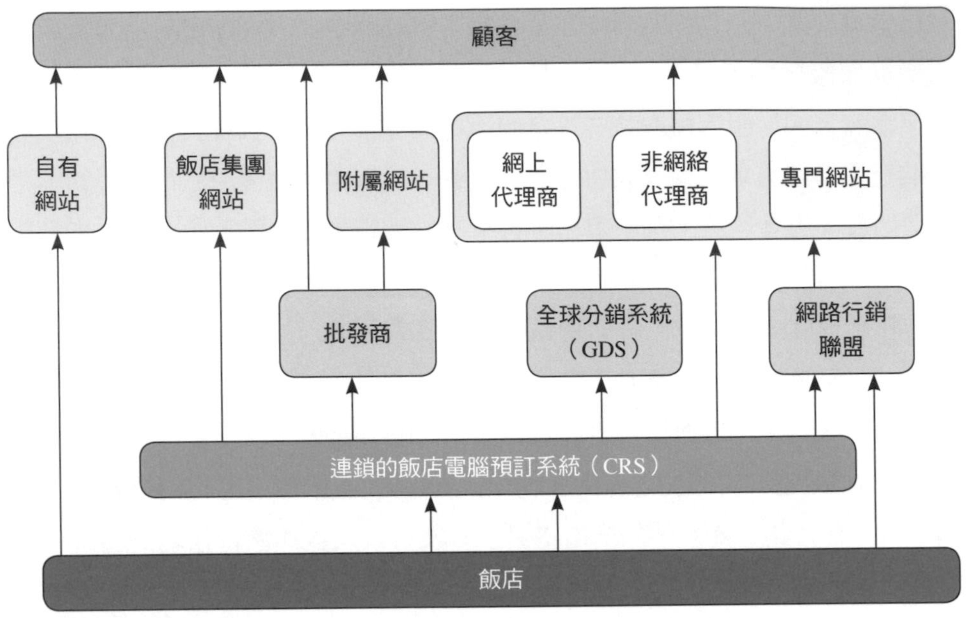

圖10-2　網路時代飯店業電子商務配銷模型

資料來源：改編自趙慧（2007）。飯店網上交易市場中的博弈，http://www.traveldaily.cn/Web_Show.asp?RES_TYPE_ID=7&RES_ID=13625，檢索日期：2007年10月3日。

或與集團中央預訂系統聯網、甚至還可以與其他飯店聯合成立配銷聯盟。Carroll和Siguaw（2003）對世界前200名飯店的網路配銷通路調查結果顯示：(1)飯店→網路行銷聯盟（Switch）→GDS→基於GDS的網站→消費者；(2)飯店→CRS→GDS→基於GDS的網站→消費者；(3)飯店→CRS→網路行銷聯盟（Switch）→GDS網路仲介→消費者；這三種通路是最受飯店歡迎的電子商務配銷通路。這種「以CRS為中心，倚重於協力廠商機構的代理，最後以網站作為和消費者的交流媒體」的配銷通路，是飯店配銷的主導趨勢之一（Carroll & Siguaw, 2003）。

此外，網路直銷模式即直接面對消費者的途徑，包括飯店→飯店官方網站→消費者、飯店→CRS→飯店集團網站→消費者的方式，是各飯店或集團為了避免仲介機構控制配銷通路所選擇的重要配銷模式。為了防止仲介機構控制配銷通路，飯店努力改善自身網站，爭取把交易轉移到自己的配銷通路上來。專門針對透過飯店網站預訂的消費者提供最低房價（即透過仲介預訂則無法享有的價格），就是他們促進網路直銷的策略之一。

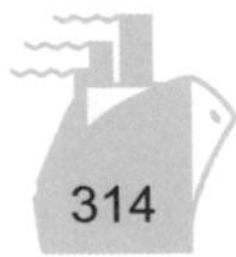

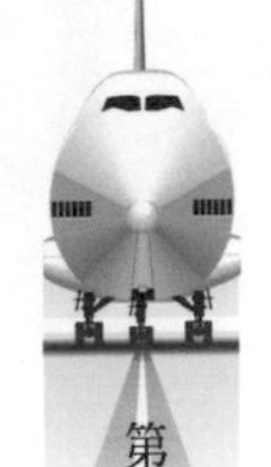

對於許多地區的飯店市場來說，仲介配銷仍然是飯店配銷的主要模式，但透過自身網站直銷的模式呈現出快速發展的趨勢。在某種意義上來說，建設自身網站對小型的單體飯店的行銷意義重大，它是飯店以較低的成本接觸更廣泛客源的有效方式。但由於缺乏品牌識別，小型飯店網站可以透過與有關觀光組織、觀光部門或協會等目的地行銷組織的連結，擴大網頁點擊量，提高知名度。

第四節　旅行社業的配銷體系

旅行社行銷通路是指旅行社透過各種直接或間接的方式，將觀光產品轉移到最終消費者的途徑（鄭迎紅、劉文軍，2004）。**配銷體系策略**是旅行社整個行銷系統的重要組成部分，它可以解決旅行社產品上市初期通路不暢、銷售費用過大、帶動市場難度大等困難；同時也可解決需要密集配銷的觀光產品在市場網絡建設中的不足等問題。所以配銷體系策略的選擇和執行，對於旅行社的產品銷售起著至關重要的作用。至今，直銷方式仍在旅行社業行銷中扮演著重要角色的同時，旅行社的行銷網絡也在不斷地拓展，特許經營方式已經滲入，而資訊技術引起的電子商務配銷方式也已經成了一種必然結果。

一、旅行社業的直效行銷

根據美國直銷協會（American Direct Marketing Association, ADMA）的定義，**直效行銷**（Direct Marketing, DM）是一種為了在任何地方產生可度量的反應和達成交易，而使用一種或多種廣告媒體相互作用的行銷體系。**旅行社直效行銷**是指旅行社不透過中間銷售人員，直接採用郵件、電話、電腦網路以及報紙、雜誌等媒體，向觀光客宣傳觀光產品，從而引發其購買欲望，使之最終透過郵寄、電話傳真、網路等方式，直接向旅行社購買觀光產品的一種銷售方式（蔣麗娜、張樹夫，2007）。直接郵件、電話、傳真推銷和電視行銷都是旅行社直效行銷的主要形式。此外，以互聯網路為仲介的行銷環

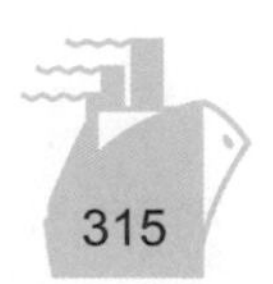

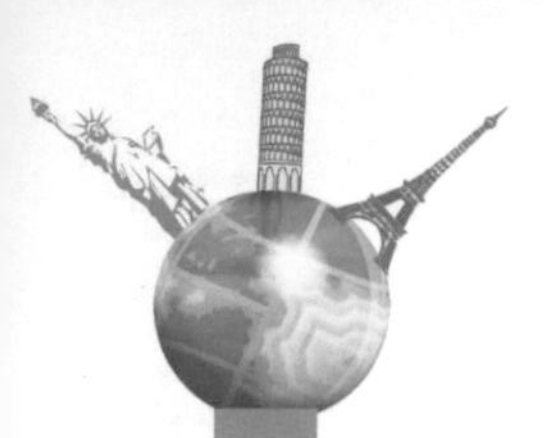

境，傳遞行銷資訊、溝通旅行社及觀光客需求的直銷網路，也是當前最為盛行的方式之一。它不僅具備了其他直效行銷形式的優點，而且還具有廣域性、即時性、互動性及可擴展性等獨特優勢。旅行社自設網站內的「網上預訂」就是網路直銷方式的表現形式。在西方國家，旅行社的直銷方式主要是體現在通訊、電子和網路直銷方面，而以中國大陸和香港為例，報紙雜誌仍是主要通路，另外還有一些傳統方式，包括宣傳冊廣告、直接郵寄和人員推銷也被廣泛應用。

二、旅行社業的特許經營配銷

作為一種現代行銷方式，特許經營被認為是21世紀居於主導地位的商業模式，已在全球範圍內得到了迅速的發展和普及。具體到觀光產業，它不僅在飯店業、餐飲業內被廣泛應用，在旅行社業也日漸普遍。旅行社行業的特許經營實質是一種行銷產品、服務和技術的體系，是觀光批發（經營）商控制銷售通路的一種方法。它是靠既有的優勢產品、商標或技術，吸引並聚集眾多的獨立經濟個體作為銷售終端，透過構築一個網路化的行銷體系，在實現低成本高效率的產品營運的同時，也透過品牌和銷售通路的獨立性優勢，強化了產品本身對於消費者的差異性與可識別性，從而滿足特許雙方共同利益的最大化實現（許靜，2002）。

(一)旅行社特許經營的必要性

旅行社引入特許經營是旅行社行業本身生存的必要，也是整體優化的理想選擇。首先從旅行社角度來說，無形的旅行社產品更多的是靠品牌、形象、信譽、人員、管理模式等知識資本參與競爭和實現發展，這就為特許經營提供了出讓方優勢資本輸出的核心要素；其次，觀光活動的移動性、分散性及服務提供的即時性，要求旅行社採用撒網式的經營方式——管理上的標準化、一體化和業務空間上的分散性，來降低跨區域經營帶來的成本支出和可能產生的失控風險；第三，特許經營中難度最大的部分——配送體系的成本可以被忽略。觀光產品生產和消費的同時性，越過了可能遏制特許經營本身優勢發揮的配送環節，使得構築這條經營通路的難度大大降低。此外，從特許經營的特點出發，

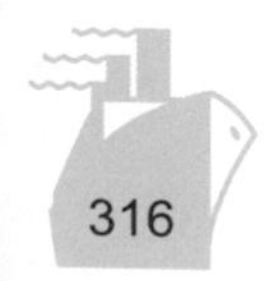

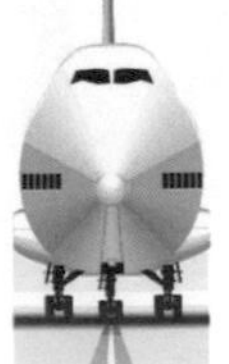

特許經營是基於各大小旅行社功能分解轉型的基礎之上，重構了企業價值鏈。上下游企業之間透過資源分享、功能分工來重構供應商價值鏈、企業價值鏈、銷售通路價值鏈和買方價值鏈，透過改變企業的成本結構來獲得成本優勢，部分地實現了企業之間互惠互利的「共生行銷」，走上專業化分工基礎之上的聯合道路。並且，特許經營對加入體系的單體企業要素的嚴格考核和系統管理，有利於旅行社作為單體經濟要素的優化。

(二)旅行社特許經營的優勢

特許經營模式在旅行社獲得的成功，帶給參與營運的雙方——出讓方和受讓方長期穩定的利益。對出讓方來說，特許經營的主要意義體現在資金優勢和規模擴張方面。他們可以不受資金的限制，迅速擴張規模，快捷高效地實現跨地區經營，利於旅行社網路化、集團化的發展，帶來規模經濟效益。隨著特許加盟社的增多，出讓方的議價能力得以提高，從而獲取大批量採購的折扣和優惠，各種費用也可以分攤降低。受讓方的收穫主要來源於出讓方提供的完善且先進的管理和經營模式上。首先，降低了創業風險，增加成功機會。其次，享受低成本效應，包括系統地管理培訓和指導、原料批量團購的優惠、節省廣告宣傳費和分享著名品牌與服務帶來的無形資產。此外，受讓方還可擁有更暢通、更廣泛的資訊通路，擴大信息量。美國運通旅行社是採用特許經營制的典型代表，特許經營了包括馬來西亞「五月花」觀光公司、印度「馬可波羅」旅行社等。它在為加盟旅行社提供強大的品牌支援的同時，還提供員工培訓支援、定期的網路網上服務和相關的技術支援，以及優秀的產品與服務。

三、旅行社電子商務配銷系統

資訊技術與互聯網也為旅行社的經營方式帶來一場劇烈的變革。旅行社在兼顧傳統的店面直營的同時，利用互聯網進行產品推介、網上諮詢，提供觀光服務預訂、觀光線路編排等服務，以便將銷售觸角伸向每一個潛在的觀光客。以臺灣為例，臺灣的旅行社經營的觀光網站主要有兩類：一類是交易性的網站，這類網站以提供各類國際機票為主，並且涉及的領域還包括飯

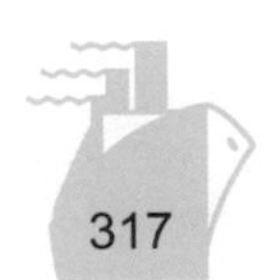

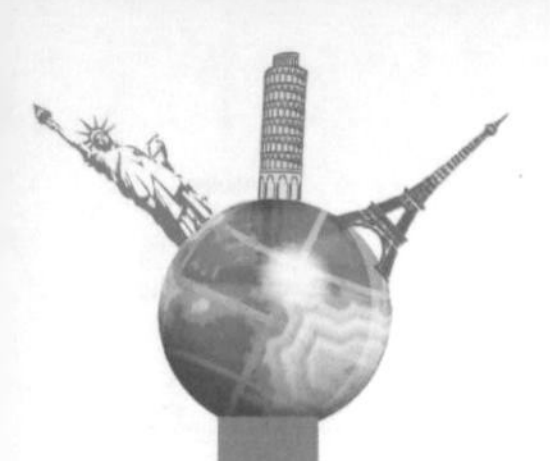

店訂房、航空自由行、個人主題式觀光、團體觀光預訂等，有些網站是直接和全球定位系統連線，旅客可以訂位、訂票即時同步完成。這些網站有些需要加入會員進行網上交易，而如玉山票務則不需要加入會員，顧客只需要留下電子郵箱和姓名即可進行網上交易。另外一類是各家旅行社自己的入口網站。這類網站一般被公司定位為輔助性的通路，所以只要這些網站維持內容的正確與網路暢通，就達成旅行社的要求了（林東封，2003）。

有學者認為，一個成功的觀光商務網站應該具備七個條件：（林東封，2003）

1.產品應該一應俱全，讓消費者一次就可以在網站上購買航空訂位、飯店客房、租車服務、旅行套票等的產品。
2.交易要簡單，能夠讓消費者清楚地找到所需要的訂位、訂房資料以及搜尋最低價。
3.品牌知名度要高，一般與諸多的入口網站合作，展示品牌的知名度。
4.上游廠商的強力支援，如果沒有航空公司、飯店業、租車公司的配合，網路觀光產品很難具有競爭力。
5.要有獨特性特徵的服務營運模式，Expedia推出的 Fare Tracker營運模式，Priceline的讓顧客設定自己心目中的票價Name Your Own Price，都彰顯了獨特性。
6.領先的諮詢支援，由於網路的所有商務活動都是建立在諮詢科技的基礎上的，所以這一點也很重要。
7.要有雄厚的財力支持。

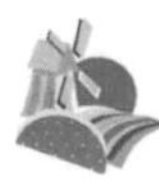 第五節　配銷通路成員間的關係

觀光產品生產商、中間商（可多可少）以及觀光消費者構成觀光產品行銷通路系統。系統內各成員的交往圍繞觀光產品的交換活動展開，形成整個行銷通路網絡。沒有哪個企業能夠擁有全部或者足夠的控制權。良好暢通的行銷通路建立在各成員間的權益平衡、合理地分工合作基礎之上，實現產品／服務供應商與最終消費者之間的有效溝通。其中，通路內各成員間的權

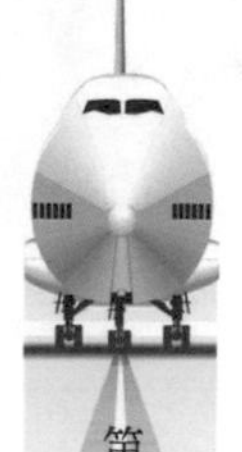

益平衡和通路衝突管理，成為生產商有效管理整個配銷網絡的兩個最主要方面。正如前面我們已經討論過的，客戶關係行銷和管理是觀光企業經營成功的基礎。同樣，在配銷網絡中的觀光中間商亦是觀光生產企業的「消費者」。客戶行銷中對個體消費者的行銷原理和理念同樣適用於配銷網絡中的「消費者」—— 觀光中間商。

無論在哪個行業，「以顧客為中心」都是最重要的行銷理念。在競爭激烈、替代品繁多以及消費者忠誠度受價格敏感度和需求彈性衝擊的觀光行業，此理念尤為突出。企業正確的配銷通路決策建立於明晰且全面的市場訊息，包括消費者的需求和期望、接觸產品／服務資訊的方式，以及購買決策和觀光體驗的過程。尤其是對於採取多種配銷通路的企業，如以假日觀光套票為主的企業，保證所有配銷商提供同等水準的消費者服務，對於維持消費者關係和忠誠度是關鍵。這種要求已經隨著網路使用率的增長而愈來愈重要。正如Grau（2007）指出：消費者在建立對網上中間商的忠誠時目光更加敏銳。其忠誠度建立的回報具有足夠導致最終銷售實現的價值。Grau（2007）同時亦提出消費者網上預訂行為的一些常見現象：消費者會透過網上預訂交通票務，但卻會因為飯店的直接預訂比網上預訂提供更多的忠誠度積分和獎勵，而採取非網絡直接預訂。消費者行為模式受諸多因素的影響，包括年齡、教育程度和網路使用能力等。企業需要明晰各種配銷通路所適合的區隔市場。區隔市場不同，採取的配銷通路也會不同，如針對中產階層採用網上配銷；針對鄉村居民採取觀光代理處等。

同樣地，行之有效的「商家對商家關係」的建立和維持，對配銷網絡中的所有經營者和供應商都起著至關重要的作用。為了確保所有服務於某一特別通路的組織或個人「處於同一水準網上」，觀光企業／集團要瞭解其他組織或供應商的資訊，他們採取的配銷行動以及傳遞服務的方式。也就是說，我們需要理解配銷通路內的控制是怎樣發生的，以及相應地如何行使權力與解決衝突。

一、配銷通路中的衝突

在整個通路體系中，產品的有效配銷要求各通路成員保持合作以完成

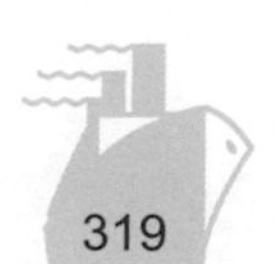

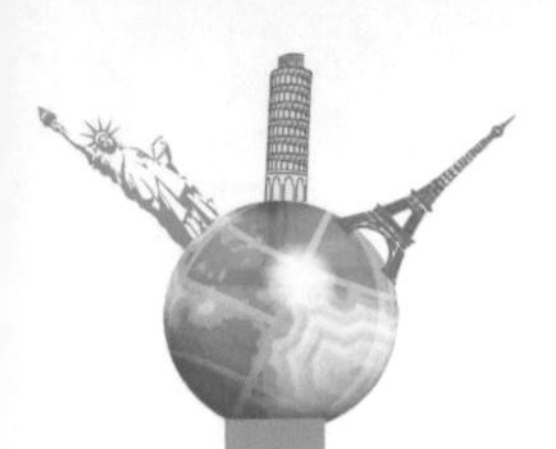

企業的配銷目標，從而實現各通路成員的利潤目標。正式和非正式的配銷通路的最理想狀態，都是建立在成員之間的有效溝通和公開合作的基礎上。但由於各通路成員是相互獨立的主體，存在於通路的不同環節，執行不同的功能，它們之間存在著各式各樣的差異，這些差異會導致合作產生衝突。首先，各通路成員都有各自的目標。這些目標並不總是協調一致的，常常表現出差異，有時甚至相互矛盾，而這些矛盾的目標會引發衝突。第二，通路成員存在的利益矛盾在很多情況下會導致衝突。如在產品的折扣問題上，供應商希望以較高的折扣獲得較高的利潤，而中間商則希望有較高的差價，以增加自身的利潤空間；在付款問題上，供應商偏向於短付款期以加速資金周轉，降低風險，而中間商則希望有較長的付款期，以緩解自身的資金壓力。此外，通路各成員間也會因為職責與功能劃分得不夠明確產生衝突。實際中往往出現有些功能無人履行，而有些功能則被重複履行的矛盾。如對產品的售後服務的問題上，經常出現供應商與中間商之間沒有明確的分工現象，導致不能及時解決消費者的問題而削弱通路效率。最後，各通路成員在背景、經驗以及價值觀念等方面各不相同，他們對同一問題的認識和理解會持不同的見解，所採用的解決措施也會大相徑庭。這也是導致衝突發生的一個很重要原因。

Buhalis（2000）對地中海地區的飯店經營者和旅行經營商之間的衝突進行了研究。研究指出，當飯店經營者試圖透過減少佣金保持競爭力時，會導致與之合作的旅行經營商的邊際利潤減少，此時雙方間的衝突即會產生。這是同一個行銷網絡內一方中間商的收益率被其他中間商的行為導致反方向變化的典型例子。通路衝突可能導因於各通路成員間的衝突——又稱**橫向通路衝突**，指同一通路中同一層次通路成員之間的利害衝突。當某些成員覺得另外的成員侵占了他們的「領土」並搶占了消費者時，此類衝突尤為突出。如某一通路中，同一批發商下有多個零售商，多個零售商之間因產品價格問題、促銷方式問題、產品供應問題或分割市場問題而發生衝突，即為橫向衝突。

Buhalis（2000）亦描述了另一種通路衝突——又稱**縱向通路衝突**，指同一通路中不同層次成員之間的衝突；一般表現為成員沒有按照協議或合同的規定執行某些職能。如某配銷網絡中的生產商與批發商、批發商與零售商

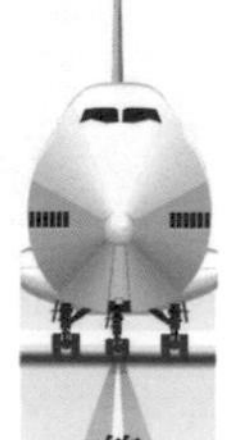

之間因為折扣、付款、激勵、產品供應、市場推廣和通路調整等方面的問題而發生衝突。如在觀光旺季，旅行社希望飯店能保證客房的足量供應、航空公司的機票以及景點門票的足量供應，而飯店、航空公司和景點卻有自己的產品供應計畫，並不能滿足所有旅行社的這種足量供應的要求，他們之間就會因產品供應問題而發生衝突。在通路的運作過程中，通路衝突是不可避免的。少數情況下，通路衝突表現為良性衝突。這種衝突對通路的發展和運作會產生積極的作用，促使通路成員之間進行有效溝通，激發他們的創新精神，改善現有工作水準，提高通路運作效率。但絕大多數的通路衝突表現為惡性衝突，妨礙通路成員之間的合作，阻塞產品的流通，為企業的產品銷售造成負面影響。如何有效控制配銷通路、盡可能地減少惡性通路衝突為產品銷售帶來的消極影響，成為所有觀光企業要解決的重要問題。

二、配銷通路的權力與控制

對所有經營者或服務供應商來說，加入行銷通路是一種權益平衡。他們享有成本、其他儲備以及向參與各種業務的仲介商分流責任的優勢，同時也無可避免地失去對中間商所從事的業務部分的掌控。拿目的地行銷通路網絡來說，個體觀光業務供應商一旦成為**目的地管理組織**（Destination Management Organization, DMO）的成員，他們就要承擔起廣告宣傳和促銷該目的地的責任，這是銷售通路網絡中，行銷活動決策向中間商傳遞的過程，而此決策權是觀光配銷的主要意義所在。當觀光業內的某些中小型企業為了降低昂貴的行銷行動，而不得不加入目的地管理組織時，他們也會因此失去對網絡中的這些組成成分的掌控。觀光產品供應商利用兩個或兩個以上的通路成員控制或覆蓋一個或多個區隔市場，提高市場覆蓋率和產品聲譽，更好地滿足消費者的需要，但要注重系統內各成員之間實力與能力、規模與效益的平衡，避免大型的供應商為了自身利益駕馭於小型經營商之上，從而操縱整個通路，造成整個系統失衡。

有效分配和行使行銷權力是有效管理整個配銷通路系統的出發點。行銷通路中的權力是指「某一特定通路成員控制或影響另一個或幾個成員的行為、說服他們做自身本不會去做的事情的能力」。獎賞權是行銷通路權力的

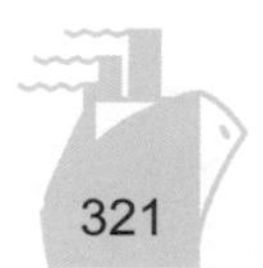

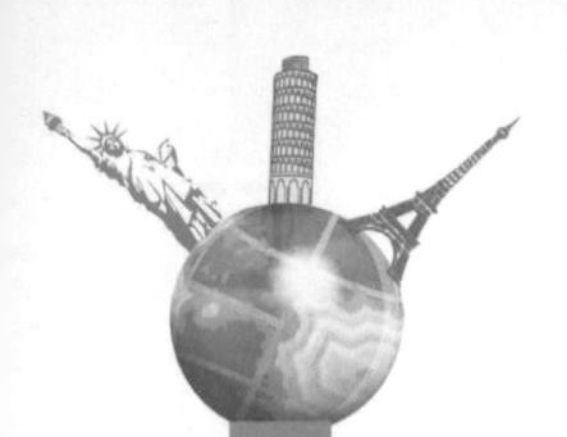

一種，它可以看作是某一通路成員因為透過改變其行為來符合另一通路成員的要求時，得到的作為補償的利益或報酬，主要表現為經濟利益上的滿足，如提供適銷對路的產品、促銷支援、給予較大的價格上的折扣、獨家經營權等。如航空公司根據旅行社銷售機票的數量，為旅行社提供特別的預訂票價或其他獎勵。與獎賞權對應的是強制權，它是對沒有遵從意願或執行責任的另一方進行懲罰的能力。一般來說，行銷通路協議中有真正的或可感知的喪失某種利益或獎賞的威脅。如企業A透過企業B發放宣傳材料和促銷廣告，B要求A提高會員訂購費，若A不同意，則遭到B將其促銷材料從展覽窗口撤走的威脅。

行銷通路權力還可以是基於專長權。專長權來自於專業知識，它產生於一通路成員在特定領域賦予另一個通路成員的知識和有用的技能，如說明通路成員設計管理系統、進行人員的培訓等。**專長權**是特許權出讓方影響特許經營者行為的關鍵權力。例如，飯店特許經營集團透過向下屬飯店持續提供管理支援、資訊系統及培訓支援等，以幫助他們建立並維持運作，進而保持整個通路的忠誠。這三種通路權力是屬於非正式權力，主要取決於通路成員間的相互依賴性和回應性。從正式協議的角度來看，通路權力可被稱之為「法制權力」，即通路成員借助正式的合同或協議對其他成員施加的影響，具體到指明誰能做、做什麼、什麼時候做及怎樣做等事項。如某些旅行社集團採取特許經營方式，透過與個體旅行社經營者簽訂特許合同，明確合同雙方的權利和責任，獲得通路合法權。

通路成員間的明確分工，以協議的形式清晰地界定每個通路成員的權力、職責、義務、權利以及應達成的銷售業績，是有效解決衝突的方法。透過這種書面化的清晰表示，使通路成員在日常配銷工作中知道自己該做什麼、該如何做、做到何種程度，以防由於職責不清導致衝突的發生。此外，通路成員之所以合作，是因為合作能夠創造出比獨自經營更多的利益，能夠實現各通路成員長期利益最大化，因此利益分配機制合理與否對通路成員十分重要。建立公平的利益共用機制不是件易事。儘管我們主張通路各成員間的協作和權力平衡，但實際上為了達成共同的目標，總會有某個或幾個成員扮演領袖的角色來領導其他成員。這些所謂的**通路領袖**可能來自於行銷通路系統中的某個供應商股東，也可能是其中的某個中間商，但一般都是規模較大、比較固定且競爭優勢較強的企業。生產商就需要設計合理的利益分配與共用機制，綜合考慮各種因素，使各通路成員的應得利益得到保證，以防由此而引起的通路衝突或通路瓦解。

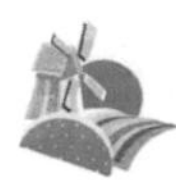

第六節　觀光行銷通路：地點

觀光產品行銷和一般物品行銷的一個主要區別，在於兩者處理通路概念的方式截然不同。消費品行銷和「放置產品」有關，即把產品從製造商那兒送到零售商和最終消費者手中。但觀光產品不同，它從生產者向消費者轉移的過程中沒有發生具體位置上的位移，即沒有空間上的移動。任何一家觀光企業擴展業務時，首先要考慮的是「在哪裡發展以及朝向哪裡發展」的問題，也就是確定在哪個或哪些區域經營業務。美國斯塔特勒（Statler）飯店創始人Ellsworth Statler提出的「飯店成功三要素：地點、地點、地點」，已經成為飯店業一條頗具影響力的格言，其強調的是：選址對於飯店的成功至關重要。

一、觀光企業選址考慮因素

觀光企業的一種重要地點選擇策略方式，就是在同一個地理區域建立幾個，而不是只有一個經營單位，即將諸多業務單位集聚於某一個地區或區域，也就是「聚群型選址」（Clustering）。聚群型選址利於產生規模經濟。集中的市場開發使該區域的經營效率最大化，包括管理和行政、培訓、行銷以及集中廣告傳媒選擇。它利於快速占領某區域的最佳地點，培育消費者的認知和忠誠，逐漸建立起當地大眾化的消費市場。但可能導致彼此間蠶食（Cannibalization）的風險。

確定選址類型是觀光企業選址的另一個策略問題。一些企業選擇獨立的建築，而另外的則選擇在商場、辦公樓或其他商業場所設配銷點（Points of Distribution）。便利的交通是觀光企業選址時要考慮的主要因素。商業場所一般位置便利，流動人口多，不僅保證了客源，還提供了接近目標市場的順

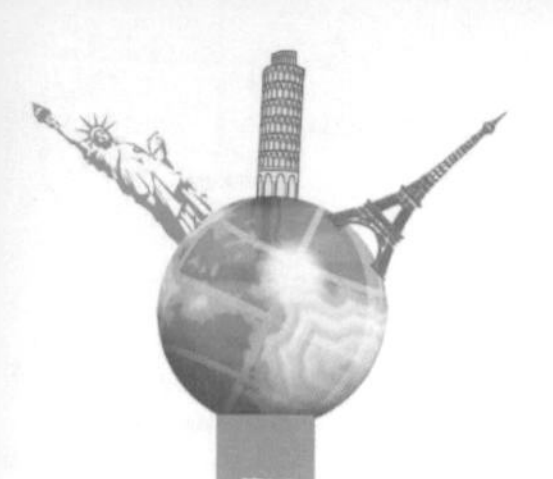

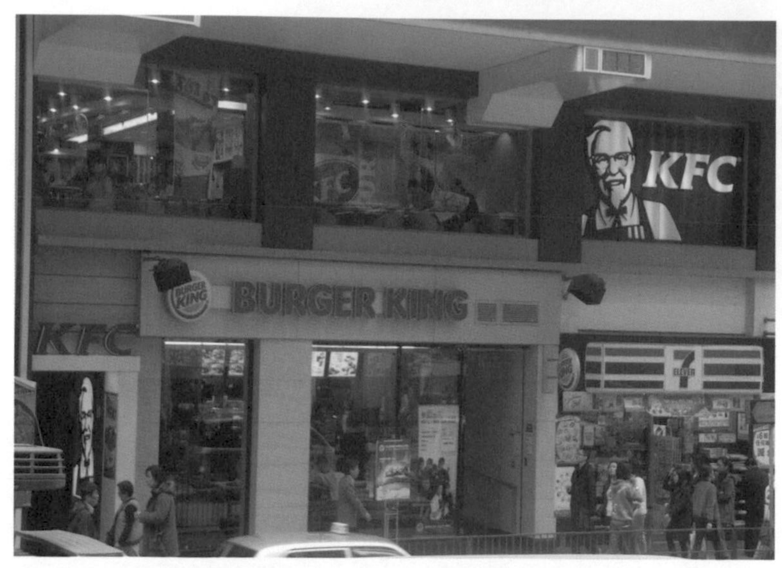

肯德基、漢堡王、便利商店7-ELEVEn都選擇了位置便利、流動人口多，且接近共同目標市場的地點。（徐惠群拍攝）

暢通路。眾多公司公平競爭，基本上不存在壟斷性經營。此外，觀光企業在附屬的商業場所的經營，很大程度上受該商業場所的經營狀況的影響。成功的商業場所意味著觀光企業在該場所的高銷售量，也意味著高成本投入（如高租金）能夠獲得高產出。但如果商業場所自身經營不佳，屬於該場所的觀光企業極有可能遭受業績不佳的命運。最後，配銷點因為受限於配銷點所在場所的指示牌的種類、數量、空間的影響，因而無法像獨立建築那樣具有獨特設施和能見度。

如第八章討論的，**品牌聯合**（Co-Branding）是指互不競爭的兩個或多個品牌把各自的經營理念結合起來，雙方在同一地點進行合作互補式經營，實現品牌的契合。**合作選址**（Co-Location）即是品牌聯合的一種表現形式。如麥當勞與汽車加油站合作，前者出具品牌和運作、管理標準，後者提供經營場地。駕車的消費者在加油的同時方便地購買麥當勞速食；同時也可以利用買餐的空檔為汽車加油。哈根達斯（Häagen-Dazs）不僅有自己的專賣店，還將霜淇淋搬進便利商店7-ELEVEn。顧客在購買霜淇淋的同時，也可能會購買便利商店的其他貨品，也可能在挑選其他東西時購買雪糕。兩個品牌或企業間的聯合帶來的利益是雙方共贏的。當餐廳與某零售商店聯合時，餐廳受益於零售商店的客流量，同時零售商店也因為餐廳提供消費者所需的服務

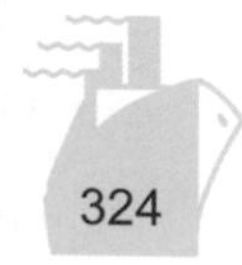

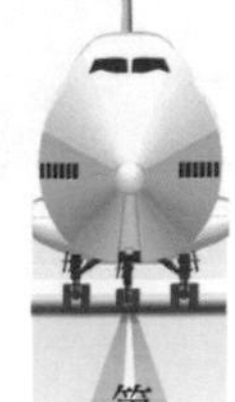

而提升人氣，帶來附加經濟利潤。並且合作企業共同分擔土地和建築物的租金成本，減少經濟壓力。

交通流量大的地點幾乎是所有企業（連鎖企業和單體企業）尋求經營的最佳場所。我們可以把這些場所比作瀑布下的一個漏斗：水即將順著這個漏斗流走。漏斗區域（如速食店占領的地方）對客流量的預期非常樂觀，基本上可以確定此區域的大額銷售量。但漏斗區域存在的劣勢則是昂貴的租金或固定資本成本。因為客流量大的區域往往也是最繁華、最昂貴的區域。

「磁鐵」是用以描述那些遠離主要人口中心區域的特色企業。這些企業處於交通流量不大的區域，人們要經歷較長時間的路程才可到達。但這些地點擁有為客人創造一個獨特的美麗、安靜、開闊的環境的優勢。此外，租金成本與交通流量大的區域相比也低很多。為了在這些區域獲得經營上的成功，企業必須做磁鐵，在景點特徵、食物品質、服務、娛樂或住宿方面具有特殊性以吸引顧客。例如近幾年鄉村觀光產業得到了蓬勃發展，吸引了很多城市觀光客到鄉村，有的甚至不惜驅車上百公里，去體驗鄉村獨特的風土人情和美味佳餚。企業主願意為交通流量大的地點支付昂貴的租金，主要是看準了該區域將會產生足以補償昂貴資金的預期銷售量；相反，選定「磁鐵」地點的經營者主要考慮的是，產品的吸引力所帶動的客流量的增加。

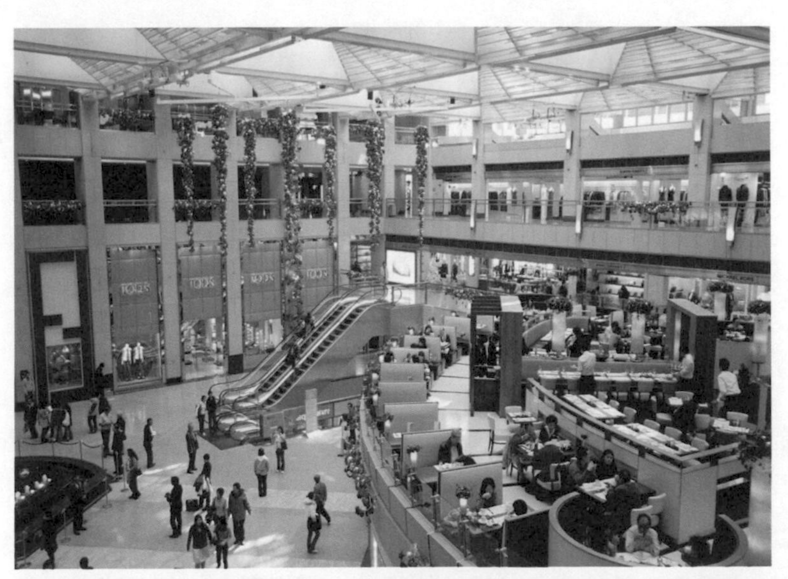

在客流量大的豪華購物中心，這間咖啡廳旨在吸引對價格不敏感的消費者。（徐惠群拍攝）

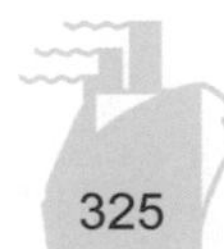

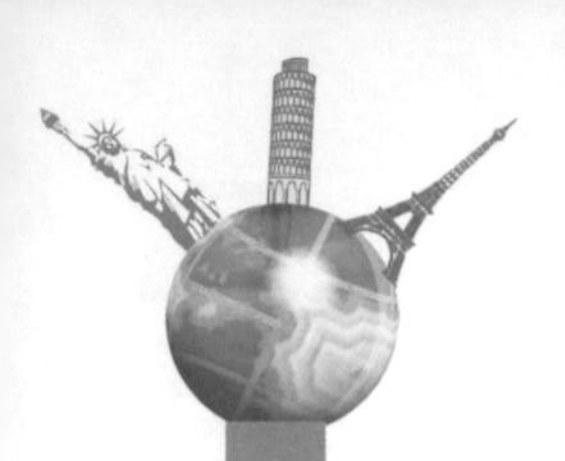

地點策略的大框架一旦建立，就需要特別努力來分析具體的地點決策，包括地點（Location）決策和選址（Site）決策。比如，在地點決策中，公司可能決定擴展到城市的某一區，如一個新商場或辦公園區的附近或城鎮的某一區域。一旦決定在一個地區落戶，就需要做選址決策，即選擇某一塊地或店面。通常，要評估幾個場地後才能決定最後的地點。

二、飯店地址的可行性研究

飯店地點和場地分析與餐廳選址有很多相似點，但也有一些不同之處。首先，可行性研究（Feasibility Study）是以為分析飯店建設決策而進行的；因此，它更加關注擬議飯店的總體財務前景，在餐廳開發中這也是典型情況。因為飯店投資決策是資本密集型的，可行性研究必須考慮項目總成本，還要考慮專案的財務結構以及基於業主投資組合總額的專案盈虧的稅收影響。

其次，飯店開發商比典型的餐廳開發者看重更大的服務區域。多數飯店地點研究將附近整個社區評估成一個市場。在大城市中，可以評估城市的特定區域，但那些區域通常比一家餐廳的交易區大得多。雖然市場分析僅限於專案位置附近的地區，但消費者也會來自其他地區。對渡假勝地飯店、會議中心和會議飯店而言，要進行遠方城市的需求研究。然而，對大多數飯店來說，來自其他城市的需求可以從對當地需求產生源和景區景點的研究推斷得出。需求也可以根據當地飯店和平價旅館的入住客房數量來估計（Rushmore, 1992）。飯店可行性研究的內容包括場地評估、市場區域分析、需求分析、競爭（供給）分析、設施和概念建議、收入和開支預測、項目總成本估計和其他財務分析。

(一)場地評估

場地大小和地形是飯店場地評估中必須衡量的兩個方面。周邊的土地使用情況和附近主要的需求產生地的情況也是考慮要點。同樣，場地與主要公路和城市的相對地點應予以考慮，一如考慮機動車輛交通便利性般。如可進入性和能見度也是飯店評估場地的關鍵。與會議中心或機場的距離及便利

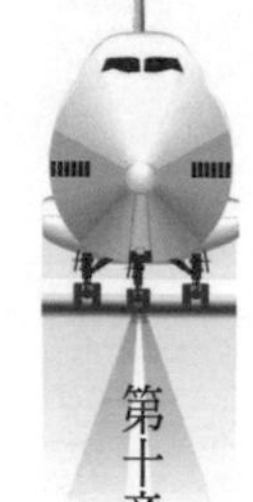

度，對於依賴與需求產生地有相關生意的飯店企業非常重要。

(二)市場區域分析（Market Area Analysis）

人口統計和經濟景氣指數被用來作為輔助需求和增長預測的基礎。一般來說，回顧一些歷史性的指標利於確定未來的發展趨勢和服務項目的光顧量。為了估計到該地區的商業光顧量和會議數量，使用的指標包括人口、收入、零售活動、就業、辦公樓層使用率、國道交通、機場的客運和貨運量及地區開發。對渡假者光顧的估計可以基於公路交通、過去觀光客統計、景區景點客流量和地區觀光開發計畫。

(三)需求分析

觀光企業的需求分析（Demand Analysis）主要是對區隔的目標市場進行分析，如商務客市場、會議客市場或渡假客市場等主要區隔市場。測量需求的方法主要有兩種：一種是對從事旅客資訊的相關部門負責人進行訪談，估計需求。訪談內容涉及每個區隔市場每週或每月的需求量，以及其他重要的觀光客資訊，如逗留時間、同行人數和花費方式。另一種估計需求的方法，是把當地飯店企業實際入住客房數量加總起來。這一資訊經常可以從當地觀光局或當地政府的客房稅資料計算出來。從兩種方法得到的需求估計應該加以比較，從而對評估進行交叉驗證。未來的需求應該基於當前需求和預測的增長率來預測，預測增長率可以根據市場區域分析中研究的經濟和人口統計因素來估計。

(四)競爭（供給）分析

競爭分析（Supply Analysis）確定和擬議與飯店直接或間接競爭的現存或規劃中的飯店。要審察的相關統計資料包括地點、客房數量、房價、平均住房率、目標市場、娛樂和其他設施。競爭分析應該設定在某一特定市場的需求情境中。譬如，強有力的競爭者在一個嚴重短缺的市場，不會像在過剩市場中那樣成為一個即時威脅。競爭調查應該評估現存競爭者的優點和缺點。這可以作為在一個特定區域建造某類設施的依據。對供應中增加速度評估和未來發展趨勢預測，以及未來開發的可行性研究也很重要，可避免新建

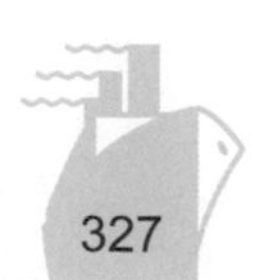

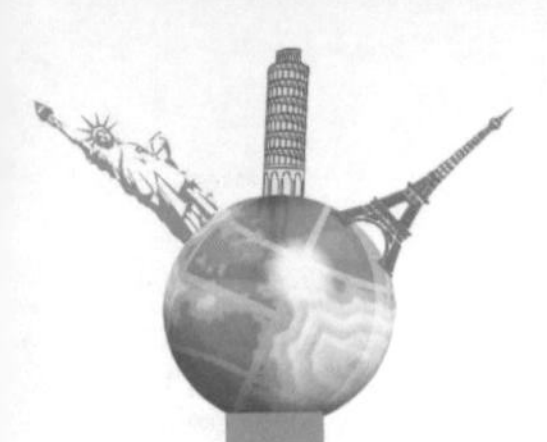

飯店計畫由於某些原因而沒能真正實現。若建築許可和融資問題得到解決，建造規劃飯店的可能性則是很大的。

(五)其他研究內容

基於需求和競爭分析，需要做出對設施的建議，也可以估計建議設施的成本。根據需求預測和競爭分析來預測收入；基於設施、服務和住房率水準來計算費用。然後，收入減去費用決定了利潤。典型地，一家可行的飯店的最短壽命是三十年。因此，整個項目涉及了一個典型行銷研究之外的判斷。

(六)最終判斷

研究建設某飯店的可行性程度主要依賴於估計與預測、訪談者的言下之意與動機，以及可行性研究者們對趨勢範圍和闡釋的判斷。由於使用了這些專業但可能主觀的判斷，飯店業中的地點決策沒有餐飲企業的地點決策那麼準確。實際上，可行性分析經常在內部使用，以確認管理層先前就擬議地點所做的決策。但這種研究是值得商榷的，因為該研究只是用來證實高層管理者所做的決策，而並非是研究的本意和正確用途。可行性研究的另一個可能更重要的用途，是為擬議飯店確保債務融資。因為飯店公司想要用它獲得融資，而在每項可行性研究上花費數萬至數十萬美金，所以可行性分析師常常有無言的壓力要提出正面預測。

場地選擇有時候會起次要作用。由於行銷力量和品牌認知，在飯店選址方面，知名連鎖飯店要比無名飯店更加靈活。他們對交通方便的商業區和娛樂活動豐富的地區更感興趣，但他們也可以選擇離市中心三、四個街區的地點，因為只要是在中心商業區的位置，消費者就願意走遠而住到偏愛的品牌飯店。此外，交通流量大、活動多的好場地對在中心商業區之外的地點尤顯重要。

萬豪集團旗下的萬怡飯店就是並不選址於最佳地點，但憑藉品牌實力而取得經營成功的一個典型案例。很多公司高層曾指出第一次找到萬怡飯店的地點不是件易事，但他們對萬怡飯店的強烈偏好卻促使他們願意費力去找。萬怡飯店能如此受青睞的一個重要原因，就是飯店服務的客人多為鄰近地區的商務人士，他們有居住在附近飯店的需求。如果飯店主要針對的是過往的

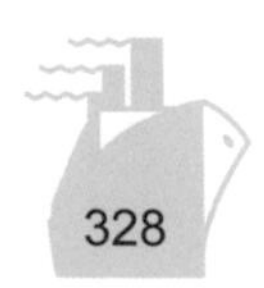

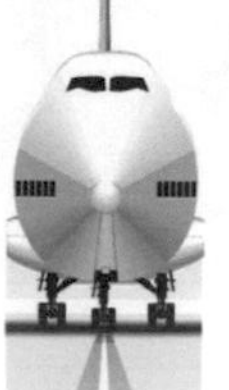

觀光客的話，這種選址策略顯然是不可取的。

三、旅行社地點和選址評估

隨著觀光產業的迅速發展，日益加劇的競爭促使旅行社意識到經營場所地理位置的重要性。門市選址問題逐漸被業內視為旅行社核心競爭力之一。在為研擬設立的旅行社或門市選址之前，必須明確旅行社或門市的經營策略及其市場定位，這是確保其經營成功的先決條件。當開設新旅行社時，有三個關鍵：地點、地點、地點；而從顧客的角度來看，便利的地點是他們挑選旅行社的主要因素，尤其是他們只想要一個簡單的假期預定服務的時候（Holloway et al., 2009）。

旅行社門市選址須從幾個方面考慮：目標市場、消費者便利性、位置醒目度、各旅行社門市集中區。位於門市集中區的旅行社可以借鑒同行經驗，變壓力為動力，促使門市在改善產品品質、降低經營成本、提高服務水準的情況下，吸引更多的顧客。同時，旅行社相對集中的地區本身就是吸引顧客前來諮詢和購買觀光產品的一個重要因素（杜江，1997）。

從旅行社經營現狀出發，門市選址的評估一般應依據以下三大原則：

(一)便利原則

便利原則是指門市選址要根據旅行社市場定位需要，為目標消費者的諮詢、預訂、購買提供最大的便利。從這個原則出發，門市選址要注意以下幾個方面：

1.有「聚集效應」：以當地居民為主要目標市場的旅行社，可以把門市設立在人口稠密的住宅區；而以教師和學生為主要目標市場的旅行社，可以選擇把門市設立在學校比較集中的區域。

2.交通方便：機場、商業街、大型購物商場、車站附近一般是人群流動性最大的場所，人氣很旺，能使消費者享受到多種服務的便利，是門市開業的最佳地點。另外，新旅行社要避免在交通位置上的劣勢，如果行人要通過地下道或天橋才能到達旅行社；或者有些地方道路交通受到限制，加上附近沒有停車場，顧客停車也會是個難題（Holloway

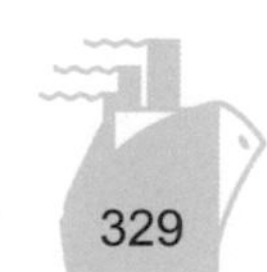

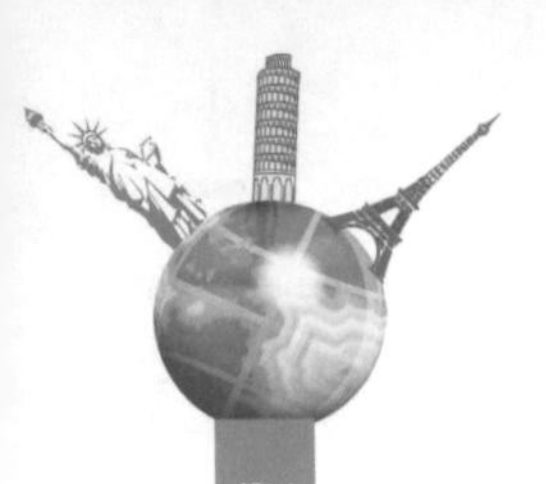

et al., 2009），在這樣的情況下，旅行社的經營會比較困難。

3.符合客流規律和流向的人群集散地段：這類地段適應消費者的生活習慣，自然形成「市場」，所以進入門市的消費者人數多，客流量也大。

(二)最大效益原則

衡量門市選址優劣的最重要標準是門市經營能否取得好的經濟效益。像商業繁華區的客流量大，但租金昂貴、成本很高，所以一般適合於大型觀光集團。但小型旅行社從經濟利益出發，一般可設於某些社區附近。另外，對於一些專業旅行社，或者主要業務集中在網路上的旅行社，選址可以在較高樓層的辦公樓上，或者不在主幹道上，這些可以為旅行社節約大量的租金成本（Holloway et al., 2009）。

(三)發展原則

門市選址的最終目的還是為了爭取經營成功，使旅行社得以發展。因此，選址時首先必須綜合考慮目標市場的消費心理、消費者行為等因素，擬選的門市地點是否有利於特色經營；其次，門市在選址時不僅要分析當前的市場形勢，還要從長遠的角度去考慮是否有利於擴大規模，是否有利於提高市場占有率和市場覆蓋率。

本章小結

觀光配銷系統由供應商、觀光客和觀光仲介組成。配銷體系的長度、寬度和廣度是觀光企業設計配銷系統時考慮的三個關鍵要素。配銷通路的類型根據要素不同而有差異，有直銷和間接配銷、密集型與選擇型，以及獨家配銷和單一性與多樣化配銷通路之分。

觀光批發商和零售商、專營機構、觀光行業協會、銷售代表，和電子商務預訂系統是觀光行銷通路的成員。全球配銷系統則是同時向飯店、渡假村、汽車租賃、鐵路、郵輪等其他觀光相關行業，提供預訂和行銷服務的綜

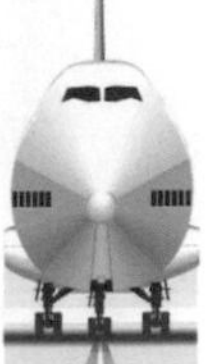

合性銷售系統。特許經營配銷模式亦是旅行社、飯店和餐飲等企業的另一股主要的配銷力量。其中，出讓方提供的基本服務有統一的品牌標識和行銷計畫、預訂系統、品質保證、採購團體化和培訓專案。

不管是各企業間聯盟、合併還是合資成立的配銷聯盟，還是旅行社自身創建的網站或網頁，都已成為旅行社拓展行銷網絡的主要形式。所以說，觀光業的配銷通路體系是一個多樣化、多角度的體系。

選址解決了企業在何地經營的問題。飯店選址的可行性研究是一個包含場地評估、市場區域分析、供求分析和其他財務分析等的完整過程。旅行社地點分析則是在旅行社經營策略和市場定位的基礎上進行。便利原則、最大效益原則和發展原則是旅行社選址遵循的三個關鍵原則。

重要概念

■配銷通路　Distribution Channel
■中間商　Intermediaries
■直銷　Direct Distribution
■密集型配銷通路　Intensive Distribution Channel
■選擇型配銷通路　Selective Distribution Channel
■獨家配銷通路　Exclusive Distribution Channel
■單一性通路　Single Distribution Channel
■多樣化通路　Multiple Distribution Channels
■觀光批發商　Travel Wholesaler
■觀光零售商　Travel Retailer
■全球配銷系統　Global Distribution System, GDS
■特許經營　Franchising
■出讓方　Franchisor
■受讓方　Franchisee
■中央預訂系統　Central Reservation System, CRS
■直效行銷　Direct Marketing
■聚群型選址　Clustering
■配銷點　Points of Distribution, POD

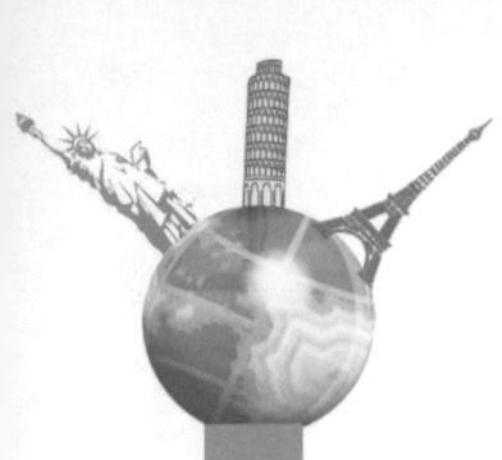

■合作選址　Co-Location

■地點　Location

■選址　Site

■可行性研究　Feasibility Study

■市場區域分析　Market Area Analysis

■需求分析　Demand Analysis

■供給分析　Supply Analysis

課後習題

一、什麼是配銷通路？如何對配銷通路進行分類？

二、請簡述觀光企業配銷通路的基本構成及特點，並舉例說明觀光業電子商務網站的基本構成部分。

三、飯店業配銷通路的主要模式有哪些？中央預訂系統和全球配銷系統的主要區別是什麼？

四、旅行社配銷體系中的直效行銷指的是什麼？你認為互聯網將如何改變其預訂系統？

五、飯店業特許經營權所有者向特許經營加盟者提供哪些基本服務？請舉例說明特許經營模式在飯店業的應用和影響。

六、請簡述飯店場地選擇可行性分析的基本過程。

七、旅行社門市選址的評估一般依據哪些原則？如果某旅行社決定將門市設定於該市的「旅行社街」，試問其主要目的是什麼？

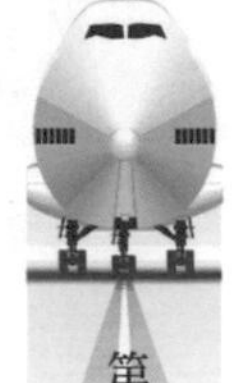

案例探討

星巴克的特許經營

特許經營模式在星巴克（Starbucks）創始人Howard Schultz的精心呵護下，星巴克憑藉日益強大的品牌，透過各種聯盟來銷售和開發星巴克的產品。為使客戶在更多的地點感受星巴克的服務，除星巴克分店之外，星巴克透過機場、書店、飯店、百貨店來銷售產品。Howard Schultz說：「在星巴克嚴格的品質管制和特許銷售行為之間，產品品質的控制是有風險的，這是一種內在矛盾」。因此，星巴克制定了嚴格的選擇合作者的標準：合作者的聲譽、對品質的承諾和是否以星巴克的標準來培訓員工。

星巴克的特許業務包括業務聯盟、國際零售店許可、商品零售通路許可、直銷合資廠等等。星巴克的第一張許可證是給HMS（美國最大的機場特許經營服務商）。如今，星巴克的特許經營店已經發展到900多家，包括邦諾（Barnes & Noble）書店、零售連鎖店標靶百貨（Target）及Albertson超市，另外美國聯合航空公司與萬豪（Marriott）飯店集團等企業，也已經和星巴克簽訂協議，只提供星巴克的咖啡。

星巴克在特許經營和特許加盟連鎖店之間，更傾向於前者，因為前者更容易控制。兩者在銷售品牌上是相似的，但對特許加盟連鎖店來說，星巴克擁有加盟店的產權，而對特許經營者來說，星巴克則不擁有產權，只是收取經營費用，因此更容易控制管理。星巴克希望合作者們贏利，對於合作者提供的相關產品（比如運輸和倉儲等）都不賺取利潤，星巴克只向合作者收取一定的管理費用。

邦諾公司是與星巴克合作最成功的公司之一。他們認為書籍和咖啡是天生的一對。邦諾書店早已經發起一項活動——把書店發展成人們社會生活的中心。為吸引更多的顧客，這裡需要一個休閒咖啡店。1993年邦諾開始與星巴克合作，星巴克在書店裡開設自己的零售業務，雙方都從中受益。一早星巴克就把人流吸引進來小憩而不是急於購書；而書店的人流則增加了咖啡店的銷售額。星巴克在400多家邦諾圖書連鎖店內只提供星巴克咖啡，因而擁有大量不可缺少的客戶。

星巴克還與食品公司和消費品公司結成策略聯盟。如食品服務集團和指南針集團：為公司、學校、醫院提供晚餐，在這裡人們可以喝到星巴克咖

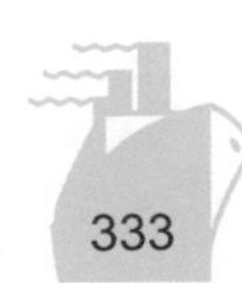

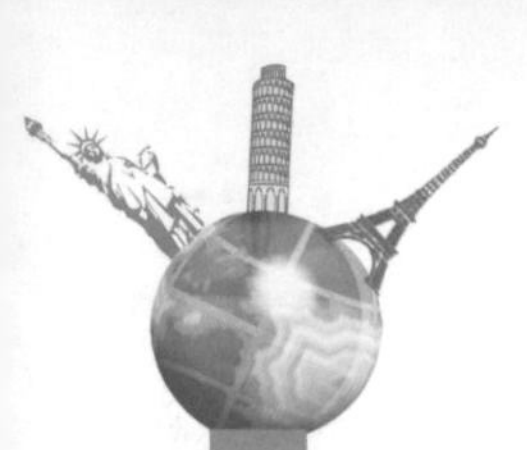

啡。並透過與Kraft、Peps和Dreyer等公司的合作，使星巴克的品牌延續到了百貨零售通路中，充分利用現有的分銷網絡，並共同分擔了物流費用。星巴克與Kraft公司的合作開始於1998年，它使人們可以在商店裡買到星巴克的咖啡豆和咖啡粉。Kraft公司擁有3500名銷售人員，是食品行業中最大的直銷團隊，也是星巴克最大的零售商之一。它還為星巴克展開一系列市場推廣活動，使人們可以從咖啡車上直接獲得星巴克咖啡的樣品。

資料來源：改編自星巴克成功行銷分析，http://info.china.alibaba.com/news/detail/v5003013-d5654692-p3.html，檢索日期：2010年1月20日。

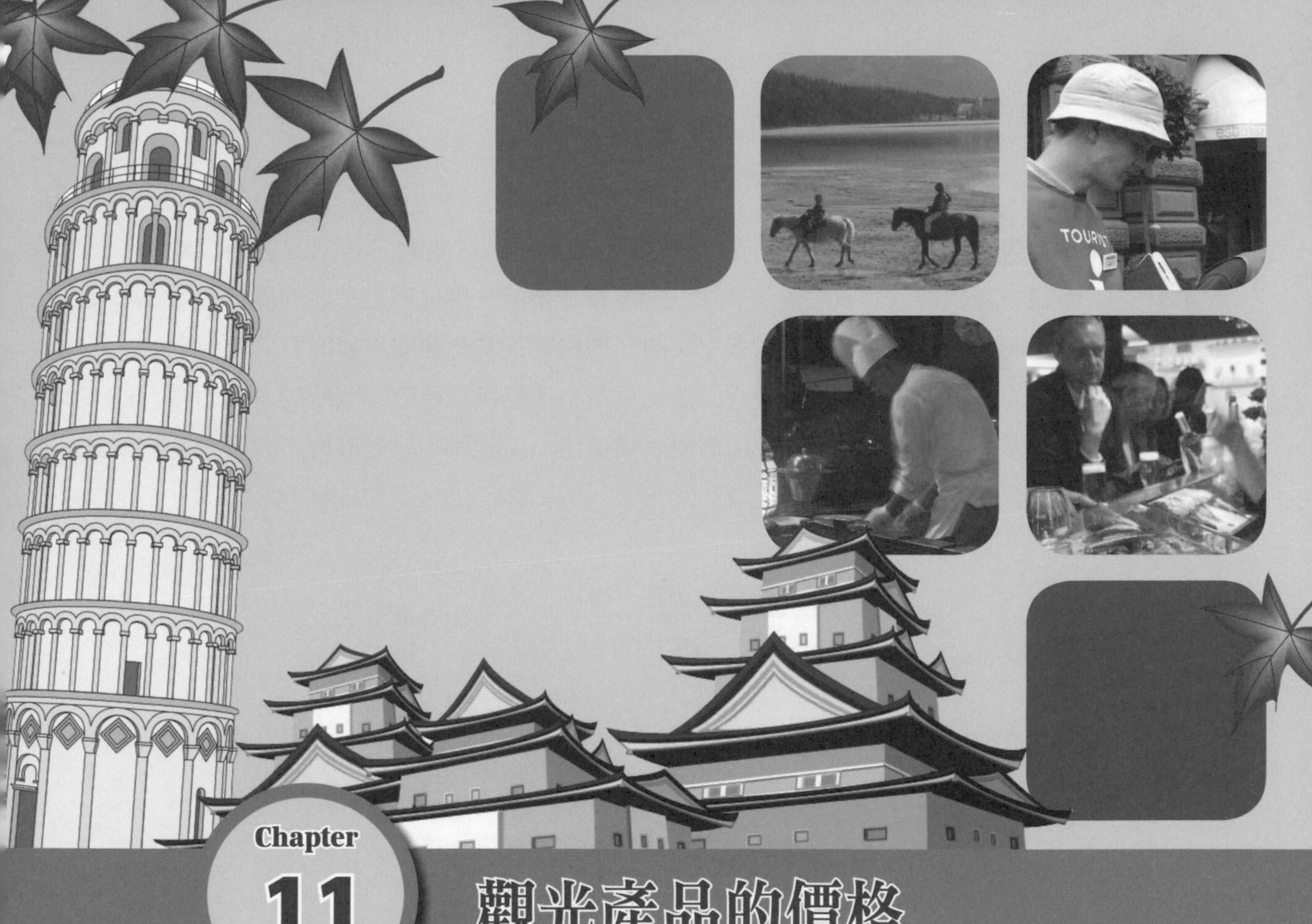

Chapter 11 觀光產品的價格

本章要點

◆觀光企業最常見的四種定價目標導向
◆觀光產品價格的決定因素
◆觀光產品價格的計算方法
◆觀光企業新產品的定價策略
◆差異化定價法與收益管理概念

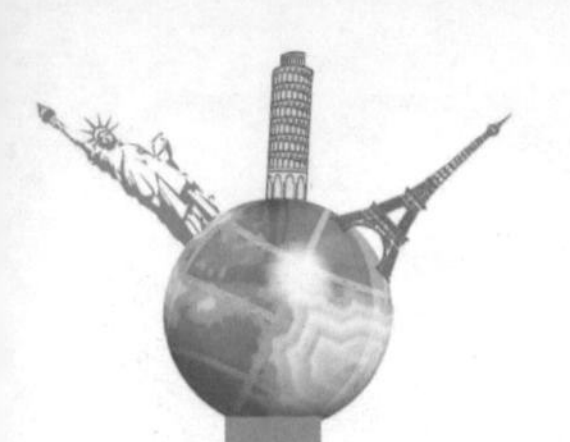

觀光價格是觀光客為了滿足其觀光需求所購買的觀光產品的價格，它是觀光產品價值的貨幣表現形式。對經營者來說，價格則是其收回經營成本和獲取利潤的方法。而對消費者來說，價格則是其想要使用或擁有的功能和屬性的價值體現。他們更關心的是支付價格後能得到什麼，即所能得到的價值。因此，一些行銷專家使用價格／價值這一術語而不只是價格。觀光業為消費者創造的價值可以定義如下：

$$\frac{\text{產品}+\text{服務}+\text{地點}+\text{環境}+\text{形象}}{\text{價格}}=\text{價值}$$

這個等式可用下述飯店例子中的「價值的提高」來加以說明：

產品改進，如客房娛樂設施或飯店內商務科技產品的提供

＋

服務提升，如訓練有素的員工或高效的網上預訂系統

＋

地區吸引力，如市區商業中心或擁有「黃金地段」美譽的地點

＋

優化設施，如浪漫、豪華、現代或雅致的風格

＋

廣告和宣傳支撐的形象

以上所列舉的任一要素或要素組合都會改善消費者對企業的感知。如果這些要素得到提升，但價格保持不變，消費者會感知此產品或服務的更高價值。

第一節　觀光產品定價概論

一、觀光產品的定價目標

從行銷理論來講，定價是為實現市場目標服務的決策，它跟企業的經營策略密切相關。多樣化企業一般把明確的定價目標作為公司政策的內容之一；而一些小型的單體企業可能對定價目標並沒有明確的政策說明。這並不代表這些單體企業就沒有定價目標。他們的定價也會遵循固有的模式和依據，只是這些一般隱含在實際的定價行動中。根據企業經營策略的不同，定價主要基於四種導向：(1)銷售導向——謀求較大的市場份額；(2)利潤導向——追求利潤最大化；(3)競爭導向——應對競爭或者迴避競爭；(4)形象導向——塑造產品或品牌的形象與聲譽。這四種定價方式孰優孰劣，很難一概而論，關鍵要看企業自身的產品特性及其所處市場的行銷環境。

(一)銷售導向定價目標

銷售導向定價目標（Sales-Oriented Pricing Objective）是指企業的定價以擴大銷售量為主要目標，保持或擴大市場占有率是其主要出發點。一般來說，處於導入期的產品為了迅速擴大市場占有率，常以低價滲透來最大限度地擴大銷售量。成熟的市場環境中的產品為了保持市場份額和盡可能地擴大銷售量，也常採取低價策略。但銷售導向的定價往往以降低觀光產品的利潤水準為代價。選擇這一定價目標，觀光企業必須：

1.目標市場價格敏感度高，低價能產生吸引力。

2.具備大量生產的物質條件，總成本的增長速度低於總產量的增長速度。

3.低價對現有和潛在的競爭者有抵抗能力。

(二)利潤導向定價目標

利潤導向定價目標（Profit-Oriented Pricing Objective）就是追求利潤最大化，這幾乎是所有觀光企業都希望實現的目標。雖然利潤導向並不一定意

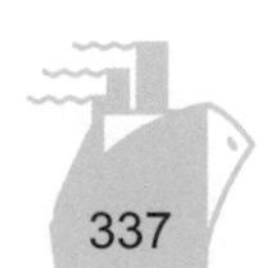

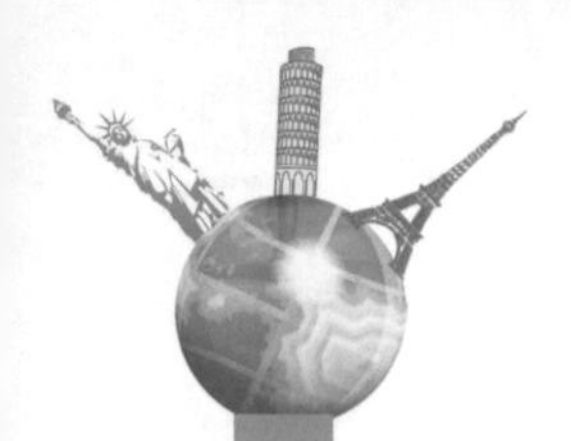

味著高價，但二者常常相結合進行。以利潤為導向的經營者，較傾向於選擇高價策略，特別是當觀光產品具有獨特性和不可替代性，或處於供不應求的狀態時，情況更是如此。產品的差異性和獨特性或優質化，是利潤導向型定價策略裡極其重要的因素。

臺灣晶華飯店在飯店業的年菜銷售方面一直占據優勢，2010年該飯店抓住經濟市場好轉，各種行業為員工增加年終獎金的機會，推出高價年菜，定價由2009年的6,888台幣增加到8,888台幣，這種定價方法就是高價策略。另外，瑞士Hotel President Wilson也是採取利潤導向定價策略，一晚住宿要花費170萬台幣，這可能是世界上最貴的套房了（曾光華、陳貞吟、饒怡雲，2008）。

最大利潤有長期利潤和短期利潤之分；還有全部產品的總體利潤和單個產品利潤之別。有的企業以獲取長期的、總的最大利潤為目標，考慮長遠利益，既考慮到吸引與保持購買者、擴大銷售，又能使企業獲得最優的經濟效益。而有的企業為了在短期內實現利潤最大化，更多地採用高價策略促成短期目標的實現。

(三)競爭導向定價目標

競爭導向定價目標（Competition-Oriented Pricing Objective）是指企業以競爭對手的價格為依據，來制定本企業產品價格的定價方法，也稱為隨行就市定價法。產品的最終價格是由競爭來決定，而不是勞動力和原材料的成本，主要是為了保護市場份額。這種方法不僅在觀光業，在其他服務行業中也廣被應用。以競爭為導向的價格決策有兩種：對等定價和持續降價。對等定價的「價格標竿」，通常是同業內的龍頭企業，如某知名觀光景區、航空公司或某國際飯店集團。在觀光業，景區和飯店業較常見的是對等定價，當某個觀光區域內各大景區所占有的市場份額相對穩定，景區之間常會出現某種默契，採取對等定價的方式，應對競爭或者迴避競爭。例如香港的兩家主題公園，海洋公園門票售價為250港幣，而迪士尼樂園定價則為350港幣，雖然兩者之間的價格相差100港幣，但是兩者之間的競爭關係使得如今的價格都是經歷了多次互相漲價的情況而形成的。對等定價的優點是經營者更趨於將市場競爭注意力轉移到非價格要素上，如提升服務品質、開發新產品、加

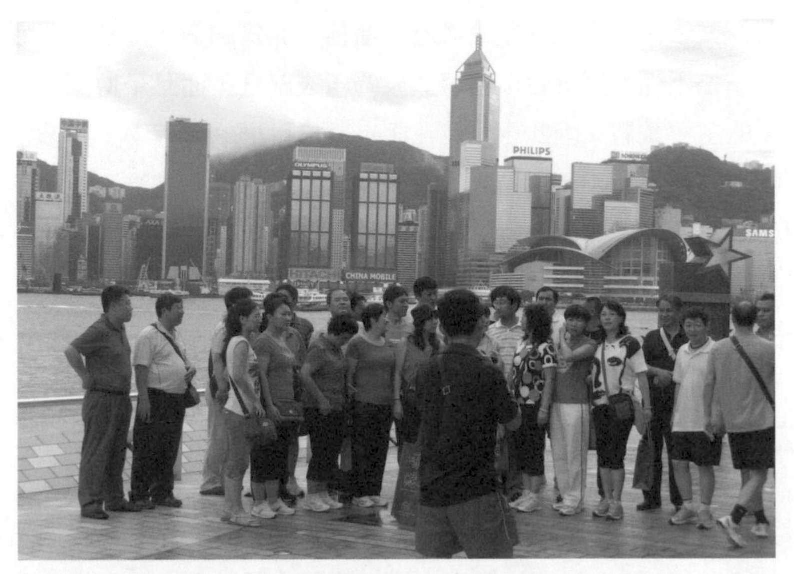

中國大陸到香港觀光的旅行團很多屬於低價、「零團費」，甚至「負團費」旅行團。（宋漢群拍攝）

強市場宣傳、改進客戶服務等，即我們所說的「非價格競爭」。提升店內就餐環境就是餐廳的非價格競爭的行為；飯店連鎖加大廣告和促銷活動的力度亦是如此。

而在旅行社業，持續降價的現象則比較普遍，旅行社之間的價格戰競爭甚至使市場上出現了「零團費」、「負團費」的旅行團，這類旅行團通常連支付機票、飯店住宿、餐飲的費用都不夠（文匯報，2010），由於團費非常低廉，旅行社需要不斷促使遊客購物，以佣金來維持利潤。低價旅行團很難讓觀光客享受到好的旅行品質，因此旅行社應該避免採用此類競爭策略。根據香港旅遊發展局資料顯示，現時中國大陸到香港觀光的旅行團中只有15%是團費合理，並且品質得到保障的優質誠信遊，其餘85%都是參加低團費的旅行團來港（文匯報，2010）。

(四)形象導向定價目標

形象導向定價目標（Image-Oriented Pricing Objective）把價格作為向消費者傳遞資訊的載體，以價格塑造產品或品牌的形象。產品的價格形象包括價格水準、價格形式的確定和變動，它綜合反映了企業經營理念、定位目標、服務品質及企業管理能力等，成為企業形象的重要組成部分。因此，產

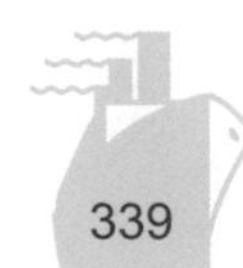

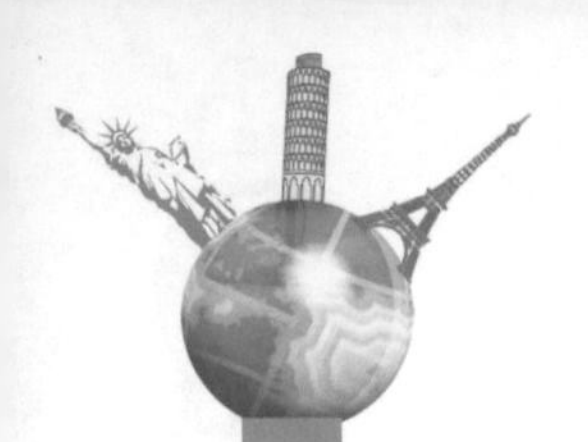

品形象定價緊密圍繞企業的定位策略、價格—品質關係，以及消費者的感知而展開。價格不僅是反應企業整體形象的組成部分，而且是傳遞產品和服務品質資訊的主要載體。因此，企業在確定價格目標的過程中，對價格傳遞給消費者的有關觀光產品和服務的「資訊」（產品性質、品質等）的管理是關鍵。例如，價格是否已經體現出產品或服務是針對某一特定市場的專有的、優質產品？或價格是否屬於中檔價位，能真正對中產階層有吸引力？個性鮮明、突出的價格形象有助於在消費者心裡建立起深刻持久的產品形象。

二、定價目標的效果衡量

投資收益率（Return on Investment, ROI）是觀光企業常用以衡量企業經營績效的主要方法。ROI即投入產出比，簡單來說就是企業所投入資金的回報程度，結果常用百分比表示。ROI的計算公式為：

ROI＝總收入／總投資×100%

其中，總收入＝單位價格×總數量，所以，產品價格被認為是支撐企業在自身所處的經營模式（如豪華、中檔和平價旅館市場）下，獲取足夠的收入以達成利潤目標的關鍵要素。照此推理，當一家飯店的客房出租率下降，房價則應相應調高以維持目標利潤水準。但這種策略在成熟的市場區域並不適用，因為在供過於求的市場狀況下，利潤已經不能成為控制價格的因素，超額的客房供應更可能導致價格的隨之降低。在這種情況下，許多飯店建築或土地會被用於其他用途。飯店作為一個創收載體，最基本的邏輯是其經營成效能達到某預期的ROI 水準。一旦ROI水準出現負值，即總收益不能彌補支出的成本時，飯店的經營便處於不利境地，即有可能因為入不敷出而被淘汰出局。

三、非營利機構的定價目標

美國約翰霍普金斯大學的Lester Salamon教授提出**非營利組織**（Non-Profit Organization, NPO）有五個特徵：組織性、非政府性、非營利性、自治性和志願性，後來常為人們所引用。非營利組織不僅包括基金會、慈善籌款會等公益類仲介組織，也包括社交聯誼、互助合作、業主和專業協會等互益類組織，還包括私人創設的學校、醫院、社會福利服務機構、藝術團體、博物館、研究機構等服務類組織。在經濟學中，「非利潤性」是其區分於追求利潤的商業組織或部門的重要特徵。

在某種意義上，非營利機構擁有最無彈性的利潤，即零利潤目標。為了更清楚地解釋，我們在此引入「利潤」定義下附帶的「負利潤」概念。如果某博物館每年獲得市政府調撥的150萬元文化補助專款，則意味著該博物館的年收入可以容許該數目之內的損失，即損失小於150萬元。這種預算的損失數目即被認為是負利潤。因此，組織的定價目標應包含對「負利潤」的考慮。某些非營利的私人俱樂部也會調撥部分會員費作為休閒娛樂部門的經營補貼。另一方面，某些非營利組織也根據消費者的實際支付能力設定價格。如某些老年福利機構為老人組織社交旅行活動，採取支付隨意的原則：無力支付的可免費參加，有一定支付能力的則可支付多少就支付多少。這些機構能提供的服務與活動是由銷售收入、政府補貼及社會捐贈的多少決定的。

第二節　觀光產品價格決定因素

需求、成本和競爭是決定價格的三個最關鍵因素。需求是某個人或某群人的一種機能。年輕人對某些產品有需求，而老年人則可能對另外的一種或幾種產品有所需求。對很多已開發國家或地區來說，例如日本、美國等都面臨人口老化問題，而人口老化也將會對民眾的需求帶來根本性的改變。第四章的觀光市場區隔章節中，我們所討論的教育背景、收入水準和其他因素都有助於我們思考需求的變化。

一、需求與價格

市場需求對定價的影響主要體現在兩個方面：首先，產品價格與市場需求雙方之間的相互關係。需求部分地決定價格，但同時在某種程度上取決

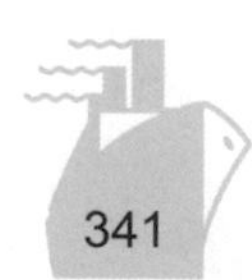

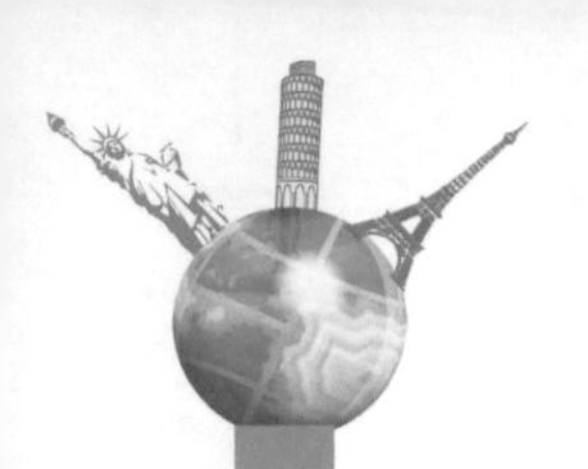

於價格。一般來說，需求與價格是反向關係，也就是說，需求隨著價格的變化而呈反向變化：價格愈高，需求愈低；價格愈低，需求愈高。另一方面，價格與需求是正向關係，價格隨著需求的變化而成正向變化：需求愈大，價格愈高；需求愈小，價格愈低。以飯店客房的需求與房價的關係為例：當商務飯店的週末房價同工作日價格無差異時，其週末住房率難以得到提高，因為與工作日相比，週末屬於入住的淡季，較低的價格才是吸引力的關鍵。但如果週末提供低房價，有可能會刺激都市居民前來飯店內聚友休閒或家庭聚會，使入住率上升，需求增加。

(一)觀光產品的需求彈性

需求彈性（Elasticity of Demand）對產品價格的影響，也是衡量需求與價格關係的重要部分。所謂**需求價格彈性**是指產品需求量的變化對價格變化的反應程度，它是指導產品定價的重要理論依據（崔志軍，2004）。需求的價格彈性＝需求量變化的百分比／價格變化的百分比。用計算公式表示為：

$$Ed = (\triangle Q \div Q) / (\triangle P \div P)$$
$$= [(Q2 - Q1) / Q1] / [(P2 - P1) / P1]$$

其中，

Ed＝需求彈性；Q＝產品數量；P＝產品單價

Ed表明：當價格上升／下降1%時，需求量所減少／上升的百分數。當｜Ed｜＜1時，稱此需求是缺乏彈性的。此時，需求量變動的幅度小於價格變動的幅度；當｜Ed｜＞1時，稱此需求是富有彈性的，此時，需求量變動的幅度大於價格變動的幅度（廖世超，2002）。當｜Ed｜＝1時，稱此需求為單位彈性，此時，需求量變動的幅度與價格的變動幅度相同，總收入不變（崔志軍，2004）。

需求彈性不同，價格變動引起的銷售量的變動不同，總收益的變動也就不同。我們可根據價格彈性制定出產品價格變動的策略。雖然對於某些缺乏彈性的產品採取提價策略可增加總收入，但對於另一些需求為單位彈性的產品，價格的變動實際上對需求的影響並不大。所以對單位彈性的產品價格應保持不變（崔志軍，2004）。對於富有需求彈性的觀光產品則可考慮採取降價策略，以增加銷售量，透過薄利多銷的方式使總收入增加。

(二)價格敏感度分析

當產品獨一無二、或品質很高、有威望或專有的時候，消費者對其價格不敏感。如果很難發現替代品或沒機會找替代品進行比較時，消費者對價格也不敏感。最後，如果購買產品的價格與收入比起來微不足道，或者費用不全是自己支出時，消費者對價格也不敏感（Nagle & Holden, 2002）。

■價格敏感度

價格敏感度（Price Sensitivity）是指消費者在購買決策中對價格的重視程度。消費者對價格的敏感性決定了產品的價格彈性。在對產品價格的精確制定及價格調整時，企業對產品的定價要特別注重消費者對價格的敏感性，即價格敏感度。不同的區隔市場對產品價格的差異的反映可能不同，商務旅行者的低價格敏感度同速食市場的高敏感度就是鮮明的對比。例如，週末客房的需求，隨著價格的變動呈現出彈性特點；相反地，工作日階段市中心的飯店客房的需求則在短期內無太大的彈性變動，即價格的變動對需求的影響不大。因為工作日入住的主要是商務旅行者，他們更注重的是商務設施的便利和入住的即時性，對價格的敏感度較低。

■價格敏感的因素分析

觀光者對產品價格的反應會受眾多因素的影響，常見的有（郝春暉、李從東，2005）：

1.認知替代品效應：相對於購買者瞭解、認知的其他替代產品，產品的替代品愈多，購買者對價格愈敏感。

2.獨特價值效應：購買者對某種產品區別於競爭產品的特色評價愈高，對價格愈不敏感。

3.轉換成本效應：更換供應商的成本愈高，價格敏感性愈低。

4.價格—品質效應：當高價在某種程度上代表高品質時，購買者的價格敏感性會降低。

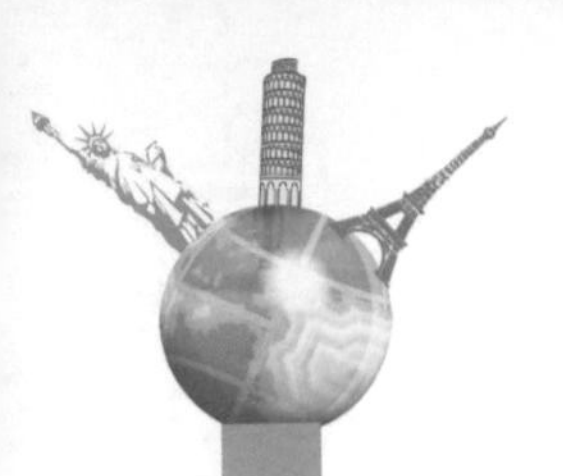

5.支出效應：所購產品的費用占家庭收入的比例愈大，價格敏感性愈高。

6.最終利益效應：產品價格占最終利益總成本的份額愈大（小），消費者對價格愈（不）敏感。

因此，根據價格敏感度的高低，可將消費者劃分為四個市場（王馨馨，2001）：

1.價格型消費者：價格型消費者尋求購買低價的產品，根據以往的經驗確定自己的品牌感知和購買價值取向。只要這些產品的品質能夠達到大部分品牌或供應商所提供的可接受的最低品質水準即可，不會為更高的品質和聲譽支付更高的價格。

2.價值型消費者：價值型消費者注重價格和價值的雙向利益，願意花時間和精力進行同類產品衡量，只有在認為某產品具有高於其他替代品的附加價值之後，才會做出購買決策。

3.關係型消費者：關係型消費者對某一品牌已經建立了良好的忠誠度乃至強烈的偏好。如果其偏愛的品牌價格沒有超出所認知的合理範圍，就會在沒有考察替代品的情況下購買該產品。

4.便利型消費者：便利型消費者對品牌之間的價格和品質差異不大關注，在購買前不會考察替代品的價格和性能，僅從便利的角度出發購買那些行銷通路簡便的品牌。當時間緊迫或支出很小時，便利型消費行為就顯得更為普遍。

價格敏感度並不是一成不變的，不同的社會和經濟環境會影響人們對價格的關注度。相對來說，經濟好轉時期的人們似乎對高檔餐飲的價格不太在乎；但在經濟衰退期，很多高檔餐廳的價格卻成為一個障礙，餐廳不得不調整菜單，引入一些較低價的菜餚，去掉昂貴的菜品。由於經濟條件和社會環境的變化，人們會接受價格變動的價格範圍，即價格敏感度的範圍也會改變。當價格波動超出該範圍，產品可能會被視為定價過高或過低。

在古典經濟學理論中，至少自由市場條件下價格和需求是呈反向變化關係的。當產品或服務價格上漲，需求下降，購買該產品或服務的消費者數

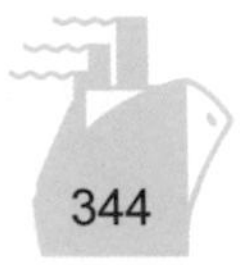

量隨之減少。策略上來說，從目的地潛在的環境和社會影響方面考慮，這個顯而易見的原理，可被目的地管理部門用來控制觀光客數量，以免超過實際接待能力。同樣，該原理也可用來隔離某些與目的地形象和定位明顯不相符的市場區域，並加以區分。這些現象都是符合邏輯的。但在某些情況下也會出現產品或服務價格上漲，需求也隨之增長直至後來才緩慢減少的現象，即產品或服務價格定得愈高愈能暢銷。這種現象被稱為**凡勃倫效應**（Veblen Effect）。

凡勃倫效應的命名，源於美國經濟學家凡勃倫（Veblen, 1899）出版的《有閒階級論》（*The Theory of the Leisure Class*）中的「炫耀性消費理論」。他指出社會中的炫耀性消費現象，即社會個體沉溺於鋪張浪費性的購買活動，以達到體現自身社會身分（如權勢、地位、榮譽和成功）的目的。具體到現今的觀光業，觀光者力求透過某些觀光活動，如到某個特別的目的地旅行、在某特殊飯店住宿等，來顯示自身的社會地位、權威和價值的消費行為，可被認為是「炫耀性消費」。價格─需求之間的反向變化理論不適用於這類觀光者。他們追求高消費，願意花費高價格購買某些特別的觀光產品和服務，實現自身炫耀的目的。所以，觀光企業在制定行銷策略時，也應該考慮到這種「炫耀性消費」的可能性，以及炫耀消費顧客所占市場需求的比例。

二、成本與價格

成本是產品價格的底線，產品的價格必須足以包含該產品的全部成本，並酌情加入適當的資金成本報酬率，才能涵蓋企業營運時所付出的努力與承擔的風險。觀光產品成本是開發、創造及實現觀光產品使用權轉移過程中所支付的各種費用的總和，包括固定成本和變動成本兩部分。**固定成本**（Fixed Cost）是指不會因為銷售量多寡而改變、企業即使不提供服務也要繼續（至少在短期內）承受的那些成本，譬如建築物租金、設備折舊費、公用事業費、基本員工薪金、資本的成本等。**變動成本**（Variable Cost）則是指同企業所服務的顧客數量或與生產的服務數量相關、隨著銷售量多寡而改變的各種成本，如觀光產品或餐飲產品的原材料費、飯店內的客房用品、部分導遊

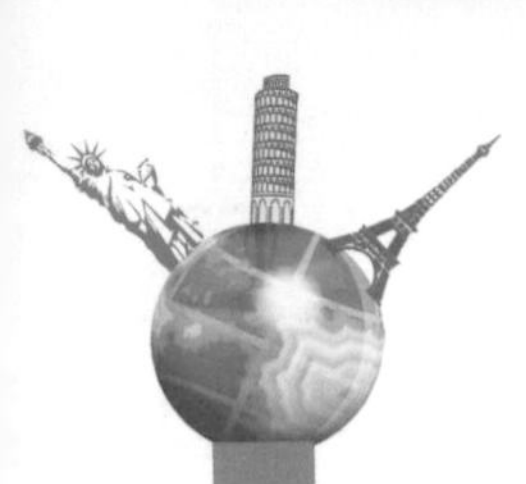

時間和服務傳遞場所的清潔維修等成本。

總體來說，觀光產品具有高固定成本和低變動成本的特殊性。總成本中既有觀光設施的物化勞動轉移部分，也有觀光企業員工勞動報酬的補償部分。所以，原材料成本、勞動力成本和固定資本成本，就成為產品價格的成本因素中的三個重要方面。勞動力成本是觀光企業產品價格中的重要考慮因素，因為勞動力的薪金直接與企業的固定成本聯繫。觀光行業，尤其是飯店和餐廳都屬於勞動力密集型的行業。

此外，固定資產是觀光企業資產的主要組成部分，需要企業大的資金投入，所以資本成為影響觀光產品價格的另一個因素。資本密集型的觀光企業難以完全靠自身積累形成投入，所以在把自己的資本充分運用起來的同時，還要進行多元化的融資。融入資本的可獲得性和受利率影響的程度，影響著觀光產品的總成本，進而影響產品價格。貸款的比例愈高，受利率變化的直接影響就愈大。當利率較低時，貸款較易獲得，資本供給相對豐裕；反之，則會因為資本供給的緊張導致企業擴張更困難、更昂貴。資產使用效率的高低，不僅反映了觀光企業產品的經營水準，而且還將影響全部資本的獲利能力。

三、競爭與價格

影響企業定價決策的另一個因素是：外部競爭者的成本和價格，以及競爭者對企業定價策略的反應。經濟學家根據參與競爭企業的多少和產品的差異程度，將市場分為四種類型：(1)完全競爭市場（Pure Competition）；(2)完全壟斷市場（Pure Monopoly）；(3)壟斷競爭市場（Monopolistic Competition）；(4)寡頭壟斷市場（Oligopolistic Monopoly）。不同的市場競爭狀況決定著企業定價的自由程度，因此企業的定價策略與外部市場上的競爭結構之間有著密切的關係。

(一)完全競爭市場

完全競爭市場是一種競爭不受任何阻礙、干擾和控制的市場，既沒有政府的干預，也沒有企業或集團的集體聯合行動對市場機制作用的阻礙。完全競爭必備的四個特點是：

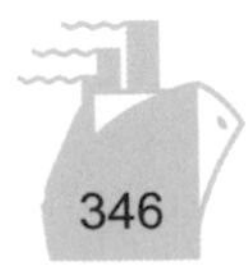

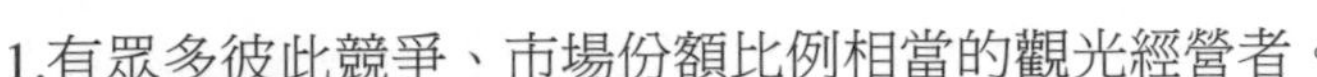

1.有眾多彼此競爭、市場份額比例相當的觀光經營者。

2.經營的觀光產品同質或同一。

3.資源完全自由流動，可自由進入和離開市場。

4.具有充分且暢通的市場訊息。

在完全競爭環境下，企業的定價一般以市場價格為基準，不會高於市場價格，因為消費者可以在眾多的替代品中進行選擇。

(二)完全壟斷市場

完全壟斷市場是指某觀光產品完全由一家企業所控制，且沒有任何替代品，因而完全壟斷企業對產品的價格與產量，對市場有著很大的控制權。完全壟斷市場很少見，只見於某些國家特許的獨占企業，如公用事業（包括電力、石油、郵政等企業），對某種產品擁有專利權或擁有獨家原料開採權的企業。

在觀光業中，某些獨有的觀光資源開發成的觀光產品會形成壟斷產品，從而成為一定的完全壟斷市場。如中國的長城、埃及的金字塔等，都具有世界上獨一無二的特色。另外以澳門的博奕產業為例，在2002年之前，澳門的博奕產業是完全由澳門旅遊娛樂有限公司一家壟斷了長達四十年之久，整個博奕市場屬於完全壟斷市場（Hsu, 2006）。

(三)壟斷競爭市場

壟斷競爭市場是既有壟斷又有競爭，是一種介於完全競爭和完全壟斷之間的市場類型。其特點是產品之間存在差別；同類產品擁有的經營者較多，進出該市場比較容易。經營者的同類觀光產品所存的差異性，往往是形成價格差別的關鍵，這些差異性可體現在品質、特徵或式樣等方面。從總體上看，觀光市場是一個壟斷競爭的市場，尤其是目的地市場既有壟斷也有競爭。壟斷性首先主要表現在觀光產品具有差異性，即每個國家或地區的觀光資源狀況不可能完全相同，從而導致每一種觀光產品都有其個性和特徵。於是，觀光產品之間的差異性在一定程度上形成了一種壟斷。其次，政府的某些政策限制形成一定的壟斷。例如政府對外資參與當地觀光業經營的限制等。再次，由於非經濟因素限制，例如簽證，使觀光客不能完全自由選擇觀

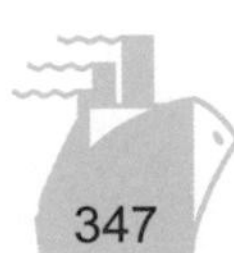

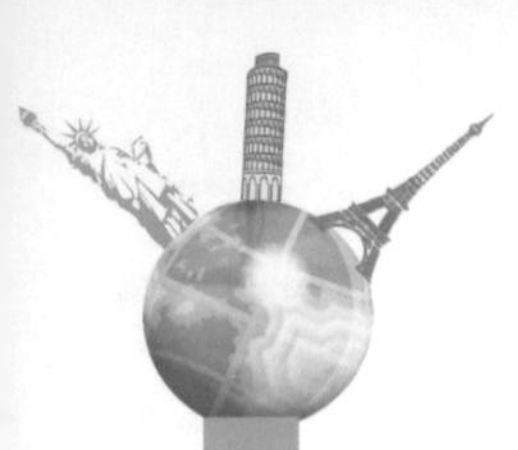

光產品而進入任何目的地。但是對某些觀光產品而言，有無數的經營者參與到產品的聯合和合作中，從而形成了壟斷競爭市場。

(四)寡頭壟斷市場

寡頭壟斷市場指為數不多的觀光經營者控制了行業絕大部分觀光供給的市場結構。每個大企業在行業中都占有相當大的份額，以致其中任何一家經營者的產量或價格變動，都會影響觀光產品的價格和其他經營者的銷售量。這是介於完全壟斷市場和壟斷競爭市場之間的一種市場形式。以澳門博奕產業為例，從2002年澳門博奕產業開放之後，澳博、永利和銀河三家公司獲發牌照。其後，這三家獲得博彩經營權牌照的公司又以「轉批給」的方式，發出另外三張博彩經營權牌照「副牌」給三家公司，事實上，現在澳門的博奕產業是被六家公司所控制的寡頭壟斷市場（劉成昆，2009）。另外，以郵輪市場為例，嘉年華集團（Carnival）、皇家加勒比國際集團（Royal Caribbean International）、麗星郵輪公司（Star Cruises）占據了全球郵輪市場90%的份額，其中嘉年華集團占據52.2%，皇家加勒比國際集團為30.4%，而麗星郵輪公司為8.9%（Kwortnik, 2006），前兩家郵輪公司以北美和歐洲為主要市場，而麗星郵輪公司的主要業務在亞洲，並且占有亞洲郵輪市場70%的份

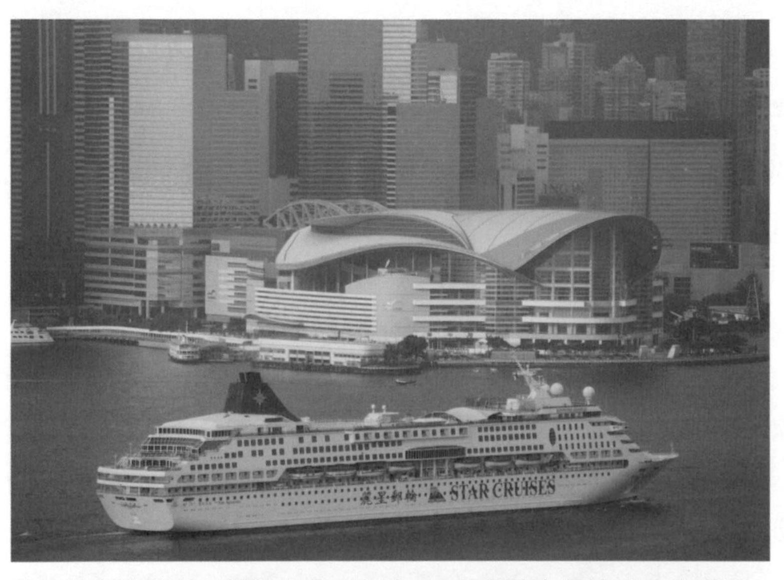

郵輪行業屬於寡頭壟斷市場，全球90%的郵輪市場被三家公司所占有，圖為三大郵輪公司之一的麗星郵輪。（徐惠群拍攝）

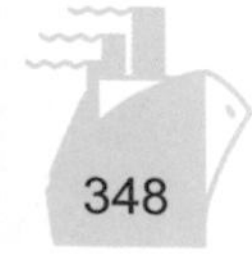

額。郵輪造價昂貴，普通的中等類型的郵輪花費為2億500萬美元（Holloway et al., 2009）。同時，在觀光產品市場上，也存在著寡頭。例如同一航線，有不同的航空公司參與競爭，但經營者的數量往往有限，這些觀光產品都是寡頭的代表（陳波翀，2002）。此外，航空運輸市場屬於寡頭壟斷型，因為航空運輸業屬於資金、技術、資訊密集型行業，要求一定的規模經濟。從本質上來講，郵輪、航空寡頭壟斷市場屬於不完全壟斷市場，由於其既存在競爭，又有壟斷。如果這些產業採取完全競爭模式，或採用競爭壟斷模式，過度的競爭將造成對資源的嚴重浪費和對生產的破壞。

總而言之，需求、成本和競爭的相互作用，影響著企業制定價格的策略以及最終的結果。在綜合考慮各種因素之後，企業會制定相應的產品價格，而產品的最低價格則是企業利潤為零的時候。

第三節　觀光產品的定價方法

成本導向定價法和邊際貢獻定價法是觀光企業常用的定價方法，這也是我們在這一部分將重點討論的內容。此外，需求導向定價法作為企業制定價格決策時的重要考慮因素，也是本節的主要內容之一。

一、成本導向定價法

成本導向定價法（Cost-Based Pricing）是以觀光產品的成本為基礎來制定產品價格的方法。它以觀光產品單位成本為基本依據，加上預期的利潤額作為產品的銷售價格，是觀光企業最常用的定價方法。售價與成本之間的差額即利潤，稱為「加成」（Mark-Up）。基本計算公式如下：

單位產品的價格＝成本＋成本×加成率（成本利潤率）
＝成本×（1＋加成率）

成本導向定價法又衍生出了成本加成定價法、目標收益定價法和盈虧平

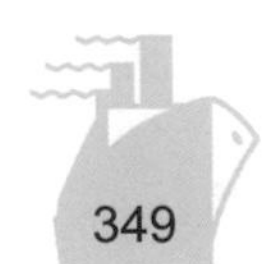

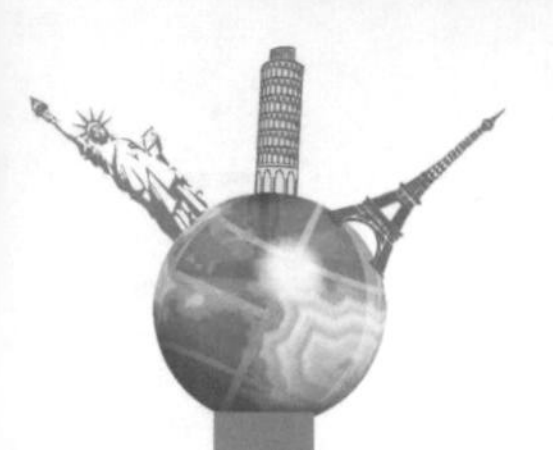

衡定價法等幾種具體的定價方法，茲說明如下。

(一)成本加成定價法

成本加成定價法（Cost-Plus Pricing）把所有為生產某種產品而發生的耗費均計入成本的範圍，計算單位產品的變動成本，合理分攤相應的固定成本，再按一定的目標利潤率來決定價格。其計算公式如下：

$$P=\frac{(\frac{F_C}{Q}+V_C)(1+R_P)}{1-T_S}$$

其中，

P＝觀光產品價格；Q＝預計銷售量；F_c＝固定成本

V_c＝單位變動成本；R_p＝成本加成率（利潤率）；T_s＝營業稅率

【例題】 某平價旅館有客房600間，全部客房年度固定成本總額為3,000萬元，單位變動成本為200元／間（天），預計全年客房出租率為70%，成本利潤率為30%，營業稅率為20%，試求每間客房的價格？

【解答】 根據所給資料和公式，計算如下：

$$P=\frac{(\frac{30{,}000{,}000}{600\times365\times70\%}+200)(1+30\%)}{1-20\%}=643\text{（元／間，天）}$$

(二)目標收益定價法

目標收益定價法（Target-Return Pricing）又稱**投資收益率定價法**，是根據企業的投資總額和預期總銷量，確定一個目標收益，作為定價的標準。其中，因為目標利潤P_f是企業「必須擁有」的部分，所以是固定成本的一部分。此時，價格的基本計算公式為：

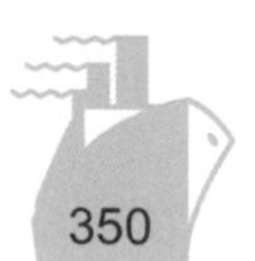

$$P=\frac{\left[\frac{F_C+P_f}{Q}\right]+V_C}{1-T_S}$$

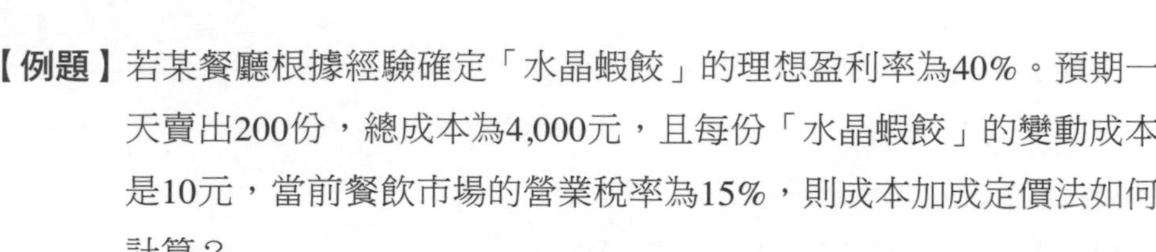

【例題】 若某餐廳根據經驗確定「水晶蝦餃」的理想盈利率為40%。預期一天賣出200份，總成本為4,000元，且每份「水晶蝦餃」的變動成本是10元，當前餐飲市場的營業稅率為15%，則成本加成定價法如何計算？

【解答】 只有當「水晶蝦餃」的單位價格達到32.9元，該餐廳才能實現40%的目標利潤率，計算如下：

$$P=(F_c \div Q+V_c)\times(1+R_p)\div(1-T_s)$$
$$=[(4{,}000-200\times10)\div200+10]\times(1+40\%)\div(1-15\%)$$
$$=32.9\text{（元）}$$

【例題】 若餐廳希望每天「水晶蝦餃」能收益800元，則目標收益定價法如何計算？

【解答】 只有當「水晶蝦餃」的單位價格達28.2元時，該餐廳每天才有可能實現800元的目標收益，計算如下：

$$F_c=4{,}000-200\times10=2{,}000\text{元}$$
$$P=[(F_c+P_f)\div Q+V_c]\div(1-T_s)$$
$$=[(2{,}000+800)\div200+10]\div(1-15\%)$$
$$=28.2\text{（元）}$$

(三)盈虧平衡定價法

盈虧平衡定價法（Breakeven Pricing）係根據盈虧平衡點原理進行定價。**盈虧平衡點**（Break-Even Point, BEP）又稱**保本點**，是指在一定價格水準下，企業的銷售收入剛好與同期發生的費用額相等，收支相抵、不盈不虧時的銷售量，或在一定銷售量前提下，使收支相抵的價格。

其計算公式為：

$$P=\frac{F_C/Q+V_C}{1-T}$$

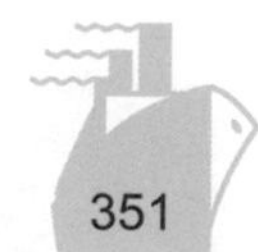

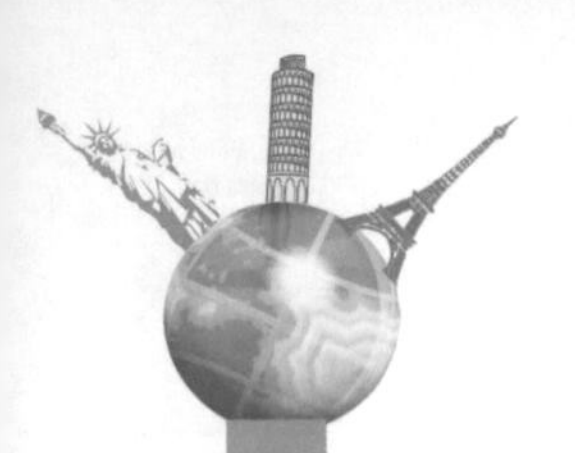

【例題】 某主題公園每月固定成本總額為300萬元，接待每位遊客的變動成本為50元，預計每月平均遊客數量為87,600人次，營業稅率為25%，試求該公園保本時的價格。

【解答】 根據所給資料和公式，計算如下：

$$P=\frac{\dfrac{3,000,000}{87,600}+50}{1-25\%}=112.3\text{（元／人）}$$

在以上餐廳的例子中，「水晶蝦餃」的保本價應該為：

$$\begin{aligned}\text{保本價}=P_{\text{保本}}&=（F_C\div Q+V_C）\div（1-T_S）\\&=[（4,000-200\times10）\div200+10]\div（1-25\%）\\&=26.7\text{（元）}\end{aligned}$$

只有當「水晶蝦餃」的單位價格達26.7元時，企業才不會虧損。

根據盈虧平衡定價法確定的產品價格，是觀光企業的保本價格。低於此價格觀光企業會虧損，高於此價格觀光企業則有盈利；實際售價高出保本價格愈多，觀光企業盈利愈大。因此，盈虧平衡定價法常用來作為對觀光企業各種定價方案進行比較和選擇的依據。

(四)千分之一法

千分之一法（One-Thousandth Pricing）也是某些飯店定價的方法。他們以整個飯店造價的千分之一作為飯店的房價。這是因為飯店總投資中占絕大部分比例（約占70%）是建築投資，因而造價應與房價相聯繫。如某飯店總造價5,000萬元，有客房250間，故每間客房價格為200元（即5,000萬÷250×1/1,000）。

(五)Hubbart定價法

Hubbart定價法（Hubbart Formula Pricing）是以目標收益率為定價的出

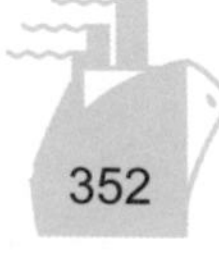

發點，在已確定計畫期各項成本費用及飯店利潤指標的前提下，透過計算客房部應承擔的營業收入指標，進而確定房價的一種客房定價法。它以房價和客房出租率作為決定飯店收入和盈利能力的最主要因素，比千分之一法要合理一些。採取此方法的飯店在調整房價時，會將來自餐飲、會議設施和零售經營等其他利潤中心的收入結合起來考慮。其他營業部門盈利高，房價則可降低；其他部門虧損，房價則上升。一般而言，新建飯店往往採用此種方法作為定價參考。

成本導向定價法的優點在於價格能補償並滿足利潤的要求，計算簡便，有利於核算。但成本導向定價法的明顯缺陷是脫離實際的市場境況，市場適應性弱，靈活性較低。並且，它只考慮飯店的成本，忽略了供求關係，顧客需求及市場競爭狀況等市場因素，對飯店自身的特點和優劣勢也不夠清晰。當出現價格競爭時，企業很有可能陷入生存危機。

二、邊際貢獻定價法

邊際貢獻（Contribution Margin, CM）是指企業增加一個產品的銷售所獲得的收入減去增加的成本，是指這個增加的產品對企業的「固定成本和利潤」的貢獻。**邊際貢獻定價法**（Contribution Margin Pricing）又稱變動成本定價法，是觀光企業根據單位產品的**變動成本**來制定產品的價格。它有兩種表現形式：一是單位邊際貢獻；一是邊際貢獻總額。

1.單位邊際貢獻公式為：

單位產品邊際貢獻＝單位產品價格－單位產品變動成本

$CM = P - V_c$

其中，

P＝單位產品價格；V_c＝單位產品變動成本

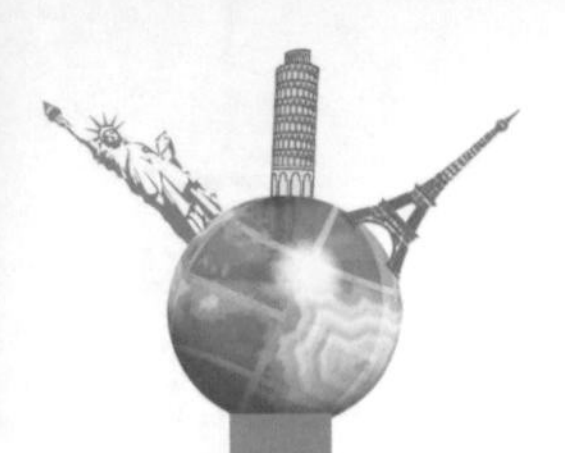

2.邊際貢獻總額公式為：

總邊際貢獻＝總銷售收入－總變動成本

$TCM = S - V_c = CM \times Q = (P - V_c) \times Q$

其中，

S＝總銷售收入；V_c＝總變動成本；Q＝銷售數量

邊際貢獻率（Contribution Margin Rate, CMR）是指邊際貢獻總額占總銷售收入的百分比，或單位邊際貢獻占銷售單價的百分比，以百分數表示。公式表示為：

$$CMR = \frac{TCM}{P \times Q} \times 100\% = \frac{(P - V_c)}{P} \times 100\%$$

從邊際貢獻率的公式中，我們可以看出：

1.當CM（TCM）＞0時，增加的產品的邊際貢獻不僅可補償固定成本，超過的部分即為企業的盈利。
2.當CM（TCM）≦0時，邊際貢獻不能補償固定成本，企業虧損。

對餐廳來說，菜品的邊際貢獻（CM）＝售價－單位食品變動成本，邊際貢獻用以支付固定成本和目標利潤。菜品售價可用以下兩個步驟來決定：

1.每位客人的平均邊際貢獻＝（固定成本＋理想利潤）÷期望的客人數量
2.售價＝每位客人的平均邊際貢獻＋每份食品的變動成本

如果某家餐廳期望每週接待7,000位客人，該餐廳每週的「蜜汁叉燒飯」的非食品固定成本是50,000元，期望利潤是30,000元，那麼每位客人的平均邊際貢獻＝（50,000＋30,000）÷7,000＝11.43元。若每份「蜜汁叉燒飯」的食品成本為25元，則「蜜汁叉燒飯」的暫定售價為＝11.43＋25＝36.43元。要注意的是，邊際貢獻定價關注利潤貢獻水準而不是食品成本率。

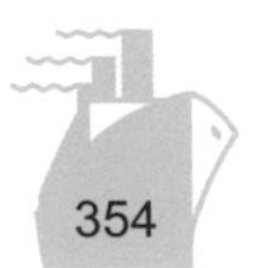

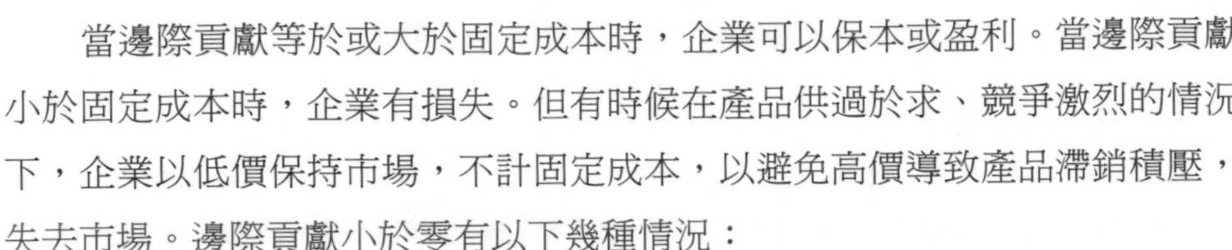

當邊際貢獻等於或大於固定成本時，企業可以保本或盈利。當邊際貢獻小於固定成本時，企業有損失。但有時候在產品供過於求、競爭激烈的情況下，企業以低價保持市場，不計固定成本，以避免高價導致產品滯銷積壓，失去市場。邊際貢獻小於零有以下幾種情況：

1.企業主要產品已分攤企業固定成本後的新增產品定價。
2.企業達到保本點後的產品定價。
3.企業開拓新地區市場的產品定價，即在現有市場的銷售收入已能保本並有盈利的情況下，為拓展市場，可對新客戶或新設網點的產品按變動成本定價。
4.企業經營淡季時的定價。

三、需求導向定價法

需求導向定價法（Demand-Based Pricing）是指企業的定價不以成本為基礎，而是根據市場需求狀況和消費者對產品的感受價值為依據來定價的一種方法，又稱顧客導向定價法或市場導向定價法。此方法靈活有效地運用價格差異，對平均成本相同的同一產品，價格隨市場需求的變化而變化，不與成本因素發生直接關係。需求導向定價法可分為認知價值定價法、需求差異定價法和逆向定價法三種。

(一)認知價值定價法

認知價值定價法（Perceived-Value Pricing）也稱為理解價值定價法，是指企業按照消費者主觀上對該產品所理解的價值來定價，關注消費者對產品價值的感知。此方法認為，消費者對各種產品的價值都有心理定位，當他們選購某一產品時，常會在多個同類產品間進行比較，權衡相對價值的高低而做出價格評判。產品的形象、性能、品質、服務、品牌、包裝和價格等，都是影響消費者對產品的價值和價格認知的要素。只有當產品價格水準與消費者對產品價值的理解至少趨於一致時，消費者才會接受該價格並購買，反之，則不會購買。正確估計購買者所認可的價值是觀光企業採用此法的關鍵。很多企業利用市場行銷組合中的非價格變數，如消費環境和品牌形象等

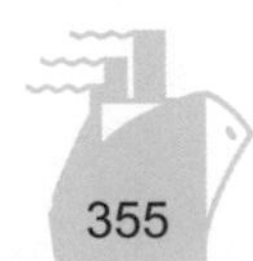

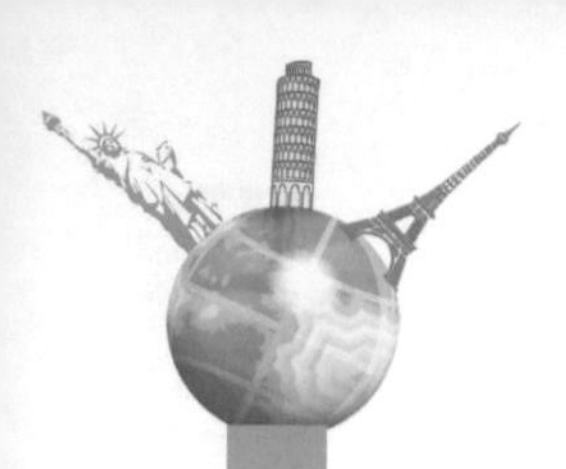

來影響購買者，在他們的頭腦中形成認知價值，並據此定價。

(二)差異定價法

差異定價法（Differentiation Pricing）根據需求的差異確定產品價格，強調適應消費者需求的不同特性，而將成本補償放在次要的地位進行定價。它往往對同一產品制定兩個或以上的價格，或使不同產品價格之間的差額大於其成本之間的差額。其好處是可以使企業定價最大限度地符合市場需求，促進產品銷售，有利於企業獲取最佳經濟效益。它的主要形式有：

1.顧客差異定價：如旅行社提供不同的團隊價和散客價；航空公司對國內、國外乘客分別定價；主題公園對老年人、學生和普羅大眾的不同票價等。

2.地點差異定價：不同的銷售地點，價格不同。

3.產品差異定價：樣式、方法不同，價格可能不同。如燒烤餐廳的自烤與廚師烤價格的不同；飛機頭等艙與經濟艙的價格差異。

4.時間差異定價：淡季與旺季的明顯差價。

以市場為導向的定價目標透過價格變化平衡供需關係，尋求市場供需水準的匹配，從而保證任何一個時點上，生產資源和能力都能得到最優配置和利用。其中，收益管理導向下的客房定價或機票定價方法成為當前非常普遍的定價方法。**收益管理**（Yield Management or Revenue Management）是指運用定價策略，把產品在合適的時間、合適的地點，以合適的價格銷售給合適的顧客的定價方法（Armstrong & Kotler, 2009），這種定價方法是以每小時、每天、每週，或每個月的市場需求模型為導向（Shoemaker, Lewis, & Yesawich, 2007）。飯店可以將客房入住率（Occupancy Rate）和平均房價（Average Daily Rate, ADR）兩個指標結合起來，追求整體收益最大化，而不在於削減成本。差異化定價是飯店收益管理以需求為導向的定價策略的集中體現。

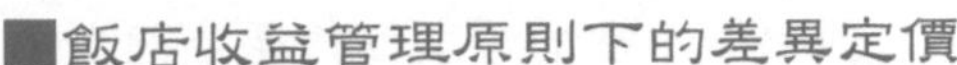

■飯店收益管理原則下的差異定價

差異定價（Price Discrimination）的核心是根據需求的不同，採用變動的、靈活性的定價模式，目的在於滿足不同客人需求的同時，使顧客識別出各種環境下購買觀光產品的價值所在，從而願意以觀光企業提出的價格購買產品，最終實現企業收入最大化。它主要包括如下幾種類型：

1.**按購買主體定價**：按購買主體定價是指觀光企業根據客人類型的不同而採取不同的價格，以平衡供給和需求，提高企業收益。購買主體往往決定了購買量的大小，對企業收入的貢獻是不同的。通常觀光企業的顧客可以分為團隊顧客、公司客戶和散客三種類型。團隊顧客和公司客戶往往購買量大且有持續性，觀光企業一般以低於散客價的團體優惠價出售；對散客市場則一般收取正常價格。也有企業將散客再細分為公務客和休閒觀光客，針對二者價格敏感度的截然差異，提供不同的產品價格。此外，常客也常被列為定價中的一個專門群體。觀光企業對經常惠顧的客人提供特殊的常客價格，以鼓勵顧客的多次惠顧。惠顧次數愈多，相應的常客價格優惠就愈大。

2.**按購買時間定價**：按購買時間定價是指觀光企業根據客人購買觀光產品時間的不同，採取不同的價格，以平衡供給和需求，提高企業收益。按購買時間定價的核心是平衡供給和需求，增加旺季的收益，提高淡季的銷售，主要包括：

(1)根據預訂時間的長短收取不同的價格，以鼓勵消費者提前預訂產品，保證銷售。

(2)針對淡、旺季採取季節性差價，平衡供給和需求，提高淡季銷售量。

(3)將一週分為工作日和休息日來制定不同的價格。

(4)將一天劃分為高峰期、平淡期和低谷期等時段，各個時段採取不同的價格，如午夜房、下午茶或早班機的優惠價。

3.**按購買通路定價**：一般來說，每家觀光企業有多種銷售通路和銷售方式，通路不同，產品的價格也有所不同。以飯店為例，通路差異化定價主要體現在：

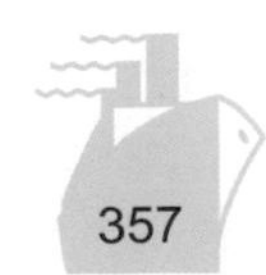

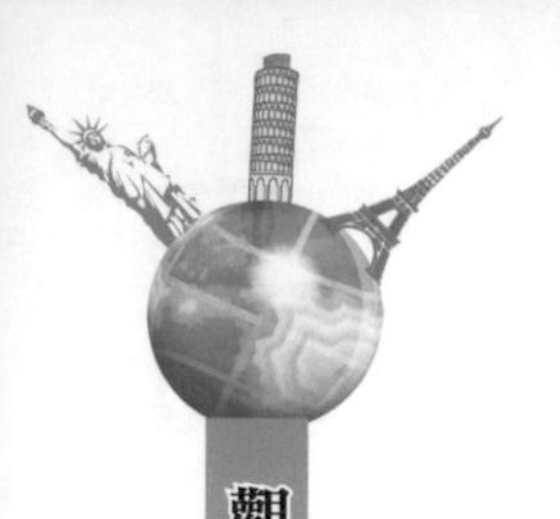

(1)提前預訂和臨時購買的區別。一般來說，提前預訂使得飯店有更充裕的時間調配客房，減少客房閒置的損失，所以價格相對低於臨時購買。

(2)直接預訂和代理預訂的定價差別。透過飯店直接銷售的價格低於代理商銷售價格，因為飯店須支付代理費。現今很多飯店都會在自己的官方網站上，對於直接預訂的顧客提供代理商所不能提供的優惠價，如萬豪的"Look No Further"最優惠價格保證、香格里拉的網上最低價格保證，和洲際飯店集團最低互聯網價格保證等。

上述這些都是飯店在收益管理理念主導下，採用差異定價引導顧客直接向飯店購買產品，實現收益最大化的定價類型。

飯店收益管理的有效運作須建立在下列前提下：

1.具體市場分析，預測長期與短期需求：商務客與休閒客在預訂方式、價格敏感度、居住時段上都有明顯的差別，因此在制定價格策略時可進行差異定價。如會議策劃者、公司差旅部人員、觀光批發商等的市場，團購數量大、價格敏感、會提前預訂且買賣關係長遠和相對穩定；而散客市場則要求即時入住，為短期購買行為，且購買數量不大。因此，對散客的短期購買行為和團購客戶的長期購買行為，要有準確的預測和分析，以平衡房價。

2.應有完整連續的預訂統計資料，以掌握相應的預訂特徵資料，如No-Show（預訂但未到）、Cancel（取消預訂）、Overstay（延期退房）、Understay（提早退房）的比例，從而科學地預測需求量，制定特定夜晚、時段或特定房類接受的各類預訂數量，並為超額預訂提供依據，對需求進行管理。

3.產品能進行靈活區分組合，根據各種產品滿足客人的效用價值的異同差別定價，對產品進行管理。

4.收益管理是一個複雜的系統，一方面需要飯店內部長期的歷史統計資料，如預訂資料、客戶檔案資料等；另一方面需要外部市場環境的競爭資料，如當地重要的事件、政策導向、消費環境等。這些資料和資訊都是支援收益管理所需的銷售資訊，以保證制定有效的價格策略，謀求收益最大化。

如果實施得當，收益管理會為飯店和客人創造一個雙贏的局面。在高需求與低需求時期運用適當的策略，使飯店的收入達到最大化。如在高需求時期，能夠接待對價格不敏感的客人，同時又能使其需求得到更好的滿足；相對的，在低需求時期以較低房價入住的對價格敏感的客人，也能得到更好的服務。成功的關鍵是早期準確的預測、適當的員工培訓和獎勵制度，以及靈活的定價彈性。

(三)逆向定價法

逆向定價法（Reversed Pricing）是企業依據消費者能夠接受的最終銷售價格，逆向推算出中間商的批發價和生產企業的出廠價的定價方法。它的主要特點是：產品價格針對性強，反映市場需求情況，有利於加強與中間商的良好關係，保證中間商的正常利潤，使產品迅速向市場滲透，並可根據市場供求情況及時調整，定價比較靈活。但同時也面臨著造成產品的品質下降和客戶的不滿，並導致客源減少的危機。

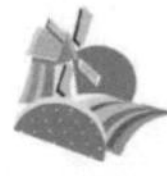

第四節　新觀光產品的定價策略

在產品的不同生命週期，企業採取的定價策略往往存在著差異，而新產品的導入期的定價對企業至關重要，它甚至影響著產品生命週期的進程及長短。常見的新產品定價法有吸脂定價法和滲透定價法兩種。

一、吸脂定價法

吸脂定價（Skimming Pricing）是指企業針對大多數潛在顧客制定的，相對於產品／服務的價值而言，較高價格的定價方法（Reid & Bojanic, 2010），這種比競爭者定價高的方法通常是公司有意制定的（Kurtz, 2008）。吸脂定價是一種追求短期利潤最大化的定價策略，會在短時間內帶來相對較高的邊際利潤；但同時會吸引競爭者的不斷加入，若處置不當，則

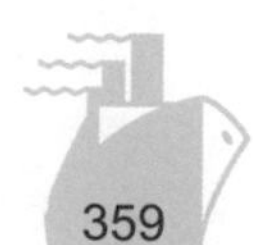

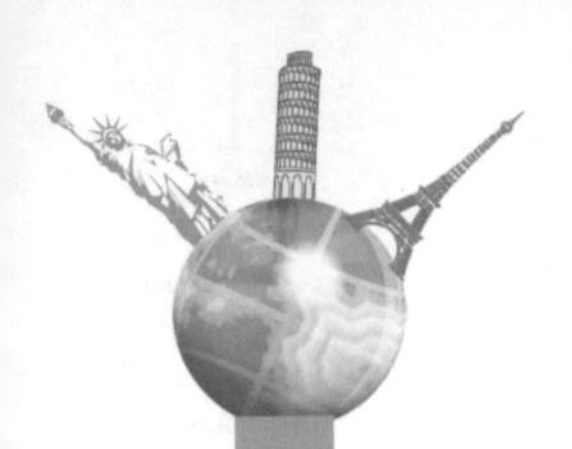

會影響企業的長期發展。隨著市場競爭的加劇和替代品的增加，新產品已不能高價面對購買者時，企業就應該逐步降價至較低的水準。一般而言，對於全新產品、受專利保護的產品、需求價格彈性小的產品、流行產品、未來市場形勢難以測定的產品等，可以採用吸脂定價策略。

吸脂定價法並不適用於所有的新產品，只有當產品具備一定的條件時才能適用：

1.市場上消費者的購買力很強、對價格不敏感且消費群數量足夠大時，企業採取此方法，有厚利可圖。

2.產品具明顯的差異化優勢，可替代性產品少。

3.品牌在市場上影響力已具足夠大的品牌效應。

4.當有競爭對手加入時，企業有能力轉換定價方法，透過提高性價比來提高競爭力。

若產品具備以上條件，吸脂定價法則為企業可以選擇的定價方法。

求新和求異是部分觀光客出行的主要驅動力。凡勃倫效應中所提的「炫耀型消費者」追求炫耀性消費的欲望，可能就是出於「高價意味著優質」的觀念的影響。隨著市場上競爭的加劇，觀光企業較難採取這種基於產品和服務的專有性的高價吸脂策略，且在採取這種策略之初，銷售量一般不會很大。

當某大型商場的首家咖啡店開業、機場附近的首家高檔飯店建成之初，都很可能採用吸脂定價法。因為新咖啡店的產品和高檔住宿設施都屬於其所屬區域的特殊產品，具有獨特的產品優勢，且顧客群較為穩定。另外，一些豪華飯店和渡假村會向住客提供諸如豪華飯店專人座車、Spa或高爾夫等設施，對大部分顧客來說，多不願意花更多的錢來享受這些服務，但是有小部分區隔市場的顧客卻願意享受這些額外服務（Reid & Bojanic, 2010）。對經營者來說，他們可以根據顧客願意支付的最高金額來設定價格，且往往不提供打折或優惠活動。

二、滲透定價法

滲透定價（Penetration Pricing）是與以「高價」為核心的吸脂定價法相

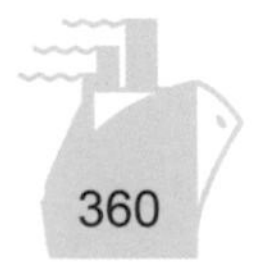

反的定價方法。它是指相對於產品／服務的價值來講，比較低的價格（Reid & Bojanic, 2010）。滲透定價策略對一些對價格比較敏感、經常更換不同產品／服務的顧客特別有效。企業通常以「低價」打入市場，犧牲高毛利以期短期內加速市場成長，獲得較高的銷售量與市場占有率，進而產生顯著的成本經濟效益，使成本和價格得以不斷降低。滲透定價策略不僅適用於產品導入階段，也適用於產品生命週期的其他階段。但其成功一般需要滿足以下條件：

1.市場需求呈現價格高度敏感、品牌偏好不明顯的特點，且需求數量足夠大。
2.生產和分銷能力大，銷量的快速增加可以實現顯著的經濟效益。
3.較低的導入價格能有效防護現存及潛在的競爭者，維持經驗效應。

「薄利多銷」是滲透價格法的核心。首先，低價可以於短時期內實現大量銷售並獲得長期穩定的市場地位；其次，薄利阻止了競爭者的進入，增強了自身的市場競爭力。低價滲透是英航在1990年代採取的主要競爭策略。他們以提供經濟艙座位為主；同時減少免費飲食和其他非必需的服務內容，以此降低機票價格。但近些年，該航空公司放棄了低價競爭策略，轉向新的產品和定價策略。他們增加商務艙和頭等艙座位，增加服務內容，提高票價。另外，由於平價旅館不提供餐飲服務和飯店禮賓服務，速食店也沒有專業的廚師，因此企業在營運過程中的花費也會相應降低；換言之，低價策略產生的規模經濟可以增強企業的競爭力。從這些案例可以看出，企業的競爭策略決定了定價策略，並進而決定了價格和產品的組合。

三、產品最終價格的確定

在根據成本或邊際貢獻計算保本價格之後，觀光企業最後擬定的價格必須考慮以下因素：

1.消費者的心理。判斷顧客願意支付的最佳價格，然後有針對性地採用心理定價。如一些飯店、餐廳以及渡假村利用「聲望定價法」，完全定位於高端市場，營造奢華高貴，以絕對高價策略創造一種排他性的

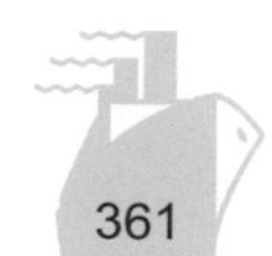

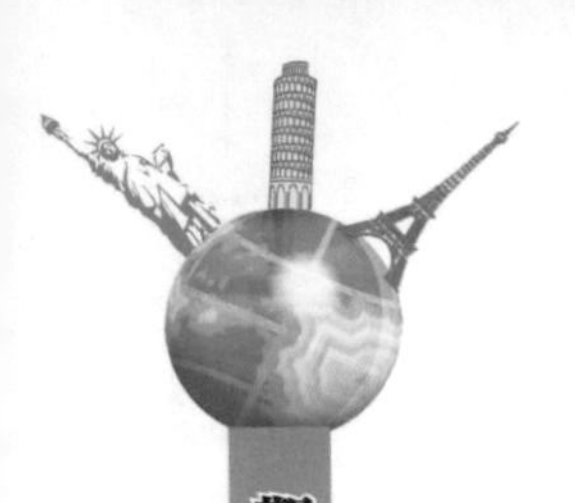

尊寵形象，並把產品／服務作為顧客體現身分的象徵。也有企業採用「尾數定價法」，如客房定價為2,998元而非3,000元、自助餐價格為398／位而非400／位、某觀光線路定價6,999元等。

2.企業內部有關人員、經銷商、供應商等對所定價格的意見，以及競爭對手對所定價格的反應。

3.最後價格須與企業定價政策相符合。

4.最後價格是否符合政府有關部門的政策和法令規定。政府對某些特殊產品可能有最低或最高價格底限的政策規定。這一條在航空業尤為重要，例如機場對航空性收費定價方面，法蘭克福機場是由政府制定收費價格的上限，機場只能在限定範圍內自主定價。有些政府為了避免旅行社的惡性價格競爭，並保護消費者所得的最低待遇，規定某些路線、目的地的每人每天所需的最低團費標準。如香港政府也在商討準備立法禁止香港旅行社承接「零團費」旅行團，並規定旅行團應設立基本團費標準。（文匯報，2010）

第五節　套票價格與折扣管理

一、套票價格（Package Price）

觀光產品是一種綜合性產品或整體性產品，由一系列單項觀光產品構成（廖世超，2002）。很多觀光企業會在以某種主要業務（如飯店的客房、航空公司的機票）為主的同時，加入其他的消費產品，以形成「套票價格產品」，或稱套票產品。航空公司的「機票＋飯店」服務、飯店的「住宿＋早餐」、餐廳的「菜品＋飲品套餐」等，都是套票產品的表現。套票產品不僅方便顧客、滿足顧客的某些特殊需求，同時它的價格比各組成單品的價格的總和要低。所以觀光企業對產品定價的評估很多時候是將多個產品組合在一起評估。

套票產品因為加入了其他特殊的元素而呈現出與競爭產品的差異，如會議觀光中加入景點參觀、住店時提供免費或特價演唱會門票等。這些賦予

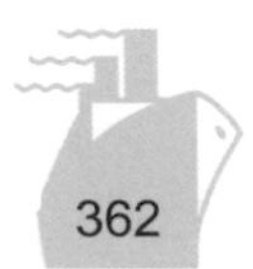

附加元素的「產品／服務」，可以刺激更頻繁顧客的再次光顧，增加人均消費，延長顧客的逗留時間。套票產品也是企業擴大淡季需求量的常用方法。商務飯店推出的「週末家庭特惠套餐」、餐廳的「今日優惠套餐」、「週末特價套餐」等，都是產品組合的行為。方便和實惠是套票產品的兩個主要特性。通常，包價旅行的銷售價格低於所有項目單獨購買的總價，所以它們代表了更大的價值。雖然套票產品在某種程度上減少了邊際利潤率，但是其產生的增量銷售額實際上可以增加總利潤。例如，很多旅行社提供優惠的觀光套票，將機票、飯店和觀光景點搭配一起銷售。雖然這些產品的單賣價格的總和高於套票價格，但增加的銷售量恰足以抵銷增加的產品成本率。並且套票特價能增加旅客的平均消費，提高旅行社的平均消費收益。另外，套票產品還可以包含某些不為顧客所熟悉的、價格較低的觀光產品，這些套票產品有利於將某些觀光產品推介給顧客，從而讓他們熟悉這些產品。例如香港的昂坪3 60提供的套票產品，除了包括乘坐「昂坪纜車」到達天壇大佛所在地，也包含了「與佛同行」、「靈猴影院」等多媒體影像節目，主要是把不為觀光客所熟悉的多媒體影像產品介紹給他們。

對於餐廳來說，菜單包括多個菜品或套餐選項。某單項菜品的價格有其自身意義，但也需要和其他選項的價格聯繫起來加以評估。一個菜品中食品的高成本率可能被另一個選項的低成本率所平衡。最終利潤是由菜單上所有菜品的表現來決定。透過菜單的擺放、菜品名稱和其他推銷技巧，低成本高貢獻的選項可能被特別推薦來促進銷售，而出於產品的必要性或應付競爭壓力的需要，有些必須要列在菜單上的低貢獻選項則可能被「埋」在菜單中，以最大限度減少其銷售。以這些必須考慮的因素來決定餐廳的菜單定價評估時，任何盈虧平衡計算不僅要以單項為基礎，還要評估其所在的假設的銷售組合中的成本和邊際貢獻。

二、觀光企業價格中的折扣管理

觀光企業的價格體系不只設定單一價格，而是一套由多種類型的價格組成的整體，以反映出顧客差異、時間差異以及市場環境改變。飯店價目表向客人提供飯店客房的價格一般是公告牌價（Rack Rate），是指客人直接在飯

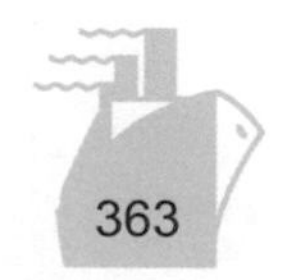

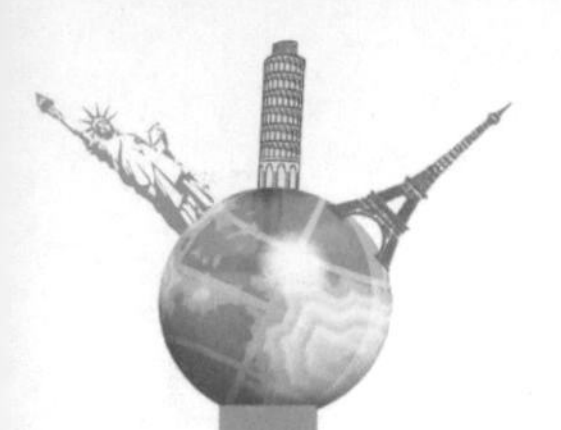

店前臺購買客房產品的價格。但飯店真正按「公告牌價」出售的情況一般較少。很多飯店都會對不同類型的顧客提供特別的折扣房價，如給旅行社的團隊價、公司合同價或同行價等。尤其在住房率較低時，按照公告牌價進行打折，幾乎成為飯店業、航空業的行業慣例。

幾乎所有的觀光企業都會因為顧客的購買數量或淡季購買，而從基本售價上採取回應性措施，其中折扣成為最常見的方法之一。觀光企業常見的折扣形式有：

1.現金折扣：現金折扣是觀光企業為了鼓勵顧客和中間商迅速付款所給予的價格折扣。他們支付得愈早，獲得的折扣就愈高。這種折扣常用於企業與協同公司、企業與旅行代理以及企業與航空公司之間。這種折扣有助於加速企業的現金流動、降低呆帳風險及收款的成本。

2.數量折扣：數量折扣依據購買數量的多少給予不同幅度的折扣優惠，主要是為了鼓勵大量購買。團購折扣是數量折扣中的一種，主要是針對團體顧客，如旅行團和公司客戶。他們往往由於一次性購買的數量多而獲取特殊的折扣優惠，且購買數量愈多，獲得的折扣就愈高。數量折扣可分為「非累計數量折扣」和「累積數量折扣」兩種。舉例來說，「單次消費滿3,000元以上打9折，5,000元以上打八折」屬於非累計數量折扣。而「三個月內消費滿10,000元即享8折優惠」則屬於累積數量折扣。也有企業採取在一定時期內「買N送一」的折扣形式，如顧客購買20張同行機票可獲得1張免費，或購買10張主題公園門票可享受1人免費入園。如飯店提供給某航空公司「買15送1」優惠——航空公司員工每住滿15個晚上，或購買15間客房住宿即可免1間客房的房費。

3.季節折扣：季節折扣主要是針對淡季而言，即對在淡季購買服務的消費者提供價格上的優惠。淡季折扣幾乎是所有觀光企業包括航空公司、旅行社、餐廳或飯店等常提供的折扣，主要是為了維持旺季與淡季銷售量的平衡與穩定。

容量過剩和競爭加劇是愈來愈多的飯店打折銷售的主要原因。在日漸飽和的飯店市場上，低價策略成為飯店爭取有限的市場份額的有效方法之一。

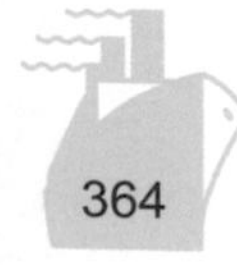

飯店產品的不可儲存性——今天未售出的客房不能留到明天再出售以實現今天的價值，使得飯店有限時銷售的壓力。即使低價出售的客房創造的利潤較原價出售時減少了很多，但只要不低於邊際成本（增加1間客房的銷售所增加的成本），低價出售就比閒置要對飯店有利。

觀光企業的折扣促銷的另一個重要原因，是產品和服務的高固定成本、低邊際成本特點。一家飯店營運投產時，建築物、室內裝修、家具等費用構成了飯店份額最大、最主要的成本（即固定成本）；而飯店每多出售一部分產品所帶來的邊際變動成本卻十分低。增加1間客房的銷售收入（邊際收益）儘管是在低價位售出的，但只要高於邊際成本，這種價格行為就是理性的。從經濟角度來看，只要邊際收益大於邊際成本，將飯店產品銷售出去就是有利的。考慮到飯店產品的不可儲存性，比較邊際收益和邊際成本就成為飯店銷售決策的重要標準之一。然而，在提供打折，並考慮邊際收益的同時，定價決策也要考慮售價對企業形象的影響。許多高檔的飯店為了維護其市場定位與形象，寧願有空餘的客房也不願把定價降低。

結合觀光業高固定成本和邊際貢獻能力、季節性明顯以及產品不可儲存的特徵，打折就成了平衡淡、旺季銷售的一種可能策略。但是，折扣的高低建立於對成本和收益的綜合考慮之上。如果沒有很好理解打折對收入和盈利的影響就提供折扣，是非常危險的。所以，很多飯店採用了前面我們提及的收益管理概念，使客房出租率及其收益最大化。

本章小結

價格是企業提供給顧客的價值的體現，是經營者收回成本和實現利潤的一種途徑。觀光產品的定價可能是為了保持或增加市場份額、實現利潤最大化、應對或迴避競爭，或者塑造形象與聲譽。這些定價導向主要取決於產品的特性及其所處市場的行銷環境。需求、成本和競爭是決定價格的三個最關鍵因素。需求部分地決定價格，同時也在某種程度上取決於價格。需求彈性和價格敏感度則是決定二者關係的重要因素。固定成本和變動成本構成產品總成本。總體來說，觀光產品具有高固定成本和低變動成本的特殊性，最重

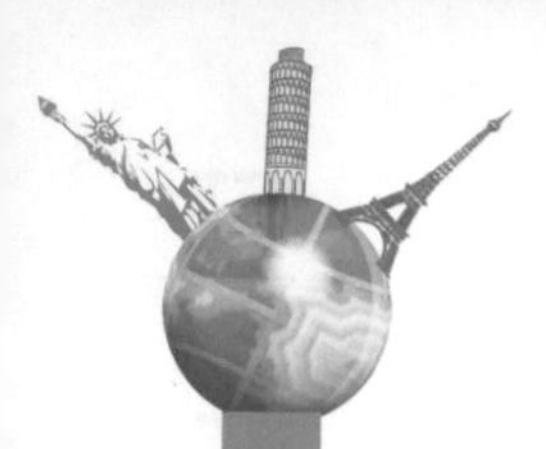

要的是原材料成本、勞動力成本和固定資本成本。競爭因素主要體現在競爭者的成本和價格，以及競爭者對企業定價策略的反應上面。

關注產品成本的觀光企業常採用成本加成、目標收益、盈虧平衡定價法，而飯店還可以用千分之一和Hubbart定價方法、邊際貢獻法對產品進行定價。當企業將重點放到市場需求上時，需求導向下的認知價值定價法、需求差異定價法和逆向定價法則成為定價策略選擇。此外，產品的生命週期也是影響定價策略的關鍵要素，尤其是對新觀光產品採用「高價」吸脂定價還是「低價」滲透，決定著新產品導入市場的成功與否，並影響其後的生命週期階段的發展。

觀光產品本身的綜合性或整體性，為觀光企業組合諸多單項產品形成「套票產品」提供了條件。套票產品不僅在價格上體現出競爭優勢，同時有效促成產品的價格差異化。組成成分的靈活變動是體現綜合性產品差異化的有利條件。季節性是觀光產品的特點之一，折扣成了觀光企業刺激淡季需求的最常見方法。折扣是基於觀光產品高固定成本、低邊際成本特點基礎上，有效平衡季節性需求，尤其是淡季需求的有效方法。

重要概念

- ■銷售導向定價目標　Sales-Oriented Pricing Objective
- ■利潤導向定價目標　Profit-Oriented Pricing Objective
- ■競爭導向定價目標　Competition-Oriented Pricing Objective
- ■形象導向定價目標　Image-Oriented Pricing Objective
- ■投資收益率　Return on Investment, ROI
- ■需求彈性　Elasticity of Demand
- ■價格敏感度　Price Sensitivity
- ■凡勃倫效應　Veblen Effect
- ■固定成本　Fixed Cost
- ■變動成本　Variable Cost
- ■完全競爭　Pure Competition
- ■完全壟斷　Pure Monopoly

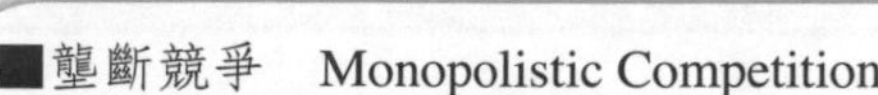

■壟斷競爭　Monopolistic Competition
■寡頭壟斷　Oligopolistic Monopoly
■成本導向定價法　Cost-Based Pricing
■加成　Mark-Up
■成本加成定價法　Cost-Plus Pricing
■目標收益定價法　Target-Return Pricing
■盈虧平衡定價法　Breakeven Pricing
■盈虧平衡點　Break-Even Point, BEP
■千分之一法　One-Thousandth Pricing
■Hubbart定價法　Hubbart Formula Pricing
■邊際貢獻定價法　Contribution Margin Pricing
■邊際貢獻　Contribution Margin
■邊際貢獻率　Contribution Margin Rate
■需求導向定價法　Demand-Based Pricing
■認知價值定價法　Perceived-Value Pricing
■差異定價法　Differentiation Pricing
■收益管理　Yield / Revenue Management
■差別定價　Price Discrimination
■逆向定價法　Reversed Pricing
■吸脂定價法　Skimming Pricing
■滲透定價法　Penetration Pricing
■套票價格　Package Price

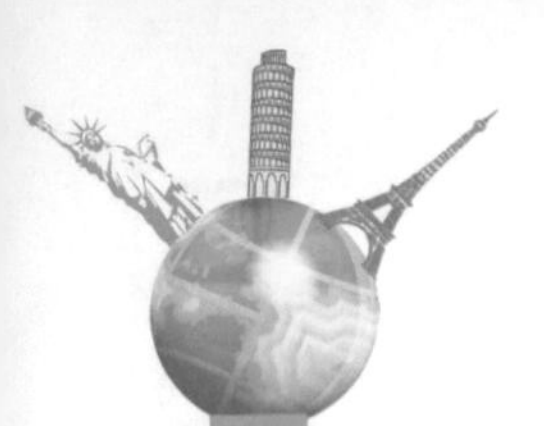

課後習題

一、請問觀光企業產品的定價一般會在哪幾種導向下進行？

二、影響觀光產品價格的三個主要因素是什麼？請分別對這三者與價格之間的關係進行解釋。

三、某平價旅館有客房800間，所有客房年成本為5,000萬元，每間客房變動成本為120元／（間，天）。若旅館預計下一年的客房出租率為80%，營業稅率為20%：

1.請問客房價格至少達多少旅館才不會虧損？

2.每間客房應該定價多少旅館才能實現20%的年利潤？

3.若旅館預計下年的年收益達5,000萬元，房價應為多少？

四、某餐廳預計下週賣出400份「糖醋排骨」，並進行了成本預算。其中，原材料成本12,000元，人工成本約為10,000元，並且每份「糖醋排骨」可能有25元的變動成本。營業稅率為15%。請問每份「糖醋排骨」至少售價多少，該餐廳才能保本？如果餐廳的實際售價是60元，餐廳會盈利或虧損多少？

五、某航空公司為了實現收益最大化，對機票進行差異化定價，請問其可以依據哪些要素來實現機票價格差異化呢？

六、觀光企業在進行了盈虧平衡分析後、確定最終價格之前，還需要考慮哪些因素？

七、折扣幾乎是所有觀光企業採用過的促銷方式，請問航空公司一般會採用哪些形式來為顧客提供折扣優惠？

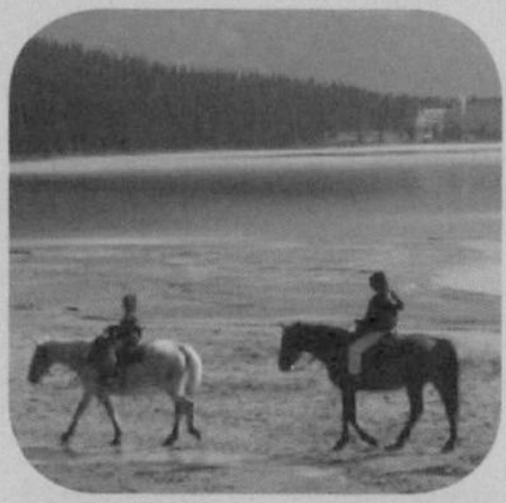

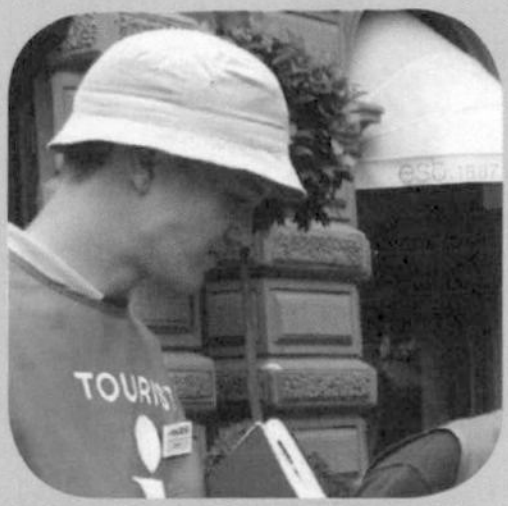

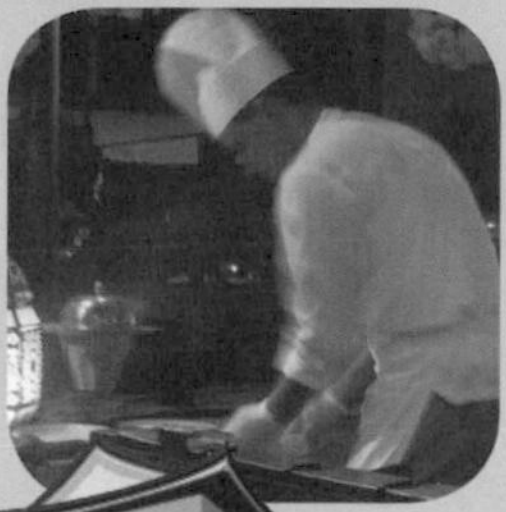

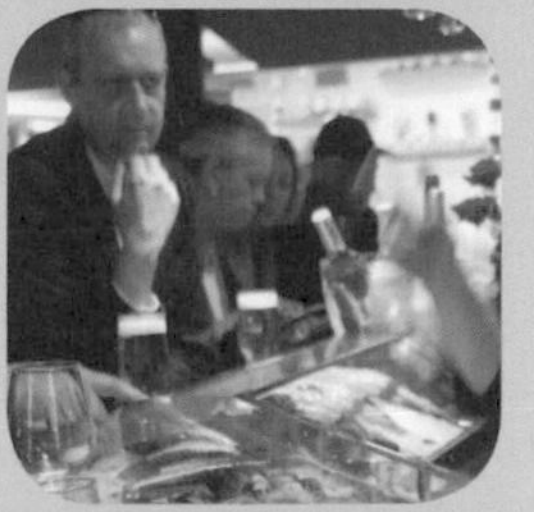

Chapter 12

觀光企業的行銷溝通

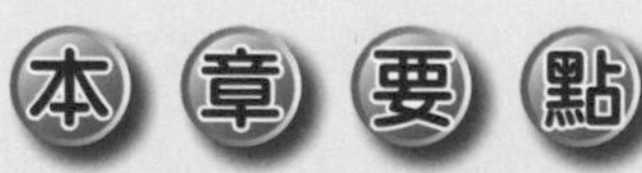

◆產品生命週期和消費者購買決策與行銷溝通策略
◆廣告媒體的種類以及廣告策劃步驟
◆銷售推廣的主要類型及目的
◆公共關係和公眾宣傳的工具與角色
◆銷售洽談的具體步驟與注意事項

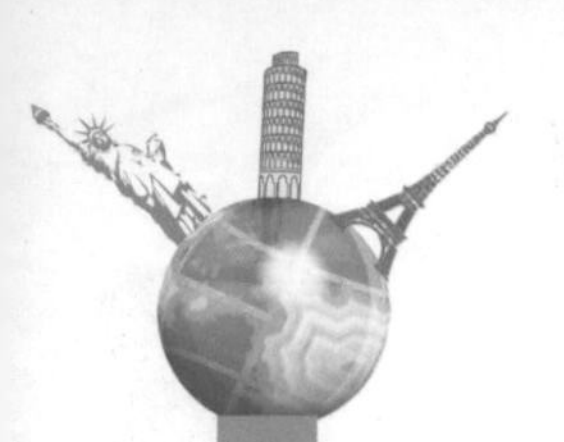

消費者購買某種產品之前，首先會瞭解產品的價格、特點和表現特徵等資訊，然後在諸多相似產品中挑選出最能滿足自己需求的產品。企業將產品或服務的相關資訊傳遞給消費者的過程，就是我們所說的行銷溝通，或稱行銷傳播。**行銷溝通組合**（Communication Mix）是將廣告、公共關係、銷售推廣和人員推銷這四種方式組合在一起，向目標市場傳播產品和服務的資訊，促成購買行為以實現行銷目標的過程。這四種溝通方式的基本解釋如下：

1.廣告（Advertising）：利用各種付費的媒體對創意、產品或服務進行推廣，與目標群體進行資訊溝通。廣告形式多種多樣，不僅包括傳統媒體廣告，如報刊雜誌、電臺電視、戶外、室內和輔助媒體等；還包括新媒體如網幅、電郵、部落格、手機短訊、社交網站等。

2.銷售推廣（Sales Promotion）：企業透過增加產品的利益或價值，刺激消費者初次或重複購買的短期激勵行為。刺激要素以經濟利益為主，也有非物質價值，如競賽中的成就感。特價、折扣、優惠券和贈品、特殊活動和常客積分都屬於銷售推廣的內容。

3.公共關係（Public Relations）：指公司透過有利的宣傳樹立良好的公司和產品形象，並應付或阻止不利的傳言、新聞或事件，從而與公司的消費者和其他相關利益群體建立良好關係。**公眾宣傳**（Publicity）主要是由媒體對企業的產品、服務、活動進行的報導或評論。

4.人員推銷（Personnel Selling）：常指公司的銷售代表對潛在消費者或現有消費者的銷售拜訪。這種銷售可以是現場面對面的介紹，也可以是電話或郵件等非面對面的資訊傳遞。

第一節　觀光企業行銷溝通組合

消費者在購買所需產品／服務之前，腦海裡通常會有一系列經營這些產品／服務的企業名單。對企業來說，首先要向目標市場的消費者傳達企業經營的業務，從而讓消費者有印象；接下來要做的是，如何讓消費者明晰某些企業的產品／服務優於其他企業，這一步也是決定企業能否成功促成消費者購買的關鍵。向消費者傳遞產品和服務的種類以及特徵的資訊過程，就是行

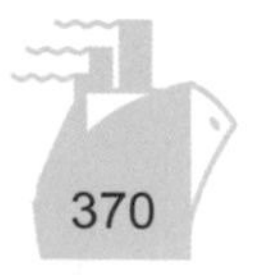

銷溝通過程。

一、行銷溝通與產品生命週期

產品生命週期是行銷學中的一個重要概念，它是指一種產品從投入市場到被淘汰以至退出市場的過程。**觀光產品生命週期**理論認為：觀光產品的發展經歷導入、成長、成熟、衰退或重新發展四個階段（如**圖**12-1）。它是觀光產品發展的一般客觀規律，但不同產品所經歷的時間長短有很大差異。生命週期階段不同，產品的吸引力和需求量不同。企業根據觀光產品所處的階段，認清市場需求和產品購買力，採取正確的策略是行銷的關鍵。以下就觀光產品的各生命階段常採用的行銷溝通策略展開討論。

產品溝通按目的可分為三種：

1.告知性溝通：透過對消費者如實介紹產品的性質、用途和價格，以及產品生產方、品牌、商標等，促使消費者對產品產生原始需求（對此類產品的需求），屬開拓性溝通。

2.說服性溝通：以說服消費者為目標，凸顯產品的特質和優勢，使消費者對某品牌或產品加深印象，刺激其產生選擇性需求，而「指定品牌購買」屬於競爭性廣告。

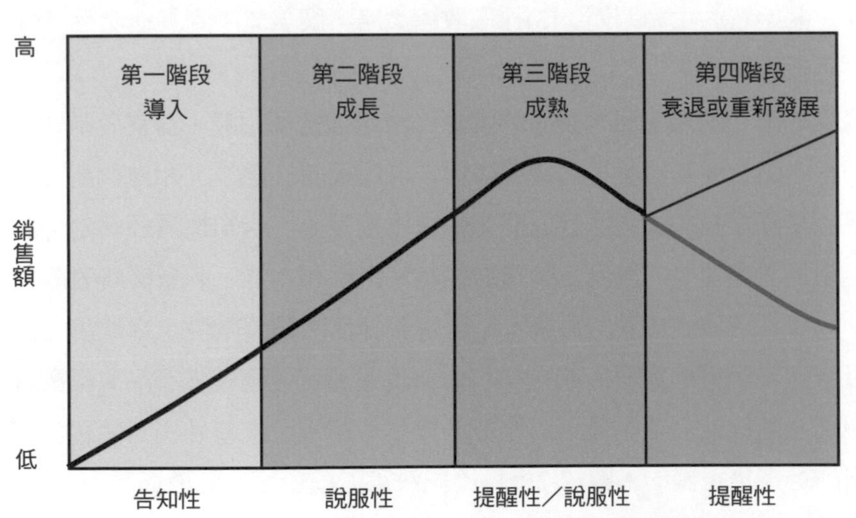

圖12-1　**產品生命週期不同階段的主要溝通策略**

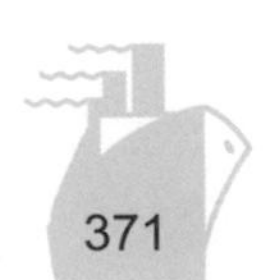

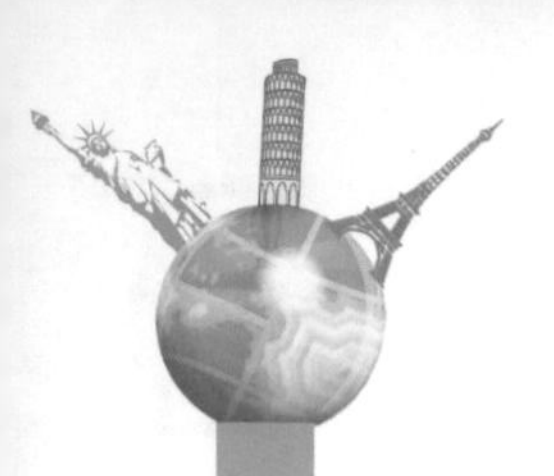

3.提醒性溝通：被用於消費者已習慣於使用和購買某種產品後，旨在保持消費者的購買習慣，刺激重複購買，以防止消費者發生偏好轉移。

導入階段的觀光產品知名度較低，市場需求量較小，銷售額增長較緩慢。創牌是該階段的主要目標，關鍵在於鼓勵潛在消費者的首次購買或試買，培育認知度和產品知名度。企業一般採取**告知性溝通策略**，密集傳播，大量媒體投入，資訊觸及面最大化，達到影響產品認知並提升品牌知名度的目的。銷售量迅速增長是產品處於**成長階段**的標誌。此時，產品逐漸或迅速被市場接受；市場占有率上升，企業利潤增加。新的追隨者與競爭者進入市場，競爭加劇。塑造品牌形象是此階段的重點。所以，企業主要利用產品和服務的優越功能和特徵說服消費者，同時刺激重複購買和嘗新。

產品到了**成熟階段**已擁有比較穩定的消費者群體。保牌和維持品牌忠誠度是此階段的主要任務。溝通旨在凸顯產品的區別與利益，提醒消費者本產品的優越性，維持品牌忠誠；提高消費 者購買數量和頻率；擴大消費者範圍。在這一時期，說服性溝通的頻率明顯提高以增強說服力度，但溝通費用會因此明顯增多。增多的溝通費用導致企業利潤的減少，因此，企業一般將說服性溝通和提醒性溝通方式交替使用。進入成熟期後，產品會因為市場競爭和新的觀光產品的投入，或社會和環境負擔力問題而逐漸呈現**衰退現象**。企業此時可能採取的溝通策略有：(1)提醒性溝通維持品牌忠誠；(2)更新產品或服務，開始新的生命週期；(3)採取收縮策略，廣告集中到其他產品；(4)放棄，不再投入溝通。

企業的溝通策略還與消費者的實際決策過程密切相關。消費者購買決策形成過程中的首要階段是：消費者發現自身所擁有（需求）和他們所想要的（欲望）之間存在差異，並且他們想彌補這種差異。**告知性溝通**就是告訴消費者能滿足他們需要的產品／服務的利益、特點和功能，刺激消費者的某種欲望，並使其意識到自身的需求。在消費者評估和購買階段，企業溝通內容以**說服**為主，用優於競爭者的特點和優勢說服消費者購買本產品。**提醒性溝通**資訊則在購後的評估階段用以維持消費者的記憶，並幫助消費者再次確認其做出的選擇是正確的。**圖**12-2提供不同決策階段所適合的溝通類型。

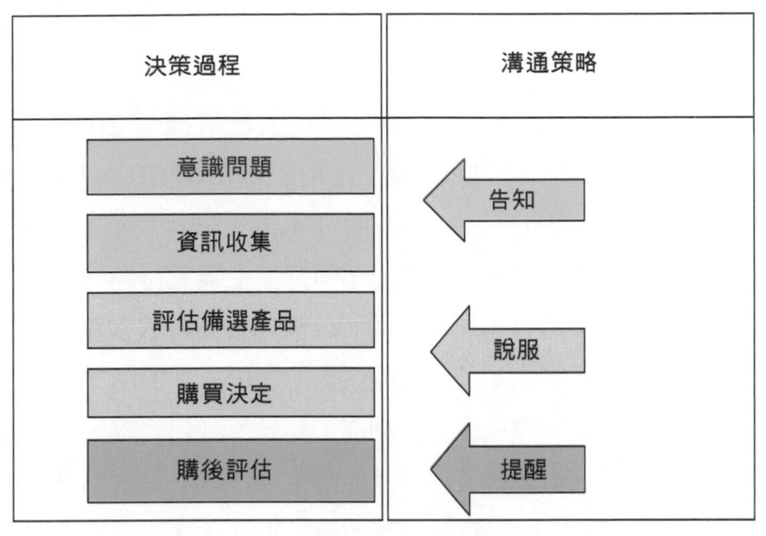

圖12-2 購買決策過程和溝通策略

二、需求刺激

行銷溝通的主要目標是刺激消費需求，說服消費者購買。需求可以分為原始需求和次級需求兩類。**原始需求**（Primary Demand）指人對某類產品的廣義需求。很多觀光企業在推出新產品時，通常採取刺激消費者原始需求的方法，許多市場領導者也是以原始需求為溝通重點，因為當消費者的原始需求上升時，由於市場領導者擁有最大的市場占有率，那麼其銷售量一定會增加。最典型的例子就是旅行社的廣告通常描述現代人辛苦工作、有很大的生存壓力，因此旅行是消費者休閒放鬆的一種途徑。**次級需求**（Secondary Demand）又稱選擇性需求，是指消費者指名購買某特別品牌的需求（Bennett, 1995）。這種需求一般產生於有眾多相似產品的競爭的成熟型市場，消費者可以在不同的品牌之間做出選擇。產品的特殊性和個性化是此階段溝通的重點。譬如峇里島、馬爾地夫的海水沙灘、藍天白雲是海灘休閒渡假的好去處；對於佛教朝聖者來說，西藏、尼泊爾的仙境之旅可能是不錯的選擇。

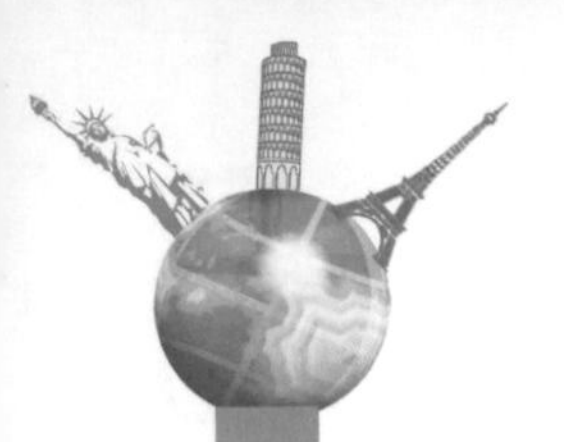

三、溝通反應層次

消費者對行銷溝通的反應水準是企業制定選擇溝通模式的考慮因素，也是衡量溝通效果的主要依據。行銷上常用的AIDA模型——認知（Awareness）—興趣（Interest）—欲望（Desire）—行動（Action），就是從消費者心理的角度，考慮溝通從喚起認知到產生購買行為的心理模式，它反映的是消費者對企業進行溝通的產品和服務的心理介入程度（**表**12-1）。以某家新開張主題公園為例：盛大的開業典禮喚起公眾的認知，讓其認識到有「新主題公園出現」；開業酬賓活動則主要為了激起公眾對主題公園提供的產品和服務的興趣，引起購買該產品的欲望，並促使其做出購買或試買的決策；當消費者將意念中的購買付諸實施時，也就是購買行為真正發生的過程。至此，企業進行行銷溝通的目標——獲得購買便得以初步實現。這個完整的過程就是我們提及的AIDA模型。

表12-1　行銷溝通的消費者反應層次：AIDA模型

	階段	消費者反應
A	認知（Awareness）	我注意到那裡有新的……
I	興趣（Interest）	我在想是否……
D	欲望（Desire）	我想試一下他們的……
A	行動（Action）	啊，終於來到這裡了。

擴大市場份額和提高市場成長率是諸多策略共同影響的結果，廣告溝通只是其中之一。例如銷售推廣是獲取更多客源、建立知名度和銷售量的重要方式，但維持和擴大知名度以及決定消費者是否重複購買的關鍵因素，卻是產品和服務的品質。從**圖**12-3可看出，銷售推廣一直都是企業實現所有行銷目標的關鍵要素，直到消費者的試買活動順利實現（圖中的虛線以下部分）。企業在銷售推廣方面的不斷努力，帶動了消費者的認知度、興趣和欲望的不斷增強。當消費者的首次購買行為發生之後，品質就取代了銷售推廣的位置，成為首要因素；廣告此時則主要起提示性作用。企業此時的經營活動開始圍繞「滿意度和忠誠度」進行，即維持消費者對產品和服務的適應性和重複惠顧意願，這也是所有觀光服務企業的行銷目標。

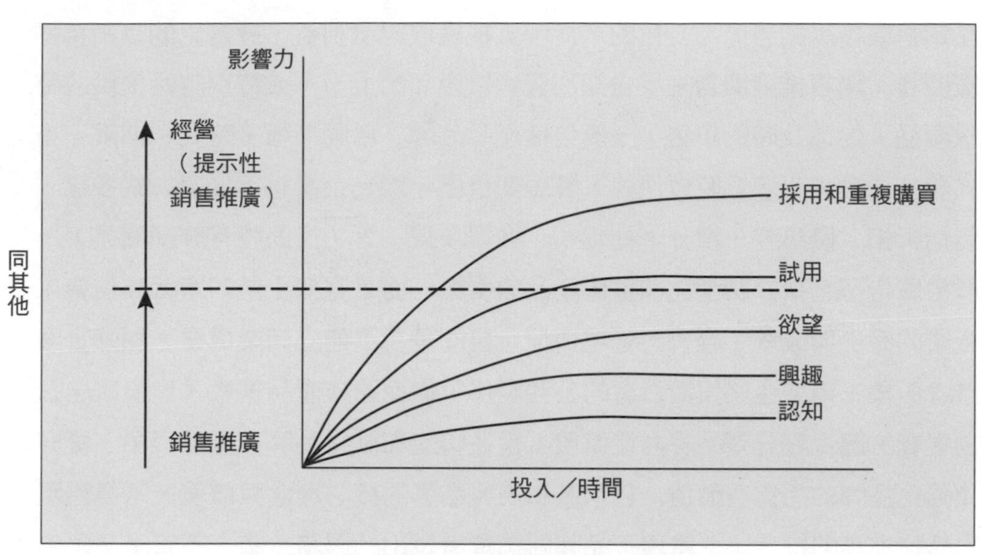

圖12-3　銷售推廣和AIDA模型

除了產品本身和銷售推廣活動，行銷組合中的其他元素在AIDA過程中的作用也不可忽視。例如，便利的地理位置有利於提高公眾對飯店、目的地或會議中心的認知度和聯想度。餐廳、機場或飯店的宜人環境也是吸引消費者再次光顧的重要載體。有競爭力的價格也是激發消費者興趣、評估產品、做出購買決策的支援性因素。

第二節　觀光企業行銷溝通：廣告

廣告目標通常跟企業和產品／品牌的發展目標相一致，也和產品／品牌的生命週期相配合，可以說廣告目標是企業目標和產品生命週期的外在表現。明確的、可衡量的、可實現的廣告目標是成功宣傳品牌或產品的基礎。

一、廣告目標

(一)廣告目標的類型

廣告可被分為產品銷售廣告、企業形象廣告和企業理念廣告三種。產

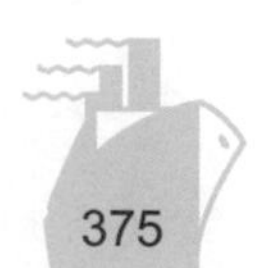

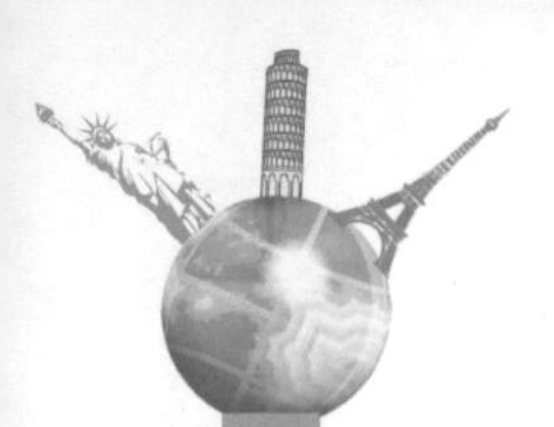

品銷售廣告以銷售產品為目的，從中直接獲取經濟利益，最常見的是銷售推廣廣告。**銷售推廣廣告**主要告知消費者新產品的上市，或特別時段提供的特殊產品，促進及時的銷售；一般包括產品品牌、活動名稱、時間和期限、方式和方法等資訊。它時效性強，屬短期目標。觀光企業銷售推廣方式多樣，包括折扣、優惠券、積分、抽獎、「多買多得」等（後面將有詳細闡述）。**形象廣告**不直接介紹產品和宣傳產品的優點，而是宣傳企業的宗旨和信譽、企業的歷史與成就、經營與管理情況，目的是為了建立商業信譽、加強企業自身形象、溝通企業與消費者的公共關係，從而達成產品銷售。形象廣告透過視覺、聽覺等詮釋品牌內在價值，旨在塑造和維持品牌／產品形象，提升和強化品牌的品質與價值。它承載和表現品牌的核心理念與價值，不僅體現出品牌本身的特性，更體現了品牌對消費者做出的服務承諾。不管是星巴克的「家和工作場所之外」的「第三空間」和「咖啡體驗」的理念；還是雅高飯店集團（Accor）的「我們創造微笑」（We build smiles!）的服務，又或者是麗嘉飯店的座右銘「我們以紳士淑女的態度為紳士淑女服務」（We are Ladies and Gentlemen serving Ladies and Gentlemen.）的深入人心，品牌廣告起了非常重要的作用。**理念廣告**是指建立或改變消費者對企業或某一產品在心目中的印象、從而建立或改變一種消費習慣或消費觀念的廣告。當「綠色運動」已經成為如今很多人所關注的問題時，有些飯店以「綠色環保」為主題，讓前來渡假的顧客在入住期間也不忘保護環境。中國大陸的綠色飯店（Green Hotel）以環保為廣告宣傳的中心，並把新的理念傳遞給大眾，希望大家繼續大力支持觀光業的生態和諧發展，就屬於理念廣告。

(二)制定廣告目標的要求

廣告目標不僅是企業制定廣告活動的主要依據，也是具體的廣告創作的指引。明確性、可衡量性和可實現性是衡量廣告目標的三個基本標準。一個合理的廣告目標應該符合以下要求：

1.明確性：目標的明確性直接影響到廣告活動效果的衡量。廣告目標是一系列廣告決策的準則、評測廣告效果的依據，也是廣告主同廣告公司中間，以及企業廣告部人員之間相互協調的宗旨，所以廣告目標必須清楚明確。

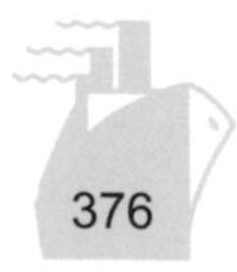

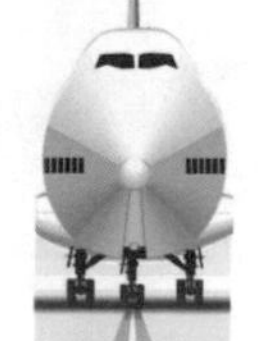

2.可衡量性：廣告目標的量化是明確性的主要表現，因為它為廣告效果的衡量制定了可比較的標準。如某旅行社的廣告目標為：進行夏季的銷售推廣活動，使其7月和8月的平均遊客人次比去年同期上升10%。

3.可實現性：廣告目標雖然主要由廣告主來確定，但是因廣告活動是企業與個人相互協調的產物，所以這就要求廣告目標必須切實可行、符合實際。也只有切實可行、符合實際的廣告目標，才能保證廣告活動的順利進行。

二、廣告策劃

策劃是對廣告整體策略的運籌規劃，是對於提出廣告決策、實施廣告決策、檢驗廣告決策的全部過程做預先的考慮和設想。完整的廣告策劃一般包括五項內容：目標群體、資訊內容、媒體選擇、時機選擇和成本預算。**表12-2**對這五大因素及其基本概念進行了基本概括。

表12-2　廣告策劃的五項主要內容

策劃內容	關鍵概念
目標群體	非使用者、新出現者、忠誠消費者、不穩定者
資訊內容	獨特賣點（USP） 衝破資訊叢林
媒體選擇	印刷媒體：報紙、雜誌 電視電臺媒體：電視、電臺 戶外、室內展示與輔助媒體：平面廣告、立體廣告 新媒體：網幅廣告、電郵廣告與手機短訊、搜尋關鍵字、部落格廣告、社交網站、PFP廣告、內文廣告
時機選擇	持續式排期 起伏式排期 脈衝式排期
成本預算	銷售額百分比法 競爭對抗法 目標達成法

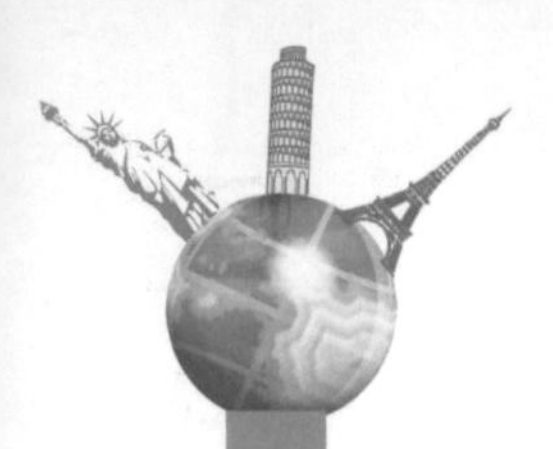

(一)目標群體

目標群體是廣告策劃的首要階段，解決「對誰廣告」或說「找準廣告針對的對象」的問題，決定著後面四項內容（媒體、資訊內容、時機、預算）的策劃。廣告目標群體可分為四類：非使用者、新出現者、忠誠消費者和不穩定者。目標群體不同，廣告策略亦不同（Stewart, 1994）。**非使用者**對產品的存在有意識，但由於某種原因拒絕使用該產品。那些認為西式速食熱量過高、不利於健康而拒絕吃麥當勞或肯德基的人，就是西式速食店的非使用者群體。他們不會受廣告的吸引，因此企業應儘量將注意力轉移到其他群體上去。新進入市場的新出現者尚未形成自己的購買習慣和理念，但有接受企業廣告產品的潛力。對於小型旅行社來說，入住附近新建造社區的全部住戶可以稱之為**新出現者**。企業只要能夠將廣告推崇的理念成功地傳遞並被他們接受，他們就能成為現實的購買者。**忠誠消費者**熟識產品或品牌，多次重複購買，並已經對該產品或品牌形成了心理上的信任感和依賴感，注重品質而非價格，是所有企業追求的重要目標。針對忠誠消費者的廣告主要是肯定他們的選擇和行為，增強他們的信任和信心，防止向別的品牌的轉移，一般為長效性行為。**不穩定者**購買是由於某些優惠條件的吸引或嘗試新事物的心理，而不是出於對產品或品牌的忠誠。一旦銷售推廣活動結束或有更優惠的銷售推廣活動出現，部分消費者就會轉移到其他的品牌。「求新者」與「求異者」一般屬於此類。**表12-3**對這四個群體進行了簡單的歸納。

表12-3　廣告的目標群體分類

目標群體	可能的吸引點	評論
非使用者	廣告對他們沒有吸引力	非真正的潛在消費者
新出現者	注重品牌或產品的核心理念的傳遞，主要透過提高認知度和品牌形象塑造說服	幫助他們形成購買習慣和偏好
忠誠消費者	1.增強他們的信任和信心 2.肯定他們的正確選擇 3.維持並強化品牌忠誠度	銷售利潤的最主要來源
不穩定者	1.價格敏感度高 2.受求新或求異心理駕馭 3.受銷售推廣的優惠條件吸引	無真正的品牌忠誠度，容易向其他產品轉移

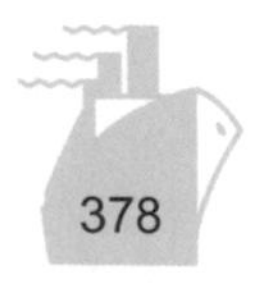

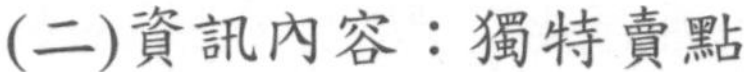

(二)資訊內容：獨特賣點

Rosser Reeves在1950年代提出的廣告「獨特賣點」（Unique Selling Proposition, USP）一直被沿用至今。消費者購買產品的主要理由來自於產品能提供的價值和利益，因此有效的獨特賣點應該是產品提供的價值和利益的綜合。它的基本要點是：

1.廣告須以產品的獨特賣點作為主要理念，明確購買該產品可以獲得的價值和利益。

2.獨特賣點應具獨特性和新穎性，具有競爭對手所做不到的或者無法提供的價值。

3.所強調的理念必須真實、可靠，聚焦於某個點或面來刺激消費者的購買欲望。

產品的獨特賣點應是廣告的主題，也是能否吸引消費者的關鍵。例如香格里拉飯店的廣告語是「哪裡是你的香格里拉？」（Where will you find your Shangri-La?），在藏語中，香格里拉意味著理想的生活之地，而在英語中，它又象徵著世外桃源。和「香格里拉」這個名字一樣，飯店旨在為顧客提供一個具有東方特色的精神家園，讓他們找到自己心目中的香格里拉。廣告中的口號，即廣告語一般簡短有力，寥寥數語就概括了廣告的核心資訊。廣告中的視覺內容，如人物、表情、背景、音樂等，也常被作為傳遞資訊的載體。特別是無形服務產品中，這種用有形形式傳遞無形利益的視覺效果的作用更為明顯。

我們通常用**資訊叢林**（Clutter）來形容一種媒體（如電視）中多種資訊出現的程度，或者是一個地區吸引消費者注意力的程度，因此廣告必須具備「**衝破資訊叢林**」（Cut Through the Clutter）的能力，以此來吸引消費者的注意力，從而達到傳遞廣告資訊、吸引消費者注意力的目標。標題是印刷廣告吸引消費者注意力的最關鍵因素之一。**標題**的措辭和鮮明程度以及排版都是形成吸引力的載體。廣告標題既可以簡單至一、兩個核心字，如「不可思議的印度！」（Incredible India!），也可以是廣告的中心句子，如希爾頓飯店的「旅行不僅僅是由A地到B地」（Travel is more than just A to B）。**幽默**

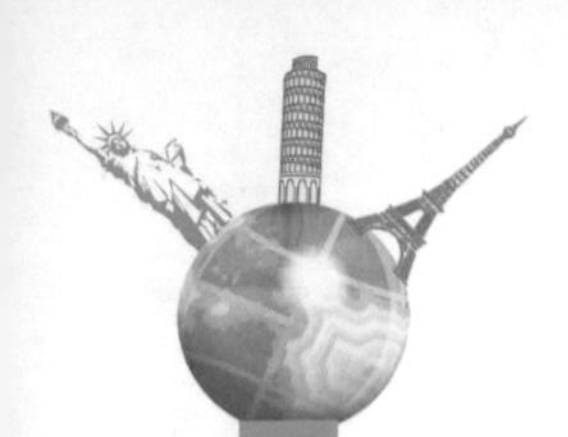

廣告的最大特點是透過含蓄的表達，在潛移默化中感化目標群體，形成更鮮明、更持久的記憶。**對比廣告**直接或間接地確定一個競爭者，其目標是為了說明本產品的優勢，或加強廣告中產品品牌的知名度。美國七喜飲料的「非可樂」的廣告策略就是典型例子。面對當時美國飲料市場被可口可樂和百事可樂等飲料壟斷的局面，其「七喜、非可樂」的廣告詞成功地使七喜成為可樂之外的首選。

代言人也是很多公司用以凸顯企業個性和吸引力，並衝破資訊叢林的方法。眾所皆知的麥當勞叔叔、迪士尼的「米老鼠」和肯德基上校，已創下了各自所代表企業的鮮明標誌的歷史，形象也深入民心。現實生活中的明星代言人也成為企業制定廣告的關鍵。如成龍於1995年開始出任香港觀光代言人，推廣香港觀光形象，2006年被聯合國世界觀光組織委任為首位亞太區觀光大使，向全世界宣傳亞太區的觀光。臺灣觀光局則採用針對不同市場，推出不同代言人的策略，男子偶像團體F4和飛輪海分別於2007和2008年擔任日、韓地區臺灣觀光代言人，而知名導演吳念真、流行偶像蔡依林則擔任東南亞地區臺灣觀光代言人。

當然，不管廣告的形式有多麼新穎別致，別具一格，最關鍵的一個因素還是具體、真實的廣告內容。廣告傳遞的資訊建立起消費者的期望值，實際行為也必須與廣告中的承諾一致。如果傳遞的資訊與實際行為不一致，即使吸引更多客人首次購買，這種被消費者認為「欺騙行為的廣告」，最終只會造成巨大的消費者流動和資金損失。所以，企業須與廣告代理商溝通，以確保廣告的真實性是必不可少的。

(三)傳統媒體的分類和選擇

研究表明，美國的各種傳統媒體所占的市場份額中，電視媒體是市場份額最大的廣告媒介，報紙等印刷媒體占據第二位（Mullins, Walker, & Boyd, 2008）。而新媒體也已經被愈來愈多地應用於廣告中，造成了多種媒體並存的格局。對觀光業來說，傳統的媒體如印刷類的報紙、手冊和雜誌，電子類的電視、電臺，戶外牆體廣告等，仍是觀光企業進行資訊溝通的主要媒體形式。新媒體主要和電子網路技術聯繫在一起。以下簡要介紹一下觀光業常用的各種廣告媒體。

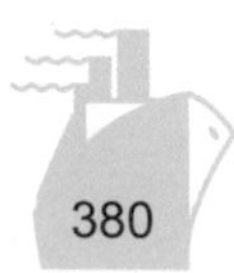

傳統的媒體包括印刷媒體、電視電臺、戶外、室內展示與輔助媒體廣告，分述如下：

■印刷媒體

報紙是餐廳和旅行社最廣泛使用的印刷媒體（Print Media）。觀光企業投入的報紙廣告以銷售推廣類為主，旅行社推出新的觀光線路，航空公司或飯店新的優惠活動或餐廳派發的優惠券，都是銷售推廣廣告的內容。**雜誌廣告**也被廣泛應用於觀光企業，如休閒旅行雜誌上常見到目的地、航空公司、飯店和會議中心的廣告，這些雜誌廣告把廣告的藝術性、故事性還有可讀性集於一體，以鮮明的個性主張和悅目的色彩吸引讀者的注意力。

■電視、電臺媒體

電視和電臺是目前許多國家和地區最普遍、最主流的一種大眾媒體。對觀光企業來說，電視媒體往往是樹立品牌、製造知名度或推行新理念的主要方式。「明星效應」就是增強廣告效果的方式之一。由Rain拍攝的"KOREA，Sparkling"廣告，自2007年下半年開始向全世界宣傳韓國觀光的魅力。籃球明星姚明也成為麥當勞的全球代言人，為其拍攝電視廣告並出席麥當勞舉辦的公益活動。

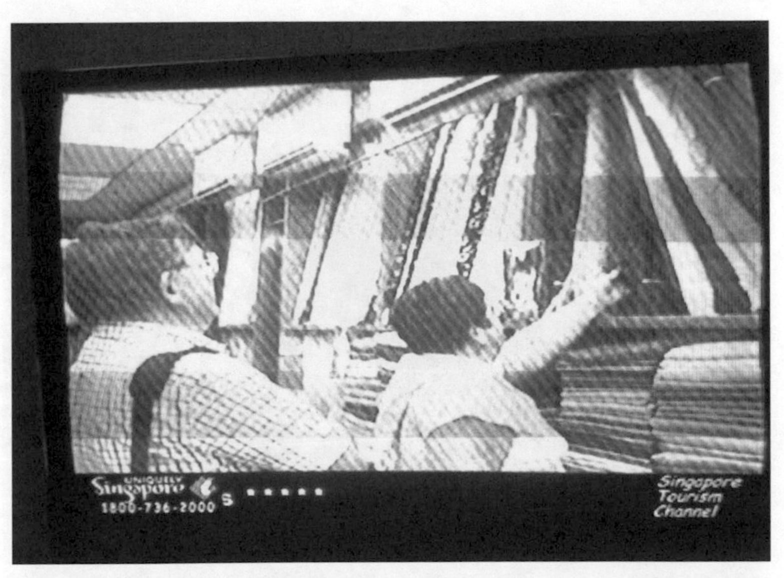

飯店客房的電視上全天候播放由新加坡旅遊局製作的觀光景點和活動宣傳，以激發觀光客購物、用膳和遊玩的欲望。（徐惠群拍攝）

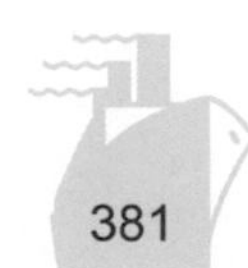

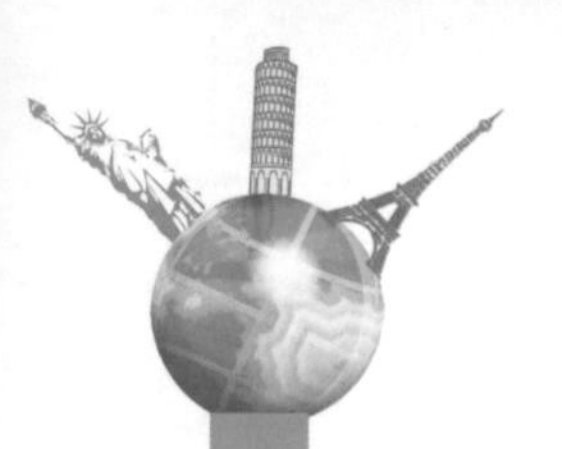

■戶外、室內展示與輔助媒體

1.凡是能在露天或公共場合透過廣告表現形式，同時向許多消費者進行訴求，能達到推銷產品目的的物質，都可稱為戶外廣告媒體。戶外廣告可分為平面和立體兩大類：平面的有路牌廣告、招貼廣告、壁牆廣告、海報、橫幅等。立體廣告分為霓虹燈、廣告柱、廣告塔燈箱、巴士、計程車外觀上的貼牌廣告等。

2.室內展示：包括一些產品資料的展示，如標誌、橫幅、影片播映、室內傳媒、車載電視等（Mullins et al., 2008）。如今，除了可以在一些旅行社、航空公司的門市部看到室內展示外，有些飯店在電梯內、電梯等候區也設置了飯店所提供產品的介紹，或者透過影片播映來宣傳飯店，或聯合推介其他的觀光產品。有些飯店的前臺還免費提供介紹該目的地景點的小冊子。除了在觀光企業內，現在一些公共交通區也開始播映觀光產品的宣傳或廣告。比如在上海、深圳的地鐵和公共交通內部，都有車載電視播放觀光廣告，這些廣告所涉及的範圍有大到目的地的介紹，小到航空公司的機票或觀光景點的資訊。香港的尖沙咀地鐵站內也展示了臺灣的觀光廣告，內容含括臺灣的美食和觀光景點。

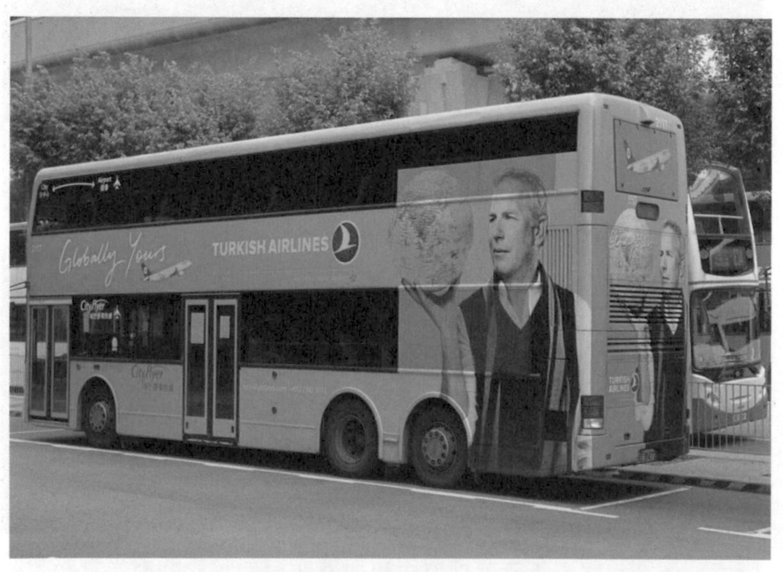

航空公司在機場—市區的巴士上，進行全車身廣告，以此吸引乘客和普通民眾的注意力。（孫曉澄拍攝）

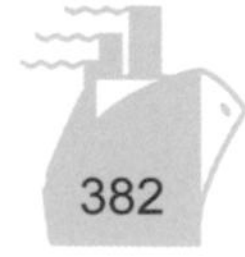

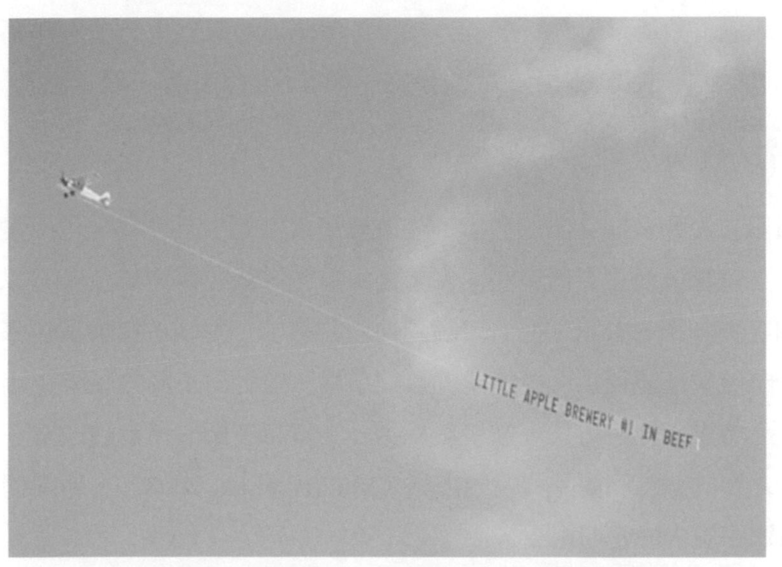

商家在一次大型活動中使用飛機拉著廣告橫幅從高空中飛過，吸引參加者在活動結束後到廣告商家享受啤酒和美食。（孫曉澄拍攝）

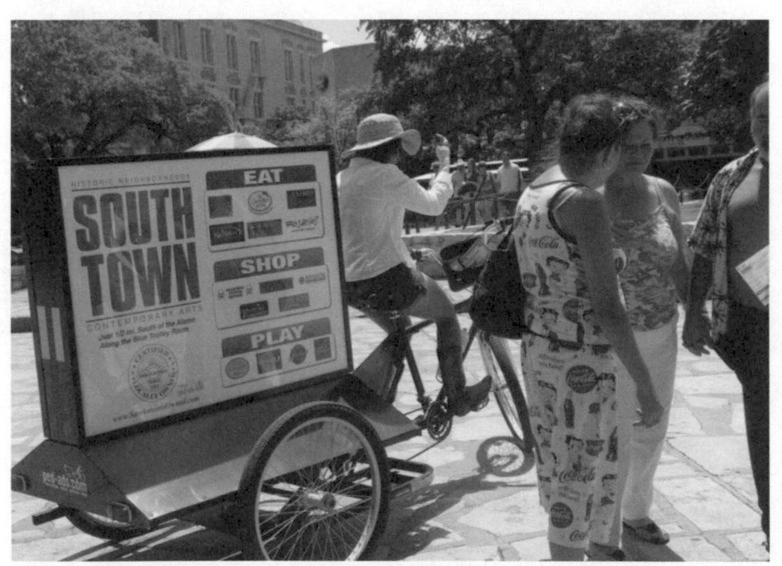

觀光景點內的移動宣傳式廣告可以在人流密集的地區，宣傳遊樂、餐飲、購物等設施。（徐惠群拍攝）

3.輔助材料廣告也是觀光企業常用的廣告形式。輔助材料（Collateral Materials）上印有鮮明的企業標識和名稱，包括企業的宣傳手冊、圖片、銷售資料、禮品或紀念品等。如旅行社將廣告印製在旅行袋、旅

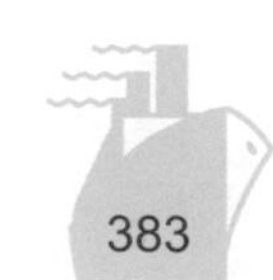

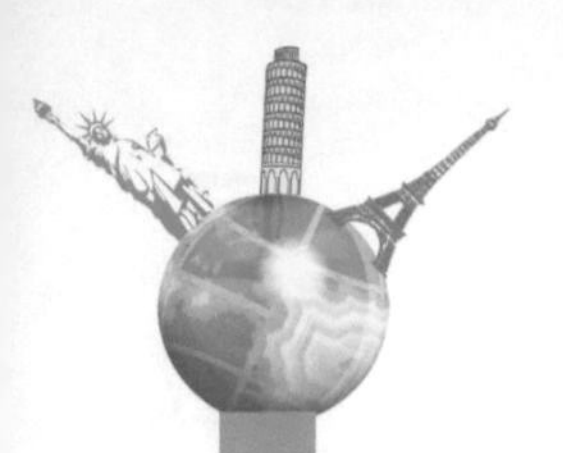

行帽、徽章、紀念品上。另外，各個城市的黃頁也是被看作是補充性的媒體，主要的飯店、觀光景點、旅行社的資訊都可以查詢到。

(四)新媒體的分類和選擇

電腦技術和資訊產業的發展不僅改變了人們的生活方式，也改變了行銷的形式。這種改變主要體現在兩個方面：首先，新技術使得企業可以搜集到潛在顧客更詳細的資訊，從而瞭解到他們的需求、愛好，和購買習慣，使得很多企業能夠區隔更小、更精確的目標市場，並針對不同的區隔市場來採用不同產品特點、促銷方式、價格等；另外，資訊技術的進步也改變了供應商和顧客之間的交流和商品交易的方式（Mullins et al., 2008）。新媒體主要體現了與**網路廣告**的密切相關。

■網幅廣告

網幅廣告（Banner Ads）是最基本的一種網路媒體，通常包括在網頁上顯示一幅固定的廣告圖片的**靜態網幅廣告**，和把一連串圖像連貫起來形成動畫的**動態網幅廣告**。

■電郵廣告與手機簡訊

電郵廣告把一段廣告性的文字或圖片放置在新聞郵件或經許可的電子郵件裡，也可以設置一個URL，連結到廣告主公司的主頁或提供產品或服務的特定頁面。電郵廣告一般包括企業的即時資訊、公司特殊活動、銷售推廣資訊，如特價機票、品酒聚會等。電子郵件廣告有一個突出的優點：不需要花費太高成本。如今許多航空公司每週會向其註冊的客戶發送電子郵件，並提供非週末的便宜的機票資訊。但是有專家認為，電子郵件行銷通常要建立在郵件用戶允許的情況下，而如今很多不受歡迎的垃圾郵件是軟體製造商所急需解決的問題（Mullins et al., 2008）。

另外，手機簡訊（Short Message Service, SMS）也可以作為行銷廣告的媒介，而且簡訊的查看率很高，可以達到95%以上，甚至100%。這是其他任何媒體都無法達到的查看率。另外電子郵件廣告也可以被認為是病毒行銷（Viral Marketing）的成功案例。剛才提到的電子郵件除了成本低廉外，更大的優點是能夠發揮病毒式威力，利用網友之間的相互推薦和寄發，讓廣告

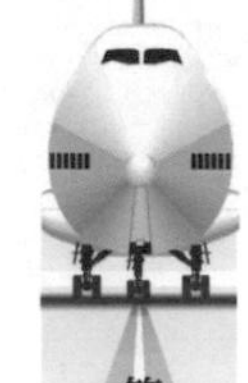

一傳十，十傳百，甚至能夠接觸到原本公司企業行銷範圍之外的潛在消費者。網路電郵服務Hotmail由於病毒行銷而飛速發展，每次Hotmail郵箱使用者發出的郵件背書都會有推薦使用Hotmail的話語（馮英健，2006）。另外網路電郵服務Gmail也有推薦Gmail郵箱給其他用戶的功能。

■搜尋關鍵字

搜尋關鍵字是指當使用者利用某一關鍵字進行檢索時，在檢索結果頁面會出現與該關鍵字相關的廣告內容。由於關鍵字廣告具有較高的針對性，其效果比一般網路廣告形式要好，因而獲得快速發展。Google的關鍵字廣告AdWords，是最有影響力的付費搜尋引擎行銷方法之一。

■部落格廣告

部落格廣告是利用部落格平臺為企業推銷產品和服務、塑造品牌、樹立形象做廣告。由於網路用戶能輕鬆的在網路上發布各類資訊，大大小小的公司也在發展自己的部落格，有的匿名用來推銷自己公司的產品和理念，有的甚至是用部落格來貶低或詆毀起競爭者。利用協力廠商部落格平臺的部落格文章發布功能，開展網路行銷活動，如「部落格廣告聯播網站」，就是企業提供的內容由專業部落格網站負責發布相關的部落格日誌等。

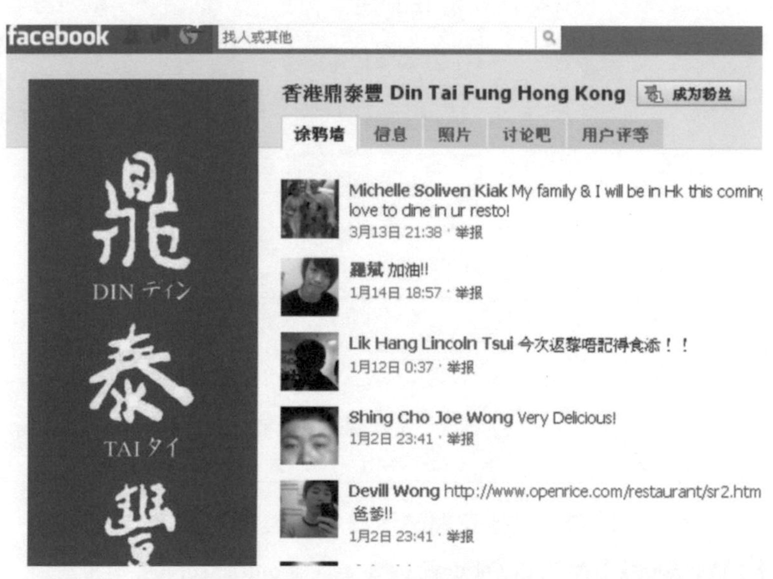

一些飯店、餐旅集團也開始建立自己的社交網站，以宣傳自己的產品或獲得口碑效應。（截圖自Facebook網站）

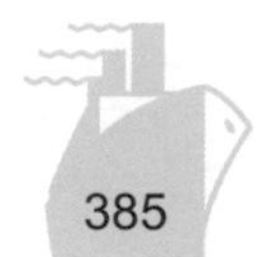

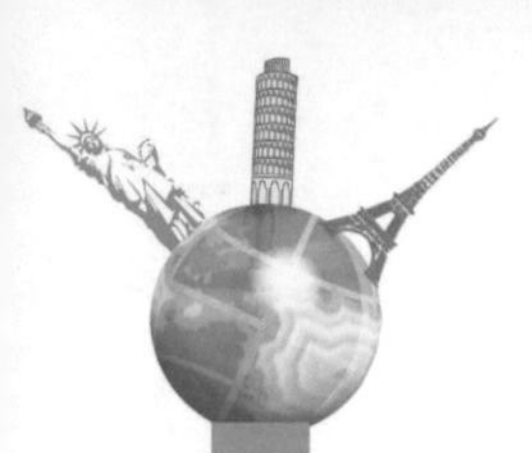

■社交網站

社交網站為人們提供了一個不同以往的社交場所，用戶可以隨時隨地的與別人聊天，和他人分享音樂和照片，並與世界各地的人一起參與各種不同的社交活動。以Facebook為例，如今它擁有7,500萬大學水準的年輕用戶，這一人數還在迅速增加。另外Friend Reunited 社交網站幫助1400萬用戶找到了以前失去聯繫的同學或朋友，家譜式的、基因組合式的關係網路使得網站用戶人數迅速增多（Mullins et al., 2008）。另外，社交網站對現代行銷也產生了影響，社交網站是虛擬的社交圈，用戶對現實社會的網路評論實際上是一種口碑宣傳，再加上一些社交網站，如Facebook、MySpace、Twitter允許推薦產品、品牌，甚至可以將品牌添加為好友，或註記為忠實愛好者關係。

學者Forrester將美國的社交網站消費者分為六種：創造者、評論者、蒐集者、參與者、旁觀者、不積極者（如**圖**12-4所示）：（Li, 2007）

1.創造者：指那些發布部落格、發布網頁、上傳視頻到諸如Youtube之類網站的人。

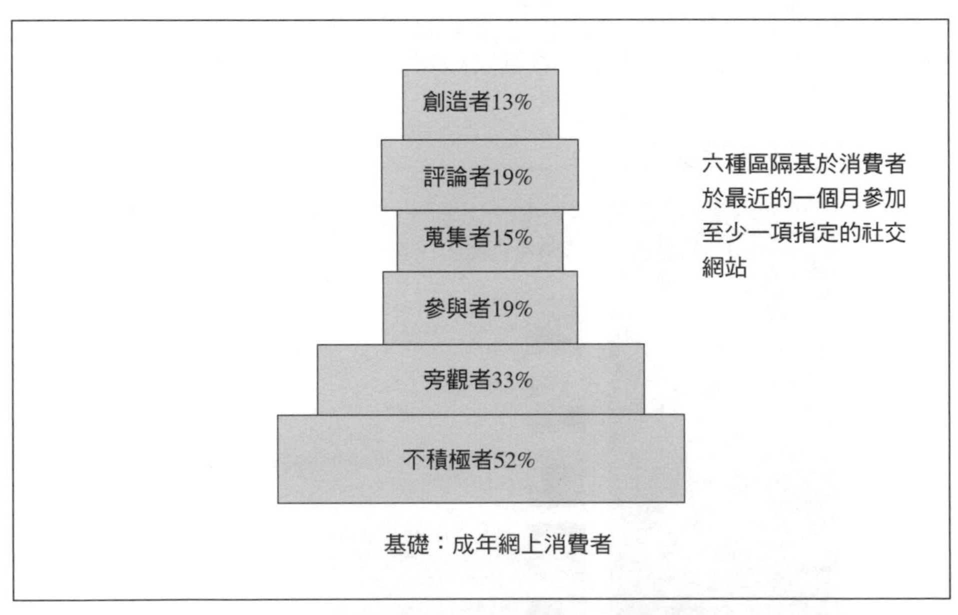

圖12-4　社交網站消費者參與行為層次

資料來源：Forrester's NACTAS Q4 devices & access online survey. 引用於Li, C. (2007). Forrester's new social technographics report. Retrieved March 25, 2010, from http://forrester.typepad.com/groundswell/ 2007/04/forresters_new_.html

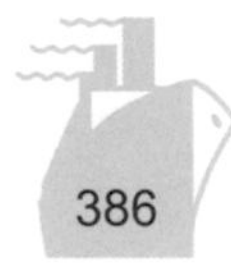

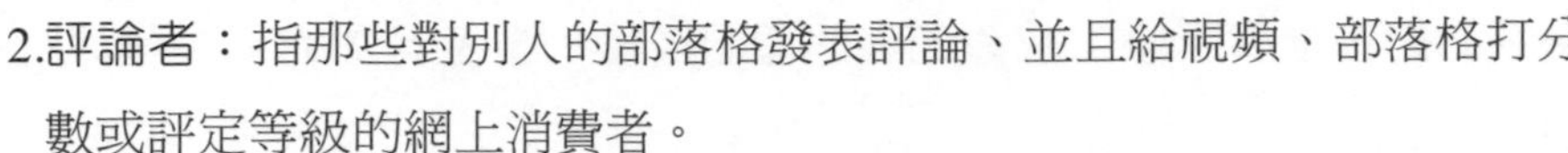

2.評論者：指那些對別人的部落格發表評論、並且給視頻、部落格打分數或評定等級的網上消費者。

3.蒐集者：指使用「簡易資訊整合」（Really Simple Syndication, RSS）的人，他們透過RSS收到有關網站的最新資訊，蒐集者還包括使用標籤（Tag）進行部落格歸類的人。

4.參與者：指使用社交網站的人。

5.旁觀者：指喜歡閱讀別人的部落格、觀看同齡人製作的視頻、收聽Podcast節目者。

6.不積極者：指不積極者、不參與上述的任何一系列活動。

對行銷人員而言，他們需要關注不同類型的社交網站參與者，尤其是位於參與行為層次頂端的網上消費者。另外，Facebook對社會性網路中人與人之間的關係進行解析，將好友間的興趣愛好和消費行為進行精準匹配，廣告客戶可以透過Facebook的新廣告計畫，有針對性地調整自己的群體，例如投入只面向居住在香港、在香格里拉飯店工作、35歲以下女性的廣告。廣告客戶也可以透過Facebook提供的服務工具，看到自己的目標用戶有多少（Huang, 2008）。因此，如今很多企業開始留意、並發揮虛擬社交的影響力，有員工專門負責社交網站評論與留言處理的工作，每當遇到對企業不利的消息時，會進行留言或給予處理。喜來登飯店早在2006年就成為第一家使用社交媒介網站的飯店，現在Facebook用戶可以透過喜來登飯店的網站來分享、交流他們入住飯店的新鮮故事、旅行遊記、照片和視頻（Hotel-marketing. com, 2009）。

■PFP廣告

PFP廣告（Pay for Performance, PFP）又稱「按業績付費廣告」，是指不僅將企業的廣告直接投入到與之內容相關的網路媒體上的文章周圍，還會根據瀏覽者的偏好、使用習性、地理位置、訪問歷史等資訊，有針對性地將廣告投入到真正感興趣的瀏覽者面前。媒體提供者會根據預訂的業績指標表現來收取廣告費用。飯店、航空公司、景區、餐飲企業將PFP廣告投入在票務預訂、景點介紹、觀光新聞、遊記等文章的周圍，人們在閱讀相關內容時，更容易注意到這些觀光廣告並受到購買刺激。如餐飲業新聞旁邊，出現的是

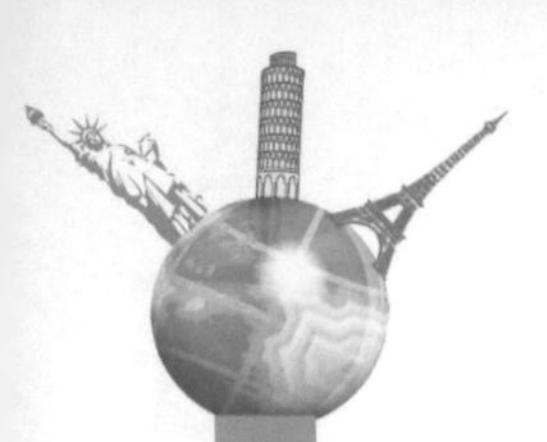

餐廳的銷售推廣資訊；或觀光客的遊記周邊，讀者看到的更多是旅行社廣告。

■內文廣告

內文廣告是互聯網最新的以關鍵字連結和滑鼠移動觸發方式，實現廣告曝光效果的智慧化廣告模式。它準確地將廣告、內容、瀏覽者三者緊密結合在一起，是一種嶄新、溫和，完全由消費者觸發的廣告形式。**內文廣告**將純文字式、圖片式、Flash式、視頻式等廣告「根植於」文章內容的某些相關性關鍵字，當滑鼠移到關鍵字上時，廣告就自動展示出來，不需開啟新的廣告頁面。

另外，飯店和目的地網頁成為提供資訊和吸引消費者的主要載體。網頁圖文並茂，包括服務內容、產品介紹、圖片展覽、交通指南以及相關觀光資訊等。消費者可以在公司網站預訂客房、餐飲、會議、機票、文娛或體育類門票等。有的網頁甚至有視頻供虛擬參觀，消費者只要點擊滑鼠，便可對飯店內部概況進行瞭解。

表12-4對觀光業常用的幾類廣告媒體進行了概括，並簡要歸納了各類媒體的優、缺點。

(五)廣告時機

選擇好適當的媒體之後，媒體策劃人員就要決定廣告在什麼時間投入、投入時間長短和頻率等方面的問題，也就是我們所說的**廣告排期**（Timing）。最常見的廣告排期法有三種（如**圖**12-5所示）：

1.持續式排期（Continuing）：指在整個活動期間均勻快速地投入廣告，沒有什麼變動。廣告持續出現，不間斷地累積效果，維持廣告記憶度，持續刺激消費動機，行程涵蓋整個購買週期。該方法一般適用於季節性和時間性不明顯的產品。

2.起伏式排期（Flighting）：指「大量投入廣告」與「全部停止廣告」二者的交替進行，此法適用於一年中需求波動較大的產品和服務。靈活性強，廣告強度根據市場上的實際需求進行調整，利用最有利的暴露時機，獲得最大的有效到達率。缺點是廣告空檔期間可能使廣告記

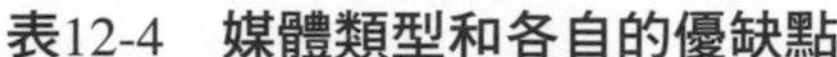

表12-4　媒體類型和各自的優缺點

類型		優勢	劣勢
傳統媒體			
印刷媒體	報紙	1.及時性強 2.閱讀人群廣泛、覆蓋面大 3.地理針對性強 4.易於傳閱和保存 5.優惠券兌換率較高	1.印刷品質較低，產品品質或價值體現性不高 2.群體針對性有限 3.設計比較簡單
印刷媒體	雜誌	1.目標群體針對性強 2.可保存，有效時間長 3.發行量大、接觸面廣，部分可於全國甚至全世界發行 4.編輯精美、印刷精美，形象表現如產品的色彩、質感佳等 5.二次流通量大	1.出版週期長，時效性不強 2.專業性雜誌因專業性強，於某種程度上間接限制了讀者人數 3.成本高於報紙
電視電臺媒體	電視	1.到達率高 2.可進行圖像、動作和聲音的結合 3.可吸引觀眾的注意力 4.可利用有線電視和衛星電視提高群體針對性	1.總成本高 2.廣告叢林浩繁，造成資訊超負荷 3.頻道轉換率高，浪費嚴重
電視電臺媒體	電臺	1.目標群體針對性強 2.成本低於電視 3.易於為受眾所接觸，如讓自己開車的觀光客接觸到	1.僅依賴於聲效 2.吸引力不夠全面和強烈
戶外、室內展示、輔助媒體	平面立體	1.對地區和消費者的選擇性強 2.抓住目標群體的空白心理，被注意率高、易被接受 3.強迫訴求性質強，可多次重複記憶 4.內容精簡，易記；廣告費用較低	1.資訊容納量極其有限 2.移動性差 3.目標群體相對有限 4.效果難以測評
戶外、室內展示、輔助媒體	手冊	1.內容專業、全面 2.目標群體針對性強 3.製作精美，印刷品質高	1.一般時效性短，容易過時 2.用過後成為垃圾，不環保
戶外、室內展示、輔助媒體	物品	1.消費者回憶率高 2.部分成本相對上較為便宜	
新媒體（網路媒體）			
	網幅	1.靜態網幅廣告製作簡單 2.動態網幅廣告的動畫元素傳遞了更多資訊，且加深印象 3.互動式廣告形式多樣、內容豐富、表現力強，且參與性較強	1.靜態的網幅廣告表現較呆板和枯燥 2.動態和互動式廣告的效果受網站的伺服器終端設置和訪問者的瀏覽器的雙重影響

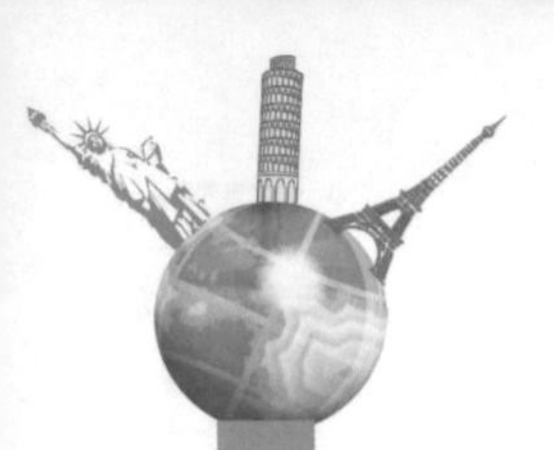

（續）表12-4　媒體類型和各自的優缺點

類型	優勢	劣勢
電郵	1.個人針對性強，易於統計 2.成本低，可接觸大量的潛在消費者 3.廣告內容全面、靈活，不受限制	1.某些系統（如防火牆系統）可能導致html格式的廣告無法完整讀出 2.帶有強迫性，易被當成垃圾郵件，命中率較低
手機簡訊	1.借助專業軟體快速發送短訊，時效性強 2.強制性閱讀，100%的閱讀率 3.成本低 4.蔓延性	1.涉及的資訊內容有限 2.一些用戶會對這樣的廣告形式感到反感
部落格	1.針對性強，有效到達率高 2.口碑式行銷，信任度高 3.名人部落格的意見領袖效應 4.商業性最小，目標群體參與性和互動性更強	1.大都專注於某一專題或領域，目標群體比較小 2.須不斷更新內容 3.部落格的建立較費時間和精力
社交網站	1.調整目標群體，針對性強，有效到達率高 2.口碑式行銷，信任度高 3.病毒式的傳播 4.成本低 5.有負面評論，可用親身經歷樹立正面積極的回應	1.一些用戶會反感這樣的廣告形式 2.客戶的隱私需要得到保護
PFP廣告	1.按廣告投入後帶來的實際效果付費，節約費用 2.網路傳播覆蓋範圍廣泛（＞4,000家主流合作媒體） 3.比較有針對性，節省費用與時間的支出；目標群體針對性極強	1.關鍵字與廣告的匹配程度不高，造成PFP廣告針對性不夠 2.廣告模式單一
內文廣告	1.精準命中目標群體，針對性強 2.溫和投入，提升網友瀏覽網頁的舒適度 3.一觸即現，主動出擊，實現資訊的快速傳播	

資料來源：徐惠群整理製作。

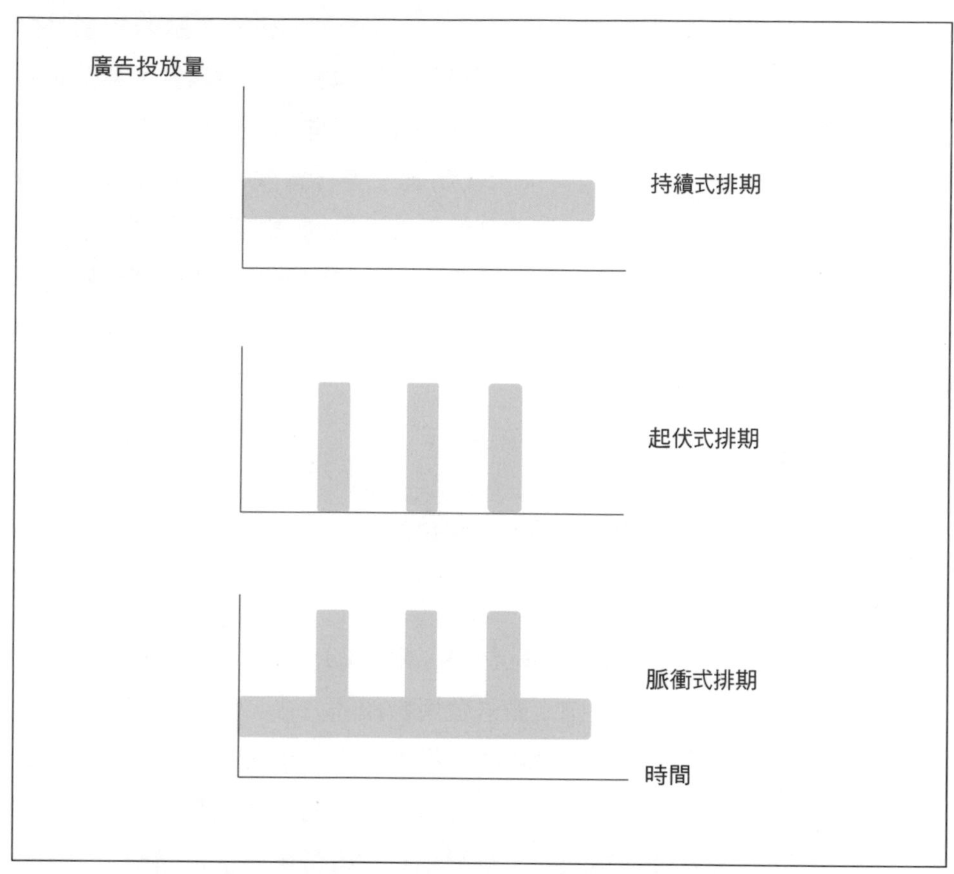

圖12-5　三種類型的廣告排期法

資料來源：徐惠群整理製作。

憶度下降，增加再認知難度，並且有其他競爭品牌切入廣告空檔的威脅。觀光產品的季節性明顯，一般根據淡季和旺季調節廣告投入量，多採用這種排期。

3.脈衝式排期（Pulsing）：指廣告採用「持續性排期」和「起伏式排期」相結合的方式稱之。廣告主全年都維持較低的廣告水準，但針對銷售高峰期採用急遽性脈衝效果。產品或服務的購買週期愈長，愈適合採用脈衝式排期。其優點在於持續累積廣告效果，並根據品牌需要，強化重點期間的曝光度，但費用較高。像速食食品和飲料等，雖然一年四季都有廣告，但在夏季或冬季推出新產品時候廣告量猛增。

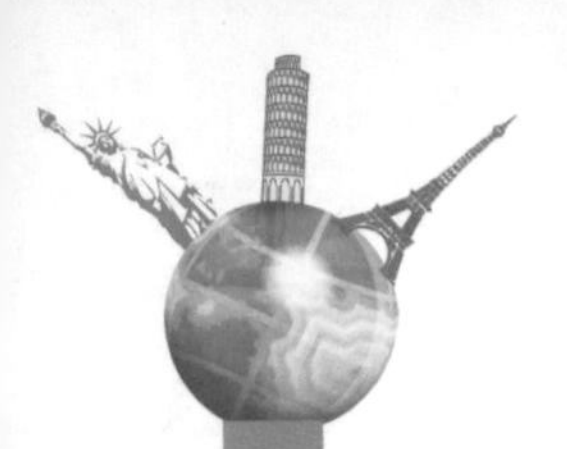

廣告重複能提高並加強品牌的知名度。事實上，絕大多數的知名品牌或企業之所以知名，跟廣告重複的頻率是分不開的。以香港為例，無論是國際知名品牌，如麥當勞、威尼斯人（Venetian）、迪士尼樂園，還是本土品牌，如出現頻率很高的電視廣告：永安旅遊、美心餐飲、富豪飯店、香港海洋公園等，消費者都反覆在電視或其他媒體上看到或聽過。有調查研究顯示，被消費者看或聽到三次或以上的產品廣告，其再認知度明顯高於接觸不到三次的產品廣告。除了能提高知名度，廣告重複還能促進對廣告內容的理解和記憶，實現廣告的說服目的。

(六)廣告預算

廣告預算（Budget）的方法很多，銷售額百分比法、競爭對抗法和目標達成法是較常見的預算方法：

1. 銷售額百分比法（Percentage of Sales Method）：以一定時期的銷售額或利潤額的一定比率來確定廣告費用數額的方法，包括銷售額百分比法和利潤額百分比法。公司以銷售推廣成本、銷售價格和單位利潤的關係為先決條件進行思考，並根據承擔能力的差異變動廣告預算。如果公司的銷售業績表現很差，那麼相應的廣告預算也會縮減。但由於它是基於可用資金的多少，而不是基於廣告時機的發現，易失去有利的廣告機會。
2. 競爭對抗法（Competitive Parity Method）：指企業以競爭者的廣告開支為依據來決定本企業廣告預算，以保持競爭上的優勢。即整個行業的廣告費數額越大，本企業的廣告費也愈大；反之，則愈少。競爭對手的廣告預算能代表企業所在行業的集體智慧；維持競爭均勢能避免各企業之間的廣告戰。各企業的廣告信譽、資源、機會與目標並不一定相同，甚至可能相差很遠，因此某一企業的廣告預算不一定值得其他企業仿效。
3. 目標達成法（Objective and Task Method）：被認為是一種比較科學的方法。它以明確的廣告目標（如提高認知度、加強品牌認可度或增加試買量）為基礎，確定達到這些目標必須完成的任務，並預算完成這些任務所需的費用，從而決定廣告預算。以廣告目標決定廣告預算的

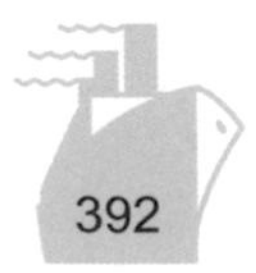

方法，以便於檢驗廣告的實際效果，但缺乏對某一廣告目標成本的考慮。

第三節　觀光產品銷售推廣

銷售推廣是企業為了刺激消費者的需求並且增加銷量所採取的措施。通常來講，銷售推廣有以下的目的：提高顧客的知曉度、向顧客介紹新產品或服務、與競爭者的行銷活動相抗衡、促使顧客購買或更頻繁的重複購買，或者促使顧客在淡季購買產品或服務（Reid & Bojanic, 2010）。與為了在一段時間內影響消費者態度的廣告不同的是，銷售推廣活動更傾向於用經濟方面的激勵來達成即時銷售量的增加。同時，理想的銷售推廣行為還是支援企業形象的方式。企業舉行銷售推廣活動的原因很多，**表**12-5進行了部分列舉。

同其他溝通元素一樣，銷售推廣也有特定的目標群體，如家庭、青少年或商務旅行者等。尤其是大企業的銷售推廣活動事先都會做詳細的計畫，而評估銷售推廣效果的方法就是計畫的內容之一。觀光業慣常的銷售推廣評估法，是將銷售推廣前、銷售推廣中和銷售推廣後的業績進行比較；有時也會比較之前年份的同期業績，如將2011年7月的業績與2010年7月的業績進行比較。但企業實施銷售推廣活動期間的業績會因為某些特殊活動，如大型音樂會、球賽、演唱會等，受到重大影響。所以企業在進行評估時，需要據此做出相應的調整。

一、常見的銷售推廣形式

最常見的銷售推廣形式有優惠券、折扣或特賣、實物贈品、獎品（遊

表12-5　**利用銷售推廣的原因**

鼓勵試用型購買	推廣新產品
刺激重複購買	與其他經營者競爭
透過獎賞建立消費者忠誠	利用特殊的活動或潮流
在特別時期增加銷售額	增加消費者的興奮度
增加消費者消費或延長逗留時間	激勵雇員

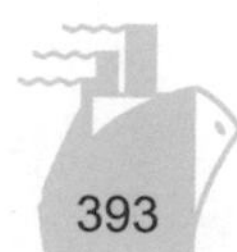

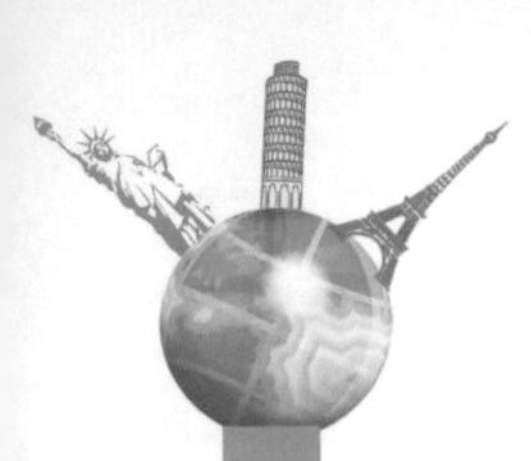

戲、抽獎、競賽）、售點銷售推廣、組合銷售和免費樣品等。

(一)優惠券

優惠券（Coupon）是一種憑證，消費者可以在購買特定的產品／服務時，用於抵消本應支付價格的部分或全部，一般不能兌換現金。優惠券可郵寄、附於其他產品，也可刊登在報紙、雜誌上；一般有有效期限，以鼓勵即時購買。許多企業還透過企業官方或其他相關的網站派送電子優惠券，方便消費者下載。速食業最頻繁使用優惠券，飯店也會透過郵件或雜誌分發優惠券，用以提高週末或淡季的生意，或鼓勵延長入住時間、擴大消費者群等。

回購優惠券（Bounce-Back Coupon）是消費者此次消費結束時送出供下次使用的一種優惠券，主要用以鼓勵消費者重複購買。例如，必勝客的外賣盒上貼有供下次使用的優惠券。回購優惠券因為不需分發的費用，成本較低，也能適用於小型商家。

(二)折扣或特賣

折扣或特賣（Discount）是另一種銷售推廣形式，常用於淡季。有些旅行社、航空公司在淡季推出的產品或航班的價格，甚至可以是旺季價格的三分之一。如有些航空公司的某些「夜航航班」的價格，甚至是白天航班價格的一半。

折扣可用於「新品優惠」，但「推廣價」有一定的期限。此外，「滿額即有折扣」也是折扣銷售推廣的常見方式，即消費每達一定的數目即可獲取對應的折扣率，消費數目愈大，折扣率愈高。另外，將折扣產品與不享有折扣的產品一起銷售，也是折扣的形式，如餐廳的全價菜品與半價冰凍飲料的套餐。

(三)贈品

贈品（Premium）是指消費者在購買某一特定產品／服務的同時，獲得觀光企業以較低價格或免費的方式，提供的同一或另一產品／服務，如餐廳消費者用餐時得到的免費飲料、甜品或果盤，飯店客人入住時的免費紀念品等，都是贈品的形式。旅行袋、筆、筆記簿、專賣貼紙、桌曆等，都可以被

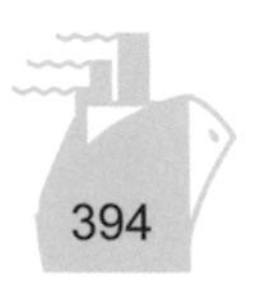

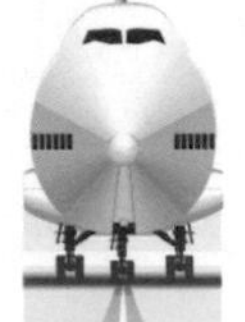

觀光企業用來作為消費贈品。還有部分觀光企業採取「累積式贈品」的形式，鼓勵消費者的多次光顧。只有消費者消費累計一定次數之後，才可獲得相對單次消費贈品折扣更高或價值更大的免費贈品。

(四)獎品

獎品（Prize）是鼓勵消費者參與某種活動並贏取獎品的形式。活動一般包括遊戲、抽獎和比賽；獎品一般有現金、實物、機票、入場券、免費住宿券等，這種機會可能全憑運氣或需要付出額外的努力：

1.遊戲（Game）：遊戲既可是現場的猜謎、拼圖或紙牌遊戲，也可以是積累購買貨品中的刮獎卡、物品的零件等。其主要目的是刺激消費者想要中獎的興趣而頻繁購買產品／服務。

2.抽獎券（Sweepstakes）：抽獎券是企業從消費者填寫的抽獎卡中隨機抽取出獲勝者。它也是一種蒐集消費者資訊的有效方式。

3.比賽（Contest）：比賽不以購買為條件，讓消費者應募參加競賽或比賽。既可以是體育類，也可以是娛樂或技能類，如繪畫、書法、唱歌、舞蹈、產品命名比賽等。

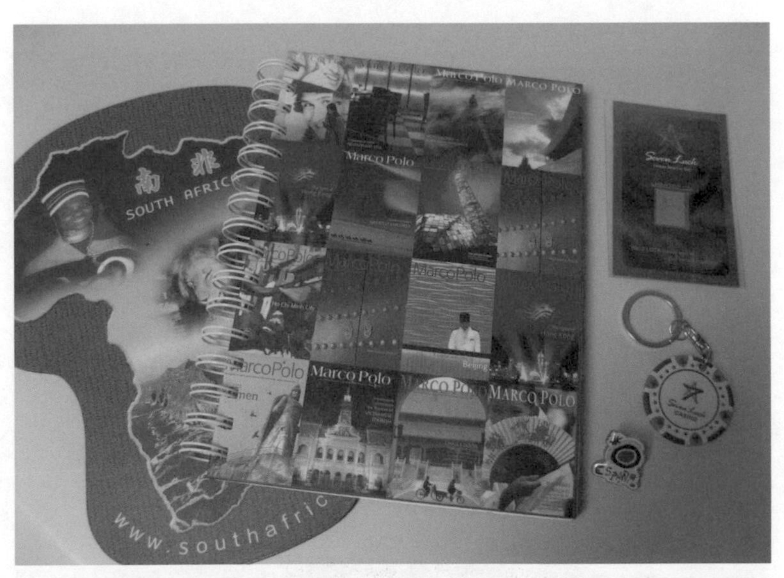

贈品的圖案可以展示不同觀光企業、目的地的獨特之處，或者宣傳標識。（宋漢群拍攝）

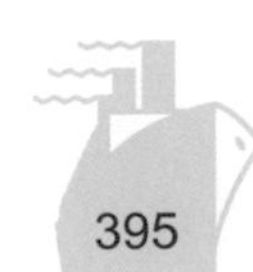

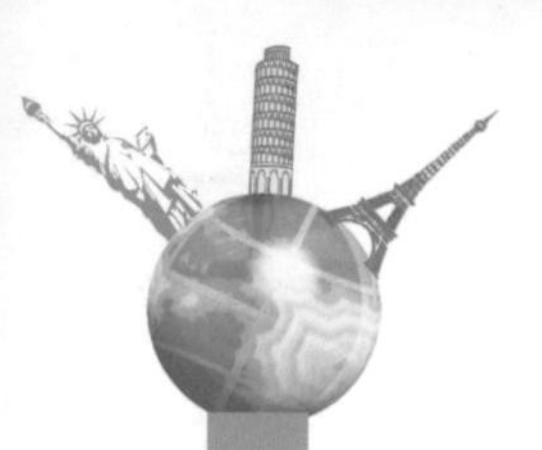

二、銷售點的銷售推廣活動

銷售點銷售推廣（Merchandizing）是在銷售點展示產品或於消費現場示範使用方法的活動。此銷售推廣方式主要借助實用品或銷售推廣材料——包括餐單、飲料單、送餐服務單、招貼海報等。飯店、餐廳以及旅行社都廣泛採用這種銷售推廣方式，因為觀光服務產品只能透過銷售推廣材料，將無形產品有形化，增加客人對服務品質的信心。常見的有櫥櫃菜品實物展示、廚藝演示、客房迷你吧臺或模擬客房展示等。

組合銷售（Packaging）主要是成品經營商與原料供應商聯合銷售推廣，一般由供應商免費或低價提供銷售推廣產品，經營商則負責銷售推廣活動的開展和組織。餐廳常與相關食品、飲料供應商一起聯合銷售推廣。品酒宴就是組合銷售推廣的例子：供酒商免費或低價贊助供應酒，並提供小冊子、說明書或海報類的銷售推廣材料；餐廳則負責舉辦品酒活動，吸引消費者參與。飯店常常將餐飲與客房結合起來銷售推廣；也可組合景點門票或圍繞體育或娛樂活動票類的套餐。

此外，**免費樣品**（Sampling）是派送給消費者以供其試用的產品。雖然大部分觀光產品不能像其他有形產品讓消費者試用之後再購買，但有的經營

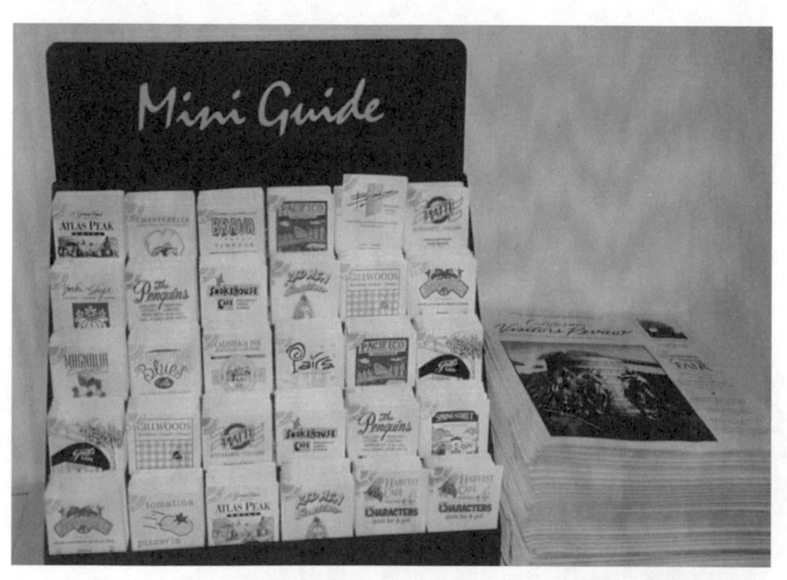

有些當地的餐廳會把菜單放置於觀光諮詢中心，供觀光客瞭解餐飲資訊，進而引發他們品嚐當地美食的興趣。（徐惠群拍攝）

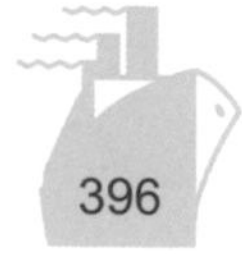

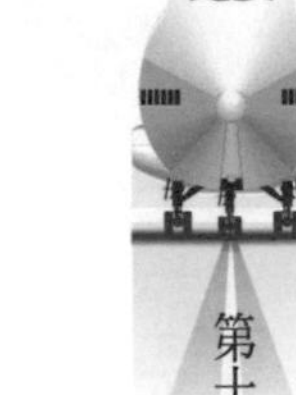

者提供免費品嘗的食物或飯店的康樂設施，讓消費者先行體驗。例如飯店邀請旅行社參觀或試住，就是展示飯店樣品的一種方式。並且飯店客房的免費或優惠升級，也讓消費者有機會體驗不同的房型，為其下次升級消費做準備。

這裡需要指出一些銷售推廣應注意的問題。首先，銷售推廣為許多經營者提供了快速解決「銷售額下降」的方法，但有時導致了忽略「查明銷售額下降的真正原因」的重要性。不僅如此，銷售推廣吸引來的消費者，有很大部分不是出於對企業的忠誠。他們購買行為的產生是由於企業提供的優惠條件的刺激。當銷售推廣活動結束時，他們的惠顧可能也就結束了。甚至有的消費者還會對銷售推廣期間的產品和服務的品質產生質疑，覺得它們可能不如非銷售推廣期間的品質。此外，已經真正具有忠誠度的現有消費者，並不會在銷售推廣期間真正增加購買額，他們的購買實際上與銷售推廣和非銷售推廣沒有太大關係。最後，銷售推廣的使用不當還可能會影響企業的形象。

第四節　觀光企業的公共關係與公眾宣傳

公共關係是行銷溝通的一種形式，也是公司維繫與公眾良好關係的活動，公司通常透過一系列積極的公眾宣傳，或透過處理一些負面的資訊和事件，來樹立或維持公司良好的形象（Armstrong & Kotler, 2009）。**公眾宣傳**則被認為是在各種印刷品和廣播媒體上獲得免費——相對不付費——的報導版面，由媒體對某項產品、服務或某個人進行非商業性的報導或評論。公共關係和公眾宣傳的目的不同，但成功的公共關係活動隨之而來的是媒體讚美性的報導，並且積極的宣傳效果又有利於公共關係更加順利地開展。

一、公共關係和公眾宣傳簡介

公共關係活動主要是企業為了維持與特殊公眾和普通大眾的關係而舉行的若干活動的總和。特殊公眾是那些與企業有直接利益關係的群體，如消費者、雇員、供應商、中間商和股東。這些群體對企業的利益要求都有所不

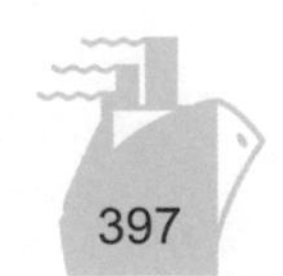

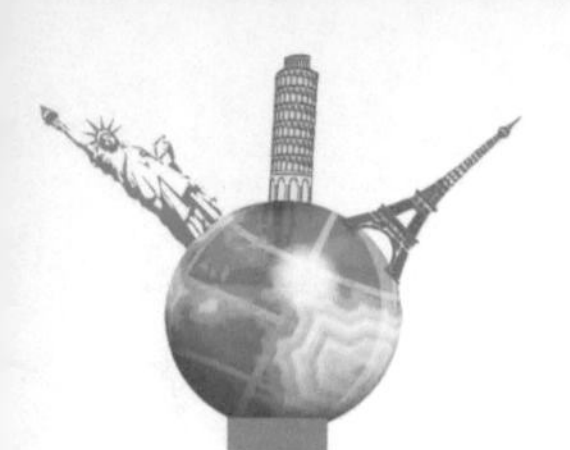

同。其他特殊公眾還包括政治和法規部門工作的人，以及那些社區的意見領袖，如教師或一些事業和商業組織的關鍵人物等。普通公眾則包括了企業所在地區的所有人，甚至對一些連鎖經營的組織來說，可能是整個地區或國家的民眾。

公共關係活動把企業定位成一個有責任心的商務民眾，並把這個形象推廣給合適的公眾。公共關係活動的關鍵是把理解公眾的興趣，作為開發營運政策和程序的依據。也就是說，企業必須是一個負責任的、誠實的好公民。但企業好的表現還必須得到公眾的感知和認可。

公眾宣傳不是企業自身所執行，而是由持中立立場的合作單位所發表。它最主要的優點是易於建立良好的可信度，對企業具有重大的行銷溝通意義。新聞是企業進行公眾宣傳的最主要形式。一篇新聞，即使是企業新聞發布會的報導，讀者也會認為是比較客觀、符合事實的。

非商業性的媒體報導為企業帶來的廣告效應，比商業性、付費的廣告效應實際上更有說服力。在廣告費用不斷上升的情況下，借鑒媒體報導發布資訊可大量節約成本，從而產生成本效益。僅僅新建的一個昂貴的會議場所可能不足以成為媒體新聞，但如果能以某名人命名或名人出席開業剪綵的話，其具有的新聞價值便足以引起媒體業界的廣泛關注。香港的洲際飯店以其獨特的設計和現代風格，成為香港名人舉辦婚禮的最熱門地點，當然名人舉辦婚禮的同時，飯店本身也賺足了大眾媒體和民眾的目光。另外，設備設施可以透過廣告的形式對目標群體提供資訊，但如果透過媒體報導或某部電影、電視劇的播放，傳遞出這個設施的特點、造價，則更像是免費的廣告。香港的九龍香格里拉飯店由於經常舉辦香港無線電視（TVB）的新聞發布會、名人見面會，以及長期作為TVB電視劇的場景拍攝地點，引起大眾不知不覺的關注。臺灣觀光局於2008年贊助韓國電視劇《真愛On Air》來臺拍攝場景，介紹了日月潭、九份、金瓜石、太魯閣等景點，播出後造成觀眾熱烈回響，旅行社再配合推出行程，半年內來臺韓國觀光客就增加了4萬人（中央廣播電臺新聞頻道，2010）。以上種種可以解釋很多企業及觀光目的地贊助電影、電視以及重大賽事活動，藉以打開市場的主要原因。

公正、客觀的合作媒體是宣傳的主要優點，但同時也是風險的來源。企業可以嚴格審核和掌控廣告的內容，但對大眾宣傳內容卻無能為力，因為是

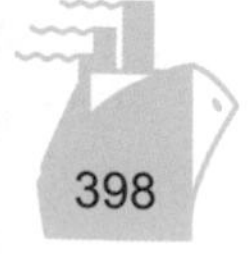

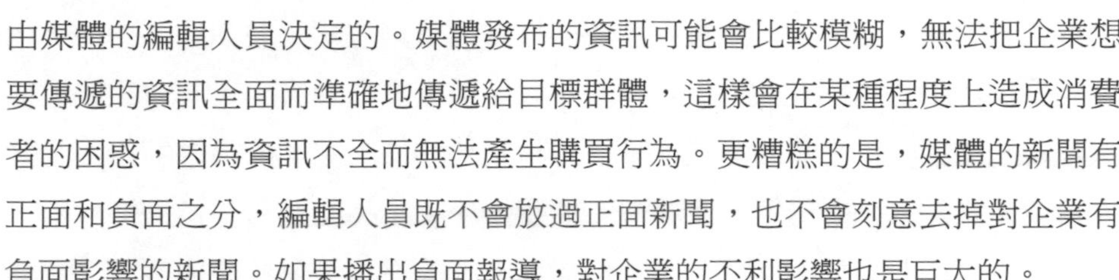

由媒體的編輯人員決定的。媒體發布的資訊可能會比較模糊，無法把企業想要傳遞的資訊全面而準確地傳遞給目標群體，這樣會在某種程度上造成消費者的困惑，因為資訊不全而無法產生購買行為。更糟糕的是，媒體的新聞有正面和負面之分，編輯人員既不會放過正面新聞，也不會刻意去掉對企業有負面影響的新聞。如果播出負面報導，對企業的不利影響也是巨大的。

二、公共關係和公眾宣傳的工具

如上所述，**新聞**因為高可信度的特點而成為開展公共關係的最主要工具。其次，**演說、記者招待會或新聞發布**（Press Release）也能提高企業和產品的知名度。特別是會上圓滿地回答媒體或公眾問題的環節，為企業更深入、徹底地向目標群體傳達企業或產品資訊提供了條件。另一種較為普遍的公共關係工具是**特殊活動**（Special Event），從盛大的開幕典禮、慈善活動、演唱會、教育活動到重大節慶活動等，都是為接觸目標大眾和激發他們的興趣而設計的。公共關係人員在策劃這些活動時，還要準備充分的書面材料，以接觸和影響目標市場，這些材料包括帶有企業標幟的說明書、照片、視聽材料、小冊子和雜誌等。照片能增強讀者的識別效果，而視聽材料，包括影片、PPT和錄影帶等，也是有效的溝通工具。另外，**企業網站**也是很好的公共關係途徑之一，接觸範圍廣泛且可達性高。消費者和其他公眾都能不受時間和地域限制瞭解企業和產品資訊，而且有的企業網站還可能提供娛樂項目，以吸引顧客的點擊率。

積極的宣傳活動還可以與企業所有者或經營者，以及內部工作人員聯繫起來。企業或個人獲取的特殊成就、積極的評估，甚至是經營者／業主的愛好等，都能用來吸引公眾。名人的到訪容易引起公眾的關注，而企業善於抓住這一機會擴大宣傳則會收益頗豐，即使企業專門為此配備一名攝影師的投資，也是非常值得的。如果這個名人的影響力夠大，媒體預先知曉其到訪的話，電視臺可能會專派攝影組過來。但是，不管媒體提供什麼樣的報導，都需要經過名人的同意。

參與慈善事業或公益活動也成為企業建立信譽的一種工具，這也被稱為公益行銷（Charity Marketing）。所謂**公益行銷**，係指透過贊助、捐贈等公

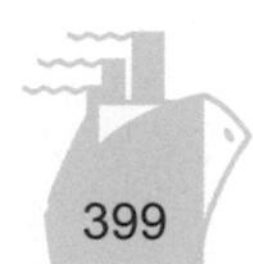

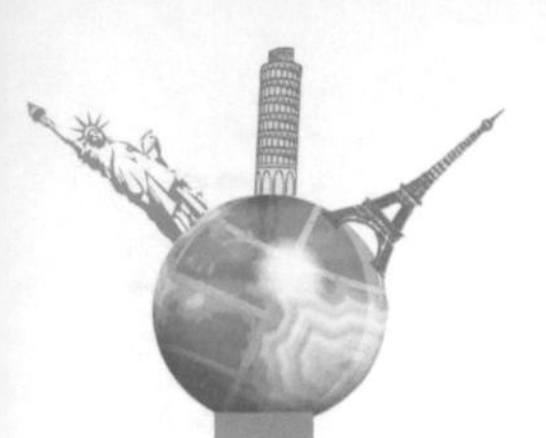

益方式，對企業社會公眾形象進行商業推廣的行銷方式（曾朝暉，2005）。企業公益活動的主題有教育、環保、體育、健康事業等方面，其效果親切自然、易於被接受。它實質上是一種商業性及功利性不明顯的隱性廣告，且溝通對象面廣量大、有針對性。雖然不能直接帶來產品的銷售，但長遠地看，它會改變人們對企業的看法，間接地促進品牌的聲譽、形象及銷售等（袁桂芳，2004）。不僅大型企業的公益活動能產生良好的社會效應，增強其企業品牌的形象，如可口可樂、麥當勞、肯德基等；即便是小型企業也能透過慈善或公益活動在當地產生重大影響。另外，企業也可以參與當地的節慶活動、體育賽事、社區事務或捐款活動等，作為慈善行銷的策略。大型的集團或企業可能會有一個專門的公關負責人，而小型的企業則通常靠一個其他部門的經理兼管公關事務，或從廣告代理商得到協助。

三、危機管理

在向社會公眾宣傳企業的正面業績和經營表現時，觀光企業同時不得不面對經營過程中的負面性新聞，包括品質抱怨、職員罷工、食物中毒、違規行為或其他問題等。企業如果能未雨綢繆，事先做好防備措施，防止此類事

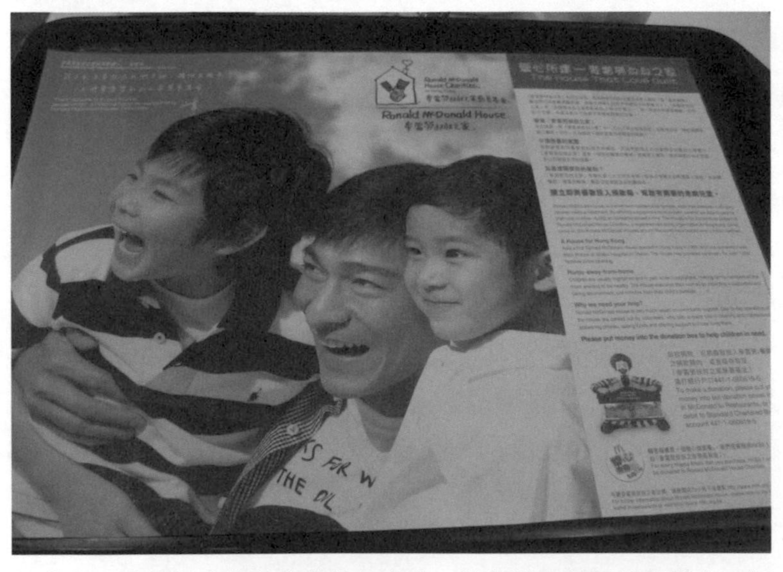

將「麥當勞叔叔之家兒童慈善基金會」的招貼畫放置於餐盤上，便於更多的食客瞭解麥當勞的慈善事業。（宋漢群拍攝）

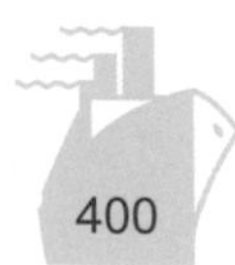

件的發生是最明智的。如果不得不面對的話，則應該用縝密的計畫和積極的行動來處理這些負面新聞，降低不良影響。危機管理（Crisis Management）應該始於危機的防止，也就是在危機真正發生之前，而不是在事故發生之後被動地應對。企業不僅應制定縝密的危機管理的政策和措施，而且還要考慮到公眾利益。這不僅是企業盡責的表現，也能減少危機歸罪與企業疏忽的概率。應變計畫（Contingency Plan）是另一個危機發生前企業要做的事。計畫預測企業的潛在危機以及危機發生後的應對措施。危機具有不可控制性以及資訊的多變性，因此，應變計畫不應一成不變，而應是靈活的。

發言人是危機管理的必要條件，是一個決策者，具有調查事情真相的權力。在企業內部，應該有可遵循的處理危機的溝通程序，便於及時處理緊急情況。對於某些不能及時解決的危機，發言人應積極蒐集資訊，並告知有關人士解決進展，和給出明確時間界定的資訊。同時，企業也應該有清晰的通路向內部員工發布有關資訊，這不僅對保持員工士氣非常重要，而且不管是在職的或離職的員工都與公眾有接觸，公眾會認為他們仍然是企業的代表，他們的評估也會在社會上引起很大的反響，因此他們也需要知道真相。「保持沉默」或「不予置評」都不是應對公眾提出的問題的最佳措施。

由於商業廣告價格昂貴且費時，公共關係和宣傳的使用率愈來愈高。雖說公共關係和宣傳並不是免費的，準備新聞稿、照片和新聞發布都會產生成本，但花費的金錢和時間與購買同等廣告版面相比均低得多。儘管公共關係和宣傳活動中不包含具體的銷售資訊，但是公共關係和宣傳活動由於其較高的可信度，效果還是會比相同版面或時間的廣告要好。

第五節　觀光企業人員推銷與推銷過程

一、觀光企業人員推銷

作為最古老的推銷方式，人員推銷的歷史可以追溯到商業貿易的起源時期。**人員推銷**是指推銷人員向消費者進行直接的推銷，它可以透過面對面、電話、視頻，或者電腦網路連接，向消費者推銷（Kurtz, 2008）。觀光企業

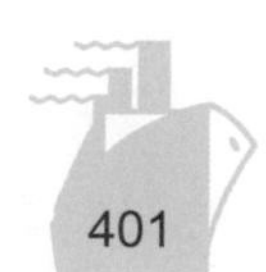

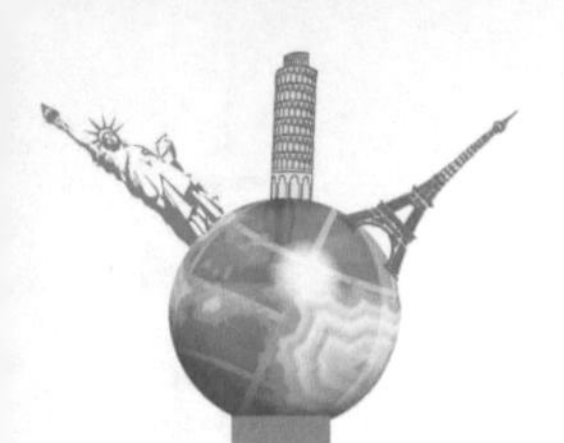

的推銷工作並不僅僅是行銷部人員的工作，實際上是全體員工共同努力銷售的結果，尤其是那些與消費者直接接觸的前線員工，或那些「行銷大使」，如飯店前臺工作人員、旅行社導遊、航空公司空服人員等。人員推銷是一種非常昂貴的行銷方式，成本包括推銷人員的薪水、培訓費用、差旅費、娛樂費以及辦公設備費等。往往長時間的準備工作就是為了短短幾十分鐘的真正「推銷」，即人員推銷與消費者直接交流的時間相對較少，而大部分時間都用來做準備工作及跟進工作。因此，這就更顯示出了那部分真正與消費者接觸的時間尤其「昂貴」。雖說在日常經營活動中對現有客人進行推銷在飯店比較常見，但很多觀光企業更傾向於將人員推銷用於能產生大量銷售額的團體銷售，如飯店針對會議團體、旅行社、航空公司等進行的推銷，或旅行社針對企業進行的獎勵銷售。本章主要以飯店為例討論人員行銷。

二、人員推銷的具體步驟

推銷的過程可以說是一個開放式的過程，它始於銷售洽談，但沒有限定的終結點，因為長期保留現有消費者是每個銷售代表必須承擔的責任。推銷的主要活動包括搜尋潛在消費者、策劃銷售洽談內容、銷售洽談現場（電話、面對面等）、達成銷售以及銷售跟進幾個步驟。

(一)搜尋潛在消費者

所謂**潛在消費者**是與現有消費者對應的，是指有購買興趣、購買需求，或有購買欲望、購買能力，但尚未與企業或組織發生交易關係的個人或組織。他們是有意向並且有能力（包括經濟能力和身體能力）使用企業提供的產品和服務的群體。企業不僅要識別出哪些群體想來購買產品和服務，還要確定他們是否有能力消費此類產品和服務。因此，搜尋潛在消費者包括開發銷售線索（Sales Lead），並從線索中確定潛在消費者兩個部分。

■開發銷售線索

開車繞城市而行或訪問當地的商務部門都是獲取銷售線索的機會。周圍的新建築物意味著新的商業活動和商業機構出現。透過政府或民間商務部門可獲取即將開張的公司名單、公司的性質、大小等方面的資訊。瀏覽黃頁分

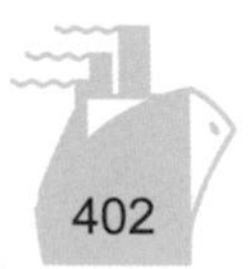

類資訊，有助於發現需要客房或會議場所的企業客戶。同時，當地某些協會組織及其成員名單指南，有助於企業快速搜尋到某些組織特殊對象的聯絡方式。瀏覽競爭飯店張貼或發布出來的日常會議名單，也是很常用並且有效的方式。社區中的朋友和現有消費者也是銷售線索的來源之一。在蒐集銷售線索階段，我們可能會說「多多益善」，但在確定潛在客戶階段，企業從這些線索中找出真正有可能轉化為企業消費者的群體，更在乎的是品質。

■挑選合格的潛在顧客

合格的潛在顧客對觀光企業提供的產品或服務有需求，能為企業帶來收入，並能彌補人員推銷所付出的費用，一般包括那些預訂相當數量的客房、餐飲或其他設施和服務，如會議中心、宴會廳、觀光用車等的顧客，或是某個有購買決策權的個人。因此，潛在顧客可以包括秘書、辦公室助理、差旅負責人、銷售或培訓經理，以及其他管理層級人員。觀光企業的銷售代表應該弄清楚誰是與公司的差旅、會議事務有直接關係或有購買決策權的負責人，並適時與之溝通、交流。秘書通常是一個組織中重要的「看門人」，他們通常控制了通向組織決策者的路徑。他們自己本身也會做出決策，譬如為訪客選擇入住飯店等。因此，許多飯店為他們成立了專門的「秘書俱樂部」，還定期舉辦宴請活動以增進交流和信任，從而獲取客源。

■不請自來式銷售

雖說觀光企業的銷售人員主要把精力集中於合格的潛在顧客身上，但也應該花點時間在發掘新的銷售機會上。銷售人員在空閒的時間裡，也會透過「不請自來式銷售」（Cold Call）獲取可能的銷售機會，發掘新的客戶。不請自來式銷售是指事先沒有與受話方預約，而是透過公用電話本或其他通路得到的電話號碼與之進行電話聯繫，與對方結識並推銷產品的行為。不請自來式銷售也可以採取實地拜訪的方式，上門突發銷售某產品（Morrison, 2010）。這種推銷在很多情況下都是在不瞭解客人的基礎上首次進行聯繫。比如企業的行銷人員在某行業會展後，將會展上蒐集到的1,000多張客戶名片進行過濾，找到可能的潛在用戶，然後把這些人的名字交給銷售人員，銷售人員逐個打電話或親自拜訪，尋找潛在的銷售機會。

不請自來式銷售是「地毯式銷售」（Sales Blitz）常用的一種方法。地毯

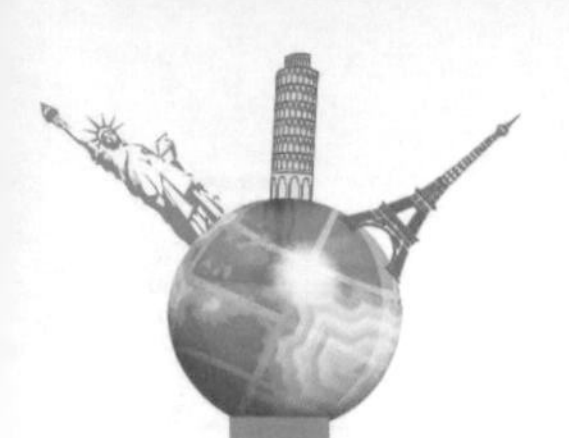

式銷售是指推銷人員在不熟悉或不太熟悉消費者的情況下，直接訪問某一特定地區，或某一特定行業的所有使用單位和經營單位或有關個人，從中尋找目標購買者的產品推銷方法。幾個銷售員有組織、全面地對某一個特定地區的所有辦公大樓裡的商戶，展開電話或面對面聯絡，採用的就是「地毯式銷售」方式。這種地毯式銷售大都是針對某特定的區域，譬如「美國洛杉磯羅蘭岡的商業中心」，也可能是針對某一類型的組織，如某城市中所有的大學和研究所。而且銷售一般都是由企業的銷售人員來完成，但營運部門的工作人員有時也會加入他們的推銷隊伍。

(二)策劃銷售洽談內容

任何成功的銷售都離不開周密的計畫。銷售洽談的策劃是建立在行銷人員已經確認了合格的潛在消費者的基礎上，因此銷售對象具有明確針對性。銷售員對推銷對象的瞭解愈深，制定的銷售計畫就愈有效。銷售對象的組織資訊和個人背景資訊，在策劃過程中起著很重要的作用。組織資訊包括整個組織或企業的大小和經營性質、使用飯店和會議設備的歷史，以及其對產品和服務的偏好。個人資訊可能包括興趣、愛好、俱樂部或社團關係和社會地位等。首先，彬彬有禮和專業素質是銷售洽談的首要條件。因為難以獲取客戶初次的信任，所以和消費者接觸並非易事。一些輕鬆對話就可以成為獲取個人資訊的機會，但尊重對方的隱私是最基本的行為。此外，預約是銷售人員對已經確認的潛在消費者進行推銷時，體現專業化和正式化的關鍵，包括電話預約或郵件預約。電子郵件預約最好有電話的跟進確認。一旦預約確定之後，就要開始做進一步的準備和計畫工作了。

其次，明確的目標也是策劃銷售洽談的關鍵。這個明確的目標包括充分瞭解推銷的產品和服務的特徵，與最能引起潛在消費者強烈共鳴的溝通方式、產品資訊的輕重把握，以及介紹的邏輯順序。根據消費者的特點「對症下藥」，才是銷售人員取得成功的重點所在，故銷售人員必須識別潛在消費者的具體需求，並針對性地展示能滿足他們的具體需求的方法和能力。銷售溝通的過程必須邏輯有序，銷售洽談須條理清晰，內容則須包含必要的資訊以及凸顯吸引點。簡單有序的銷售溝通方式有利於建立良好的第一印象，並長期保持下去。所以，只要能成功地吸引潛在消費者的注意力和興趣，就是推銷成功的第一步，為緊接而來的銷售洽談做好鋪墊。禮貌且得體的自我介紹、吸引顧客的興趣和注意力的溝通，都必須顯示出專業素質和誠實可靠。

消費者最關注的是能從購買中獲得哪些價值，因此消費利益法因能明確告知消費者他們能獲取的利益或價值，成了進行推銷的有效方式。對於不同的銷售產品，銷售人員傳遞的消費利益和價值可能是不同的。首先，當我們需要獲得秘書的推薦時，借助秘書俱樂部的銷售洽談是一種有效方法。邀請他們參與秘書俱樂部，並闡明參與俱樂部的利益和價值。而對公司會議負責人則可以展示飯店所能提供的有關會議的價值和利益，如「我們會議中心會按時提供茶點和三餐」、「有免費機場接送巴士」等。飯店的一些顯著特徵，如價格的可協調性和特殊優惠性也是推銷的基礎，如「我們保證食物的優良品質，並同時提供給您下次會議時×%的價格優惠」。展示與眾不同的利益特徵，是銷售人員打開溝通之門的有效方法。邀請顧客親臨飯店參觀是獲取顧客信任度的最好方式，特別是當業務銷售量大、消費水準高時，邀請顧客一起用餐，早、中商務餐或晚餐是一種好的選擇。

推薦住店賓客購買其他服務專案，也屬於針對潛在賓客銷售的一種，此時向他們銷售的實際上也是新的產品或服務。利用他們住店期間展開銷售，帶領他們參觀飯店，介紹與銷售專案有關的設施，如宴會廳、餐廳、休閒設施等。同時，滿足消費者對飯店後臺工作場所的好奇心和興趣，讓他們瞭解飯店的後臺操作，也可以增加他們的信任度和安全感。我們還可以把飯店的關鍵人物介紹給潛在消費者，例如行政總廚和行政管家，他們對達成銷售是很有影響力的。另外，讓操作層面的員工知道他們對達成銷售有幫助，則能夠增強他們與銷售團隊的關係。

(三)銷售洽談現場

銷售洽談的方式很多，可以是電話洽談、產品演示，也可以是面對面的對話。產品演示是一種比較正式的現場演示，可以使產品更加具體、生動，形象更加突出。它可以借助視聽資料，如錄影、PPT作為視覺上的補充，用說明書或圖片介紹飯店的業務組合等。銷售演示也可以是銷售代表和買方人員之間的小型會面。隨意性的對話和交流有利於拉近與消費者之間的距離。不管何種形式，出色的銷售代表能透過銷售洽談，讓消費者建立起他們對銷

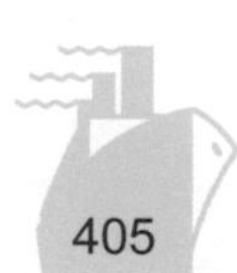

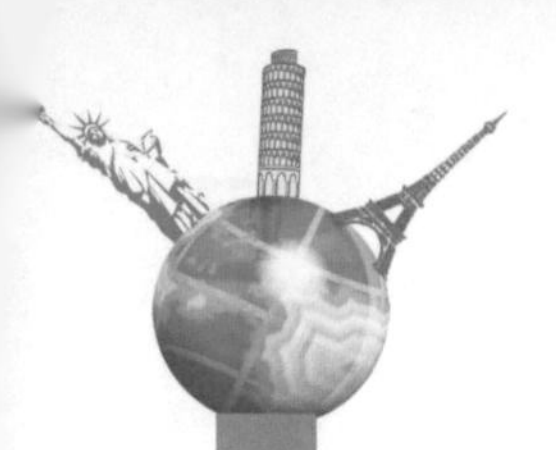

售代表的企業和他們自己的信任，甚至當場達成銷售的目標。

■銷售洽談過程中的基本準則

雖說沒有可以讓銷售人員每次都完滿達成銷售的完美劇本存在，但如果銷售人員能參考以下基本準則，至少可以增大獲得成功的機會：

1.表裡如一：雖將企業的特點公布於眾，但不能隨意承諾我們做不到的事情。因為誇大言辭的宣言是無法取得消費者的信任的，相反，取得消費者信任和認可的關鍵是向他們承諾能實現的事。

2.表現積極：千萬不要攻擊銷售人員自己所在的組織、上司、競爭對手或銷售同行。如果必須做出一些負面的評估，那也要強調一下事情的積極面，做到具體問題的客觀分析和處理。

3.產品或服務介紹：銷售人員不能假設每個人對飯店的服務都了然於心。讓企業的產品和服務在潛在消費者中留下好的印象非常重要，尤其是對那些從未到過此飯店的客人。以故事的方式傳遞企業價值是一種策略，這樣更能吸引聽眾的興趣，如飯店的某項設施經營的成功案例，或獲得一個特別忠誠顧客的重複光顧的例子等。

4.消費者推薦：口碑宣傳很多時候比商業性宣傳更有說服力，因此，有過消費經歷的消費者的評估對潛在消費者的影響不容忽視。企業可以利用現有客戶的推薦詞感動潛在消費者，獲取信任。讓潛在消費者與飯店常客溝通是其中的一種方式，當然事先要得到常客的同意。事實上，並不是所有人都會真正打電話詢問常客，但至少從中能體現出銷售代表對飯店的信心。一些銷售代表還會隨身攜帶一些顧客的親筆感謝信。

5.友好的交流和傾聽：儘管銷售代表不能表現得像是潛在顧客的老朋友一樣，但是銷售洽談中應該保持友好，不僅是一個口才好的演說家，還應該是一個愉悅的聽眾。如果一直是銷售代表在講話，不僅顯得是在向對方加壓，而且也聽不到顧客的真實想法。積極的傾聽包括眼神交流以及觀察對方的肢體語言。同時，我們也要使用自己的面部表情和身體語言來表達我們的興趣和投入。

6.適當詢問：當對方的回應不是很積極時，銷售人員也可以採取問問題

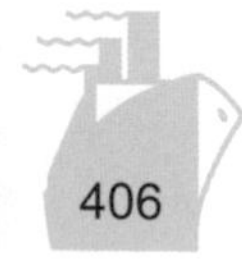

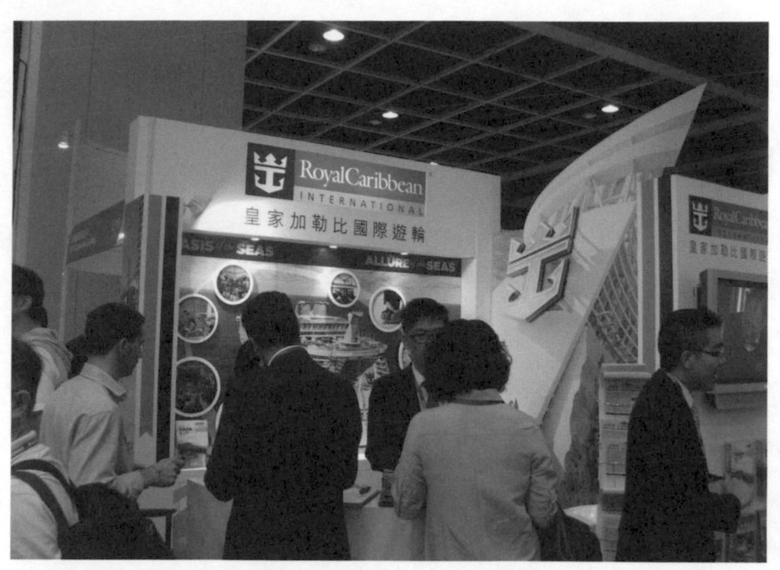

銷售人員也可以在會展現場向業界人士和公眾進行現場銷售洽談、推介產品。（宋漢群拍攝）

的方式助其加入交流中來。銷售對象說話的語氣和內容可以顯示他的信任或疑惑，由此判斷自己的表現。

7.善待競爭：在瞭解競爭對手的基礎上合情合理地進行分析，說服消費者。

8.處理抱怨和異議：以積極的心態面對顧客的投訴和異議，識別工作中的不足和失誤，適當的解決方法還可能將不滿轉為感動，獲取更多的肯定和信任。

(四)達成銷售

沒有一個銷售代表能保證每次都能達成銷售。但銷售洽談結束的時刻就是顯示銷售成功與否的關鍵，也是所有銷售代表一直致力達到的目標。然而，也許是因為害怕失敗，抑或是處於禮貌因素的考慮，很多銷售代表在此刻都會猶豫去直接詢問顧客是否已做了下訂單的決定。也有些銷售代表對自己的銷售演示效果很自信，充分相信已經說服潛在顧客有訂貨的打算而沒必要詢問。不管上述這些理由是否合理，只要達成銷售是銷售洽談的目的，銷售代表就應採取某種方法，明確得知消費者是否達成下訂單的決定：

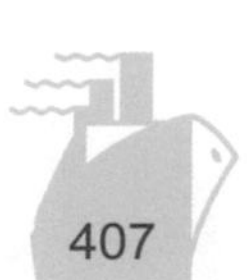

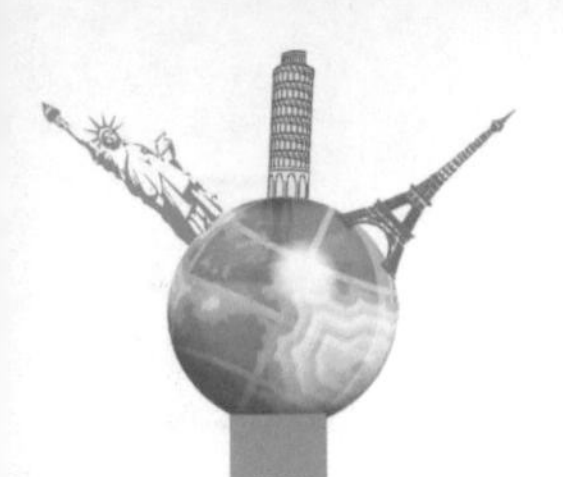

1.假定成交法：也稱假設成交法，是指銷售人員假定顧客已經接受推銷建議，而直接要求顧客購買推銷產品的一種成交技術。銷售代表可以在銷售洽談結束時假定銷售達成，並詢問對方關於訂單的問題，如：「我們什麼時候能夠知道你們的訂房清單？」「你現在就訂下菜單，還是等您跟貴公司的其他人商量了之後再說？」使用電話也是銷售人員表示認定成交達成的方式，如「我現在就可以打電話回公司幫您預留位置」。

2.訂購緊張激將法：當覺得在本應該達成銷售的時刻卻仍不能確定銷售是否達成時，銷售人員可以利用「訂購緊張」的理由刺激對方當場進行預訂。因為「訂購緊張」的事實會增加顧客的緊迫感，促使他們快速做出決定。但「訂購緊張」的理由是建立在真實的基礎之上，不能誇大其辭、言不符實。顧客終究會知道真相，而過分的誇大只會讓潛在顧客失去信任，損害飯店的聲譽。

3.試銷訂單法：如果潛在顧客沒有表現出購買的意願，銷售人員也可以說服其下一個試銷訂單，購買少量產品試用。有的銷售員會說「希望今後有向你們證明我們實力的機會」，或向對方承諾舉辦一個小型活動作為試用訂單。如果我們不能得到一個明確的訂單，我們試著取得對方暫時的承諾，並希望其告知方便的時間以便做電話確認。其實最關鍵的，還是不管怎麼樣，都儘量爭取到銷售洽談的某種或幾種積極的解決辦法。就算當時沒有達成銷售，從銷售線索變成潛在消費者的轉變也可以促成未來達成大量的銷售。

(五)銷售跟進

銷售洽談的結束並不是銷售行為的結束，接下來的跟進工作對全面實現銷售的意義也不容忽視。即便對方沒有下訂單，一封感謝信或其他傳遞我們真誠意願的溝通方法也是必要的。推銷員應該把推銷對象的資料以及他們不下訂單的原因記錄在案，以便參考。另外，跟進電話確認顧客將來可能會有的住宿、會議、餐飲或觀光服務的需求也不能少。此外，長期性的電話或郵件跟進是維持現有客戶的有效方法。

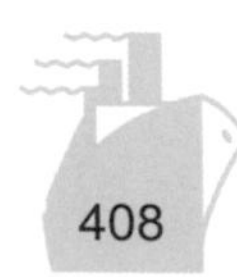

同樣，銷售達成後的整個過程中相應的跟進服務也非常重要。活動之

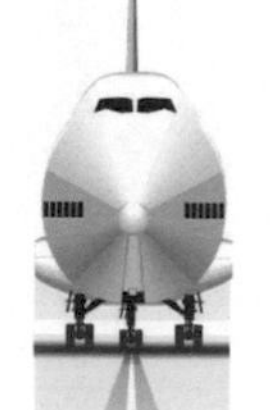

前，銷售代表應該定期向客戶說明各項活動的準備工作進度；在活動期間，負責此次業務的銷售代表應該協助消費者審核產品和服務，並確保各項服務運作正常。當出現問題時，銷售代表比顧客更適合向有關負責人提出意見，因為銷售代表是比顧客更瞭解企業的工作人員。但此時銷售代表應該處理得當，不然極有可能引起其他部門人員有被指揮的感覺，致使兩部門之間產生摩擦。事後的跟進工作同樣必不可少。顧客或其他相關人員對購買的產品或服務的評估，將成為以後開展銷售的有效參考依據。如果是負面評估，銷售人員須適時地進行修正，改進不足。如果是積極的回饋，我們就應該抓住機會建立消費者的忠誠度，為其他業務的順利開展奠定基礎。

其次，跟進工作有助於阻止其他競爭者的介入。之前我們提到過，銷售線索可以透過閱讀競爭飯店大廳裡的活動列表得到，競爭者也可以如此。他們可能從中發現銷售線索，並對我們的現有客戶展開銷售。如果我們能跟現有客戶保持積極的聯繫，增強顧客的忠誠度，競爭者將很難搶走我們的客戶。活動後的跟進電話主要是為了與顧客保持聯繫、傳遞最新資訊和獲取顧客的資訊回饋，所以要控制得當，一般比較簡短，且頻率不要太高，因為電話太多會引起顧客厭煩。 當然，銷售人員也要意識到不是每一次的努力都能得到預想的回報。甚至有時拒絕率遠遠大於接受率。我們雖說不能奢望100%的成功率，但完全可以用擊棒球理論做個類比：沒人可以達到100%的成功率，那些能擊中30%的人已經是英雄了。

本章小結

行銷溝通組合是由廣告、人員推銷、銷售推廣，以及公共關係和公眾宣傳組成，廣告是其中一種主要形式。行銷溝通主要以告知、說服或提醒為主要目的，溝通形式的選擇取決於產品的生命週期和消費者購買決策階段。行銷溝通的最終目標，可以是為了刺激消費者對某品牌或產品的消費偏好，也可能是為了刺激消費者尚未感知的最原始需求，如對某全新理念的推崇。

目標群體、資訊、媒體、時機和預算是廣告策劃的五個主要要素。廣告接觸的群體可根據購買態度分為非使用者、新出現者、忠誠消費者和不穩定

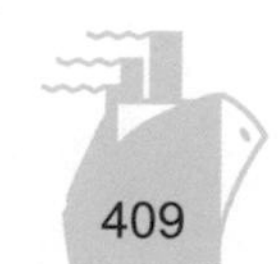

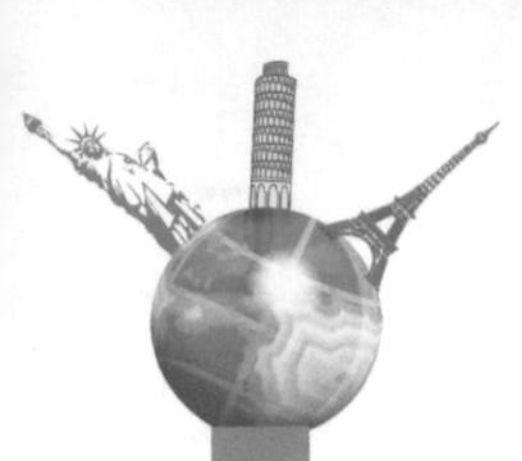

者四群，針對不同的群體採用不同的廣告策略。廣告媒體形式很多，不僅包括傳統的印刷、電視電臺和戶外媒體，還出現了眾多與新興網路相關的新媒體，如部落格、電郵、手機簡訊、社交網站、PFP廣告和內文等。

銷售推廣最常見的形式是優惠券、現金折扣、實物贈品、獎品、售點展示、組合銷售和免費樣品。公共關係和公眾宣傳互補，支援慈善和社區活動以及新聞發布會是常見的形式。人員推銷是觀光企業的主要銷售方法之一。人員推銷的主要步驟是搜尋潛在顧客、策劃銷售洽談、銷售洽談現場、達成銷售和銷售跟進。

重要概念

- ■溝通組合　Communication Mix
- ■廣告　Advertising
- ■銷售推廣　Sales Promotion
- ■人員推銷　Personal Selling
- ■公共關係　Public Relations
- ■公眾宣傳　Publicity
- ■原始需求　Primary Demand
- ■次級需求　Secondary Demand
- ■AIDA模型　Awareness, Interest, Desire, Action
- ■獨特賣點　Unique Selling Proposition, USP
- ■資訊叢林　Clutter
- ■印刷媒體　Print Media
- ■輔助材料　Collateral Materials
- ■網幅廣告　Banner Ads
- ■手機簡訊　Short Message Service, SMS
- ■病毒行銷　Viral Marketing
- ■簡易資訊整合　Really Simple Syndication, RSS
- ■PFP廣告　Pay for Performance, PFP
- ■廣告排期　Timing
- ■持續式排期　Continuity
- ■起伏式排期　Flighting
- ■脈衝式排期　Pulsing

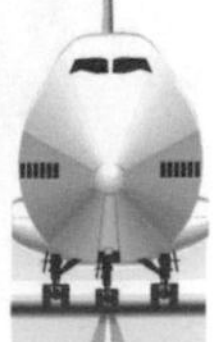

■廣告預算　Budget
■銷售額百分比法　Percentage of Sales Method
■競爭對抗法　Competitive Parity Method
■目標達成法　Objective and Task Method
■優惠券、折扣、贈品　Coupon / Discount / Premium
■獎品、遊戲、抽獎、比賽　Prize / Game / Sweepstakes / Contest
■銷售點銷售推廣　Merchandising
■組合銷售　Packaging
■免費樣品　Sampling
■新聞發布　Press Release
■特殊活動　Special Event
■公益行銷　Charity Marketing
■危機管理　Crisis Management
■應變計畫　Contingency Plan
■銷售線索　Sales Lead
■不請自來式銷售　Cold Call
■地毯式銷售　Sales Blitz

課後習題

一、行銷溝通組合一般由哪幾個元素組成？請闡述觀光產品所處的生命週期階段，以及觀光者的決策過程對行銷溝通的影響。

二、廣告策劃的主要考慮要素有哪些？各自的關鍵要素體現在哪些方面？

三、常見的廣告媒體有哪些？請簡要列舉出它們的優缺點，並舉例說明新媒體在觀光行銷中的運用。

四、請舉例說明至少兩種觀光企業進行廣告預算的方法。

五、銷售推廣的主要目的以及主要形式有哪些？

六、危機管理的含義為何？企業危機管理一般要經歷哪些步驟？請舉出一個企業如何組織危機管理的案例。

七、銷售代表進行推銷活動一般經歷哪幾個步驟？

八、為了達成觀光產品的銷售，銷售代表可以採取哪幾種方法鼓勵消費者做出下訂單的決定？請簡要舉例說明。

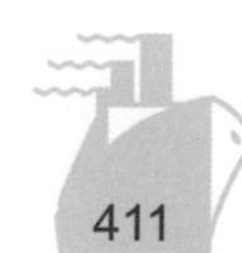

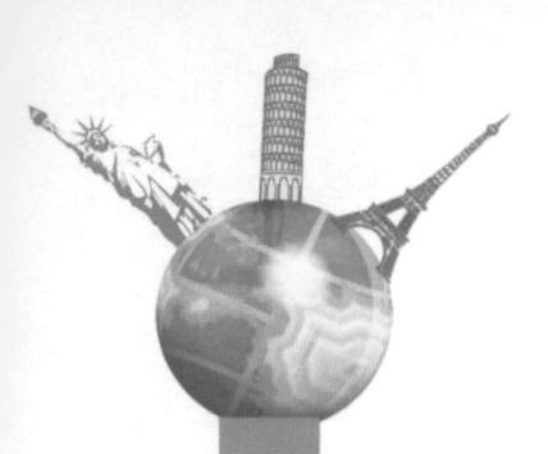

案例探討

香港迪士尼樂園與社區關係

香港迪士尼樂園盡心盡力服務本地社群，參與廣泛的社區服務，範圍主要集中在三方面：兒童與家庭、環保意「蟋」、義工活動。香港迪士尼樂園稟承華特迪士尼公司多年來參與慈善活動的傳統，積極推行慈善公益活動，促進兒童福利，選擇及參與合適的社區計畫，幫助有需要人士。

■兒童與家庭

香港迪士尼樂園的社區服務以促進兒童福利為重點，對有特別需要的兒童尤為關注。其中一個社區計畫名為「迪士尼歡樂童心計畫」。迪士尼義工隊透過一系列為住院兒童悉心安排的活動，為他們帶來喜悅和溫暖，其中包括親親大自然之旅及迪士尼故事分享活動。迪士尼歡樂家庭義工團由香港迪士尼樂園和香港小童群益會合辦，目的是鼓勵家庭成員利用共處的時間，一起幫助社會上有需要人士。香港迪士尼樂園渡假區還在華特迪士尼公司的支持下，成立迪士尼兒童基金，每年向本地的慈善機構提供港幣100萬元的撥款，鼓勵具創意的兒童福利計畫，延續迪士尼傳統，改善兒童福利。

■環保意「蟋」

香港迪士尼樂園向來重視環境保護工作，並致力推動環保活動。為提高中小學生的環保意識，迪士尼樂園推出「迪士尼環保挑戰獎勵計畫」，以「減少廢物、廢物重用、循環再造、替代使用」、「保持空氣清新」、「節約能源」和「節約用水」等四個主題，讓學生認識及實踐「綠色」生活。計畫推出至今，已經有超過35萬名學生參與。迪士尼樂園的自然景色優美，遍植了眾多獨特的花草樹木。迪士尼義工隊更會擔任導賞員，帶領學生欣賞自然多樣化的植物品種，品味多采多姿的自然美景，鼓勵他們珍惜並愛護大自然。

■義工活動

在過去二十五年，迪士尼義工隊在宣揚迪士尼傳統和理念的同時，更利用個人時間服務社會，憑力量和專長貢獻社群，把迪士尼的奇妙力量帶給有需要人士，為社區增添能量。迪士尼義工領袖委員會由熱心服務社會的演藝人員組成，他們是演藝人員的代表，擔當著義工服務推動者的角色，積極鼓

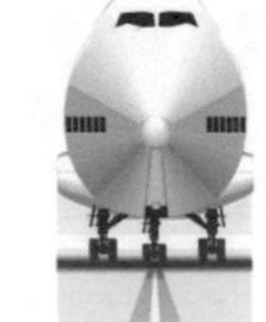

勵演藝人員參與，並為迪士尼義工物色和發展義務工作。每年，香港迪士尼樂園會選出表現優秀的迪士尼義工，頒予「最傑出義工」和「最傑出義工團隊」獎項，以表揚演藝人員為社區服務所付出的熱誠和努力。

資料來源：改編自香港迪士尼樂園渡假區——社區關係，http://hkcorporate.hongkongdisneyland.com/hkdlcorp/zh_HK/communityRelations/overview?name=CommunityRelationsPage，檢索日期：2010年1月24日。

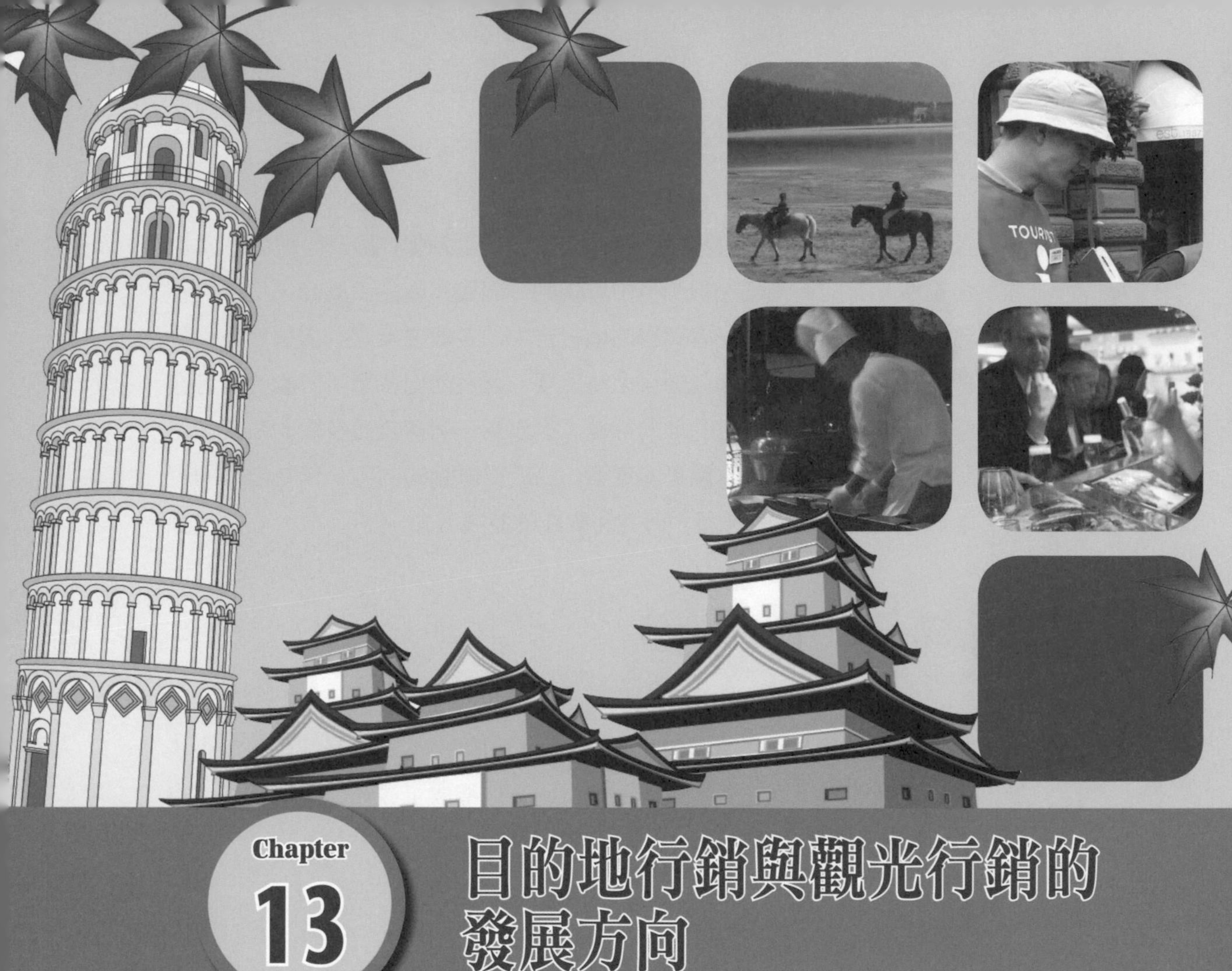

Chapter 13

目的地行銷與觀光行銷的發展方向

本章要點

- ◆目的地組合的基本構成要素與行銷的必要性
- ◆目的地行銷面臨的問題及其優勢
- ◆目的地的品牌身分、品牌定位和品牌形象
- ◆活動作為目的地行銷的有力方法
- ◆目的地行銷組織
- ◆當前觀光行銷研究和實踐的主要議題

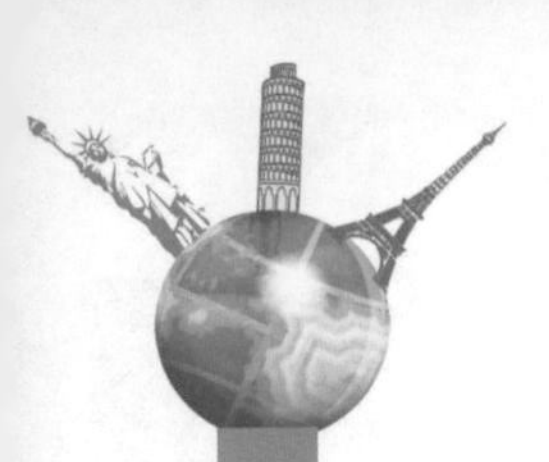

前面各章主要從單個觀光產品和企業的角度論述了觀光行銷的基本原理。但是觀光客的觀光經歷很少是由單獨的一個觀光產品供應商來提供的。一次渡假或旅行經歷是觀光客與目的地組合中的各個要素互動接觸而獲得的整體體驗，因此目的地行銷就顯得尤為重要。雖然前面各章所討論的內容在不同程度上都可以應用於目的地的行銷，但作為一個複雜而多變的系統，目的地行銷具有其特殊性，這就是本章第一節所要討論的內容。作為全書的總結，本章第二節討論了觀光行銷研究和實踐的發展方向。

第一節　目的地行銷

目的地被比喻為觀光產業的「震央」，對目的地的選擇是觀光客旅行決策的焦點。目的地以及它為觀光客所提供的一切構成了觀光經歷的中心，從而使其成為觀光行銷的核心。

一、目的地組合

目的地不論從類型和範圍來看都是多種多樣的。它可以指整個國家，也可以指一個國家內部的一個區域或地點，一個城市或一個渡假勝地。但所有目的地無一例外地都存在一些特別屬性，這些屬性促成了觀光客的旅行決策，並成為觀光經歷的源泉。雖然其中的某一個特別屬性是旅行的主要動因，但是成功的目的地行銷必須要考慮所有屬性的結合和關係，因為正是他們的組合才形成了觀光客的整體旅行體驗。**目的地組合**（Destination Mix）包括以下五個方面：設施設備（Facilities）、觀光吸引物（Attractions）、基礎設施（Infrastructure）、交通運輸（Transportation）、殷情款待（Hospitality），這就是FAITH模型所提出的目的地組合的構成要素（Hsu et al., 2008）。

(一)設施設備

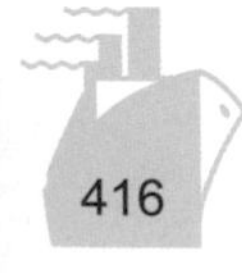

目的地所提供的設施設備構成了該地的宜人環境。其中有一些設施設備同時滿足了觀光客和當地居民的需要，例如各種室內和室外的娛樂場所、戶

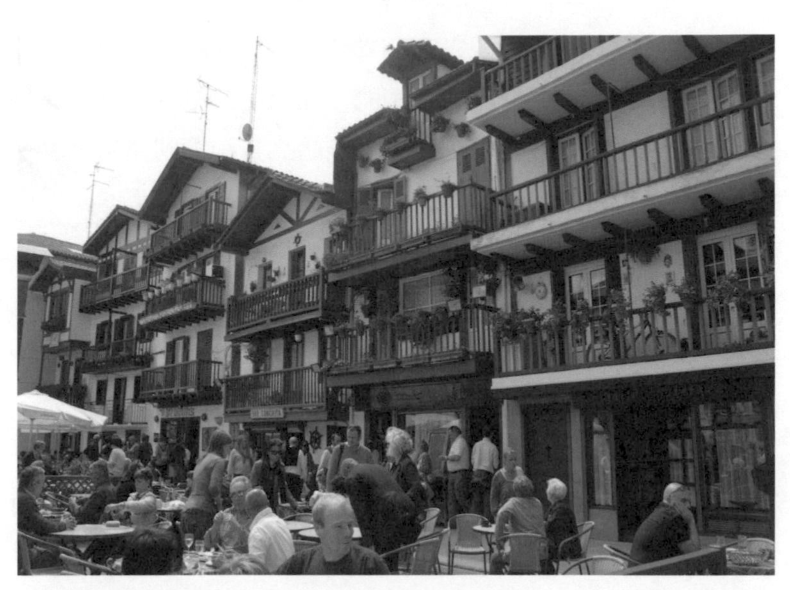

戶外餐飲設施既可以滿足當地居民的膳食需求，也為觀光客提供了用餐場所及享受當地文化的機會。（徐惠群拍攝）

外空間、便利商店、超級市場和餐館。而另外一些主要針對觀光客的需求，例如不同類型的住宿設施，從豪華飯店、平價旅館、渡假村，到宿營地等。

(二)觀光吸引物

觀光吸引物係指將觀光客吸引至一個目的地的事物。觀光吸引物的**距離拉力**（Distance Pull）意味著吸引物愈有重要意義，觀光客愈有可能旅行更長的距離來到該地。但不同的觀光吸引物有不同特徵，一個目的地可能吸引一部分觀光客而不能吸引另外一部分觀光客。構成觀光吸引物的事物可以是自然環境，包括顯著的地理特徵，如山川峽谷、海洋湖泊、植物或動物；也可以是人造環境，如主題公園、購物中心、藝術館和博物館。構成觀光吸引物的還包括觀光客在目的地所參加的各種活動，譬如高爾夫運動、滑雪、溫泉療養、釣魚等。

(三)基礎設施

目的地的基礎設施提供了一些基礎性的服務，譬如供水、電力、廢物處理等，他們通常也提供部分基礎設施給當地居民。觀光活動會增加這些基礎

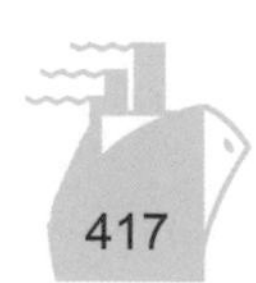

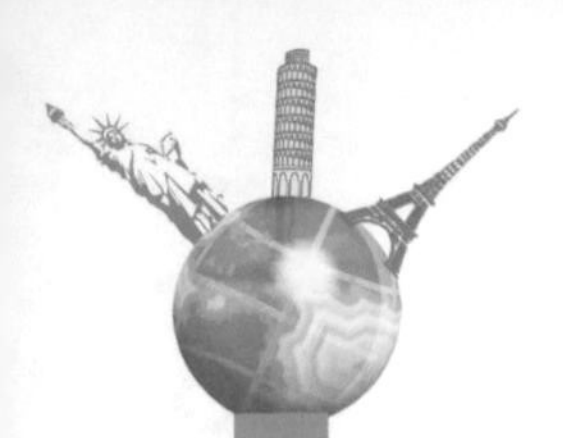

服務額外的需求，這有可能使觀光客和當地居民之間的關係變得緊張，尤其是在需求高峰期時。因此，目的地行銷的一部分任務是獲取當地居民對觀光發展的支持。各種目的地所提供的基礎設施的品質和範圍通常差異迥然，而不同的觀光客對各種基本服務的需求和期待也各不相同，這通常取決於觀光客的旅行方式、觀光目的以及預期的觀光體驗。譬如到未開發的偏僻地區探險的觀光客所期待的基礎服務，和大眾觀光客所要求的宜人設施，就有非常大的差異。

(四)交通運輸

作為目的地組合的元素之一，交通運輸具有兩個方面的意義。首先，交通運輸決定了觀光客如何到達一個目的地。其次，在到達目的地之後，交通運輸是作為觀光客前往各種觀光吸引物的載體。在一個目的地之內，一個具體的觀光吸引物的通達性往往被加以控制，以便將觀光客的人數限制在與其**環境承載力**（Carrying Capacity）相一致的範圍內。一些宗教和神聖領域可能限制觀光客參觀的人數以確保文物的保護和地方文化的完整性，同樣的，一些重要的生態地區的進入性也可能受到限制，從而成為整個資源管理策略的一個組成部分。值得注意的是，從目的地行銷的角度來說，有時交通運輸工

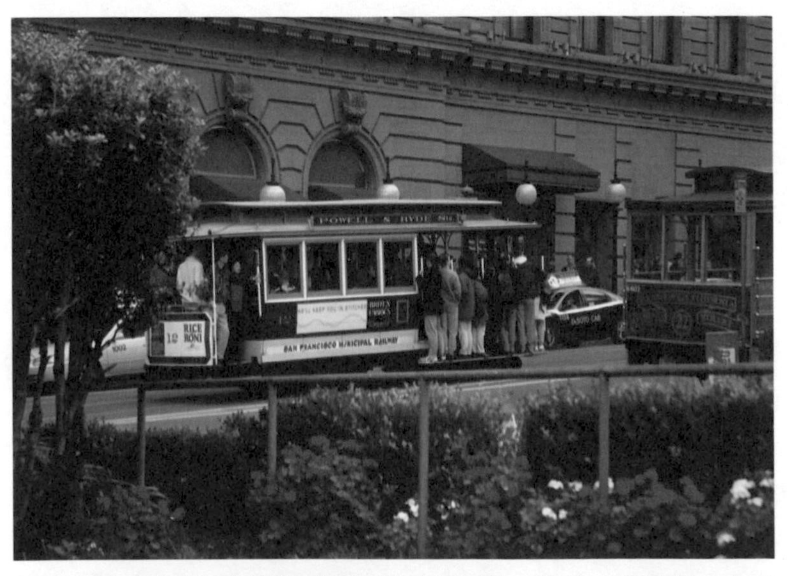

舊金山的纜車除了作為當地居民的交通運輸工具外，還是觀光客所追逐的熱門景點。（孫曉澄拍攝）

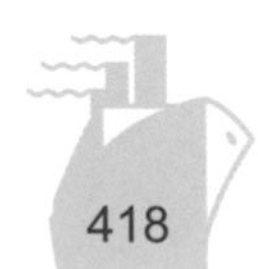

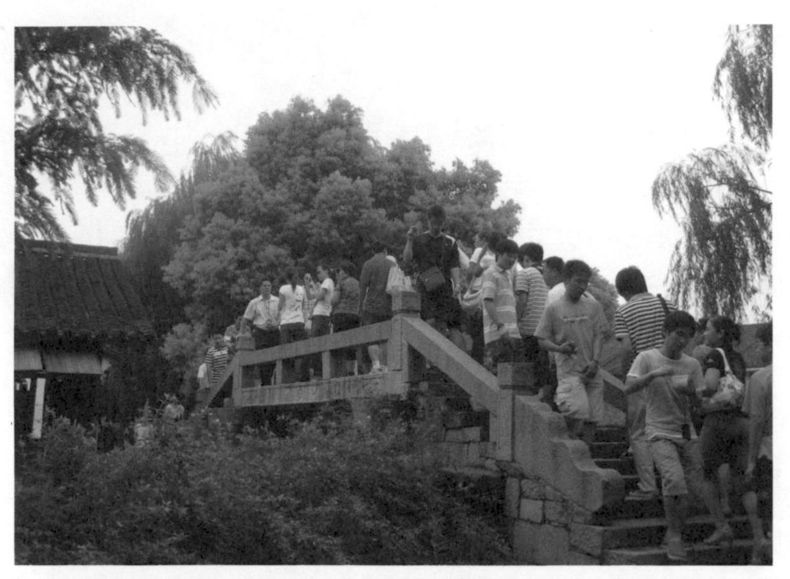

在江南水鄉，觀光旺季擁擠的人群遠遠超出了景點的環境承載力範圍，也影響觀光客的遊玩體驗。（宋漢群拍攝）

具本身以及旅途的過程，有可能構成觀光經歷的核心。運輸工具如香港維多利亞港的天星小輪、太平山的山頂纜車，又譬如中國2006年建成通車的青海至西藏的鐵路等，都可成為觀光吸引物。

(五)殷情款待

此外，觀光客所期待和所獲得的殷情款待，也是目的地組合基本要素之一。殷情款待有可能造就一個目的地的聲譽，並吸引觀光客前往。有時，一個供應商所提供的享有盛譽的服務，也可能成為吸引觀光客前往某一目的地的吸引物，例如香港的半島酒店。

目的地行銷人員應該認識到目的地組合的概念的重要性，因為觀光業是由相互關聯的一系列產業所組成的，這些產業的任何一個部分都對觀光客的整體觀光體驗做出了貢獻。由於其中每一個元素都有其自身的策略目標，並致力於實現自己的商業機會和抱負，目的地行銷所面臨的一個挑戰是如何整合這些多元要素以滿足觀光客的期待，並為其提供愉快的整體觀光體驗。

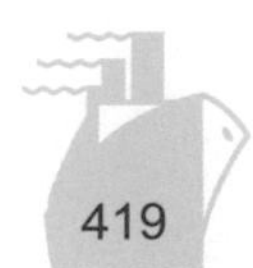

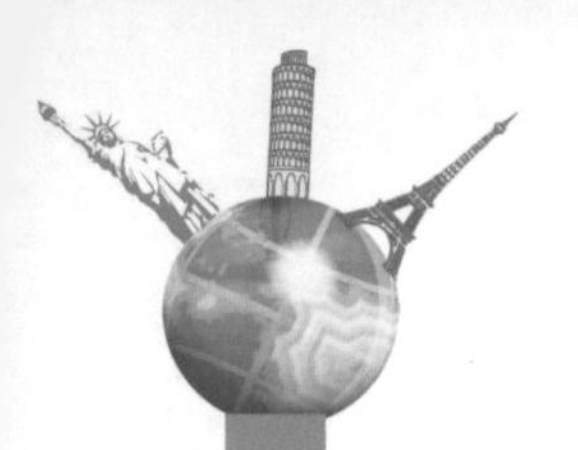

二、目的地行銷的必要性

儘管每一個觀光服務供應商都有自己的行銷策略，以實現最佳的商業宏圖，但任何觀光吸引物、飯店、餐廳都位於目的地這個大環境範圍之內，尤其是對於只具有有限吸引力的中小經營者來說，目的地範圍的行銷努力更可能吸引觀光客的注意力。以下幾方面的原因決定了開展以目的地為基礎的行銷的必要性（Hsu et al., 2008）。

(一)多個觀光吸引物和目的地的總體吸引力

除了少數案例以外，很少單個的觀光吸引物或地點具有足夠的吸引力，能夠促成觀光客到訪。透過將各種觀光吸引物、服務和產品進行組合，可以形成一個在市場上具有清晰定位的整體的觀光產品。參與目的地行銷活動，還使得行銷經費有限的中小經營者可以獲得更大範圍的行銷通路和技術支援。

(二)觀光客的機動性

觀光客不論是進入目的地，還是在目的地之內的空間位移，都由於交通運輸技術的不斷改進，增強了觀光客的機動靈活性。例如香港由於其特殊的地理位置和便捷的公共運輸交通，使得觀光客可以搭乘飛機、火車、汽車、噴射船或郵輪到達香港，而其境內完善的交通運輸系統也能夠為觀光客，提供多樣的途徑，將他們帶到香港的各個地區和景點。另外，由於近年來中國大陸私人汽車擁有量的大幅增加，使得乘坐私家車觀光的中青年觀光客能夠在一個觀光區域內自由靈活地安排行程，與老一代觀光客通常局限於一個特定的目的地的觀光方式完全不同。公共交通和私人交通的便利性，促使了觀光客在目的地內遍遊各個景點，從而最大限度地獲得目的地所能提供的體驗。

(三)觀光體驗的整體性

如果我們首肯觀光客體驗的整體性，以整個目的地為基礎來開展行銷就成為必然。在選擇渡假旅行的過程中，觀光客面臨著一系列的資訊和決策問

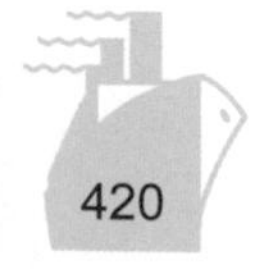

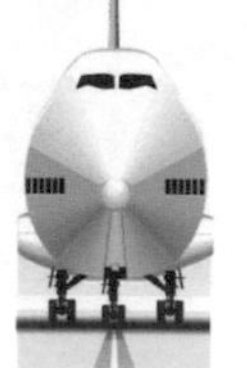

題，譬如我想要去什麼地方、如何去、住哪裡、那裡有什麼可以看或者做的事情、如何返回等。這些問題事實上涉及到目的地組合中的各個要素。為滿足觀光客的資訊需求，透過相同的或緊密聯繫的銷售通路，將目的地作為一個整體來行銷成為明智的選擇。將各種觀光服務和產品捆綁成一個單一的組合產品，對於觀光客和經營者都有益處，但是這要求在各經營者之間達成建設性的工作關係，這正是目的地行銷組織的功能之一。

(四)觀光產業的縱向一體化

透過正式合約或所有權關係，或者非正式的協議，目的地組合中各要素的前向和後向關聯使得觀光產業通常呈現出縱向一體化的組織形式。例如一個住宿業經營者可能與運輸經營者建立產業關聯（後向關聯），並與觀光吸引物的經營者建立產業關聯（前向關聯）。事實上，如果觀光經營者或目的地行銷組織沒有建立這種關聯的話，觀光客也會自己安排這樣的組合。因此，這種產業的關聯性成為將目的地作為一個整體來行銷的又一個原因。例如歐洲的TUI AG集團是向觀光上下游產業延伸發展而成的觀光集團，集團涉足觀光方面的分支產業有三種：TUI旅行（TUI Travel）、TUI飯店及渡假村（TUI Hotels & Resorts）、郵輪（Cruises），除了觀光產業，TUI AG集團還從事航運運輸方面的業務。

三、目的地行銷面臨的難題及其優勢

有效的目的地行銷需要目的地內部的合作和協調，但出於種種原因，這常常是難以實現的目標（Hsu et al., 2008）。首先，目的地組合內產業分支的多樣，經營者之間的相互競爭，以及公眾部門和私人部門的共同參與，擴大了內部的合作和協調的複雜性。其次，在旅行前往主要的目的地的過程中，觀光客可能穿過幾個中途停留點，即次要的目的地。這就提出了在目的地之間開展有效合作和協調的必要性。例如在大湄公河經濟圈（包括湄公河谷臨界的中國、緬甸、寮國、泰國、柬埔寨和越南六國），穿越不同區域的旅行，要求各國政府在簽證、護照和貨幣兌換方面開展合作。在目的地之間的關係中，如果有的目的地合作意願較低，或者有的目的地由於擁有核心的觀

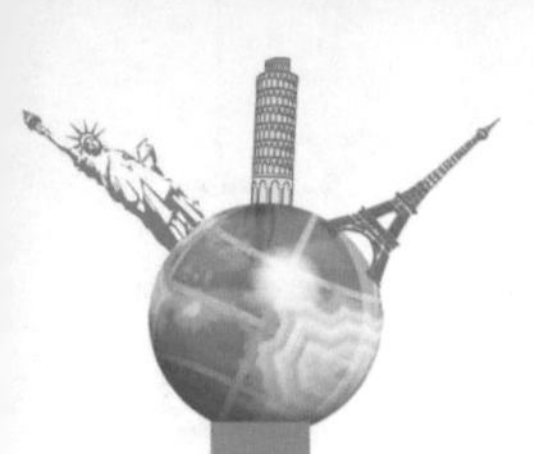

光吸引物，而分割了最大部分的觀光收益，合作則難以取得有效成果。這樣在某些目的地強調和捍衛其局部利益的情況下，競爭的壓力就會大於合作和協調的意願。第三，合作和協調通常需要有效的領導，而這通常面臨兩難的局面。因為領導者通常占據市場的較大規模、並處於行業的領先地位的大經營者，他們有能力在集體行銷決策中擁有過多的影響力和支配權，而小的經營者則感覺到，合作行銷實際上是讓原本強大的大經營者獲益更多。因此，如果觀光收益的大部分都被擁有核心觀光吸引物的經營者所獨享，目的地行銷組織將很難說服那些位於觀光客很少光顧的地區的經營者的參與。

儘管如此，整個目的地的行銷對參與者來說具有舉足輕重的作用，主要表現在以下方面（Hsu et al., 2008）。首先，目的地行銷使得參與者可以交換資源和專門技術，從而使各方受益；其次，它能增加目的地的訪客數量，並且產生相應的經濟效應；第三，它使目的地結成聯盟，從而抵禦來自觀光經銷領域中的中間商的威脅；第四，它使原本有限的目的地基礎得以擴展，尤其是對遠離主要吸引物的邊緣地區來說；第五，有能力開展創新性的合作行銷策略，從而有效對抗市場中日趨明顯的標準化；第六，它使得建立包括所有經營者在內的目的地範圍的預訂系統成為可能，從而能夠更有效地維持和改進顧客關係。

四、目的地行銷的主要方法

(一)目的地的品牌身分、品牌定位和品牌形象

目的地形象以及與之相關的目的地定位和目的地品牌，是近十年來國際上目的地行銷研究的核心內容之一，也是目的地行銷實踐的中心內容。目的地形象的策劃、傳播及在消費者心目中的建立，要經過一個動態的過程，這一過程從目的地定位開始，在此基礎上進行目的地品牌設計，再透過各種宣傳方式對目的地品牌加以推廣，最終在消費者心目中建立起目的地形象（高靜、肖江南、章勇剛，2006）。以下對與目的地的定位、品牌和形象有關的概念以及相關問題加以討論。

未來的行銷活動將會是品牌之戰，而目的地正興起成為世界最大的品

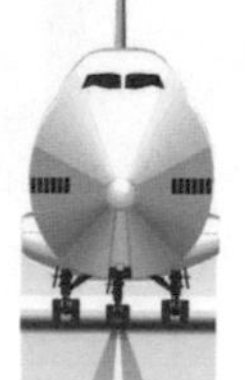

牌（Pike, 2004）。如第八章第二節所述，品牌是用以將某產品與競爭者產品相區別的一個名稱和標幟。品牌不僅僅是向公眾傳遞的一個簡單符號，其要義在於它代表了向消費者做出的一種承諾。品牌也代表了一種形象，或當消費者想到它時在頭腦中所產生的一種聯想。目的地品牌概念涵蓋了品牌身分（Brand Identity）、品牌定位（Brand Positioning）和品牌形象（Brand Image）三個不同的部分（圖13-1）。品牌對生產者而言代表了其身分，而對消費者而言意味著一種形象。品牌身分是目的地渴望在市場上展現的自我形象，而品牌形象是消費者實際所持有的關於某一目的地的形象。因此，在一定程度上可以認為品牌身分是生產者內部導向的，而品牌形象具有外部市場導向性。品牌身分代表了目的地的價值和精髓，它聚焦於生產者內部激勵和指導各利益相關者。鑒於品牌身分和品牌形象之間的這種關係，有學者指出生產者和經營者必須提防陷入品牌形象的陷阱中，即由消費者所持有的品牌形象來左右品牌身分。其危險性在於品牌的靈魂和願景會被多變的消費時尚所淹沒。如圖13-1所示，品牌定位是品牌身分和品牌形象之間的連接介面，也是目的地行銷組織能夠施加影響的部分（Pike, 2004）。

■目的地的品牌身分

對目的地行銷組織來說，最大的挑戰在於發掘一種能夠代表各個經營者以及東道主社區的精髓和精神的品牌身分。這一品牌身分為目的地行銷組織和利益相關者的各種市場活動提供導向作用。目的地品牌身分的開發通常包括幾個階段，首先需要有品牌的捍衛者，即任命品牌管理人是目的地品牌

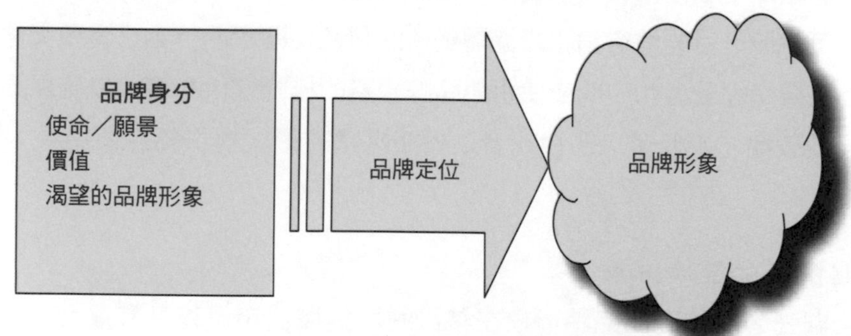

圖13-1　目的地品牌身分、品牌定位和品牌形象關係圖

資料來源：Pike, S. (2004). *Destination Marketing Organizations* (p. 75). Amsterdam; Oxford: Elsevier.

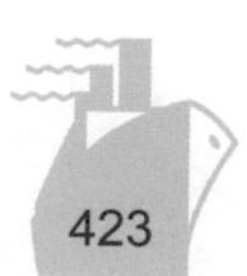

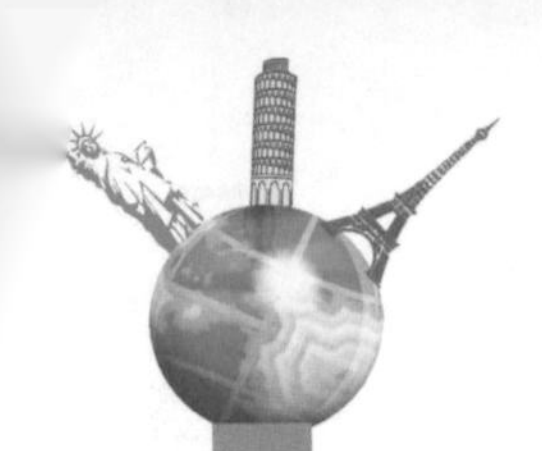

開發的第一步，缺乏領導人將極大的制約品牌的發展。自1990年代中期以來，在一些國家目的地組織中逐漸出現了品牌經理這一職位，例如蘇格蘭觀光局。品牌經理必須是品牌的捍衛者，擁有對目的地品牌建設事業的執著追求。為了最大限度的發揮他們的作用，品牌捍衛者必須是目的地社區的一個部分（Pike, 2004）。

其次，有效的品牌開發必須獲得品牌社區的認同。因為歸根結蒂，目的地社區將是使品牌承諾得以兌現的當事人，它與其他任何廣告活動一樣，成為品牌溝通媒介的重要組成部分。目的地品牌社區不僅僅包括觀光行業的經營者，還包括東道主居民、分銷通路，以及並非以觀光業為主要業務的當地商業組織。由社區代表所組成的專案小組，可以充當目的地行銷組織和當地社區之間的聯絡媒介，負責調查社區的價值觀和他們的地理認同感（Sense of Place），觀光經營者對觀光客核心體驗的看法，以及目的地的觀光資源。總之，這一階段的主要任務在於識別目的地的核心價值，以確保品牌所要傳達的意義對於當地社區來說是現實的和恰當的（Pike, 2004）。

目的地品牌身分開發的最後階段是擬定品牌憲章，其作用在於激勵、提示，以及指導各個利益相關者。憲章必須簡潔明瞭以使其具有可讀性和實用性，其基本內容包括：品牌使命、願景、精髓陳述、品牌價值，以及實施與審計指南。品牌使命概述了品牌存在的原因，品牌願景明確品牌要達成的目標及策略。精髓陳述是對品牌身分的明確表達，它通常被認為是品牌鑒言，用幾個字明確界定品牌的焦點和範圍。精髓陳述和品牌價值的目的在於引導和激勵組織內部人員，並不一定出現在針對外部市場的行銷溝通中。品牌政策手冊是目的地行銷組織協調眾多的利益相關者的行動之重要文件，它為當地觀光經營者和中間商使用與品牌相關的標幟提供指導，以確保品牌運用的一致性。手冊可以印發或者以網路媒體的形式提供給註冊用戶（Pike, 2004）。

■目的地的品牌形象

觀光客所持有的品牌形象在其目的地選擇決策過程具有重大的作用，因此可以說目的地形象在很大程度上制約著目的地的生存能力。目的地形象傳達了關於目的地及其所能提供的產品的豐富資訊，決定了觀光客在計畫其旅程時，某個目的地在觀光客頭腦中的地位，提高或降低了他們對目的地的

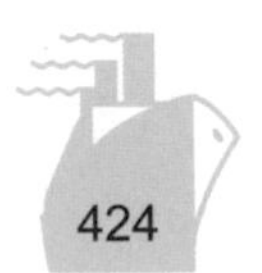

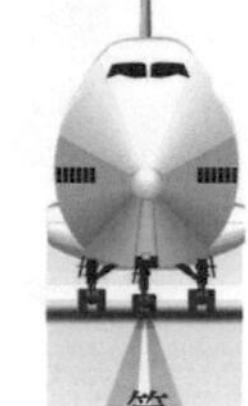

期待，並影響他們對旅行經歷的回憶。任何行銷策略的主要目標是創立一種新的形象，或強化目標顧客已持有的積極形象。不幸的是，有的目的地並沒有屬於自己的形象，或者顧客所持有的形象與品牌身分中渴望的形象完全不符。

品牌形象是消費者對某一品牌的眾多的相關資訊進行簡化處理的結果。原始意象和誘發意象理論解釋了目的地意象是如何形成的，該理論流傳甚廣，是由Clare A. Gunn提出的，它為目的地的形象設計指出明確的方向和途徑（Gunn, 1988）。**原始意象**（Organic Image）源自於個體在其日常生活中，透過對各種非促銷性資訊的吸收而形成的對某一目的地的印象。這類非促銷性資訊的來源涉及範圍很廣，如地理教科書、大眾傳媒的有關報導、自己親歷該地訪問期間的見聞和感受、親友間的口碑宣傳等等。所謂**誘發意象**（Induced Image），指的是一個人在觀光促銷宣傳的影響之下，形成的對某一目的地的印象。這種印象往往會在一個人為準備外出觀光而搜集資訊的過程中產生。原始意象與誘發意象之間的差別在於，前者的形成受目的地行銷者影響的程度很小，而後者的產生則主要由目的地行銷者所影響。這一認識的基本意義在於，由於目的地行銷者很難改變人們對該目的地的原始印象，因此應當將行銷工作的重點集中於誘發意象的打造。但是，這並非意味著目的地行銷者可以放棄培養原始意象資訊媒介的機會。這主要是因為，就大多數其他產品（特別是製造業產品）而言，其形象的形成主要源自於商業性資訊。與之相比，促成目的地形象的資訊來源範圍會寬得多（李天元，2007）。從這方面來講，目的地行銷組織應當注重公共關係和宣傳對大眾媒體的影響，並提高現有顧客的滿意度，以贏取他們正面的口碑宣傳，從而間接影響原始意象的產生。

■目的地的品牌定位

定位的根本目的在於將某一目的地與其他提供替代性渡假選擇的競爭性目的地區別開來。目的地的所有促銷和宣傳工作都圍繞此定位展開，並有效地體現和強化品牌定位。定位的基礎可以是產品的某種屬性，或者是為消費者做出某種利益承諾，譬如休閒放鬆或是興奮刺激。譬如拉斯維加斯的品牌定位為「就在拉斯維加斯！在拉斯維加斯發生的事，就讓它留在拉斯維加斯吧！」（Only Vegas! What happens in Vegas, stays in Vegas）。該定位顯示

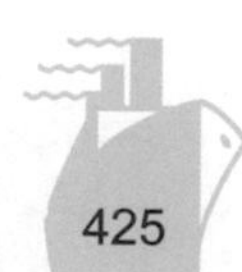

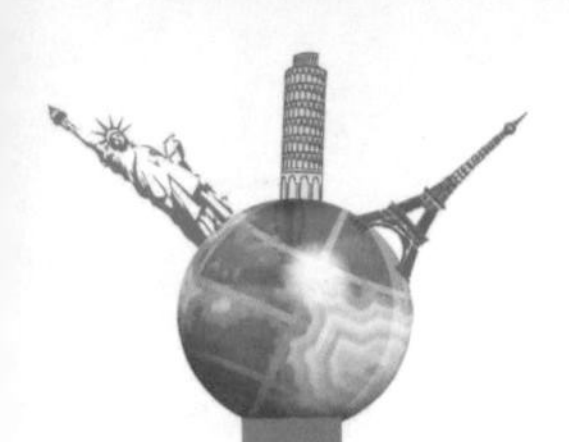

在拉斯維加斯，觀光客享受的不是日常的平淡生活，而是令人終身難忘的體驗。在渡假天堂拉斯維加斯，觀光客可以做任何事，而他們在拉斯維加斯所經歷的一切都不會被帶回家。

定位也可以基於觀光活動的季節性而帶來的使用週期。對於不同區隔市場來說，其使用週期是不同的（Hsu et al., 2008）。例如，一個目的地可以在冬季定位於滑雪市場，而在其他季節推廣其他特殊活動。目的地通常擁有多個市場並採用多種定位策略，針對不同區隔市場的定位往往是不同的，一個目的地面向國際觀光市場的定位，往往會有別於其面向國內觀光市場的定位（李天元，2007）。例如，臺灣觀光局針對不同的區隔市場推出了不同的電視廣告，對於以華人為主體的香港和新加坡市場，其電視廣告宣傳的側重點是臺灣小吃，並以歌星張惠妹作為代言人；而對於西方國家客源市場，其宣傳的焦點是臺灣的地理位置和自然風光。一個目的地並非在所有的人心中都具有同樣的意義，目的地策略行銷規劃的起點，在於透過對行銷研究識別和瞭解來作為目標市場的潛在的區隔市場。這裡的關鍵點在於，目的地能夠提供的產品必須與目標市場上觀光客的需求和動機相匹配。在制定定位策略時，行銷者必須識別目的地的競爭性優勢，從中選擇可以作為定位焦點，並將自己與其他目的地相區別的優勢，然後有效地將這一定位傳達給市場。在定位的過程中，行銷者必須注意定位不足的問題，即目的地在市場上不為人所知；另一方面是定位過渡的問題，即潛在的觀光客形成了對目的地的非常狹隘的形象，以至認為該目的地不是他們所想要的類型。行銷者還要注意避免定位混亂的問題，即沒有任何一個潛在的區隔市場，能夠對該目的地形成一個足夠清晰的形象以促成其訪問（Hsu et al., 2008）。

在大多數觀光市場中，同類型目的地之間的可替代程度通常都很高。因此，在目的地定位工作中，行銷者真正需要考慮的是，該地觀光產品有哪些與眾不同之處，而不是該地觀光產品有哪些「優點」（李天元，2007）。這意味著定位需要遵循差異化的原則，而實現這種差異化定位的主要依據，便是該目的地不同於競爭目的地的**獨特賣點**（Unique Selling Proposition），這一概念在目的地行銷中被修正為**獨特的目的地賣點**（Unique Destination Proposition）。獨特賣點可能來自於以下方面的與眾不同，如提供的產品或服務、企業的雇員，以及他們建立顧客關係的技能、透過象徵性標幟或廣告

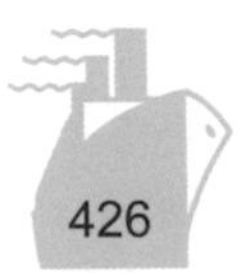

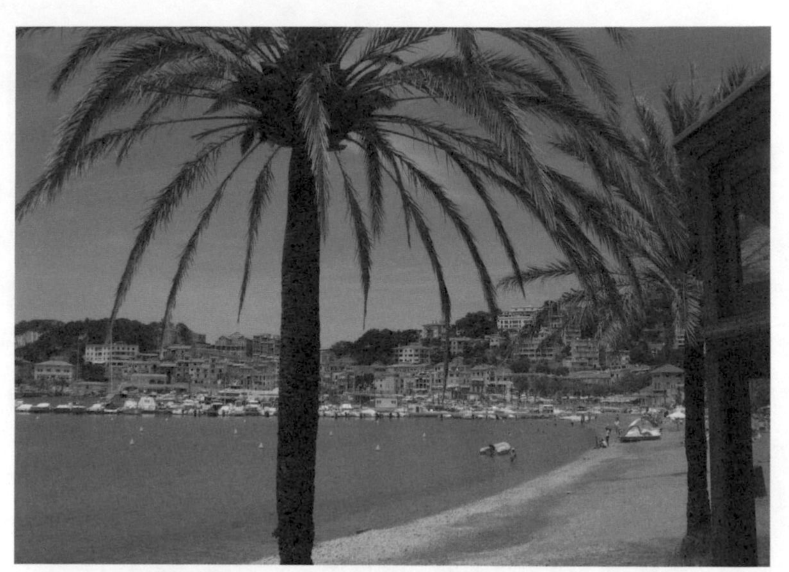

許多熱帶地區的目的地以高品質的沙灘作為獨特的目的地賣點，但是有些沙灘會出現和其他目的地的沙灘相比，算不上獨特。（徐惠群拍攝）

所傳遞的形象。在發掘獨特的目的地提議的過程中，行銷者必須回答以下問題：這種差別性是否值得去建立？它是否是一種重要的和明確的差別？這種差別是否可以有效的傳達給消費者？這些問題的回答為目的地在市場中的定位方案提供了一個酸性測試（Hsu et al., 2008）。

(二)目的地的活動

活動（Events）是目的地行銷的有力方法。從最低的要求來講，活動應該至少具有媒體導向性，以吸引大量媒體報導和宣傳。由於認識到活動所具有的展示目的地的潛在能力，許多目的地管理組織都積極參與到各種活動的競標中，以爭取主辦權。活動類型多種多樣，並且在吸引觀光客前往目的地的意義方面各不相同。大型活動通常除了吸引當地社區居民之外，也能吸引外地的觀光客，而地方性的社區活動往往對當地居民具有更重要的意義。**活動旅遊**（Event Tourism）是目的地開發和行銷的一種策略，以獲取活動所有的潛在的經濟效益。活動所能發揮的在經濟和觀光方面的作用，表現在以下幾個方面（Getz, 2005）。

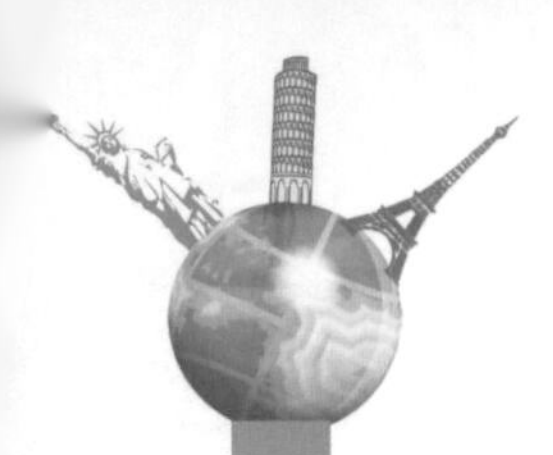

■作為觀光吸引物的活動

活動可以成為主要的觀光吸引物，圍繞其開展各種主題活動，塑造目的地形象，並開發各種觀光套票產品。活動可以吸引觀光客來訪，或使現有的觀光客延長逗留時間，它還可以將本地區居民以及他們的可支配所得保留在本區域內，而不是因他們外出觀光而外流到其他地方。衡量觀光吸引物的主要指標是其吸引力，包括其吸引的觀光客數量，市場的地理分布範圍，或相對於競爭性活動的吸引力。也有人用觀光客為了體驗活動而願意旅行的距離長短來衡量其拉力。活動觀光必須透過增強各種事件與活動的吸引力，來提高目的地的吸引力。

■作為賦予生機者的活動

渡假地、博物館、歷史遺產地、購物中心、主題公園等，都有定期舉辦各種特殊活動的規劃日程。各種建造的吸引物和設施都意識到了為他們的產品增添「活潑生機」的重要性，即透過現場講解和特殊活動來增添感官刺激和誘人的氛圍，從而使場館更富生氣。對於主題公園的行銷來說，透過定期地不斷推出新的景點來吸引再次訪客已成為常規。舉辦定期的娛樂節目和特殊活動也可以達成同樣的目的。主題公園事實上在設計階段已經為各種大大

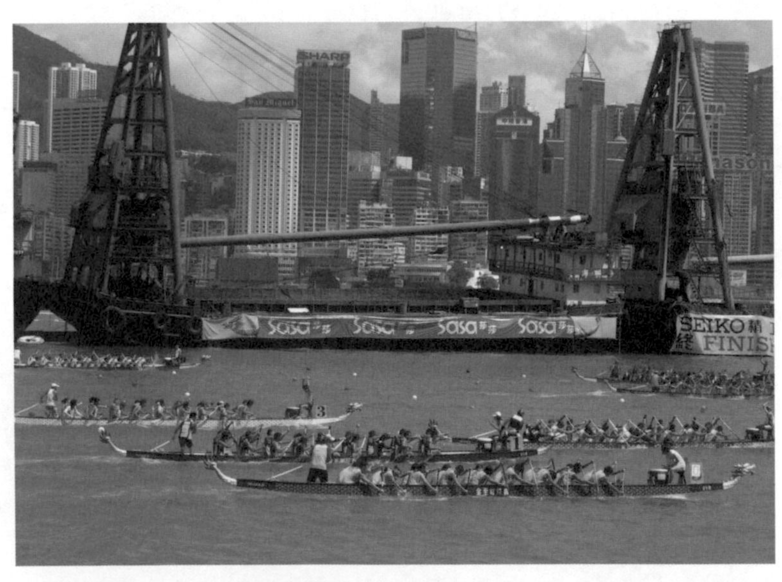

香港的國際龍舟比賽作為地方觀光活動，吸引了大量本地居民和觀光客的參觀。（宋漢群拍攝）

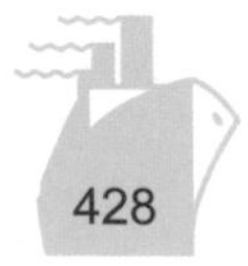

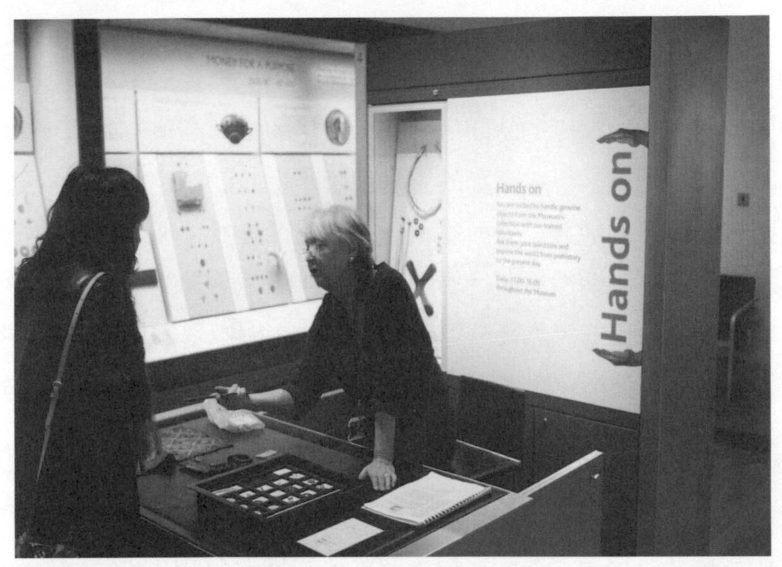

博物館設置的活動角落讓觀光客親自動手接觸某些展品，從而獲得新鮮的體驗。（孫曉澄拍攝）

小小的娛樂表演和活動預留了相應的設備和場所。活動加上各種新增的娛樂設施（如雲霄飛車、旋轉木馬），可以擴展產品的生命週期，同時還可以提高該場館在目標市場上的認知度，強化其品牌形象。

製造「活潑生機」所帶來的潛在利益，對於各種設施和吸引物的管理者具有非凡意義：

1.可以吸引那些認為該設施或吸引物沒有趣味，而原本不會來訪的人。
2.鼓勵重複光顧以吸引那些原本認為一次參觀就足夠了的人。
3.鼓勵人們帶著來訪的親友前來參觀，而如果沒有這些特殊活動的話，該場館可能不會被列入他們的遊覽日程中。
4.為場館和設施吸引宣傳報導，包括與該地有關的歷史事件。
5.鼓勵人們延長逗留時間並且產生更多的花費。
6.瞄準某一特定群體的特殊聚會。經營者可以試驗並評估各種類型的活動所產生的利益。
7.提升顧客體驗和滿意度。

■作為形象塑造者的活動

大型活動，譬如奧運會、世界盃、世博會、環球小姐選美、氣候變遷

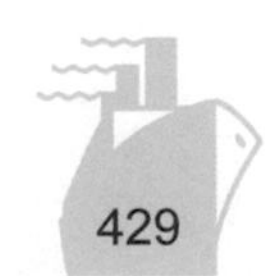

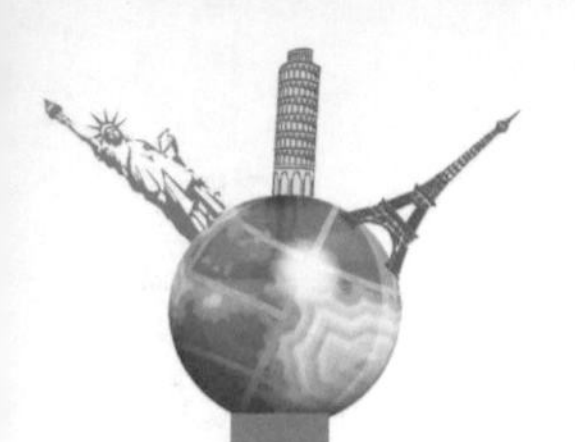

高峰會等，可以起到塑造東道主社區或國家形象的作用，從而為其成為潛在的目的地帶來積極的感知。如果全球性的媒體報導聚焦於一個東道主城市的話，即便只限於一個較短的時間內，其所產生的宣傳價值都是巨大的。正因如此，許多目的地認為爭取活動的主辦權所產生的高額花費是值得的。研究證明活動在塑造目的地形象方面是積極有效的，雖然這種形象的強化作用隨著時間的推移具有週期性，即目的地形象會伴隨著活動的準備、舉辦和結束而逐漸增長，達到頂峰，然後減退。儘管如此，因為舉辦活動所遺留下來的資產，如觀光基礎設施、觀光行銷和組織能力仍然可以延續其潛在的效應。

■作為地方行銷者的活動

各個地方都在為了獲得外界投資、高素質人才和觀光客而相互競爭，由於活動在塑造社區形象方面的作用，使其成為**地方行銷**（Place Marketing）的重要方法。目的地行銷實際上是地方行銷的一種形式，地方行銷對於目的地行銷具有重大的意義。首先，在決定來訪某一目的地之前，觀光客必須先知道有這麼一個地方的存在。與無形服務不同的是，地方構成了觀光體驗中的有形要素，可以作為產品呈現在觀光客面前。其次，透過展現一個地方的自然和文化特徵、吸引物、形象和氛圍，地方行銷可以樹立起某一個地方的地理認同感，這種地理認同感恰恰決定了該地作為一個目的地的與眾不同之處。如果得到觀光客的首肯，地理認同感可以為目的地樹立強而有力的競爭優勢（Hsu et al., 2008）。

■作為催化劑的活動

大型活動通常會得到政府的支援，部分原因在於這些活動在城市再開發和復興方面所發揮的催化劑作用。透過形象提升和城市再開發，活動通常會為舉辦地留下豐厚的資產，如基礎設施、會展中心、私人投資以及新的就業機會等。有的建築物甚至成為該地永久的具有象徵意義的地標，而形成為遺產，如為1889年法國巴黎世博會而修建的艾菲爾鐵塔。

尤其值得一提的是，舉辦大型的活動通常會吸引對觀光業的投資，如飯店、餐廳。有時這僅僅是使得投資得以提前，而另一些時候，它們代表了為預期的長期需求的增長所新增的投資。體育活動通常會帶來新的或改進了的設施，成為將來舉辦其他活動的資產，改善了的會議和文化中心也能發揮

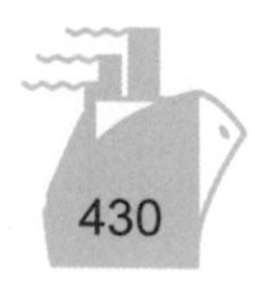

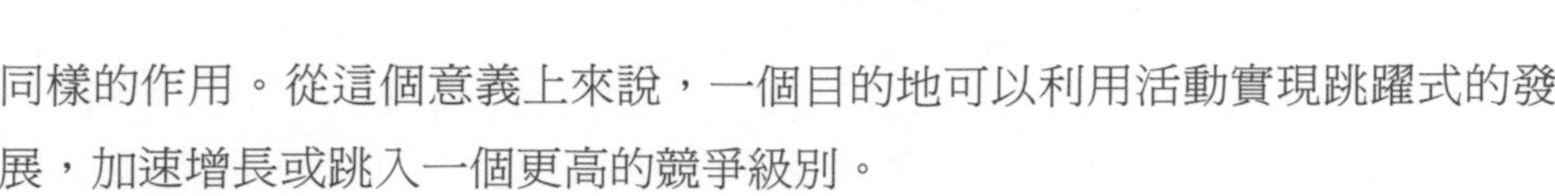

同樣的作用。從這個意義上來說，一個目的地可以利用活動實現跳躍式的發展，加速增長或跳入一個更高的競爭級別。

五、目的地行銷組織

鑒於單個生產者和經營者的促銷能力的有限性，**目的地行銷組織**（Destination Marketing Organization, DMO）可以借助於協作的力量，更有效的達成行銷目標，並致力於使所有的利益相關者獲益。歸根結蒂，目的地行銷組織的目的是培育目的地持續的競爭力。不同的目的地行銷組織從組織形式和功能上來講有很大的差別。目的地行銷組織通常包括國家觀光組織（National Tourism Office, NTO）、省／州觀光組織（State Tourism Office）、地區觀光組織（Regional Tourism Office），以及地方觀光組織（Local Tourism Office）。在功能方面，有的目的地行銷組織僅僅負責目的地的行銷，而有的則具有寬泛的職能，譬如為政府提供政策建議和諮詢、觀光統計和研究、為小規模的基層目的地組織安排籌資機制等。NTO通常是指只負責目的地的行銷的國家機構，而國家觀光局（National Tourism Administration, NTA）通常具有更寬廣的職能，包括對行業的規劃、政策、

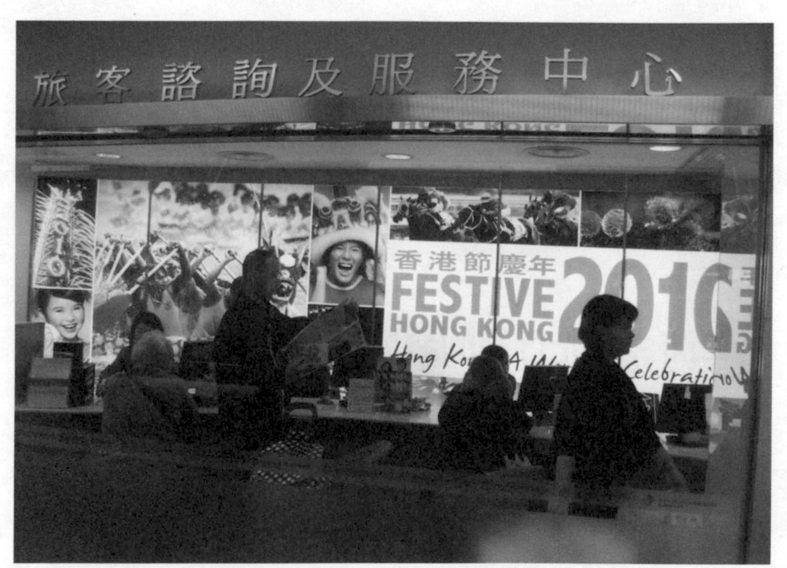

香港旅遊發展局的旅客諮詢中心除了為觀光客提供觀光資料外，還積極宣傳不同的觀光主題。（宋漢群拍攝）

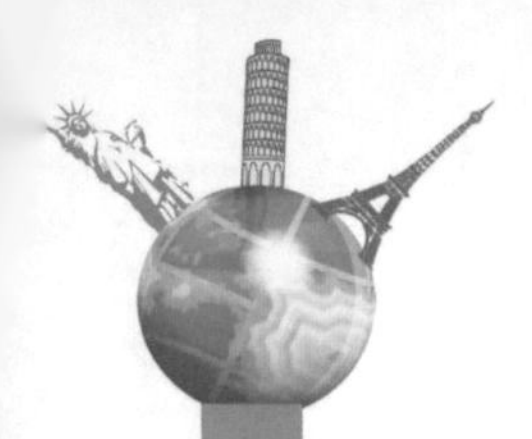

監管等。

目前世界上的各國或地區的國家觀光組織以屬於政府機構者為最多，如臺灣、法國、義大利、加拿大、瑞士等；另外有屬於半官方性質者，如新加坡、南非、韓國等；及屬於非官方機構者，如德國（劉修祥，1996）。**圖13-2**是新加坡觀光組織框架與執掌範圍：

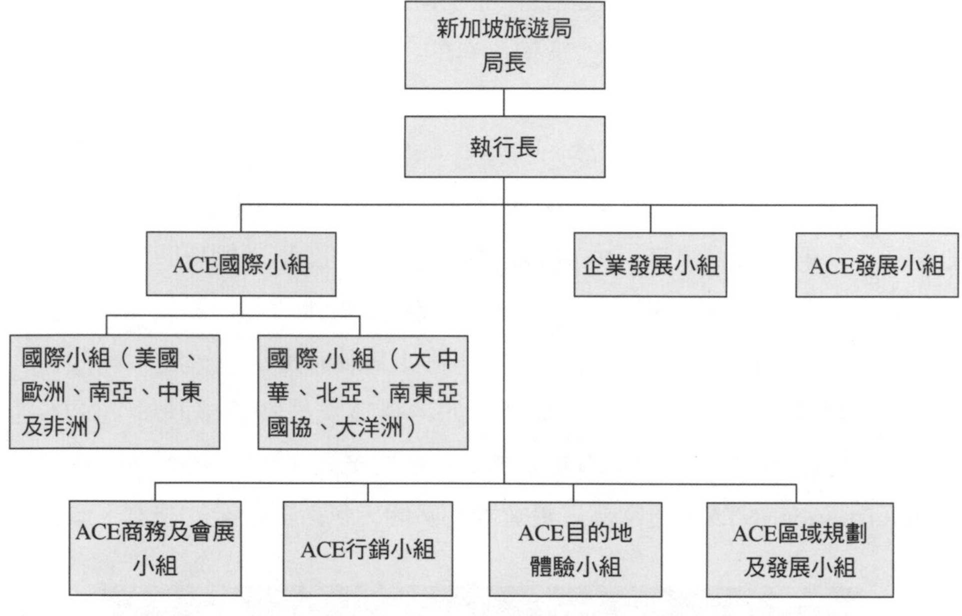

圖13-2　新加坡旅遊局組織架構

註：ACE（Action Community for Entrepreneurship）：創業行動社群。

資料來源：新加坡旅遊局（2010）。新加坡旅遊局組織架構，https://app.stb.gov.sg/asp/abo/abo02.asp，檢索日期：2010年6月7日。

 第二節　觀光行銷的發展方向

在本章的最後部分我們將對觀光行銷的發展方向展開討論。在本節我們首先探討目前觀光行銷研究和實踐的主要議題，在此基礎上，我們將討論的重點轉移到觀光行銷的基本範例（Paradigm）的轉變上，因為這種範例的轉變將對觀光行銷的多方面帶來深刻的影響，並因其前瞻性而對觀光行銷研究

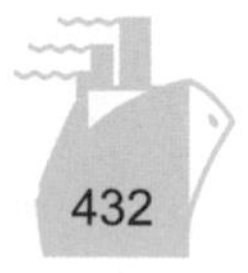

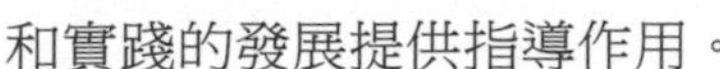
和實踐的發展提供指導作用。

一、目前觀光行銷研究和實踐的主要議題

基於對2002至2003年發表在八種主要觀光和接待業學術刊物上的223篇以行銷為主要研究主題的文章的分析，Oh、Kim和Shin（2006）總結了目前包括接待業在內的觀光行銷研究關注的主要議題，這八個方面的議題代表了觀光行銷目前的主要進展：

1.顧客滿意度、抱怨行為、服務失敗和補救。

2.市場區隔、選擇目標市場及市場定位。

3.顧客關係行銷／管理、顧客忠誠。

4.電子行銷和電子商務。

5.觀光動機和購買決策、對觀光企業／目的地的感知和表現評估。

6.服務品質和服務傳遞。

7.銷售策略、需求管理、生產能力管理。

8.定價和收益管理。

同時，透過對2000年以來的多個行業組織出版物和網路資料的分析，Oh、Kim和Shin（2006）還總結了目前觀光和接待業行銷實踐所面臨的主要議題。首先，不論是住宿業、目的地管理機構還是餐飲業，最為迫切的研究課題是消費者行為的研究。瞭解顧客需求、人口統計特徵的變化、偏好的改變是整個觀光行業普遍的關注點。顧客滿意度、長期關係、忠誠管理也是重要的議題。第二，技術創新取代了傳統商業概念和方式，也是行銷實踐者所關注的重點。值得一提的是，網路技術的發展也引起了人們對銷售通路的重新認識和思考，同時網路也為消費者提供了多樣的產品資訊選擇，另外企業對市場的直接影響和透過電子媒介的間接控制，也加劇了市場的競爭性。第三，由於美國九一一紐約世貿大廈的恐怖襲擊以及伊拉克戰爭的影響，顧客安全和保障成為行銷實踐需要考慮的重要因素，其中包括與飲食產品息息相關的顧客安全和保障問題。第四，近年來住宿業興起的併購浪潮，使得品牌化與品牌延伸成為重要的研究課題，該課題在目的地管理與餐飲業方面的重

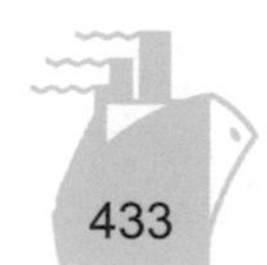

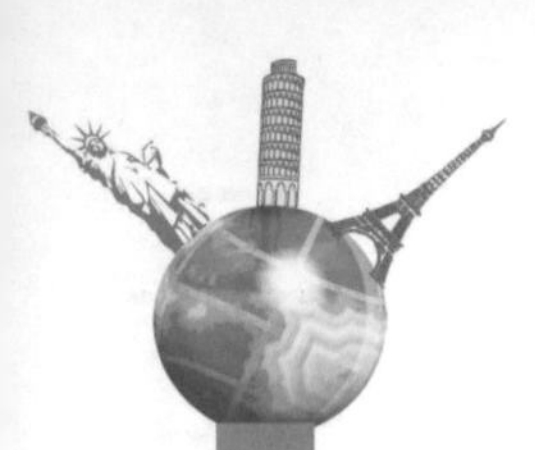

要性也日趨顯著。

透過對觀光行銷學術研究的主要議題和行銷實踐的迫切需要的對比分析，Oh、Kim和Shin（2006）指出，觀光行銷研究需要擴展其廣度和深度。儘管在顧客滿意度、關係管理及電子行銷方面，學術研究已經取得了豐碩的成果，但是在其他方面，如品牌化、顧客安全和保障、資訊處理等方面卻不能滿足行業的需求。對消費者行為方面的研究也需要進一步細化，譬如感知價值、購買選擇、形象塑造等方面，需要引起更多的關注。對如今政治、經濟環境的研究，以及危機管理方面的行銷指南，也是目前行業所迫切需要的。觀光行業對於如何利用新的商務概念，如大量客製化（Mass Customization）、體驗消費（Experiential Consumption）等，實現行銷實踐的創新方面也需要更多的研究。此外，隨著行銷在商業組織和整個社會中的地位的不斷增強，如何度量行銷活動本身的價值及其績效，也成為近年來的關注焦點。

二、演進中的觀光行銷範例

現有的行銷模式是以19世紀的經濟理論為基礎的，即以最有效的方式生產有形的產品，這是工業革命階段最基本的組織原則。隨著服務經濟與體驗經濟的到來，一種新的關於行銷的視角正成為學術界和商業界討論的熱點，雖然其理論模型尚未完全建立，但這種新的視角正引起行銷的基本範例的演進。所謂範例，即認識現實的基本方式，而範例的轉變意味著對現實世界的根本假設的轉變。從行銷的角度出發，範例代表了指導行銷行為的內在邏輯和哲學。

Li和Petrick（2008）總結了其中最為關鍵的三種行銷視角，並討論了正在形成中的行銷範例對觀光行銷研究和實踐的意義。**關係行銷**（Relationship Marketing）是其中的第一種。行銷的核心是在兩個或兩個以上的主體之間實現價值的交換，傳統的行銷觀念關注價值在單個交易中的交換，因此獲取新的顧客而非保留現有顧客、增加銷售額而非增進顧客關係，就成為行銷的主要目標。關係行銷的重點在於吸引、維持和增進顧客關係，交易過程被認為是一種關於資訊的、社會性的和過程的緊密聯繫，代表了交易雙方為了獲得

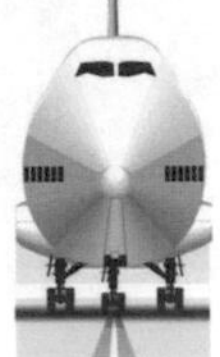

長期利益而達成的相互承諾。因此，維持現有顧客的忠誠並極大化獲取他們的終身價值，成為最具有策略意義的回報。關係行銷認為，建立在相互信任和承諾基礎之上的長期關係，可以促進價值創造，合作可以帶來競爭優勢。第二種行銷視角是**關係網絡範例**（Network Paradigm）。該觀點認為，普遍存在的單個商業企業之間的競爭，將會被由多個單個企業所組成的關係網絡之間的競爭所取代，行銷的主要功能被定義為關係網絡型組織的整合者和協調者。關係網絡是指由多重的策略聯盟所形成的複雜的、多面化的組織結構。這一理論的核心思想是企業應該將其資源投放於其核心競爭力上，而將其他功能和業務外包給其他專業性的實體。

第三種行銷視角，是由Vargo和Lusch（2004）所提出的**以服務為中心的主要邏輯**（Service-Centered Dominant Logic）。該理論建立在以下重要概念的基礎之上，即對運算元資源（Operand Resources）與運算子資源（Operant Resources）的區分。**運算元資源**（即被動性資源）是指當對其施加行動和操作之後可以產生效果的資源；而**運算子資源**（即主動性資源）是指用來對其他資源施加行動和影響的資源。在漫長的人類發展時期內，人類活動在很大程度上被看作是對土地、植物、礦產和其他自然資源施加影響的過程，這些運算元資源構成了企業的主要生產要素。然而，資源並非天然就成其為資源，它們是被改造成為資源的。進入20世紀以來，人類認識到知識和技能才是最重要的資源，運算元資源的相對地位得到了轉變。運算元資源是無形的，通常指核心競爭力和組織過程。由於它們可以產生效應，使得人類可以讓自然資源的價值倍增，並創造出其他的運算元資源。以服務為中心的主要邏輯認為，行銷是一個致力於改進運算元資源的不斷學習的過程，它將行銷的焦點定位於核心競爭力，從而使得行銷成為整合商業職能的主要力量，以建立跨組織界限的工作關係。同時，以服務為中心的主要邏輯是以顧客為中心、以市場為導向的，與顧客合作並向顧客學習，從而回應他們個別化的和動態的需求。這意味著必須培養顧客關係，從而將顧客納入到開發有說服力的價值提議的過程中，即價值並非是產品／交換物品的固有效用，而是由生產者和消費者共同創造的並且由消費者的使用所界定的。

因此，可以看出這第三種行銷視角，實際上包含了前面所提到的關係行銷和關係網絡範例的內涵，它意味著企業的基本職能並不是製造和銷售產

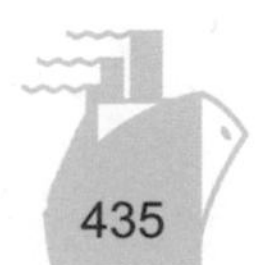

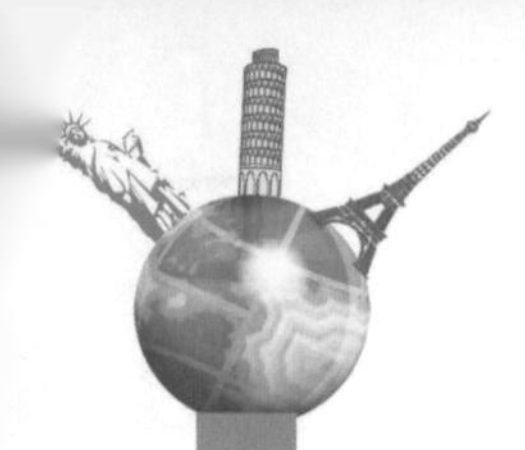

品，而是提供客製化的服務／解決方案以滿足顧客的需求，它與服務與體驗經濟的基本特徵相聯繫，並預示著未來行銷的發展方向。

本章小結

目的地是由包括設施設備、觀光吸引物、基礎設施、交通運輸和殷情款待這五種要素組合成的一個整體，這使得以目的地為基礎的行銷不僅具有必要性，而且具有重要的優勢。其次，作為目的地行銷的主要方法，本章討論了目的地的品牌身分、品牌定位和品牌形象在目的地行銷中的重要作用，並介紹了活動作為目的地行銷的有力方法所能發揮的獨特功能，包括其作為觀光吸引物、作為賦予生氣者、作為形象塑造者、作為地方行銷者以及作為催化劑的作用。作為全書的總結，本章概括了當前觀光行銷研究和實踐所面臨的主要議題，並探討了目前尚未定型的觀光行銷範例轉變，以引發讀者的思考。

重要概念

- ■目的地組合　Destination Mix
- ■FAITH模型　Facilities, Attractions, Infrastructure, Transportation, Hospitality
- ■距離拉力　Distance Pull
- ■環境承載力　Carrying Capacity
- ■品牌身分　Brand Identity
- ■品牌定位　Brand Positioning
- ■品牌形象　Brand Image
- ■地理認同感　Sense of Place
- ■原始意象　Organic Image
- ■誘發意象　Induced Image
- ■獨特的目的地賣點　Unique Destination Proposition
- ■活動　Events
- ■活動旅遊　Event Tourism

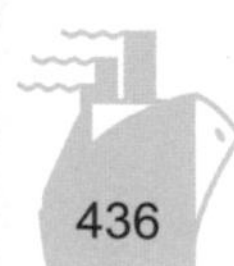

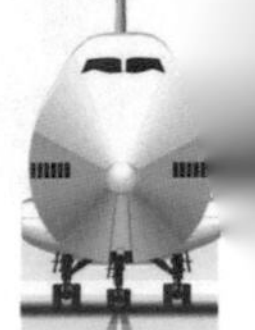

■地方行銷 Place Marketing
■目的地行銷組織 Destination Marketing Organization, DMO
■國家觀光組織 National Tourism Office, NTO
■國家觀光局 National Tourism Administration, NTA
■範例 Paradigm
■大量客製化 Mass Customization
■體驗消費 Experiential Consumption
■關係行銷 Relationship Marketing
■關係網絡範例 Network Paradigm
■以服務為中心的主要邏輯 Service-Centered Dominant Logic
■運算元資源 Operand Resources
■運算子資源 Operant Resources

課後習題

一、目的地組合是由哪些要素所組成的？

二、為什麼要執行目的地行銷？

三、執行目的地行銷可以帶來什麼好處，同時又面臨著什麼難題？

四、你如何理解目的地的品牌身分？目的地品牌身分的開發通常包括幾個階段？

五、觀光客對目的地形象是如何形成的呢？

六、你認為目的地應如何開展品牌定位？

七、活動在目的地行銷中能夠發揮哪些作用？

八、請談談你對未來觀光行銷的發展方向的看法。

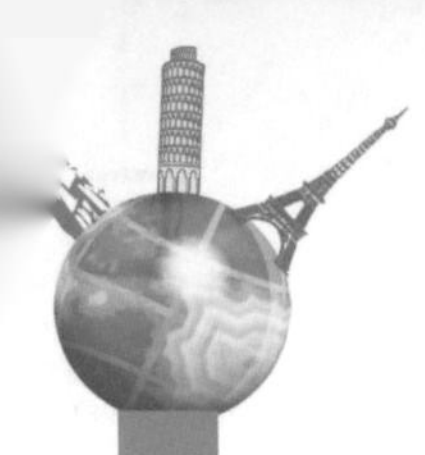

【案例探討】

「非常」新加坡

新加坡旅遊局的推廣語中必定會出現「非常」這兩個字。在很多人心目中，這個詞用來形容新加坡是最貼切的了。這座活力四射的移民城市充滿了對比和交融，觀光客可以在這裡找到不同文化、飲食、藝術和建築的完美結合。新加坡得天獨厚的地理位置、完善的設施、引人入勝的文化背景及各大景點，使它成功定位於商業和休閒的理想之地。

近幾年來，「非常新加坡」推出了不同的主題以迎合不同的區隔市場，譬如「非常家庭，非常新加坡」針對的是家庭群體，而「帶上感覺去旅行——非常自我、非常新加坡」，則是鎖定28至45歲都市「新貴」的深度遊群體。

實際上，隨著愈來愈多的觀光客選擇「慢」遊新加坡，當地的「非常」生活方式體驗已經成為近年來的一大熱點。為了豐富觀光客在新加坡的體驗，新加坡旅遊局還特別推出了特別優惠禮券。觀光客只要在指定地點出示禮券和護照，就可兌換一次美妙的新加坡河河馬船之旅，並在機場享受美味的班蘭雪芳蛋糕（Pandan Chiffon Cake）。觀光客可以在夕陽時分，一邊徜徉於新加坡河上，一邊聆聽魚尾獅、政府大廈、濱海藝術中心以及新加坡摩天觀景輪，靜靜訴說著新加坡的過去與現在。此外，久負盛名的客納街（Club Street）也是講求慢遊美學的必遊之地——斑斕絢麗的色彩在傳統店屋之間跳躍靈動，選擇街邊一家精緻的餐廳靜靜坐下，窗口旁的旅客頓時也成為旁人眼中最美的一道風景。

夜幕降臨，絢爛的「非常新加坡」當然也不會讓旅客失望。觀光客可以先在克拉碼頭的露天餐廳中，依傍於夜色蕩漾的新加坡河畔，細細品嚐胡椒螃蟹、海南雞飯等美食的獨特風味；然後再去烏節路、濱海灣盡享購物樂趣；或是投身於讓人全身沸騰的著名酒吧，加入到音樂舞曲的節奏中；若有些許倦意了，可以回到早已預訂好的精品飯店，而一些神秘奢華的飯店也會為觀光客帶來全然不同的生活體驗。

新加坡擁有眾多世界最頂尖的Spa會所，可以讓觀光客在娛樂休閒之餘，也替自己的身體加加油。在新加坡，多半的Spa與植物有關，其中最著名的要數碧山公園裡的Aramsa Spa了，任何一個來到這裡的人都會為這種完全與世隔絕的感受所驚喜，立刻放慢匆忙的腳步。同樣，得天獨厚的地理和氣候優勢讓新加坡的高爾夫球場也別具特色。在新加坡的大部分球道都可以欣賞到美麗的海景，讓人不禁想一桿就把球推進整個海灣。

如今，在新加坡聖淘沙名勝世界，已經開業的項目包括名勝世界娛樂場、4家飯店、新加坡環球影城，以及含有亞洲最大規模宴會廳之一的多項會議與獎勵觀光設施。不僅如此，綜合娛樂城內還設有一系列娛樂與表演節目；其內長達半公里的節慶大道更是匯集了名廚餐廳、精品名店和一系列的餐飲設施。以上種種使得聖淘沙名勝世界成為新加坡觀光業界的翹楚。

資料來源：改編自「非常新加坡」新加坡旅遊資訊官方網站，http://www.visitsingapore.com/publish/stbportal/zh_tw/home.html，檢索日期：2010年6月7日。

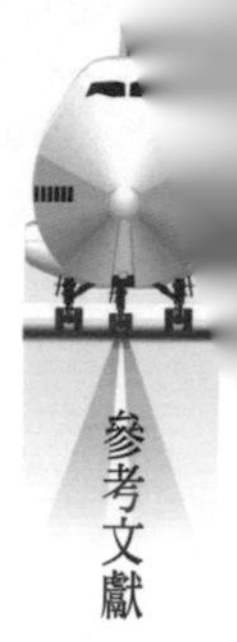

參考文獻

一、中文部分

于君英、徐明（2001）。〈服務業顧客期望階層論〉，《東華大學學報》，自然科學版，27(4)，48-51。

大衛奇、陳英（2006）。〈飯店企業排隊管理策略研究〉，《商業經濟文薈》，1，69-71。

中央廣播電臺新聞頻道（2010）。觀光局贊助韓劇拍攝，吸引4萬遊客來台，http://news.rti.org.tw/index_newsContent.aspx?id=3&id2=1&nid=230091，檢索日期：2010年6月8日。

文匯報（2010）。立法禁止「零團費」才能治本，http://paper.wenweipo.com/2010/07/23/WW1007230001.htm，檢索日期：2010年7月26日。

王德剛、孫萬真、陳寶清（2007）。〈試析特許經營在我國飯店業中的應用〉，《商業研究》，358(2)，186-189。

王興斌（1999）。《旅遊產業發展規劃指南》。北京：中國旅遊出版社。

王馨馨（2001）。〈價格敏感商品淺析〉，《上海商業》，5，59-60。

生穎潔、張娟（2006）。淺談全球分銷系統，http://www.aeroinfo.com.cn/magazine/inter_aviation/content.asp?bt=，檢索日期：2007年9月11日。

企業永續發展協會（2010）。企業永續發展協會網站，http://www.bcsd.org.tw/，檢索日期：2010年3月13日。

朱輝煌、盧泰宏、吳水龍（2009）。〈企業品牌策略新命題：企業、區域、產業品牌傘〉，《現代管理科學》，29(3)，56-58。

自由時報（2010）。2009來台陸客銀髮族占31%，http://iservice.libertytimes.com.tw/liveNews/index.php，檢索日期：2010年3月9日。

吳文智、莊志民（2003）。〈體驗經濟時代下旅遊產品的設計與創新——以古村落旅遊產品體驗化開發為例〉，《旅遊學刊》，18(6)，66-70。

吳作民（2007）。《市場營銷》。南京：南京大學出版社。

吳垠（2005）。〈關於中國消費者分群範式（China-ALS）的研究〉，《南開管理評論》，8(2)，9-15。

李天元（2007）。〈旅遊目的地定位研究中的幾個理論問題〉，《旅遊科學》，21(4)，1-7。

李欣、程志超（2004）。〈服務業顧客期望管理初探〉，《北京交通大學學報》，社會科學版，3(3)，44-47。

李金美、高鴻（2006）。〈試論飯店集團發展過程中特許經營模式的運用〉，《邵陽學院學報》，社會科學版，5(5)，41-44。

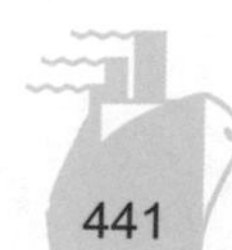

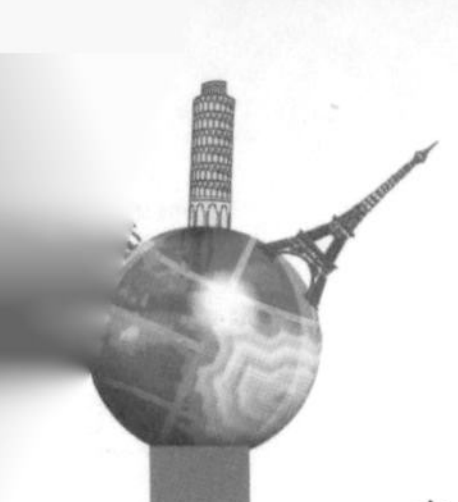

李珍軍（2001）。〈解開旅遊網站的謎〉，《中關村週刊》，72，22-24。
杜江（1997）。《旅行社管理》。天津：南開大學出版社。
谷慧敏（1998）。〈CRS與中國飯店業營銷〉，《旅遊學刊》，5(1)，23-26。
林東封（2003）。《旅遊電子商務經營管理》。臺北：揚智文化事業股份有限公司。
林南枝（2000）。《旅遊市場學》。天津：南開大學出版社。
侯平蘭、李慶雷（2004）。〈論體驗經濟發展與旅遊產業建設〉，《雲南師範大學學報》，36(6)，110-114。
香港旅遊發展局（2010）。香港旅遊業統計資料，http://partnernet.hktb.com/pnweb/jsp/comm/index.jsp?pageContent=%2Fjsp%2Frso%2Frso_pub.jsp&charset=en&rso_cat_id=3631&rso_doc_sort=from_date+desc#3631，檢索日期：2010年3月1日。
旅遊研究所（2010）。美國旅遊網站介紹，http://travel20.blogspot.com/2009/09/travelocity.html，檢索日期：2010年6月7日。
桓楠（2006）。酒店行業歐洲老大雅高擴張：跟著「感覺」走，http://mnc.people.com.cn/GB/54823/4945488.html，檢索日期：2010年3月8日。
殷文（1998）。〈飯店營銷新管道：全球分銷系統〉，《資訊與電腦》，59(5)，19-21。
袁桂芳（2004）。〈在公益行為中推銷品牌創效益〉，《中國民營科技與經濟》，9，42-43。
郝春暉、李從東（2005）。〈品牌管理的價格敏感性研究〉，《價格理論與實踐》，7，60-61。
馬全恩、張偉（2003）。〈顧客滿意度評價指標體系設計〉，《陝西工學院學報》，19(4)，66-68。
高靜、肖江南、章勇剛（2006）。〈國外旅遊目的地營銷研究綜述〉，《旅遊學刊》，21(7)，91-96。
崔志軍（2004）。〈需求價格彈性分析〉，《經濟與管理》，18(11)，84-86。
張仲英（1999）。〈休閒旅遊引發假日經濟〉，《經濟日報》，3月11日。
張莉莉、楊瑩（2004）。《旅遊市場營銷》。北京：清華大學出版社。
張穎（2003）。〈旅遊目的地品牌化及其品牌槓桿力探析〉，《重慶師範大學學報》，自然科學版，20(4)，76-78。
曹勝雄（2006）。《觀光行銷學》。臺北：揚智文化事業股份有限公司。
許靜（2002）。〈特許經營——旅行社行業發展的新思路〉，《桂林旅遊高等專科學校學報》，13(2)，49-53。
陳波翀（2002）。〈淺論旅遊產品定價策略〉，《山西學院學報》，自然科學版，1(2)，74-86。
陳思倫、宋秉明、林連聰（1995）。《觀光學概論》。臺北：國立空中大學。
陶卓民、胡靜（2001）。《旅遊市場學》。北京：高等教育出版社。

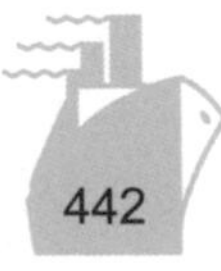

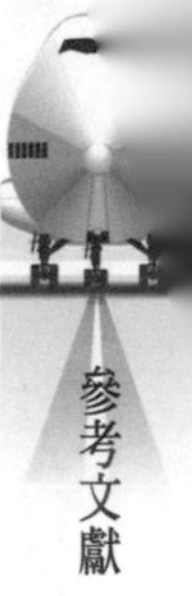

曾光華、陳貞吟、饒怡雲（2008）。《觀光與餐旅行銷：體驗，人文，美感》。臺北：前程文化事業有限公司。

曾朝暉（2005）。企業公益活動如何使商業利益最大化，http://www.sina.net，檢索日期：2007年3月12日。

馮英健（2006）。華夏智慧名師博客，http://www.wise111.com/blog.php?uid-1079.html，檢索日期：2010年3月13日。

新加坡旅遊局（2010）。新加坡旅遊局組織架構，https://app.stb.gov.sg/asp/abo/abo02.asp，檢索日期：2010年6月7日。

鄒蓉（2005）。〈論顧客滿意的旅遊服務質量控制〉，《中南財經政法大學學報》，5，129-144。

廖世超（2002）。〈淺議旅遊產品的整合定價〉，《渝西學院學報》，自然科學版，3(1)，74-86。

趙雲昌（2001）。〈旅遊業的網路營銷發展態勢及對策〉，《財貿研究》，1，48-52。

趙慧（2007）。飯店網上交易市場中的博弈，http://www.traveldaily.cn/Web_Show.asp?RES_TYPE_ID=7&RES_ID=13625，檢索日期：2007年10月3日。

劉成昆（2009）。略談澳門博彩業開放後的經濟成效及其原因，http://www.alumust.org.mo/index.php?option=com_content&view=article&id=10:2009-09-14-16-34-15&catid=2:2009-09-14-14-13-18&Itemid=13，檢索日期：2010年3月9日。

劉修祥（1996）。《觀光導論》。臺北：揚智文化事業股份有限公司。

劉德寰（2002）。〈年齡變數在資料分析中的應用〉，《市場研究》，1，13-18。

潘永濤（2004）。〈我國旅行社旅遊線路專營淺析〉，《河南商業高等專科學校學報》，17(1)，74-75。

蔣麗娜、張樹夫（2007）。〈旅行社發展直複營銷的可行性分析〉，《商業時代》，4，29-30。

鄭迎紅、劉文軍（2004）。〈中西方旅行社銷售管道發展比較研究〉，《經濟與管理》，18(5)，63-65。

環球旅訊（2010）。觀光類網站排名，http://www.traveldaily.cn/special/37/page_03.html，檢索日期：2010年6月7日。

顏光華、林明（2004）。〈外國中小企業戰略管理探析〉，《外國經濟與管理》，26(4)，28-30。

二、外文部分

Aaker, D. A. (1991). *Managing Brand Equity: Capitalizing on the Value of a Brand Name*. New York, NY: Free Press.

Aaker, D. A. & Joachimsthaler, E. (2000). *Brand Leadership*. New York, NY: Free Press.

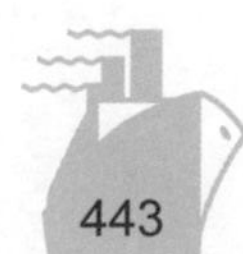

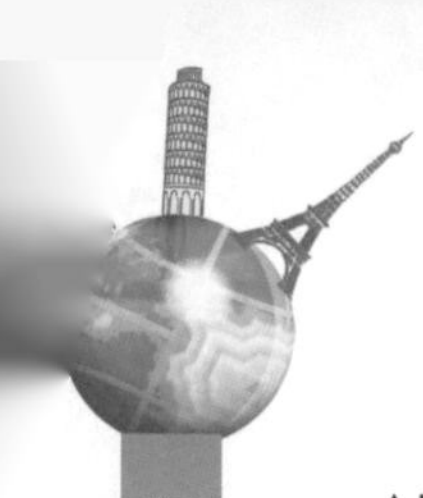

Ajzen, I. (1991). The theory of planned behavior. *Organizational Behavior and Human Decision Processes, 50* (2), 179-211.

American Marketing Association (2008). *The American Marketing Association Releases New Definition for Marketing*. Retrieved January 28, 2008, from http://www.marketingpower.com/content2653039.php

Anderson, E. W. & Fornell, C. (1994). A customer satisfaction research prospectus. In R. T. Rust, & R. L. Oliver (Eds.), *Service Quality: New Directions in Theory and Practice* (pp. 241-268). London: Sage Publications.

Armstrong, G. & Kotler, P. (2009). *Marketing: An Introduction* (9th ed.). Upper Saddle River, N.J.: Pearson Prentice Hall.

Baraban, R. S. (1984). The psychology of design. *Proceedings of the 1984 Chain Operators Exchange*. International Foodservice Manufacturers Association.

Barlow, R. G. (1999). Playing catch up. *Colloquy,* 7 (1), 2.

Bennett, P. D. (1995). *Dictionary of Marketing Terms* (2nd ed.). Chicago, IL: American Marketing Association.

Bernard, H. B. & Bitner, J. M. (1981). *Marketing of Services and Organization Structures for Service Firms*. American Marketing Association.

Bitner, M. J. (1992). Servicescapes: The impact of physical surroundings on customers and employees. *Journal of Marketing, 56* (2), 57-71.

Bitner, M. J. (1995). Building service relationships: It's all about promises. *Journal of the Academy of Marketing Science, 23* (4), 246-251.

Bitner, M. J. & Booms, B. H. (1982). Trends in travel and tourism marketing: The changing structure of distribution channels. *Journal of Travel Research, 20* (4), 39-44.

Bolton, R. N. & Drew, J. H. (1994). Linking customer satisfaction to service operations and outcomes. In R. T. Rust & R. L. Oliver (Eds.), *Service Quality: New Directions in Theory and Practice* (pp. 173-200). London: Sage Publications.

Bower, J. L., Bartlett, C. A., Christensen, C. R., Pearson, A. E., & Andrews, K. R. (1991). Business Policy: Text and Cases (7th ed.). Homewood, IL: Richard D. Irwin.

Buhalis, D. (2000). Tourism and information technologies: Past, present and future. *Tourism Recreation Research, 25* (1), 41-58.

Buhalis, D. & Laws, E. (2001). *Tourism Distribution Channels: Practices, Issues and Transformations*. London and New York: Continuum Publishing.

Burke, J. F. & Resnick, B. P. (2000). *Marketing and Selling the Travel Product*. Albany, N.Y.: Delmar.

Burns, A. C. & Bush, R. F. (2010). *Marketing Research* (6th ed. p.265). Upper Saddle River, N.J.: Prentice Hall.

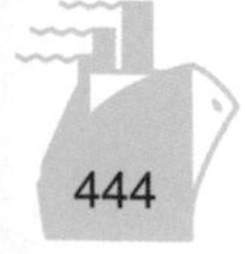

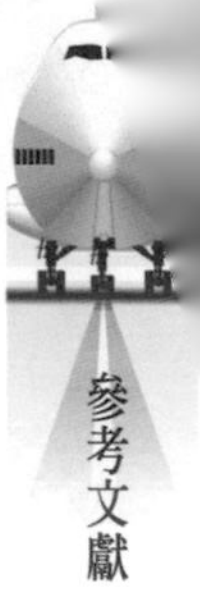

Butcher, K., Sparks, B., & O'Callaghan, F. (2003). Beyond core service. *Psychology & Marketing, 20* (3), 187-208.

Butler, R. W. (1980). The concept of a tourist area cycle of evolution: Implications for management of resources. *Canadian Geographer, 24* (1), 5-12.

Carroll, B. & Siguaw, J. A. (2003). Distribution evolution: Impact on hotels and intermediaries. *Cornell Hotel and Restaurant Administration Quarterly, 44*, 38-50.

Cathay Pacific. (2010). *The website of Cathay Pacific Airlines*. Retrieved March 2, 2010, from http://www.cathaypacific.com/cpa/en_HK/homepage

Cheng, S., Lam, T., & Hsu, C. H. C. (2005). To test the sufficiency of the theory of planned behavior: A case of customer dissatisfaction responses in restaurants. *International Journal of Hospitality Management, 24* (4), 475-492.

Colquitt, J. A. (2001). On the dimensionality of organizational justice: A construct validation of a measure. *Journal of Applied Psychology, 86* (3), 386-400.

Crosby, P. (1979). *Quality is Free*. New York: McGraw-Hill.

Day, G. S. (1994). The capabilities of market-driven organizations. *Journal of Marketing, 58* (4), 37-52.

De Chernatony, L. & Segal-Horn, S. (2001). Building on services characteristics to develop successful services brands. *Journal of Marketing Management, 17* (7-8), 645-669.

De Chernatony, L., Drury, S., & Segal-Horn, S. L. (2003). Building a services brand: Stages, people and orientations. *The Service Industries Journal, 23* (3), 1-21.

Dev, C., Zhou, K. Z., Brown, J., & Agarwal, S. (2009). Customer orientation or competitor orientation: Which marketing strategy has a higher payoff for hotel brands? *Cornell Hospitality Quarterly, 50* (1), 19-28.

Drucker, P. F. (2002). The discipline of innovation. *Harvard Business Review, 80* (8), 95-103.

Editors of American Demographics (1995). The future of spending. *American Demographics, 14*, 13-19.

Enz, C. A. (2010). *Hospitality Strategic Management: Concepts and Cases* (2nd ed.). Hoboken, N.J.: John Wiley & Sons.

Euroweek. (2007). *Wynn Macau to Refinance as Venetian Cuts Interest Costs*. Retrieved March 2, 2010, from http://www.euroweek.com/Article/1259706/Wynn-Macau-to-refinance-as-Venetian-cuts-interest-costs.html

Evans, M., Jamal, A., & Foxall, G. (2009). *Consumer Behavior* (2nd ed.). Hoboken, NJ: Wiley.

Farquhar, P. H. (1989). Managing brand equity. *Marketing Research, 1*, 24-33.

Fill, C. (1995). *Marketing Communications: Frameworks, Theories and Applications*. London: Prentice Hall.

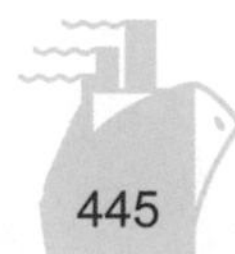

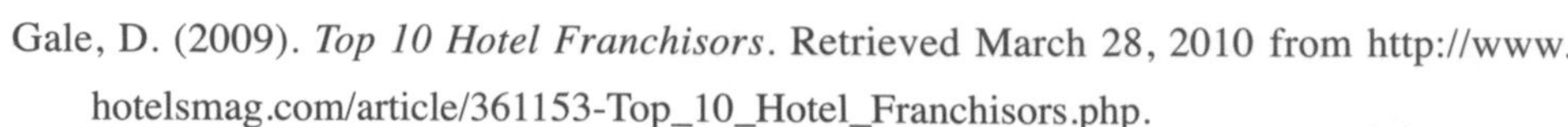

Gale, D. (2009). *Top 10 Hotel Franchisors*. Retrieved March 28, 2010 from http://www.hotelsmag.com/article/361153-Top_10_Hotel_Franchisors.php.

Getz, D. (2005). *Event Management & Event Tourism*. New York: Cognizant Communication Corp.

Goeldner, C. R. & Ritchie, J. R. (2009). *Tourism: Principles, Practices, Philosophies*. Hoboken, NJ: John Wiley & Sons Inc.

Gountas, S., Ewing, M., & Gountas, J. (2007). Testing airline passengers' responses to flight attendants' expressive displays: The effects of positive affect. *Journal of Business Research, 60* (1), 81-83.

Grau, J. (2007). *Western Europe E-Commerce: Spotlight on the UK, Germany and France*. Retrieved October 28, 2007, from http://www.emarketer.com/Report.aspx?code=west_euro_ecom_aug05

Gregoire, M. B. (2010). *Foodservice Organizations: A Managerial and Systems Approach* (7th ed.). Boston: Prentice Hall.

Grönroos, C. (1990). *Service Management and Marketing: Managing the Moments of Truth in Service Competition*. Lexington, MA: Lexington Books.

Grönroos, C. (2007). *Service Management and Marketing: Customer Management in Service Competition* (3rd ed.). Chichester, England; Hoboken, NJ: John Wiley & Sons.

Guillet, B. D. & Tasci, A. D. A. (2010). Travelers' takes on hotel restaurant co-branding: Insights for China. *Journal of Hospitality and Tourism Research, 34* (2), 143-163.

Gunn, C. (1988). *Vacations Capes: Designing Tourist Regions*. New York: Van Nostrand Reinhold.

Harris, K. & Baron, S. (2004). Consumer-to-consumer conversations in service settings. *Journal of Service Research, 6* (3), 287-303.

Harrison, D. (1995). Development of tourism in Switzerland. *Annals of Tourism Research, 22* (2), 135-156.

Harrison, J. S. & Enz, C. A. (2005). *Hospitality Strategic Management: Concepts and Cases*. Hoboken, N.J.: John Wiley & Sons, Inc.

Heracleous, L. & Wirtz, J. (2009). Strategy and organization at Singapore Airlines: Achieving sustainable advantage through dual strategy. *Journal of Air Transport Management, 15* (6), 274-279.

Henkoff, R. (1994). Finding, training and keeping the best service workers. *Fortune, 3*, 110-122.

Hesket, J., Sasser, W. E., & Hart, C. (1990). *Service Breakthroughs: Changing the Name of the Game*. New York, NJ: Free Press.

Hightower, R., Brady, M. K., & Baker, T. L. (2002). Investigating the role of the physical

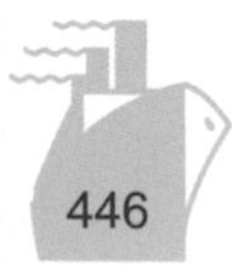

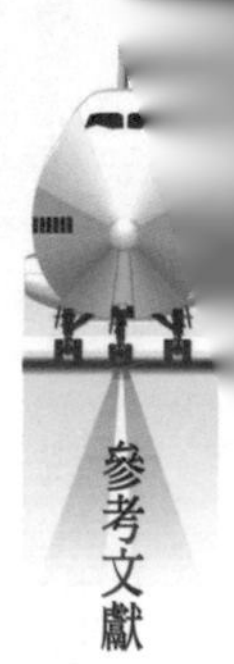

environment in hedonic service consumption: An exploratory study of sporting events. *Journal of Business Research, 55* (9), 697–707.

Hoffman K. D. Kelley, S. W., & Rotalsky, H. M. (1995). Tracking service failures and employee recovery efforts. *Journal of Service Marking, 9* (2), 49-61.

Hoffman, K. D. & Bateson, J. E. G. (1997). *Essentials of Service Marketing*. London: The Dryden Press.

Hoffman, K. D., & Bateson, J. E. G. (2006). *Service Marketing: Concepts, Strategies and Cases*. Mason, Ohio.: Thomson/South-Western.

Holloway, J. C., Humphreys, C., & Davidson, R. (2009). *The Business of Tourism* (8th ed.). Harlow, England: Financial Times/Prentice Hall.

Hoover, V. L., Ketchen, D. J. Jr., & Combs, J. G. (2003). Why restaurant firms franchise: An analysis of two possible explanations. *Cornell Hotel and Restaurant Administration Quarterly, 44*, 9-16.

Horner, P. (1996). *Travel Agency Practice*. Harlow: Longman.

Host, W. J. (2004). The changing face of package travel. In B. Dickinson & A. Vladimir (Eds.), *The Complete 21st Century Travel & Hospitality Marketing Handbook* (pp. 347-355). Upper Saddle River, NJ: Pearson Prentice Hall.

Hotel-marketing.com (2009). *New Sheraton.com Site Makes Use of Facebook connect*. Retrieved March 17, 2010, from http://www.hotelmarketing.com/ index.php/content/article/new_sheratoncom_website_makes_use_of_facebook_connect/

Hsu, C.H.C. (2006). *Casino Industry in Asia Pacific: Development, Operation, and Impact*. New York: Haworth Hospitality Press.

Hsu, C.H.C., Cai, L.A., & Li, M. (2010). Expectation, motivation, and attitude: A tourist behavioral model. *Journal of Travel Research, 49* (3), 282-296.

Hsu, C.H.C., Cai, L.A., & Wong, K. K. F. (2007). A model of senior tourism motivations-Anecdotes from Beijing and Shanghai. *Tourism Management, 28* (5), 1262-1273.

Hsu, C.H.C., Killion, L., Brown, G., Gross, M. J., & Huang, S. (2008). *Tourism Marketing: An Asia-Pacific Perspective*. Milton, Australia: John Wiley & Sons Australia, Ltd.

Hsu, C.H.C., Oh, H., & Assaf, A. (2010). A customer-based brand equity model for upscale hotels in China. *Journal of Travel Research*, forthcoming.

Hsu, C.H.C. & Powers, T. (2002). *Marketing Hospitality* (3rd ed.). New York: John Wiley & Sons.

Huang, L., Chen, K.H., & Wu, Y.W. (2009). What kind of marketing distribution mix can maximize revenues: The wholesaler travel agencies' perspective? *Tourism Management, 30* (5), 733-739.

Huang, S., Hsu, C.H.C., & Chan, A. (2010). Tour guide performance and tourist satisfaction:

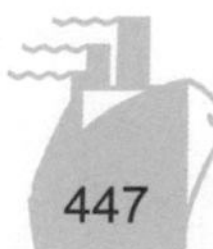

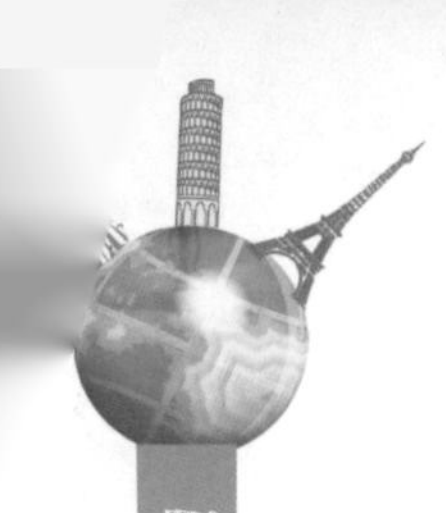

A study of the package tours in Shanghai. *Journal of Hospitality and Tourism Research, 34* (1), 3-33.

Huang, Z. (2008). *Networking Development of Internet Marketing*. Retrieved April 7, 2010, from http://smt.fortuneage.com/uhason/18657-176857.aspx

Hui, M. K. & Tse, D. K. (1996). What to tell consumers in waits of different lengths: An integrative model of service evaluation. *Journal of Marketing, 60* (April), 81-90.

Iacobucci, D. & Churchill, G. A. (2010). *Marketing Research: Methodological Foundations* (10th ed. p.242). Mason, OH.: South-Western Cengage Learning.

International Ecotourism Society. (2010). *Introduction of Ecotourism*. Retrieved May 4, 2010, from http://www.ecotourism.org.

Jain, S. C. (1997). *Marketing Planning & Strategy* (5th ed.). Cincinnati, Ohio: South-Western Pub.

Junek, O., Binney, W., & Winn, S. (2006). All-female travel: What do women really want? *Journal of Tourism, 54* (1), 53-62.

Klenosky, D. B. (2002). The pull of tourism destinations: A means-end investigation. *Journal of Travel Research, 40* (4), 385-395.

Koh, S., Yoo, J. J., & Boger, C. (2010). Importance-performance analysis with benefit segmentation of spa goers. *International Journal of Contemporary Hospitality Management, 22* (5), 718-735.

Kotler, P. (2003). *Marketing Management* (11th ed.). Upper Saddle River, NJ: Prentice Hall.

Kotler, P., Armstrong, G., Brown, L., & Adam, S. (1998). *Marketing* (4th ed.). Sydney: Prentice Hall Australia Pty Ltd.

Kotler, P., Bowen, J. T., & Makens, J. C. (2006). *Marketing for Hospitality and Tourism* (4th ed.). Upper Saddle River, NJ: Pearson Prentice Hall.

Kurtz, D. (2008). *Bonne & Kurtz Contemporary Marketing* (14th ed.). Mason, Ohio: South-Western Cengage Learning.

Kwortnik, R. J. (2006). Carnival cruise lines: Burnishing the brand. *Cornell Hotel and Restaurant Administration Quarterly, 47* (3), 286-300.

Labovitz, G. H. & Chang, Y. S. (1987). *Quality Costs: The Good, the Bad and the Ugly*. Boston, MA: Organizational Dynamics.

Li, C. (2007). *Forrester's New Social Techno Graphics Report*. Retrieved March 25, 2010, from http://forrester.typepad.com/groundswell/2007/04/forresters_new_.html.

Li, X. & Petrick, J. F. (2008). Tourism marketing in an era of paradigm shift. *Journal of Travel Research, 46* (2), 235-244.

Lovelock, C. H. (1991). *Services Marketing* (2nd ed.). Englewood Cliffs, N.J.: Prentice Hall.

Lovelock, C. H. (1996). *Services Marketing* (3rd ed.). Upper Saddle River, NJ: Prentice Hall.

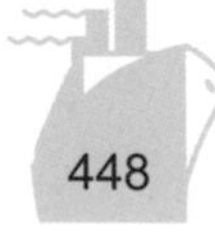

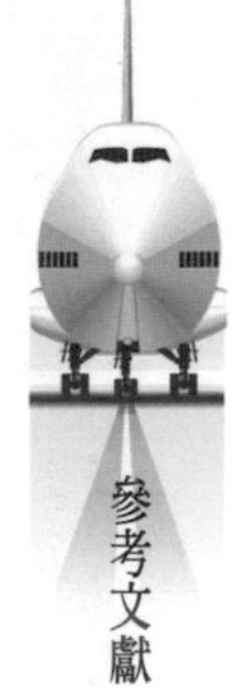

Lovelock, C. H. & Wirtz, J. (2007). *Services Marketing: People, Technology, Strategy* (6th ed.). Upper Saddle River, N.J.: Pearson/Prentice Hall.

Lovelock, C. H. & & Wirtz, J. (2010). *Services Marketing: People, Technology, Strategy* (7th ed.). Upper Saddle River, N.J.: Pearson/Prentice Hall.

Macdonald, J. (1994). Sheraton building Vegas kingdom. *Hotel and Motel Management, 209* (10), 1- 6.

Magnini, V. P. & Ford, J. B. (2004). Service failure recovery in China. *International Journal of Contemporary Hospitality Management, 16* (5), 279-286.

Maister, D. H. (1985). The psychology of waiting lines. In J. A. Czepiel, M. R. Solomon, & C.F. Surprenant (Eds.), *The Service Encounter* (pp. 113-123). Lexington, MA: Lexington Books/D.C. Health.

Mattila, A. & Patterson, P. (2004). Service recovery and justice perceptions in individualistic and collectivist cultures. *Journal of Service Research. 6* (4), 336-346.

McCleary, K. W., Weaver, P., & Li, L. (1994). Gender-based differences in business travelers lodging preferences. *Cornell Hotel and Restaurant Administration Quarterly, 35* (1), 51-58.

McDaniel, C. & Gates, R. (2010). *Marketing Research* (8th ed.). Hoboken, N.J.: John Wiley & Sons.

McKercher, B., Law, R., & Lam, T. (2006). Rating tourism and hospitality journals. *Tourism Management, 27* (6), 1235-1252.

Mehta, A. (1999). Using self-concept to assess advertising effectiveness. *Journal of Advertising Research, 39* (1), 81-89.

Middleton, V. T. C. & Clarke, J. (2001). *Marketing in Travel and Tourism*. Oxford: Butterworth-Hernemann.

Morrison, A. M. (2002). *Hospitality and Travel Marketing* (3rd ed.). Albany, N.Y.: Delmar Thomson Learning.

Morrison, A. M. (2010). *Hospitality and Travel Marketing* (4th ed.). Clifton Park, N.Y.: Delmar Cengage Learning.

Mortimer, K. & Mathews, B. P. (1998). The advertising of services: Consumer views v. normative guidelines. *Service Industries Journal, 18* (3), 4-19.

MSC Cruise Lines (2009). *MSC Fantasia Cruise Ship: Committed to the Environment*. Retrieved March 31, 2010, from http://www.youtube.com/watch?v=6l7V5XE_wIo.

Murphy, P. E. & Stalpes, W. A. (1979). A modernized family life cycle. *Journal of Consumer Research, 6* (6), 17-67.

Mullins, J. W., Walker, O. C., & Boyd. H. W. (2008). *Marketing Management: A Strategic Decision-Making Approach*. New York: McGraw-Hill Irwin.

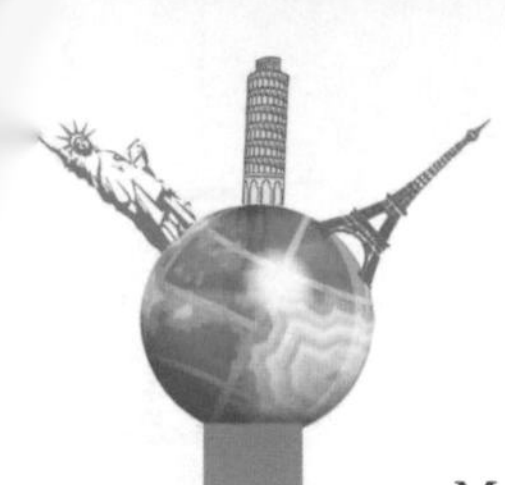

Mullins, J. W. & Walker, O. C. (2010). *Marketing Management: A Strategic Decision-Making Approach* (7th ed.). Boston: McGraw-Hill Irwin.

Nagle, T. T. & Holden, R. K. (2002). *The Strategy and Tactics of Pricing: A Guide to Profitable Decision Making* (3rd ed.). Upper Saddle River, NJ: Prentice Hall.

Namkung, Y., Jang, S., Almanza, B., & Ismail, J. (2009). Identifying the underlying structure of perceived service fairness in restaurants. *International Journal of Contemporary Hospitality Management, 21* (4), 375-392.

Narver, J. C. & Staler, S. F. (1990). The effect of a market orientation on business profitability. *Journal of Marketing, 54* (4), 20-35.

Newman, A. J. (2007). Uncovering dimensionality in the servicescape: Towards legibility. *Service Industries Journal, 27* (1–2), 15–28.

Nickson, D. Warhurst, C., & Dutton, E. (2005). The importance of attitude and appearance in the service encounter in retail and hospitality. *Managing Service Quarterly, 15* (2), 195-208.

Normann, R. (1984). *Service Management: Strategy and Leadership in Service Businesses*. New York: John Wiley & Sons.

Oh, H., Kim, B. Y., & Shin, J. H. (2006). Introduction: Tourism and hospitality marketing research–Update and suggestions. In M. Kozak & L. Andreu (Eds.), *Progress in Tourism Marketing*. Oxford; Amsterdam: Elsevier.

Ohmae, K. (1982). *The Mind of the Strategist*. New York: Penguin Books.

O'Neill, J. W. & Mattila, A. S. (2006). Strategic hotel development and positioning: The effect of revenue drivers on profitability. *Cornell Hotel and Restaurant Administration Quarterly, 47* (2), 146-154.

O'Neill, J. W. & Mattila, A. S. (2010). Hotel brand strategy. *Cornell of Hospitality Quarterly, 51* (1), 27-34.

O'Neill, J. W. & Xiao, Q. (2006). The role of brand affiliation in hotel market value. *Cornell Hotel and Restaurant Administration Quarterly, 47* (3), 210-223.

Ostrom, A. L. & Iacobucci, D. (1998). The effect of guarantees on consumers' evaluation of services. *Journal of Services Marketing*, 12 (5), 362-378.

Pearce, J. A. & Robinson, R. B. (1997). *Strategic Management: Formulation, Implementation, and Control* (6th ed.). Boston: Irwin/McGraw-Hill.

Peter, J. P. & Olsen, J. C. (2008). *Consumer Behavior and Marketing Strategy*. New York: McGraw-Hill/Irwin

Pike, S. (2004). *Destination Marketing Organizations*. Amsterdam; Oxford: Elsevier.

Pine, B. J. & Gilmore, J. H. (1999). *The Experience Economy: Work is Theatre & Every Business a Stage*. Boston: Harvard Business School Press.

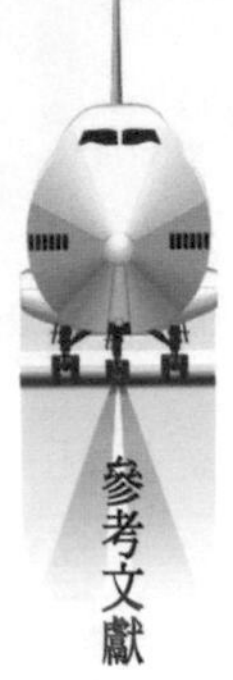

Plog, S. (2001). Why destination areas rise and fall in popularity: An update of a Cornell Quarterly Classic. *Cornell Hotel and Restaurant Administration Quarterly, 42* (3), 13-24.

Porter, M. E. (1998). *Competitive Strategy: Techniques for Analyzing Industries and Competitors*. New York, NY: Free Press.

Ran, K. & Itamar, S. (2002). Earning the right to indulge: Efforts as a determinant of custom preference toward frequency program rewards. *Journal of Marketing Research, 39* (2), 155-170.

Reich, A. Z. (1997). *Marketing Management for the Hospitality Industry: A Strategic Approach*. New York: John Wiley & Sons, Inc.

Reid, R. D. & Bojanic, D. C. (2006). *Hospitality Marketing and Management* (4th ed). Hoboken, NJ: John Wiley & Sons.

Reid, R. D., & Bojanic, D. C. (2010). *Hospitality Marketing and Management* (5th ed.). Hoboken, N.J.: John Wiley & Sons.

Ross, C. (1999). Continued growth–A closer look at mid-scale chains. *Lodging, 25* (2), 55-59.

Rushmore, S. (1992). *Hotels and Motels: A Guide to Market Analysis, Investment Analysis, and Valuations*. Chicago: Appraisal Institute.

Schmitt, B. & Simonson, A. (1997). *Marketing Aesthetics: The Strategic Management of Brands, Identity and Image*. New York: Free Press.

Shoemaker, A., Lewis, R. C., & Yesawich, P. C. (2007). *Marketing Leadership in Hospitality and Tourism: Strategies and Tactics for Competitive Advantage* (4th ed.). Upper Saddle River, N.J.: Pearson / Prentice Hall.

Shoemaker, S. & Shaw, M. (2008). *Marketing Essentials in Hospitality and Tourism: Foundations and Practices*. Upper Saddle River, N.J.: Pearson/Prentice Hall.

Smith, A. K., Bolton, R. N., & Wagner, J. (1999). A model of customer satisfaction with service encounters involving failure and recovery. *Journal of Marketing Research, 36* (3), 356-373.

Smith, M. & Puczkó, L. (2009). *Health and Wellness Tourism*. Oxford: Butterworth-Heinemann.

Sparks, B. A. & McColl-Kennedy, J. R. (2001). Justice strategy options for increased customer satisfaction in a services recovery setting. *Journal of Business Research, 54* (3), 209-218.

Stewart, D. W. (1994). Advertising in a slow growth economy. *American Demographics, 16* (9), 40-46.

Suzie, A. (1999). Master of intelligence. *Forbes*, April 5, 172.

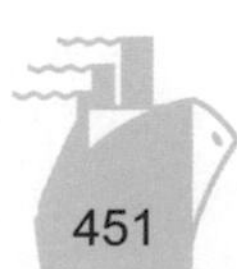

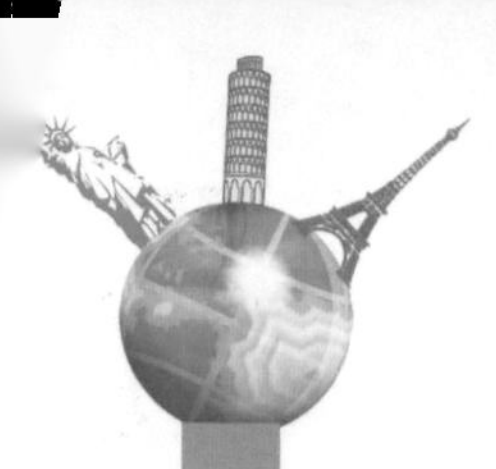

Tan, A. Y. & Lo, A. S. (2008). A benefit-based approach to market segmentation: A case study of an American specialty coffeehouse chain in Hong Kong. *Journal of Hospitality and Tourism Research, 32* (3), 342-362.

Teasley, R. W. & Robinson, R. (1998). Southwest airlines. In R. C. Lewis (Ed.), *Cases in Hospitality Strategy and Policy* (pp. 15-42). New York: John Wiley & Sons.

Toh, R. S., Khan, H., & Koh, A. J. (2001). A travel balance approach for examining tourism area life cycles: the case of Singapore. *Journal of Travel Research, 39* (3), 426-432.

Vargo, S. L. & Lusch, R. F. (2004). Evolving to a new dominant logic for marketing. *Journal of Marketing, 68* (1), 1-17.

Vellas, F. & Becherel, L. (1999). *The International Marketing of Travel and Tourism: A Strategic Approach*. Basingstoke: Macmillan.

Virgin Atlantic Airlines. (2010). The website of Virgin Atlantic. Retrieved March 8, 2010, from http://www.virgin-atlantic.com/en/us/index.jsp.

Walker, J. R. (1999). *Introduction to Hospitality*. Upper Saddle River, N.J.: Prentice Hall.

Walt Disney Company (2010). The Walt Disney Company and Affiliated Companies. Retrieved March 8, 2010, from http://corporate.disney.go.com/.

Webster, F. E. & Wind, Y. (1972). *Organizational Buying Behavior*. Englewood Cliffs, NJ: Prentice-Hall.

Yuksel, A., Kilinc, U. K., & Yuksel, F. (2006). Cross-national analysis of hotel customers' attitudes toward complaining and their complaining behaviors. *Tourism Management, 27* (1), 11–24.

Zeithaml, V. A., Berry, L. L., & Parasuraman, A. (1992). Five imperatives for improving service quality. In C. H. Lovelock (Ed.), *Managing Services: Marketing, Operations, and Human Resources* (2nd ed., pp. 224-235). Englewood Cliffs, NJ: Prentice Hall.

Zeithaml, V. A. & Bitner, M. J. (2003). *Service Marketing: Integrating Customer Focus Across the Firm* (3rd ed.). New York: McGraw-Hill.

Zeithaml, V. A., Bitner, M. J., & Gremler, D. D. (2006). *Services Marketing: Integrating Customer Focus Across the Firm* (4th ed.). Boston: McGraw-Hill.

Zeithaml, V. A., Bitner, M. J., & Gremler, D. D. (2009). *Services Marketing: Integrating Customer Focus Across the Firm* (5th ed.). Boston: McGraw-Hill Irwin.

Zemke, R. (1995). *Service Recovery: Fixing Broken Customers*. Portland, Or.: Productivity Press.

Zemke, D. M. V. & Shoemaker, S. (2007). Scent across a crowded room: Exploring the effect of ambient scent on social interactions. *International Journal of Hospitality Management, 26* (4), 927-940.

Zikmund, W. G. & Babin, B. J. (2010). *Exploring Marketing Research* (10th ed.). Mason, Ohio.: South-Western Cengage Learning.

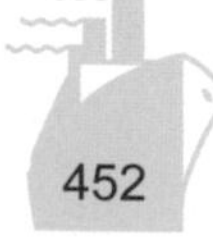

餐飲旅館系列

觀光行銷管理實務

作　　者／徐惠群
出 版 者／揚智文化事業股份有限公司
發 行 人／葉忠賢
總 編 輯／閻富萍
主　　編／范湘渝
地　　址／新北市深坑區北深路三段260號8樓
電　　話／(02)8662-6826
傳　　真／(02)2664-7633
E-mail ／service@ycrc.com.tw
網　　址／http://www.ycrc.com.tw
印　　刷／鼎易印刷事業股份有限公司
ISBN ／978-957-818-988-1
初版二刷／2013年9月
定　　價／新台幣580元

國家圖書館出版品預行編目資料

觀光行銷管理實務／徐惠群著. -- 初版. -- 新
北市：揚智文化, 2011.03
面；　公分

ISBN　978-957-818-988-1 (平裝)

1.旅遊業管理　2.行銷管理

992.2　　100001255